电子游戏简史

艺术、科技和商业的伟大冒险

下部

BRIEF HISTORY OF ELECTRONIC GAMES

李思特Think —— 著

民主与建设出版社
·北京·

图书在版编目（CIP）数据

电子游戏简史：艺术、科技和商业的伟大冒险：上下 / 李思特 Think 著．-- 北京：民主与建设出版社，2022.12

ISBN 978-7-5139-4025-2

Ⅰ．①电… Ⅱ．①李… Ⅲ．①电子游戏－历史 Ⅳ．① G898.3

中国版本图书馆 CIP 数据核字 (2022) 第 216057 号

电子游戏简史：艺术、科技和商业的伟大冒险（上下）
DIANZI YOUXI JIANSHI YISHU KEJI HE SHANGYE DE WEIDA MAOXIAN SHANGXIA

著　　者　李思特 Think
责任编辑　王　颂
封面设计　天下书装
出版发行　民主与建设出版社有限责任公司
电　　话　（010）59417747　59419778
社　　址　北京市海淀区西三环中路 10 号望海楼 E 座 7 层
邮　　编　100142
印　　刷　三河市富华印刷包装有限公司
版　　次　2022 年 12 月第 1 版
印　　次　2023 年 5 月第 1 次印刷
开　　本　710 毫米 ×1000 毫米　1/16
印　　张　49
字　　数　600 千字
书　　号　ISBN 978-7-5139-4025-2
定　　价　198.00 元（上下册）

注：如有印、装质量问题，请与出版社联系。

目 录

第五十章　世嘉：挑战任天堂，向皇冠冲刺的索尼克

刺猬索尼克

世嘉是一家规模极大的电子游戏公司，在1990年代，它拥有R&D1—8共8个研发部门。进入游戏机市场后，世嘉将开发部门改为Sega AM R&D，仍然保持8个研发部门配置。

和任天堂相比，世嘉的研发实力只强不弱。

仔细分析任天堂NES的成功后，世嘉在抄袭的路上越走越远。他们发现世嘉还缺乏一款具有鲜明角色，类似《超级马里奥兄弟》的杀手级游戏。为和NES区分开，这款游戏最好风格成熟，能吸引比儿童更年长的用户群。中山隼雄的想法是，能设计出一个类似米老鼠一样的标志性角色。

世嘉之前曾计划使用《奇幻世界中的亚历克斯·基德》的游戏主角Alex Kidd作为公司代言人，可它跟马里奥风格过于相似，没被采纳。

1990年，世嘉安排开发部门Sega CS R&D No. 2开发一款跟《超级马里奥兄弟》类似的游戏，主设计师为大岛直人。

收到任务后，开发团队陷入长长的思索中。对比跳来跳去的马里奥，游戏设计师想找一个动作迅速的动物作为游戏主角，比如袋鼠和松鼠，作为反差。在实际设计角色动画时，发现它们的行动模式过于复杂。大岛直人觉得，是不是可以用兔子作为主角，用兔子耳朵抓取游戏道具。实际操作时又发现，对兔子编程太难实现，放弃。

最后，设计团队将游戏主角的选定范围缩小到可以滚动的动物——刺猬和犰狳二者上。

大岛直人设计的一款蓝色刺猬，得到团队成员一致认可。犰狳没有被放弃，而是出现在 1992 年的《索尼克 2》游戏中。他带着设计出来的游戏角色去纽约度假，在中央公园征询大家对角色的意见，得到一致好评。

游戏主角刺猬最初是蓝绿色，后被调整为浅蓝色，最后设计为深蓝色。大岛直人说："索尼克的设计是将菲利克斯猫的头部（Felix the Cat，是一个儿童卡通形象，1919 年在默片时代创作。是一只有着白色眼睛、黑色身体和巨大笑容的拟人化黑猫，也是电影史上最知名的卡通形象之一）和米老鼠的身体相结合而创造出来的。"

下图为著名动画师奥托·梅斯默（Otto Messmer）画的菲利克斯猫经典形象。

刺猬的鞋子来自迈克尔·杰克逊的皮鞋，涂装圣诞老人红白配色。世嘉和这位超级歌星缘分很多，《刺猬索尼克 2》发布后，杰克逊还参与过《刺猬索尼克 3》的游戏配乐。但由于他卷入娈童案，世嘉不得不放弃所有已经完成的作品，并对外声称完全未采用杰克逊谱写的音乐。大岛直人认为圣诞老人是“世界上最著名的角色”，最有辨识度。刺猬身上的尖刺，用来强调它的速度和旋转特性。角色原名是“刺猬先生”，后改名为“Sonic”。开发团队随后将队伍名称都改成“索尼克小队”。

为充实索尼克角色的故事性，开发团队将其职业安排为摇滚乐手，还给索尼克安排一个身材极其火爆，名叫“麦当娜”的人类女性做女朋友。摇滚乐手索尼克对水管工马里奥，身材火爆的麦当娜对平平无奇的桃子公主。索尼克小队还真是有点东西，仿得很像。

这些衍生设计在美国并没有发布。美国世嘉（主要来自卡茨）担心，大部分美国人连刺猬是什么都不知道，没必要搞这么复杂的设定。不得不说，卡茨确实懂美国人。下图为 1991 年《刺猬索尼克》的经典角色形象。

索尼克游戏项目代号叫“击败马里奥”，开发过程并不顺利。大岛直人和程序员中裕司碰到过不少问题，比如在兔子设计上就浪费了许多

功夫。直到游戏设计经验丰富的安原广和加入团队后，三人确定游戏角色为“一个按钮就可以玩的刺猬角色”，开发才开始加速。

安原广和的出现，也是机缘巧合。他是一位游戏关卡设计师，原计划要移民美国，正在等待审批，所以只有 3 个月时间能用在索尼克游戏开发上。不料 1990 年海湾战争爆发，移民计划搁浅，他只能在等待时全神贯注于游戏开发。

安原广和能力极强，他将偶尔具有挑战性的场景，整合到游戏的全部关卡中，同时满足专业玩家和休闲玩家的需求。他加入后，游戏的机制和设计变得十分清晰，大家开始铆足劲往前赶进度。

就这样，索尼克小队 3 位主力安原广和、中裕司、大岛直人和其他成员，每天为项目工作 15 个小时以上，持续数月。为致敬偶像宫本茂，中裕司建议采取只用方向键和单个跳跃键控制索尼克的方式，这样索尼克会比马里奥更具有操控乐趣。游戏主体完成后，索尼克又经过 6 个月的广泛测试和修正。

该游戏拥有电子游戏中有史以来最快的角色速度，以及在家用游戏机上被认为不可能的旋转效果。

索尼克研发时，相关信息传到美国。卡茨一直不相信，竟然有这么古怪的游戏。卡茨说：“当我们听说日本人正在开发一款刺猬游戏时，我们几乎要发笑了，”他笑着说，“甚至没有人知道刺猬是什么！”

现在知道中山隼雄为何要干掉卡茨了吧。

吉列模式和大战打响

卡林斯克上任后，发现美国世嘉并非一片繁荣，而是一团糟。卡茨过于迷信体育游戏和广告，在拳击游戏《最后一击》（*Final Blow*）上大肆进行广告投入，却没取得相应的战果。《最后一击》位列 Genesis 最糟糕游戏排名第 9，游戏品质可想而知。

游戏公司最害怕的事情之一，就是在一款毫无乐趣的游戏上大肆投

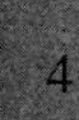

入营销费用，企图用广告绑架用户体验。这套在其他行业有作用的套路，在电子游戏史上从未成功过。

世嘉美国公司内部人员也互相指责，认为营销的问题并不在于自己，而是产品和游戏不好。卡林斯克不多啰嗦，开始组建新领导团队和新营销团队，完全控制美国世嘉的营销。

他决定采取吉列模式，来组织电子游戏机的销售。吉列模式，又叫剃须刀和刀片商业模式，指将耐用商品以低价出售（或免费赠送），以增加消耗商品的销售。比如墨盒很贵的喷墨打印机，游戏卡很贵的游戏机，都适合采取吉列模式组织营销。

“给他们剃须刀，再卖给他们刀片”，这一概念和模式被归功于安全剃须刀的发明者吉列，可吉列公司自身并不使用吉列模式。

处理好卡茨留下来的问题后，卡林斯克开始跟日本总部对接。他可以很好地理解索尼克的价值——更好地展示16位主机速度和色彩。卡林斯克并不信任主观感受，他希望拿到市场数据。

卡林斯克找来尼尔森说：“我并不总是依赖研究，但我想要一些证据，证明我们不会因为这个角色而失败。我知道索尼克可能会是马里奥杀手，请在公开之前向我证明这点。”

在卡林斯克的要求下，尼尔森在美国各地寻找狂热的马里奥粉，跟他们一起试玩世嘉新游戏《刺猬索尼克》。结果十分乐观：80%的人选择索尼克，并发出“哇”的声音。市场调查给卡林斯克极强的信心，可还有一些事情没有完成。

1991年美国夏季CES展，任天堂推出16位家用游戏机Super NES。展会上，世嘉也展出《刺猬索尼克》游戏。尼尔森回忆说：“任天堂新闻发布会后的第一天，一家全国性杂志的记者走过来对我说：‘超级任天堂有32,768种颜色，你只有512种。你打算怎么办？’我让他跟着我到我们的展位，让他亲眼看索尼克和马里奥并排奔跑，然后说：‘哪个颜色最多？这不是你有多少颜色，而是你用它们做什么。’记者就这样走了。”

6月23日，《刺猬索尼克》游戏正式发布。

和调查结果一致，它发布后成为美国最畅销的游戏，销量超过任天堂 Super NES 同期的《超级马里奥世界》。

受到《刺猬索尼克》畅销的刺激，卡林斯克前往日本，带着最新的经营方案。方案很简单，只有四点：将游戏机价格降至 149 美元（Super NES 售价 199 美元）；将捆绑游戏《兽王记》（*Altered Beast*）改为《刺猬索尼克》；创建美国游戏开发团队；增加广告预算。

后两点只需要花钱，好说，前两点直接让日本世嘉炸锅。董事会认为卡林斯克的计划简直是灾难：游戏机降价后，硬件上赚不到钱，而最好的游戏又成了捆绑游戏，同样会颗粒无收。卡林斯克的理由十分充分：美国的游戏软件购买率是 3 ∶ 1，每 1 台游戏机销售，可以带来 3 款游戏的销售。捆绑《刺猬索尼克》可以刺激游戏机销售，游戏卡的销售会给世嘉带来超额收益。

卡林斯克设计的吉列模式，根本无法说服董事会。

董事会发生激烈的争论，大家都在不断地飙日语。不懂日语的卡林斯克一脸懵逼，看着这群激动的日本人吱吱哇哇地聒噪。丰田信夫尽量快速翻译大家的谈话，可还是无法同时翻译所有人的意见。混乱之际，中山隼雄拍案而起，一脚踢翻身旁的一张椅子。他对卡林斯克说："这个房间里没有任何人同意你的提案。"

卡林斯克心想："太好了，这算是个短暂的职业旅程，我可以去干点别的。"中山隼雄接着说："但我们聘请你是来扭转这种局面的，所以继续做你想做的事，我会支持你。"

实际上，中山隼雄对卡林斯克的方案也非常惊讶，可他选择站在卡林斯克一方。有强势的中山隼雄支持，卡林斯克的提案顺利通过。

超级 NES 和世嘉 Genesis 之战

市场并不会因为几个正确决定就自动成功，还需要不打折扣地执行。

任天堂 NES 刚进入美国市场时，经销商拒绝销售游戏机，因为雅达

利导致的北美游戏市场大崩溃，让所有人看不到游戏机的前景。世嘉试图在美国市场分销时，因为任天堂的主导地位，沃尔玛、塔吉特和K-Mart都拒绝承销世嘉 Genesis。

为打进桥头堡沃尔玛，卡林斯克制定出一套策略。世嘉美国在沃尔玛总部所在地阿肯色州本顿维尔找到一家购物中心，租下一家大店铺。店里布满世嘉热门游戏的试玩机，以及各类游戏设备。他们还买下当地所有的广告位，轮番播放广告。

一番轰炸下来，世嘉体验店里满是本顿维尔的青少年。

没多久，沃尔玛的采购副总裁道格拉斯·麦克米伦（Doug McMillan，后任沃尔玛 CEO）打电话给卡林斯克："别搞这么多广告了，沃尔玛同意销售世嘉 Genesis。"

卡林斯克的招数奏效。沃尔玛的表态，让第三方游戏公司开始对世嘉产生信心。丰田信夫在美日两国间来回跑动，协调两国第三方游戏公司参与 Genesis 游戏开发，部分欧洲游戏公司也进入世嘉第三方游戏公司列表。

不仅如此，他还采取租借游戏机和游戏卡的方式，通过租赁用户增加世嘉向家庭用户的渗透。

1991 年圣诞节，世嘉 Genesis 在美国市场销售额首次超过超级 NES。1992 年 1 月，世嘉 Genesis 在 16 位游戏机市场份额达到 65%。1993 年，超级 NES 的市场份额仅剩 37%。1994 年，世嘉 Genesis 市场份额达到惊人的 55%，NEC 的 TurboGrafx-16 彻底退出市场。1995 年，在《大金刚国度》的助攻下，超级 NES 的销售才反超世嘉 Genesis。

需要说明的是，以上数据均来自世嘉官方和任天堂官方，未经第三方有效考证，无法完全采信。

原因在于任天堂和世嘉为争抢谁是市场排名第一的游戏机，发布的数据可信度不断下降。1991 年，任天堂公布的销售数量就超过实际销量。1994 年世嘉声称，占 55% 的 16 位游戏机市场，也是未验证的数据。

2004 年 NPD（一家美国市场研究公司，是全球排名第 8 的研究公司）的销售数据研究表示，世嘉 Genesis 在美销售数据确实曾领先于任天堂 NES。不过 2014 年 NPD 销售数据再次修正，称超级 NES 在美国销量比 Genesis 高 150 万台。

两款机器终生销售数据如下。

超级任天堂：4910 万，其中北美 2335 万，日本 1717 万，其他地区 858 万。

世嘉 Genesis：3075 万。

从 2% 的市场份额，到任天堂的最大威胁。世嘉最终没能完全超越任天堂，可它的成绩足以自傲。未来几年里，世嘉还会给任天堂带来极大的压力。

任何行业都没有永远的王者，也不存在永不灭亡的帝国。一位正在看好戏的强大挑战者，还不知道自己会被迫加入战斗。

第五十一章　任天堂：超级任天堂和第一方游戏

超级任天堂

电子游戏机第四世代，是16位游戏机的世代。任天堂两个最重要的竞争对手，NEC和世嘉，都先于任天堂推出新款游戏机。PC Engine的发布时间是1987年10月30日，世嘉Genesis发布时间是1988年10月29日。

1987年，山内溥透露过超级任天堂（The Super Nintendo Entertainment System，简称SNES，日版叫Super Famicom，简称SFC）的开发计划，1988年他接受采访称，支持SNES的《超级马里奥世界》和《勇者斗恶龙5》已在开发之中，任天堂预计SNES销售会突破300万台。

1988年11月21日，超级任天堂首次向日本媒体展示，并定于1989年7月发布。日本媒体将大部分报道集中在新机器的图形和声音功能上，如16位CPU、256色显示以及画面增强功能。图为媒体报道，上村雅之举着超级任天堂，下方看不清的小图中是腼腆的宫本茂。

1989年7月，超级任天堂成功跳票，没有按期发布。对于即将面世的超级任天堂的性能，游戏公司们纷纷表达看法。

太东：机器的性能很棒，肯定可以做出很棒的游戏。

南梦宫：它具有很高级的功能。

特库摩：一台高性能机器，我想想能做什么游戏。

史克威尔：每年卖出300万台似乎很有可能，我绝对希望给它制作游戏。

哈德森：虽然我听说它很棒，但在我看到实物之前无法评论。

艾尼克斯：如果新游戏机的所有功能都能用上，我们可以做出很好的游戏，但游戏制作者可能会精疲力尽。

意见不一。

虽说超级任天堂已完成全部开发工作，可山内溥一点发布它的意思都没有。1990年11月21日，超级任天堂才在日本开始发售，这离它首次露面已经过去整整2年。首批发售的30万台超级任天堂，数小时内便一扫而空。据说，注意，是据说，超级任天堂的火热还引起日本黑帮的注意，为避免抢劫只能在夜间偷偷运输。

夜晚运输，看起来只会增加被抢劫的概率吧。下图为1990年到1998年在日本销售的超级任天堂，型号为SHVC-001，跟美国版本在配色和设计上有区别。

超级任天堂使用理光 Ricoh 5A22 处理器（基于 W65C816S，是 WDC 设计的 16 位处理器），主频 3.58MHz。一枚内建数位声音信号的处理器 SPC700，主频 2.48MHz。通过图片处理单元（PPU）可以使用 32,768 种可能颜色，并在屏幕中显示 256 色。共 256KB 内存，其中 128KB 工作内存、64KB 声音处理器内存和 64KB 显存。此外，超级任天堂还有索尼专门设计的 S-SMP 声音芯片，支持立体声。

对比 NES，超级任天堂在硬件上有了质的飞跃。对比其他 16 位机，在色彩显示和声音播放上还有一些优势。

第一方游戏

为何说世嘉的挑战难能可贵呢？因为超级任天堂除拥有强劲的硬件性能以外，游戏阵营也堪称豪华。任天堂在 NES 时期收的小弟，都十分大牌，如岩田聪所在的 HAL 研究所，英国 Rare 公司。还有早期的六大第三方游戏公司，科乐美、卡普空、史克威尔、艾尼克斯。

仅看任天堂的第一方游戏，都蔚为壮观。那何为第一、第二、第三方游戏呢？

第一、第二、第三方并非精确定义，而是约定俗成的叫法。任天堂自身研发部门制作的游戏，如《马里奥》系列、《塞尔达》系列等，被称为第一方游戏。由任天堂参股或者控股公司发行的游戏，如 HAL 的《星之卡比》等，会被称为第二方游戏。任天堂第一方游戏 IP，有些也会交给第二方游戏公司开发。跟任天堂没有财务关联的公司，仅有任天堂授权关系公司开发的游戏，被称为第三方游戏，比如《最终幻想》《勇者斗恶龙》。

先说说任天堂的第一方游戏开发。

1984 年，宫本茂设计的《大金刚》成功后，今西博史受命成立任天堂第四个研发部门——R&D4，专门给游戏机开发游戏，以补充其他三个部门的不足。R&D1 由横井军平领导，主要研发 GB 等硬件。R&D2 由上村雅之领导，主要研发 NES 和超级任天堂等家用游戏机。R&D3 由竹田玄洋领导，负责软硬件综合研发和游戏机外设。

R&D4 深受山内溥喜爱，在任天堂属于绿灯侠，所有项目都开绿灯。它创建之初属于创意部门，以设计师团队为主，核心成员是宫本茂和手冢卓志两位设计师。R&D4 具备创意和游戏设计能力，可却没有相应的编程能力。

这不是难事，宫本茂刚好有个外部搭档中乡俊彦。他是 SRD（Systems Research & Development Co., Ltd.，1979 年 1 月 22 日创立）公司的创始人，曾经被雇用为 R&D2 开发软件工具包，将任天堂街机游戏移植到 NES。宫本茂说服中乡俊彦加入 R&D4，成为其核心程序员。SRD 的办公室直接搬到任天堂总部大楼里，2022 年 2 月 24 日，SRD 成为任天堂子公司。

1986 年，R&D4 发布《塞尔达传说》。《超级马里奥兄弟》和《塞尔达传说》的惊人销量，让山内溥给予 R&D4 大量资源，因此汇聚大量年轻的游戏设计师，如绀野英树、江口克也、田边健介、清水孝雄等。

1989 年，R&D4 改组为 Nintendo Entertainment Analysis & Development，简称 Nintendo EAD，而 R&D1、2、3 继续保持原有设置。Nintendo EAD 是任天堂核心中的核心，人才密度和技术密度最高。

超级任天堂的捆绑游戏《超级马里奥世界》（*Super Mario World*），就是由任天堂 EAD 开发的。《超级马里奥世界》由宫本茂领导十人团队进行研发，包括三位程序员和一位角色设计师。宫本茂表示，从《超级马里奥兄弟》开始，他就一直希望马里奥有一个恐龙伙伴。但由于任天堂 NES 性能限制，任天堂工程师无法将这样的角色添加到游戏中。到超级任天堂，性能问题不复存在，马里奥终于拥有自己的恐龙坐骑了。

下图为《超级马里奥世界》中，骑着恐龙的马里奥。

1990 年 11 月 21 日，《超级马里奥世界》随超级任天堂一起发布。它在全球售出 2061 万份，是超级任天堂上最畅销的游戏。对比同时代的《刺猬索尼克》，《超级马里奥世界》没有取得碾压式的胜利，只能说势均力敌。如果算上世嘉要从坑里爬出的难度，《超级马里奥世界》还要略逊一筹。毕竟任天堂的金字招牌，对游戏的推动效果要强许多。

宫本茂也公开承认过，他认为《超级马里奥世界》有些欠缺，收尾过于匆忙。

另外一款随超级任天堂发布的游戏是《F-Zero》，一款设定为未来世界的赛车游戏，玩家在“F-Zero”赛车锦标赛中展开角逐，目的是击败对手到达终点。《F-Zero》是当时家用游戏机中最快最流畅的3D效果赛车游戏，超级任天堂在它身上使用2D技术实现出第一款伪3D游戏引擎“Mode 7”（模式7）。模式7是超级任天堂实现的图形模式，它支持在逐步扫描基础上旋转和缩放背景，以制造不同的透视效果。用高度换深度，让玩家觉得看到的是3D图形。可惜的是，模式7只能用于背景缩放，不支持精灵图缩放。下图为《F-Zero》游戏画面。

在《F-Zero》后，大量第三方游戏公司开始使用超级任天堂提供的模式 7 开发伪 3D 游戏。如《最终幻想 4》《最终幻想 5》《最终幻想 6》《超级银河战士》《侏罗纪公园》等游戏。

《F-Zero》销量 285 万份，位列超级任天堂最畅销游戏榜单第 15。

SNES 的潜力还很大。许多时候，游戏机公司都不知道第三方游戏公司可以使用它们的硬件做出什么东西。超级任天堂提供模式 0 到模式 7，共 8 种模式显示游戏背景，这是早期游戏引擎的雏形。

游戏引擎

开发人员通过游戏引擎创建游戏，会极大地缩短开发过程。游戏引擎的核心功能包括：用于 2D 或 3D 图形的渲染引擎、物理引擎、声音、脚本、动画、人工智能、网络组件、内存管理器、线程、场景设计、过场动画等内容。游戏开发者还可以通过游戏引擎，将游戏快速移植到不同平台，节省开发时间。

在游戏引擎出现前，游戏与游戏之间往往是互相独立的实体。开发人员想在雅达利 2600 上开发游戏，必须从下而上开始掌握知识。也就是要从处理器、内存和显示硬件开始学习，最后到游戏的图形设计、逻辑和音乐。开发者需要精通各个环节的技术，倘若想将雅达利 2600 游戏移植到 NES 上，要重复一次这个过程。由于硬件不通用，大部分代码都会被丢弃。即便如此，移植还是很难保持原汁原味。

在这个前提下，游戏机公司将街机、家用游戏机和掌机的开发平台打通，是理所当然的选择。统一的开发平台，不仅可以降低开发成本，提高游戏发布效率，还可以降低开发人员的学习成本。

游戏引擎最早的案例是宫本茂团队为 NES 开发的横版滚动引擎，这套引擎 1984 年用于《越野摩托游戏》，实现画面变速控制。1985 年，宫本茂团队开发《超级马里奥兄弟》时，再次用到横版滚动引擎。

不只任天堂在设计降低开发成本的引擎，其他公司也都有这方面的研究和作品。比较有代表性的是 ASC Ⅱ公司创建的 RPG Maker，用于开发故事驱动的角色扮演游戏。Stuart Smith 创建的 Adventure Construction Set，用于开发图形冒险游戏。Strategic Simulations 公司创建的 Wargame Construction Set，允许用户创建、编辑和定制战略游戏，等等。

而游戏引擎的发扬光大，要从电脑游戏《德军总部 3D》（*Wolfenstein 3D*）开始，一款 DOS 平台的第一人称射击游戏。之后还有 Doom 引擎、Build 引擎，到 1998 年的 UE 引擎（Unreal Engine，虚幻引擎，游戏史上最佳引擎之一，由 Epic Games 开发）。下图为当下世界知名游戏引擎列表。

Epic Games 设计虚幻引擎时，提前考虑引擎和游戏内容的分离。这使得游戏开发不用从头开始构建工程，只需要设计图形、角色、武器、关卡等游戏内容。将引擎和内容分离，实际就是游戏工具开发和内容制作分离，能加速技术进步和专业化。

到现代游戏开发时，程序员成为团队中最少的人员。策划、美术、音乐人员，要数倍于程序员，这一切都归功于游戏引擎。

第五十二章 HAL研究所：任天堂第二方游戏

超级任天堂游戏榜

超级任天堂发布后，不像NES一骑绝尘，反而陷入对世嘉Genesis的苦战。为何？硬件的问题。超级任天堂发布较晚，硬件参数比世嘉Genesis要强出一线。这样都没形成压倒性优势，说明超级任天堂引以为恃的游戏阵营后劲不足。王牌《超级马里奥世界》，对上世嘉的《刺猬索尼克》也没有稳居上风。

超级任天堂和世嘉Genesis之间的大战再一次说明，电子游戏中艺术和技术的博弈。说来也可笑，想依靠“增强硬件”挑战任天堂的世嘉，最后却是通过游戏的数量和品质才获得前期优势。

超级任天堂销售排名靠前的游戏如下：

1. 超级马里奥世界，任天堂EAD，1990年11月21日，20,610,000份。

2. 超级马里奥全明星，任天堂EAD，1993年7月14日，10,550,000份。

3. 大金刚国度，Rare公司，1994年11月21日，9,300,000份。

4. 超级马里奥赛车，任天堂EAD，1992年8月27日，8,760,000份。

5. 街头霸王 Ⅱ：世界勇士，卡普空，1992年6月10日，6,300,000份。

6. 大金刚国度 Ⅱ：Diddy’s Kong的探险，Rare公司，1995年11月20日，5,150,000份。

7. 塞尔达传说：与过去的联系，任天堂EAD，1991年11月21日，4,610,000份。

8. 超级马里奥世界2：耀西岛，任天堂EAD，1995年8月5日，4,120,000份。

9. 街头霸王 Ⅱ：超级格斗，卡普空，1993年7月11日，4,100,000份。

10. 星狐，任天堂 EAD 联合 Argonaut 软件，1993 年 2 月 21 日，4,000,000 份。

11. 大金刚国度Ⅱ I：Dixie Kong 的双重麻烦！，Rare 公司，1996 年 11 月 22 日，3,510,000 份。

在 11—30 位之间，是卡普空、史克威尔和艾尼克斯的游戏，《街头霸王》系列、《最终幻想》系列、《勇者斗恶龙》系列。接下来是：

33. 龙珠 Z：超级武道传，东泽，1993 年 3 月 20 日，1,450,000 份。

34. 星之卡比超级明星，HAL 研究所，1996 年 3 月 21 日，1,440,000 份。

任天堂 EAD 是宫本茂领导的任天堂本部游戏研发，卡普空、史克威尔和艾尼克斯是任天堂的第三方游戏公司。列表中还有三个陌生的名字：东泽、Rare 公司和 HAL 研究所。这三家什么来头？

一家家来说。

东泽公司（Tose Co., Ltd.），是一家总部在东京的游戏开发公司。1979 年成立后，它开发过 1000 多款游戏，特别是开发由万代（著名玩具公司，拥有龙珠漫画的游戏改编授权）授权的龙珠系列。东泽公司的名字从不出现在游戏中，是游戏外包界的隐形大佬。Tose 公司表示："我们公司的原则是没有愿景。相反，我们遵循客户的愿景。大多数时候，我们拒绝将公司名字放在游戏上，甚至拒绝将员工的名字放在游戏上。"

为此，江湖称 Tose 为"幽灵开发者"。

Rare 公司和 HAL 研究所，是任天堂最重要的第二方游戏公司。

HAL 研究所和岩田聪

岩田聪（1959 年 12 月 6 日 – 2015 年 7 月 11 日），生于日本北海道大城市札幌。父亲从政，担任过市长。大概受父亲影响，岩田聪在中学时期就担任班长、学生会长等职务，展现出极强的领导能力。

1974 年，岩田聪开始接触计算机。通过洗碗兼职和家里的零花钱，岩田聪购买了第一台属于自己的计算机 HP-65，一台磁卡可编程计算器。惠普 1974 年发售的 HP-65，零售价 795 美元（相当于 2021 年的 4300 美元）。它拥有 9 个存储寄存器，可容纳 100 条指令，还有磁卡来读写程序。

是不是觉得它很不起眼？ 1975 年，美苏合作的人类第一个国际载人航天项目阿波罗－联盟号上，就带着两台 HP–65，它是外太空第一台可编程手持计算器。宇航员们要使用 HP–65 计算推进的机动参数，将其和阿波罗号机载计算机的结果对比。

岩田少爷的零花钱可不少。

1975 年，岩田聪进入北海道札幌南高中，他开始使用 HP–65 制作数字游戏。1978 年，高中毕业的岩田聪考入东京工业大学，主修计算机。上大学后，他获得自己第一台个人电脑 Commodore PET，一台使用 MOS 6502 为中央处理器的电脑。这款处理器在本书中出现过数十次，连接过无数华丽的电脑、游戏机和人物。

这是通用技术的优势，可积累，可成长。

大学期间，岩田聪开始在 Commodore 日本公司实习，协助首席工程师亚什寺仓完成硬件上的软件开发任务。虽说没有薪水，可岩田聪可以花更多时间在电脑上，并且了解更多的技术细节。亚什寺仓对教育岩田聪也是不遗余力，传授他许多硬件知识。

为更好地兼职和制作游戏，岩田聪和几个朋友在秋叶原租下一套公寓，成立游戏俱乐部。同学们称之为“岩田游戏中心”。1978 年，日本第一个电脑体验店在池袋的西武百货开业，岩田聪经常去那里运行他设计的程序。生性开朗的他，结交了一帮摸鱼的朋友。其中就有松冈智、营义伟、羽生昭夫、谷村正仁等人。松冈智家附近是韩国大使馆，他们自称“泡菜兄弟”。

1980 年 2 月 21 日，岩崎技研工业投资成立 HAL 实验室，由 1 名员工和 6 个兼职学生组成。池田光博担任 HAL 首任社长，他也跟岩田聪等人熟识。HAL 这个名字的来由十分大气。一说是将 IBM 的字母，在字母表中每个向前移动一位。如 I 向前移一位就是 H，B 向前移一位就是 A，M 向前移一位就是 L，得到“HAL”。另一说是来源于著名科幻小说《2001：太空漫游》中那位 HAL9000 的反派人工智能。不管 HAL 怎么来的，它都成为岩田聪工作的第一站。

1978 年，南梦宫发布爆款游戏《太空侵略者》。1980 年，日本正在《太空侵略者》的热潮中，HAL 研究所开始进军游戏研发。岩田聪和同事发明出一个硬件设备，叫作 HAL PCG-6500 Graphics Board，它可以让只有字符集显示的计算机显示图形。岩田聪依赖 PCG 创作游戏，最先就是抄袭《太空侵略者》，下图为 HAL 研究所使用 PCG 复原的《太空侵略者》。

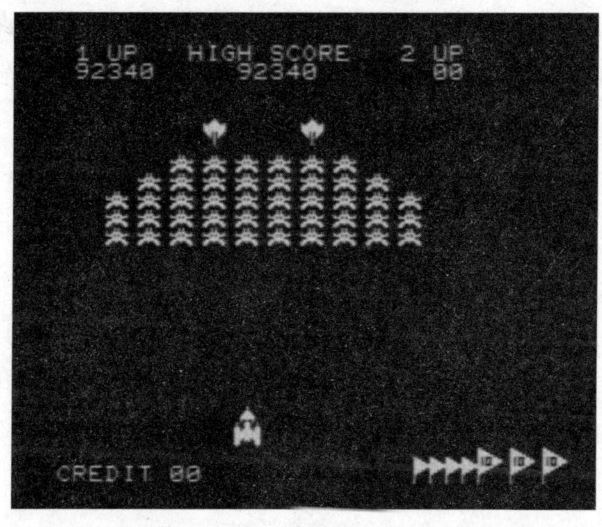

凭借极强的技术实力，HAL 研究所成为第一家拿到南梦宫授权移植电脑游戏的公司。南梦宫还拿着和 HAL 研究所的协议，用来跟其他想移植南梦宫游戏的电脑游戏公司谈判。

岩田聪在 HAL 研究所的工作十分开心，1982 年大学毕业后，他全职加入 HAL，是 HAL 的第五位正式员工。岩田聪主要担任程序员、工程师、设计师，兼点外卖和打扫卫生等工作。他的市长父亲十分不理解该选择，父子因此事足有 6 个月没有联系。

1983 年，任天堂 FC 和 MSX（一种标准化的家用电脑体系架构，由 Microsoft 和 ASC Ⅱ公司在 1983 年 6 月 16 日发布）发布。

岩田聪找到任天堂，希望可以开发 FC 游戏。HAL 研究所花了 2 个月时间完成一款名叫《Joust》（由 Williams Electronics 开发，1982 年在街机平台发行的游戏）的游戏 FC 移植，最终却因为种种原因没有发布。不过这场经历，足以让岩田聪熟悉 FC 游戏的开发过程，接下来移植的游戏是《气球大战》（*Balloon Fight*），一款类似《Joust》玩法的游戏。

上述两款游戏都不算成功，让 HAL 研究所真正成为任天堂密切合作伙伴的游戏是 NES 版《马里奥高尔夫公开赛》（*Open Tournament Golf*）。

《马里奥高尔夫公开赛》内容十分复杂，设计中包括美国课程、日本课程和英国课程的高尔夫比赛，共有 18 部课程。要将这些课程放到容量极小的 ROM 卡里，几乎是不可能的任务。任天堂找过几家软件公司，全被拒绝。只有岩田聪初生之犊不畏虎，接下这活。

能者无所不能，岩田聪完成的《马里奥高尔夫公开赛》非常成功。

1988 年，宫本茂到 HAL 研究所拜访，两位天才青年就此相遇，成为一生的至交好友。

1989 年，HAL 研究所又迎来一位天才员工樱井政博。这位帅哥刚从学校退学，想成为全职游戏设计师。可由于技术不精，只能在秋叶原的一家电脑零配件商店卖零配件。在岩田聪邀请下，樱井政博加入 HAL 研究所，谁也不知道他会成为《星之卡比》的创造者。

接手 HAL 研究所

HAL 研究所成立之初，并没有想过只为任天堂 FC 开发游戏。随着跟任天堂的合作深入，岩田聪强大的编程能力在任天堂声名鹊起，许多搞不定的项目都会发送到 HAL。《F1 Race》也是岩田聪完成的项目，是第一款具备光栅滚动功能的 FC 游戏。《F1 Race》的成功，对任天堂后续游戏《F- Zero》和《马里奥赛车》均有帮助。

电子游戏初期，真正的游戏制作人概念并不存在，他们不具备跟电影导演一样生杀予夺的大权。自由裁量权，往往掌握在程序员手里。强大的编程能力，设计游戏的悟性，极佳的沟通能力，性格谦逊温和，年纪又轻的岩田聪，进入任天堂的掌门人山内溥的视线内。

在任天堂有意扶持下，HAL 研究所蒸蒸日上。

1987 年，HAL 研究所立项一个新游戏《金属之光》（*Metal Slader Glory*）。由漫画家星吉见担任制作人，负责编写脚本，规划游戏玩法，绘制角色和动画，他具有极高的设计裁量权。来 HAL 之前，星吉见是一位自由职业者。他对高达模型十分痴迷，喜欢为其绘画。他还画过一部名为《Fixallia》的漫画，还没完成就被取消了，可见星吉见的漫画师职业路途并不顺利。

漫画事业不顺利，游戏美术事业却很顺利。他为 HAL 研究所的《Gall Force》《Keisan Game: Sansuu 5+6 Nen》《Fire Bam 》等游戏做过美术，很被岩田聪待见。HAL 研究所不是大公司，给星吉见开的薪水并不高，他只能边画漫画边在家里啃老，就指望游戏大卖后的版税赚钱。

就这样，《金属之光》进入开发，由岩田聪协助编程。

星吉见很有想法，他设计的游戏故事十分庞大。受技术和 ROM 容量限制，只能在开发过程中不断删减。内容砍掉一半，还是个内容极大的游戏。长达 1 年的初步开发过后，HAL 研究所又花了 3 年时间才完成游戏的全部编程和图形渲染。

FC 无法显示自由绘制的图形，只能显示像素块。为显示更大更精细的游戏场景，HAL 研究所不得不花费巨量时间来制作像素图片。

《金属之光》开发期长达 4 年，内容高达 1 MB，是 FC 上开发时间最长、造价最高的游戏。许多家用游戏机从发布到停产都没经历 4 年时间，只能说 HAL 研究所属于花样作死。

如此大的游戏包，HAL 研究所在发售游戏时，只能选择成本最高的游戏卡。

任天堂 FC 前后支持过 10 多种游戏卡类型，CNROM 是最早的游戏卡格式。为提高游戏卡存储量和数据读取速度，任天堂又研发出名为 MMC 的专用游戏卡芯片。MMC 共有 6 个主要型号，分别是 MMC1—6。下图为 MMC1，允许切换不同的存储库，程序 ROM 可选择 16KB 或 32KB。

MMC 系列游戏卡中最贵的是 MMC5，技术也最先进。它支持 1KB 额外 RAM，还支持改进图形功能，理论上能支持 2MB 游戏 ROM。可 MMC 上从来没有装载过 1MB 的游戏，大家对此都没有经验。尽管如此，《金属之光》还是只能选择 MMC5，成本高上天。即便在任天堂的支持下，《金属之光》发售价格也高达 8900 日元。而一台 FC 游戏机的价格，

也不过 14800 日元。

1991 年 8 月 30 日，《金属之光》正式发售。结果凄惨，销售额连游戏的广告费都不够，HAL 研究所血亏。同年，HAL 研究所还在日本山梨县兴建开发中心基地，想炒作一把房地产。1992 年日本经济紧缩，HAL 研究所现金流直接断裂。6 月 22 日，HAL 研究所被迫申请破产，总负债金额高达 50 亿日元。

又是一个“游戏选得好，破产破得早”的现实案例。

被迫无奈，岩田聪找到任天堂求助。山内溥答应驰援 HAL 研究所，可有一个附加条件——HAL 研究所必须由岩田聪担任社长，否则免谈。

1993 年 3 月，岩田聪正式担任 HAL 研究所社长。HAL 研究所员工缩减一半，仅保留 40 多人。通过资产处置，公司债务减少到 16 亿日元，需在 6 年内还清。岩田聪带领 HAL 研究所的员工，凭借《星之卡比》《Mother》系列游戏，顺利在 6 年内还清债务。

HAL 研究所是任天堂第一个申请破产的第三方游戏公司，这让任天堂有机会收购第三方游戏公司股份，形成更为密切的合作关系——第二方游戏公司。而第二方游戏，成为任天堂反击世嘉的主力军。

第五十三章　RARE 公司：隐士极客

Rare 公司

对比需要山内溥援手的 HAL 研究所，Rare 公司的故事要有趣得多。Rare 是怎么成为任天堂的第二方游戏公司的呢？

1958 年，克里斯・斯坦普（Christopher Stamper）在英国出生。他从小就对电子产品有浓烈兴趣，小学就制作过示波器。斯坦普的大学时代在英国莱斯特郡的公立研究型大学——拉夫堡大学度过。他开始自学编程，并自制出带 8 位处理器的计算机套件（类似 Apple I）。1981 年，克里斯・斯坦普大学毕业，开始全职从事编程工作。主要工作是帮助街机公司解决软件错误，以及将街机《太空侵略者》转制为《小蜜蜂》。

业务不错，克里斯说服亲兄弟蒂姆・斯坦普（Tim Stamper）加入。两人在街机销售公司 Associated Leisure Sales 担任工程师，公司还有他的大学同学约翰・拉斯伯里（John Lathbury）。从 Associated Leisure 离开后，他们加入 Zilec Electronics，一家街机游戏移植公司。Zilec Electronics 主营业务是接受街机制造商，如科乐美和世嘉的委托移植游戏。因此斯坦普兄弟会经常去日本出差，在那里，他们了解到日本电子游戏产业的蓬勃发展。

在 Zilec Electronics 工作期间，克里斯自学并掌握 Zilog Z80（基于 Intel 8080 的 8 位处理器）的编程技术。

1982 年，在莱斯特郡阿什比镇，斯坦普兄弟、拉斯伯里和蒂姆女友卡罗尔・沃德（Carole Ward）四人一起创办阿什比电脑图形公司（Ashby Computers and Graphics）。前几个月没有钱，四人只能把各自荷包里的

零钱集中起来支付账单。公司由克里斯和约翰负责编程，蒂姆和卡罗尔负责美术运营，卡罗尔还要兼职秘书。

1982年是电子游戏史上的重要年份。霍金斯在红杉资本的办公室奋笔疾书EA的商业计划书。艾尼克斯的福岛康博正在举办第一届编程大赛。而雅达利，正在迎接最后一次高光时刻。

阿什比公司的第一款游戏是《Jet Pac》，1983年发布在ZX Spectrum电脑上。该电脑是ZX Spectrum Sinclair Research开发的8位个人电脑，1982年4月23日在英国首发，后成为英国最畅销的个人电脑。阿什比公司没使用公司名称发布游戏，而是创建一个新名字“Ultimate Play the Game”，并将此作为阿什比游戏的发行品牌使用。

该游戏售出300,000份，为阿什比公司带来约100万英镑的收入，这让斯坦普兄弟的荷包鼓了起来。图为《Jet Pac》游戏宣传画，写着Ultimate Play the Game制作。

2 年后，Ultimate 成为英国最佳游戏品牌。陆续发布新游戏《Atic Atac》《Sabre Wulf》《Knight Lore》《Lunar Jetman》。这些游戏都带着鲜明的 Ultimate 风格，画面精致，可玩性强。也许是之前做过太多的移植工作，斯坦普兄弟更喜欢开发新游戏而非对旧游戏重新编程。

兄弟俩长期隐居在阿什比小镇，不参加任何行业会议，也拒绝接受采访。他们并非重型社交恐惧症，而是认为“游戏”是公司最好的发声工具。做好游戏就可以，无须废话。二人言行一致，每周工作 7 天，每天工作 18 小时，下班时间只有凌晨 2:00 和早上 8:00。斯坦普兄弟认为，“Part Time 的工作，只会生产出 Part Time 的游戏”。

坑人的是，他们自己全心全意投入也就算了，还要求公司团队也这样投入。比起斯坦普兄弟的工作时长，“996”还真是福报。

蒂姆·斯坦普说：“We feel that a 9-to-5 work ethic produces a 9-to-5-type of game.”

“朝九晚五游戏”，贬义词。

Ultimate 的前 2 年创业期内，斯坦普兄弟只休息过 2 天，2 个圣诞节。

蒂姆曾订制过一台兰博基尼，马上登上英国媒体头条。他辩称是其辛勤工作的奖励，这说明二人并非不懂享受。在游戏上超长时间的工作其实只有一个原因——热爱。两兄弟古怪的行为，成为英国其他游戏开发商的谈资，不过燕雀安知鸿鹄之志哉。

1984 年 11 月，Ultimate 发布 ZX Spectrum 电脑平台的动作冒险游戏《Knight Lore》（《骑士传说》）。在新闻稿中，他们宣布该游戏是新类别冒险游戏的开端，并且是“48K 软件开发的顶峰”。《骑士传说》中，Ultimate 正式推出自己的游戏引擎 Filmation，一款等距透视引擎。《骑士传说》之前，也有一些基于等距透视处理的游戏，比如之前介绍过的世嘉《Zaxxon》。

《骑士传说》发售后，Ultimate 还推出过多款基于 Filmation 引擎的游戏，如《Alien 8》《Pentagram》。1985 年，Ultimate 对引擎升级屏幕滚动后，又发布《Filmation Ⅱ》，《Filmation》的续集。

偏爱任天堂

1983 年，任天堂 FC 发布。

1984 年，通过日本街机行业的关系，斯坦普兄弟搞到一台 FC。经过对 FC 的拆解和分析后，斯坦普兄弟认定：FC 会是电子游戏的未来。它比 ZX Spectrum 性能更好，是面向全球游戏市场的设备。1985 年，斯坦普兄弟成立一家独立公司 Rare Designs of the Future，即 Rare。新公司目标市场十分清晰——蓬勃发展的电子游戏机。Rare 第一项工作就是通过极客手段深入了解 FC 的每一项能力，俗称“逆向工程”。

8 个月后，Rare 对 FC 的逆向工程成功。斯坦普兄弟将公司一部分股权出售给 U.S. Gold（U.S. Gold Limited，一家位于英国伯明翰威顿的英国视频游戏发行商，专门在英国发售美国游戏）。他们准备放弃 ZX Spectrum，ALL in 任天堂 FC。

好好的英国游戏开发商大哥不干，要去给任天堂当小弟。斯坦普兄弟在想什么呢?

在斯坦普兄弟眼里，在什么平台做游戏，以什么地位做游戏并不重要。重要的是：全心全意地做游戏。制作游戏这件事，本身就是奖励。Rare 的特质和任天堂很像，只有把“制作游戏”本身当作事业的公司，才可以穿越时间的长河。

热爱是电子游戏行业最“Rare”（英文释义：稀有的、珍贵的、稀少的、稀罕的）的天赋，不热爱游戏，不可能做出好游戏。

任天堂认为 FC 不可能被逆向工程，更不相信 Rare 公司仅凭一台游戏机就可以搞明白 FC 的开发过程。眼见为实，斯坦普兄弟带着自己开发的游戏 DEMO（英文 Demonstratio 的简写，一般指还没完成制作的游戏演示）来到日本，在荒川实面前实地演示。

Rare 的成果让任天堂大为震撼，真有对电子游戏技术有如此深入理解的公司。为此，任天堂给 Rare 开出史上最为优厚的第三方游戏公司条件：无限开发预算，无限游戏数量。Rare 拿到比任天堂亲儿子还要好的待遇，正式成为任天堂第一个非日本的第三方游戏开发商。

回到英格兰后，公司将余下的股权和剩下的Ultimate 游戏，《Cyberrun》《Pentagram》《Martianoids》《Bubbler》一股脑卖给 U.S. Gold。虽说 ZX Spectrum 仍是英国最畅销的电脑，可斯坦普兄弟对此毫不在意。

1987 年，最后一个 Ultimate 游戏发布。

斯坦普兄弟和 Rare 搬离阿什比小镇，来到小镇 7 英里外的小村庄 Twycross，特威克罗斯。这是莱斯特郡一个不知名的小村庄，有多小呢？到 2011 年英国人口调查时，村子人口也才 850 人。村子西边有个 18 世纪修建的农场，当地人称 Manor Farmhouse。新公司附近只有谷仓、一群聒噪的大公鸡和鸭子。

斯坦普兄弟很满意这个地方，偏僻的办公场所让其心态放松，并且耳目一新。Manor Farmhouse 成为 Rare 的新总部，下图为 Rare 发布的当年公司照片和扩建后的样子。

斯坦普兄弟彻底退出为英国市场开发电脑游戏的行列，开始为在英国没多少知名度的 NES 开发游戏。离群索居的兄弟俩终于离开聚光灯，

成为乡间隐士。在英国，不再有媒体对他们的工作内容产生好奇。

从英国最佳电脑游戏公司，改旗易帜成为任天堂全力支持的第三方游戏公司，Rare 算独一份。

五年磨一剑

1986 年 10 月 18 日，Rare 为任天堂发布首款游戏《障碍滑雪赛》（*Slalom*）。《障碍滑雪赛》最初在任天堂街机 VS 系统上发布，1987 年 3 月发布 NES 版。NES 版《障碍滑雪赛》表现不错，总销量达到 50 万份。随后，Rare 在美国佛罗里达州迈阿密成立分公司，负责 Rare 美国业务，与 Acclaim、GameTek、Tradewest 和 Milton Bradley、世嘉、EA 等发行商合作。图为《障碍滑雪赛》启动画面，已打上 Rare 公司标识。

1985 年到 1990 年间，任天堂 NES 横扫日美市场，斯坦普兄弟躲在特威克罗斯专注游戏开发。他们为 NES 和 Game Boy 制作过 60 多款游戏，也为世嘉 Genesis 和 Game Gear 制作过少量产品。作为任天堂重要的合作伙伴，他们心无旁骛，一心制作游戏。

Rare 失去英国最佳游戏开发商的位置，可它现在的战场已不在大不列颠，而是全球市场。斯坦普兄弟毫无怨言地完成所有任天堂交代的工作，虽然没研发出《街头霸王》那种神作，但也有一些小精品游戏。比如《Snake Rattle 'n' Roll》，就是NES上非常优秀的等距视角3D游戏。随着任天堂NES保有量逐步增加，斯坦普兄弟赚得盆满钵满。

1988年，任天堂和索尼达成协议，研发支持CD-ROM任天堂游戏机，希望借此拿回市场统治地位。1991年，任天堂发现协议中的漏洞，只能抛开索尼转与飞利浦合作，任天堂计划中的新游戏机就这样烟消云散。第三方公司Rare人小言微，这种级别的大战，边都摸不到。

1990年11月21日，超级任天堂发售。它和世嘉Genesis一场大战，难分胜负。

1993年8月23日，任天堂宣布和Silicon Graphics公司合作开发新游戏机"Project Reality"的项目计划。Silicon Graphics是一家美国的高性能计算机制造商，1981年在加利福尼亚州山景城成立，早期的代表产品是3D图形工作站。因为其在电脑图形上的专业性，成为任天堂下一代游戏机的技术合作商。

NES，SNES，再到Project Reality，第三方游戏开发商是付出代价最多的一方。游戏机厂商升级主机，一般都会更换处理器和图形芯片，大幅调整开发工具。这对第三方游戏公司是一场成本极高的活动，同一款游戏要移植到不同平台，需要反复做同样复杂的工作。

Silicon Graphics的设备和授权都非常昂贵，每个工作站的成本约为80,000英镑。Rare想成为第一批吃螃蟹的游戏公司，就不得不承担失败的巨大风险。可如果不进入第一批名单，又没办法吃到最肥的那块肉。这种风险，放别的公司可能还要多考虑一下。但对Rare完全不是问题，他们义不容辞地加入Project Reality。

1994年3月，Rare成为首批支持Project Reality游戏机的开发商之一。

Rare的无脑挺任，却是无心插柳。

在使用Silicon Graphics图形工作站开发套件时，Rare发现一种将照片般逼真的图形、光源和动作捕捉结合到16位SNES中的办法。这种方法就是Advanced Computer Modeling（高级计算机建模，ACM）。

在 Silicon Graphics 的开发工具中，有一套工具包 Power Animator，它高度集成工业 3D 建模、动画和视觉效果套件，创建者是 Alias Systems Corporation（Alias Systems 后被著名软件公司 Auto Desk 收购，Power Animator 就是著名软件 3D 图形软件 Autodesk Maya 和 Autodesk Alias 的前身）。

Rare 公司使用 Power Animator 工具创建出一款街机游戏《Super Battletoads》。之后，Rare 又制作出一款格斗游戏《杀手本能》（*Killer Instinc*）。1983 年，任天堂美国 CEO 霍华德·林肯（Howard Lincoln）在欧洲例行出差。他发现 Rare 竟然鼓捣出这么厉害的技术，连忙将其汇报到日本总部。下图为著名游戏《杀手本能》游戏画面。

1995 年 4 月 18 日，任天堂收购 Rare 公司 25% 的股份。他们还不是很放心，将持股比例逐步提高到 49%。Rare 公司成为任天堂首家日本外的第二方游戏公司，关系是亲上加亲。Rare 公司将员工人数从 84 人扩大到 200 多人，并且在 Manor Farmhouse 附近建起一个全新的开发基地。

任天堂持股后，斯坦普兄弟没有躺平，仍然每天工作 15 小时以上。身为董事长和技术总监的克里斯，每天都在写代码。总经理蒂姆，每天都在为游戏绘画。两人最小的弟弟，斯蒂芬也参加到 Rare，担任运营总监。

老板带头卷，公司可以卷出天际。

任天堂希望 Rare 用新技术创建其旗下角色的衍生游戏，斯坦普兄弟提出要开发任天堂最古老的 IP——《大金刚》。从马里奥出现后，《大金刚》

中的大猩猩就一直被关在冷宫，当正派不对，当反派也不行。

任天堂同意斯坦普兄弟的请求，由宫本茂指导，Rare 的《Donkey Kong》项目组正式成立。项目共 20 人，开发周期 18 个月，预算 100 万美元。为此，项目组成员还特意参观了特威克罗斯动物园，观察并拍摄到真正的大猩猩。

那么小的村子，竟然还有动物园？

1994 年 11 月 18 日，Rare 公司在 SNES 发布游戏《大金刚国度》（*Donkey Kong Country*）。这款在 16 位 SNES 上运行的游戏，一度被认为是 64 位游戏机才有的效果。《大金刚国度》凭借其精细的图形和流畅的动画，创造出销售奇迹。1994 年的最后 40 多天，游戏销量就达到 610 万份，成为“史上销量最快”的电子游戏。同期，世嘉 Genesis 也推出可以将两款索尼克游戏合并到一起的游戏《索尼克和纳克鲁斯》（*Sonic & Knuckles*）。下图为《大金刚国度》游戏画面。

对上马里奥丝毫不怵的索尼克，却败在 Donkey Kong 手中。

《大金刚国度》，销量 930 万份。《大金刚国度 Ⅱ》，销量 515 万份。《大金刚国度 Ⅲ》，351 万份。在任天堂超级 NES 对世嘉 Genesis 一战中，靠着第二方游戏的爆发，任天堂侥幸没有被拉下马。在《大金刚国度》系列游戏的鼎力支持下，超级 NES 的销量在 1995 年，也顺利反超世嘉 Genesis。

下次，任天堂还有这么好运吗？下图为 1994—2003 年，Rare 公司启用的新标识，金字招牌，金光闪闪。

第五十四章　索尼：大器晚成的久多良木健

任天堂支持横井军平的“枯萎技术的横向思维”，也将其贯彻到产品开发中，可任天堂并非对技术创新没有追求。与之相反的是，任天堂不仅有技术追求，而且对新技术也有极强的敏感性。

因为这点，任天堂还吃过几次大亏。

1980年到2000年是电子消费品爆炸的20年，以摩尔定律为基础，新产品新技术井喷。这20年里，大家在新技术上频繁出现路线和标准之争，如液晶和等离子，闪存和微硬盘，多晶硅和单晶硅。技术路线就像一场赌博，赢了没什么可喜的，后面还要赌。输了，就是粉身碎骨。

用今天的结果去看，各种技术路线自然清晰无比。可对于处在时代旋涡中间的企业，看得都非常模糊。电子游戏行业，早期一个重要的技术路线分歧就在于“ROM卡还是CD-ROM”。

ROM卡和CD-ROM

游戏卡是游戏机最重要的组件，是电子游戏的载体。

1972年，第一款家用游戏机米罗华奥德赛开始使用一种“跳线卡”作为游戏卡，用来完成游戏的更换。跳线是简单粗暴地关闭、打开或绕过电子电路的设计。通过跳线卡，米罗华奥德赛可以在电视上生成控制和交互的形状。缺点是只能产生黑白图形，没有声音。下图为米罗华奥德赛游戏卡的PCB（印刷电路板）图。

1976年，仙童公司的非裔美国工程师杰瑞·劳森（Jerry Lawson，1940年12月1日—2011年4月9日）等人在Alpex公司授权下，开发出新的电子游戏存储技术：将游戏作为软件存储在可移动ROM卡上。劳森是计算机爱好者组织自制电脑俱乐部（Homebrew Computer Club）早期成员之一。这个组织十分知名，会员中有乔布斯、沃兹尼亚克和一些计算机行业的先驱。

1976年，ROM卡作为仙童Channel F家用游戏机的一部分首次亮相。游戏机没有取得像样的商业成绩，可ROM卡却成为电子游戏机的标准配置。ROM卡的出现，让游戏机厂商将游戏机制作和电子游戏设计分离开来，加速专业化分工和技术进步。大量第三方游戏厂商因此出现，电子游戏行业迎来第一次繁荣。

将ROM卡称为电子游戏行业重塑的关键要素，毫不为过。

ROM卡有许多优点，它是一种类似内存的介质，游戏机不用传输数据就可以直接加载和读取内容。ROM卡还可以制作成许多不同的尺寸，如适配Game Boy掌机的小卡。此外还十分坚固，不容易损坏。

其缺点也不少，最核心的是容量较小，制作成本高。成本高会带来的一个显著问题是，“当游戏卡卖不出去时，库存就够第三方游戏厂商喝一壶”。雅达利的主要财务损失，就源自数百万张卖不出去的游戏卡，只能当电子垃圾埋掉。

游戏卡的总销量十分惊人，销售额和利润远高过游戏机。1983 年到 2013 年，仅任天堂一家公司就售出 29.1072 亿张 ROM 卡。

对比另外一种游戏存储介质“CD–ROM”，ROM 卡容量大小和制作成本有明显劣势。

CD- ROM，光盘，是一种包含数据的存储介质。光盘的前身是 MCA（Music Corporation of America，美国音乐公司）和飞利浦共同开发的 LD（LaserDisc，激光盘）。区别在于 LD 使用模拟过程对信息编码，而 CD 是数字编码。

1979 年到 1980 年间，日本电气工程学博士土井利忠和荷兰科学家基斯·伊明克（Kees Immink）在索尼和飞利浦的项目组工作，工作目标是完成数字音频光盘播放器。二人定义出一套光盘数字音频（CD–DA）规范，并且用这种格式来保存所有数据。1983 年，索尼和飞利浦继续完善这套规范，称之为“黄皮书”。1984 年，CD–ROM 格式在日本第一届 COMDEX 计算机展推出。1985 年 11 月，由微软、飞利浦、索尼、苹果和 DEC 等计算机行业公司共同制定出一套新的 CD–ROM 规范。1986 年 3 月，向公众提供的第一批光盘产品《格罗里学术百科全书》（*Grolier Academic Encyclopedia*），在微软 CD–ROM 会议上发表。

1988 年 12 月 4 日，NEC PC Engine 率先发布支持光盘的游戏机 TurboGrafx–CD/CD–ROM²。它的命运和仙童 Channel F 一样——率先使用游戏新存储介质，却只是一位探路者。

电子游戏，不仅是技术，也是艺术。能否持续做出好的游戏，才是竞争的关键。

Super NES CD–ROM System

Super NES CD–ROM System 的名字很长，可配方很熟悉。“Famicom”加“Disk”，就成了“Famicom Disk System”。“Super NES”加“CD–

ROM”，就是“超级任天堂 CD 系统”（Super NES CD-ROM System）。在解决 ROM 卡容量不足的问题上，任天堂也算是煞费苦心。

索尼是全球视听领域电子消费品的巨无霸，1979 年 7 月，索尼发布 Walkman（随身听）。在盛田昭夫领导下，1980 年 2 月，Walkman 开始在全球销售。到 1998 年，Walkman 全球销量突破 2.5 亿部，被称为史上最为畅销的电子消费品，是日本之光。作为 CD-ROM 技术标准的起草者，索尼在 1984 年又发布 CD 版 Walkman——CD Walkman。

视听霸主索尼，在“听”上无人能敌，可在“视”上却是一路惨败。录像机标准格式之战中，索尼在 JVC 和松下联手下惨败。痛定思痛，盛田昭夫认为最好的硬件必须和最好的内容结合，才能有效地掌控市场。1989 年 9 月 25 日，索尼陆续兼并 CBS 旗下的哥伦比亚影业、哥伦比亚唱片和三星影业等公司，让其成为索尼影视娱乐的一部分。为此，索尼共支付 60 亿美元。

到 1994 年，该投资已巨亏 27 亿美元，成为 1994 年日本公司亏损之最。

跟索尼比起来，任天堂只算是消费电子的小弟弟。可为使用新的游戏存储介质，任天堂再次选择手握 CD-ROM 关键技术的索尼。

本篇故事的主角，要从索尼数字研究实验室一位小小的硬件工程师久多良木健说起。

久多良木健，1950 年 8 月 2 日出生于日本东京。他家不算特别富裕，可也是小康之家。父母经营一个小印刷厂，从小就鼓励他多动手，多学习印刷厂的事务。久多良木健老实听话，每天放学后就在印刷厂工作，尽心尽责。他是个成绩非常优秀的学生，读书时人称“全 A 学生”。跟其他人一样，久多良木健也十分喜欢拆解电子产品。出于对电子技术的热爱，他考入日本电气通信大学，一所位于东京调布市的国立大学。

获电子学学位后，久多良木健加入索尼。在索尼工作期间，他成长为一位优秀的硬件工程师，同事称他是“出色的问题解决者”。久多良木健参与过索尼 LCD 技术和数码相机项目，都有卓越的表现。

1989 年，久多良木健看到女儿在用任天堂 FC 玩游戏。作为视听公司的资深工程师，他立刻发现游戏和视听结合的巨大潜力。这位生活平淡且枯燥的中年人，开始秘密工作，为超级任天堂设计声音芯片。久多良木健设计的芯片叫 SPC700，用来处理超级任天堂的音频。下图为索尼 SPC700 芯片。

久多良木健对任天堂的工作完全是个人行为，被公司发现后，索尼高管们十分愤怒，提议将他开除。此事被索尼 CEO 大贺典雄得知后，他力保久多良木健。开发芯片是久多良木健的本职工作，索尼因此多个客户，有什么不好的？就这样，久多良木健才保住饭碗，完成 SPC700 的开发。

大贺典雄（1930 年 1 月 29 日—2011 年 4 月 23 日），生于静冈县沼津，毕业于东京艺术大学音乐部，主修男中音。他对电工也有很兴趣，学生时代已经自己动手攒扩音机。大贺典雄上大学时，就写信向东京通信工业（索尼前身）提出有关录音机改良的建议，获索尼创始人盛田昭夫和井深大的赏识。索尼掏钱让他到德国柏林艺术大学音乐系学习声乐，在德国时，他与全球最顶尖的指挥家赫伯特 · 冯 · 卡拉扬（德语为 Herbert von Karajan，任柏林爱乐乐团首席指挥长达 34 年之久）成为好友。学成回国后，盛田昭夫邀请他加入索尼，负责产品和品牌工作。大贺典雄开始索尼员工和歌唱家的双料生活，直到一次他在演出时睡着错过出场，他才选择索尼为终身事业。

大贺典雄 40 岁开始担任索尼唱片公司总裁，是索尼内部最年轻的总裁。1982 年，他正式担任索尼社长，是盛田昭夫的接班人，是拯救索尼于水火的传奇 CEO 出井伸之的伯乐。工作之余，他还是位指挥家，兼任日本爱乐乐团的理事长。

在这种强力人物的支持下，久多良木健开始和任天堂展开更深入的合作。CD 格式的起草者，已量产多款 CD 播放器的索尼，解决支持超级 NES 的 CD 系统自然不在话下。

有久多良木健和 SPC700 芯片做基础，任天堂和索尼签订合作协议。索尼为超级 NES 开发 CD- ROM 系统，让超级 NES 既支持游戏卡也支持 CD- ROM。这套附属系统，暂定名为“Play Station 或 SNES CD-ROM”。

索尼制作过 MSX 标准的电脑，有丰富的硬件制造经验，自然知道个人电脑和家用游戏机几可忽略的差异。虽说任天堂和索尼的协议是制作 CD-ROM 附属系统，可索尼还计划开发一款能兼容 SNES 游戏卡的索尼游戏机。

这款索尼游戏机既可以使用 SNES 游戏，还可以播放索尼设计的“Super Disc”CD 格式。理所当然，Super Disc 格式的全部权益属于索尼。

按照双方签订的协议，索尼拥有超级 NES 上 CD 系统的开发权，并可以从发布的 CD 游戏中获利。此外，索尼还可以借此开发比超级任天堂更强大游戏机，拥有全部 CD 游戏权益。任天堂在新系统中获得什么呢？貌似只有 ROM 卡游戏了。不过，那本来就是任天堂的啊。

按这个剧本走下去，索尼游戏机可以兼容任天堂游戏卡，而任天堂制作的 Super Disc 却无法在索尼游戏机上运行。任天堂这是想自毁长城吗？

猜测这项协议的签订，大概率是因为任天堂的自大。坐拥游戏卡每年数亿张的销量，任天堂并不是十分重视 CD- ROM 技术。从历史的经验来看，新技术失败概率极高。就算被索尼鼓捣出来了，他们懂游戏机吗？

这个事情，如果索尼低调点，估计就会按剧本往下演。索尼偏不。任天堂在游戏机行业是巨无霸，可索尼是全球性品牌，世界财富 500 强前 50 位的超级公司。任天堂在索尼眼里，不过是个玩具公司。

索尼 SPC700 是超级 NES 唯一音频芯片供货商，为更好地在游戏中使用音频效果，任天堂每年都要向索尼支付高额的开发工具使用费。山内溥对索尼日益不满，特别是索尼声称也要制作电子游戏机，让他十分警惕。

荒川实屡次规劝岳父，索尼狼子野心，不得不防啊。

这时，山内溥有点后悔几年前签的合同过于托大，好在还有翻盘的机会。他安排荒川实和霍华德·林肯飞到荷兰，找到飞利浦寻求合作。作为米罗华的母公司，飞利浦和任天堂因为侵权打过好几次官司。这次却既往不咎，因为合作再次坐到谈判桌前。飞利浦为何愿意跟任天堂合作呢？因为它是索尼在视听领域最大的竞争对手。

敌人的敌人，就是我的朋友。The enemy of my enemy is my friend.

1991 年 6 月，久多良木健带着索尼全新 CD- ROM 游戏系统“Play Station”参加芝加哥 CES 展，公布任天堂和索尼将合作开发一款全新的 CD- ROM 游戏机的计划。他开始一顿吹嘘，索尼将依靠其在音乐和电影的领导地位，打造一个远远超过电子游戏业务的泛娱乐阵营。

收购哥伦比亚亏得鼻青脸肿的事，只字不提。“远远超过电子游戏业务”的说法，却引起任天堂的迅速反弹。远超什么的，说得有点早了。下图为少数存于世上基于超级任天堂的 Play Station 原型机，同时支持 ROM 卡和光盘。

临场翻脸

在索尼宣布和任天堂合作第 2 天，霍华德·林肯走上 CES 展台，公开宣布，已和飞利浦达成关于超级 NES 光盘系统的合作开发协议。

这个事怎么说呢？有点像小索今天宣布，跟小任结婚了。大家刚恭喜完，还来不及发朋友圈。第二天就发现小任正在跟小飞闹洞房，场面还挺热闹。

大卫·谢夫在《Game Over》一书中写道："飞利浦交易"意味着两件事：让任天堂恢复其对软件的控制权和优雅地搞垮索尼。

在 CES 展开幕前两天，久多良木健就得知此事。他和飞利浦、任天堂都沟通过，没有结果。只是没想到任天堂的反击来得如此迅捷，如此凶猛，简直是一点面子都不给。

索尼哪里受过如此奇耻大辱，这下仇结大了。

为何索尼如此有信心，任天堂不会公开跟飞利浦的合作？因为任天堂的行为不仅造成商业违约，还可能受到商业道德审查。日本有条不成文的惯例，就是日本公司不应该通过支持外国公司，来反对本国公司。这条惯例虽然没有成文，可在日本这种尊重传统的国家，是所有公司都会共同遵守的商业规则。这条惯例也非空穴来风，日本一直在大肆进行海外收购，本国公司不竞争，可以有效节省开支。

为报复任天堂，索尼提议和世嘉合作，为世嘉生产 CD 系统。世嘉美国 CEO 卡林斯克在董事会发起该提议时，被董事会拒绝（莫不是还在记仇？）。世嘉最后选择和索尼另外一个竞争对手——JVC 联合开发世嘉 CD，销售惨淡。

飞利浦为任天堂开发新 CD 系统采取的光盘格式叫作 CD-i（Compact Disc Interactive），两家联合推广 CD-i 格式。市场反应也不理想，1998 年正式停产。

任天堂在 CD-ROM 上的尝试，止步于此。

两家公司闹掰后，并非不相往来，双方仍在进行拉锯式谈判。1992 年初，双方达成阉割版新协议：Play Station 支持 SNES 游戏，使用 SPC700 芯片，CD 系统由任天堂控制授权并分成。在这个协议下，索尼制作出大概 200 台原型机。

久多良木健坚持认为，Play Station 有成功的机会，此刻从电子游戏机市场撤退是不明智的。可如果继续和任天堂的协议，则毫无成功的可能性。1992 年 5 月 4 日，索尼正式中断和任天堂的全部合作关系。

同年 6 月，大贺典雄召集索尼董事会成员和久多良木健召开一次会议，决定 Play Station 的命运。会上，久多良木健掏出一款秘密武器，后来被称为“PlayStation GPU 600nm”的游戏机图形解决方案。他的提案又只有大贺典雄认可，其他索尼高管认为公司不应该进入游戏机这种“玩具”领域。成为视听产业的核心参与者，才是索尼的终极使命。

大贺典雄动摇之际，久多良木健“善意”地提醒他说：“您已经忘记挂断您电话的山内溥了吗？”

有点像：“皇上，您还记得十八年前大明湖畔的夏雨荷吗？”不得不说，久多良木健还有点东西，这句话成功激怒大贺典雄。

是可忍，孰不可忍，索尼一定要打翻任天堂。大贺典雄将久多良木健和他的团队从索尼总部迁到索尼音乐娱乐公司（Sony Music Entertainment Japan，SME），那里是他的大本营，比索尼数字实验室更适合久多良木健团队。其一，索尼音乐的模式和游戏模式很像，能互相借鉴。其二，索尼音乐直接控制久多良木健开发的 CD-ROM 游戏机所需要的 CD 生产部门。其三，SME 都是他的心腹，听他指挥。

39 岁才踏足游戏机领域，几年里就为索尼惹来一堆事的久多良木健，在 SME 等待他的又会是什么呢？

第五十五章　索尼：被迫入场的 PlayStation

众矢之的任天堂

日本有个专有词汇“根回し”，英文是“Nemawashi”，字面意思是“转动根部”，为园艺学名词。意为在准备移植一棵树的时候，要先在移植前仔细修剪，促进细小的根部生长。这样移植的时候，树就很容易在新的位置立住。

在日本，政府和企业的高层人士都希望在正式讨论前，能深入交流方案。方案发起者要跟各种参与方喝酒、聚餐和各种商务应酬，以了解大家的意见和态度，并表达自己的诚意。这种接触往往是单独而隐秘的，大家会没有保留地反映自己的态度。

倘若没有这个过程，正式会议时高层人士们会认为自己被提案者忽视，就会不管提案是否正确，只因为被忽视而投反对票。“根回し”是日本非常重要的商业习俗，它让决策前的交流变成充分条件。在重要决定公布时，背后各方势力早就有默契，公开决定不过是走个过场。

PlayStation 的发布过程，就是个典型的“根回し”。

1991 年，EA 创始人霍金斯离开公司，开始电子游戏机行业创业。他想建立一套类似 MSX 或 IBM PC 的全新游戏机硬件规范，并在电子游戏机市场实施电脑的那套玩法。公司将这套规范取名为“3DO 多人互动游戏的硬件”（3DO Interactive Multiplayer），后简称 3DO 或 3DO system。

霍金斯的设计是哪样的呢？

他将 3DO 方案授权给硬件厂商制造，对每台售出的游戏机收取授权金。对于在 3DO 上发布游戏的公司，每售出一份游戏 3DO 固定收取 3

美元授权金。简单地说，就是同时薅硬件厂商和软件厂商的羊毛。

1992 年，久多良木健和同事内海州史去听霍金斯的演讲。结束后，内海州史说，“霍金斯的想法真是很有趣，而且很有前景”。

久多良木健大怒，说：“内海君，你真是个笨蛋。霍金斯的想法很好，可他只会说，背后都是虚的。”久多良木健在索尼是出了名的大嘴巴，不过他的判断是对的。

索尼“根回し”正式启动。1993 年 5 月，SME 开始拜访全日本 100 多家公司，用 Play Station 技术方案吸引创作者的参与。经过大量的访问和讨论，索尼获得南梦宫、科乐美、Williams Entertainment 等 250 多个游戏团队的初步支持。作为任天堂的最大反对者，南梦宫鼎力支持索尼的新游戏机项目。在南梦宫看来，巨无霸索尼是真正有可能将任天堂从王者宝座拉下来的公司。

南梦宫负责研发的董事中村茂一和久多良木健交流后，同意发布基于 Play Station 硬件方案的街机转换系统“Namco System 11”。这是一场冒险，南梦宫原计划将和世嘉《VR 战士 2》对标的游戏《铁拳》在 Namco System 22（南梦宫另一套 32 位街机转换系统）上发布。为支持索尼，他们取消《铁拳》在 System 22 上的发布计划，为 System 11 额外准备 4 款游戏。一旦索尼游戏机发售，这些游戏很快可以移植。

世嘉《VR 战士 2》的成功和南梦宫的支持，让久多良木健做出一项重要决定：放弃 2D，全力支持 3D 图形。Namco System 11 使用 MIPS R3000A 32 位处理器，也是初代 PS 使用的中央处理器。

有大贺典雄支持，久多良木健和 SME 掌舵人丸山茂雄合作无间。1993 年 10 月 27 日，索尼正式宣布将进入电子游戏机市场。11 月 16 日，索尼和 SME 成立新公司索尼电子娱乐公司（简称 SCE 或 SCEI）。SCE 由久多良木健担任 CEO，丸山茂雄担任总裁，负责索尼公司游戏业务。

同年，SCE 公司代号为 PlayStation X（PSX）的项目，正式立项。为跟之前任天堂项目有所区别，去掉“Play Station”中间的空格，称为 PlayStation。

对任天堂和世嘉、SNK等从街机转向家用游戏机的公司而言，开发游戏只需要将自家街机游戏先行移植，再制作1—2款捆绑游戏，游戏阵营就会粗具规模。这种常规操作对索尼来说，有难度。它没做过游戏机，并不确定第三方游戏公司是否会支持自己。

“根回し”后，索尼发现原来任天堂早已经是众矢之的。“敌人的敌人就是自己的朋友”再次生效，几百家公司的支持，还有南梦宫这种资历深厚的盟友，索尼最担心的游戏不足问题迎刃而解，完美Nemawashi！

PlayStation

得到多家游戏公司支持后，索尼仍然希望拥有第一方游戏开发团队。SCE花4800万美元收购一家位于英国利物浦的公司Psygnosis Limited（后更名为SCE Studio Liverpool，SCE利物浦工作室）。Psygnosis联合创始人之一伊恩·赫瑟林顿（Ian Hetherington）收到PlayStation X的测试机后，十分失望，认为其压根不是游戏机。

赫瑟林顿是位很有想法的财务总监，经常和索尼管理层发生冲突。有一次，赫瑟林顿甚至提出在电视机中内置PlayStation的想法。索尼不是电视机卖得好吗？做一款内置游戏机的电视机多好，用户连买游戏机的钱都省了。

还好索尼没听他的馊主意。

收购Psygnosis在索尼内部引发过不少反对意见，反对者认为索尼就不要仗着钱多，觉得胡乱收购几家游戏公司就行。毕竟，Psygnosis在电子游戏行业也不算什么知名团队。

话是这样说，知名游戏公司，那是买得到的东西吗？

收购Psygnosis让索尼拥有第一方游戏团队，还带来一个非常重要的变化，也是索尼意想不到的好处——开发效率工具。PlayStation X的中央处理器是MIPS R4000，游戏开发者需要使用基于MIPS的昂贵工作站，才可以连上PlayStation X原型机进行开发。而Psygnosis的员工早已习惯在SN

Systems 公司提供的“Psy-Q”开发工具上研发游戏，他们要求 SN Systems 制作一套基于电脑的开发系统，可以让开发者避免索尼烦琐的开发过程。

SN Systems 公司的两位创始人，马丁·德（Martin Day）和安迪·贝弗里奇（Andy Beveridge）夜以继日地工作，尽力满足大客户 Psygnosis 的需求。两人终于完成 PlayStation X 基于 PC 的开发工具，包括 GNU-C 编译器和调试器等，并在 1994 年拉斯维加斯的冬季 CES 展上向索尼演示这套开发工具。索尼对此印象深刻，他们放弃之前的开发方案，转向 SN Systems 的工具套件，一个通用性极强的开发效率工具——全新的 Psy-Q。

下图为 Psy-Q 套件的广告，该工具适用多种游戏机的游戏开发，包括任天堂 NES。2005 年，SN Systems 被索尼互动娱乐收购。

SCE深知自己的优势和劣势，索尼的优势是硬件方案，劣势是游戏。游戏机如果没有游戏，就像吃饭不带碗，洗澡不进水。索尼花一切代价扫除游戏制作中的障碍，让更多的第三方游戏公司更简单地完成游戏制作和移植。对比其他趾高气扬的游戏机公司，SCE敢于承认不足，对软件人员十分包容。除Psy-Q开发工具以外，SCE还在伦敦、加利福尼亚和东京设立技术支持团队，随时对第三方游戏开发人员的需求做出响应。

PlayStation X的中央处理器是32位的R3000 CPU，这款微处理器也用于许多个人电脑。搭配R3000的是由东芝设计的GPU 600nm，"GPU"一词，正是索尼在PlayStation X上创造的。下图为索尼PlayStation X上安装的GPU 600nm，负责游戏机3D图形的绘制。

CPU（Central processing unit，中央处理器）和GPU（Graphics processing unit，图形处理器）区别在哪儿呢？CPU相当于大学教授，他既可以算小学数学题，也可以算高数微积分，属于通用性很强的处理器。GPU相当于小学生，只会做小学数学。可它的运算单元非常多，速度极快，可以同时算许多许多小学数学题。大学教授是很强，可给他一大堆小学数学题时，他的解题速度就快不过一群小学生了。处理通用运算时，CPU较强。处理大量简单运算时，GPU更强。3D图形运算，就是大量简单运算。

在 GPU 帮助下，PlayStation X 每秒可以绘制 180,000 个多边形，为 360,000 个平面着色。PlayStation X 还支持 1670 万真彩色显示，使用 CD-ROM 为游戏载体。游戏机手柄控制有四个单独的方向键，两侧有一对肩部按钮，由绿色三角形、红色圆圈、蓝色十字和粉红色正方形组成主按键。手柄设计师后藤帝佑表示，圆圈和十字分别代表“是”和“否”（这种布局在美国版本中是相反的）；三角形代表选择，而正方形相当于一张用于访问菜单的纸。

对 CD-ROM 的盗版问题，索尼选择使用 PlayStation X 专用光盘的方式解决。正常光盘的数据轨迹，是沿着圆盘按平滑的螺旋路径来存储，PlayStation X 的光盘使用波浪螺旋路径来存储。任何标准 CD 都无法在 PlayStation 上读取，除非专用光盘。此外，PlayStation X 还支持反拷贝和区域锁定，与 ROM 游戏卡差不多。

游戏机的硬件全部就位，发布前还有最后一个问题，PlayStation X 的正式名称。

PlayStation X 原计划采用“PSX”缩写发售，避免使用“索尼”品牌。因为索尼的高管认为，索尼是高端昂贵的电子消费品品牌形象，尽量不要跟游戏机“玩具”相关联，会伤害其品牌美誉度。初代 PlayStation 的设计中，确实弱化了“索尼”品牌的设计。作为索尼子公司的子公司 SCE，它像孙子一样，无法自主地选择使用品牌名称。

像《西游记》中菩提老祖对孙悟空说的：“日后你惹出祸来，不要把师父说出来就行了。”

有一天，久多良木健团队为索尼创始人盛田昭夫做关于“Play Station X”项目的讲演。盛田昭夫此时已经不负责索尼的具体事务，他躺在家里的沙发中，听完久多良木健他们的汇报。汇报结束后，他紧紧握着久多良木健手说：“太棒了。这是索尼很需要的一个项目，我等这种项目已经很久了。你做到了——太好了。做得好！”

然后他又说，“顺便说一下，我不喜欢 PlayStation 这个名字，你们应该改了它”。

久多良木健对表彰自然十分高兴，但对盛田昭夫的要求又不能置之不理。可“PlayStation”的名字已经通过审核，注册和品牌都已经完成申请。正在他们发愁寻求新名字的时候，盛田昭夫打网球时中风了。大家实在不想因为游戏机的名称再折腾，跑到大贺典雄那里汇报说，依然想使用PlayStation作为名称，因为一切注册工作都已经完成。

大贺典雄思考一会儿后回复说：“就这样吧。”

1994年12月3日，PlayStation在日本正式发售，下图为初代PlayStation。

新一轮大战的序幕

PlayStation发售后，立刻因其优秀的性能和3D游戏吸引无数玩家。第1天就售出10万台，大贺典雄的孙子都没有抢到。上市前6个月，卖出200万台。这样的成绩对于一款全新游戏机来说，不可谓不优秀。

传媒界开始对PlayStation提起关注，1994《Game Pro》杂志报道：“许多游戏公司（觉得）在不久的将来，需要与之竞争的视频游戏平台将来自任天堂、世嘉……和‘索尼’。”

PlayStation终生销量达到1.0249亿台，是全球第一款出货超过1亿台的家用游戏机。PlayStation上的游戏数量超过7900款，是有史以来游戏数量第二多的游戏机平台。

成功并不是那么容易获取的，PlayStation还有一群极其凶残的对手。

第五十六章　3DO：平台思维的落败

3DO 公司

1987 年到 1993 年，全世界的游戏公司都在围观 PC Engine、世嘉 Genesis 和超级 NES 之间的大战。PC Engine 是 NEC 最早推出的 16 位家用游戏机，也最早退出大战。顽强的世嘉屡败屡战，不断复制任天堂，占据天时地利人和，和超级 NES 战成平手。

对于曾经控制家用游戏机和掌机市场的任天堂来说，说一不二的霸主地位开始动摇。电子游戏是泛娱乐的方式，不可能长期由某家企业垄断，这是产业发展到一定阶段的正常现象。对于纯技术或纯资本的行业，企业可以依靠技术或资金的持续投入，维持行业领导者地位。电子游戏却自带特性，技术和资金很重要，却不是核心重要。利用游戏艺术特性逆风翻盘的故事，在电子游戏史上多次发生。

16 位家用游戏机斗得如火如荼，在游戏艺术家们和世嘉身上狠赚一笔的 EA 创始人霍金斯，对此十分眼热。他认为当前游戏机市场的运作模式都是错的。1991 年，霍金斯辞去 CEO 职务，由拉里 · 普罗布斯特（Larry Probst）接任。他准备再次创业，创建一家全新的游戏公司 The 3DO Company。

The 3DO Company 成立的目标是运营下一代的家用游戏机 3DO Interactive Multiplayer，简称 3DO。和传统游戏机不同，3DO 公司并不想自己制造游戏机。那它是想制作游戏？也不是，它也不想制作游戏。

按照霍金斯设想，3DO 可由不同硬件许可方制造，3DO 对每台售出的游戏机收取许可费。3DO 也不发布第一方游戏，而是由第三方游戏

公司制作游戏。3DO 每份游戏只收取 3 美元授权金，对比任天堂和世嘉 30% 的授权金简直是地价。霍金斯认为，第三方游戏公司给游戏机制作游戏就不应该有门槛，电脑不就没有门槛吗？

作为一直从事电脑游戏制作和发行的霍金斯，他的想法理所当然地正确。

霍金斯有两位老朋友：戴夫·里德尔（David Needle）、罗伯特·米卡尔（Robert Mical），这两位分别是 Commodore Amiga 1000 和雅达利掌机 Atari Lynx 的硬件设计师。1989 年开始，霍金斯就给他们灌输 3DO 的理想游戏机形态。霍金斯本人十分欣赏 Commodore Amiga 1000 的设计，曾多次为其站台。和两位专业硬件工程师长期交流后，霍金斯终于确定下一轮创业方向。

1991 年 9 月 12 日，3DO 公司的前身 SMSG（San Mateo Software Games）正式成立。一年后，SMSG 更名为 3DO，正式开始新游戏机平台的研发。

3DO Interactive Multiplayer

1992 年 5 月，3DO 公司研发的 3DO Interactive Multiplayer 在夏季 CES 展上亮相。3DO 不仅可以玩游戏，还可以播放 CD、视频光盘、显示照片等。它看起来是游戏机，本质是具备游戏能力的高端电脑。霍金斯希望将方案推给电子消费品巨头们，索尼、松下、三洋、东芝和三星，都是潜在客户。索尼正在悉心研发 PlayStation，对这台披着游戏机外衣的电脑自然是兴趣缺缺。松下没这个问题，他们率先推出基于 3DO 方案的游戏机——Panasonic REAL 3DO Interactive Multiplayer FZ-1。

名字这么长，价格肯定很贵。

松下和索尼是视听娱乐市场的老对手，两家公司在 VCR（VideoCassette Recorder，录像机）录影带的标准格式上有过一次血战。松下支持 JVC（Japan Victor Company）公司的 VHS（Video Home

System，一种磁带录像的格式）格式，而索尼则研发 Betamax 磁带格式。松下联合 JVC，说服日立、三菱和夏普一系列厂商支持 VHS 格式，将索尼一顿暴揍。最后，索尼只得放弃 Betamax，加入 VHS 阵营。史称录像带格式大战。

这种背景下，松下自然是不假思索就加入 3DO 阵营，也是最快推出 3DO 游戏机的公司。下图为松下的 3DO 方案游戏机 Panasonic REAL 3DO Interactive Multiplayer FZ-1，简称松下 FZ-1。

家用游戏机第一次繁荣是雅达利 2600 时期，硬件技术简单，游戏软件数量大爆炸。无数公司参与到电子游戏机市场大战，仙童、美泰、飞利浦、任天堂、科莱科，热闹无比。1983 年北美游戏市场大崩溃后，能看到家用游戏机会再次繁荣的公司不过任天堂和世嘉两家。

8 位游戏机时代的王者是任天堂 NES。NES 是 8 位机的代名词，市场占有率一度高达 90%。16 位游戏机时代有三位竞争者：PC Engine、世嘉 Genesis 和超级 NES，由世嘉 Genesis 和超级 NES 半分天下。到 32 位机时代，电子技术再次大爆炸，又有无数公司杀入家用游戏机领域，是电子游戏机的第二次繁荣。

3DO 是最先发布的 32 位游戏机之一，它使用 ARM60 32 位 RISC CPU。跟它同时期的对手都有谁呢？

前期有 Commodore 的 Amiga CD32、富士通的 FM Towns Marty、雅达利的 Atari Jaguar、飞利浦的 CD-i、SNK 的 NEO GEO CD、任天堂的 Nintendo 64，后期有索尼的 PlayStation 和世嘉土星。还有一大堆掌机：任天堂的 Game Boy Color、万代的 Wonder Swan Color 和 NEO GEO Pocket 等。

不管是群魔乱舞还是群雄争霸，对 3DO 都不是好消息。

松下 FZ-1 发布后，GoldStar（1995 年 2 月 28 日与 Lucky Chemical 合并，后更名为 LG Electronics）发布 GoldStar 3DO Interactive Multiplayer，三洋发布三洋 3DO TRY。这些游戏机长相大同小异，都是 3DO 方案。

家用游戏机是电子游戏史上伤亡最惨重的领域，仅凭霍金斯一个取巧的想法，就能做好游戏机吗？很悬。

3DO 的宿命

谁先出牌谁先输，这个定律克死过三代神机。

1987 年 10 月 30 日发布，第四世代首款 16 位游戏机 PC Engine。

1993 年 10 月 3 日发布，第五世代首款 32 位游戏机 3DO。

1998 年 11 月 27 日发布，第六世代首款游戏机世嘉 Dreamcast。

依靠游戏机市场的乱战，3DO 方案找到不少买家。可在实际施行时，才发现“梦想是美好的，现实是残酷的”。久多良木健没说错，霍金斯的方案十分虚。

松下等硬件公司没有游戏销售收入，无法像任天堂和世嘉一样采取吉列模式销售游戏机，只能在亏本和高价中选择。亏本，不想卖；高价，没人买，陷入死结。EA 对游戏机没有任何售价控制权，3DO 机器销售价从 399 美元到 699 美元不等，比其他游戏机要贵出一倍。

第三方游戏公司确实不用支付高额的授权金，可游戏机卖不出去，没有保有量，为 3DO 做游戏有何意义？

1994 年，3DO 宣布在内布拉斯加州奥马哈进行交互式网络实验。不知道这场实验是不是做给巴菲特看的，毕竟他老人家是“奥马哈的神谕”（The Oracle of Omaha）。

交互式网络实验，没什么结果。

也不是完全没公司在3DO开发游戏，霍金斯在游戏行业还有一些人脉，可3DO仍然很虚。发布后因为硬件问题，首批游戏《Return Fire》《Road Rash》《FIFA International Soccer》《Jurassic Park Interactive》，被延期到1994年6月。同时3DO还在对硬件方案升级，导致要适配新的升级方案，第三方游戏发行更为困难。到3DO正式推出时，唯一可用的游戏只有一个独苗——《Crash n' Burn》。松下也因备货不足，没有跟上广告宣传的力度，四处脱节。到1993年底，3DO总销量不过3万台。

3DO在日本总销量大概有7万台，到1995年，3DO上只有一些18禁游戏（因为没开发限制）。随着索尼PlayStation和世嘉Saturn发布，3DO的日子更加难过。

GoldStar在3DO上的失败更惨痛。为促销清货，GoldStar 3DO的零售价调整到199美元。每卖出一台游戏机，GoldStar就要亏损100多美元。这个纪录，要几年后才会被微软Xbox打破。GoldStar又尝试使用吉列模式销售机器，可他们不会做游戏，仍然失败。

1996年，GoldStar宣布放弃3DO。

1996年二季度，3DO公司内部软件团队放弃为3DO系统制作游戏。

3DO阵营仅剩松下一家，苦苦支撑。为对抗索尼，松下不能松。霍金斯一看，松下家大业大，他不撤，我先撤。

1996年1月，3DO公司以1亿美元价格将其下一代游戏机M2的独家权利卖给松下。下半年，3DO公司重组，重新将主业定为游戏软件和在线游戏开发。员工人数从450人减少到300人，霍金斯继续担任公司董事长和CEO，兼职创意总监。

事实说明，霍金斯是完全不懂游戏机行业。既不能控制硬件，也不能控制软件，依靠中间商取巧的方式，怎么可能做好游戏？1993年电子游戏行业的专业化程度，已经远超1983年。

幸运的是，他还有松下接盘。

3DO没有成功是理所当然。3DO的故事就这样结束了吗？非也。

英雄无敌和 Meridian 59

拿到松下的1亿美元，3DO公司陆续收购几家公司，如Cyclone Studios、New World Computing和Archetype Interactive。3DO还在华盛顿雷德蒙德设立一个新办事处，专门负责电脑游戏的开发。

3DO不过是过眼云烟，霍金斯还要做老本行。他在做游戏机上十分业余，可在电脑游戏上的眼光却是无可挑剔的专业，也具备极强的前瞻性。

先说说3DO收购的New World Computing，该公司拥有电脑游戏上最伟大的游戏系列之一《魔法门之英雄无敌》（*Heroes of Might and Magic*）。1996年，3DO发行游戏《Heroes of Might and Magic Ⅱ》，这是《魔法门之英雄无敌》系列的第2部游戏，也是该系列最为经典的一作。

12月，PC Gamer报道称，“《魔法门之英雄无敌 Ⅱ》在零售方面做得特别好，每个3DO零售商都在反复订购该产品”。到1997年10月，游戏总销量超过500,000份。下图为《魔法门之英雄无敌Ⅱ》游戏画面。

另一个收购对象 Archetype Interactive，比起《英雄无敌》也不遑多让。它是全世界首款 3D 大型多人在线角色扮演游戏（MMORPG）《子午线 59》（*Meridian 59*）的开发公司。《子午线 59》是 Archetype Interactive 唯一一款产品，1996 年 4 月被霍金斯发现。他察觉到这款游戏中的巨大潜力，同年 6 月，3DO 收购 Archetype Interactive。9 月 27 日，3DO 发布商业版网络游戏《子午线 59》，采取按月订阅的方式。按月订阅，就是后来网游的月卡。

《子午线 59》支持玩家创建不同的角色，有角色成长，职业选择，不同的游戏阵营和即时战斗。这款游戏跟今天玩的网络游戏，除视觉和操作上，毫无差别。它的交互比较有趣，必须输入正确的指令，NPC 才可以跟你互动。如输入“Buy”，NPC 才会给你展示商店内容。输入“Say Quest”，NPC 才会告诉你接下来的任务是做什么。但凡输错一个字母，NPC 都只会翻个白眼，毫无动作。

从 1996 年 9 月发布到 2022 年 5 月，这款游戏都还在线运营。下图为《Meridian 59》游戏画面。

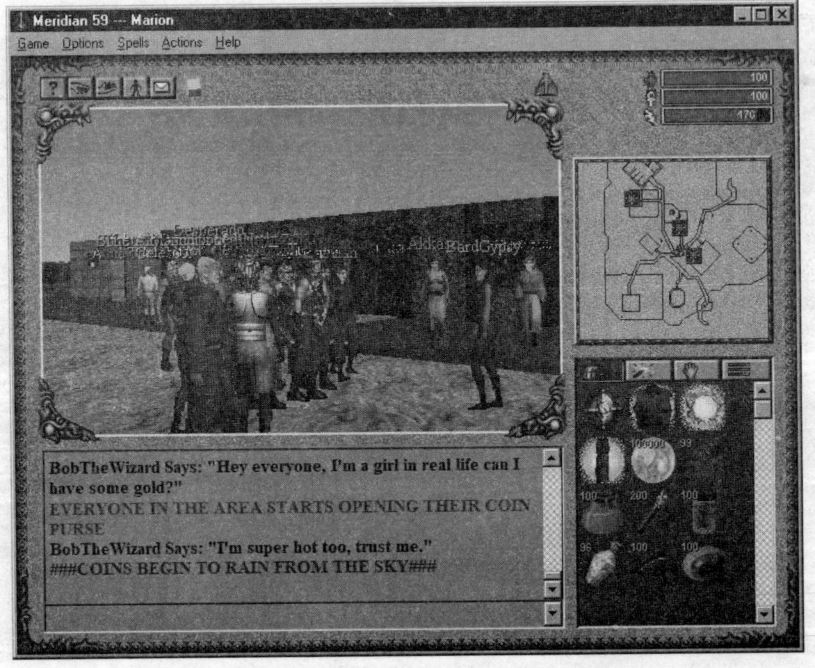

《子午线 59》的创始人之一是约翰·汉克（John Hanke）。他 1967 年生于德克萨斯州，大学就读于德克萨斯大学奥斯汀分校，1989 年获得学士学位。大学毕业后，汉克在美国国务院和缅甸工作 4 年，后就读于加州大学伯克利分校哈斯商学院。哈斯商学院期间，他加入初创公司 Archetype Interactive，参与《子午线 59》的开发。

汉克获得 MBA 学位那天，公司卖给 3DO。他后来加入谷歌地理产品部门，领导开发谷歌地球、谷歌地图、街景等产品，他创建谷歌内部初创公司 Niantic。而最著名的增强现实（AR）手机游戏《宝可梦 GO》（*Pokémon Go*），就是由 Niantic 公司和任天堂联合开发和发行的。

时间线，如此巧妙地搭在一起。

第五十七章 光荣：神仙眷属的野望

襟川阳一和襟川惠子

Koei Co., Ltd.（光荣公司），1978 年 7 月 25 日成立于日本横滨。光荣是游戏行业少有的夫妻档，作品起于电脑平台，火爆于 PlayStation，所以放在 PS 发布后出场。光荣公司有两位创始人，襟川阳一和襟川惠子，两人是夫妻关系，业内称为神仙眷属。

襟川阳一，1950 年 10 月 26 日出生于日本栃木足利市，家中经营染料生意。后考入庆应大学位于神奈川横滨市的日吉校区。他是位优秀的游戏设计师、程序员。他的故事并不复杂，重点是他妻子，电子游戏行业的女帝——襟川惠子。

襟川惠子，1949 年 1 月 3 日出生于神奈川日吉市，父亲在东京涩谷惠比寿做牙医，母亲也跟普通日本女性不同，有自己的工作。优渥的资本和平等的家庭氛围，培养出惠子对男女平等的认知。

惠子父亲因病去世后，母亲离开令人心碎的涩谷，举家搬到父亲的老家，群马县川原汤镇，一个偏僻的温泉小镇。到川原汤镇后，来自大城市的惠子并不能适应新的环境，被同学们一顿霸凌。惠子可不吃这套，她带着祖父养的猎犬上学，之后一片和气。

她从小就霸气侧漏，不愿服输。因不想家人担心，惠子从不跟母亲说在学校的遭遇。为分担母亲压力，惠子养成自主处理各种事情的好习惯。在川原汤镇没住多久，家中亲戚建议她们还是回到大城市，毕竟“大城市的教育更好”。惠子母亲接受建议，带着她回到娘家——横滨市日吉。

惠子在日吉如鱼得水，她更能适应城市生活。惠子外公在日吉是大

户人家，家宅宽敞，因此会把一些闲置的房间租给庆应大学的学生。一天，惠子家迎来一位高大帅气的年轻人，正是襟川阳一。

惠子是个非常飒的女生，用时兴的话讲，是一位“乘风破浪的姐姐”。她喜欢到柏青哥弹子房玩，还会抽烟。襟川阳一非常喜欢这位英姿飒爽的女生，经常陪她去弹子房玩耍。他曾跟久多良木健描述过：“那时候，惠子在弹子房穿着很古怪的衣服，手里夹着烟，脚下踩着四五个装着弹珠的箱子。”听得久多良木健连连摆手，“难以置信，印象全毁”。

20 世纪六七十年代的日本，社会风气十分保守，流行“大和抚子”女性形象。抚子不是抚养孩子，而是指日本流传“秋之七草”之一的长萼瞿麦（日本俗名河原抚子，日语：カワラナデシコ）。其形态娇小，惹人怜爱。瞿麦所属的石竹科植物也给人淡雅、柔美的感觉。当抚子作为人名时，就会给人相应的印象。大和抚子，在日本社会被用作性格文静、温柔稳重并具有高尚美德女性的代称。也一度是日本政府宣扬父权，遵守三从四德、相夫教子的传统日本女性的符号。

这种背景下，惠子想去上大学，遭到家庭的集体反对。日本的传统观念认为，一旦女性有专业技能和学历，离婚率就会大大增加。

这倒是没错。

惠子有位朋友的姐姐在多摩美术大学油画系学习，艺术学校风气相对开放，不存在“大和抚子”观念。听闻朋友姐姐描述的大学风貌，“绿油油的草地，露天的爵士乐表演，大家围在一起聚餐，色彩绚丽的画展”。惠子大受吸引，她下定决心要去多摩美术大学学习艺术。

带着对校园生活的向往，惠子从零基础开始学习绘画。虽说家人都不支持，可她还是成功被多摩美术大学录取，进入梦寐以求的学府。1967 年，惠子正式开始大学生活。多摩美术大学自由、开放而平等的创作气息，是她个性成长最好的温床。

1968 年，日本爆发全学共斗会议活动，大学教学一度中止。无法上学，惠子就利用专业绘画能力兼职。比如为百货公司制作宣传海报，为儿童电视节目创作插图，为展示会绘制图纸，设计封面等。她相当于提前进入社会，用绘画知识赚到不少零花钱。

一天，从欧洲回来的祖父跟惠子说：“出国一趟，才发现自己是井底之蛙。”惠子听完后，决定也要出国。她用大学兼职收入和朋友在欧洲完成一段长达45天的旅行。

从欧洲回来后，惠子继续在电视台兼职画插图。绘画工作量很大，惠子邀请住在楼上的襟川阳一和他朋友一起帮忙。惠子回忆说：“绘制插图的时薪在当时非常高，可襟川阳一却经常偷懒去隔壁的演播室看唱歌的节目。”虽说有点生这个小弟的气，可年轻人不记仇。襟川阳一还经常请她喝酒作为道歉，一来一去，二人关系更为融洽。

光荣的神仙眷属

襟川阳一家中经营染料生意，当时日本染料业十分发达，襟川家也因此赚到不少钱。从小含着金钥匙长大的阳一不仅高大帅气，而且知书达理，性格温和。

惠子当时正在热恋中，也有男朋友。可襟川阳一实在很优秀，二人朝夕相处，白天一起工作，下班后还会在一起喝酒聊天。阳一在大学爵士乐队的表演，惠子也一场不落。

日久生情，襟川阳一跟惠子表露心迹，也跟家人和朋友说，“如果不能娶惠子，自己不如死了”。

大概是怕好朋友阳一君自寻短见，惠子选择与男朋友分手，和阳一在一起。再一流的人物，也要搭配一段二流爱情故事。

郎情妾意的两人陷入热恋，毕业后就开始谈婚论嫁。不出意料地，二人婚事遭到双方家庭一致反对。惠子家里只有母亲一个，外祖父三兄弟都没有子嗣。惠子家希望惠子能找个大户人家，嫁过去相夫教子做个家庭主妇。阳一家有点钱，想找个本分的女孩子，对这位大学生媳妇也不中意。

按照爱情故事的正常路线，阳一和惠子顶住家庭的压力，两人顺利

完婚。婚前惠子提出唯一的条件是：结婚后绝不当家庭主妇，要像其母亲一样，继续工作。

惠子 1971 年毕业，两人 1975 年结婚。

婚后没多久，日本染料业受到东南亚廉价纤维的冲击，业务一落千丈。襟川阳一家族生意破产，还欠上不少外债。好在他家在当地颇有声望，不至于一蹶不振。襟川阳一父亲让其回到足利市，重振家族产业。

1978 年 7 月 25 日，襟川阳一创办一家新的染料公司，取名为“Koei Co., Ltd.”（中文标志为“光荣”）。光荣公司只有 3 位员工，包括一名叫铃木尚的年轻人。光荣成立后，并没有光荣的前途。襟川阳一对染料行业一无所知，生意没有好转。

惠子此时已经生下两名可爱的女儿，襟川美和襟川爱。襟川阳一发现染料生意并不像想象的那么容易，就经常去跑书店阅读经营之道的书，想找到解决方案。有一次，他在一本电脑杂志上看到电脑和电脑软件的介绍。估计在庆应大学读书时，阳一同学光顾着谈恋爱和玩乐队，竟然不知道世界上还有电脑这么神奇的东西。

他觉得电脑是未来科技，回家后给惠子形容得手舞足蹈。接下来的几天里，襟川阳一无心再看盛田昭夫和松下幸之助的创业故事，而是不断地翻阅电脑方面的文章。

惠子看到丈夫对电脑如此着迷，就想着买一台送给他。一查价格吓一大跳，配好显示器的电脑竟然要 40 万日元。可为满足襟川阳一的念想，惠子做出一个大胆的决定：她将自己的零花钱、大学时兼职赚的钱，以及外祖母指导她炒股赚的钱（据说有 2000 股任天堂股票），合起来买了一台夏普 MZ-80C。阳一生日那天，惠子拿出作为礼物的电脑。阳一喜出望外，抱着她转了八十八个圈。惠子送给阳一的夏普 MZ-80C，时隔 40 年，仍被精心地保管着。

从这个细节可以看出，得遇良人，神仙眷属。

从染料到游戏

收到电脑的襟川阳一如获至宝，他开始自学编程语言。夏普 MZ-80C 是基于 Zilog Z80 的 8 位电脑，可以使用 Basic 编程。学会 Basic 后，襟川阳一开始制作各种软件，也接过一些软件外包的业务。因此，他还认识另外一位年轻人——孙正义（后软银公司总裁）。两人经常在一起谈天说地，展望电子软件业的未来。惠子表面嘲笑这两哥儿们大吹法螺，背地里却很支持襟川阳一的事业。她将母亲家的土地和房子用来担保，让襟川阳一开设专营电脑软硬件的店面。

2021 年，软银的 9 人董事会架构里，襟川惠子是唯一的女性董事。

1980 年，襟川阳一准备开发游戏。喜欢历史的他，计划采用川中岛之战作为故事背景，开发一款历史战争游戏《川中岛之合战》。川中岛之战是日本战国时代，武田信玄与上杉谦信在 1553 年至 1564 年之间发生的一系列战斗。最著名和最激烈的战役发生在川中岛平原的中心地带，因此被称为“川中岛之战”。战斗没有结果，信玄和谦信都没有获得川中岛平原的控制权。川中岛之战是“日本史上最珍贵的故事”之一，是日本侠义和浪漫的缩影，在文学、绘画和电影中都有提及。

《川中岛之合战》制作完成后，需要推广。惠子打开电话簿，给每个杂志社打电话问：“如果有低于几万日元的广告位，请务必刊登我们的广告。”她反复跟每个杂志社打电话，终于获得一些廉价的广告位。

当时的个人电脑都使用磁带机作为读取设备，帮忙转录磁带和设计游戏封面，也理所当然成为设计师出身的惠子要担待的工作。下图为《川中岛之合战》的游戏画面，1982 年，不要奢望太多。

《川中岛之合战》是襟川阳一的处女作，销售属实不错，给光荣这家小公司注入不少现金和名气。1983 年，光荣还开发过一款游戏——《团地妻的诱惑》。游戏剧情很简单，玩家扮演一个 Condom 推销员，要求在规定的时间内卖光该产品。如有不慎，主角会亲自示范。

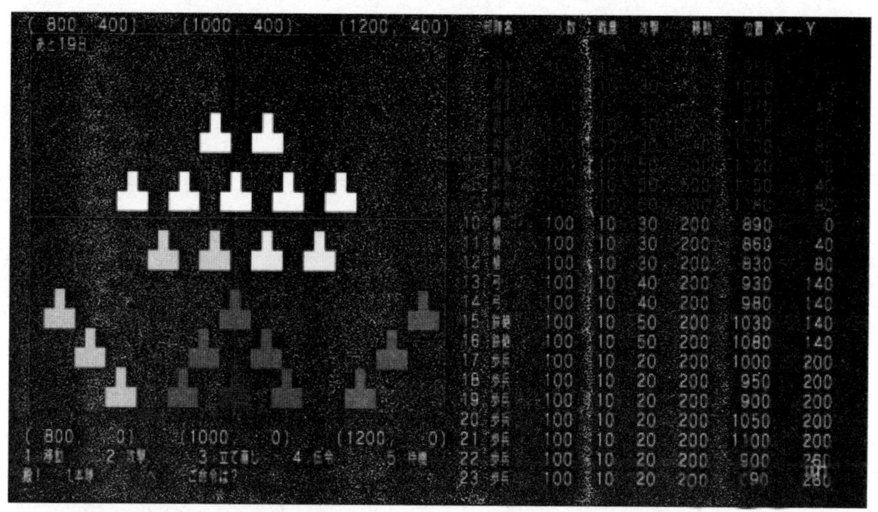

这是光荣历史中的小插曲。

1983 年 3 月，襟川阳一终于制作出光荣第一款超级爆品游戏——《信长的野望》。这是世界上第一款回合制战略角色扮演游戏，是该游戏类型的开创者。玩家可以从四个战役场景中进行选择，包括“东方之战”（始于 1560 年）、“大名权力斗争”（1560 年）、“野心不驯”（1571 年）和“统一之路”（1582 年）。《信长的野望》系列游戏推出过十多个续集，是光荣的代表作品，全球累计销量超过 1000 万份。

1985 年 12 月 10 日，襟川阳一制作出一款新游戏，《光荣三国志》（Romance of the Three Kingdoms）。对比《川中岛之合战》，《光荣三国志》的画面和游戏已经有非常明显的进步。光荣也从只有 3 名员工的小社，成为一家真正的游戏公司。

那位名叫铃木尚的普通社员，1995 年成为史克威尔的社长。

商业奇才襟川惠子

80 年代，电脑游戏的标价一般不会超过 1 万日元，反而是应用软件售价更贵。惠子认为这点非常不合理，游戏开发比文字处理软件复杂多了，为何就不能高价出售？

《光荣三国志》发布时，惠子力排众议，将其售价定为14,800日元。这个价格实在太高，公司内部员工和外部零售商都一致反对。包括襟川阳一，都认为惠子的价格定太高，实非明智之举。

惠子却不这样想，她认为游戏不仅要定高价，而且跟经销商之间的分成比例也要调整。当时日本软件行业经销价，是定价的20%。定价5000日元的软件，经销商拿货价就是1000日元。惠子觉得这种条款只适合那种低质量的游戏，对于光荣独具匠心的作品，应该采用五五机制。也就是定价10,000日元的游戏，经销商拿货价要5000元，一人一半。

高定价、高折扣的做法，立刻引发经销商的反弹。日本商业社会有故步自封的传统，很难改变约定俗成的规则，何况还要在经销商身上挖走一大笔利益。惠子说："如果只有一家公司接受五五开的条件，那所有用户都只可以在他那里购买游戏。如果分销商想给用户提供游戏，就必须接受我们的条件。"

由于《光荣三国志》的出色表现，经销商最后接受了惠子的条件。对于惠子条件反抗最久的，恰好是他们的朋友，软银的孙正义。软银成立于1981年9月，孙正义（Masayoshi Son）才24岁。SOFTBANK公司成立时，定位就是软件分销商，自然也要承销《光荣三国志》。

最后，孙正义也接受了惠子的五五政策，两人的友谊持续数十年。当惠子成为软银集团董事时，他说："惠子是我钦佩的具有出色管理水平的企业家。"

1983年7月15日，任天堂FC发布，电子游戏进入全新世代。专注于电脑游戏的光荣公司，看到变化带来的机会。善于交际的惠子选择到京都拜访任天堂，没想到的是，任天堂内部竟然有不少《信长的野望》的粉丝。光环加持下，光荣游戏没受多少阻碍就成为任天堂的第三方游戏开发商。

摆在惠子面前的难题跟哈德森工藤兄弟一样，任天堂需要第三方游戏公司提前支付游戏卡制作费。光荣没这么多钱。

为筹措资金，惠子找来电脑游戏的经销商，提前召开《信长的野望》

任天堂FC版发布会。会上，惠子给经销商们开出更好的分成比例，可要求只有一个——全额预付现金。惠子话音刚落，经销商们马上拍案而起："早知道你就是黄鼠狼给鸡拜年，没安什么好心。你要我们全额预付现金，到时候光荣倒闭或者跑路，钱不是打水漂了吗？"

惠子说，"你们说得都没错，光荣确实没钱。可光荣有未来，如果有人认为光荣不会倒闭，还想经销这款游戏的，请先付定金。"

会议结束后，惠子不仅没有收到钱，反而收到一堆打去任天堂的投诉电话。投诉电话，自然没有什么好话。一时间，光荣和惠子在任天堂内部名声大噪，连山内溥都听闻特立独行的惠子名号。

惠子失落很久，一度怀疑自己的任性妄为会不会毁掉光荣。好在襟川阳一在一旁软语安慰，他正在马不停蹄地开发FC版本《信长的野望》。时隔不久，竟然真有经销商开始给光荣打钱。就这样，惠子凑齐任天堂的授权金，终于得以发布任天堂FC游戏。

光荣所有离经叛道的行为，都是惠子的决定。连对上山内溥，惠子都可以做到丝毫不让。有次两人吵架，吵得翻天覆地。任天堂员工吓到哭丧着脸说："你看，我们家社长都这样拜托她，还是不听。"惠子的强势和坚决，并非虚张声势。

在电子游戏行业打拼数年后，惠子发现电子游戏都是男人的玩具，极少有女生玩游戏。她想打造一款完全为女玩家设计的游戏，最好由女性游戏设计师来开发。光荣公司并没有女性程序员，她开始有目的地招聘女性员工进行培养。在这种目标下，1990年，惠子成立世界首个全女性游戏开发团队——Ruby Party。Ruby是红宝石，还有热情和纯爱之意，而Party是朋友派对。

1994年9月23日，Ruby Party终于开发出第一款女性角色扮演游戏《安琪莉可》（Angelique），是世界第一款女性约会模拟游戏。之后，Ruby Party开发了许多乙女（少女）游戏，并策划乙女游戏的OVA、戏剧CD、音乐CD、动漫等各种内容。

自光荣创建开始，惠子就和襟川阳一肩并肩冲杀在行业一线。她负责运营和商业，襟川阳一负责产品和研发。在电子游戏行业，夫妻能够一直保持默契配合并且持续获得成功的案例绝无仅有。所以襟川夫妻，当得上神仙眷属的美誉。

2009 年 4 月，在惠子和襟川阳一等人的主导下，光荣和另外一家游戏公司“特库摩公司”（Tecmo Inc.）合并。新公司叫作光荣特库摩（Koei Tecmo Holdings Co., Ltd，）。

惠子说：“我很早就失去了父亲，但我的母亲是一个温柔的人，所以我自然而然地扮演了父亲的角色。考虑各种事情并自己决定，这是为什么我成为一个自发的人。我小时候的梦想是有一个骑着白马的王子来接我结婚。这是我的理想，也是唯一的希望，但最终变成了完全不同的生活（笑）。”

请大家活得充实又漫长吧！太く長く生きなさい！——来自襟川惠子。

第五十八章　世嘉：同室操戈土星大战 X32

世嘉在家用游戏机市场屡败屡战，可在街机市场却所向披靡。世嘉是全球生产街机数量最多的游戏公司，自 1981 年以来已开发出 500 多款游戏，拥有 70 多款知名 IP 和 20 多套街机系统。

世嘉共有多个开发部门专门从事街机游戏和硬件开发。如 Sega R&D1、Sega R&D4、Sega R&D8。世嘉研发的街机系统有：

Dual，1979 年发布，支持打包 2 个游戏。

G80，1981 年发布，支持 6 个游戏转换，世界上第一个彩色街机系统。

VCO Object，1982 年发布，支持 3D 缩放。

Laserdisc，1983 年发布，支持激光光盘播放，使用先锋激光光盘播放器。

System 1 / System 2，1984 年发布，后改为 Mega Master。

Super Scaler，1985 年发布，使用 Motorola 68000 处理器，16 位街机。

System 32，1988 年发布，使用 NEC V60 处理器，世嘉的第一个 32 位系统。

等等。

旧王闪现

1990 年前后，家用游戏机只是街机游戏的衍生。无论是游戏内容还是游戏硬件，大型街机的游戏体验都要远胜过游戏机。许多家用游戏机的硬件参数和游戏，都是直接从街机系统而来。如 NES 和任天堂 VS，MVS 和 NEO GEO AES，PlayStation 和 System 11 等。

1991 年到 1994 年间，世嘉陆续发布最重要的街机系统：Model 1 和 Model 2。

Model 1，世嘉第一款 3D 街机游戏系统。Model 1 包含图形单元 CG Board，每秒可显示 180,000 个多边形，每帧 6,500 个多边形，每秒 60 帧。Model 2，第一款采用洛克希德·马丁（Lockheed Martin，美国著名军火商）技术，可以产生纹理映射 3D 多边形。每帧 300,000 个纹理多边形，每秒 60 帧。

世嘉凭借 3D 技术和 3D 游戏在街机市场所向披靡，南梦宫、太东等公司完全不是对手。日本街机企业对乐园都情有独钟，世嘉运营部门在全球开设数百个“世嘉世界”游戏厅。世嘉世界从东京六本木和池袋起步，逐步推广到拉斯维加斯、伯恩茅斯、伯明翰、伦敦、悉尼等地，遍布全球。1994 年，世嘉总营收高达 3549 亿日元，折合美元 34.64 亿，是当之无愧的电子游戏业巨无霸。

把镜头再拉回到 1983 年。北美游戏市场大崩溃后，雅达利拆分出售，街机部门成为 Atari Games 卖给南梦宫。雅达利电脑和游戏机部门，以 50 美元现金和 2.4 亿美元股票的价格卖给杰克·特拉米尔，Commodore 公司创始人。

特拉米尔此人管理方式十分先进，在公司内部叫“微观管控”，每笔超过 1,000 美元的费用，都必须由他签字才能放款。1983 年，Commodore 的年销售额已经超过 10 亿美元，可他仍然保持使用这种原始的管理方法，这让他和董事会其他人完全尿不到一个壶里。

1984 年 1 月 13 日，特拉米尔和董事长欧文·古尔德（Irving Gould）大吵一架，他选择离开 Commodore。吵架的原因很简单：特拉米尔要求他三个儿子都进入 Commodore 董事会。

离开 Commodore 的特拉米尔成立 Tramel Technology 公司，四处寻找机会。雅达利重组后，他闻风而来。经过谈判，1984 年 7 月 1 日午夜，双方达成收购协议。特拉米尔计划通过雅达利重回电脑行业，谋求东山再起。他的再起之路遍布荆棘，1984 年到 1988 年瞎整一通，没有鼓捣出任何有影响力的产品。

1989 年，雅达利大张旗鼓地发布掌机 Atari Lynx ，失败。同年，雅达利公司又以 2.5 亿美元诉讼金起诉任天堂，败诉。

一家这样的公司，竟然要杀入 32 位家用游戏机，和任天堂、世嘉和索尼放对。毫无疑问，特拉米尔有一颗“勇敢的心”。

1993 年 11 月 23 日，雅达利发布游戏机雅达利捷豹（Atari Jaguar），配备两颗定制 32 位处理器。雅达利捷豹配有捆绑游戏《变形赛博》（Cybermorph），一款射击游戏。雅达利捷豹最先在纽约和旧金山做市场测试，因为配备 2 个 32 位处理器，且 DRAM 读取位数有 64 位，所以雅达利声称捷豹是一台 64 位游戏机，也到处使用 64 位游戏机的名号展开营销活动。

显然，配备 2 个 32 位处理器的雅达利捷豹最多只能算 32 位加强，这比 PC- Engine 宣传是 16 位游戏机要更离谱。旧王雅达利不仅低估了用户智力，还低估了市场对它美誉度崩塌的记忆。

雅达利捷豹卖出不到 15 万台，再次 Game Over。

雅达利捷豹是雅达利生产的最后一款家用游戏机，也是 2001 年微软 Xbox 上市前，由美国制造商生产的最后一款家用游戏机。从它以后，美国市场彻底沦为日本游戏机厂商群雄逐鹿之地。美国游戏市场因雅达利 2600 而兴盛，到雅达利捷豹结束，颇有点宿命的意味。

雅达利捷豹的闪现没什么打紧，却有一位老哥因此惊吓过度，正是世嘉 CEO 中山隼雄。

32X 和世嘉土星

1994 年 1 月冬季 CES 展，世嘉美国的研发负责人乔·米勒（Joe Miller）正在拉斯维加斯的套房中喝冰镇威士忌，中山隼雄来电。日本社长丝毫没有寒暄的意思，马上让其加入一场重要的电话会议，讨论应对雅达利捷豹的紧急预案“木星项目”（Project Jupiter）。参会者除米勒外，还有世嘉美国游戏制作人斯科特·贝勒斯（Scot Bayless）、世嘉硬件团队负责人佐藤英树和世嘉美国技术副总裁马蒂·弗兰兹（Marty Franz）。

木星项目原计划作为世嘉 Genesis 的后续版本，升级色彩显示和 3D 芯片。米勒说："木星项目如果只增加色彩显示和 3D 的话，它就不应该成为新系统。用户不大可能因为颜色升级就放弃世嘉 Genesis，它可以作为 Genesis 的增强附属组件。Genesis 用户可以通过相对廉价的升级获得新功能，这样操作更有实质性意义。"

木星项目取消，取而代之的是"火星项目"（Project Mars）。火星项目是对世嘉 Genesis 的扩展，而非一款全新的游戏机。Project Mars 由世嘉美国实行，米勒主持开发。附属系统采用 2 颗世嘉和日立联合研发的 32 位处理器 SuperH-2，处理器频率 23MHz。据称，Project Mars 的原始设计是在鸡尾酒吧的餐巾纸上创建的，米勒否认这条传言。不过米勒确实说，弗兰兹是在酒店完成 Project Mars 的设计，并且绘制出带 2 颗 SuperH-2 的草图的。Project Mars 发布时，被命名为"32X"。双处理器，支持 3D 功能。佐藤英树也协助过 32X 开发，可主要工作仍然是美国世嘉完成。下图为世嘉 32X。

1992 年，日本世嘉内部开始研发世嘉 Genesis 的后续机型——世嘉土星（世嘉 Saturn）。看起来，世嘉的一个项目就可以把银河系所有行星名字都用上。

1993 年，世嘉和日立成立合资公司，专为世嘉土星开发 CPU。合资公司以 SuperH-2 为基础，设计出专用的双处理器架构，因为单颗 CPU 无法兼顾 3D 运算。1993 年，土星硬件基本完成。1994 年，索尼 PlayStation 公开。为增强性能，世嘉又在土星上增加 2 颗视频显示处理器芯片：VDP1 和 VDP2。

到发布时，世嘉土星上共有 8 颗处理器：2 颗日立 SuperH-2 处理器，时钟频率比 X32 高，达 28.6MHz；1 颗摩托罗拉 68EC000 为声音控制器；1 颗定制声音处理器，集成 Yamaha FH1；2 颗视频显示处理器，VDP1 和 VDP2；控制双速 CD-ROM 的 SuperH-1；系统控制单元（SCU）还有一颗运行频率为 14.3 MHz 的内部数字信号处理器。

世嘉土星配备 8 颗处理器，应该叫土卫八（土星第 3 大卫星，是太阳系第 11 大卫星）更合理。下图为世嘉土星在日本发布的初代产品。

比起 32X 来说，世嘉土星是嫡系长子，32X 只是推出来狙击雅达利捷豹的炮灰。

1994 年 11 月 21 日，世嘉 32X 在美国发售。1994 年 12 月 3 日，世嘉 32X 在日本发售。1994 年 11 月 22 日，世嘉土星在日本发售。1995 年 5 月 11 日，世嘉土星在北美发售。从发布时间上看，很不符合游戏机行业的惯例。世嘉土星看起来并不像 32X 的同门战友，更像狙击 32X 的杀手。

事出必有因，这和卡林斯克和世嘉日本董事会的历史问题有关系。

卡林斯克带领下的世嘉美国，是业务最好的几年。世嘉美国原计划给 X32 定制新处理器，并与 Silicon Graphics 达成初步协议。可在方案提交给董事会时，被否定。Silicon Graphics 因此转向任天堂，合作开发超级任天堂的后续机型——Nintendo 64。

中山隼雄在此事上也无法准确判断，只好两边都押宝。世嘉美国做 32X，世嘉日本做土星。可在资源上，32X 明显不如土星，因为世嘉美国的定位就是市场业务部门和游戏，没有硬件能力。

世嘉日本确定土星方案后，1993 年重组内部研发部门，开始为土星研发游戏。1994 年，世嘉土星架构被应用在世嘉街机上，成为世嘉街机系统 Sega Titan-Video（简称 ST-V，世嘉泰坦）。此举也是为充实世嘉土星第一方游戏，可以将街机游戏互相移植。1994 年 4 月，Acclaim Entertainment 宣布成为第一家为泰坦制作游戏的美国发行商。

一场世嘉内部的大战就这样拉开，可谓是祸起萧墙。

两款游戏机发布的时间仅间隔一天。32X 在美国的定位是——在世嘉土星发布前，为“Genesis 和土星之间的过渡装置”。贝勒斯说：“这只让我们在消费者眼中显得贪婪和愚蠢。”

是啊，一款官方寿命都只有 5 个月的游戏机，消费者怎么会购买呢？32X 发布后，被宣传为“最便宜的下一代游戏机”，售价仅 159.99 美元。跟世嘉 Genesis 相当，只有世嘉土星的一半，32X 也被调侃为“穷人的下一代游戏机”。

世嘉不理媒体调侃，承诺 32X 首发时会有 12 款游戏，1994 年会发布 50 款第三方游戏。产品刚发布时，销量不错，订单量高达 100 万台。可由于跟世嘉土星采用同样的处理器，32X 产能跟不上订单。到 1995 年 1 月，32X 实际出货仅有 60 万台。发布时，仅有 6 款游戏。

32X 的第三方游戏看起来也不大可能达到承诺的 50 款。世嘉土星、索尼 Play Station、任天堂 64，哪个不比 32X 更值得开发游戏。没人相信被世嘉自定为“过渡”的游戏机，能和这些顶流牛货竞争。1995 年，卡普空、科乐美等公司纷纷取消 32X 游戏的开发计划。没有游戏的游戏机，哪还有前途。32X 终生销售，止步 80 万台。

同室操戈

两款架构类似的 32 位游戏机，由一家公司的两个分公司在两个市场同时发布。X32 和土星的同室操戈，既合理又不合理。合理的是，世嘉在美国和日本市场的指挥并不统一，中山隼雄在定位上出现自相矛盾。不合理的是，世嘉好像完全忘记发布 32X 和土星的目标各是什么。

这不仅是资源的巨大浪费，也可以看到世嘉此时已经无法高效率使用公司资源，出现“大企业病”。

第五十九章　世嘉：昏招频出的世嘉日本

卡林斯克的两次提议

世嘉土星拥有最先进的家用游戏机硬件，8 颗处理器被密密麻麻地镶嵌在主板上。它是个复杂的大杂烩，很难编程，成本高昂。简洁、便捷、兼容和平衡性才是家用游戏机的竞争优势，世嘉虽然成功过，可还没明白这个道理。以中央处理器为例，SH–2 处理器确实可以实现更精确的几何图形计算，可 2 颗处理器共用总线访问存储器，协同运算时特别容易混乱。虽说是双处理器，可游戏开发需要用到汇编语言，土星也没有完整的函数库，大量游戏都只能用单颗处理器运行，另一颗处理器只能空转。

追求游戏机增强硬件，是世嘉的魔咒。下图为世嘉土星的主板。

世嘉美国研发负责人最先发现世嘉土星的架构问题，他跟卡林斯克汇报此事。世嘉美国是销售公司，除制作游戏外，并不参与游戏机硬件研发。在他们为此发愁时，Silicon Graphics 创始人詹姆斯·克拉克（James Clark，犹他大学博士，美国著名企业家和科学家，计算机图形学专家）拿出一套游戏机的芯片方案，想卖给世嘉。

卡林斯克回忆说："我们去 Silicon Graphics 并见到克拉克。他们已经收购 MIPS Technologies，正在开发用于游戏机的芯片组。我们喜欢 Silicon Graphics 芯片组，于是召集日本的同事来看看。日本的硬件同事过来后，对我们的看法嗤之以鼻。Silicon 芯片太大，浪费太多，从技术角度来看有很多反对意见。这让我们十分沮丧，因为我们原以为它在速度、图形和音频方面更好。"

"和日本董事会讨论后，我不得不向克拉克沟通，告诉他，SEGA 不会购买这套方案。他问：'好吧，我现在该怎么办？'我说：'嗯，西雅图地区还有一家游戏公司，他们的名字以 N 开头。'"

在卡林斯克的提示下，克拉克来到西雅图，把芯片组方案卖给 N 开头的公司——Nintendo。

卡林斯克第一次提议被拒，世嘉土星和成功失之交臂。

任天堂和索尼闹掰后，索尼和世嘉开始接触。卡林斯克和索尼高管讨论，是否有可能生产一款世嘉和索尼合作的硬件，由两家公司分摊硬件上的成本。索尼制作的游戏软件，索尼获得全部利润。世嘉制作的软件，世嘉获得全部利润。简单地说，双方共同卖硬件，游戏软件赚钱各凭本事。索尼爽快地同意卡林斯克的提议，卡林斯克说："这看起来是个公平的交易，可索尼似乎不知道，世嘉在游戏开发方面领先他们亿万年。"

卡林斯克带着跟索尼的合作意向回到世嘉日本，本以为该方案十拿九稳，没想到又被董事会否决。世嘉董事们说："这是个愚蠢的想法，索尼不知道如何制造游戏硬件，他们也不知道如何制作游戏软件。我们为什么要这样做？"

也是。PlayStation 能面世，还要拜世嘉不杀之恩。

为何卡林斯克的提议如此容易被否决呢？因为“大企业病”。大企业病是指一定规模的企业，管理上出现人员冗余、反应迟缓、官僚当道、效率下降、团队合作削弱等症状，使得企业经营出现各种危机，让企业走上衰退和衰败的现象。

世嘉的大企业病源头，是CEO中山隼雄。他是一位出名严厉冷酷的老板，也是职场PUA高手，喜欢用语言攻击下属。他个人十分欣赏世嘉美国的成功，对卡林斯克一系的美国高管尤为偏爱。这在世嘉总部引起许多人愤愤不平，成为卡林斯克提议通过的阻力。

卡林斯克后来推测说：“许多日本高管可能有点嫉妒，我认为这影响他们的一些决定。”

美国人自然不懂何为“根回し”。

32X的裂痕

世嘉日本决定逐步减少世嘉Genesis的支持，将开发力量和市场力量集中到世嘉土星。这项决定让世嘉日本和世嘉美国之间的关系又变得微妙起来，因为世嘉Genesis的日本版本Mega Drive，成绩在本土比较糟糕。1994年，世嘉Genesis在美国市场是排名第一的16位家用游戏机。卡林斯克搞不懂世嘉日本那些大爷们在想什么：世嘉处于领头位置的机型不支持，反而扭头去做一款大杂烩。

如果站在世嘉日本的角度去看待问题，这是理所当然的选择。日本人也有荣誉之心，希望通过一款全新的家用游戏机证明自我，可以在日本打败任天堂。世嘉美国的成绩再好，荣誉却属于卡林斯克。

卡林斯克直言不讳地说：“32X是一种营销策略，该系统从来不是为持久挑战，而是为在竞争中获得优势，为世嘉进入32位游戏机提供跳板。世嘉还为32X签订许多外包商，为其快速低价地创作游戏。外包商们根本没有认真地使用32X的颜色功能，使得32X和世嘉Genesis在游戏上没有明显变化。”

5 个月的 32X 被定义为过渡的权宜之计，唯一损失的就是用户。好在 32X 的销量极低，不然差评数量会更多。

世嘉太糊弄玩家了。

吸引卡林斯克加入世嘉的掌机，Game Gear 后续版本 Nomad 也在北美发布。世嘉对土星过度关注，使 Nomad 的支持严重不足。Nomad 采用和 Genesist 同款处理器，功能十分强大。可最终销量不过 100 万台。对世嘉日本接踵而至的昏招，卡林斯克有点一言难尽。就这样，世嘉日本和世嘉美国之间的关系布满裂痕。下图为世嘉最后一款掌机——Nomad，屏幕上是科乐美著名街机游戏《西部牛仔》（Sunset Riders）。

昏招频出

世嘉日本并不想简单复制卡林斯克的策略：捆绑索尼克、低价主机的吉列模式。他们坚定地相信依靠增强硬件和世嘉庞大的街机游戏列表，足以打败所有挑战者。这个想法有点过时，16 位机时代，街机的游戏体验确实强过家用游戏机。到 32 位机时代，家用游戏机和街机体验已处于同一起跑线。

世嘉日本多次昏招频出，依旧如归。不过人生就像玩老虎机一样，拉动的次数足够多，也会中大奖。

1994 年 11 月 22 日，世嘉土星在日本发售，售价 44,800 日元。土星发售后，20 万台游戏机一扫而空。因为世嘉土星上有一款首发游戏《VR 战士》（VR 战士），从世嘉 Model 1 的游戏移植而来。

Model 1 和 Model 2 上有大量支持 3D 显示的游戏，除《VR 战士》以外，还有《Virtua Racing》（1992）、《Star Wars Arcade》（1993）、《Daytona USA》（1994）、《VR 战士 2》（1994）、《VR 战士 2》（1994）、《Sega Rally Championship》（1994）、《Virtua Cop 2》（1995）等。

这些游戏，构成世嘉土星的主要游戏阵营。依赖街机系统和街机游戏，是世嘉的优秀传统。他们貌似很健忘，《刺猬索尼克》那可是专门为 Genesis 研发的捆绑游戏。

32X 昙花一现，就此退场。

1994 年 12 月 3 日，索尼 PalyStation 发售。到年底，世嘉土星日本销量 50 万台，索尼 PalyStation30 万台。1995 年上半年，世嘉土星势头不减，销量超过 100 万台。索尼 PalyStation 也不遑多让，迅速赶超。索尼低廉的第三方游戏授权金、高效的开发工具和只需 7—10 天就能交货的游戏 CD- ROM，吸引大量第三方游戏公司加入 PalyStation 阵营。

1995 年 3 月，世嘉美国 CEO 卡林斯克向世嘉分销商宣布，世嘉土星将于 9 月 2 日在美国发布。5 月 11 日，洛杉矶举办第一届 E3（Electronic Entertainment Expo，E3），这是全球电子游戏产业最大的年度商业化展览，也是全球第一大的游戏大会。E3 由美国娱乐软件协会 ESA 主办，2017 年前只对电子游戏产业圈内人士及记者开放。任天堂的 N64 发布时间推迟到 1996 年，3DO 看起来只是个发育不良的儿童。

第一届 E3，是世嘉和索尼交锋的战场。

E3 上，卡林斯克宣布世嘉土星将在今天，也就是 5 月 11 日发布，而不是原定的 9 月 2 日，售价 399 美元。世嘉已向玩具反斗城配售 30,000 台，Babbage’s、Electronics Boutique 和 Software 等零售店也会立即上架土星游戏机。世嘉土星提前发售的信息让世嘉其他分销商大吃一惊，包括百思买、沃尔玛和 KB Toys，世嘉美国并没就此事跟他们提前沟通过。

会后，KB Toys 宣布不再销售世嘉土星。

发布时间突然提前 4 个月，难道是世嘉研发出时光机？

没有，这完全是意气用事。提前发售，是世嘉董事会决定给不懂硬件也不懂游戏的索尼一个教训。

嘴上快活了，糟糕的是世嘉既没有足够的硬件供应给渠道商，也没足够的游戏供应给玩家。世嘉只能挑选几家特定零售商联合宣布提前发售的决定。愚蠢的选择，让百思买、沃尔玛和 KB Toys 等零售商感觉到背叛。卡林斯克说："我不想宣布，可顶不住董事会的压力，必须马上推出世嘉土星。"

商战的刀光剑影，无可厚非。可接下来的事，却让人再一次人瞠目结舌。

随后索尼也召开发布会，发布 PalyStation 美国市场的售价。两家公司分别宣布新一代游戏机售价，本是常见商业流程，可在索尼发布会上出现戏剧化的一幕。

索尼电脑娱乐美国公司的奥拉夫·奥拉夫森（Olaf Olafsson）邀请史蒂夫·瑞斯（Steve Race）介绍 PalyStation 时，后者嘴里只蹦出 3 个数字，就扭头在掌声中走下演讲台，堪称 E3 史上最短演讲。

三个数字是：2–9–9。

索尼 PalyStation 的北美售价，定格在 299 美元。这是索尼针锋相对的策略，同为 32 位机，同样支持 3D 图形显示。399 美元和 299 美元的价差，足以在胜利的天平上加一颗重重的砝码。

卡林斯克回忆说："实际上，我们认为 PalyStation 也会定价 399 美元，299 美元让人很惊讶。事实证明，这对索尼来说，是一个很好的竞争举措。很明显，在他们能够降低生产成本之前，索尼会在这个价格上亏本一段时间。但这对他们来说，是一个绝妙的举动，我们不知道他们会这样做。

当他们这样做时，我们说：好吧，哎呀。我们在这里有点搞砸了，不是吗？因为我们定价 399 美元都没赚钱，所以我们知道遇到了问题。”

杀敌一千，自损八百，索尼先行打起价格战。

对比世嘉土星的大杂烩设计，索尼认为随着生产系统成熟，设计简洁且功能强悍的 PalyStation 的成本会不断降低，直到彻底把世嘉土星送到外太空。

许多人不大了解电子游戏业的内幕，会给它披上一层神秘的面纱。实际上，它是一个兴奋中包含沮丧、困难重重中时刻充满希望、压力十足可乐趣横生的行业。

世嘉土星进退失据时，索尼还不忘火上添油。PalyStation 制作出一系列的促销活动和广告，名为“如果你买土星，你的脑袋一定在天王星”（If you still want a Saturn, your head is in Uranus）。下图为索尼 PalyStation 毫无下限的广告。

第六十章　世嘉：大战索尼和土星坠落

价格战打响

第一届 E3 上，索尼和世嘉的价格战正式打响。

世嘉的强势市场欧洲，最先被 PlayStation 背刺。索尼是最早全球化的日本企业之一，不像任天堂温吞吞，索尼全球营销网络的出击又快又狠又准。1995 年 7 月 8 日，土星在欧洲发布。9 月 29 日，PlayStation 紧跟而来。到 11 月，PlayStation 欧洲销量已是土星的 3 倍，索尼在英国假日销售季中投入 2000 万英镑广告预算，世嘉仅有 400 万英镑。

完全不是对手。

土星在北美发售后，投入 5000 万美元开展市场活动。如在《连线》和《花花公子》等杂志上刊登广告。由于发布十分仓促，土星上只有 6 款游戏，《VR Fighter》在北美又不怎么受欢迎，这让世嘉的情况雪上加霜。虽说土星比 PlayStation 早发售 4 个月，可销量很快被追上。

1995 年 10 月 2 日，世嘉将土星零售价调为 299 美元。Model 2 上的游戏，也陆续登陆世嘉土星。《Virtua Cop》《VR 战士 2》等优质游戏，让土星销量在 1995 年末出现反弹。可单靠几款第一方游戏，不可能扭转 PlayStation 的第三方游戏优势。

随着时间的推移，PlayStation 的平衡性：简洁的硬件架构、高效的开发工具和合理的售价，发挥出巨大威力。第三方游戏公司纷纷将王牌游戏移植到 PS，并开发各种新游戏。史克威尔宣布，将只为 PS 设计游戏。世嘉的好战友 EA，也投奔到 PlayStation 怀抱。

土星的变态硬件设计，劝退无数第三方游戏公司。任天堂没能靠第一方游戏战胜世嘉，世嘉同样不能靠第一方游戏抵御索尼。

1996 年 5 月，第二届 E3 召开。索尼第一天就宣布，PlayStation 的售价降到 199 美元。第 2 天，成本仍然高企的世嘉宣布，土星价格也会降到 199 美元。不敢制定比竞争者更高的价格，就是弱势的表现。何况，索尼在市场上从来都是高价的代名词。

6 月 23，任天堂姗姗来迟的全新游戏机——Nintendo 64，如期发布。

卡林斯克的离开

身经百战的世嘉不可能马上投降，每个世代的电子游戏机之战都是跌宕起伏，各领风骚。市场上虽说已有 3DO、世嘉土星、PlayStation 等 32 位游戏机，可游戏机硬件的更换周期达 4—5 年。1995 年，16 位游戏机仍然占游戏机市场总份额 64% 以上。世嘉美国 1995 年卖出 200 万台世嘉 Genesis，获得数亿美元销售额。

形势并不坏，阻止 Genesis 继续成功的唯一因素，是世嘉日本和董事会的错误判断。停产 Genesis，押注土星，这对卡林斯克来说无疑是一记重锤。作为世嘉 Genesis 大获成功的缔造者，面对和日本日益增加的分歧，卡林斯克决定离开。

1996 年 7 月 16 日，世嘉宣布卡林斯克将在 9 月 30 日后离开日本。接替卡林斯克的是本田高管入交昭一郎。世嘉同时宣布，大卫・罗森和中山隼雄将双双辞去世嘉美国董事长和世嘉联席董事长的职务，两人仍留在公司。美国索尼电脑娱乐公司的高管伯尼・斯托拉尔（Bernie Stolar），被挖来担任世嘉美国负责产品和第三方游戏的执行副总裁，改善世嘉土星糟糕的第三方游戏阵营。

企业眼花缭乱进行人事大调整的结果无非两种：要么迅速逆转局势，要么加快掉沟速度。

斯托拉尔能来到世嘉，也是应中山隼雄邀请。中山隼雄承诺，要构建一个全新的游戏机硬件平台。斯托拉尔到世嘉美国后，第一件事便是人事调整。世嘉美国500名员工，被他换掉300个。

世嘉土星的游戏

由于缺乏高质量的第三方游戏，世嘉只能依靠第一方游戏翻身，实力雄厚的世嘉也开发过不少好作品。如世嘉R&D6研发的游戏《装甲龙骑士传奇》（Panzer Dragoon Saga）。该游戏1995年开始开发，将3D图形和配音结合到一起，被世嘉定义为和索尼《最终幻想7》对标的产品。《装甲龙骑士传奇》是世嘉土星上最受好评的游戏之一，故事性、画面和战斗形式都堪称上上之选。

好评不代表好销量，世嘉想象中《装甲龙骑士传奇》会和《最终幻想7》同台竞技的热烈局面，并没有出现。《装甲龙骑士传奇》预期销量是150万份，最终成绩却只有2万多份。假想敌《最终幻想7》的销量，是它的500倍——1000万份。

1996年1月26日，世嘉土星发布游戏《守护英雄》（Guardian Heroes）。7月5日，世嘉土星发布游戏《飞天幽梦》（Nights into Dreams）。

《飞天幽梦》是索尼克小队开发的动作游戏，讲述一个名为"Night"的精灵击败魔王拯救世界的故事。该游戏由索尼克小队核心成员大岛直人负责制作，铃木裕参与。设计灵感是从美国回日本工作的铃木裕，有次和大岛直人一起等飞机时，两人忽然产生"做一个可以飞的游戏吧"的念头。于是有了《飞天幽梦》项目。

王牌游戏设计师出手，自然是不同凡响。开发时，斯皮尔伯格曾参观索尼克小队工作室，成为团队外第一个玩到《飞天幽梦》的玩家。游戏发布后，成为土星上最为畅销的游戏。1996年售出392,383份，被誉为《刺猬索尼克》的"飞行进化版"。下图为《飞天幽梦》游戏画面。

1997年12月11日，土星发布游戏《光辉力量3》（Shining Force 3）。

可就这几款第一方游戏，无法支撑土星的销量。任天堂是绝无仅有的，仅依靠第一方游戏就能卖出数千万台游戏机的公司，其余没有一家公司可以做到。可谓是前无古人，后无来者。到超级 NES 后，任天堂也得靠第二方游戏公司才能跟世嘉、索尼战个势均力敌。

世嘉哪里来的自信呢？

形势急迫之下，世嘉王牌制作人铃木裕不得不暂停街机游戏开发，准备制作一款能让土星起死回生的游戏。他发挥在格斗游戏上的优势，以格斗起源为核心，用中国作为故事背景，计划制作一款“中国传统电影中的复仇史诗”的角色扮演游戏。

这么棒的游戏，为什么拿来拯救土星？在美国世嘉的新任副总裁斯托拉尔大人心里，土星最好能早点 Game Over。

1997 年 5 月 E3 上，斯托拉尔宣称：“世嘉土星不是我们的未来。”他不支持土星，认为它的设计很糟糕，这个看法倒没错。不过一位副总裁在 E3 上公然宣称，自家公司产品没戏。这无疑是给正在苦苦挣扎的土星，釜底抽薪后再浇上一桶冰水，彻底熄灭其希望。

问题来了，世嘉的当家 IP 索尼克呢？

简直难以想象，一家电子游戏机公司竟然不在新世代游戏机上捆绑王牌 IP 的游戏。试问，任天堂可能会不在新世代游戏机上发布《马里奥》或《塞尔达》吗？ Xbox One 会不发布《光环》吗？ PS4 会不发售《战神》吗？

这么离谱的操作，世嘉做到了。

世嘉技术学院

马克·塞尔尼（Mark Cerny），1964 年 8 月 24 日生于旧金山。1982 年从加州大学伯克利分校辍学加入雅达利，在街机部门工作，积累大量街机游戏开发经验。18 岁时，他设计并共同完成《Marble Madness》游戏的编程，这是他的第 1 款成功作品。

离开雅达利后，塞尔尼成为一名独立程序员。1985 年，他开始为世嘉开发街机游戏。世嘉 Master System 发布后，中山隼雄邀请塞尔尼来日本开发游戏。1986年秋，塞尔尼来到东京，协助世嘉开发游戏和3D眼镜配件。他原计划在东京待6个月，感受下日本文化就走。不承想，这一留就是3年。1990 年，时任世嘉美国 CEO 的卡茨跟世嘉日本申请，开发一些适合美国人口味的游戏。在董事会授意下，世嘉研发负责人铃木久司宣布，将派出一批年轻却经验丰富的游戏设计师，去美国开发游戏。他计划将世嘉美国的游戏部门命名为 Sega Institute of Technology，在塞尔尼建议下，其最终名字为世嘉技术学院（Sega Technical Institute），简称 STI。

世嘉日本计划派出 11 名开发人员到美国工作，申请 O-1 签证。O 签证是美国授予“在科学、艺术、教育、商业或体育领域具有非凡能力，或在电影或电视行业，并因这些成就而在国内或国际上得到认可，以及此类外国人的助手和直系亲属”的签证。毫不意外，世嘉日本的 O-1 签证全部被拒。且因为申请如此多不合格的签证，美国驻东京大使馆直接取消世嘉日本的签证申请资格。

人有，出不去。

这时，赖在东京没走的美国人塞尔尼发挥其价值，他被派往美国先行组建 STI。毕竟，回国不用签证。塞尔尼将 STI 工作室在美国搬来搬去，先到圣何塞，然后又搬到帕洛阿尔托，就是不回旧金山的家。原因很简单，因为世嘉美国的总部也在旧金山，搬到旧金山那不是找不自在吗？

世嘉美国对此十分不满，申请合并 STI，被中山隼雄否决。

就这样，STI 成为世嘉日本在美国单飞的研发工作室，单独向日本汇报。塞尔尼的目标是建立一个精英游戏开发团队，将日本和美国的游戏设计理念结合，如同铃木久司之前的计划。

可见，世嘉日本并不想世嘉美国变得更强大。

《刺猬索尼克》的诞生有三位关键人物，大岛直人、中裕司和安原广和。《刺猬索尼克》发布后，主要程序员中裕司的功劳在世嘉内部没被认可，薪水久久不涨，他士气十分低落。世嘉认为《刺猬索尼克》的开发时间过长，首席程序员只有苦劳没有功劳。能力强的话，游戏开发为什么要那么久？

塞尔尼筹建 STI 期间经常往返美日，大岛直人告诉他中裕司正准备跳槽的消息。STI 正值用人之际，塞尔尼给世嘉美国副总裁丰田信夫介绍中裕司的情况，获得支持。没费多大工夫，他就用双倍薪水加额外奖金的条件，邀请中裕司加入 STI。

《刺猬索尼克》另外一位关键人物，玩法和关卡设计师安原广和（移民计划被海湾战争打断的倒霉蛋）也来到美国，加入 STI。

1991 年 9 月，STI 开始制作《刺猬索尼克》的续集，世嘉 Genesis 版《刺猬索尼克 2》。STI 为此搭建出一个由日本开发人员和美国开发人员协作的团队制作游戏，共有超过 100 人参与开发，主要成员有 20 人。

世嘉美国的营销负责人尼尔森表示：“STI 希望全力以赴，以保证《刺猬索尼克 2》和第一版一样优质。”

这样说不无道理，毕竟索尼克小队中，两位关键人物已位列 STI 中。

事与愿违，铃木久司将日美开发团队结合的愿望很美好，可实际操作中，日美文化差异导致游戏开发中出现很多分歧。中裕司他们经常通宵工作，晚上就睡在办公桌前。而美国人下班就会马上回家，双方语言交流也十分困难。STI 的员工回忆说："安原广和、山口恭史（STI 首席设计师，索尼克同等角色 Tails 的设计师）很好沟通，可中裕司是个'傲慢的混蛋'。"

1992 年 11 月 21 日，《刺猬索尼克 2》赶在圣诞节前完成发售。1993 年 11 月，它成为最畅销的 16 位机游戏。《刺猬索尼克 2》在全球售出 600 万份，是仅次于原版《刺猬索尼克》的第 2 畅销 Genesis 游戏。图为《刺猬索尼克 2》的游戏画面，游戏中增加新角色"Miles Prower"，昵称 Tails。

1992 年，因 STI 内耗疲惫不堪的塞尔尼离开，由世嘉高管吉井正晴担任新负责人。塞尔尼离开的原因很多，他主要还是觉得日本游戏开发人员不尊重美国员工。世嘉的官僚文化，已经从上至下渗透。例如，中裕司表示，如果要继续和美国人合作，他将拒绝开发《刺猬索尼克 3》。

塞尔尼离开 STI 后加入《古墓丽影》的制作工作室 Crystal Dynamics（水晶动力），3DO 第一个第三方游戏公司。后为索尼工作，成为 PS3 和 PS4 的首席设计师。

电子游戏机行业的超级大神，就这样被世嘉官僚文化赶走。

正式接替塞尔尼职位的是罗杰·赫克托（Roger Hector），一位曾在雅达利和EA任职的资深电子游戏行业从业者。赫克托由丰田信夫招募，他和塞尔尼也熟识。为解决STI日美开发人员的紧张关系，赫克托将STI分成两个开发组。各自独立开发，部分需要合作的内容才合并。

STI接着开发完成两款《刺猬索尼克2》的续集，《刺猬索尼克3》(Sonic the Hedgehog 3）、《索尼克和纳克鲁斯》（Sonic & Knuckles）。《索尼克和纳克鲁斯》发布后，安原广和以与中裕司分歧为由，退出STI，转去美国世嘉。不讨人喜欢的中裕司返回日本，和索尼克小队和大岛直人重聚。

世嘉美国此刻也在风雨飘摇，STI的赫克托说："索尼PlayStation发布后，世嘉的氛围更加政治化，大家互相指责。"

索尼克X-trem和土星坠落

为何索尼克没有登陆土星呢？原因还是在于世嘉日本董事会并不想复制卡林斯克"王牌捆绑游戏加吉列模式"的方案，根本没有计划在土星上发布索尼克游戏。1993开始制作的索尼克主题游戏，登陆的还是世嘉Genesis平台。

1994年，世嘉才安排STI开发一款3D索尼克游戏《Sonic X-treme》。年底，《Sonic X-treme》进入讨论，由迈克尔·小坂（Michael Kosaka）负责制作和设计。随着世嘉发布32位游戏机32X和土星，《Sonic X-treme》的发布平台改为32X，算是世嘉美国夹带的私货。

小坂完成32X版本的设计文档后，1995年中辞职。辞职的原因很简单，也是世嘉和STI日益弥漫的官僚主义和办公室政治。他的位置由曼尼·格拉尼洛（Manny Granillo）接替。而参加过Genesis游戏《Comix Zone》的迈克·沃利斯(Mike Wallis)被提升为制作人并负责《Sonic X-treme》项目。

游戏发布平台不断瞬移，开发团队人员流失严重，《Sonic X-treme》

项目历经波折。没多久，游戏被再次要求调整为基于 Nvidia 3D 硬件驱动，以和任天堂的新主机 Nintendo 64 对抗。此次调整的原因在于 32X 已经嗝屁，世嘉美国也不想为土星开发游戏。

当世嘉日本宣布，公司内部要专注土星游戏开发后，《Sonic X-treme》项目又必须迁回世嘉土星平台。

这都是闹的什么事。

一次中裕司回到 STI 访问，得知《Sonic X-treme》情况后，他只说了一句：Good Luck。

1995 年，《Sonic X-treme》终于进入实际开发流程。土星版本由两个团队，分别使用 2 种引擎开发。一个团队由 STI 技术总监罗伯特·摩根（Robert Morgan）带领，包括程序员克里斯·科芬（Chris Coffin），该团队使用土星开发工具。另一个团队由首席设计师克里斯·森（Chris Senn）和奥弗·阿隆（Ofer Alon）带领，在 PC 上工作，将之前的工作内容移植到土星。

为赶在 1996 年圣诞节前发布游戏，两个团队的开发人员每天工作 16—20 小时。率先倒下的是克里斯·森，他因过度劳累脱掉 25 磅体重。8 月，克里斯·科芬感染肺炎。他比克里斯·森的情况好一点，因为医生说克里斯·森，只能活不到 6 个月。

两个开发团队的核心人物都已倒下，距预定发布时间仅剩 2 个月。

还能怎么办呢？总不能在 ICU 里写代码吧。《Sonic X-treme》宣布延迟，1997 年初被正式取消，STI 也跟着解散。迈克·沃利斯说：“我们让设计师在还没有构思出来的关卡中进行美术创作。我们让程序员等待，等待，直到每一分钟的细节都被构思出来，而美术还在做他们想做的任何事情。一团糟，而且由于办公室政治，任何工作都更难完成。”

就这样，世嘉土星上就没有过索尼克系列的游戏。

1996 年，世嘉仍是北美游戏市场的主导者，市场占有率约为 38%。任天堂约 30%，索尼 24%，16 位游戏机还是主流。到年底，土星全年销量 120 万台，远不如 PlayStation 的 290 万台。任天堂新世代游戏机

Nintendo 64 发布后，世嘉土星销量进一步下滑。到 1997 年 8 月，索尼市场占有率提高到 47%，任天堂 40%，世嘉仅剩 12%。土星的全球出货量，也从 1996 年的 235 万台，下降到 1997 年的 60 万台。

1998 年 1 月，世嘉经营状况继续恶化。世嘉日本总裁一职由入交昭一郎接任，世嘉美国总裁由斯托拉尔接任。3 月 31 日，世嘉年度财报披露。公司出现 1988 年上市以来第一次综合财务亏损，报告期内亏损 433 亿日元，折合 3.278 亿美元。

世嘉宣布土星将在北美停产，日本市场会继续销售。土星终生销售量为 926 万台，被认为是世嘉在家用游戏机市场最大的失败之一。

世嘉昏招频出，任天堂的表现跟他不相伯仲。两家龙头企业不合水平的发挥，也被认为是索尼能大获全胜的主要因素。

1998 年，世嘉美国总裁伯尼·斯托拉尔（Bernie Stolar）说："我不能告诉你，铃木裕先生正在做什么。我只能说我已经看到了这个项目，它将震撼游戏世界。"根据斯托拉尔的说法，土星所犯的错误，要等到世嘉下一世代游戏机来"震撼游戏世界"，才会获得救赎。

拭目以待。

第六十一章　任天堂：奔跑在未曾开辟的小路上

Private Eye

1985 年，美国马萨诸塞州剑桥市。这里是两所世界著名大学，哈佛大学和麻省理工学院的所在地。截止到 2006 年，地球上共有 780 人获诺贝尔奖，剑桥市号称拥有这 780 人中的 130 名诺贝尔奖得主。

在这个智商密度最高的城市，一位名叫艾伦·贝克尔（Allen Becker）的工程师突发奇想：双手不得空时，有款小巧、清晰、高分辨率的 LED 显示器戴在头上，岂不是完美。

这种事，其他人只能想想，贝克尔却有将其实现的动手能力。

1985 年，世界首台笔记本电脑东芝 T1100 刚发布。头戴式显示器，仅存在科幻小说中。

1974 年，美国著名发明家、未来学家雷·库兹韦尔（Ray Kurzweil）创办库兹韦尔电脑产品公司，领导开发出全字体 OCR（Optical character recognition，光学字符识别）系统技术。库兹韦尔认为，这项技术的最佳应用是制造一台阅读机器，让盲人可以通过计算机的朗读听到书面文本。要实现该应用还需要两项支持技术——CCD 平板扫描仪和文本语音合成器，后面两项技术开发是由贝尔实验室完成的。1976 年 1 月 13 日，库兹韦尔发布一款名为“Kurzweil”的盲人阅读机。

比尔·盖茨评论说，库兹韦尔是“我认为在预测未来人工智能上最厉害的人”。过去 30 年他对 AI 的预测准确率超过 86%，库兹韦尔还是畅销书《奇点临近》和《机器之心》的作者。

贝克尔曾在库兹韦尔麾下工作。OCR 工作原理是使用 500 个光敏二极管逐行扫描页面，然后通过电脑重建为数字图像。通过对 OCR 原理模仿，贝克尔构思出一种由 LED 阵列组成的显示器，通过改变扫过指定区域点亮光的模式，使用光学方式将图像“打印”到视网膜上。不用移动 LED，而是移动 LED 的反射面——每秒 50 帧的镜子。贝克尔将其称为“线性扫描阵列”SLA（Scanned Linear Array）。LED 可以显示出明亮清晰的图像，成本低。

由于缺乏资金，贝克尔只能选择在现有应用中寻找符合要求的成熟产品。他在 AEG–Telefunken 公司（AEG，德语为通用电力公司，是一家德国电气设备生产商，1967 年，AEG 与子公司 Telefunken AG 合并，成为 AEG–Telefunken）为超大幅打印机制造的阵列中，发现红色 LED 符合要求。红色 LED 技术成熟，成本低廉。

在贝克尔设计的原型机中，都使用红色 LED。6 个月后，他就弄出一台 SLA 原型机。

拿着 SLA 原型机，贝克尔从老伙伴库兹韦尔和麻省理工学院媒体实验室主任尼古拉斯 · 尼葛洛庞帝（Nicholas Negroponte，麻省理工学院媒体实验室的创办人，《数字化生存》作者）那里获得第一轮融资。1986 年，贝克尔和尼尔 · 戈尔登（Neil Golden）成立 Reflection Technology, Inc.，简称 RTI。宝丽来资深专家本杰明 · 威尔斯（Benjamin Wells）担任 RTI 首席科学家，库兹韦尔公司工程师内特 · 戈德斯拉格（Nate Goldshlag）担任电子总监。

RTI 技术专家云集，可公司办公室却在一家面包店的地下室。1987 年加入 RTI 的营销副总裁史蒂夫 · 利普西（Steve Lipsey）说：“你每天工作时都会闻到面包的味道。”

通过众人的努力，SLA 原型机终于缩小到 12 英寸大小，大概 30 厘米。它拥有一个花哨的名字——Private Eye。图为本杰明 · 威尔斯分享出来的 Private Eye 最早期的照片，一个纸盒子。

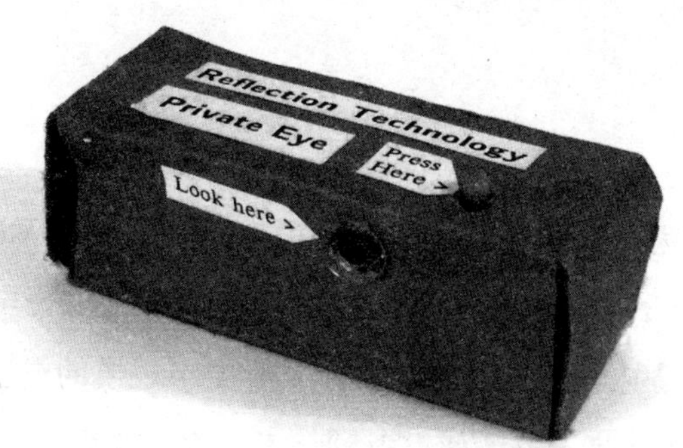

按贝克尔设想，Private Eye 是可移动的。当用户需要使用双手干别的事情时，仍可以便捷地使用屏幕阅读信息。从这个想法出发，戈尔登和利普西编写出广告文案，并且描述一些十分科幻的场景，如医生在手术过程中检查病人情况，可以使用 Private Eye 进行 MRI 扫描（惊天动地的想法）；飞机机师仰卧维修飞机时，双手抓着油腻的工具而无法方便地阅读技术手册时，可以用 Private Eye 查阅手册（算是个痛点）。下图为 Private Eye 的广告，和谷歌在 2013 年发布的智能眼镜 Google Glass 有点类似。

寻求买家

戈尔登和利普西开始全球营销推广和演示 Private Eye。作为一款创新型产品，Private Eye 取得一些成功，休斯飞机公司（Hughes Aircraft）采购 Private Eye 作为平视显示器。不少小规模的电脑制造商也宣称，要制作支持头戴显示器的便携电脑，不过都是嘴炮。

1988 年，RTI 参加秋季拉斯维加斯 COMDEX 展，立刻成为展会杂志上最热点的产品。Private Eye 概念超前，商业媒体和科技媒体都吹嘘它为电脑显示器的下一代形态。通过 COMDEX 展，RTI 以 5000 美元 / 片的价格售出 75—100 件设备。胜利到此止步，大家虽说对 Private Eye 十分热情，可它还没找到机会进入真正的商用市场。

RTI 的首席科学家本杰明·威尔斯说："找不到 Private Eye 的杀手级应用。"

到 2022 年，VR 眼镜的杀手级应用，除了游戏，还是游戏。1990 年同样如此。

1990 年，NASA 公布研发的全新虚拟视觉环境展示系统——NASA's Virtual Visual Environment Display，简称 VIVED，一种头戴式显示系统。显示器既可以是电脑生成的画面，也可以是远程摄像头中的真实环境。VIVED 佩戴者可以用它进入虚拟环境，通过相应外设实现交互目标。VIVED 的交互操作工具包括：配备一系列传感器的数据手套（DataGlove），可以检测佩戴者的动作并且上传到电脑；配备全身传感器的数字服（DataSuit），可以跟电脑上报穿戴者的运动、弯曲和空间方向；此外，还有 EyePhone，头戴式显示器。

VIVED 配备完整的软件开发工具，名为 RB2，图为穿戴 VIVED 的 NASA 工作人员。

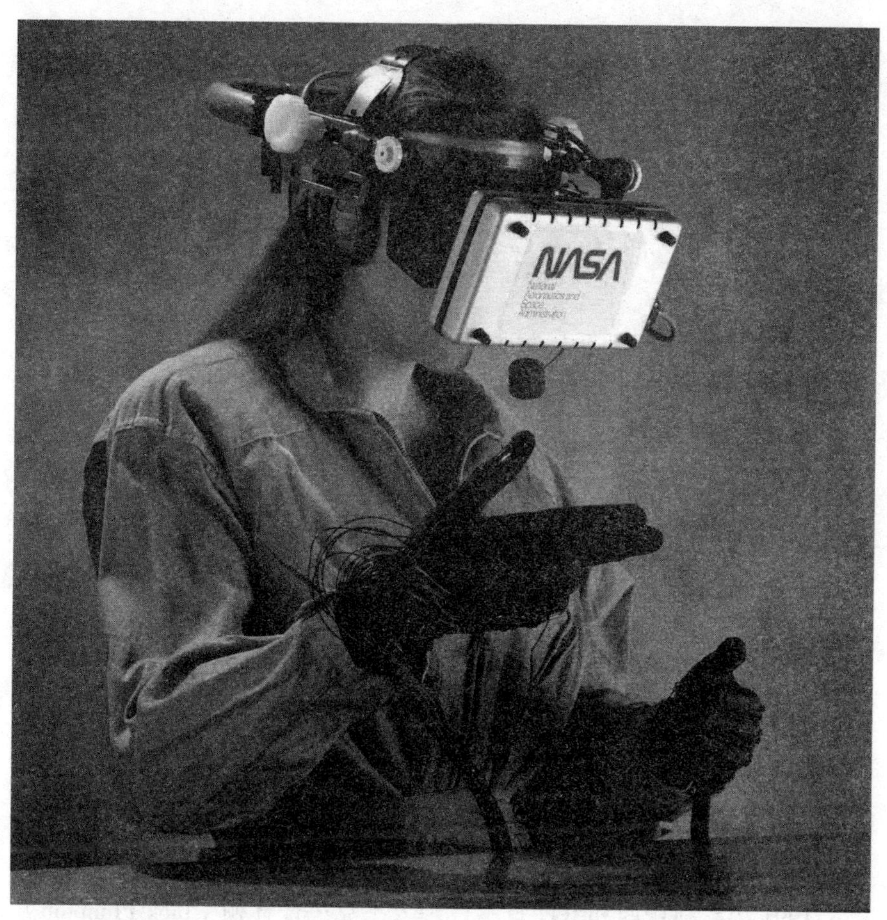

NASA 的加入让 “Virtual Reality” 迅速成为美国最流行的热词，铺天盖地的宣传，让人们以为人类很快就要进入虚拟社会，开始数字化生存。寻找杀手级应用无果的RTI工程师，将两个Private Eye安装到电焊面罩上，制作出一个游戏 DEMO《坦克大战》。他们在面罩上附加一个头部追踪装置，用于监测佩戴者头部运动。在使用者头部移动时，看到的内容也会移动相同的量，两个 Private Eye 都连着运行游戏 DEMO 的 IBM 电脑。

Private Eye 版《坦克大战》很好玩，玩家可以从坦克窗口看到沙漠地形，并且袭击敌方坦克。Private Eye 加电焊面罩，是最早的 VR 设备之一。1990 年正是电子游戏行业蓬勃发展的年代，RTI 公司很想将这项技术卖给游戏机公司。他们先后联系美泰、孩之宝（Hasbro，变形金刚 IP

的所有者，玩具公司）和世嘉，希望能出售 Private Eye 游戏或玩具方案，可都没有结果。

世嘉美国 CEO 卡林斯克说："一个大问题是，孩子使用它时会呕吐或摔倒，所以我们才会拒绝 RTI。另外的问题是，它只有一种颜色，而世嘉已经在推广彩屏的 Game Gear。"

呕吐？

是的，俗称 VR 晕动症。VR 晕动症是指使用 VR 设备时，由于前庭系统和视觉系统的不一致产生的眩晕症状，严重时会导致呕吐。VR 晕动症到今天仍然存在，是技术暂时还无法解决的问题。

未曾开辟的小路

克劳德·霍普金斯在《科学的广告》一书中写道：我所看到过的很多经营危机大都来自下面的这几种原因：做事太过分，在潜在机遇面前不够大胆，看不起保守作风而仓促行事，害怕竞争者可能比自己走得更远或者爬得更高，所以自己不惜在一条未曾开辟的小路上贸然领跑。

任天堂即将走上一条"未曾开辟的小路"。

1991 年，利普西和 RTI 日本代理人杰克·普林顿（Jack Plimpton）联袂拜访京都任天堂总部，演示 Private Eye 的坦克游戏。利普西演示时，身边有位工程师特别热情，问东问西，表示十分喜欢 RTI 的技术，他说："很棒的产品。"

此人正是横井军平。RTI 的技术方案完全符合他"枯萎技术的横向思维"要求：新颖有趣，成熟技术和廉价配件。

横井军平，1941 年 9 月 10 日出生于日本京都，1965 年加入任天堂。1991 年，他已年近 50，在任天堂工作 26 年。横井军平一直负责 R&D1，研发出 GW 和 GB 等掌机。即将进入 21 世纪，所有游戏机公司都在硬件上穷兵黩武。作为电子游戏机行业资历最老的工程师，他的枯萎技术思维跟电子新时代有点格格不入。

为何电子游戏机爱搞技术竞赛？因为比起不确定的游戏制作来说，提升硬件性能是相对容易实现且更直接的目标。任天堂也卷入其中，开始通过增强硬件和3D图形来躲避游戏创作的困难。横井军平原计划50岁退休，可在计划前一年，RTI的Private Eye出现在他眼前。

其他游戏公司都认为黑色背景下的红色LED会过于单调，横井军平却不这样认为。他反而觉得，深邃的黑色背景会给用户创造完全置入游戏中的沉浸感。在《横井军平游戏馆RETURNS》一书中，横井军平详细阐述选择Private Eye的原因。

横井军平写道："我们的想法是让玩家完全处于黑暗中，这样就不会感觉到屏幕的边框。"他寻求一个超越电视机边界的游戏世界。在他眼里，VR游戏在未来将会吸引更多玩家，可以为任天堂迎接新时代做好准备。"如果任天堂继续像以前一样追求电子游戏，我对任天堂的未来表示怀疑"，他接着写道，"应该怎么做才能再次吸引Famicom和Super Famicom的玩家？如果电视屏幕媒体已经达到了它的潜力极限，3D难道不是唯一的选择吗？"

得到横井军平支持后，利普西和普林顿还要上任天堂董事会演示。两位没见过世面的美国人，按照任天堂严格的业务级别从电梯排队进入会议室。两人坐在山内溥的正对面，利普西负责幻灯片演示，普林顿翻译。演示快结束时，利普西听到一声沉闷的声音，像有人在拍桌子。

他抬头一看，任天堂社长山内溥同学已经脸朝下，趴桌子上睡着了。他扭头再看看其他人，大家坐着一动不动，像是没发生任何事情。

出去时，利普西对普林顿说："没戏了吧。"

日本通普林顿说："恰好相反，太棒了。在日本商业中，这是高级人员向下属传递可以继续进行的信号。他已经认可，不需要他再参与，项目成功了！"

山内溥是个非常善于用人的人，他虽不懂技术，却十分信任自己选择的工程师。横井军平是他的嫡系，也是他眼看着一步步成长起来的天才工程师。他的选择，山内溥向来支持。

之后，双方签订合作协议，任天堂获得 Private Eye 的全球独家许可。任天堂支付 1000 万美元技术使用费，并购买 RTI 的少数股份。RTI 签订保密协议，按照任天堂的要求秘密开展工作。

任天堂的认可，极大提振 RTI 在头戴式显示技术上的信心。他们继续开发相应的便携式手持设备。后和 Bolton Engineering 联合研发出一款工具——FaxView。手持传真机，挨着眼睛就看到传真内容，在黑色背景上的红色内容。很鸡肋的设备，没掀起什么波浪。

第六十二章　任天堂：Virtual Boy 的失败

Virtual Boy

RTI 的新技术项目，任天堂内部代号为 VR32。

横井军平最初希望创造出一个类似眼镜的游戏机，支持头部跟踪。游戏机保留红色 LED，使用黑色背景营造出深度感。为何不使用彩色 LCD 显示呢？有两个问题：其一，成本过高，设备零售价可能会超过 500 美元；其二，小型彩色 LCD 技术不成熟，会出现跳帧。对横井军平来说，可移动是个非常重要的特性。VR32 开发之初，便以便携移动作为核心特性之一，所以才决定使用眼镜形态。

VR32 使用 32 位 RISC 架构的 NEC V810 为中央处理器，并设计专用辅助图形显示芯片。在实际开发中，工程师发现一个很难解决的严重问题：如果是眼镜状的游戏机，在用户头部附近放置一颗处理器，是否会对大脑有不良影响？

当时科学界对电磁辐射是否对人体有害并没有深入研究，工程师的担心是合理的。此外，处理器的电磁辐射还会影响 LED 显示，产生噪点。这意味着必须要用金属壳覆盖 CPU，横井军平不得不放弃佩戴式眼镜的产品形态。

重量增加后，VR32 如果要保持移动性，必须配上辅助工具——肩架。有了肩架后，用户可以扛着 VR32 到处跑。不过如果在移动中出现意外状况，就会产生非常可怕的后果。设想下，当用户扛着 VR32 从楼梯间滑下来，又或在汽车后座碰到紧急刹车。VR32 上的玻璃和塑料，会在用户脸上花式爆开。任天堂并不想看到这种场景，VR32 移动特性被取消，方案修订为放在桌面固定位置的游戏机。

RTI 和任天堂签约后，任天堂将 VR32 显示组件交给三美电机（Mitsumi Electric，日本知名电子公司）代工。RTI 和三美为此创建合作项目——龙项目（Dragon Project）。

RTI 还有更重要的一项工作要完成——确定 Private Eye 技术不会损害视力。在 RTI 推荐下，任天堂聘请波士顿斯格本斯眼科研究院（Schepens Eye Research Institute，哈佛大学的全球顶级眼科研究所）的伊莱·佩利（Eli Paley）博士研究 VR32 显示器对人类视觉的影响。佩利博士的研究表示，该技术对视力无害。可有一项警告：两个显示器未对齐时，会导致视觉系统尚未发育完全的儿童（5—7 岁）出现弱视。

按研究报告的结果，RTI 建议将 VR32 的显示器封装在钢质框架中，再在外面套一层硬质塑料外壳，以避免对不齐的情况发生。还有一个问题，使用头部追踪功能时用户容易产生晕动症。出于健康方面的考虑，任天堂取消 VR32 的头部跟踪功能。

产品最终设计方案是：一个双目显示器，支持插游戏卡。一个游戏手柄，装 6 节 5 号电池，给显示器供电。一个支架，支撑显示器。用户可以坐着玩，或弯着腰玩。

由于使用电池供电，VR32 无法发挥芯片的完全运算能力，图形显示更是无从谈起。最后，它成为一台妥协的产品，除粗略的线框和 2D 图形外，没有像样的 3D 体验。

VR32 采取和 Game Boy 类似的取名法则，叫“Virtual Boy”。对比销量极佳的 Game Boy 系列，任天堂营销部门算是搭顺风车，暗指 Virtual Boy 是 Game Boy 同品质的产品。横井军平对此默许，他心里希望把任天堂打造为拥有“游戏机、掌机和 VR 三大支柱业务”的公司，然后顺利退休。下图为 Virtual Boy。

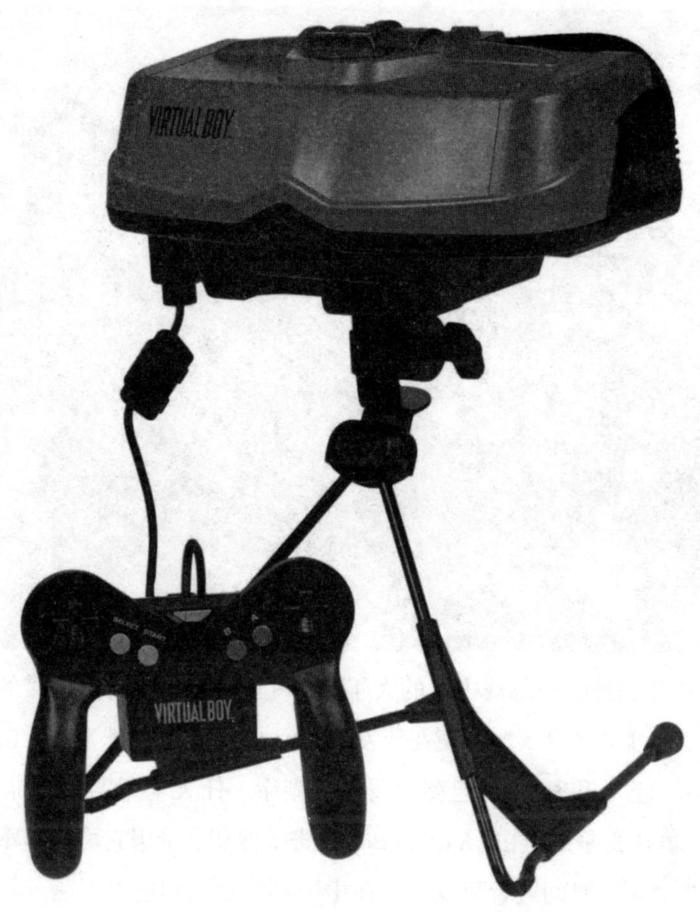

VR 游戏机和 Virtual Boy 游戏

领先一步是先进，领先两步是先烈。

Virtual Boy 并非 VR 游戏机的唯一玩家。1995 年前后，还有多款 VR 游戏机面世，如 SEGA VR、Virtual i-O i-glasses、Forte VFX1，还有飞利浦用米罗华品牌发布的 Scuba Virtual Immersion Visor。这台名字超长的 Scuba 曾荣获“有史以来最糟糕的游戏外设”（Worst Gaming Peripheral of All Time）称号。下图为飞利浦米罗华 Scuba，是电子消费品丑出天际的神迹作品。

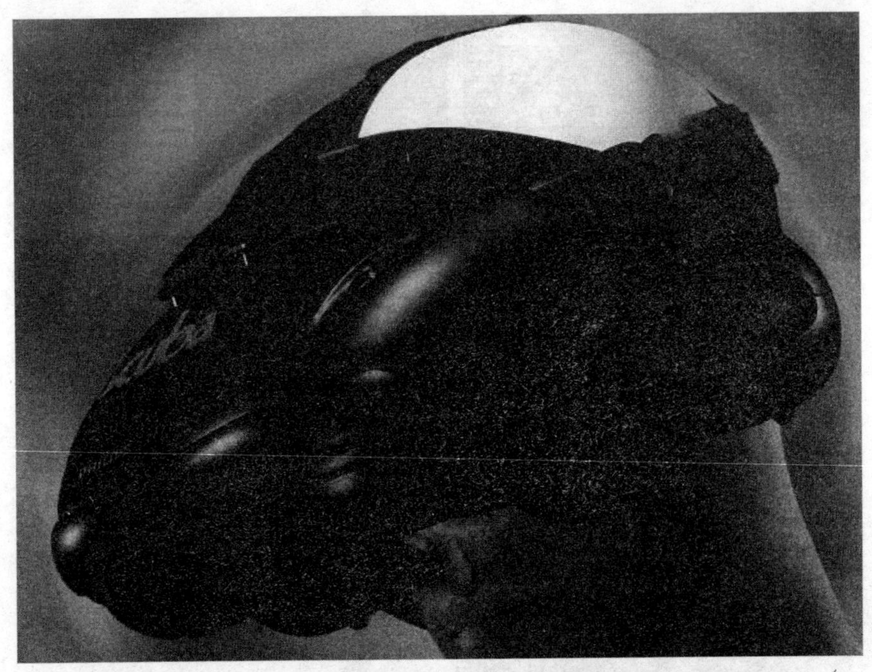

1995年，是电子游戏史上的大年份，可正是任天堂青黄不接的时间。超级NES已上市5年，N64正在研发中，到1996年6月才发布。市场上，世嘉32X、土星和索尼PS已然打得一塌糊涂。任天堂急需一款新产品杀入市场，填补竞争的空白。Virtual Boy被寄予厚望，希望它可以异军突起。任天堂花费4年时间进行研发，并在中国建立专门制造工厂。

任天堂内部从上到下都不是十分看好Virtual Boy的前景，可箭在弦上，不得不发。万一有奇迹发生呢？

Virtual Boy发布时，任天堂共准备3款游戏，并计划之后每月发布2—3款游戏。可它存续时间极短，只比世嘉X32的5个月稍长一些——6个月。Virtual Boy全部旅程里，仅发布22款游戏。其中日本市场19款，北美市场14款。

山内溥什么看法呢？他特意叮嘱两件事：其一，宫本茂的精力要放在N64的游戏开发上；其二，Virtual Boy发售前不要引入过多第三方开发商，避免劣质游戏出现的风险。这样下来，Virtual Boy上仅有两款马里奥游戏，《Mario’s Tennis》《Mario Clash》。

看来，山内溥对 Virtual Boy 的前途也没把握。

下图为 Virtual Boy 游戏《红色警报》（Red Alarm）游戏画面。《红色警报》是 Virtual Boy 少数获得极高评价的 3D 游戏，用简单线框营造出极其激烈的太空射击游戏战斗场面。

丑媳妇亮相

任天堂下一世代游戏机 N64 的发布时间已排上日程，山内溥和横井军平对 Virtual Boy 的进展和体验都不算满意。他们不打算继续在 VR 项目投入，也没耐心等它完全成熟。丑媳妇早晚见公婆，发布吧。

1994 年 11 月 13 日，任天堂在《纽约时报》发新闻稿表示，Virtual Boy 将会让玩家完全沉浸于“own private universe”。《纽约时报》报道中，任天堂的重点是描述技术指标和创新性，没谈到将发布的游戏，这在任天堂的产品营销上极为少见。11 月 15 日，任天堂在 Shoshinkai1994 展（1989 年开始第一届展览，任天堂太空世界的前身。由任天堂主办的游戏软件展览会，游戏机和主要游戏都会在展览露面）上，首次向公众展示 Virtual Boy。

日本玩家反应十分平淡，这也是任天堂从未遇到过的新情况。1995

年1月6日，任天堂在CES展上展示Virtual Boy。

Virtual Boy在日本上市前几个月，日本媒体抓住其可能会对视力造成的影响大做文章。任天堂法务部为规避相关风险，也在产品包装和说明书印刷大篇幅产品使用的警示。二者合一，坐实Virtual Boy确有损害视力的可能性。

7月21日，Virtual Boy正式在日本上市，旋即遭遇一股寒流。毕竟，没人愿意冒着瞎掉的风险去尝试一款新游戏机。8月16日，Virtual Boy在北美上市。北美媒体比较少关注其健康影响，玩家也乐意尝鲜。游戏机上市后，销售一度十分火爆，超过世嘉土星。

胜利只是昙花一现。

到12月，Virtual Boy美国销量达到35万台。日本销量惨淡，仅售出14万台。对雅达利来说，这可能算是不错的成绩。可对任天堂动辄千万上亿台的游戏机销量而言，完全不及预期。

实际上，任天堂并没有消极营销Virtual Boy，反而是投入大量营销费用。游戏机发布时，已投入2500万美元进行推广。巧妇难为无米之炊，Virtual Boy上确实没有什么像样的游戏。任天堂一改常态，大量使用广告暗示和宣传游戏机硬件技术。任天堂的《穴居人广告》，就是其中的经典作品。为宣传技术颠覆性，广告画面中带有浓烈的赛博朋克味和迷幻味。

可惜的是，广告再好也没用。

1996年5月，任天堂美国将Virtual Boy价格降到99美元。年底，Virtual Boy开始出现在玩具店的清仓列表中，价格已降到30美元。1996年E3上，任天堂绝口不提Virtual Boy，算是彻底放弃它的信号。

Virtual Boy余韵

Virtual Boy是失败的。它没有创造出销售神话，没有传世游戏，也没能影响更多人对游戏的看法。山内溥并没因为产品失败，就对横井军

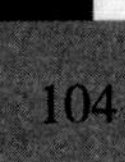

平有所批评或指责。至少，任何公开和私密的记录中，都没出现过此事。

可他是否希望横井军平会因此承认错误和承担责任呢？可能有，但这并不重要。

为弥补 Virtual Boy 的失败，1996 年 7 月 21 日，横井军平主持的 Game Boy 的升级机型"Game Boy Pocket"在日本推出，距 Virtual Boy 上市刚好一年。Game Boy Pocket 是 GB 更小更轻便的版本，推出后广受好评。

横井军平是个讲究人。

1996 年 8 月 16 日，在任天堂工作 31 年的横井军平提出辞职。在以终身雇佣为荣的日本，他的辞职震惊整个电子游戏行业。自然而然，所有媒体不由自主地将他的离开和 Virtual Boy 的失败联系起来。横井军平是任天堂崛起的关键人物，战功彪炳。料想重情重义的山内溥不会如此小气，容不下一位 50 岁的老部下。

以山内溥目无余子的个性，自是不会对此事公开解释。

离开任天堂的横井军平创办一家研发新掌机的公司，Koto Laboratory。他协助过万代公司开发世界第一款电子宠物：拓麻歌子。后还开发过新掌机，授权给万代制作出掌机——WonderSwan。

1997 年 10 月 4 日，横井军平在高速公路上发生一起轻微的交通事故。他和司机一起下车检查车损时，被另外一台快速通过的汽车撞倒，不幸死亡，司机只撞断 2 条肋骨。

电子游戏史上排名前十的天才发明家，如划破长空的流星陨落。

Virtual Boy 的失败没有对任天堂造成不可挽回的损失，可对 RTI 来说却是灭顶之灾。贝克尔原计划通过 Private Eye 完成 IPO，结果 Private Eye 仅在两款失败的产品上得到应用：Virtual Boy 和 FaxView。失败后，RTI 的创始人贝克尔转向净水技术。2001 年 10 月 14 日，他在家中看电视时因为动脉夹层破裂而意外死亡，时年 53 岁。

Virtual Boy 是否就一无是处呢？

肯定不是。

Virtual Boy 是游戏从业者在新体验上一次勇敢而大胆的尝试，它为未来游戏元宇宙的实现踏出勇敢的第一步。未来，任天堂还会继续尝试 3D 游戏机的开发。

世嘉土星和 Virtual Boy 的陆续落败，让游戏机市场形成难得的真空，给索尼 PlayStation 可乘之机。

从 1994 年到 1996 年 6 月，再没有家用游戏机会对 PS 形成有效威胁。反击 PlayStation 的任务，落到任天堂下一代主机 Nintendo 64 身上。

第六十三章　任天堂：至强神机 N64

猛男克拉克

第五世代家用游戏机的技术竞赛，由 3DO 率先发起。它的 32 位游戏机方案将松下、LG、任天堂和世嘉一众公司尽数卷入硬件性能大战。任天堂原计划和索尼合作，将超级 NES 升级支持 CD-ROM。结果两家闹掰，超级 NES 的 CD-ROM 再没有下文。

任天堂也不是没有 32 位游戏机，Virtual Boy 就是 32 位处理器。可它还没进入战圈，就自己倒下了。

欺任天堂帐下无人吗？不。早在 1993 年，任天堂就开始秘密研发全新的 64 位游戏机。前文讲到，1993 年，Silicon Graphics 创始人詹姆斯·克拉克计划将新研发出来的游戏机芯片方案卖给世嘉，被拒。卡林斯克将他推荐给任天堂，果不其然，Silicon Graphics 和任天堂达成合作。

詹姆斯·克拉克，1944 年 3 月 23 日出生于德克萨斯州普莱恩维尤。他 16 岁高中辍学，在美国海军服役 4 年。退役后在路易斯安那州杜兰大学夜校就读，虽然没有高中文凭，却仍获得新奥尔良大学的入学资格。克拉克在新奥尔良大学获得物理学学士和硕士学位，1974 年又在犹他大学获计算机科学博士学位，和雅达利的布什内尔是校友。

完成博士学业的克拉克在纽约理工大学电脑图形实验室工作，没多久，到加州大学圣库鲁兹分校担任助理教授。1979 年，35 岁的他开始在斯坦福大学担任电气工程学副教授。

克拉克主要研究链接图层、3D 图形的专用软件和硬件。他的团队开发出一种几何引擎（Geometry Engine），可以使用几何模型渲染电脑图形。

1982 年，克拉克辞去副教授一职，和几位斯坦福大学研究生创办 Silicon Graphics，简称 SGI，主要产品是高端图形工作站。1980 年代中期，SGI 收购 MIPS，取代摩托罗拉 68000 作为 SGI 工作站处理器。

1984 年，SGI 又请来前惠普高管爱德华·麦克拉肯（Edward McCracken）担任 CEO。麦克拉肯从 1984 年到 1997 年担任 Silicon Graphics 的 CEO。其间，SGI 的年收入从 540 万美元增长到 37 亿美元。1991 年，SGI 已成为好莱坞电影视觉效果和 3D 影像制作领域的全球领导者。他们专注于高端市场，为其特殊硬件和图形软件收取溢价。SGI 使用 RISC 架构阶段最重要的客户是好莱坞，多家工作室使用 SGI 的工作站进行图像合成和后期制作，最出名的是 1993 年的科幻电影——《侏罗纪公园》（Jurassic Park）。下图为《侏罗纪公园》剧照，蕾克丝·莫菲大喊："这是一个 UNIX 系统！我知道这个！"电影中的电脑桌面，正是 SGI 基于 Unix 图形工作站的 3D 文件系统导航窗口。

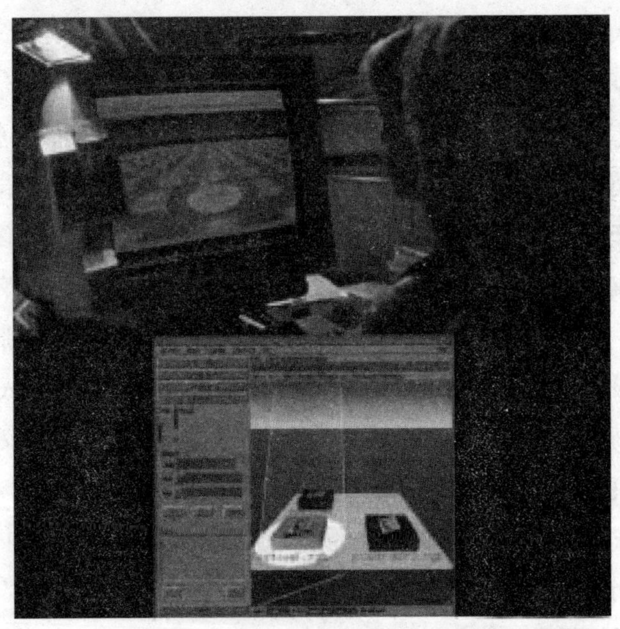

SGI 特意为电子游戏机市场设计出一款基于 MIPS R4000 处理器的图形芯片"RCP-NUS"。RCP 功耗极低，只有 0.5 瓦功率，远低于 1.5—2 瓦的正常标准。它还有一项优势，价格可以控制在 40 美元以内。

如此强大的合作伙伴，却被世嘉日本以技术浪费为由拒之门外。话说，还有比土星更浪费的硬件架构吗？

1993 年 8 月 23 日，SGI 和任天堂宣布展开合作，联合打造“世界上最强大的电子游戏机”。因为和 SGI 管理层对公司发展方向有分歧，克拉克 1994 年 1 月下旬离开 SGI。

离开 SGI 的克拉克找来马克·安德森（MarcAndreessen），一位曾受雇于美国国家超级计算应用中心（National Center for Supercomputing Applications,NCSA），领导第一款互联网浏览器 Mosaic 开发，1994 年第一届万维网国际会议上宣布的万维网名人堂的六位入选者之一的顶级科学家。在 Kleiner Perkins Caufield & Byers（KPCB，硅谷著名风险投资公司）投资下，克拉克和安德森成立 Mosaic Communications Corporation。两人第一次会面讨论的内容是什么呢？是为任天堂 N64 创建一个 20 页的在线网络游戏宣传页面。

幸运的是，任天堂 64 到 1996 年才发售。

安德森说，“如果他们早一年发售，就没有 Netscape 了”。

是的，这就是大名鼎鼎的 Netscape。

Mosaic，它就是互联网世界第一个商业浏览器 Netscape 的前身。1994 年，Mosaic 公司发布第一个浏览器版本“Mosaic”，接着是“Mosaic Netscape”。由于重名问题，NCSA 提出异议后，浏览器更名为“Netscape Navigator”。公司名称也更改为 Netscape Communications Corporation。

1999 年，Netscape 被 AOL 以 100 亿美元价格收购，克拉克拿着 12 亿美元巨额回报退出。后面的故事众人皆知：Netscape 在浏览器大战中，被微软的 Internet Explorer 干翻倒地，价值归零。

电脑网络游戏如同远处疾驰而来的列车，轰鸣之声，隐约在耳。

Project Reality

克拉克给媒体和分析师描述出一个野心勃勃的项目——Project

Reality，它将是一个颠覆电子游戏机的项目。SGI 通过全新设计，可以用低于 250 美元的价格制造出超越“数百台电脑的计算机能力”的芯片。

SGI 话音刚落，主打性能的 3DO 公司股价大跌。

下图为 1994 年 CES 展上，任天堂和 SGI 演示的 Project Reality 项目。不过并没有运行在游戏机上，而是在 SGI 高端图形工作站 Onyx 上。

Project Reality 项目有两颗处理器，中央处理器和 Reality 辅助处理器（RCP）。1992 年，SGI 公司收购 MIPS Technologies, Inc.，一家为数字家庭、网络、嵌入式、物联网和移动应用提供处理器和处理器架构方案的公司。Project Reality 项目的中央处理器，就是使用由 MIPS Technologies 设计的 R4200 微处理器的衍生产品——R4300i。对比 R4200，R4300i 通过改进整数乘法器使得延迟减少。它采取 350nm 工艺制造，使用 3.3V 电源，40MHz 运行功率为 1.5 瓦，100 MHz 时为 1.8 瓦，133 MHz 时为 2.2 瓦。R4300i 授权给 NEC 和东芝生产，名为 VR4300 或 TX4300。

Project Reality 的真正挑战是辅助处理器的设计，因为要重新构建。SGI 内部工程师对克拉克的发言都表示疑问：250 美元要实现 SGI Onyx 工作站级别的图形显示，有可能吗?

由于内部支持者很少，许多工程师只好从公司外招聘。人力资源不足，导致 Project Reality 项目组创始成员要身兼多职。电路板设计师兼职

管理员，软件程序员做电路设计。

不过，随着时间推移，工作内容逐步条理清晰。第一个里程碑来临，项目组发布“RCP Tapeout 1.0”。1994 年夏天，第一个平滑着色阴影多边形由 RCP 模拟器生成。音频转码完成，芯片开发进展顺利。在芯片生产之前，项目组设计出一个可以在 SGI Onyx（由 SGI 设计制造出的工作站）上运行的模拟器，该模拟器带有 Reality Engine，可以让任天堂和 Rare 等开发商开发游戏。

Rare 工作室得以制作出《大金刚国度》的关键因素，就在这个模拟器上。

1994 年 10 月，随着流片（流片：英文 Tape Out。在集成电路设计领域，“流片”指的是“试生产”）的时间临近，RCP 的问题才暴露出来——尺寸过大。大家做过无数次尝试，仍然无法解决。

10 月 10 日，项目组就 RCP 尺寸过大的问题召开一次解决会议。大概有三个方案：一是将单元切成两半；二是分离缓存；三是不管，将问题丢给硬件工程师解决，继续往前。前两个方案都会牺牲 RCP 性能，没有办法，大家只有抱着脑袋往前冲。

相信工程师的智慧吧。

1994 年底，中央处理器 R4300i 已完成流片，RCP 团队还在马不停蹄地开发，所有假期全部取消，包括圣诞节。1995 年 2 月 24 日，RCP 终于完成全部设计工作。当天，两位工程师拎着一桶冰水浇到项目组经理的头上，开始 SGI 历史上最潮湿的庆祝活动。附近有个会议室放着不少气球，一场水气球大战拉开序幕。

1995 年夏天，R4300i 团队正式合并进入 Project Reality 项目，协助将 RCP 尺寸进一步浓缩。凭借丰富的芯片设计经验和高超的工程技艺，该小组和 RCP 团队终于完成整个架构的设计。

1995 年 7 月 23 日，RCP 第 2 个版本流片。

之后，SGI 办公室爆发一场更大的水仗，工程开发所在的 8 号楼淹没在团队的喜悦之中。

性能怪兽 N64

性能怪兽和任天堂，这两个词搭在一起好像有点不伦不类。任天堂的产品哲学是使用成熟技术制作好玩的游戏，硬件向来不是其特长。任天堂和 SGI 的合作，告诉其他电子游戏机厂商一个事实：新技术，任天堂同样精通。

1994 年 6 月 23 日，任天堂宣布和 SGI 合作的新游戏机官方名称为 Ultra 64。为 Ultra 64 开发第三方游戏的公司，包括 Alias Research、Software Creations、Rambus、Rare、WMS Industries、Acclaim Entertainment、Paradigm Simulation、Angel Studios、时代华纳互动等。阵营强大，定要给索尼一个狠狠的教训。

年末，任天堂公布 Nintendo Ultra 64 和游戏卡实机。他们并不打算使 CD-ROM，仍然坚持使用游戏卡。下图为任天堂公布的 Nintendo Ultra 64 和游戏卡。

对比雅达利 Jaguar 使用小学生加法得到的 64 位处理器不同，Ultra 64 有真正的 64 位处理器。发布前，Ultra 64 的名称改为“Nintendo

64"。因为其项目最初名称是"Nintendo Ultra Sixty-4"，因此 Nintendo 64 中的软硬件都使用缩写"NUS"作为前缀。下图为 SGI 开发的辅助处理器：RCP-NUS。

Nintendo 64，简称 N64，采用由 NEC 制作的，以 MIPS R4300i 为基础的 64 位中央处理器 NECVR4300。配合 NECVR4300 是由 SGI 定制的 RCP 辅助处理器，同样是 64 位。N64 没有使用单独的内存组，而是沿用 SGI 的超级计算机设计，使用统一内存存取（Uniform Memory Access，UMA）。

1995 年 11 月 24 日，在任天堂贸易展上，N64 以完整形态亮相。成群结队的日本小学生，抵御严寒在场外排队，就为试玩到 N64 的游戏。原定于 1996 年 4 月发售的 N64，仍然推迟发布。原因有二：任天堂声称需要更长的时间开发足够好的游戏，也为生产预留足够多的时间，避免发布后供货不足。SGI 说是硬件芯片在测试中仍有一些问题，还要修改。

不管如何，1996 年 6 月 23 日，N64 在日本顺利发售。

世界首款真 64 位游戏机，第五世代最后一款游戏机，性能怪兽，PlayStation 最强大的挑战者，电子游戏史上最重要的游戏机，说的都是任天堂 N64。这很像《权力的游戏》中龙妈的名号：风暴降生丹妮莉丝，不焚者，弥林的女王，安达尔人、洛伊拿人和先民的女王，七国统治者暨全境守护者，大草海的卡丽熙，奴隶解放者，龙之母。

对以上，N64 当之无愧，下图为 N64 游戏机。

第六十四章　任天堂：N64 难敌 PS

N64 控制器

N64 是任天堂费尽心血的一款作品，简单地概括就是：硬件很硬，游戏更硬。

家用游戏机的核心硬件，如中央处理器、图形处理芯片和内存，N64 都以图形工作站标准打造。N64 上另外一个划时代设计，是它的手柄控制器。N64 手柄强到什么地步呢？如果要对游戏机手柄划分世代的话，只用分为两个世代：前 N64 世代和后 N64 世代。

最早的游戏机控制器由操控杆和拨片组成，雅达利 2600 上使用的 Atari CX40，是第一个被广泛应用的控制器。CX40 支持标准端口，被应用到许多 8 位电脑上。如 Commodore 64、Amiga、雅达利 ST。经第三方适配后，它甚至可以在 Apple Ⅱ上使用。

Atari CX40 十分受欢迎，在当时被誉为“家庭娱乐控制器的巅峰之作”。

第三世代游戏机由一统江湖的任天堂 NES 开启，NES 手柄叫 D-Pad，核心设计为十字方向键。该设计思想源于 GB 版的《大金刚》，比操纵杆控制器的游戏体验更强。十字方向键设计，很快成为游戏机手柄的标配。为避免侵犯任天堂专利，其他游戏机公司将十字方向键改为圆十字，而非原始十字形。世嘉 Genesis 对此还有所升级，附加 6 个动作按钮，还有供食指使用的肩部按钮（抄袭 SNES 设计）。6 按钮设计，主要是受使用 6 按钮的《街头霸王》街机影响。

大部分电子游戏机厂商认为手柄的发展到此为止，如果继续在手柄上新增功能键，那玩家不如去玩电脑游戏。毕竟，电脑键盘上的按键多达数十个，可以设定的组合趋近无穷。

真是如此吗？不是。随 N64 一起推出的 N64 手柄，给其他游戏机厂商又上了一课。

N64 手柄上有三大全新功能：模拟摇杆（Analog stick），控制器外存储卡（Controller Pak），震动反馈（Rumble Pak）。除此以外，还有一些其他新设计。

N64 手柄设计成 M 形飞机状，有 10 个按键，加 1 个模拟摇杆，1 个十字方向键，4 个手柄接口。它支持控制器外存储卡，玩家可以将游戏数据存入手柄，然后带着个人手柄外出和其他 N64 用户一起玩游戏。N64 手柄还支持震动反馈，将 Rumble Pak 插入手柄后，部分游戏会有震动反馈，使得玩家的体验感进一步增强，都是非常新颖有趣的设计。下图为 N64 手柄。

有关手柄控制器的震动反馈，电子游戏史上还发生过一次不大不小的事故。N64 震动反馈采用的电磁谐振感应耦合技术，1995 年，任天堂为此申请名为《体感电子游戏系统》（Video game system providing physical sensation）的专利，日本专利号为 JP28800695，2001 年在美国申请同等专利。

N64 发布后，1997 年，索尼也推出同样支持震动反馈的手柄——Dual Shock，没有注册专利。

1993 年，专门研发触摸反馈技术的公司 Immersion 成立。1997 年，

Immersion 和微软合作，将其 TouchSense 技术集成到 Microsoft 的 DirectX 5.0 的 DirectInput API 中，并于 199 年签署协议，共享体感模拟技术。2001 年 4 月，Immersion 公司注册多项手套震动反馈专利，如《触觉反馈的人机界面装置》（Tactile feedback man-machine interface device），专利号分别为 US6424333B1、US6275213B1。

2002 年，电子游戏史上最有名的专利流氓公司之一的 Immersion，向微软和索尼发起诉讼，指控其游戏机手柄侵犯 Immersion 专利。微软很快服软，掏出 2000 万美元并购买 Immersion 公司 10% 股份达成庭外和解。

索尼不服，继续上诉。

Immersion 找来美国著名华裔知识产权律师朱钦文（Morgan Chu）为辩护律师。诉讼结束，索尼惨败。法官判决索尼赔偿 Immersion 公司 8200 万美元，加上判决前的利息费用和费用，共计 9070 万美元。此外，法院还要求索尼暂停销售所有包括 Immersion 公司专利的手柄，包括 PS1 和 PS2。

2006 年 3 月 8 日，索尼又在美国地方法院的上诉中败诉，随后向巡回法院上诉。无奈之下，2006 年 E3 上索尼宣布将在 PS3 上删除震动功能，理由是震动会干扰其陀螺仪运动感应。此事引发群嘲，包括 Immersion 和 PS 玩家。

索尼啊索尼，你也太不顶用了。

不是索尼不努力，只是对手实在太流氓，索尼也是有苦说不出。

2007 年 3 月 1 日，索尼互动娱乐和 Immersion 宣布，双方同意结束专利诉讼，达成合作协议，宣称“探索将 Immersion 技术纳入 PlayStation 格式产品”。言外之意是，索尼不仅要被流氓一阵摆弄，还得宣称很带感。Immersion 收到索尼赔偿的 9720 万美元（多出来的部分是利息），此外索尼还要为使用 Immersion 专利支付使用费。

任天堂全程作壁上观。

除手柄的存储卡和震动反馈外，N64 手柄上最重要的发明是模拟摇杆。模拟摇杆（Analog stick），顾名思义，使用模拟操作而非数字操作。“模拟”（Analog）和“类似”（Analogous）两个单词的词根都是“analog”，意为类似、近似，所以模拟摇杆就叫作“类比摇杆”。

模拟和精确是对比的概念，如数字就是准确而连续的，比如身高、年龄。现实生活中许多东西则是模拟的，如扭动身体的幅度、转动方向盘的角度。N64手柄之前，所有游戏机手柄输入的信号都是准确的。如上、下、左、右、A和B，操作都是“是”和“非”的集合。模拟摇杆将玩家操控换算成向量，类似方向盘的工作方式。使用模拟摇杆后，用户会产生更沉浸的游戏感，跟现实更接近。

通过模拟摇杆的控制，N64制作出电子游戏史上几款划时代作品。

N64游戏包和游戏

N64配备图形工作站级别的处理器，可仍不支持CD-ROM，而是继续使用ROM卡。任天堂给出的理由是：高速CD-ROM会提高游戏机的成本，而低速CD-ROM只有300Kbs/s的读取速度，影响体验。N64游戏卡，支持5—50Mbs/s的数据读取，是CD-ROM的10倍以上。因此，光盘超大的容量和低廉的价格，N64并不需要。

美国任天堂董事长霍华德·林肯说：“目前与CD相比，ROM卡提供更快的访问速度以及更快的移动速度。因此，N64将继续使用ROM卡。CD最终将解决读取速度不够的问题，当这种情况发生时，您会看到任天堂使用CD作为N64的软件存储介质。”

他的意思是，如果CD-ROM不能实现高速读取，任天堂就不会使用CD-ROM。

N64首发游戏是《超级马里奥64》（Super Mario 64），由宫本茂亲自主持设计和开发，是一款能完全发挥N64手柄特性的游戏。模拟摇杆，就是为《超级马里奥64》量身定制的。

1993年，宫本茂参与开发超级NES游戏《星狐》（Star Fox），开始学习3D游戏设计并产生制作一款3D马里奥的想法。1994年9月7日，

《超级马里奥 64》开始立项，进入实际开发。它的开发分为两大部分：内容部分和控制部分。

《超级马里奥 64》是任天堂首款内部制作图形而不是外包图形的游戏，归功于SGI提供的N-World开发工具包。游戏场景3D绘图由日野重文、野上尚志、藤井英树、黑米智明和中野佑介完成，动画由小泉义明和泷和悟完成。游戏美术师和角色设计师是小田部洋一，他完成多角度马里奥 3D 绘图制作，并指导角色模型的创建。

控制部分则由宫本茂一人负责。他的设计理念是，要通过使用 N64 特性来展示“角色的所有情感”。在《超级马里奥 64》之前，玩家玩任何游戏，过程都是“控制角色来实现他们的任务，完成他们的荣誉”。重点是游戏角色，而不是玩家自身。《超级马里奥 64》使用自由行动的 3D 镜头，玩家会因此开始产生“我就是马里奥，我在完成自己的任务和荣誉”的高级游戏沉浸感。

产品开发的前几个月，宫本茂全部时间都在思考如何使用手柄实现马里奥的完美操控。在完全沉迷的开发环境中，他顺利完成《超级马里奥 64》的控制设计。和其他游戏最大的区别在于，游戏的重点并不是闯关过关，而是让用户控制马里奥去探索游戏世界。简单地说，《超级马里奥 64》之前，手柄是玩家控制角色的工具。《超级马里奥 64》之后，手柄是用户探索世界的工具。

N64 通过游戏控制，解决了人跟游戏角色无法重叠的问题，完成人游合一。

《超级马里奥 64》的开发进展缓慢是 N64 游戏机第二次跳票的主要原因，原计划 1995 年圣诞节推出的 N64，因宫本茂认为游戏完成度不够而延期到 1996 年。

对此，山内溥说：“如果游戏创作者妥协，可以很快完成游戏。可用户的眼睛很敏锐，他们很快就会知道，游戏是不是妥协的作品。宫本茂跟我再申请 2 个月，我无条件同意他的请求。”

山内溥虽然不懂游戏制作，可他深知游戏的根本是用户认可。制作者的任何妥协，最后都会反映到用户手上的投票权。

《超级马里奥 64》跟随 N64 一起发布，发布前 3 个月，销量直线突破 200 万份，是 1996 年最畅销的游戏。到 2002 年初，游戏售出超过 590 万份，最终销量为 1191 万份，是 N64 上最畅销的游戏。在《超级马里奥 64》帮助下，N64 发布后销量马上超越 PS 和世嘉土星，成为家用游戏机市场上最靓的仔。1996 年 12 月 14 日，N64 发布另外一款马里奥系列作品《马里奥赛车 64》（Mario Kart 64）。全球售出 987 万份，是 N64 上第二畅销的游戏。

马里奥 IP，是任天堂无法战胜的基石。

和《超级马里奥 64》同时进入开发的，还有一款游戏《塞尔达传说：时之笛》（The Legend of Zelda: Ocarina of Time）。游戏以虚构的海拉尔王国为背景，也是后续《塞尔达传说》系列游戏共用的背景，讲述一个英雄林克打败反派拯救塞尔达公主的故事。

《塞尔达传说：时之笛》由宫本茂领导的 EAD 部门开发，游戏开发预算超过 1200 万美元。游戏最初是为 64DD（任天堂另外一次失败的商业尝试，类似 FC 的 Disk 系统，64 指的是 64MB 的磁盘存储）设计的游戏，后移植到游戏卡上。《塞尔达传说：时之笛》最初的设计只有 16MB 内容，随着开发内容不断增加，存量增加到 32MB。

《塞尔达传说：时之笛》项目组包含五个团队，由宫本茂整体管理。每个团队负责不同的项目，如场景和规划、林克的动作设计、相机、动作捕捉、格斗、声音等内容，最后再进行合并。宫本茂原计划采用第一人称方式进行游戏，后发现还是有必要将林克放在屏幕上。《塞尔达传说：时之笛》也是最先使用由角色进行导航的游戏，游戏中的小精灵 Navi 解决了《超级马里奥 64》没有解决的视觉锁定问题。

由于跟《超级马里奥 64》同步开发，最初两款游戏使用相同引擎。到开发后期，宫本茂对《塞尔达传说：时之笛》进行大幅修改。在《超级马里奥 64》中，玩家可以自由控制游戏镜头，体现玩家对角色的控制权。到《时之笛》时，游戏镜头开始由游戏 AI 控制，让玩家有更便捷的操控性去探索游戏世界。

《塞尔达传说：时之笛》是电子游戏史上里程碑级的游戏，如果只能把电子游戏分为两段，那就是：前《时之笛》时期和后《时之笛》时期。

2017 年的《塞达尔传说：旷野之息》上市前，《时之笛》一直被认为是“史上最佳游戏”，19 年没有对手。GameSpot 的游戏评测写道：“《时之笛》不仅是一个魔幻般的塞尔达游戏，也绝对是跟你所能想到的任何游戏相比也不逊色的杰作。事实上，它是我们 gamespot 网站荣幸授予的第一个满分游戏。如果说《时之笛》不是史上最伟大的游戏之一，那绝对是犯罪，我们可不想成为罪犯。很少有游戏比《塞尔达传说：时之笛》更值得这样的赞誉，而我们也非常高兴把这样的荣誉授予它。”

无数游戏在《时之笛》的启发下成就经典，如《刺客信条》《古墓丽影》《魔兽世界》等。丹·豪瑟（Dan Houser，英国游戏制作人及 Rockstar games 创始人）说：“《塞尔达》和《马里奥》显著地影响了 GTA 系列的开发。如果哪个 3D 游戏制作人说自己没从《塞尔达传说》和《马里奥》身上学过什么，那他一定是在扯淡。”

1998 年 11 月 21 日，《塞尔达传说：时之笛》正式发布。任天堂为其投入 1000 万美元营销费用，给 N64 打入一剂强心针。游戏预约超过 50 万份，第一周销售就突破 100 万份，1998 年全年售出 250 万份。《时之笛》在日本售出 114 万份，全球约 760 万份。

除《超级马里奥 64》《马里奥赛车 64》《塞尔达传说：时之笛》，N64 还有 Rare 公司开发的第一人称射击游戏《007 黄金眼》（GoldenEye 007）等优质游戏。可由于游戏卡昂贵的开发成本和周期，N64 上主要是第一方和第二方游戏。

N64 最终游戏数量是 393 款，对比起 PS 上 7000 多款游戏阵营，十分不够看。得第三方者得天下，任天堂不这样认为。

N64 的战斗

N64 是任天堂发布的最为重要的家用游戏机产品，几款神级作品带来一波热潮。1997 年初，N64 美国销量成功超过 PS 和世嘉土星，达到 360 万台。可由于缺乏第三方游戏，后劲不足。它的终生销量没有超过索尼 PlayStation，而是止步于 3293 万台。其中日本 554 万台，北美 2063 万，其他地区 675 万台。

SGI 的图形工作站硬件，64 位处理器，任天堂王牌 IP 马里奥，史诗级神作《时之笛》，任天堂差不多已经使出浑身解数，仍然没有制胜 PS。PS 的火爆好像完全不可逆转，索尼真是不可能战胜的对手吗？

世嘉不信。

第六十五章　万代：世嘉联姻失利和电子宠物

玩具公司万代

山科直治（1918 年 2 月 22 日—1997 年 10 月 28 日），出生于日本石川金泽市，1935 年从金泽商业高中毕业。1947 年，他在金泽市一家由他妻兄开设的纺织品批发公司工作。该公司业务很差，山科直治很难赚到钱改善生活。在邻居指导下，他来到东京研究利润丰厚的玩具市场。由于没多少钱，夫妻只能在纺织公司里开设自己的玩具店。

1950 年 7 月 5 日，山科直治将玩具店独立为一家新公司万代屋（Bandai-ya）。“万代”一名取自中国古代兵书《六韬》中的“万代不易”（日语英译为 bandai fueki，意为永久不变）。在《东京玩具新闻周刊》主编辰巳敦子的帮助下，万代屋开始进口和分销赛璐珞娃娃（Celluloid，一种合成树脂）、金属玩具和橡胶游泳圈。同年，万代屋发布第一款原创玩具——Rhythm Ball，是一款内部有铃铛的沙滩球，存在不少质量问题。

借 Rhythm Ball 发售，万代屋正式进入玩具行业，从事新式玩具的设计。设计的金属汽车和飞机模型都销售到海外，是日本最早出口的玩具公司。下图为万代屋的 Rhythm Ball 广告，革命性玩具。

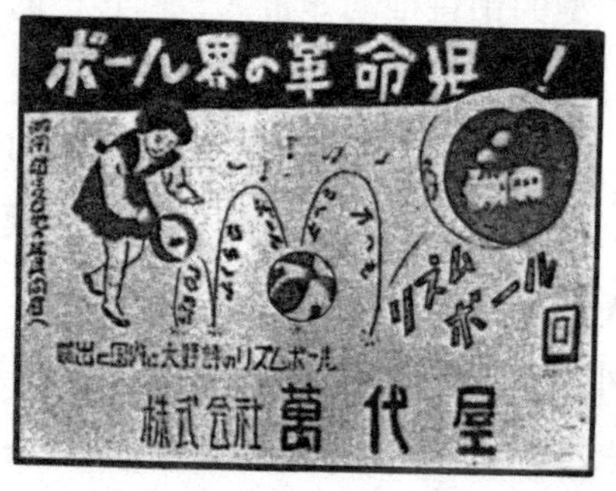

1953 年春天，万代屋开始扩张，新建仓库和 R&D 部门。

1955 年，万代屋开设专门制造工厂 Waraku Works，并在工厂建立玩具行业首个质量保证体系。第一个符合质量保证体系的产品是模型车（Toyopet Crown），万代屋走上现代化玩具企业的道路。1961 年 7 月，万代屋正式更名为万代（Bandai）。同年，万代在纽约成立海外销售公司 Bandai Overseas Supply。

1963 年，万代开始根据动画片《阿童木》制作可动人偶玩具，获得巨大的商业成功。山科直治对公司业务战略重新定位，从原创玩具转到赞助新漫画创作。1966 年 7 月，万代发布新玩具吹泡泡罐（Crazy Foam），3 个月内售出 240 万件。1968 年，万代的新玩具 Naughty Flippe，在纽约国际创新产品展览会上获得金奖。1969 年，万代收购当时陷入经营危机的模型厂商今井科学的静冈工厂以及各类生产模具。以今井科学的生产能力为基础，万代开始开发出各种汽车玩具模型。

1970—1983 年是万代公司飞速扩张的时期，它和美国玩具汽车模型制造商 Tonka（之前给世嘉代销过游戏机的公司）成立合资公司——Tonka Japan KK。之后万代又成立一家名为 Popy 的子公司，专门制作儿童人偶玩具。

1980 年 5 月，山科直治之子山科诚就任万代新社长。山科诚甫一上任，就对老员工大幅裁减，起用年轻员工。万代希望执行新的企业战略，用来取代传统玩具制造经销模式。7 月，万代推出高达模型系列的初代——首个 1/144 比例 RX-78-2 高达。1981 年，讲谈社创刊漫画杂志《COMIC BonBon》封面刊登高达模型，小学馆旗下杂志也对高达进行过推广。漫画杂志广告对高达模型的销售推动非常大，高达一时间成为小学生们的潮流玩具。

高达模型，Gundam Plastic Model，缩写为 GUNPLA。万代的 1/144 比例高达模型售价只有 300 日元，对比其他机器人模型来说十分便宜。物美价廉，GUNPLA 在日本形成抢购风潮。1982 年，在千叶县大荣新松户店发生 250 名中小学生抢购 GUNPLA 引发的踩踏事故，大众才发现 GUNPLA 已经有燎原之势。下图为 1/144 比例 RX-78-2 高达宣传海报。

GUNPLA 热潮一直持续到今天，到 2019 年 5 月，GUNPLA 系列玩具出货数量已经达到 5 亿个。万代采取的生产模式是：基本不绝版。除开因特定原因停产或限定版外，GUNPLA 系列从初代到现在都可以用正常价格购买。这比起某些玩具厂商只会搞饥饿营销，要强太多。

玩具的使命也是给人们带来欢乐，而非痛苦。

1985 年，万代成为任天堂 Facmicom 的第三方游戏公司。它制作的格斗游戏《Tag Team Match：MUSCLE》，销量超过 100 万份。在山科诚领导下，万代成为日本领先的综合娱乐公司。1989 年 2 月，万代收购街机游戏开发商 Coreland，将其重组为万代的投币街机公司 Banpresto。1990 年初，万代成为任天堂在英国的发行公司。

Apple Pippin 和万代的危机

蒸蒸日上的万代看到电子游戏机行业的爆发式发展，也有点眼红。

1993 年，万代进入游戏机领域。山科诚眼光独到，他选中 Macintosh 作为参照对象，希望将其改为支持 CD-ROM 的游戏机。

无巧不巧的是，苹果此时也正在打造一个游戏机平台——Apple Pippin。

Apple Pippin 是苹果公司发布的游戏机平台，“Pippin”是一个苹果品种，是“Macintosh”苹果（与苹果电脑 Macintosh 同名）更小更酸的亲属。苹果公司发布 Pippin 的目的并不是完全为游戏机，而是包含多种家庭设备的娱乐设备。苹果不想制造 Pippin 设备，而是想将其授权给第三方从而成为开放标准。模式有点像 JVC 授权 VHS 格式，或是 3DO 公司授权其他公司制造 3DO 游戏机。苹果公司允许第三方对 Pippin 进行差异化扩展，第三方可以改进其工业设计，集成电话、视频音频，甚至可以增加内存容量。

1994 年，万代和苹果接洽，希望可以合作生产基于 Macintosh 的游戏机。合作的最初方案是将游戏直接运行在 Macintosh Classic Ⅱ（CPU 为 16 MHz Motorola 68030）上，万代只制作外壳。苹果展示 Pippin 构建的“Pippin Power Player”演示设备后，万代转向选择 Pippin。

12 月 13 日，苹果在东京发布 Pippin 平台，并公开与万代的合作伙伴关系。1996 年 3 月，万代游戏机——Pippin ATMARK 开始销售，定价 64,800 日元。Pippin ATMARK 支持拨号调制解调器上网，以及 CD-ROM。山科诚预计，Pippin ATMARK 的首年销量会达到 20 万台。下图为 Pippin ATMARK，具有浓烈的苹果设计风格。

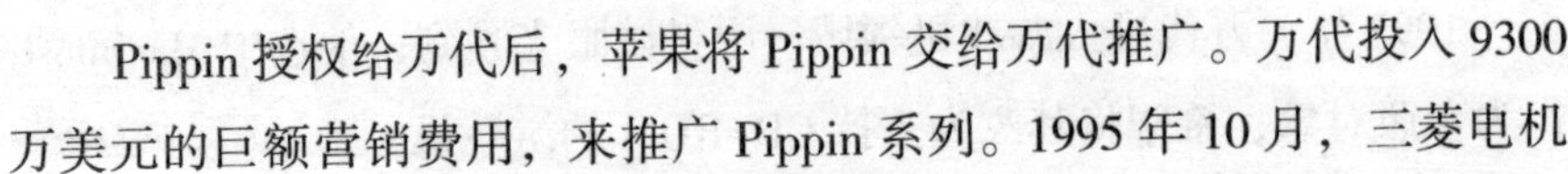
Pippin 授权给万代后，苹果将 Pippin 交给万代推广。万代投入 9300 万美元的巨额营销费用，来推广 Pippin 系列。1995 年 10 月，三菱电机

成为Pippin生产商。三菱电机没有和苹果签署许可协议，仅获得万代授权。

1996年6月，Pippin ATMARK美国版本Bandai Pippin @WORLD在美国上市，售价599美元，赠送一个PSINet提供的6个月会员账户（每月收费24.95美元）。Bandai Pippin @WORLD在美国基本无人问津，万代只得将其从美国市场撤出，运回日本，改名为ATMARK在日本发售。

Pippin最大的问题是没有像样的第三方游戏公司支持，599美元的售价也远超用户的承受能力，失败理所当然。

1996年12月，苹果4.29亿美元收购NEXT公司，乔布斯以非正式方式回归苹果。1997年9月，苹果正式任命乔布斯为CEO，距他离开苹果公司已经11年。乔布斯回到苹果后，立马宣布停止Pippin项目。

同为Pippin授权公司的Katz Media在万代手中接过Pippin的大旗，并发公告称，将誓死支持Pippin系统。2年后，Katz Media得偿所愿，于1998年申请破产保护。

万代最后一些ATMARK被DayStar Digital公司买走，以近乎电子垃圾的价格出售。万代也因Apple Pippin项目亏损惨重，不得不在市场寻求和其他公司合并的机会。

世嘉联姻和拓麻歌子

1996年，万代和世嘉沟通合并的可行性。1997年1月，万代宣布将与世嘉合并。具体计划为：世嘉以10亿美元股份收购万代，成立世嘉万代有限公司的新集团。两家公司合并后年收入将达到60亿美元，是全球最大的游戏公司。

公告发布后，在万代管理层和员工中引起轩然大波。他们一致认为万代友好的家庭式工作氛围会和世嘉官僚文化格格不入，合并将毁掉万代引以为傲的一切。可不想继续亏下去，万代还是只能选择被世嘉收购。造化弄人，万代无意发行的全新电子娱乐产品——拓麻歌子（Tamagotchi），竟然取得始料未及的成功，财务危机迎刃而解。

1997 年 10 月，万代宣布取消合并计划。社长山科诚宣称对合并失败负责，公开道歉并宣布辞职。此事也被认为是中山隼雄 1998 年 1 月辞去世嘉总裁职务的原因之一。

救世主拓麻歌子，是一只电子宠物。

1977 年 4 月，横井昭裕加入万代，1987 年 5 月辞职。6 月，他开始担任玩具设计公司 Wiz Co., Ltd. 的总裁兼代表董事。1995 年 6 月，横井昭裕向万代提交一份关于电子宠物玩具的提案。产品设计灵感来源于一个小男孩试图带宠物龟去度假，被父母拒绝的广告。横井昭裕最初设想是将拓麻歌子作为移动宠物，后为增加乐趣，将其修改为宠物喂养模拟器。外观设计是佩戴型手表，出于成本考量，最后被设计为钥匙扣。

通过横井昭裕的企划案，万代公司员工本乡武一和真板亚纪开始进行产品开发。1996 年 11 月 23 日，掌上电子宠物拓麻歌子正式发售。在万代的宣传广告中，本乡武一和真板亚纪一男一女两位开发者被当成拓麻歌子的创造者。这两位也因此获得 1997 年的“搞笑诺贝尔奖”，人称“拓麻歌子的爸爸和妈妈”。

拓麻歌子有许多入乡随俗的土名，如电子鸡、电子宠物蛋、宠物机、宠物蛋。其游戏机制有趣，价格低廉，很快便火遍全球，成为全世界儿童最热衷的玩具。拓麻歌子中的虚拟宠物其实不是鸡，而是一种外星生物。它有 3 个按键，分别对应 4 个功能：喂养、游玩、打扫和查询状态。

1996 年，拓麻歌子出货量 40 万台。1997 年 7 月，出货量达到 1000 万台。到 1998 年，拓麻歌子全球销量突破 4000 万台。它的终生销量为 8373 万台，足够将万代从沉重的财务危机拉出来好几回。

神机救主的故事，再度上演。

依靠拓麻歌子和手中 IP，万代撑到 2005 年 9 月 29 日才和南梦宫合并。新公司叫万代南梦宫控股有限公司，是日本仅次于任天堂和世嘉飒美集团的第三大游戏公司。

世嘉万代合并失败，只是世嘉再战索尼的插曲。中山隼雄离任后，世嘉将迎来更大的失败。

第六十六章　世嘉：最后一课 Dreamcast

世嘉左右互搏和 Dreamcast

早在 1995 年，就有一篇报道名为《美国武器商掌握着世嘉计划的关键》（US Defense corp holds key to Sega Plans）的文章广为流传。说的是美国武器制造商洛克希德马丁正在和世嘉将联手开发新图形处理器，用于 64 位的世嘉土星 2 代。

世嘉确实和洛克希德马丁合作开发过产品，不过那是街机系统 Model 2。世嘉的下一代游戏机 Dreamcast，与传闻中的项目毫无关系。

鉴于土星的糟糕表现，世嘉新掌舵人入交昭一郎倾向于在公司外部寻找开发团队。1997 年，他启动由 IBM 公司山本达男带领的秘密硬件项目，项目代号——黑带。为何叫这个名字呢？世嘉在日本推广土星游戏机时，曾创造过一个虚构人物“世嘉三四郎”。世嘉三四郎为土星在日本的推广立下汗马功劳，他的段位刚好是柔道黑带 3 段（柔道中，初学者四级到五级用白带，三级到一级用茶带，高级初段到五段用黑带，六段到八段用红白相间两色带，九段到十段使用红带）。

诡异的是，世嘉王牌设计师佐藤秀树也在研发土星的接续硬件，项目秘密代号是——白带。

世嘉在窝里斗这事上吃得亏还不够多吗？还要这么整？

佐藤秀树选择日立 SH-4 处理器架构和 NEC 的 VideoLogic PowerVR2 图形处理器。白带项目后来更名为“Dural”，来源是《VR 战士》系列游戏中金属女战士的名字。

为何世嘉仍要同时起用两个研发团队研发下一代游戏机呢？有两种

说法。一是日本世嘉希望美日可以同时进行开发，内部赛马，择优者胜；二是佐藤秀树受到高层压力，被迫进入新硬件研发。这件事说明在土星后，世嘉内部的政治斗争不仅没结束，反而更加激烈。

日本管理层压根不希望美国团队专美于前，这也为最后选择佐藤秀树的 Dural 方案埋下伏笔。

被迫的，那还能做出好东西？

山本达男团队选用摩托罗拉的 PowerPC 603e 中央处理器和 3dfxVoodoo 2 和 Voodoo Banshee 图形处理器（3dfx Interactive 公司的技术方案，3dfx 创始人来自 SGI 团队，是 Nvidia 公司早期最重要的竞争对手）。世嘉总部提出要求，黑带项目需要将处理器更换成日立 SH-4。

换中央处理器没多大问题，黑带项目应声修改技术方案。进展还算顺利，意外再次发生。

1997 年，3dfx Interactive 公司 IPO。出于法律要求，3dfx 必须公布正在和世嘉开发新游戏机的合同。合同曝光，正愁找不到理由的世嘉日本，终止和 3dfx 的合作关系，使用 Dural 项目方案。看来，入交昭一郎根本没有玩转董事会。此时，还没搞清楚状况的世嘉美国总裁斯拉托尔固执地认为，应该使用 3dfx 的技术方案。

没多久，3dfx 向世嘉提起诉讼，称其违约。为不让 3dfx 技术流向市场，世嘉买下 3dfx 方案并达成庭外和解。

1998 年 2 月，Dural 项目更名为“Katana”，正式成为世嘉下一代游戏机正式方案。世嘉和 3dfx 之间的官司又激怒了它另一位长期合作伙伴——EA，3dfx 的主要投资者之一。

世嘉新游戏机发布前，EA 宣布，不会为其开发游戏。

当然，EA 的拆桥行为不完全是因为 3dfx，借题发挥而已。

世嘉吸取土星的教训，在 Katana 上使用全新设计方案。它更像一台兼容性很强的电脑，而非家用游戏机。世嘉告诉开发人员，任何支持 Pentium Ⅱ 200（Pentium Ⅱ是 Intel 公司 1997 年 5 月 7 日推出的，第六代微架构和 x86 兼容的中央处理器）的游戏，都可以在 Katana 上运行。在布拉德·黄（Brad Huang，未来 Sega.com 的首席执行官）建议下，大川功还“命令”在 Katana 中加入调制解调器，以支持网络游戏。

这项决定，给 Katana 增加约 15 美元成本。

Katana 选择的游戏介质为 GD-ROM 格式，由世嘉和雅马哈公司共同开发。GD-ROM 和 CD-ROM 类似，和 DVD-ROM 完全不同。最重要的是，世嘉和微软合作开发支持 DirectX API 和动态链接库的 Windows CE 的定制 Katana 版本，使得 PC 游戏可以很快进行移植。

世嘉的第一方定制开发工具也十分优质，开发效率甚至高于 Windows CE。尽管声称要兼容 Windows 游戏，可 Dreamcast 本身并没有内置 Windows CE 操作系统。Windows CE 需要和游戏保存在同一张 GD-ROM 上，才可以加载。尽管有如此复杂的设定，Windows 平台的《彩虹 6 号》《古墓丽影》系列等游戏，仍然发布过 Katana 版。

多方努力下，Katana 完全成型。中央处理器是日立制造 SH-4 超标量架构精简指令集 32 位微处理器，频率 200MHz。拥有两颗 GPU，一颗负责几何处理的 SH-4 SIMD，一颗 Video Logic 研发负责图形程序的 PowerVR2（频率为 100 MHz）。理论上，Katana 每秒最多可绘制 700 万个多边形、渲染 10 万个多边形。这一数据受到游戏本身逻辑运算和物理引擎影响，实际每秒绘制原始多边形极限约 300 万个。它使用 GD-ROM 光盘驱动器，可以达到 12 倍数读取，也支持 CD-ROM 和 Mini CD 格式的光盘播放。此外，Katana 还配备支持 33.6Kb/s 的调制解调器，1999 年 9 月 9 日后制作的机型，调制解调器速度会提高到 56Kb/s。

世嘉为 Katana 发起一场巨大的征名活动，搜集到 5000 多个名字后，选择其对外发布的名称为——Dreamcast，标识为螺旋状。为割裂与土星的关联，世嘉将 Dreamcast 单独注册，以和索尼 PlayStation 对应。

索尼 PlayStation 才是众人之敌，谁能想到一个家用游戏机的新手，竟然会成为无法撼动的统御者呢？

Dreamcast 硬件研发花费 5000 万—8000 万美元，软件研发 1.5 亿—2 亿美元，全球市场推广费用约 3 亿美元。本田前高管入交昭一郎说：“当我涉足汽车行业时，设计发动机、底盘——一切的成本约为 2 亿美元。工具和模具成本为 2 亿美元，推广新车的成本为 2 亿美元。Dreamcast 竟然也要花 6 亿美元，相当于一台新车的成本。”

1998 年 8 月 27 日，入交昭一郎接受英国《Edge》杂志（Edge 是 Future plc 出版的游戏杂志，总部位于英国，每年出版 13 期）采访。

入交昭一郎说：“正如你昨天所看到的，Dreamcast 硬件性能远远优于 PlayStation。大多数第三方游戏公司说，想为 Dreamcast 开发他们的主打游戏，因为硬件优势，我认为世嘉会占上风一两年。最重要的是，在 PlayStation 2 出来之前，我们将获得相当大的市场份额，并产生足够动力进行下去。PlayStation 2 预计将在 1999 年问世，但我们的硬件仍将保持卓越，因为我相信 Dreamcast 所有基本元素都是可用的最先进技术。当然，我们承认索尼是最难搞的竞争对手。”

Edge：“日本另一种流行的游戏类型是 RPG，索尼似乎控制了这个市场。您认为 Dreamcast 对史克威尔等开发商来说，具备有吸引力的前景吗？”

入交昭一郎：“Dreamcast 的最大优势是，为游戏提供几乎像电影一样的画面。所以，当你想到角色扮演游戏时，它是一种类似电影的故事。过去，RPG 游戏过渡的电脑 CG 画面很好。但当你进入游戏时，画面突然变差了！Dreamcast 的性能，会让视觉效果始终如一。我认为这台机器是 RPG 的理想机器。”

Edge：“至于其他游戏类型，你选择微软的操作系统主要是为了鼓励西方开发者为 Dreamcast 制作游戏吗？”

入交昭一郎：“使用 Windows CE 的原因很简单。我们希望为 Dreamcast 提供更广泛的游戏。一些具备优秀工程能力的开发人员不会使用 WinCE，他们可以直接写入硬件并获得良好的性能。我们认为通过更高的硬件性能，新一代游戏的边界将比以前更广泛。”

Edge：“演示中暗示某个蓝色吉祥物可能会出现在 Dreamcast 上？”

入交昭一郎：“索尼克仍是世嘉的主要角色，但我们也希望带来许多新角色，这是主要挑战之一。”

终于有索尼克的消息了，再不提还以为它将彻底被打入冷宫。下图为 Dreamcast 普通机型，型号为 HKT-3020。

Dreamcast 游戏阵营

世嘉认为土星失败的主要原因在于第三方游戏不足。人不可能反复在一个地方跌倒，为 Dreamcast 发售，世嘉祭出堪称无敌豪华的游戏阵营，比起任天堂 N64 上一大堆第三方游戏公司不差分毫。

1998 年 11 月，Dreamcast 发售前，世嘉推出全新街机系统“NAOMI”，为 Model 3 的接续版本。NAOMI 拥有和 Dreamcast 几乎一样的硬件配置，让街机游戏开发商可以无障碍移植游戏。如卡普空游戏《漫威对卡普空 2: 英雄们的新世纪》，特库摩游戏《死或生 2》等。

2000 年，世嘉将旗下街机和游戏开发小组分为 9 个独立工作室，分别由不同设计师带领。WOW Entertainment，中川力也领导；世嘉 AM2，铃木裕（《VR Fighter》制作人，世嘉最著名的游戏设计师）领导；Hitmaker，小口久雄（《疯狂出租车》制作人，后世嘉社长）领导；Amusement Vision，名越稔洋（《超级猴子球》系列及《如龙》系列制作人）领导；世嘉 Rosso，由佐佐木健司领导；Smilebit，由新井瞬领导；

Overworks，大场规胜（《怒之铁拳》开发者）领导；Sonic Team，中裕司（开发《索尼克》系列游戏的团队）领导；United Game Artists，水口哲也（《世嘉冠军拉力赛车》制作人）领导。

世嘉鼓励各个游戏工作室自由发挥，积极创作。这是世嘉的真正实力，一家公司内部就可以有 9 个阵营豪华的工作室。

Dreamcast 首发游戏，是第一款真 3D 游戏，由索尼克团队开发的《索尼克大冒险》（Sonic Adventure）。《Sonic X-treme》取消后，1997 年，索尼克小队开始开发《索尼克大冒险》。游戏由饭冢隆史负责游戏设计，中裕司编程，上川佑司设计索尼克 3D 形象。为跟其他游戏形成巨大的视觉差异，索尼克小队核心成员参观了中美洲的寺庙、丛林和古代遗址。从秘鲁和危地马拉的风景中汲取灵感，制作游戏。以前制作游戏时，需要对这些风景重新手绘。Dreamcast 的游戏开发中，支持直接使用照片作为图片纹理，这是 Voodoo2 图形芯片的强大之处。

1998 年 12 月 23 日，《索尼克大冒险》发布。它是索尼克系列的巅峰作品，3D 效果绚丽迷人。游戏中，索尼克从摩天大楼外墙疾驰而下的场景，给许多玩家留下极其深刻的印象。游戏最终销量达到 250 万份，是 Dreamcast 畅销榜第一的游戏。当然，比起 N64 上《超级马里奥 64》1191 万份的销量，还有不少差距。

索尼克小队在 Dreamcast 上的另外一个作品是《飞天幽梦网络版》，它应世嘉董事长大川功要求开发，是史上第一款家用游戏机在线角色扮演游戏。当然，仍然由于 Dreamcast 的销量问题，没有形成很大影响。

大川功提前看到网络游戏的未来，可没有好的游戏，网络游戏仍然是空谈。

1998 年，伯尼·斯托拉尔说："我不能告诉你铃木裕先生正在做什么。我只能说我已经看到了这个项目，它将震撼游戏世界。"

这个"震撼游戏世界"的游戏，说的正是铃木裕主持开发的《莎木》（Shenmue）。《莎木》原是世嘉 AM2 为土星开发的电影史诗角色扮演游戏。可因为世嘉管理层切换，它转身成为 Dreamcast 上最为重要的游戏。

世嘉管理层对它寄予厚望，希望它可以成为 Dreamcast 上的杀手级应用。

《莎木》原计划由 11 个章节组成，是以中国武侠为背景的 RPG 游戏。游戏引入大量 NPC，支持实时日夜循环、天气变化和内置小型游戏。海量游戏内容和过场动画，让《莎木》研发费用飙升到 50 亿日元（约为 4700 万美元）之巨。这项纪录到 2008 年，才被 Rockstar 游戏《Grand Theft Auto4》打破。

1999 年 12 月 29 日，万众瞩目的《莎木》发售。第一周就售出 26 万份，最终销量定格在 120 万份。

《莎木》使用全新的 FREE（Full Reactive Eyes Entertainment）游戏模式，玩家可以在故事发生地横须贺市任意触发剧情。游戏中的场景和人物都有独立的运行时间和交互内容，让玩家有极强的置入感。游戏中还有大量设计精良的动画、音效和 3D 画面。一切都很好，可世嘉好像仍然没有搞明白，《莎木》只是一款优秀的人生模拟器，游戏性和可玩性十分不足。

世嘉内部成员倒不这么认为。伯尼・斯托拉尔的接班人，世嘉美国下任总裁彼得・摩尔（Peter Moore）说："《莎木》卖得非常好，但由于 Dreamcast 的售出数量有限，才无法盈利。"佐藤秀树同样认为"莎木是一项'总有一天会收回的投资'"，因为其开发过程中的收获可以应用于世嘉的其他游戏。

确实，《莎木》影响到后续许多游戏的设计，比如《GTA》《如龙》《生化危机》《战神》等。功过不论，在《时之笛》和《莎木》这些先驱者的启迪下，游戏体验不断改善，算是电子游戏艺术的传承。

成功和失败是很重要的评价指标，可并不是唯一的评价指标。

Dreamcast 最重要的两炮，《3D 索尼克》和《莎木》，看起来并不响亮，让大家为它的复仇计划不由得捏一把冷汗。

1999 年 5 月 18 日，世嘉收购一家小型游戏公司——Visual Concepts。公司虽小，可它开发过的游戏却是大名鼎鼎，如《NFL 2K》《NHL 2K》《NBA 2K》等 2K 游戏。《NFL 2K》在 Dreamcast 首发后，被评价为"高质量视觉表现”的体育游戏。Visual Concepts 的《2K》系列游戏一直和 EA 的《Madden NFL》对抗，直到 EA 和美国国家橄榄球联盟签订独家合约，才算告一段落。

2005 年，世嘉将 Visual Concepts 转手卖给 Take-Two Interactive，Take-Two 因此拥有两大工作室——2K 和 Rockstar Games。

在世嘉旗下时，Visual Concepts 和初代《索尼卡》关卡设计师安原广和合作推出过动作冒险游戏《Floigan Bros》。

世嘉收购 Visual Concepts 公司，对 EA 影响很大，这让它失去 Dreamcast 上“唯一”体育游戏公司的宝座。EA 和世嘉一顿隔空对撕，看得大家直呼过瘾。EA 表示，离开世嘉，是因为“世嘉无法提供更好的第三方公司待遇”。斯托拉尔反驳说：“EA 不过是想进一步垄断 Dreamcast 的运动游戏市场。”

为呛到 EA，斯托拉尔表示由 Visual Concepts 制作的世嘉体育系列，能“适时地”填补运动游戏阵容的空缺。

没有张屠夫，也不会吃带毛猪。

除 Visual Concepts，世嘉还收购了法国游戏公司 No Cliché，推出《玩具指挥官》（Toy Commander）。与英国游戏公司 Bizarre Creations 合作，为 Dreamcast 开发完整呈现伦敦、东京和旧金山景色的游戏《大都会街头赛车手》（Metropolis Street Racer）。该游戏内含 262 条赛道，包括时区和广播电台。游戏过程中的昼夜时间是真实的，使用 Dreamcast 内部时钟来计算每个城市的当前时间。例如，英格兰早上 8 点比赛，旧金山的比赛都将在晚上（12 点）进行。《大都会街头赛车手》取得不错的成功，售出约 12 万份。

最后一波第三方公司是一帮老牌游戏公司，如 Acclaim、SNK、育碧、Midway、英宝格以及卡普空等。土星的失败，让大家对 Dreamcast 的信心严重不足。嘴上不说，可内心都在喊“伤不起”。南梦宫的《铁拳》系列长期只在 PS 上更新，只有新作《Soulcalibur》移植到 Dreamcast，卡普空则是只移植经典格斗游戏《街头霸王 3》。

简单来说，大家并没有把 Dreamcast 当那么一回事。世嘉所谓的解决第三方游戏的方式，完全是药不对症。

Dreamcast 的复仇

1998 年 11 月 27 日，世嘉 Dreamcast 正式发布，售价 29,000 日元。Dreamcast 发布前，世嘉收入还在持续下降，可公司上上下下都对 Dreamcast 充满信心：价格合理，结构简单，游戏众多，有谁会拒绝如此完美的游戏机？

首当其冲的问题是，PowerVR 芯片短缺。发售当日，Dreamcast 售罄。世嘉估计，如果芯片供应充足的话，Dreamcast 销量应该可以再提高 20 万—30 万台。入交昭一郎预计，到 1999 年 2 月 Dreamcast 日本销量可达到 100 万台。实际数据为 90 万台，不及预期。

1999 年 3 月，斯托拉尔聘请 Reebok 鞋业全球体育营销高级副总裁，彼得・摩尔（Peter Moore）加入世嘉负责北美销售工作。中山隼雄得知后问斯托拉尔："你为何要找一个完全不懂游戏的人？"

斯托拉尔回答说："可他懂如何打造一个品牌。"

摩尔开始 Dreamcast 的美国预售工作，他说："土星有许多负面影响，可人们仍然对世嘉和我们所代表的一切有着难以置信的热爱。"

有吗？

来世嘉第一周，摩尔就展开忙碌的工作，周末也不停工。他和博达大桥国际广告传媒有限公司（Foote Cone & Belding，FCB，1873 年成立，是世界第二家广告代理公司）等公司会面，讨论如何制作广告。在 FCB 帮助下，世嘉制作出 Dreamcast 广告片，"It' s Thinking" 和 "In the Box" 广告，由 NFL 和 NBA 的运动员代言。

1999 年 9 月 9 日，Dreamcast 带着 18 款首发游戏正式在美国发售，售价 199 美元。摩尔以 "9/9/99 for $199"（意为 99 年 9 月 9 日，只卖 199 美元）为促销口号，用卖鞋子的方式在市场狂轰滥炸。这不得不让人联想起雅达利那位铁血 CEO——卡萨，他同样是用卖毛巾的方式营销游戏机。

Dreamcast 发售前 24 小时销量达 225,132 部，销售收入 9840 万美元。这是彼得·摩尔记忆一生的高光时刻，他称之为“游戏机零售史上最重大的 24 小时”。发售第二周，Dreamcast 销量突破 50 万台。11 月 4 日，美国世嘉宣布 Dreamcast 销量突破 100 万台。1999 年圣诞节，Dreamcast 的市场占有率达到 31%。

一切都那么美好，可惜世嘉的对手们都是活的。

1999 年 3 月 2 日，索尼在一份刻意公开的“泄密报告”中披露下一代 PlayStation 硬件规格。它采用“Emotion Engine”作为中央处理器，名字听起来就让人好奇——情感引擎，好高级。久多良木健声称，Emotion Engine 处理带宽将是电脑处理器的 1000 倍，浮点运算次数可达 62 亿次，堪称飞出银河系的外星科技。索尼新游戏机每秒可渲染 7500 万个原始多边形，使用 DVD-ROM 格式，容量是 GD-ROM 的 4 倍。久多良木健甚至说，下一代 PlayStation 可以让用户“身历《黑客帝国》世界的能力”。1999 年，正是基努·李维斯的电影《黑客帝国》在全球大热的时刻。

还记得入交昭一郎说的话吗？世嘉毫无自信还可以在这样的 PS2 面前保持性能领先。同年，任天堂和微软公布下一代家用游戏机的开发进展。

1999 年 8 月 11 日，美国世嘉公司证实，斯托拉尔被解雇，彼得·摩尔接替其位置。年底，Dreamcast 美国销量达 150 万台，随即销量放缓。世嘉日本 1999 财年收入（2000 年 3 月为年尾）继续亏损，净亏损达 428.8 亿日元，这已是世嘉连续第 3 年亏损。同期公司盈利业务街机也不断下滑，世嘉被迫关闭 246 个街机游戏厅。

随着互联网浪潮来临，为对抗索尼 PS2，日本世嘉还成立互联网服务公司“SEGA.COM”，由布拉德·黄担任 CEO。眼看是竞争越来越激烈，到处都需要花钱，赚钱却越来越难。

做游戏机就像背着大石头下山，扔也不是，不扔也不是。世嘉没有选择，只能继续在 Dreamcast 投入。2000 年 9 月 7 日，为获取互联网用户，SEGA.COM 为 Dreamcast 推出网络游戏和多媒体服务“世嘉 Net”。该服务支持在线聊天、收发邮件和浏览网页功能，月费 21.95 美元。世嘉 Net 为 Dreamcast 用户提供免费合约以及键盘折扣，以刺激游戏机销售。到 10 月 27 日，世嘉 Net 网上注册 155 万台 Dreamcast 游戏机，其中日本有 75 万台，北美有 40 万台，欧洲有 40 万台。世嘉 Net 上线时仅有一款 Dreamcast 在线多人游戏，世嘉美国随后推出网络版运动游戏《NFL 2K1》，吸引不少用户。世嘉 Net 服务范围逐步扩大至《炸弹人 Online》《雷神之锤 3：竞技场》《虚幻竞技场》等在线游戏。

世嘉 Net 并没有带来反转，用户对游戏机的网络订阅付费都不怎么接受。在日本，每部 Dreamcast 赠送 1 年免费互联网服务，费用由世嘉董事长大川功个人掏腰包。在美国，世嘉为订阅 2 年世嘉 Net 服务的用户提供 200 美元折扣。Dreamcast 售价也降至 149 美元，仅为 PS2 的一半。

要解决财务危机，世嘉必须 2000 年在美国售出 500 万台 Dreamcast。事不遂人愿，实际销量仅有 300 万台。随着 Dreamcast 售价下降，世嘉亏损进一步加剧。2000 年 3—9 月间，世嘉录得亏损 179.8 亿日元，财年亏损达 517 亿日元。

2000 年 5 月 22 日，大川功接替入交昭一郎成为日本世嘉总裁。他主张放弃硬件业务，这与世嘉创始人罗森态度一致：“世嘉把创新与研发能力几乎都消耗在硬件上了，我认为这是愚蠢的。”

2001 年 1 月 31 日，世嘉在东京召开“组织变革计划说明会”。会议结束后正式宣布，3 月底将停止 Dreamcast 的制造和开发。从 1998 年 11 月开始到 2001 年 3 月结束，Dreamcast 短暂却又精彩的一生画上句号。日本地区 Dreamcast 售价降至 9900 日元，北美地区售价降至 49.95 美元。2001 年 12 月，北美最后一批 Dreamcast 库存清理完毕。

大川功于 2001 年 3 月 16 日去世。去世前，他放弃所有对世嘉的债权，并捐出全部个人财产帮助世嘉进行重组。世嘉连续四年财务赤字，大川功分别在 2000 年、2001 年捐赠 500 亿日元、850 亿日元协助世嘉渡过难关。

他是世嘉真正的主人公。

之后，世嘉正式退出电子游戏机市场，转为软件开发。2001 年结束，世嘉亏损大幅缩减到 178.3 亿日元，2002 年财年转盈 30.54 亿日元，结束 5 年的连续亏损。

Dreamcast 是世嘉最后一款电子游戏机，其终生销量约为 1000 万台。

32X、土星、Dreamcast，世嘉在持续犯错。其成因大部分来自大川功和中山隼雄的意见不合，以及世嘉积重难返的“大公司病”。2003 年 8 月，弹珠机制造商 Sammy 从 CSK（大川功的投资基金）手中收购了世嘉 22.4% 的股份，成为世嘉第一大股东。2004 年 Sammy 与世嘉合并成立 Sega Sammy Holdings Inc.，世嘉飒美控股。

直到今天，世嘉飒美控股仍是世界知名的游戏公司，也是电子游戏史上最重要的角色之一。

第六十七章　暴雪娱乐：即时战略游戏浪潮

Wintel 联盟

Wintel 联盟，是两个单词的缩写的叠加，“Windows”和“Intel”。一个垄断个人电脑操作系统，一个垄断个人电脑中央处理器。

1968 年 7 月 18 日，仙童公司两位工程师，化学家戈登·摩尔（Gordon Moore，摩尔定律提出者）和物理学家兼集成电路的共同发明者罗伯特·诺伊斯（Robert Noyce）在加利福尼亚州山景城创立 Intel（英特尔）。在决定名称时，摩尔和诺伊斯拒绝使用“Moore Noyce”作为公司名称，因为听起来很像“More noise”，他们将公司名称定为 MN Electronics。到月底，二人又决定将公司名字改为“Intel”，是 Integrated Electronics 中部分字母的简写。随后，3 号员工，化学工程师安迪·格鲁夫（AndrewGrove）加入。

英特尔创立之初的目标并非处理器，而是半导体存储产品。1969 年，它的第一款产品“3101 肖特基双极 64 位静态随机存取存储器”（3101 Schottky TTL bipolar 64-bit static random-access memory，SRAM）发布，后被作为高速缓存使用。同年，英特尔还生产出 3101 肖特基双极 1024 位只读存储器（ROM）和第一个 256 位商用金属 - 氧化物半导体场效应晶体管 1101SRAM。

1101 是半导体技术的重大进步，可生产成本太高。英特尔接着研发出低成本的 1103，成为世界最畅销的半导体存储芯片。

1971 年，英特尔发布第一个商用微处理器——Intel 4004，并于 1973 年制造出第一台微型计算机。到 1980 年代初，英特尔主要业务还是各类存储器芯片。英特尔掌舵人戈登·摩尔，十分钟爱DRAM，认为它是半导体的未来。问题是DRAM技术含量并不高，一众日本厂商进入DRAM行业后，采取自杀式定价，希望借此垄断存储器市场。

一时间，DRAM价格直接干到亏损线以下，全行业大面积亏损。

看起来未来可能属于NEC，而非英特尔。摩尔计划转向EPROM存储，可发现NEC等公司对EPROM同样虎视眈眈，早在那里候着。

摩尔和格鲁夫反复讨论公司的出路。此时英特尔手中还有一项新技术“非易失性BIOS存储器”（Nonvolatile BIOS memory，也叫CMOS RAM）。在摩尔举棋不定时，格鲁夫发出灵魂之问：“假如有一道旋转门，能让你回到过去，你还会经营DRAM业务吗？”

摩尔不假思索地回答，“不会”。

答案已在眼前。

英特尔将技术团队集中到另一条产品线——中央处理器。最重要的产品——32位处理器Intel 80386就此诞生。1985年7月，80386流片完成，1986年6月开始量产。第一台使用Intel 80386中央处理器的个人电脑由康柏电脑（Compaq Computer）制造，随即带来康柏电脑的繁荣。

Intel 80386后，戈登·摩尔决定扭转经营行业一贯采用的策略“授权半导体厂商生产”，转为不再授权其他公司生产英特尔处理器芯片。

处理器市场的超级巨无霸，崭露峥嵘。

1981年8月，IBM推出个人电脑IBM PC 5150。为降低成本和缩短设计周期，PC 5150硬件全部使用来自第三方制造商的“现成”部件，而不是IBM定制硬件。在此之前，IBM制造的都是面对企业市场的大型机。在它进入个人电脑市场时，有位证券分析师说了句广为人知的名言：“想IBM推出个人电脑，就像教大象跳踢踏舞一样。”就因为这句话，IBM前总裁路易斯·郭士纳（Louis Gerstner）退休时写的传记，特意取名为《谁说大象不能跳舞》。

1982年，IBM公开PC 5150除BIOS全部技术资料，形成实际的“开放标准”。1984年，IBM来自个人电脑市场的收入达40亿美元，是苹果公司的两倍多。

Intel 和 Windows 是 IBM PC 标准推广的最大受益者。IBM 使用英特尔 8086、80286、80386、80486、奔腾（Pentium）等处理器，操作系统使用 Windows。可随着 PC 框架形成，IBM 在电脑行业的地位逐步下降。反而是 Intel 和 Windows 架构，被计算机技术人员称为——Wintel 标准架构。

一手打造出 Wintel 联盟的 IBM 感觉有点无法直面这个事实，英特尔和微软可都是靠 IBM 才起来的啊。

无法直面，就力图改变。

1991 年 10 月 2 日，苹果、IBM、摩托罗拉宣布组成 AIM 联盟（AIM 是 Apple、IBM、Motorola 三家公司的首字母），后被称为 PowerPC 联盟。Power 是 IBM 设计的精简指令集（RISC）架构中央处理器“Performance Optimized With Enhanced RISC”的首字母，PC 是“Performance Computing”的缩写。

PowerPC 的目标是创建一个基于 POWER 处理器的全行业开放电脑平台，和 Wintel 联盟的垄断竞争。PowerPC 影响很大，苹果公司 Power Macintosh、PowerBook、iMac、iBook 和 Xserve 产品线都使用该架构。任天堂的 GameCube、Wii、WiiU，索尼的 PS3，微软的 Xbox 360，也都使用 Power PC 架构。PowerPC 还促成 Taligent（操作系统公司）、Kaleida Labs（多媒体软件）、通用硬件平台（CHRP）的成立。

不过，PowerPC 最终还是没有能打败 Wintel 联盟。2004 年，摩托罗拉将半导体业务出售给飞思卡尔半导体的独立公司，退出芯片制造业务。同年，IBM 退出 32 位嵌入式处理器市场，将 Power 产品线出售给 Applied Micro Circuits Corporation（AMCC），自己则专注于 64 位芯片设计，为游戏机提供 PowerPC CPU。

2005 年，苹果公司宣布开始使用英特尔处理器。

PowerPC 联盟宣告解散。

暴雪娱乐和魔兽争霸

Wintel 和 PowerPC 的大战，随之而来是电脑的普及和开发效率的提升。电子游戏制作的门槛也逐步下降，越来越多的年轻人加入电子游戏行业，创办出许多游戏公司。

迈克尔·莫海姆（Michael Morhaime），1967 年 11 月 3 日出生于一个犹太家庭，1985 年从格拉纳达山高中毕业后考入加州大学洛杉矶分校。1990 年大学毕业，获电气工程学士学位。加州大学期间，莫海姆遇到两位创业伙伴：艾伦·阿达姆（Allen Adham）和弗兰克·皮尔斯（Frank Pearce）。1991 年 2 月，3 位加州大学校友合伙创业 Silicon & Synapse。公司名称源于两个单词，Silicon（硅）和 Synapse（神经键），硅是计算机的基础，Synapse 是大脑的基础。

3 人各掏 1 万美元作为创业资金，莫海姆囊中羞涩，只能找奶奶资助。他们租来一个 65 平方米的办公室，买来 3 张二手办公桌，正式开始电子游戏行业创业之旅。公司创立前 2 年，主要业务是为其他游戏公司做游戏移植。1993 年，Silicon & Synapse 制出 2 款自研游戏，《摇滚赛车》（Rock n' Roll Racing）和《失落的维京人》（The Lost Vikings）。《失落的维京人》最初在超级 NES 上发布，后移植到各大 PC 平台。

火爆的《失落的维京人》让 Silicon & Synapse 在游戏圈中声名鹊起，他们获得《Video Games》杂志的“年度最佳软件开发团队”奖。公司专注于游戏制作，发行交 Interplay Entertainment 公司（美国著名电子游戏制作和发行公司，1983 年创办。拥有大量 RPG 游戏 IP，如《冰风谷》系列、《博德之门》系列、《辐射》系列、《异域镇魂曲》等）。

1993 年，莫海姆和其他创始人说，大家经常说 Silicon 是丰胸使用的硅胶，为避免误解，是不是将公司改个名字。同年，Silicon& Synapse 更名为 Chaos Studios。Chaos，混沌，无秩序的意思。不知莫海姆用此名字到底是指向一个高大上的理论“混沌理论”（Chaos theory），还是仅仅

表达他们对公司名称毫不在意。

以莫海姆他们的个性来看，后者可能性更大。

1994 年，Chaos Studios 被 Davidson & Associates 以 675 万美元价格收购。没多久，佛罗里达一家科技公司 Chaos Technologies 联系莫海姆等人，说他们如果想保留“Chaos”的名字，必须支付 10 万美元才可以，因为他们拥有“Chaos”的品牌权。

怎么可能？

1994 年 4 月，工作室再次更名为 Ogre Studios。Ogre 是传说中的怪物，长相丑陋的食人魔。新东家 Davidson & Associates 十分不喜欢这个名字，强迫创始人团队再次更改名字。莫海姆直接撂挑子，将任务交给阿达姆。阿达姆的方法很简单，他翻字典然后记下自己觉得有趣的单词交给法务部门，看是否符合标准。第一个通过公司法务部门审核的单词就是“Blizzard”。5 月，Ogre 工作室更名为暴雪娱乐（Blizzard Entertainment）。

11 月 15 日，暴雪娱乐制作出人类最伟大的游戏之一的《魔兽》系列作品的第 1 部《魔兽争霸：兽人和人类》（Warcraft: Orcs & Humans），正式在 Dos 平台发布。

《魔兽争霸：兽人和人类》是一款 RTS 游戏（Real-time strategy，即时战略游戏），其起源可以追溯到前文提到的多人策略游戏《MULE》。1992 年，韦斯特伍德工作室（Westwood Studio）制作出一款游戏《沙丘 2：王朝的建立》（Dune Ⅱ : The Building of a Dynasty）。该游戏包含后续 RTS 的核心游戏模式：收集资源、建立基地、生产军队、消灭对手。韦斯特伍德工作室还制作过另外一个系列的 RTS 游戏《命令与征服》（Command & Conquer），其中出名的是《命令与征服：红色警戒》（Command & Conquer: Red Alert）。

毫不讳言，电脑平台游戏第一波全球巨浪，就是由 RTS 开启的。

《魔兽争霸：兽人和人类》游戏中，玩家可以选择艾泽拉斯的人类或兽人。单人模式中，玩家需要完成一系列任务，比如建造、收获和战争。

多人模式中，玩家目标是消灭对手获得胜利。游戏为奇幻背景，双方都有近战和远程部队，还有各种魔法技能。游戏还支持玩家通过局域网和网络对战，无论用户使用Dos电脑还是Macintosh电脑。

《魔兽争霸：兽人和人类》推出后大获成功，首年发布就售出10万份。1995年，电脑游戏市场约只有游戏机市场1/20。10万份，是很了不起的销量。游戏最后卖出30万份，成为暴雪娱乐的重要收入支撑。

RTS游戏已到爆发前夜。

第六十八章　暴雪娱乐：网络游戏和即时战略游戏大爆发

南北暴雪

大卫·布莱维克（Dave Brevik），1968年2月14日出生于旧金山湾区，1986年至1991年在加利福尼亚州立大学奇科州分校接受教育。布莱维克毕业后，到加州圣克拉拉市一个小公司Iguana Entertainment担任技术总监。该公司创始人养有两只鬣蜥（Iguana），公司因此得名。Iguana公司因为给世嘉和任天堂开发出爆款游戏《NBA Jam》赚到几百万美元，因此计划将公司搬到奥斯汀。

不想离开加州的布莱维克离开Iguana，并邀请两位兄弟美术同事，麦克斯·斯卡福（Max Schaefer）和埃里克·斯卡福（Erich Schaefer）创建Condor游戏公司。Condor最初也靠给游戏做移植赚钱，曾经给世嘉Genesis移植过《正义联盟特遣队》（Justice League Task Force）。

野心勃勃的布莱维克是Roguelike游戏的死忠粉。Roguelike游戏是角色扮演游戏的一个分支，设计原则一般按《龙与地下城》（Dungeons & Dragons，简称D&D或DnD，是奇幻背景的角色扮演游戏，并且是世界上第一个商业化的桌面角色扮演游戏）设定，附带回合制战斗、随机地牢关卡和角色永久死亡（无法无限复活）等特点。1994年，布莱维克设计出一套Roguelike游戏方案，名为《Diablo》。

他带着《Diablo》到1994年CES展上，希望找到投资者，却铩羽而归。原因很简单：Roguelike游戏实在太老派，1994年电子游戏市场流行的主题是刺激的射击和格斗游戏。

布莱维克也并非全无所获，他遇到暴雪娱乐的创始人之一艾伦·阿达姆。双方聊起来后发现还颇有渊源，《正义联盟特遣队》的超级 NES 版，正是由暴雪娱乐担纲开发。年轻人共同话题特别多，双方都有在电脑平台开发游戏的打算。两人约定好，由 Condor 协助暴雪娱乐做《魔兽争霸》的游戏测试，而暴雪娱乐则考虑和 Condor 合作开发《Diablo》。

《魔兽争霸》发布后，暴雪娱乐如约开始和布莱维克讨论《Diablo》开发。他们十分认可《Diablo》的故事，可对其回合制格斗设计十分反对。暴雪娱乐旗下游戏全部都以“即时”为乐趣，对回合制格斗设计实在无感，双方就此争执不下。Roguelike 脑残粉布莱维克认为回合制才是游戏精髓，不肯屈从暴雪。最后，Condor 选择采取最民主的方式——投票，来解决分歧。

投票结果一边倒，Condor 员工全体支持将《Diablo》改为即时格斗。少数服从多数，布莱维克花了一下午时间，将原来的回合格斗时间设定为 1 秒 20 次。稍一调整，《Diablo》成功变身为一款即时战斗游戏，成为电子游戏中一个全新大分类——ARPG 游戏（Action Role Playing Game，ARPG，动作角色扮演游戏）。

布莱维克至今还记得游戏修改后，操控角色在地牢里碰到的第一个骷髅怪，他回忆说：“就像昨天一样，我的角色走过去，挥舞着武器把骷髅撞开。天哪，这太棒了。那感觉真好！”

暴雪娱乐对《Diablo》共提出 2 条意见：实时战斗和联机对战，均被接受。

《Diablo》是第一款将 Roguelike 游戏特性和即时战斗结合起来的游戏，从此拉开游戏就是“打怪刷装备”的序幕。

达成一致后，暴雪娱乐向 Condor 支付 30 万美元作为预付款，作为《Diablo》开发费用。30 万美元没烧多久就没了，Condor 向暴雪求援。求援就算了，合并吧。

1996 年，Condor 接受暴雪娱乐收购意向，成为旗下子公司。Condor

在旧金山湾区的红木城，暴雪在加利福尼亚州尔湾，两湾一北一南。Condor 更名为“北方暴雪”（Blizzard North）。暴雪娱乐则更名为“南方暴雪”（Blizzard South）。

形势一片大好之时，暴雪娱乐的母公司 Davidson & Associates 被 CUC 国际（CUC International Inc.，一家会员制消费服务集团，曾为全球超过 6000 万客户提供旅游、购物、汽车、餐饮、家居装修和金融服务）收购，同时被 CUC 收购的还有另外一家游戏公司——雪乐山在线（Sierra On-Line）。通过数次并购，CUC 国际于 1996 年 9 月组建 CUC Software。1997 年，CUC Software 又收购 Knowledge Adventure 公司，并将其与 Davidson & Associates 公司合并。

暴雪娱乐幸免合并，成为 CUC Software 的一个单独部门。

1997 年，CUC 国际和经营酒店房地产和汽车租赁的 HFS 公司合并为圣达特集团（Cendant Corporation）。1998 年，CUC 国际的会计诈骗丑闻公诸于世，牵累圣达特集团市值在 6 个月内跌去 80%。为断臂求生，圣达特集团将软件部门雪乐山在线和暴雪娱乐都出售给法国出版商哈瓦斯集团（Havas，法国一家大型广告和公关公司）。同年，另外一家法国传媒集团维旺迪买下哈瓦斯，暴雪娱乐又成为维旺迪旗下游戏部门。

没几年，暴雪娱乐已经换过 5 任东家老板，Davidson & Associates、CUC 国际、圣达特集团、哈瓦斯、维旺迪。此时，暴雪娱乐拥有约 200 号员工。

2005 年 8 月，维旺迪将北方暴雪并入南方暴雪，将全部员工迁至尔湾。自此南北暴雪消失，世界上只剩一个暴雪娱乐。

网络版暗黑破坏神

1996 年，被暴雪收购后的北方暴雪继续开发《Diablo》，南方暴雪已经完成《魔兽争霸》续作《魔兽争霸 Ⅱ：黑暗之潮》（Warcraft Ⅱ：Tides of Darkness），并开始制作游戏扩展包《黑暗之门》（Beyond the

Dark Portal）。

《魔兽争霸Ⅱ：黑暗之潮》的初始版本支持IPX协议进行局域网对战，可并不支持TCP/IP协议（Transmission Control Protocol/Internet Protocol，传输控制协议/网际协议，指能够在多个不同网络间实现信息传输的协议簇）。除TENetwork外，当时还有一套可以实现网络游戏的工具——Kali。Kali是斯科特·科尔曼（Scott Coleman）等人在1995年编写的共享软件，最初用于DOS版《Doom》联网对战。《Descent》（一款第一人称视角射击游戏）发布后，Kali进一步升级，支持使用IPX协议游戏连上互联网。

由于TCP/IP协议对MS-DOS支持并不友好，操作难度较大，Kali吸引的都是发烧级用户。Windows95发售后，TCP/IP协议成为标准协议，这让Kali成为当时网络游戏主流选择。1996年，Kali在全球拥有海量用户，用户数高达50,000名。

不要笑，1995年9月30日，中国第一个网络服务商，由张树新成立的瀛海威时空，才开始在一台Intel 80486 90MHz的电脑网络服务器上运营。1996年8月，全北京网民数量为6000名左右。

暴雪在《魔兽争霸Ⅱ》的CD中加入Kali软件包，提供一个定制版可执行程序——WAR2KALI.EXE。WAR2KALI优化游戏的网络代码并解决延迟问题，允许用户指定数据包传输和处理设置。

《魔兽争霸Ⅱ》网络对战功能的成功，让南方暴雪意识到网络游戏对玩家的强大吸引力。在《Diablo》发布前，他们开始研究如何让《Diablo》的多人游戏能支持暴雪的全新产品——战网（Battle.net）。

南方暴雪的想法有点乐观了。他们打开《Diablo》源代码一看，其中没有任何多人游戏代码，布莱维克也没有网络游戏开发经验。南方暴雪只能派出首席程序员迈克·奥布莱恩（Mike O' Brien）前去北方暴雪，为《Diablo》开发多人游戏模式和战网模式，开发时间长达6个月。

1996年12月31日，Battle.net正式上线。3天后，1997年1月3日，由北方暴雪研发的动作角色扮演游戏《暗黑破坏神》（Diablo）在

Windows 平台发布。Diablo，后被中国玩家戏称为“大菠萝”，本义为西班牙语的“恶魔”。

Diablo 为何翻译为“暗黑破坏神”呢？始作俑者是《Diablo》的台湾代理商——松岗科技公司。松岗科技没花什么功夫，直接从 1999 年日本畅销漫画《ASTARD！！暗黒の破壊神；萩原一至》中提取汉字使用。将 Diablo 翻译为“暗黑破坏神”的原因已不可考，只能认定为是翻译者的个人喜好。由于中文使用历史中从未出过“黑暗”二字的倒装使用，“暗黑”这个词汇形成极强的独特风格，成为《暗黑破坏神》的专用词汇。

2012 年 5 月，暴雪娱乐发布暗黑续作《暗黑破坏神 3》，将《暗黑破坏神》作为《Diablo》的正式中文名称。而日本一直用 Diablo 的英文原文或则片假名发音“ディアブロ”发行。

麦克斯·斯卡福说：“我们想，如果一切顺利，《暗黑破坏神》会卖出 10 万份。”

局面跟他想象的完全不同。游戏发布前，媒体就开始对这款全新的动作 RPG 游戏充满期待，发出许多有分量的新游戏评测。北方暴雪将销售预期改为 55 万份，到 1996 年 12 月 17 日，《暗黑破坏神》全球预订数量达到 45 万份。

1997 年 1 月，《暗黑破坏神》正式发售，马上冲上电脑游戏销售榜第一，并且保持 3 个月之久。到 1997 年底，《暗黑破坏神》美国销量达到 670,155 份，远超预期。游戏售价很高，平均每份约 36 美元。

不算海量盗版，到 1998 年 9 月，《暗黑破坏神》全球销量达到 200 万份。它原本设计为一款单机游戏，可在战网推动下，联网玩法成为玩家们最为喜欢的核心游戏机制。

受《暗黑破坏神》联网游戏模式的启发，1997 年 3 月，韩国人金泽辰在城南市板桥创办公司 NCSoft Corporation。1998 年 9 月 3 日，NCSoft 推出一款中世纪奇幻背景 MMORPG 游戏（Massively Multiplayer Online Role-Playing Game，MMORPG 大型多人在线角色扮演游戏）《天堂》（Lineage）。

Battle.net 战网

1996 年 9 月，在线游戏供应商 Total Entertainment Network 在旧金山成立，它是第一家专门为电脑游戏玩家提供基于 DOS 和 Windows 游戏、聊天、游戏下载和比赛服务的公司。该公司以订阅为收费方式，支持诸如《命令与征服》系列游戏。为解决延迟问题，Total Entertainment Network 和 Concentric Network Corporation 合作，为玩家提供拨号上网服务，降低网络延迟。尽管网络优化卓有成效，TENetwork 依然无利可图，达不到盈亏平衡点。网络游戏并不比单机游戏体验更好，愿意每个月支付月费使用网络游戏服务的玩家并不多。

TENetwork 的产品模式不错，可没有王牌游戏也很难顺利运转，这对暴雪却不是什么问题。暴雪启动一个名为 Battle.net（战网）的项目，专门为暴雪旗下游戏提供网络对战服务。

战网是第一个由游戏公司开发，直接整合到游戏中的在线游戏服务。它易于创建账户，无须额外缴纳会员费，使其成为《暗黑破坏神》和后续其他暴雪游戏的主要卖点，让暴雪娱乐积累大量网络游戏制作经验。

战网功能简洁，支持聊天和游戏服务列表。玩家连入战网后，可以和其他玩家交流并进行游戏。除账户数据外，服务器并不存储游戏数据。玩家链接到游戏时，他们直接将玩家和玩家进行连接，数据不用到战网服务器再次验证。这种设计让战网上作弊成灾，因为玩家可以直接在本地修改游戏数据后连接上战网。

不过由于可以创建私人服务器，战网仍然是朋友间对战的最佳选择。跟朋友打《星际争霸》还要作弊的人，一般都会没有朋友。

战网和 RTS 游戏的火爆，让暴雪娱乐从一间 1991 年成立的游戏小工作室，成为全球超一流的游戏公司。1997 年，暴雪娱乐声称战网拥有 125 万用户，每天对局高达 220 万场，每日新增 3500 名用户。到 1999 年 4 月，战网已拥有 230 万活跃用户和 5 万的最高同时在线（Peak concurrent users，PCU，意为最高同时在线人数）。2002 年 9 月，战网活跃用户已达 1100 万，最高同时在线达 40 万，平均在线（Average concurrent users，意为平均同时在线玩家人数）达 20 万，玩家每天在线总时长高达 210 万小时。2006 年，暴雪声称战网和《魔兽世界》的用户合并计算后，是全球在线游戏的领导者，“远超 Xbox Live”。

网络游戏时代，由暴雪吹响嘹亮的号角。即时战略游戏，是冲锋最前的战士。

星际争霸

1995 年，《魔兽争霸Ⅱ：黑暗之潮》成功后，南方暴雪继续开发全新题材 RTS 游戏《星际争霸》（StarCraft）。《星际争霸》和《魔兽争霸Ⅱ》使用相同引擎，1996 年在 E3 首度亮相。团队首席程序员鲍勃·菲奇（Bob Fitch）搭建出一个 DEMO，被媒体批评为“太空版魔兽争霸”。对此，整个项目开始进行重构，将重点放在制作 3 个不同的种族对抗游戏。1997 年 E3 上，《星际争霸》再次亮相。全新的设计思路和美术风格，风评强过上次。

遭遇舆论暴力的菲奇痛定思痛，对《魔兽争霸Ⅱ》引擎进行重新设计，实现许多新功能，如“隐身”。后来的改进还包括，使用 3D Studio Max 构建和预渲染角色和背景、等距游戏视角，和《魔兽争霸Ⅱ》的俯瞰视角截然不同。此外，游戏还采用暴雪常驻作曲家创作的高品质音乐，并聘请专业配音演员。

《星际争霸》开发有条不紊地进行时，战网上有一群粉丝却已失去耐心。两位玩家 Lolaus 和 Supernook 创立一个组织——实在等不及协会（Can’t Wait Any Longer，CWAL）。不仅如此，CWAL 还在战网论坛上搞起小说创作，故事讲的是：暴雪娱乐管理层一心要统治世界，而 CWAL 要从暴雪娱乐总部偷出《星际争霸》Beta 版 CD 来阻挡其阴谋。

后来，暴雪娱乐将该组织名字作为作弊码加入星际争霸，可以加快游戏内全体生产进度，作弊码为“operation cwal”。

催促就是生产力。

1998 年 3 月 31 日，《星际争霸》正式发布，当年立刻成为全球最畅销电脑游戏，销量达 150 万份，美国售出 916,000 份。《星际争霸》最为狂热的粉丝群在韩国，到 1999 年 11 月，韩国销量达到 100 万份。

截至 2001 年 7 月，《星际争霸》全球销量达到 400 万份，其中 200 万份被韩国人买走。到 2007 年 5 月，《星际争霸》全球销量达到 950 万份，韩国人买走其中的 450 万份。到 2009 年 2 月，《星际争霸》全球销量超过 1100 万份，是最为畅销的电脑游戏之一。

为什么韩国人如此喜欢《星际争霸》？这和韩国最早开始电子竞技脱不开关系。也许是韩国人在国际体育竞技大赛上少有斩获，又或是韩国人自认为在消费电子上颇有潜能，他们成为最早举国展开电子竞技的国家。

2000 年，WCG 成立（World Cyber Games，世界电子竞技运动会）。并于 10 月 7 日举行开幕式，开始 World Cyber Gameschallenge 活动。WCG 由韩国文化和旅游部、信息和通信部和三星赞助，汇集 17 个国家和地区队伍，以《星际争霸》《FIFA2000》《帝国时代》等游戏为比赛项目。比赛到 2000 年 10 月 15 日结束，共有 174 名参赛者，奖金 2 万美元。

一时间，韩国年轻人都在讨论 WCG 的各路冠军，以《星际争霸》最为吸引眼球。全韩国青少年都在网吧训练《星际争霸》，指望在 WCG 上称霸。功夫不负有心人，韩国选手在《星际争霸》上的统治时间确实也最长，出现过许多超级高手，如 Iloveoov、BoxeR、YellOw 等。

2001 年，WCG 在韩国首尔举办第一场主赛事，奖金高达 30 万美元。WCG 年度预选赛在 3 月和 9 月举行，决赛在 12 月 5 日至 12 月 9 日展开。共有 38,9000 参赛者参加，430 名选手打入决赛。

WCG 是最早开始推广电子竞技游戏的机构。

除暴雪娱乐的《魔兽争霸》系列、《星际争霸》系列、Westwood 工作室的《命令与征服》系列，微软的《帝国时代》系列，大量优质 RTS

游戏先后上线，成为每台电脑必装游戏。

电脑游戏和网络游戏几乎是毫无间隙地飞速扑来。2000年到2010年间网民的增速，是人类电子游戏史上再难一现的神迹。当然，前提是不考量智能手机的出现。

目光再回到电子游戏机行业，世嘉退出后，电子游戏机市场又如何呢？

第六十九章　任天堂：重剑无锋大巧不工之 GBC

金庸小说《神雕侠侣》中有一段对剑魔独孤求败的描写：纵横江湖三十余载，杀尽仇寇，败尽英雄，天下更无敌手，无可奈何，惟隐居深谷，以雕为友。呜呼，生平求一敌手而不可得，诚寂寥难堪也。剑魔独孤求败既无敌于天下，乃埋剑于斯。呜呼！群雄束手，长剑空利，不亦悲夫！

独孤求败共有四把剑。

第一柄剑：长约四尺，青光闪闪，端是利器。剑下石片下写着：凌厉刚猛，无坚不摧，弱冠前以之与河朔群雄争锋。

第二柄剑：紫薇软剑，三十岁前所用，误伤义不祥，乃弃之深谷。

第三柄剑：那剑黑黝黝的毫无异状，却是沉重之极，三尺多长的一把剑，重量竟自不下七八十斤，比之战阵上最沉重的金刀大戟尤重数倍。见那剑两边剑锋都是钝口，剑尖更圆圆的似是个半球。石刻下写着两行小字：重剑无锋，大巧不工。四十岁前恃之横行天下。

第四柄剑乃是木剑：四十岁后，不滞于物，草木竹石均可为剑。自此精修，渐进于无剑胜有剑之境。

作为任天堂 Game Boy 接续产品的掌机——Game Boy Color，就是任天堂的重剑。家用游戏机，任天堂从来没有打败过索尼。掌机，没有任何公司打败过任天堂。

Game Boy Color

GB 有 3 个弟弟。

大弟弟：Game Boy Pocket。1996 年 7 月 21 日发布，是 GB 更小更轻

更少电池的版本。GBP 的屏幕改为真正的黑白显示屏，2.56 英寸。它仍不支持背光显示，可重影问题得到很好的解决。1997 年 4 月 28 日，多色 GBP 发布。GBP 和 GB 同平台，所以发布时可以直接使用 GB 的游戏库。Game Boy Pocket 是横井军平离开任天堂前最后一个作品。

二弟：Game Boy Light。1998 年 4 月 14 日发布，顾名思义，它有一个可关闭的背光屏幕，也是唯一具备背光屏幕的 GB 系列掌机。Game Boy Light 存在的时间不长，三弟仅晚它 6 个月面世。

三弟：Game Boy Color，1998 年 10 月 21 日发布。Game Boy Color 的诞生，源于 GB 第三方游戏开发商建议。因为 GB 性能太差，无法开发品质更佳的游戏。品质不好就卖不出更多的游戏，第三方游戏厂商就无利可图。

横井军平离开任天堂后，R&D1 群龙无首。任天堂以留下的工程师为主要成员，组建新的便携硬件开发部门——Nintendo Research & Engineering Department，简称 Nintendo RED。RED 由资深工程师冈田智担任总经理，继续 GB 系列掌机研发。冈田智 1969 年加入任天堂，既是 GB 设计团队成员，也是著名游戏《银河战士》的制作人。

冈田智带领 RED 并行研发两个掌机开发项目：Game Boy Color 和亚特兰蒂斯项目（Game Boy Advance 项目，任天堂首款 32 位处理器掌机）。之后他还领导掌机 Game Boy Advance SP 和 Nintendo DS 开发，是继横井军平之后的王牌工程师。

GB 和 GBP 都使用单色显示屏，横井军平在任时并非没有考虑过彩色 LCD，1992 年 R&D1 就制作过彩色 LCD 屏 GB。彩屏比单色 LCD 显示效果好，可有几大问题无法解决：需要背光、电池续航只有 1 小时、价格高昂。

1997 年 10 月，冈田智注意到彩色 LCD 屏价格正在急速下降且不再需要背光显示，5 年前丢弃的彩屏 GB 设计方案再次启动。之前的技术积累，让 GBC 只花了 10 个月就进入量产。一般的新掌机平台都需要 2—3 年开发，在效率和全新平台前，冈田智选择效率。

GBC 沿用 GB 的处理器方案，使用夏普公司 LR35902（基于 8 位

Zilog Z80）处理器。相同的处理器，让 GBC 可以兼容 GB 的大部分游戏。和其他厂商掌机上下代机型互不兼容不同（当时的管理是，下一代机型都会更换新处理器，导致游戏无法向上一代兼容），GBC 是首款能兼容上代掌机的机型，这让它在发布时就有游戏阵营的优势。

GB 上 1600 款游戏，是任天堂很难舍弃的财富。因为庞大的游戏阵营，是任天堂掌机王者地位的保证。GBC 发布后，RED 还安排桑原雅人开发过 GBC 的触摸屏附件，该附件可以连接 GBC 屏幕后，使用触摸操控。宫本茂本人十分喜欢触摸屏的概念，可它最终没有生产。

对比 GB，GBC 最大的改进在于采用薄膜晶体管液晶显示（Thin film transistor liquid crystal display，TFT-LCD）。支持 40 个精灵图，可用 32,768 种调色板颜色，屏幕颜色最高支持 56 色显示。

GBC 的标志使用五种颜色拼出“Color”单词：浆果（C）、葡萄（O）、奇异果（L）、蒲公英（O）和蓝绿色（R），也是 GBC 掌机的外壳颜色。同时还有一种类似 N64 的紫色，使用半透明的紫色。

塞尔达传说之 GBC

Game Boy 和 Game Boy Color 都获得商业成功。Game Boy 系列掌机日本销量 3247 万台，北美销量 4406 万台，在其他地区销量 4216 万台，合计 1.1869 亿台。截止到 2020 年，是全球销量历史排名第 3 的游戏机。能排在 GB 系列前面的只有 2 款游戏机：1.55 亿台的索尼 Play Station2 和 1.5402 亿台的任天堂 DS。

作为任天堂最能打的掌机系列，GBC 上的游戏大作同样精彩。许多玩家认为 GBC 是 GB 到 GBA 之间的过渡产品，没错。可过渡产品，不等于过渡业绩。

接下来一一介绍。

毫无疑义第 1 名，《塞尔达传说：织梦岛 DX》（The Legend of Zelda：Link’s Awakening DX）。《织梦岛 DX》原为塞尔达系列第 3 作《The

Legend of Zelda：A Link to the Past》（塞尔达传说：众神的三角力量）的便携版。在手家隆志的参与下，《织梦岛 DX》发展成独立项目，成为少数没有发生在海拉鲁王国的塞尔达游戏，也不用救塞尔达公主。游戏一开始，林克就被困在织梦岛，需要找到八件乐器才可以离开。

《织梦岛》是一部卓越产品，在 GB 上发售时，槽点都集中在操作方式和 GB 单色画面上。1998 年，任天堂将《织梦岛》移植到 GBC，推出《织梦岛 DX》。GBC 的彩色屏幕能给玩家带来更好的置入感，极大弥补了 GB 版的不足。《织梦岛 DX》全球销量达到 600 万份，是 GBC 最佳游戏。

2001 年 2 月 27 日，在任天堂授权下，Flagship 公司（由前卡普空游戏设计师冈本吉起创办的公司，任天堂、卡普空和世嘉均有投资）推出另外一款塞尔达系列游戏《塞尔达传说：不可思议的果实》（The Legend of Zelda：Oracle of Seasons and Oracle of Ages）。“Oracle of Seasons” 和 “Oracle of Ages” 分别对应 2 个游戏章节：大地之章和时空之章。任天堂要求 Flagship 为 GBC 设计 6 款塞尔达游戏，这是其中前 2 款。游戏中，大地之章偏向格斗，时空之章偏向解密。

冈本吉起原本对制作 6 款游戏信心满满，开发时才发现问题重重。被迫无奈，他只能求助于宫本茂。宫本茂对游戏方案进行大幅度删减和改进，提出三部曲设计，称为 “Triforce 系列”（Triforce 是塞尔达系列的重要神器），分别代表力量、智慧和勇气。三部曲可以彼此互动：玩家可以从三款游戏中的任何一款开始，让第一款游戏的动作影响其他两款游戏的故事。

《塞尔达传说：不可思议的果实》销量最终为 396 万份，是 GBC 排名第 3 的游戏。

除《塞尔达》系列外，GBC 上还有多款马里奥系列游戏，如《马里奥高尔夫》《马里奥网球》。《马里奥高尔夫》和《马里奥网球》都是任天堂当家花旦，毋庸赘述。值得一说的是 GBC 上优秀的第三方游戏，《合金装备》和《宝可梦》。

2000年4月24日，由科乐美公司为GBC制作的动作冒险战术谍报游戏《合金装备：幽灵通天塔》（Metal Gear: Ghost Babel）发布。《幽灵通天塔》游戏内容十分充实，故事完整，关卡丰富，是GBC上十分出色的游戏。

GBC上最值得一提的游戏，却不是它们，而是《宝可梦》。

田尻智和宝可梦

田尻智，1965年8月28日出生于东京世田谷区。他在自然生态保护得十分好的町田市度过少年时代，可以像宫本茂一样探索原野和溪流。田尻智有项本领，宫本茂赶不上，那就是观察昆虫和小动物，采集并制作标本。野外探索让他积累大量昆虫学知识，成为日后他制作宝可梦的灵感源泉。

田尻智最喜欢蚊香蝌蚪，《宝可梦》里的蚊香君，创意来源就是蚊香蝌蚪。他上初中时，町田市开始大规模城市开发。平素里游玩的野外逐渐被钢筋混凝土取代，草甸变成街机游戏厅，田尻智的兴趣也随之转移。试想，有几位少年可以抵御电子游戏的魅力呢？

田尻智最爱的游戏是《太空侵略者》（1978），可游戏水平很差。他算一位“人菜瘾大”的玩家，零花钱每天都会全数捐给游戏厅。游戏操作不行，可他却很有游戏设计天赋。他拆解过任天堂FC，还参加过世嘉赞助的游戏创意竞赛。沉迷于电子游戏的田尻智学习成绩一塌糊涂，靠补考才混上高中毕业证，没能上大学。

1983年，他开始在东京工业高等专门学校“攻读”为期2年的技术课程，主修电子计算机。

求学期间，田尻智开始一人执笔，创办同人志《Game Freak》。当时电子游戏杂志极少，田尻智只能委托同人志专门店代为发行“创刊号”。“同人志”一词来自日语“どうじん”，是二次元文化的用词，原指有着相同志向的人们、同好，“自创、不受商业影响的自我创作”，或“自主”地创作。同人志不限定创作的目标，一般来说都是指漫画或漫画周

边的创作。

田尻智在《Game Freak》中介绍游戏攻略和各种游戏的复活节彩蛋，第一期销量就超过 1 万册，主要是介绍如何在《Xevious》（1982 年南梦宫街机游戏）获得高分的秘技。杂志十分畅销，被梦想成为漫画家的杉森建偶然读到。他惊为天人，成为田尻智的小迷弟。

杉森建写信给田尻智，发现确实是志同道合的道友。两人成为好友后，杉森建开始担任杂志第 2 期的插画师，他也是第一批 151 只宝可梦的美术师。

随着田尻智对电子游戏理解的深入，他发现市面上的游戏质量普遍并不高，他决定和杉森建合伙开发游戏。田尻智自学 FC Basic 编程，购买游戏开发的硬件。1989 年，田尻智和杉森建将杂志社转型为游戏公司。6 月 27 日，南梦宫发行他们的处女作——《孟德尔宫》（Mendel Palace），一款任天堂 NES 益智游戏。《孟德尔宫》销量十分惊人，在美国就售出 60,000 份。

拿着 NES 游戏的第一桶金，大概 5000 万日元，田尻智正式成立 Game Freak 株式会社。

1990 年，看到 GB 上的 NintendoGame Link 数据线后，田尻智开始构思宝可梦游戏。Game Link 数据线是初代 GB 就支持的游戏配件，它可以让 GB 用户进行多人游戏，进行对战、交易物品等。下图为 Game Link 数据线和接口。

田尻智回忆起小时候搜集昆虫，以及和小伙伴们交换昆虫标本的乐趣，联想到 GB 同样可以用数据线交换收藏品。当他提出这套交换设计理念时，任天堂的游戏设计师并不理解他的想法，毕竟其他人不是昆虫爱好者，无法理解交换标本的乐趣。他们决定尝试以田尻智的想法设计原型，宫本茂发现后，对此十分感兴趣，开始直接指导田尻智。

《宝可梦》的设计和制作花费了六年时间，堪称一场破产级豪赌。不是真正的热爱，断然做不出如此极端的行为。Game Freak 给员工发不出工资，田尻智只能依靠啃老过活——父亲的退休工资。被迫无奈，他选择转让公司三分之一股权给 Creatures 公司，才获得足够的资金完成宝可梦首作《宝可梦：红和绿》（Pokémon Red and Green）。

1996 年 2 月 27 日，《宝可梦：红和绿》正式发售。游戏刚发布时，表现非常一般。全新玩法随着口碑扩散，热度持续增加，成为市场上的超级巨星。10 月 15 日，Game Freak 制作出仅限于邮购渠道的特别版本，《宝可梦：蓝》（Pokémon：Blue）。《宝可梦》国际版被定名为《宝可梦：红和蓝》（Pokémon Red and Blue）。1998 年 9 月 12 日，Game Freak 还推出《宝可梦：皮卡丘》，又称《宝可梦：黄》。

《宝可梦》动画版主角——小智，以田尻智本人命名。他的竞争对手，另外一名天才少年——小茂，则是暗指田尻智的良师益友宫本茂。故事里，小茂终究没有敌过小智的主角光环，在比斗失败后只能当一位宝可梦的研究员。

只能说青出于蓝而胜于蓝。

《宝可梦》研发阶段，田尻智还为任天堂设计过两款马里奥衍生游戏：《Mario & Yoshi》和《Mario & Wario》。

1996 年，《宝可梦》红绿蓝版共售出 104 万份，1997 年又售出 365 万份，成为超过《最终幻想 7》的年度最畅销游戏。1998 年，日本累计销售数量已经超过 1000 万份。在美国，它也是最畅销的 GB 游戏，1998 年售出 400 万份，1999 年售出 610 万份。最终，《宝可梦》红绿蓝全球销量超过 3100 万份，是 GB 系列掌机上最畅销的游戏。

译名之争

宝可梦的日文原文为“ポケットモンスター”，是英文 Pocket Monsters 的假名发音。它的拉丁字母名称为“Pokémon”，来源于日文罗马字缩写——Poketto Monsut ā，也可以认为是 Pocket Monsters 的缩写。宝可梦在中国推出时并未使用统一译名，这导致中国内地和中国台湾、香港地区使用各种不同的译名。中国台湾译作“神奇宝贝”，香港译作“宠物小精灵”；新加坡译作“袋魔”。

新加坡的译名，皮卡丘估计都会给译者来一记“Pika”，让它感受下十万伏高压电的滋味。

《宝可梦》动画片前 52 集由辽宁人民剧院译制，使用香港译名“宠物小精灵”，续集引进台湾配音版，叫“神奇宝贝”。2011 年，央视六套开始播放《宝可梦》的电视动画。负责动画的导演张丽莉提到，“宠物小精灵”和“神奇宝贝”两个名字都已经注册，为避免侵权将 Pokémon 译作“精灵宝可梦”。

“宠物小精灵”和“神奇宝贝”这两个名字是被谁抢注的呢？据查，1998 年就被任天堂法务部申请在手。中国内地的昵称“口袋妖怪”和“口袋怪兽”，2007 年同样被任天堂申请。

2016 年 2 月底，宝可梦公司为宣布庆祝宝可梦 20 周年，推出《精灵宝可梦：太阳和月亮》（Pokémon Sun & Moon）。游戏支持繁体中文和简体中文，统一将 Pokémon 翻译为“精灵宝可梦”。宝可梦公司董事石原恒和特意拍摄一条宣传片解释，精灵宝可梦的名字使用 Pokémon 的发音，保留香港译名“宠物小精灵”中的“精灵”，保留台湾译名“神奇宝贝”的“宝”字。此举，是为宝可梦更好地推广。

老婆饼里没老婆，酱油不是油，精灵宝可梦也不是宝可梦。

解释就是掩饰，掩饰就是确有其事。香港认为任天堂官方译名针对香港，讨好内地玩家：“宝可梦”的粤语广东话发音与“Pokémon”相去甚远，并不符合官方所谓的“发音相近”的要求。台湾认为，精灵宝可梦的翻译明显不如神奇宝贝，什么用一个“宝”字，完全是对台湾玩家的敷衍。

内地玩家对此十分佛系，没有引发反弹。

众所周知，台湾翻译界是中文翻译的一股泥石流。电影《肖申克的救赎》，在台被译成《刺激 1995》，《变形金刚》中的“擎天柱”，在台被译成“无敌铁牛”，《寻梦环游记》，在台被译成《可可夜总会》。

不说信达雅吧，简直是俗套。

不过，译名更多是一种习俗。内地玩家看到“无敌铁牛”会笑出声，台湾玩家同样对“擎天柱”无感。对游戏和动漫，统一译名完全没有必要。玩家和观众又不用搞科学研究，叫什么名字，入乡随俗就很好。万代的“GUNDAM”系列，就同时有高达、钢弹和敢达三类译名，满足两岸三地的不同要求。

事情还没结束。2016 年 5 月 10 日，香港任天堂为配合《精灵宝可梦：太阳和月亮》中文版发布，公布了 151 只精灵宝可梦官方统一中文译名。其中大部分以台湾译名居多，部分音译。这次翻译大赛的结果是香港译名大败，最后只有 4 只宝可梦保留香港译名，连香港传统译名“比卡超”都惨遭毒手，改名为“皮卡丘”。

任天堂的反复背刺，让香港玩家忍无可忍。他们搞出一个“十万伏特大游行”活动，要香港任天堂取消官方译名，还香港玩家一个“比卡超”。任天堂自是不吃这套，置之不理。

2019 年 4 月，宝可梦公司推出新作《Pokémon Sword & Shield》（宝可梦：剑和盾）。官方再度更名，将“精灵宝可梦”中的“精灵”二字删除。

本文以宝可梦公司官方名称“宝可梦”为主。宝可梦的译名之多，使得支持者都不愿意使用对方的译名。按惯例，各种名称指向不同用途。神奇宝贝主要用于同人二次创作，口袋妖怪是指宝可梦的游戏，而宠物小精灵特指动漫。神奇宝贝、口袋妖怪、宠物小精灵、精灵宝可梦，都是说的一个东西——宝可梦。

宝可梦：金和银

《宝可梦：红・绿・蓝》流行后，Game Freak 在任天堂新掌机 GBC 上发布续作《宝可梦：金和银》（Pokémon Gold and Silver）。《金和银》算是《宝可梦》系列第 2 部作品，延续战斗和搜集玩法。新要素不仅有 GBC 的丰富色彩，还添加内部时钟、孵化系统和与红・绿・蓝通信的玩法。

参与 Game Freak 投资的 Creatures 公司 CEO 石原恒和表示："每个宝可梦的想法，都是来自 GAME FREAK 程序员的想象，他们的童年经验让他们产生了这些灵感，包括阅读漫画、捕捉昆虫和恐怖的经验，这些童年的回忆都是宝可梦的灵感来源。"

1999 年 11 月 21 日，《宝可梦：金和银》正式推出。到 2000 年 4 月，销量已超过 650 万份。美国发售首周就打破《皮卡丘》60 万份纪录，创下 140 万份佳绩。营销副总裁彼得・梅恩（Peter Main）说："孩子们很喜欢宝可梦，这点毋庸置疑。宝可梦在未来肯定会在所有的便携式游戏平台上继续畅销。我们预计这两款游戏的销售量不用半年会超过 1000 万套。"

预计很准，到 2010 年为止，《宝可梦：金和银》销量达到 2300 万套，是 GBC 上最畅销的游戏。

掌机的性能远不如街机和家用游戏机，可电子游戏机史上最畅销的前五款设备中，有 3 款是掌机。人们对游戏便携性的渴求，可以抵消掌机在性能和游戏性上的不足。

第七十章 索尼：史上第一 PlayStation 2

2000 年如约而至，电子世界严阵以待的“千年虫问题”，没有掀起一丝波澜。

1972 年 9 月米罗华奥德赛发布，过去的 28 年里电子游戏从零开始发展为街机、家用游戏机、掌机、电脑游戏和手机游戏五大王国。

街机游戏 1985 年开始复苏，在格斗游戏助攻下，市场再次迎来高速发展的黄金时代。1993 年，美国街机游戏市场总量高达 70 亿美元，超过家用游戏机的 60 亿美元，也超过电影的 50 亿美元。世嘉是街机市场当仁不让的王者，开发过 500 多款街机游戏和 20 多种街机转换系统，获吉尼斯世界纪录。

1997 年，家用游戏机市场份额开始超过街机，然后一骑绝尘。1998 年 11 月 27 日推出的世嘉 Dreamcast，是第六世代游戏机的首款机型，性能和个人电脑比肩。第六世代游戏机后，厂商也不再宣传处理器位数，而以综合娱乐设备为卖点。一机多用，可以玩游戏、看碟片和播放音乐。市场上有分量的参与者也仅剩三位，世嘉、索尼和任天堂。索尼是 1994 年才入场的新玩家，却来势汹汹，后来居上。

2000 年 3 月 4 日，索尼第六世代游戏机 PlayStation 2 发布，盛况空前。世嘉见 Dreamcast 成功无望，壮士断腕，宣布退出家用游戏机市场，专注于街机和游戏软件。世嘉、索尼和任天堂三家争雄的局面变成二虎相斗。

本集主人公就是史上销量排名第一的游戏机——PlayStation 2。

PlayStation 2 的成功

PlayStation 2 创造出电子游戏史四个之最。游戏数量最多：10828 款。销量最高：1.55 亿台。产品在市面销售周期最长：12 年。官方支持系统时间最长：18 年。

初代 PlayStation 发布后，一直在攀登家用游戏机的销售高峰，它是第一款销量突破 1 亿台的家用游戏机。搅局者索尼给任天堂带来极大压力，任天堂一边依靠 GBC 掌机回血，一边积极地为第六世代游戏机做准备。

1997 年，久多良木健被任命为索尼电脑娱乐美国公司 CEO，移居加利福尼亚州。大贺典雄十分器重久多良木健，给予他极大权限在家用游戏机市场开拓。PS 的成功，让久多良木健成为下一任索尼总裁的强力竞争者。2003 年，大贺典雄接班人，索尼新 CEO 出井伸之又将久多良木健提拔为索尼全球首席运营官和执行副总裁。

上面有人，办事自然顺利。

1997 年，受 LSI Logic 公司委托，几位 Argonaut Technologies 公司（ATL）的开发工程师飞往美国西海岸，为索尼下一代游戏机设计处理器。ATL 是英国游戏公司 Argonaut Software 的子公司，专门从事芯片设计，LSI Logic 则是初代 PS 的芯片供应商。这款处理器的主要目的是参与索尼下一代游戏机竞标，延续和索尼的合作。

为此，LSI Logic 不仅和 ATL 签署合作开发协议，还直接参股 ATL。作为索尼 PS 的供货商，LSI Logic 提前获得下一代 PS 的性能目标——实现每秒 500 万个多边形渲染。LSI Logic 将多边形渲染数据作为技术要求，交 ATL 实现。他们不知道的是，索尼内部也在设计处理器。比起外采，索尼更倾向于自主研发中央处理器，外部供应商的工作只是为到时候多一些选择。

这种养蛊搞法真所谓“索尼罪大滔天，搞到百姓怨声载道”（出自周星驰电影《鹿鼎记》台词，现为中国玩家调侃索尼的常用句子）。

1998年12月21日，索尼PS全球销量突破5000万台，其中日本1425万台，北美1935万台，欧洲1640万台。到1999年12月2日，PS全球销量达7000万台，其中日本1677万台，北美2594万台，欧洲2733万台。同年4月，索尼电脑娱乐公司（SCE）的净利润超过索尼集团。

1999年底，另一位电子游戏机新玩家官宣，即将入场。盖茨在采访中首次提到微软正在开发的家用游戏机，表示他希望该设备会成为“世界上最优秀、最具创意的游戏开发者的首选平台”。2000年3月10日，盖茨在圣何塞召开的游戏开发者大会的主题演讲上正式演示微软的新游戏机。

而原本认为游戏机只是“小孩子玩意”的索尼高层们，被SCE的娇人成绩彻底改变看法。

不过，电子游戏机历史上有个定律，从来没有哪家公司可以在连续两代产品上保持统治地位。任天堂没做到，世嘉也没做到。PS初创成员，后SCE美国总裁杰克·特雷顿（Jack Tretton）回忆说：“每个人都对PlayStation的成功感到欣喜若狂。我们设定了很高的标准，可它依旧超出了我们的预期。PlayStation 2进入开发后，我们当然充满信心，但也非常谨慎，因为上一世代的引领机型能够在下一世代继续领先是非常罕见的。”

要维持领先地位，需要加倍努力。

PlayStation 2硬件

电脑和电子游戏机最重要的硬件都是中央处理器。PS2的中央处理器名字十分独特，叫“情感引擎”（Emotion Engine），简称EE。EE不是一颗单独的CPU，它由八个独立“单元”构成，然后集成到一颗芯片上。这八个单元是：一个CPU内核、两个矢量处理单元（VPU）、一个浮点协处理器（FPU）、一个10通道DMA单元、一个图像处理单元（IPU）、图形接口单元（GIF）、RDRAM 接口和 I/O 接口。

如此复杂的设计，索尼自然不会叫它某某处理器，那多单调。久多良木健赋予它一个充满诗意的名字——Emotion Engine。下图中的银色方块，即 PS 主板上的 EE。

EE 的 CPU 核心是 MIPS R5900，东芝制造，主频 294.9MHz，后被调整为 299MHz。对外宣传中，索尼声称 EE 是 128 位处理器。它由两个 64 位整数单元（ALU）组成，芯片中包含一套 128 位多媒体指令集，整合 2 个 ALU 来执行 128 位指令。为配合多媒体指令集，EE 将通用寄存器和数据总线也都设计为 128 位。这和雅达利捷豹使用 2 个 32 位处理器，便声称是 64 位处理器还是有区别的。仅从硬件架构上来看，EE 确实可以算 128 位 CPU。

前文说过，CPU 位数和机器性能并非正比关系。索尼并没有将 128 位处理器作为核心卖点，不过有人不这样认为。2000 年 12 月一则新闻报道说："美国国防专家认为，伊拉克总统萨达姆正在制造一种基于日本索尼公司 PS2，可以用作攻击武器的超级计算机。专家声称，由于 PS2 的硬件性能强大，萨达姆很有可能利用其超强的计算能力进行远程导弹和核武器的设计和指挥控制。美国国防情报局和FBI有确切数据表示，伊拉克在过去3个月里，购入4000多套PS2。另外一位消息人士表示，只需要12—15套PS2合并，就可以对伊拉克无人驾驶的空中飞行器进行控制。正因为是萨达姆政府大量采购PS2，才导致PS2到处缺货，引发消费者的抱怨。”

这不是洋葱新闻，而是确有其事。当然，萨达姆的生化武器只是洗衣粉，所谓基于PS2的核武器指挥系统，更是子虚乌有。

EE大部分浮点性能由两个矢量处理单元（VPU）提供，指定为VPU0和VPU1。VPU0和CPU相连，是CPU的协处理器，用来处理动画模拟、物理引擎等效果。VPU1和GPU直连，因为PS2的GPU没有几何变换和光照能力（T&L），VPU1专门负责这部分内容的运算。

3D图形由复杂的坐标转换和光源运算组成，GPU没有T&L功能时，T&L就需要交给CPU来处理，CPU的不少性能都会被T&L吃掉。直到GPU支持T&L，CPU才彻底解放。

索尼PS2的T&L既不由CPU处理，也不由GPU处理，而是VPU1处理。

1999年10月11日，英伟达最重要的产品——Geforce 256发布。这是首款支持T&L的显卡，也被称为“世界上第一个GPU”，是黄仁勋正式提出显卡全新架构的作品。英伟达当时将其定义为具有集成变换、照明、三角形设置/剪辑和渲染引擎的单芯片处理器，每秒至少能够处理1000万个多边形。

在处理器为王的时代，不少人认为英伟达这是多此一举。CPU足够强大的话，什么T&L算不了？额外再制作一个独立硬件，完全没必要。

将T&L从CPU计算中解放出来，是索尼和英伟达的独到之处，不过二者仍有差异。英伟达直接将T&L做成流水线，索尼则是将VPU1绑定到EE里。EE的CPU、VPU0和VPU1的运行频率都是299MHz，而GPU频率只有147.5MHz，这样的设计让T&L就可以独立运行，可以支持更多多边形的计算。

超量多边形计算，才是PS2的真正卖点。SCE宣称，PS2每秒处理

的多边形高达7500万个。而同世代的游戏机Dreamcast的数据是多边形每秒处理数量理论值700万个，实际值约300万个。

差距高达10倍，是数量级的差异。

PS2性能数据发布后，震惊全球电子游戏业界，都以为久多良木健是不是被外星人绑架后搞到什么外星黑科技。实际上，每秒7500万个多边形数据是完全的理论数据。也就是不考虑游戏贴图、抗锯齿的设计需求，得到的最大值。在游戏实际设计中，其渲染能力大概可以达到每秒1600万个多边形，比Dreamcast强，可没有10倍差距。

虽说没宣传那么夸张，可EE也确实厉害。有传言说，Dreamcast就是因此吓死的。

PS2的GPU叫“Graphics Synthesizer”（GS），图形合成处理器，专门负责光栅处理。它有16个像素管线，其中8个支持纹理单元（TMU）。自带4MB的eDRAM，位宽高达2560-bit（由三个独立总线组成：1024-bit write、1024-bit read、512-bit read/write）。2560的位宽，让PS2的光栅能力变得极强。

PS2没有操作系统，32M内存可以全部用来运行游戏。这个设计的好处是运行内存更大，坏处是第三方游戏开发商要重新为游戏写各种接口。在PS2公开宣布可以使用Windows开发软件前，盖茨曾经联系过出井伸之，希望PS2可以使用Windows CE。出井伸之不想与虎谋皮，拒绝了盖茨。

索尼为PS2专门制作过Linux操作系统软件，可以将PS2变为一台Linux电脑。下图为PS2，左侧是带有立式支架的型号SCPH-30001，右侧是带有立式支架的超薄型号SCPH-70001。PS2标准色为哑光黑，设计理念是“从地球向宇宙发送信息的黑匣”。设计师后藤祯佑（索尼著名设计师，设计过PS、PS2和PS3外观和索尼VAIO标志和产品）说：“PlayStation 2支持没有限制的实时画面，所以选择黑色代表宇宙无限，而蓝色代表着智慧和生命的喷涌。”

十分炫酷的设计语言。

史上第一诞生记

PS2的准备工作和硬件特性都已经捋得明明白白,下面展开它的时间线。

1998 年 5 月 20 日，堀井雄二在接受《V Jump》杂志 7 月创刊 5 周年纪念版封面采访时，透露出“Super PlayStation”的存在。

1999 年 2 月 17 日，SCE 和东芝联合在国际固态电路会议（英语：International Solid-State Circuits Conference，ISSCC）上发表主题演讲，用于 PS 下一代游戏机的 GPU——Graphics Synthesizer 开发成功。

3 月 2 日，索尼在东京国际论坛举行“PlayStation Meeting 1999”主题会议，宣布下一代 PS 开发进展。很少出现在产品发布会上的索尼 CEO 出井伸之出席，并对久多良木健说道：“我来支持你，因为做出如此出色的事情。”SCE 和南梦宫、史克威尔对新机器的性能进行展示，烟花效果和人物丰富的表情细节等超前的 CG 动画震撼了全体参与者。会上久多良木健大吹索尼大法螺，特别是正在开发中的 EE。

3 月 4 日，索尼和东芝合作成立全新公司，新公司核心业务是量产 Graphics Synthesizer 和 EE。

9 月 13 日，SCE 公布游戏机更多细节。官方名称为 PlayStation 2，预计售价 39,800 日元，日本市场发售时间为 2000 年 3 月 4 日，已和全球 200 多家游戏公司签订许可协议。由于 PS2 具备高能低价特点，按照《瓦森纳协定》，被确定受到出口限制，因为“存在转为武器风险”。《瓦森纳协定》全称为《关于常规武器和两用物品及技术出口控制的瓦森纳协定》，有美国、日本、英国、俄罗斯等 40 多个成员国。《瓦森纳协定》规定，成员国自行决定发放敏感产品和技术的两用物品出口许可证，并且在自愿基础上向协定其他成员国通报有关信息。看来“萨达姆大肆采购 PS2”并非毫无影响力。

2000 年 2 月 10 日，索尼宣布 PS2 上将安装 DVD 播放器。3 月 4 日，PS2 如期在日本发售，发布型号为 SCPH-10000 。5 月 11 日，PS2 在北美发布。

2001 年 4 月 26 日，SCE 宣布发布 PS2 Linux，使得 PS2 可以单独作为一台 Linux 电脑使用。6 月 5 日，PS2 中安装 JAVA。

PS2 发布后，销量像 Space X 的猎鹰 9 号一飞冲天。2000 年 3 月 6 日，PS 出货量达到 72 万台。2001 年 3 月 21 日，全球出货量达 1000 万台，是最快达到 1000 万销量的家用游戏机。2001 年 10 月 10 日，PS2 全球出货量达到 2000 万台。2002 年 5 月 5 日，全球出货量 3000 万台。2003 年 1 月 15 日，全球销量达 5000 万台。PS2 并没停下脚步，2004 年 12 月 31 日，全球销量达 8000 万台，其中日本约 1700 万台。

2004 年底，PS2 在日本市场占有率接近 80%，任天堂毫无还手之力。

2005 年 11 月 29 日，PS2 全球出货量达 1.1 亿台，其中日本和亚洲 2222 万台，北美 4065 万台，欧洲 3714 万台。

2008 年 6 月 3 日，PS2 全球出货量达 1.3 亿台。在 PS3 发售后，因为 PS2 售价和游戏价格都十分亲民，它仍然维持着不错的销量。2007 年底北美圣诞销售季，PS3 售出 120 万台，PS2 竟然售出 130 万台。SCE 原定对 PS2 支持到 2010 年为止，可由于需求持续旺盛，SCE 表示，只要有开发商持续推出新游戏，用户有需求，索尼愿意继续生产和支持 PS2。

2012 年 3 月 31 日，PS2 全球销量达 1.55 亿台。12 月 2 日，SCE 在 PS2 官方网页上公告，PS2 在日本地区正式停止销售。PS 长达 12 年 9 个月又 24 天的漫长生命周期，宣告结束。

2013 年 11 月 8 日，最后一款 PS2 游戏《实况足球 2014》（Pro EvolutionSoccer 2014），在英国发布。

2016 年 3 月 31 日，《最终幻想 11》的线上服务正式停止。4 月 2 日，索尼正式宣布，PS2 所有游戏线上服务已经全部结束。2018 年 6 月 22 日，日本索尼互动娱乐宣布，2018 年 8 月 31 日起停止对 PS2 和周边设备的售后服务。

PS2 长达 12 年的辉煌时代，才落下帷幕。

PS2 游戏

PS2 平台游戏数量高达惊人的 10828 款，排名靠前且属于索尼第一方游戏的，主要是《GT 赛车》（Gran Turismo）和《战神》（God of War）系列。第三方游戏中，《侠盗猎车手》系列、《最终幻想》系列、《合金装备》系列、《铁拳》系列、《实况足球》系列都为 PS2 的成功立下汗马功劳。

来自 R 星工作室的《侠盗猎车手》是首次露面，后面还有它的戏份。其余游戏或多或少在本书有过出场，不是新鲜面孔。

1999 年，索尼员工艾伦 · 贝克尔（Allan Becker）创办索尼第一方游戏公司——Santa Monica Studio（圣莫尼卡工作室）。该工作室位于加利福尼亚州圣莫尼卡郊区的一栋建筑里，靠近顽皮狗工作室（Naughty Dog, LLC），为的是“远离 SCE 所在的福斯特城”。顽皮狗工作室后也被

SCE 收购，开发过数款超级游戏，如《神秘海域》（Uncharted）和《The Last of Us》（《最后生还者》）系列。

圣莫尼卡工作室首款游戏是一款赛车游戏《Kinetica》，跳过 PS 直接为 PS2 开发。这是第一款使用《Kinetica》游戏引擎的游戏，该引擎后来被用于《战神》和《战神Ⅱ》。

2005 年 3 月 22 日，圣莫尼卡发布基于 *Kinetica* 游戏引擎的新游戏——《God of War》（《战神》），一款第三人称动作角色扮演游戏。游戏以希腊神话为背景，以主角复仇为主题展开。主角是一位名为奎托斯的斯巴达战士，他手持混沌之刃和阿尔忒弥斯之刃，在游戏里和各路怪物厮杀。《战神》在 PS2 上售出 460 万份，PS2 畅销游戏榜中排名 14。2007 年 3 月 23 日，《战神Ⅱ》在 PS2 发布，又取得 424 万份的好成绩。多战告捷，《战神》成为索尼最负盛名的第一方游戏 IP。

索尼 PS2 上游戏畅销榜前 10 如下：

1. 侠盗飞车圣安地列斯，1733 万，2004 年 10 月 26 日，R 星北方工作室。

2. GT 赛车 3，1489 万，2001 年 4 月 28 日，SCE。

3. GT 赛车 4，1176 万，2004 年 12 月 28 日，SCE。

4. 侠盗猎车手：罪恶都市，1025 万，2002 年 10 月 27 日，R 星北方工作室。

5. 最终幻想 10，850 万，2001 年 7 月 19 日，史克威尔。

6. 侠盗猎车手 3，830.5 万，2001 年 10 月 22 日，DMA 工作室（R 星北方工作室前身）。

7. 合金装备 2：自由之子，703 万，2001 年 11 月 12 日，科乐美。

8. 铁拳 5，600 万，2005 年 3 月 31 日，南梦宫。

9. 最终幻想 12，600 万，2006 年 3 月 16 日，史克威尔艾尼克斯。

10. 王国之心，590 万，2002 年 3 月 28 日，史克威尔。

在 PS2 势不可挡的迅猛攻势下，任天堂会束手就擒吗？肯定不会。

第七十一章 任天堂：从 GBA 到 GameCube

岩田聪时代

2000 年 6 月，在山内溥邀请下，岩田聪加入任天堂担任企划部门负责人并进入董事会。接下来的 2 年时间里，他不断提升游戏质量和降低成本。2001—2002 年，在 PS2 的强压下，任天堂的利润仍分别增长 20% 和 41%。

随着《宝可梦：金和银》全球流行，为更好地实施宝可梦的全球推广和授权，任天堂、GameFreak 和 Creatures 三家公司共同出资设立宝可梦中心公司，原公司重组为宝可梦公司（Pokemon Co., Ltd）。该公司首要任务是“让宝可梦长期被人喜欢”，它负责处理所有跟宝可梦有关的内容，宝可梦是这家公司的基础。

岩田聪是宝可梦全球化的关键人物，GBC 和宝可梦，都是任天堂掌机的撒手锏。

2002 年 5 月 24 日，担任任天堂社长长达 52 年的山内溥宣布退休。退休的主要原因有三：一是山内溥自己年事已高，75 岁的他掌控任天堂有点力不从心；二是 N64 和 GameCube 产品相继失利，山内溥认为是时候把任天堂交给年青一代了；三是山内溥确实找到了一位合适的接班人——岩田聪。

最重要的还是原因三，企业要找到一个能被认可的接班人难于登天。

在山内溥的鼎力支持下，岩田聪接任任天堂第 4 任社长，是 1889 年任天堂成立以来，第一位非山内家的社长。

山内溥离开时，给出他的赠言："我现在从经营管理系统离开了，以后对经营的事也不会过问了。所以我在辞职之际提出了一个建议，我们将通过改变人们以前从未想过的思维方式来制造硬件，我们还应该制作与之相匹配的游戏。比起目前正在制作的游戏，该游戏可以用更短的时间和更低的成本制作出来，还可以让用户认识到它与以前的游戏有明显的不同。如果只是听到这个说法，你可能会问，'你能制造出这样的东西吗？'，但继续接受这样的挑战是任天堂的工作。我一直在说'任天堂的软件化路线'，事实上，它就是以这个为志向目标。这个建议，我把它留给了新的管理层。我不能确切地说出它是什么东西，但我希望在不久的将来，至少在我有生之年，能看到它推向市场。"

接替山内溥位置的岩田聪第一件事，是会见公司 40 位部门主管和超过 150 名员工，这和山内溥从不和员工交流形成鲜明对比。宫本茂将之前任天堂的工作氛围形容为"闷热"，岩田聪来之后"改善了通风"。

岩田聪意识到，自己不能像山内溥一样严苛，那也不是他的风格。他鼓励任天堂每位员工都可以发挥自己的想法，"创造者只有通过冒险才能提高自己"。山内溥是一个依靠直觉和经验的领导者，岩田聪则是通过统计数据来验证立场。

岩田聪还提拔宫本茂、竹田玄洋和波多野信治等人为董事会董事，共同治理公司。2006 年，为让任天堂平等开放的工作氛围贯彻得更彻底，岩田聪策划出名为"IwataAsks"的内部访谈活动。在 IwataAsks 活动中，岩田聪和多位同事开放讨论任天堂各款游戏、硬件和方方面面的内容。发布的公开记录中包含各类珍贵的手稿、设计思路和心路历程。

访谈气氛轻松愉悦，随时会被爆笑打断。

岩田聪给任天堂带来全新风气，公司从"一言堂"向现代游戏公司转型。岩田聪加入公司时，任天堂正在为两款游戏机努力：GBC 掌机的继任者 Game Boy Advance 和 N64 的继任者 GameCube。

Game Boy Advance

1996 年 GBC 立项时，任天堂还立项了一个同类型掌机项目——亚特兰蒂斯。该项目计划创造一个 32 位处理器，支持彩色屏幕的掌机。

亚特兰蒂斯项目保密工作十分松懈，许多资料被游戏杂志提前泄露出来。《电子游戏月刊》杂志公布其硬件参数为 ARM710 处理器，主频 25MHz。《下一代》杂志称，处理器应该为 Strong ARMSA-110，主频达 110MHz。两家杂志社的情报都很准确，亚特兰蒂斯确实采用 ARM 公司生产的处理器。消息还称，任天堂 32 位掌机将完美复制 SNES 游戏体验。

1997 年，任天堂 GB 在掌机市场占有率已高达 80%，任天堂决定暂停亚特兰蒂斯项目，将精力投入正在快速成长的 GBC 上。毕竟，一款全新掌机的设计目标，不能只是打败自己。

1999 年 10 月，亚特兰蒂斯项目再次露面，项目名称改为——Advanced Game Boy。由于之前的技术积累，产品研发很快完成。2000 年 8 月 24 日，Game Boy Advance 在任天堂 SpaceWorld 展上亮相。同期出现的，还有任天堂新世代主机 GameCube。任天堂在 1999 年 12 月 13 日新推出的作为 N64 磁盘驱动器外设的 64DD，在此次展会上彻底销声匿迹。

IGN（Imagine Games Network，一家电子游戏评论杂志）开玩笑说，64DD 是“DeaDD”，并且发评论说“Spaceworld 发布了 GameCube、Game Boy Advance 和十多款游戏，但它标志着 Nintendo 64DD 的正式消亡。硬件不仅完全没有出现在活动中，任天堂在开幕演讲中没有谈到 64DD，硬件本身也没有任何展位存在。任天堂的政策执行得如此残酷，以至于我们如果喃喃地说出‘64DD’的名字，都会被驱逐出去”。

跟 Virtual Boy 一样，任天堂从不在失败的产品上停留太久，而是迅速向前。

SpaceWorld 展上，Game Boy Advance 确定将在 2001 年 3 月 21 日发售，预计售价为 9,800 日元。对比 GBC，GBA 改进巨大。造型上，液晶

尺寸从 2.3 寸升级为 2.9 寸屏，设备调整横式手持，并配备 LR 键。颜色显示上，GBC 只可以显示 56 色，GBA 则支持 32768 种颜色显示。GBA 还有两颗处理器：一颗 16.8MHz32 位的 ARM7 TDMI 处理器，一颗夏普 8 位 LR35902 处理器，可以兼容 GBC 和 GB 的游戏。只从性能上看，GBA 确实已经超越超级 NES。下图为 GBA。

在掌机市场，任天堂没有任何竞争对手。公司制定的目标是 3 月底出货达到 110 万台，到 2001 年结束，销量达 2400 万台。

GBA 日本首周销量为 612,000 台，北美首周销量为 500,000 台，是销售最快的掌机。GBA 英国首周销量为 81,000 台，打破 PS2 的 20,000 台纪录。2006 年 12 月 1 日，GBA 在美国已经售出 3360 万台。2010 年 3 月，GBA 系列推出的 9 年里，销售总量达 8151 万台，其中日本 1696 万台，美国 4164 万台，其他地区 2291 万台。GBA 还发布过 GBASP 和 GBAMicro 衍生版本。

GBA 延续 GBC 的成功，仍然以《宝可梦》《马里奥》系列为主要游戏系列，且前三款都是宝可梦的游戏。

第一名：2002 年 11 月 21 日发售的《宝可梦：红宝石和蓝宝石》（Pokémon Ruby and Sapphire），销量 16,220,000 份。

第二名：2004 年 1 月 24 日发售的《宝可梦：火红和叶绿》（Pokémon Fire Red and Leaf Green），销量 12,000,000 份。

第三名：2004 年 9 月 16 日发售的《宝可梦：绿宝石》（Pokémon

Emerald），销量 6,320,000 份。

GameCube 预备起

颜维群，华裔美国人，毕业于美国普渡大学，图形处理的顶尖专家。1988 年至 1996 年担任 SGI 高级副总裁，领导 OpenGL（Open Graphics Library）开发，并担任子公司 MIPS Technologies 总裁。OpenGL 是一种跨语言跨平台的应用程序接口，用来跟 GPU 交互，由近 350 个不同的函数调用组成，用来绘制从简单的比特图形到复杂的 3D 图像。1996 年，他离开 SGI 创立 TVsoft，从事电视交互软件制造，后与甲骨文旗下的网络计算机部门合并。同时，颜维群还创办一家名为 ArtX 的公司，主要成员是 20 多名原 SGI 工程师。

1998 年 5 月，ArtX 和任天堂签订第六世代游戏机的图形芯片合同，项目代号为——Flipper（鳍）。

1999 年秋季 COMEX 展上，ArtX 展出他们第一个集成图形芯片组，安装在 ALi Corporation 公司 Aladdin 7 主板的北桥上。2000 年，ArtX 被 ATI（ATI Technologies,Inc.，位于加拿大安大略省的电脑显卡、芯片组、机顶盒制造商）以 4 亿美元股票加期权的价格收购。ATI 发言人表示："ATI 通过任天堂成为游戏机市场的主要供应商，Dolphin 平台 128 位架构的图形性能是山丘之王。"

通过 ArtX 和任天堂的合同，ATI 正式进军电子游戏机行业。

2002 年，ArtX 协助 ATI 完成 ATI R300（显卡产品叫 Radeon9700）的开发，这是 ATI 首次将其 GPU 作为视觉处理单元（VPU）销售。ATI R300 及其衍生产品成为 ATI 主要消费产品线超过 3 年，那也是 ATI 曾短暂领先英伟达的 3 年。

R300 开始，ATI 在显卡行业开始和英伟达平起平坐。

2006 年 7 月，AMD 收购了 ATI。

ArtX 对 ATI 的重要性一目了然，因此 ATI 收购 ArtX 的插曲，不仅没有影响到和任天堂的合作，反而加速了项目进展。1999 年 5 月的任天堂新闻发布会上，N64 的接任者，任天堂第六世代游戏机首次公开宣布，项目代号为——Dolphin。

Dolphin 和 Flipper，海豚和鳍，显卡就是电子游戏机的鱼鳍。任天堂和 ArtX 勾搭的样子，昭昭乎若日月而行也。下图为 N64 和 GameCube 渲染马里奥的对比。

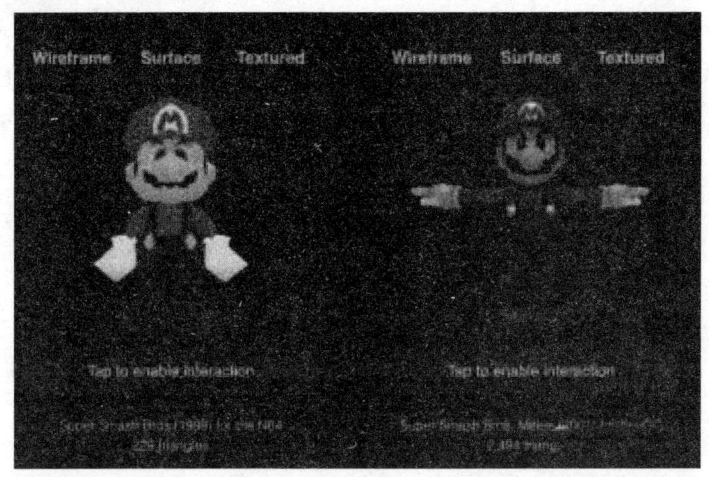

解决掉图形芯片问题后，剩下的就是中央处理器。

这更不是问题，颜维群领导过的 MIPS 公司，就以开发基于 RISC 的 CPU 闻名。

说到这里，RISC 和 CISC 是什么呢？

RISC，精简指令集计算机（Reduced Instruction Set Computer）可译为精简指令集，是计算机中央处理器的一种设计模式。其设计思路是将 CPU 当作一家模组化的组装工厂，对指令数目和寻址方式都做精简，使其实现更容易，指令并行执行程度更好，编译器的效率更高。和 RISC 对应的是 CISC，复杂指令集计算机（Complex Instruction Set Computer）。CISC 重要处理器中，程序的各条指令是按顺序串行执行的，每条指令中的各个操作也是按顺序串行执行的。顺序执行的优点是控制简单，但计算机各部分的利用率不高，执行速度慢。

RISC 和 CISC 是两种 CPU 架构，早期 CPU 都是 RISC 结构，适用于专用设备。之前说过的 PowerPC（Performance Optimized With Enhanced RISC），都使用 RISC。

任天堂 Dolphin 使用 PowerPC 架构，使用 IBM 定制的 Gekko 处理器，是颜维群十分熟悉的 RISC 架构。Gekko 有一颗 PowerPC 750CXe 内核，运行频率约为 400MHz。为此，任天堂跟 IBM 签订高达 10 亿美元的合同（IBM 有史以来最大单笔处理器订单）。有钱能使鬼推磨，IBM 将 750CXe 修改到完全满足任天堂的任何需求：一组特殊 SIMD 指令总线架构、DMA、浮点运算，自定义 T&L，可以将压缩数据直接发送到 GPU。

Gekko 是 Broadway 处理器的前身，它还被用于 GameCube 的接续机型——Wii。

第七十二章　任天堂：起底 GameCube

瞄准 PS2

1999 年 5 月 4 日，IGN 发表一篇文章称，任天堂正在研发代号为“Dolphin”的下一世代游戏机。四家公司（Rare、Retro Studios、EAD 和 NST）已拿到任天堂的开发套件，正在为其开发游戏。还有消息人士说，任天堂将使用 ArtX 开发的芯片组，并且支持 DVD。

1999 年 5 月 13 日，E3 开展。任天堂新闻发布会上，任天堂美国 CEO 霍华德·林肯在会上宣布，任天堂下一代游戏机名为“Dolphin”，功能强大，售价低廉。Dolphin 的图形芯片由负责 N64 图形芯片的颜维群博士带领 ArtX 开发，芯片性能将超过 PS2。Dolphin 的中央处理器 Gekko，由 IBM 定制。

此外，Dolphin 将不使用 ROM 卡。此举引发媒体的阵阵掌声，任天堂在 ROM 卡上实在太执着。不过媒体问起，Dolphin 要用何种游戏介质时，林肯保持缄默。

沉默没多久，林肯接着说：“我们稍微拉开一点 Dolphin 的幕布，但我们不会全部现在就让它公之于众。我们将继续非常谨慎地披露 Dolphin 的技术规格，原因很简单——还有更多的惊喜即将到来。我们希望它是惊喜，尤其是对竞争对手而言。”

竞争对手惊喜只有一个前提——对手的产品是战五渣，其余都是惊吓。

2000 年后，电子游戏行业对一款成功的家用游戏机已经拥有非常明确的判断：售价便宜、性能强、支持 3D 图形、开发门槛低、易吸引第三方游戏厂商、能抢在竞争对手前发售。

2000 年 3 月 4 日，索尼 PS2 发售。任天堂大肆宣传 Dolphin 的图形性能比要比 PS2 要高出 33%，远超 Dreamcast。任天堂没有吸取历史的教训，N64 如果比 PS 早发布，索尼很难如此轻松地在电子游戏机市场打下偌大的江山。

一位 N64 的第三方游戏公司说，因为 N64 还能卖，任天堂将到 2001 年才发布 Dolphin。这符合任天堂的尿性，原则参照“GB 的市场份额过高时，直接取消 GBA 项目”的操作。

任天堂的今西博史说：“任天堂总是这样，硬件已经完成，可游戏还没有完成。任天堂并不认为延迟发售有什么不好，因为玩家可以在 N64 上买更多的游戏。N64 是用来对抗世嘉土星和索尼 PS 的第五世代最后一款游戏机。任天堂从不认为时间会对其市场份额所有影响，真正的关键是任天堂自身的游戏 IP 和游戏。”

说得很对。

任天堂不担心迟到，而是担心第三方游戏持续落后。作为一家毫无游戏基础的硬件公司，PS 成功主要依靠第三方游戏支持，任天堂自然很清楚这一点。

友好开发者系统

从 FC 开始，任天堂第三方游戏以肉眼可见的速度在减少。这和任天堂的权利金制度和优质第一方游戏，如《马里奥》《塞尔达传说》《宝可梦》《星之卡比》等 IP 霸榜脱不开干系。费用高，游戏贵，卖不过第一方游戏，使得第三方游戏公司对于在任天堂游戏机上开发游戏兴趣并不高。任天堂还因此获得过一个外号——三坟机，第三方游戏的坟墓之游戏机。

在这个前提下，索尼拉拢第三方游戏公司从来都是事半功倍。

任天堂决心通过 Dolphin 上扭转局势，彻底转变第三方游戏公司的固有看法。N64 是任天堂从 2D 到 3D 的首次尝试，第三方游戏觉得困难理所当然，可 Dolphin 完全不同。

宫本茂认为，对于已经在 N64 上开发游戏的程序员来说，Dolphin 会比 N64 易用很多，游戏开发人员可以将精力投入游戏设计，而不是跟硬件较劲。

宫本茂说："当从一个平台过渡到另一个平台时，技术是不同的。就新技术而言，一切都很困难。话虽如此，为任天堂新平台制作游戏应该有一些优势，因为 Nintendo 64 上市时，它已经是下一世代游戏机。也就是说，N64 在从超级 NES 升级时候就已经实现了完整的 3D 技术。因此，那些已经为 N64 开发过游戏的开发者，已经处于能够为 Dolphin 开发好游戏的阶段。对于 N64，我们必须非常有经验才能全面了解能够在游戏机上运行的内容。而 Dolphin 是如此强大，以至于我们不必花太多精力来制作一些特殊效果和复杂的动作。换句话说，我们可以优先考虑实现自己的游戏创意，而不是试图让特效发挥作用。"

任天堂为开发者提供许多工具来辅助开发游戏，号称是任天堂最为友好的开发者系统，工具包如下：

Dolphin SDK：官方 API 和有用的库集。

C 和 C++ 编译器。

调试器和测试器：与官方开发工具包一起使用。

Cygnus：现在称为 Cygwin，用于在 Windows 上复制 UNIX 环境。

CodeWarrior：IDE，集成开发环境（Integrated Development Environment）。

各种辅助工具，如 MusyX、纹理编辑器、显示列表导出器、USB 编程器等。

大量的文档，提供 PDF 和 HTML 格式。

除了软件之外，任天堂还在游戏机公开发布前提供不同的硬件开发套件。最值得一提的是 Dolphin 开发硬件 DDH，它由一个类似个人电脑的塔组成。其中包含 Dolphin 的 I/O 和许多开发辅助硬件，用来做调试站，游戏可以在 Windows PC 上开发。下图为 GameCube 专用开发硬件 NPDP-GDEV，在 GameCube 的早期阶段被发送给少数公司，上面还有一个海豚标志。

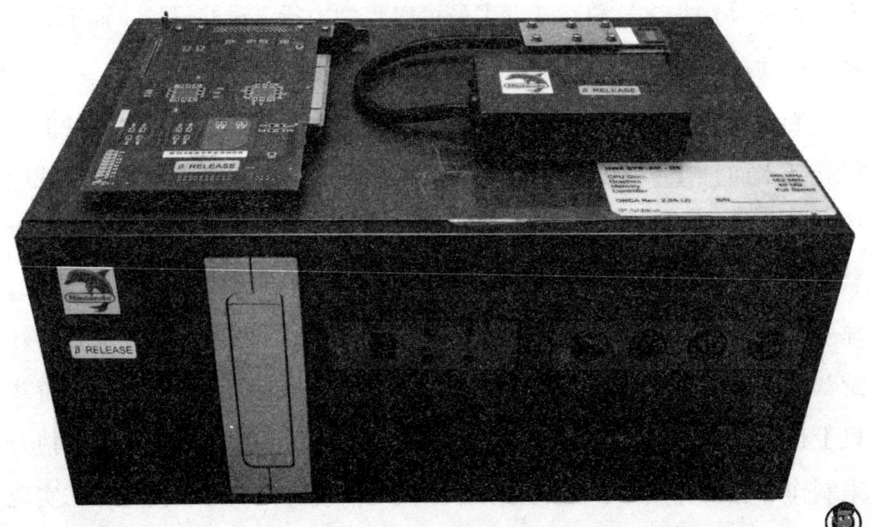

竹田玄洋负责任天堂和 ArtX 双方工程师的协作，他并不认为项目应该由任天堂主导，而应由任天堂、IBM 和 ArtX 共同协作，从而找到硬件的最佳平衡。ArtX 详细记录开发人员对 PS 开发中的不满意和开发的问题，而且详细分析已经发布的 PS2 规格和参数，分析其中的缺陷。

从这个角度看，Dolphin 可谓是诚意满满。

对比连操作系统都没有的索尼 PS2，有针对性设计的 Dolphin 在开发者友好方面，要强不少。实际上，PS2 上开发游戏的难度要超过 N64，因为 EE 处理器的设计十分超前。

Dolphin 上运行一个名为“Dolphin OS”的操作系统。它非常迷你，仅负责初始化硬件和提供一些系统调用和全局变量使用。完成启动后，操作系统会加载一个名为“Main Menu”的小程序，该程序负责显示 GameCube 徽标小动画，并在插入游戏时加载游戏。在没有游戏的情况下，它将提供一个简单的立方体形菜单用来调整时间等参数。

外观设计和全新控制器

Dolphin 的外观设计由任天堂本部设计师芦田健一郎和他的团队完成。宫本茂表示，要创建一个看起来就十分酷炫的终极游戏系统的游戏机外观，而不是放在桌子上不动的硬件。

简单地说，就是要抢眼，显眼，亮瞎眼。

芦田健一郎设计出许多预选方案，甚至包括一套形似 UFO 的设计方案。最后他们选择以立方体为设计要素——简单美观。芦田健一郎说：“GameCube 的设计非常奇特，与我们习惯看到的游戏机不同。我们首先想到的是电子游戏本身的发展，GameCube 缩小尺寸让您可以轻松地将它从一个房间带到另一个房间。每个家庭里至少有两台电视机，把 GameCube 从客厅带到卧室很容易。我们追求简单和实用——GameCube 想要成为一个适合所有家庭的游戏机，从年轻人到老年人。”

颜色方面，任天堂研究后发现黑色在美国更受欢迎，而日本喜欢靛蓝和橙色。GameCube 发售时，有黑色版本和靛蓝版本。后面为吸引更多用户，还发布过橙色版本。

游戏机最后发售的正式名称，宫本茂倾向于使用“Dolphin”，被董事会否决。TendoBox 网站曾在美国商标数据库中调查，发现任天堂注册过 3 次“StarCube”。StarCube 标志和 Nintendo 64 标志，惊人相似。瑞典任天堂官方网站发布过有关“StarCube”的信息，但美国和日本任天堂均未确认。

最后，在任天堂日本和任天堂美国讨论下，任天堂第六世代游戏机的正式名称为——GameCube。下图为 GameCube 和手柄。

N64 手柄控制器的模拟摇杆为任天堂 3D 游戏立下汗马功劳，不过有些用户投诉其尺寸太大。宫本茂说：“说 N64 手柄控制器太大的都是日本用户，美国用户说尺寸刚好合适。”

N64 上，游戏围绕模拟摇杆和手柄控制器设计。GameCube 上，是否仍有同样的开发路径呢？同样。岩田聪说过：“任天堂对创造和重新设计手柄控制器十分痴迷，这也是任天堂手柄控制器获得赞誉的原因。”

宫本茂仍然在 GameCube 手柄上投入超量时间和精力，超过之前所有任天堂游戏机。NES，第一个使用十字方向键的 D-Pad；SNES，第一个支持肩部按钮；N64，第一个使用模拟摇杆。宫本茂要如何才能超越之前的设计呢？

宫本茂说：“GameCube 控制器是我设计时间最长的一款。就控制器设计而言，我认为这是自最初设计以来的第四或第五个版本。我们这个控制器的目标用户不是很具体，很笼统，即使是没有接触过手柄控制器的初学者也可以使用它。您的祖母可以使用它，手小的孩子也可以使用它。自从我第一次开始设计这个控制器以来已经三年左右了。三年时间里，GameCube 控制器不断发生变化，每个月都在添加和删除想法。”

岩田聪说：“坦率地说，我对这个控制器所做的更改次数感到非常惊讶。如果你愿意的话，我认为它确实包含了很多任天堂的 DNA。我认为任天堂比其他任何公司，都更加重视和使用控制器。”

宫本茂第一个想法是重新发明已成为行业标准的 A、B、X、Y 按钮的传统布局。宫本茂说：“我不想显得自大，当时我设计 Super NES 手柄控制器，是第一个将四个按钮放在手柄右侧的。世嘉、索尼甚至微软现在都遵循了这个想法。我不想说他们是从我们那里抄来的，但很明显四个按钮已经成为标准。现在我决定放弃这个形状。我发明了它，我有能力放弃它。”

GameCube 控制器将更加强调一个“主”按钮，被较小按钮包围的绿色大按钮。每个按钮的大小、形状和位置将帮助玩家识别每个按钮在控制器布局中的重要性级别。

宫本茂露出王者微笑，接着说：“我想专注于立即识别游戏手柄上的主按钮。在 SNES 中是‘A’按钮，在 GameCube 中是绿色按钮。触感令人愉悦，玩家立即意识到哪个按钮是最重要的，他之间的主要控制以及允许他互动的东西，例如与马里奥。我们不得不对控制器的许多方面进行微调，但基本布局和设计并没有改变。真正的区别在于按钮的大小和位置。我们想要完美的设计，我认为我们几乎实现了这一目标。未来，也许我们不再需要 D-Pad 了。”

正式发布的版本中，十字方向键被笨拙地放置在 GameCube 控制器上。很明显，任天堂在放置它的位置上没有设计，仅仅是为保留一种精神。

一种坚持不懈改进游戏控制方式的精神。

体感运动控制器

GameCube 发布多年后，一次采访中，记者问宫本茂：“这么多年游戏从业经历中，有什么游戏特别让他心碎。”宫本茂说：“有。不是游戏，而是 GameCube 控制器。我为它灌注全部心力，但它真没有给任何人留下深刻印象。”

记者追问说：“那它没有给我们任何留下任何可追忆的东西吗？”

宫本茂说：“GameCube 控制器是我们的作品，如果没有控制器，人们将无法玩我们制作的游戏。后来我们意识到这是一个问题，我们是以那个控制器为前提来思考的。”

宫本茂并非一无所获，GameCube 手柄是 Wii 体感控制器的热身。全球第一款体感游戏机 Wii，是任天堂在不久后御三家游戏机大战中的大杀器。

世嘉美国的开发副总裁格雷格·托马斯（Greg Thomas）接受采访时说："Dolphin 对 Dreamcast 的威胁将超过索尼 PS2 和微软 Xbox，因为其支持一种神秘的 sensory controller。"托马斯还说："我不在乎 Xbox 能输出多少多边形，关键在于谁能提供下一个出色的游戏体验。我对 Xbox 或者 PlayStation 2 并不紧张，因为我们认为世嘉可以做出更好的游戏。让我担心的是 Dolphin 的感官控制器，因为它表明有人在考虑不同的事情。"

托马斯的判断既准确又不准确，索尼 PS2 和微软 Xbox 对 Dreamcast 的威胁是毁灭性的。而任天堂的"sensory controller"，暂时不足为虑。

另一家透露任天堂的全新控制器的人是 Factor 5 的首席执行官朱利安·埃格布雷希特（Julian Eggebrecht）。Factor 5 是 GameCube 首批第三方公司，也是首发游戏《星战侠盗中队Ⅱ：侠盗领袖》（Star Wars Rogue Squadron Ⅱ: Rogue Leader）的制作公司。Factor 5 收到的早期原型机中，具备运动控制功能。埃格布雷希特说："长期以来，我们一直认为游戏机风格——尤其是在飞行方面——是关于运动控制的。所以我们有点期待它，我总是把它放在脑海里。"

市面上有许多错误解读，以为任天堂开发 Wii 是因为 GameCube 的失败。实际上，2001 年 9 月 24 日，在 GameCube 上市后 10 天，任天堂就从 Gyration 公司手中获得两项美国专利，内容为处理跟踪人体运动，并将其转化为计算机图形图像运动。Gyration 公司制作的控制器原型叫 Gyropod，主打运动感觉控制。Gyropod 控制器使用陀螺仪传感器的数据实现体感控制，可以单手使用。下图为 Gyropod 的效果图，工业设计十分漂亮，和未来的 Wii 控制器区别不大。

2003 年，任天堂提交新专利，演示使用 GBA 和 GameCube 控制器来倾斜游戏画面和角色。该专利称，在这项技术中，当手持游戏设备或游戏控制器倾斜时，生成游戏图像，其中诸如玩家角色等对象在倾斜方向上移动。

2005 年，另外一项控制器专利，《一种用于执行运动游戏的游戏系统》提交。其中玩家角色和对手角色在虚拟游戏空间中对击中的对象进行操作，包括：移动控制器，被配置为在虚拟游戏空间中移动玩家角色，由玩家操作；移动量检测器，用于在每个预定时间间隔检测玩家角色在每预定单位时间的移动量；加法器，用于将玩家角色在每预定单位时间的移动量相加以进行累加；以及被配置为控制玩家角色运动的运动控制器，以便为玩家提供指挥玩家角色执行第一类击球动作的选项，并禁止玩家指挥玩家角色执行不同于第一类的第二类击球动作；加法器的加法结果不超过预定值，从而为玩家在提供加法结果时，指挥玩家角色进行第一类击球动作或第二类击球动作的选择。

这项专利描述太多，看不懂不要紧，看图。看到击球，就知道这是为《Wii Sports》游戏准备的。

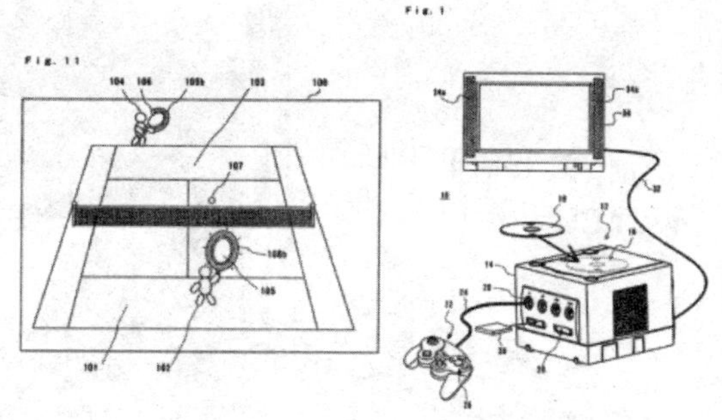

体感运动控制器，没来得及在 GameCube 上发布。它还需要好几年的沉淀，才能一朝成名天下知。

第七十三章 任天堂：GameCube 首亏

微软收购任天堂

1999 年，微软开始研发 Xbox。微软对硬件极度自信，唯一顾虑的问题是——没有足够多游戏支持 Xbox。内部会议中，有人提出个天才般的想法：我们没有游戏，任天堂游戏可多，不如收购任天堂算了。

时任微软 CEO 的鲍尔默认为这点子简直是“大聪明”，他安排微软硬件部门分副总裁瑞克·汤普森（Rick Thompson）落实此事。

汤普森行事谨慎，他给任天堂美国副总裁写去一封邮件，转交给任天堂硬件负责人竹田玄洋和社长山内溥。汤普森在信中说：“理解竹田先生对合作关系的担忧，微软可以让 Dolphin 成为最棒的游戏机。”

下图为微软为庆祝 Xbox 20 周年而创建的数字博物馆中展示的该邮件内容，关键内容被一些绿字覆盖。底部有“2000 年春季”字样，信上的日期是 1999 年 10 月 20 日。

微软并非说说而已，而是开出 250 亿美元的高额报价。

山内溥大女婿，任天堂美国董事长荒川实说：“很惊讶，我们不需要钱，我认为这是个玩笑。”

荒川实将微软提案带到日本讨论，结果是，引发长达 1 小时的笑声。和任天堂不同，盖茨对任天堂十分有兴趣，他说：“如果山内溥来电，会直接转接给我。”

山内溥对此事有过多次点评，他说：“每个人都同意比尔·盖茨是一位伟大的商人，但他只是一个普通人。有一件事他一无所知，那就是游戏。如果你对相扑一无所知，你就不能指望与横纲较量……我希望他们在一年后就能看到这件事的后果。”

“这个行业有很多人真的不了解游戏。尤其是美国的一家大公司，认为自己可以用大笔资金把游戏公司包起来，完成任天堂所做的事情。我们认为事情不会那么容易，他们将在明年推出游戏机，他们的实际表现和结果将在明年年初为大家所知。”

“微软只追求性能，不明白游戏是玩的。任天堂最终是一个游戏机玩具，与微软产品完全不同。这就像试图比较相扑选手和职业摔跤手一样，他们按照完全不同的规则进行比赛。我们不认为微软是我们的竞争对手。”

岩田聪对微软财大气粗的搞法也十分不满，批评微软只懂营销，不懂游戏。游戏公司都明白，如果产品不受欢迎，营销没任何作用。

这是游戏公司营销的第一原理。

岩田聪说：“真正让我看到微软没有游戏行业经验的是，他们一开始就宣布了 5 亿美元的营销金额。所以这就是他们要去做的事情，这是一个很大的数字，当然这很好，因为它让他们上了新闻。但我们的理念是，我们不会宣扬营销费用。相反，我们查看产品，查看娱乐内容、要包装的内容以及想要的内容。然后，考虑将其传达给消费者的最佳方式。这就是游戏娱乐的意义所在，这也是我们不采用这些策略的原因。如果你想出人们不想要的产品，不管你花多少钱，他们仍然不会想要它。”

微软不信这套，干就完了。

任天堂的困局

1999年，《PC Data》杂志做过一次市场研究，统计来自1500名互联网用户的意见。结果显示，每3名受访者就有1名计划购买下一代游戏机。PS2是受访者最想要的游戏机，获得63%的选票。世嘉Dreamcast获得22.4%的选票，任天堂Dolphin得票仅17.2%。

2000年7月，《Famitsu Weekly》杂志在日本对读者进行调查，询问其是否会购买任天堂Dolphin。结果仍然十分不理想：超过25%的受访者会等着看系统的效果再做出决定，34.3%的日本游戏玩家表示他们不知道他们是否会购买Dolphin，只有5.1%的受访者表示他们会在Dolphin在日本发布的第一天购买。

不仅如此，第三方游戏公司对开发Dolphin游戏也毫无兴趣，大部分游戏公司都在制作PS2游戏。一位游戏开发者嘲弄Dolphin说："我们将在五年后为Dolphin开发，届时任天堂最终会发布一些关于它的信息。"另一位开发者说："任天堂正在犯同样的老错误，它没有给我们任何去了解Dolphin的动力。"

原因呢？

到2000年6月，仍然只有一家美国游戏公司拿到过GameCube开发工具。在2000年12月的《Next Gen Magazine》杂志上，今西博史还嘴硬说："任天堂不会和第三方公司接洽为GameCube制作游戏，一旦GameCube开始销售，第三方自然会找上门来。"今西博史说："任天堂的立场是，我们将用自己的游戏来销售我们的硬件。如果许多消费者购买GameCube，那么第三方公司就会对为GameCube制作游戏感兴趣，这是任天堂业务的总体思路。所以我们实际上并没有接洽第三方，并要求他们为任天堂制作游戏。已经有很多开发商发来希望为GameCube制作游戏的请求，所以可能在9月，我们将开始解释这项技术并向他们提供开发工具包。再说一次，这是他们的决定。如果他们想制作

GameCube软件，那很好，但我们永远不会求他们为GameCube制作游戏。”

很硬。很好。

山内溥的信念是，任天堂不相信第三方游戏公司可以形成竞争优势。唯有第一方游戏，第一方游戏才是胜利的根本。

美国游戏发行公司Acclaim曾是任天堂N64的开发“梦之队”成员之一，和任天堂曾经是铁杆基友。2003年，Acclaim放弃在GameCube开发游戏。零售商的机器卖不好，游戏也卖不动。放弃任天堂出现人传人的现象，游戏发行商一个接一个取消GameCube游戏开发。

最终，GameCube游戏列表中仅有653款游戏，不及PS2的10828款游戏的零头。

2001年9月11日，震惊全世界的“9·11”事件发生。

2001年9月14日，GameCube正式发售。

由于“9·11”事件，任天堂股价下跌12%。分析师说：“袭击引发抛售，投资者担心‘9·11’会降低消费者对游戏圣诞购物的兴趣。”山内溥不这样认为，他觉得恐怖袭击会对游戏产业有帮助。因为GameCube在11月全球发售后，已经售出450万台。

时年，索尼PS2、任天堂GameCube和微软Xbox，御三家主要成员已全数登场。

GameCube发售之初，销售十分迅速。不过销售速度很快下降，并迅速被PS2和Xbox赶上。任天堂GameCube终生销售数量为2200万台，低于Xbox的2400万台，远低于PS2的1.55亿台。

N64失去的市场份额，GameCube并没有抢回来。到2003年6月，GameCube市场份额为13%，Xbox为14%，PS2为60%。

全新管理层

虽然山内溥很希望看到GameCube的成功，可它并没有带来奇迹，2002年1月，为扫清接班障碍，山内溥让女婿荒川实从任天堂美国辞职。

同年 5 月，山内溥正式退休。

5 月 31 日，岩田聪成为任天堂的新社长。

山内溥对媒体说："岩田先生被选中的原因，在于他对任天堂硬件和软件的了解和理解。一位高管，无论他取得了多么巨大的成功，如果他并不深入了解我们的产品，都不算合适。在我们的行业中，有些人相信他们会因为在其他企业或财富中的成功而成功，这并不能保证成功。回顾这些人进入游戏世界以来的经历，很明显，他们的失败远多于成功。据说索尼是游戏世界的当前赢家。但是，在考虑他们的'胜利'时，您应该记住他们的成功只是最近的发展。尽管索尼被广泛认为是市场上最强大的，但他们的命运可能会改变。明天，他们可能会失去这种力量，因为命运的逆转是游戏业务的一部分。我根据这个标准选择了岩田聪。从长远来看，我不知道岩田先生是否会保持任天堂的地位或带领公司取得更大的成功。至少，我相信他是这份工作的最佳人选。"

掌声。

山内溥看人很准。

岩田聪并不是孤身一人，任天堂的管理团队调整如下：

君岛达己：美国任天堂董事兼总裁。

森喜朗：高级常务董事兼企业分析和行政部门总经理。

波多野信治：高级常务董事兼许可部门总经理。

竹田玄洋：高级常务董事兼综合研发部总经理。

宫本茂：高级常务董事兼娱乐分析与开发部总经理。

松本真春：董事总经理兼财务和信息系统部门总经理。

今西博史：辞去企业传播部门的职务，成为企业顾问。

Rare 和亏损

就算全部第三方游戏公司都不支持任天堂，Rare 还是会坚定地站在任天堂身后。

Rare 董事长兼首席技术官克里斯·斯坦普谈到 Gekko 处理器时说：“设计游戏是一个不断变化的过程，而这款芯片凭借其速度和无缝数据流，将使我们能够制作出更加精彩的游戏，消费者会喜欢即将推出的最终游戏机。”

宫本茂对 Rare 的评价也很高：“我们非常感谢 Rare 创造了如此出色的游戏。Rare 为游戏行业做了很多工作。Rare 所有游戏都是 3D 的，但它们都有非常不同的游戏玩法。他们鼓励我们创造一种不同于 3D 冒险游戏的新游戏类型。”

Rare 为任天堂 GameCube 开发过至少七个项目，堪称中坚力量。

不幸的是，动视和微软同时看上 Rare，希望砸钱买下 Rare。

任天堂虽然拥有 Rare 一半的股份，并且有优先购买其另外 50% 股权的优先选择权。可在微软近乎野蛮的报价下，任天堂无力跟其竞争。2002 年 9 月 24 日，微软向任天堂支付 3.75 亿美元，买下任天堂手中 50% 的 Rare 股权。从此以后，Rare 成为微软的第一方游戏公司。

任天堂和 Rare 多年的合作堪称完美，最后被微软收购也不算很坏的结果。毕竟，微软可以给 Rare 工作室提供更好的财务稳定性，虽说这种稳定性往往会扼杀创造力。

2003 年，英国零售连锁商 Dixons 宣布下架 GameCube、配件和游戏。另一家英国零售商 Argos 将 GameCube 价格降至 78.99 英镑大促销，比任天堂统一零售价便宜 50 英镑。如果销量还没有改善，Dixons 将会完全放弃 GameCube。

同年，日本发生严重通货紧缩，股市跌至 20 年内新低，房地产价格下跌 80%。日本国内失业率不断上升，消费者信心指数连续 4 年下降。岩田聪说：“日本人正在等待游戏机降价，对于今天的日本家庭来说，花费超过 20,000 日元是一笔不小的开支。”

到 8 月，任天堂全年利润对比上年下降 38%，给新上任的岩田聪社长极大的压力。不过他仍然十分乐观：“这就是我喜欢的，我们需要感受到危机感，才能发挥出我们最好的一面。”

GameCube是任天堂首次亏损的游戏机，每台亏损2350日元。2002年4月，美国有线电视新闻网报道，任天堂每卖出一台GameCube，约莫亏损20美元。而微软每卖出一个Xbox，会亏损100美元。

卖出1台Xbox，就要亏5台GameCube。微软Xbox是摆烂，还是另有所图？

看看微软是怎么进入这个“大逃杀”游戏的。

第七十四章　微软：战术核武器 directX

微软游戏路

1953 年 1 月 1 日，布鲁斯·阿特维克（Bruce Artwick）在美国伊利诺伊州库克县诺里奇出生。他先就读于 Triton 初级学院，1973 年转学到伊利诺伊州立大学厄巴纳 - 香槟分校学习计算机工程。阿特维克对航空飞行器技术十分感兴趣，因此转到电气工程专业。1975 年，阿特维克顺利获得电气工程学士学位，留在大学 DCL 实验室（Digital Computer Lab）担任技术员，并和图形小组一起设计图形终端。1976 年，阿特维克获电气工程硕士学位，硕士学位论文为《一种通用计算机生成的动态飞行显示》（A versatile computer generated dynamic flight display），阐述在计算机屏幕上展示模拟飞行的方法。阿特维克使用摩托罗拉 6800 处理器作为技术基础，用来处理飞行模拟所需要的图形和计算。

1977 年 10 月，阿特维克成立 Sublogic Corporation，Sublogic 是阿特维克在伊利诺伊大学 DCL 为 PDP-11 构建的逻辑电路的名字。1979 年，Sublogic 在 Apple Ⅱ上开发出第一个基于 6502 处理器的飞行模拟器程序《FS1 模拟飞行》（FS1 Flight Simulator）。下图为《FS1 模拟飞行》在 Apple Ⅱ上的游戏画面。

1982 年，微软邀请 Sublogic 制作 Microsoft 版本的模拟飞行游戏，名为《微软模拟飞行》（Microsoft Flight Simulator）。《微软模拟飞行 1.0》并不是单纯的应用程序，而是包含独立操作系统。只要程序运行，《微软模拟飞行 1.0》就会用自己的操作系统替代原本的操作系统。在 IBM

PC早期，《微软模拟飞行1.0》被用于各种兼容性测试。1988年发布的《微软模拟飞行3.0》，开始支持3D图形显示。

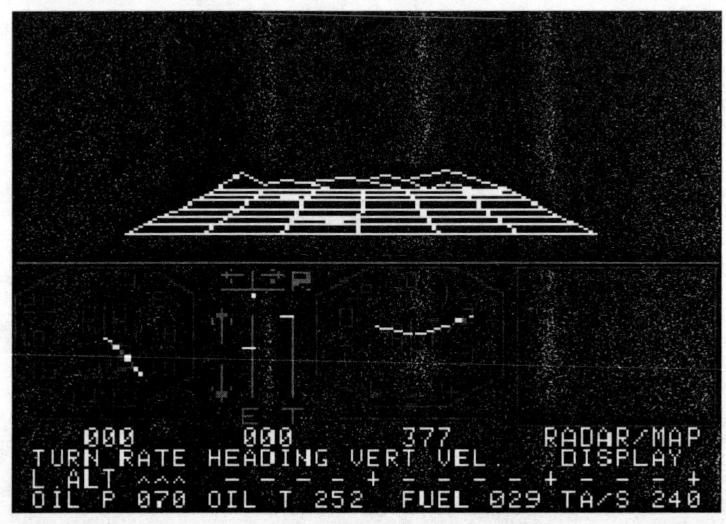

《微软模拟飞行》系列游戏是微软发行的最成功游戏。到1999年6月，该系列已售出2100万份，荣获最畅销飞行模拟器系列吉尼斯世界纪录。《微软模拟飞行》系列游戏共获过7项吉尼斯纪录：时间最长的飞行模拟系列、最成功的模拟飞行系列、最昂贵的家庭模拟飞行驾驶舱等。下图为澳大利亚货运土豪马修·希尔（Matthew Sheil）建造的模拟飞行驾驶舱，建造成本约为20万美元，几乎可以以假乱真。

游戏对操作系统的推广效果显而易见。

1997 年 10 月 15 日，微软发行由 Ensemble Studios 制作的游戏《帝国时代》（Age of Empires），一款历史背景的即时战略游戏。《帝国时代》发布时，被吹捧为“《文明》和《魔兽争霸》的合体”。虽说有点言过其实，不过它确实是全球范围内可以跻身于《星际争霸》《魔兽世界》《红色警戒》之列的游戏。

到 2000 年，《帝国时代》销量达到 300 万份。

2001 年，微软收购 Ensemble Studios，Ensemble 成为微软的第一方游戏公司。

DirectX

微软并不像山内溥所说的，完全不懂电子游戏。微软不懂的，是游戏机。

可在微软眼里，游戏机也没什么不好懂的，不就是个专用电脑嘛！咱也不是没做过。软件行业从业者，天生就有硬件行业没有的优越感。没办法，谁让微软有钱呢？

1994 年底，微软计划发布最重要的新一代操作系统——Windows 95。Windows 95 合并微软独立的 MS-DOS 和 Microsoft Windows 产品，并在其基础上大量改进，尤其体现在图形用户界面方面（GUI）和简化的“即插即用”功能上。操作系统的核心组件也做出重大调整，从 16 位非抢占式多任务架构转变为 32 位抢占式多任务架构。

亚历克斯·约翰（Alex John）负责微软与游戏开发商对接，他询问将 MS-DOS 游戏移植到 Win95 的可能性有多大，得到的答复都是否定的。游戏在同一家公司的操作系统上移植，也有这么困难吗？

是的。

DOS 允许应用程序直接访问显卡、键盘、鼠标、声卡以及其他系统硬件设施。而 Windows 95 出于保护系统的目的，限制对硬件的直接访问，取而代之的是一套更加规范标准的访问方法。要移植游戏，必须接受全新的硬件访问方式，其难度不亚于开发一款全新的游戏。

1994 年，游戏开发者大会（Game Developers Conference，GDC）上，微软宣布将发布一种新型应用程序接口——WinG，能为 Windows 3.x 操作环境提供更好的图形性能，还可以帮助游戏开发者更轻松地将 DOS 游戏移植到 Microsoft Windows。

WinG 在 1994 年 9 月 21 日正式发布。使用 WinG 应用程序接口的游戏和软件很多，如《Adobe Photoshop 3.0》《魔法门之英雄无敌Ⅱ》《席德梅尔的文明Ⅱ》《迪士尼动画故事书：狮子王》等。

最坑人的是《狮子王》游戏，它通过 WinG 移植到康柏电脑后，频繁崩溃和蓝屏。出版方迪士尼的电话热线，很快就淹没在父母的愤怒中。美国的父母劝说孩子们不要因为电脑蓝屏死机痛哭，日本的父母劝说孩子们不要因为SNES上《马里奥》游戏难度太大而痛哭，交相辉映。（SNES 上《马里奥》游戏曾经因为设计得过难，受到批评）

游戏可以带来欢乐，也可以带来痛苦。

没办法，亚历克斯·约翰在微软内部招募到两位工程师，克雷格·艾斯勒（Craig Eisler）和埃里克·恩斯特罗姆（Eric Engstrom），共同研究解决 WinG 问题的方案，项目被命名为——曼哈顿计划（Manhattan Project）。众所周知，曼哈顿计划最重要的成果就是制造出人类首枚核武器。而品尝到核武器滋味的国家，只有日本。

约翰他们还生怕日本人看不懂何为曼哈顿计划，将项目标识设计为下图中的辐射危险标志。

注意，这不是搞针对，这是美利坚民族的荣誉感。不过，WinG的问题，为何日本躺枪呢？

微软管理层要求团队更名，被约翰拒绝。叛逆三人团队很快在微软闯出名头。微软办公产品高级副总裁布拉德·西尔弗伯格（Brad Silverberg）将三人组叫作“野兽男孩”（Beastie Boys）。

十分贴切。

在ATI等厂商支持下，几个月后，野兽男孩就开发出一个游戏开发工具包（Software development kit，软件开发工具包，SDK）。该SDK中包含多个全新API：DirectDraw，支持图形渲染的硬件加速；DirectSound，允许多个音频流以及其他增强的音频功能；以及DirectPlay，处理在线通信等一系列Direct组件。

1995年9月，DirectX第一个版本作为Windows Games SDK发布。

DirectX团队联系id Software LLC（一家位于德克萨斯州理查森的美国游戏开发公司）创始人约翰·卡马克（John Carmack），希望可以将id的主力游戏《DOOM》和《DOOM Ⅱ》的DOS版移植到Windows 95。这次移植是纯义务劳动，id拥有移植后游戏的全部版权。《毁灭战士》（DOOM）是id成名之作，最早的第一人称射击游戏。

卡马克想了半天，发现微软应该不至于坑自己，他将《毁灭战士》源代码交给DirectX。

DirectX负责游戏移植的是微软员工加布·纽维尔（Gabe Newell），此人可以画个圈圈，后面会重点考。很快，通过DirectX的API，纽维尔将《毁灭战士》移植到Win95上，游戏运行质量远超DOS版本：支持640×480分辨率，支持24个音频通道，且可以通过图形界面简化多人游戏方式。

《毁灭战士》成为Windows 95最为重要的游戏软件，也是微软宣传Win95的明星作品。为宣传Win95在游戏方面的优势，比尔·盖茨不惜亲自下场。1995年10月，在微软开发者大会上，微软演示盖茨被插入到《毁灭战士》的动态画面。游戏里，盖茨穿着绝地武士黑袍，手握猎枪，干掉一只游戏里的怪兽。

1996年8月20日，《毁灭战士95》正式发布，是第一款DirectX游戏。

DirectX 迭代

迭代（iteration），是重复反馈过程的活动，其目的通常是接近并达到所需的目标或结果。每一次对过程的重复被称为一次“迭代”，而每一次迭代得到的结果会被用来作为下一次迭代的初始值。

在软件开发中，迭代式开发是非常重要的开发方式，对比传统瀑布式开发方式具备更高的成功率和效率。传统瀑布式开发使用的发布方式往往是大规模的生产结果，以年为单位，迭代式开发往往用周或月为发布时间单位。

DirectX从发布后，就开始马不停蹄地迭代。虽说加布·纽维尔顺利完成《DOOM95》的移植，可到约翰·卡马克干同样的活时，发现问题重重。1996年，卡马克说Direct3D“严重损坏”。所以id Software宁愿使用OpenGL API开发，也没用DirectX的API。

这说明，纽维尔的开发水平大概率强过卡马克。

1996年，DirectX 2.0随Windows 95中期版本OSR2和Windows NT 4.0一起发布。Win95此时用户并不多，游戏也很少，微软不得不对DirectX加大电击力度。1996年游戏开发者大会上，亚历克斯·约翰举办一场精心策划的Party。这场Party上，微软搞来一头真正的狮子出场，大吸眼球。

野兽男孩小队的名字，从此坐实。

微软接着推出DirectX 2.0的接续版本，DirectX 3.0和Direct Play。

DirectX团队面临的问题十分艰巨，优化包括兼容各种硬件和软件测试。数以百计的显卡、主板、CPU、声卡、输入设备、游戏和多媒体应用都要测试。DirectX因此构建一整套测试工具，让硬件厂商可以将其驱动程序和DirectX兼容。

微软在Windows NT上加入和DirectX同样用途的OpenGL，技术上，OpenGL比DirectX领先不少。OpenGL同样支持游戏和多媒体，兼容性更强。对比 IE 浏览器将网景浏览器赶尽杀绝，DirectX 要友好许多：DirectX 团队支持 OpenGL，如果开发人员使用 OpenGL 的 API，DirectX 的 API 则可以作为 OpenGL 功能的补充，如 OpenGL 不包含声音支持。

一派和谐。

2002 年，微软发布 DirectX 9。到今天，DirectX 已经是 Windows 最重要的组件，它由多个 API 组成：

Direct3D（D3D）：实时 3D 渲染 API。

DXGI: 枚举适配器并监视和管理 Direct3D 10 及更高版本的交换链。

Direct2D: 2D 图形 API。

DirectWrite: 文本渲染 API。

DirectCompute：图形处理单元通用计算的 API。

DirectX 诊断（DxDiag）：用于诊断和生成与 DirectX 相关的组件（如音频、视频和输入驱动程序）的报告的工具。

XACT3: 高级音频 API。

XAudio2：低级音频 API。

DirectX 光线追踪（DXR）：实时光线追踪 API。

DirectStorage：面向 GPU 的文件 I/O API。

DirectML：GPU 加速的机器学习和人工智能 API。

OpenGL 加上一组图形芯片和处理器就是游戏机，DirectX 也是如此。前文提到，1993 年 11 月 23 日发布的雅达利捷豹，是美国公司最后一款发布的家用游戏机。之后，美国市场彻底沦为日本游戏机厂商群雄的逐鹿之地。

1998 年，一群来自 DirectX 团队的工程师决心让美国公司再次站上游戏机之巅。

美利坚永不为奴！

第七十五章　微软：来自索尼的挑衅

2000年互联网泡沫

2000年1月3日，纳斯达克收盘，微软市值突破6000亿美元。

1月10日，美国在线宣布和时代华纳合并。

1月30日，在亚特兰大佐治亚圆顶体育场举行的第34届超级碗的广告，被炒到220万美元/秒。其中61个广告位有12个广告位被互联网公司买走。

3月10日星期五，纳斯达克综合指数达到5132点。

3月13日，日本经济数据公布。再次陷入衰退的消息，引发全球抛售科技股。同时，美联储主席艾伦·格林斯潘宣布加息。不久后，雅虎和eBay结束合并谈判，纳斯达克指数开始暴跌。

3月20日，《巴伦周刊》刊登封面文章称：互联网公司现金即将耗尽。接下来，微软垄断案法律结论出炉：微软违反谢尔曼反托拉斯法。微软股价当天下跌15%，纳斯达克指数下跌8%。

4月14日星期五，纳斯达克综合指数再次下跌9%，当周共下跌25%，是真正的“黑色星期五”。

11月9日，亚马逊大肆宣传的公司Pets.com，IPO后9个月直接倒闭。

2001年1月，仅剩3家互联网公司在超级碗上购买广告。接下来是2001年10月的安然丑闻、2002年6月的世通丑闻和2002年7月阿德菲亚通信公司丑闻。

美国投资者深深地感觉到身为韭菜的艰辛，还有天理吗？2002年10月9日，纳斯达克指数跌至1108点，对比峰值下跌78%。

史称 Dot-com bubble，又叫 2000 年互联网泡沫。

微软也损失惨重，不过瘦死的骆驼比马大。市值数千亿美元的微软，规模已是“大而不倒”。

2001 年 1 月，微软任命史蒂夫·鲍尔默（Steve Ballmer）为公司新 CEO。鲍尔默是微软的第 24 号员工，也是盖茨雇用的第一位职业经理人。他风格十分鲜明，带着浓烈的宝洁风格，是互联网行业难得的奇葩。

举一例子，2005 年，在马克·卢科夫斯基（Mark Lucovsky，著名软件工程师，曾服务于微软、谷歌、VMware 和 Facebook）要离开微软去谷歌时。鲍尔默将办公室的椅子丢开，对埃里克·施密特（Eric Schmidt，时任谷歌 CEO）隔空破口大骂。骂声不堪入耳，要“放翻谷歌”。

鲍尔默在任期间，错过微软移动化的全部商业机会。不管是智能手机还是平板电脑，都没微软什么事。2016 年第四季度，微软在移动操作系统市场占有率仅有 0.3%，2012 年推出的微软 Surface 平板电脑同样销量惨淡，连苹果 Ipad 的边都摸不到。他任期发布的微软操作系统 Windows Vista 和 Windows 8，是评价最差的版本。2013 年 8 月，鲍尔默说自己将在 1 年内退休，微软股价应声上涨 8%，喜大普奔。

微软的电子游戏机，就是鲍尔默任期的故事。

来自索尼的挑衅

索尼 PS2 发布前，公布出许多 EE 处理器的技术细节。久多良木健对 EE 的吹嘘已经达到令人肉麻的程度，动不动就是领先对手“1000 倍以上”，为头号索吹。媒体最爱这种嘴巴不把门的企业领导，诸如《PS2 即将重新定义电脑世界》（PlayStation 2 is going to redefine the computer world）《索尼情感引擎：PS2 是否会替代你的电脑？》（The Sony Emotion Engine: Will PlayStation2 replace your PC？）等报道开始在各类媒体发酵。

1999 年 3 月 2 日，索尼官方宣布第六世代游戏机 PlayStation 2 的研发计划，称其使命是“充当所有家庭的网络工具”。索尼提出愿景称：

PS2 将取代家庭电脑。

盖茨不认为索尼只是嘴炮，微软对任何影响其在操作系统垄断地位的行为都十分警惕。实际上，在手机出现前，游戏机一直是出货量最大的电子消费产品。2001 年，全球个人电脑出货量仅 1.28 亿台（含台式电脑、笔记本和工作站）。电子游戏机（家用游戏机和掌机）数量，跟电脑出货量旗鼓相当。在电子游戏史上，电脑游戏市场份额超过游戏机市场游戏份额的时间屈指可数，不过 2007—2009 寥寥数年。

微软多次试图进入游戏机操作系统市场，比如 Dreamcast 就支持 Windows CE。不过系统要预装在游戏光盘中，意义不大。Dreamcast 也从没在市场上形成过优势地位。

微软找过索尼，希望能在 PS2 上预装 Windows 操作系统，被出井伸之拒绝。PS2 追求极致性能，自然不希望在机器里塞入 Windows 臃肿的身躯。索尼曾自主研发过 Linux 操作系统，可以将 PS2 转为一台 Linux 电脑。

微软在游戏机上的最近一次努力是提议收购任天堂，收获的是“长达 1 小时的嘲笑”。

盖茨大怒，敬酒不吃吃罚酒，敢不把世界首富当回事。

Xbox 立项

乔纳森 · 布莱克利（Jonathan Blackley），1968 年生于美国，1986 年进入塔夫茨大学学习电气工程，后转学物理。1990 年大学毕业后，他进入费米国家加速器实验室学习高能物理，到 1993 年超导超级对撞机项目取消才滚蛋。

离开费米实验室的布莱克利开始在 Blue Sky Productions（Look Glass Studios 前身，一家位于马萨诸塞州剑桥市的美国游戏开发商）工作。除开发《Ultima Underworld》和《System Shock》外，布莱克利还参与制作一款和《微软模拟飞行》竞争的游戏——《无限飞行》（Flight Unlimited），一款飞行特技模拟游戏。布莱克利不仅是一位高能物理学家，还是一名拥有丰富经验的飞行员。他为《无限飞行》编写出一套实时算法，可以模拟流体动力学和复杂的物理系统。

1995 年，完成《无限飞行》制作后，布莱克利计划使用该游戏的流体动力学模型代码创建一个名为《Flight Combat》的飞行战斗模拟器。Look Glass Studios 的一位管理层打乱他的计划，他要求布莱克利设计《无限飞行》的续集，和《微软模拟飞行》直接竞争。

布莱克利不接受安排，1995 年被解雇。

之后，他去梦工厂参与制作电影《侏罗纪公园》的授权游戏——《Trespasser》。项目预算大幅缩减后，游戏质量不佳，失败。《Trespasser》发布会上，布莱克利见到微软 CEO 盖茨。1999 年 2 月，布莱克利正式加入微软，在 DirectX 项目组工作。

索尼推出 PS2 后，微软内部开始讨论其对个人电脑的挑战，布莱克利也不例外。大家有点焦虑，却没有卓有成效的对策。

微软向来以员工福利好著称，可以报销西雅图回家的机票，布莱克利会定期飞到波士顿女朋友家中跟她共度良宵。一次在波士顿回西雅图的飞机上，布莱克利产生许多击败索尼的想法。他思考着："微软真想搞定索尼，只需要定义一个标准。对，它是一个硬件标准。嗯，不，它可能是一个真正的设备。我们可以让它成为一个真正的游戏机，我们会做得更好。我们可以使用 PC 上的所有工具，这些工具比 PS 上的工具好很多。我们可以使用所有的工具和方法，PC 的架构和 GPU 都要先进很多。天哪，我们可以打败索尼。"

听起来很像 3DO 的老套路，这里可以看出电子游戏史的重要性。

当布莱克利在西雅图降落时，想法只有一个——我们需要制作一台游戏机。

盖茨认为，可以。

1998 年，微软 DirectX 团队的四位工程师，凯文·巴克斯（Kevin Bachus）、乔纳森·布莱克利（Jonathan Blackley）、泰德·哈斯（Ted Hase）和团队负责人奥托·伯克（Otto Berke）开始讨论使用 DirectX 技术设计一台电子游戏机的可能性。Windows 软件架构师纳特·布朗（Nat Brown）和哈斯碰面后，也开始参与项目设计。

DirectX 项目组将新游戏机项目代号定为——中途岛（Midway）。读过二战史的人都知道，中途岛之战是发生在日本偷袭珍珠港后，最重要的太平洋海战。在中途岛之战中，美国击垮日本海军，对日本舰队造成毁灭性打击，被称为“海战史上最令人震惊和决定性的打击”。DirectX 项目组先是“曼哈顿计划”，又是“中途岛”，都代表微软对索尼等日企深厚的感情。

1999 年 3 月 30 日，DirectX 召开第一次正式会议，讨论如何使用电脑实现游戏机各项机能。他们计划使用 DirectX 在 Windows 2000 上运行，让电脑游戏的开发人员可以轻松过渡到游戏机平台。布莱克利认为，以电脑技术作为游戏机的基础技术，将消除游戏机游戏开发的技术障碍。

通用技术，才是真正的王道。

话是这样说，微软游戏机设计方案并非一帆风顺。从电脑到游戏机，并不是简单地将电脑限制为只能运行游戏的设备就可以。

1997 年 4 月，微软收购 Artemis Research 公司（产品为 WebTV）。该公司使用瘦客户端（Thin Client，指的是在客户端－服务器网络体系中的一个基本无须应用程序的计算亚终端，它通过一些协议和服务器通信），利用电视机进行显示和开展在线业务。2001 年 7 月，Web TV 更名为 MSN TV，并入 MSN（The Microsoft Network）。Web TV 团队中有不少原 3DO 的员工，有丰富的在电子游戏机上的失败经验。

DirectX 项目组开始游戏机研究后，微软副总裁克雷格·蒙迪（Craig Mundie）希望该项目可以由 Web TV 团队实施，技术路线为——从头开始设计，运行 Windows CE。DirectX 的技术路线为——使用电脑硬件架构来制造游戏机，制造成本低，组件化快，支持自由迭代。

微软游戏部门的负责人埃德·弗瑞斯（Ed Fries），站在 DirectX 团队一边。

1999 年 5 月 5 日，一场 20 多人的微软内部会议召开，盖茨担任裁判。Web TV 组认为电子游戏机的售价一般不能超过 300 美元，所以应该使用定制芯片降低成本，重新开发。弗瑞斯只用一句话就打败了 Web TV 项目组："我们的方案，实际上是一台伪装成游戏机的 PC。"

在盖茨质疑电脑游戏移植到游戏机的困难时，布莱克利站出来说，该机器将使用 DirectX 进行开发，移植毫无问题。对比 Windows CE 被严重阉割的特性，盖茨支持 DirectX 方案。

老大拍板后，DirectX 团队开始设计游戏机原型。他们购买几台戴尔计算机进行拆解，将其部件作为微软新游戏机的组件。初步设想仍然很 3DO：微软负责硬件设计，找第三方电脑制造商合作批量生产。

对比世嘉和任天堂等老牌游戏机公司的工作过程，微软游戏机开发进展要戏剧化许多。

第七十六章　微软：有钱不是万能的

侮辱世界首富

游戏机项目开始在微软内部频繁讨论。

1999 年 7 月，在纳特·布朗的建议下，瑞克·汤普森（Rick Thompson）成为新游戏机项目领导。很快，曾经负责 Microsoft Office 营销的顶级销售经理罗伯特·巴赫（Robert Bach）也加入团队。

DirectX 团队很快发现，制作一台伪装成游戏机的 PC 这个想法，十分不靠谱。游戏机可以采取吉列模式进行营销，当索尼公司宣布降低 PS 售价时，大众对它的预期是销量上升。游戏机安装量越大，游戏卖得越多。

而这套逻辑对电脑行不通，3DO 已经品尝过失败的苦果。

果不其然，吃过亏的 EA 说："如果微软这样做，EA 不会参与。" EA 十分清楚，如果不能控制硬件业务，做游戏机无疑痴人说梦。

随着对行业了解深入，DirectX 团队开始有人将新游戏机项目叫——棺材盒子（Coffin Box）。大家对它极不看好，微软亲自做硬件？可能性极小。可不做硬件，成功的概率设计零，前面倒下来的可不止 3DO 一家。没其他选择，微软如果要进入游戏机市场，就不得不自主设计硬件，还要为 Xbox 开发专用软件。

带着最新结论，汤普森和巴赫去找盖茨汇报项目进展。两人最后悔的事是忘记带一条擦口水的毛巾，因为盖茨的口水，全部喷到他们脸上。

盖茨原以为的方案是：PC 架构加 Windows 操作系统，支持 DirectX。项目组的方案和他的预期差异极大，他对做硬件毫无兴趣。不然公司就不会叫微软，应该叫"微软 & 微硬"。

汇报结束，盖茨对他俩说的最后一句话是："滚出我的办公室，两个浑蛋。"

2000 年 2 月 14 日，情人节。

DirectX 项目组成员齐聚一堂，召开例行会议。例行会议不打算商量重要决策，因为每个人都有在情人节和女朋友或老婆共度良宵的日程。盖茨迟到约 15 分钟，他依旧满腔怒火，他一点都不想在一个没有 Windows 操作系统的游戏机上做任何投资。

盖茨刚坐下，就用拳头对着桌子一顿敲打，狂喷 DirectX 游戏机项目。各种话轮番输出，最轻的一句话是："你们要搞垮 Windows。"

他把打印出来的 PowerPoint 幻灯片扔在桌上，说道："这是对一切的侮辱，侮辱我在这个公司取得的成就。"

面对震怒的盖茨，埃德·弗瑞斯怔怔地一声不吭，在场的人都呆若木鸡。大家都看着罗伯特·巴赫，他和盖茨关系很好，敢于面对老板。巴赫开始跟盖茨讲解一些项目要点，鲍尔默则在翻阅幻灯片。当翻到商业数字时，鲍尔默让盖茨停下来大喊大叫，换成他来大喊大叫一会儿：游戏机项目会给微软带来多少亏损。

鲍尔默是新鲜出炉的微软 CEO，上任仅 1 月有余。

会议开到 7 点，大家被老板连续骂了几个小时，情人节日程全部泡汤。

巴赫对鲍尔默说："我们都无法说服对方，既然你们这么在意，那项目就停止吧。"

一位一直保持沉默的副总裁说："好吧，索尼在客厅里放了台 PlayStation 2。他们称它为电脑。我们该怎么办？"

整个房间安静下来，盖茨说："索尼呢？"他看向鲍尔默。

鲍尔默像复读机一样说："索尼呢？"

盖茨安静下来说："我认为应该就这样做。"

鲍尔默继续复读："我认为应该就这样做。"

稍作休息，两人说："我们批准这个计划，你们要 5 亿美元的营销费用也可以，干吧。"

比起长时间的口水和谩骂，决策只花了5分钟。

索尼，你等着。

侮辱盖茨的不是DirectX，是索尼，是任天堂，是史克威尔，是那些压着美国人的日本公司。

Xbox 电脑硬件架构

俗话说得好，有钱好办事，大力出奇迹。

微软新游戏机的名字有过许多选择，如Windows Entertainment Project、Microsoft Total Gaming、Microsoft Interactive Network Device、Microsoft Interactive Center。还有一个备选名称——DirectX Box，是项目起源。泰德·哈斯开玩笑地说，应该叫它“XXX-Box”或“Direct XXX-Box”，英语环境里，XXX暗示成人内容。微软内部邮件中，DirectX Box被缩写为“Xbox”，开发团队都十分喜欢这个名字。确实，DirectX才是新游戏机的核心。

微软的营销部门更喜欢“11-X”和“Eleven-X”，具体原因未知，估摸着是暗指7-11？

在消费者测试中，Xbox的支持率最高，它成为产品的正式名称。

从硬件上看，Xbox和一台电脑没有区别。它的处理器是基于32位Intel PentiumIII Coppermine的定制处理器，频率高达733MHz，是当时最先进的中央处理器，主频是PS2的2倍有余。PentiumIII使用180纳米制程工艺，直连GPU。GPU由英伟达和微软共同开发，是基于Geforce 3的NV2A图形处理器，主频233MHz，理论支持2900万个多边形/秒。音频处理器是英伟达MCPX，支持杜比数字编码。

Xbox还配备一块64MB的DDR内存和8G硬盘，集成10/100BASE-TX以太网卡和ICSICS1893AF物理层收发器。如果不仔细说明，大家都会以为这是一台电脑。Xbox也是第一款配备内置硬盘的游戏机，用来游戏存档和网络下载游戏。下图为Xbox主板。

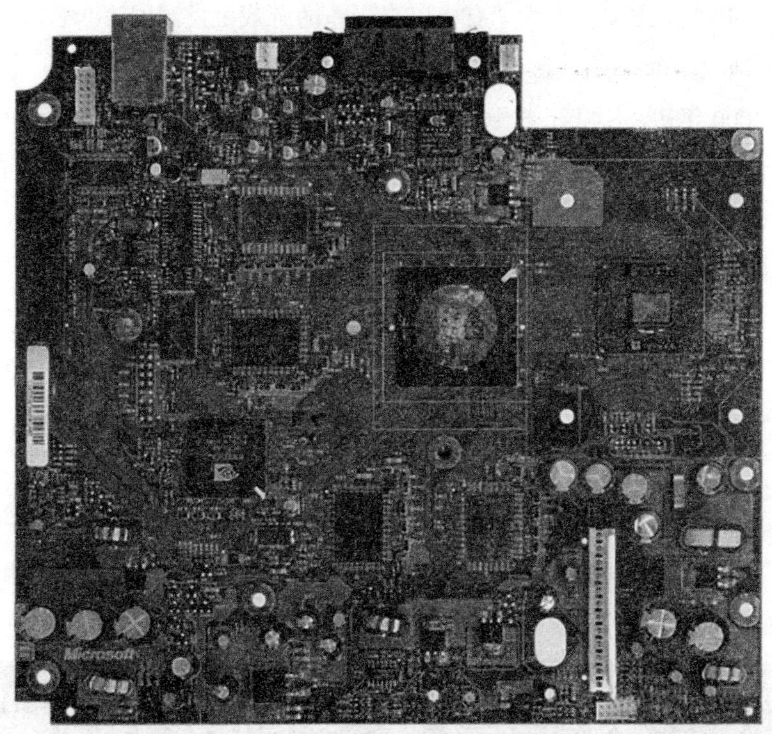

由于大量使用电脑硬件，Xbox 体积像一个营养过剩的婴儿。配上 DVD- ROM 驱动器和硬盘驱动器，最终的 Xbox 的形象可以用四个字形容：傻、大、黑、粗。

对游戏机最重要的配件——手柄控制器，微软的思路也十分清晰，买一个。

对比宫本茂在手柄控制器上的精益求精，微软的态度极不端正。山内溥看不上微软，是行家看土豪的鄙视。在手柄电路板设计完成后，微软找到索尼的手柄供应商三美电机，让其照抄一个，被三美拒绝。

好吧，接下来讲讲微软手柄的故事。

Xbox 手柄控制器

Xbox 手柄控制器，2008 年荣获最大手柄控制器吉尼斯世界纪录。

后又被 IGN 杂志编辑评为“有史以来最差的游戏机控制器第 2 名”。有史以来最差的游戏机控制器桂冠落入谁家呢？雅达利捷豹。

2000 年初，毕业于罗德岛设计学院，从事人体工学和工业设计的女性设计师丹尼斯·乔达瑞（Denise Chaudhari）在 Xbox 团队盛情邀请下加入。她是 Xbox 团队首位女性员工，对游戏机手柄为何物一无所知。她能加入团队的主要原因是——不会先入为主地认为游戏手柄是什么。

简单地说，就是啥都不会。

乔达瑞进入时，PCB 厂商已经根据设计初稿制作出 Xbox 手柄的电路板。她的工作是根据已有电路板，来设计手柄外壳，属于本末倒置的“高效”工作方法。

对于工业设计师来说，做外观设计倒没什么难度。乔达瑞使用一种名为 RenShape 的木质材料雕刻控制器模型，工作进展十分顺利。下图为 Xbox 手柄的设计图。

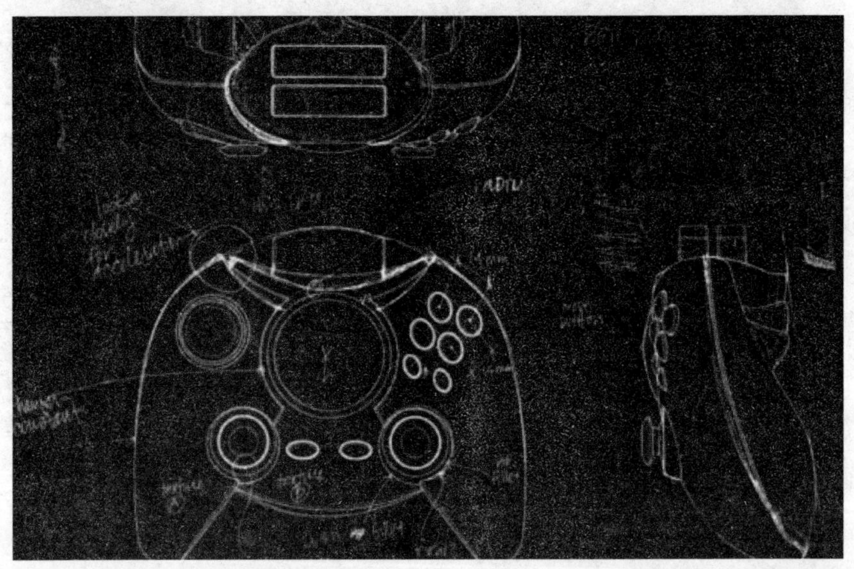

Xbox 手柄的电路板供应商设计能力有限，无法做到三美电机的双层 PCB 结构，电路板体积是 PS2 上 DualShock2 手柄 2 倍有余。乔达瑞想的是，体积大无法解决，手持舒适度可以改善。她用尽一切工业设计方法，缩小手柄尺寸，追求毫米级的进步。

布莱克利每天都会去检查乔达瑞的工作进展，可尺寸问题始终没得到很好的解决。

索尼的 DualShock2 为何小呢？是因为它采取电缆连接两块折叠电路板，一下将面积缩减 50%。元器件级别的差异，无法通过工业设计解决。最后，Xbox 手柄比 DualShock2 大了近 3 倍，被称为“肥仔”（Fatty），和 Xbox 主机一样，它看起来也是营养过剩，肥仔有个很好听的官方名字“公爵”（Duke）。

肥仔公爵，公爵里的肥仔。

和索尼喜欢吹嘘硬件参数不同，微软最爱吹嘘懂玩家需求。如 Xbox 手柄就配有一根 9 英尺长的线，而 DualShock2 连接线只有 6.5 英尺。布莱克利并不认为 Duke 的设计很失败，他说：“如果你让游戏玩家设计一个游戏手柄，它会内置烟火装置和机关枪。”

糟糕的手柄设计并没有阻挡微软对电子游戏机的热情。微软营销部门拿着 Duke 手柄在美国大肆进行消费者调查，得到的结论是——大家都喜欢大的游戏手柄。布莱克利说：“事实上，你可以在消费者测试中证明你想要的任何结果。”

人间清醒布莱克利。

许多商业公司，到今天都不明白这个道理。

Xbox 发布后，乔达瑞被微软清退。她一直以设计过 Xbox 初代手柄感到自豪，并不认为是简历污点。她说：“这可能是我职业生涯中最大的亮点，很多时候，我设计公司的客户都很喜欢我在 Xbox 的工作内容。”

布莱克利对乔达瑞也是赞不绝口：“考虑到它有曼哈顿岛那么大，她做了一件了不起的工作，让人们如此喜爱这个东西。”

微软初次做游戏机，不用过于苛求。

比起美国消费者的“交口称赞”，微软日本获得的调查结果截然相反。乔达瑞带着设计团队去日本本地测试，出发前，微软日本公司说：“除非手柄重新设计和修改，否则不可能有日本开发者为 Xbox 制作游戏的。”他们还表示，我们别无选择，必须如实告知你们日本开发者的态度。

微软日本所说的，都是实话。

日本消费者测试由微软日本公司的员工翻译，这位翻译同样不喜欢Duke。乔达瑞很想获得一些用户反馈的具体内容，如按钮的距离、操作的键程、手柄的人体工程舒适度等。被测试人员长达几分钟的讲述，被翻译浓缩为两句话："他不喜欢。它太大了。"

结束。

乔达瑞和日本游戏开发者的互动，对消费者测试也毫无改善。Duke设计图公布后，游戏开发者都被"吓到了"。2001年，人类的工业设计水平已经十分高超，为何还会出现如此的傻大个？日本人对消费电子产品的认知都是精巧细致，微软巨大的游戏机和手柄，有可能会伤害到游戏开发商的声誉。

布莱克利回忆，确实有许多日本游戏开发商反对Duke。

反对无效。2001年11月15日，Duke随Xbox主机一起在北美发售，下图是史上第二差手柄Duke。

第七十七章　微软：菜鸟的高昂代价

Xbox 游戏准备

光有游戏机，没游戏也不行。游戏和硬件不同，硬件可以委托厂商设计和制造，游戏只能靠买买买。

世嘉社长大川功多次拜访盖茨，希望 Xbox 可以兼容 Dreamcast 游戏。大川功有意用世嘉在家用游戏机上的积累和微软合作，看能不能最后拉世嘉一把。双方的分歧在于互联网游戏部分，世嘉坚持 Dreamcast 游戏要接入互联网，微软不同意兼容世嘉 Net 服务。

谈判破裂。

2003 年，世嘉美国 CEO 彼得 · 摩尔（Peter Moore）加入微软。

1999 年最受欢迎的电脑游戏是《帝国时代》《半条命》《星际争霸》，而 1999 年最受欢迎的游戏机游戏是《宝可梦》《Snap》《GT 赛车》《最终幻想 8》，电脑游戏和游戏机游戏泾渭分明，一个竞技，一个休闲。当时的市场数据显示，游戏机玩家约有 2900 万，而电脑游戏玩家只有 1100 万，有 700 万玩家同时玩两种游戏。用户重叠的部分，主要是电脑游戏玩家。

微软了解，玩家从不会忠于性能卓越的硬件，只会忠于体验卓越的游戏。

微软发出收购要约的不止任天堂和史克威尔，EA 和 Midway 也是他们的收购目标，不过都没成功。可微软并非一无所获，Bethesda Game Studios（贝塞斯达游戏工作室，《上古卷轴》系列和《辐射 3》等游戏开发商）和 Tecmo 都坚信 Xbox 将超越 PS2，他们将两款游戏确定为 Xbox

独占游戏。分别是《上古卷轴 3：晨风》（The Elder Scrolls3: Morrowind）和《死或生 3》（Dead or Alive 3）。

1999 年，微软完成对 FASA Interactive、Access Software、Ensemble Studios 等工作室的一系列收购。收购完成后，FASA Interactive 更名为“FASA Studio”，Access Software 更名为“Salt Lake Games Studio”。

2000 年 3 月，微软将内部游戏开发部门从集团独立出来成立新部门“Microsoft Games”，专门为电脑和 Xbox 制作和发行游戏，新部门由罗伯特·巴赫和埃德·弗瑞斯担任副总裁。

2000 年 6 月，Microsoft Games 收购 Bungie，当时它正在开发电脑游戏《光环：战斗进化》（Halo：Combat Evolved）。Bungie 被收购后，将《战斗进化》列为 Xbox 的首发游戏。

2001 年，Microsoft Games 更名为 Microsoft Games Studios。

2002 年 9 月，Microsoft Games Studios 收购任天堂第二方游戏公司 Rare。

2003 年，微软发现 EA Sports 为 Xbox 游戏机开发的体育游戏质量比自己的子公司研发的更好，于是将 Salt Lake Games Studio 卖给 Take-Two Interactive。

一顿买买买，微软拥有的游戏工作室数量，已经不亚于任何老牌游戏机厂商。

Xbox 首发和游戏阵营

掐指一算，Xbox 作为一款游戏机已万事俱备：硬件是最好的，游戏工作室一大堆，开发工具是现成的。那么，还差最后一项要素——游戏机的操作系统。这是微软的老本行，自然是手到擒来。

下图是 Xbox 操作系统的主界面，XBOX LIVE 是 2002 年 11 月发布的新功能，初始发布时只有：MEMORY、MUSIC、SETTINGS 和 SELECT

四个选项。Xbox 的绿色 UI 和科幻画面，给玩家十分强烈的冲击。玩家如果长时间不操作 Xbox 的话，会听到一阵让人毛骨悚然的声音——那是阿波罗计划中的录音，美国人的骄傲。

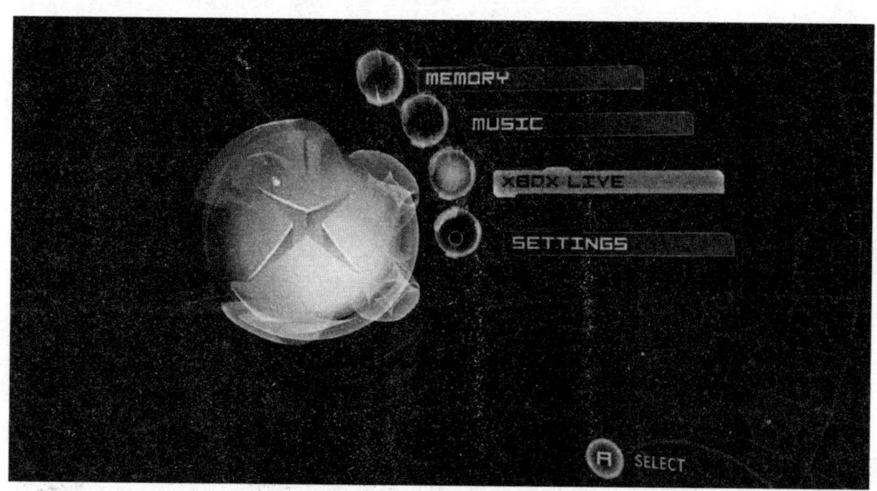

2001 年 1 月 3 日，微软在拉斯维加斯 CES 上向公众展示 Xbox 实机。为强调 Xbox 的庞大机身不是虚胖，微软营销部门邀请道恩·强森（Dwayne Johnson，著名演员，世界职业摔角手，绰号巨石）和盖茨同台献技。

2001 年 5 月，微软在 E3 上公布 Xbox 的发售时间和售价，Xbox 大部分游戏也在 E3 上亮相。

2001 年 11 月 15 日，微软第六世代游戏机 Xbox 正式在美国发布，售价 299 美元。首发游戏中最出名的有 3 款，《光环：战斗进化》（Halo: Combat Evolved）、《哥谭赛车计划》（Project Gotham Racing）和《死或生 3》（Dead or Alive 3）。

微软眼光非常不错，这 3 款游戏都将是 Xbox 上的知名游戏。

微软是美国高科技行业的明星企业，也是美国企业能再次称霸电子游戏机市场的希望。对于这颗希望之星，美国消费者热情似火，极力追捧 Xbox。游戏机发布后，前 3 周销量就超过 100 万台，2001 年 12 月 31 日达到 150 万台。Xbox 的游戏 / 游戏机销售比，也达到惊人的——3 ∶ 1，每台 Xbox 售出会带来 3 款游戏销售。Xbox 上，必备的游戏就是《光环：

战斗进化》。

《光环：战斗进化》是位于美国华盛顿州贝尔维尤的 Bungie 游戏公司的作品。该公司由亚历山大·塞罗皮安（Alexander Seropian）1991 年 5 月创建。公司成立后，前期只开发苹果 Macintosh 游戏，制作过两款知名游戏系列，科幻背景的第一人称射击游戏《马拉松》（Marathon）和即时战略游戏《神话》（Myth）。

1999 年，Bungie 宣布全新产品系列，第三人称射击游戏《光环：战斗进化》，将在 Windows 和 Macintosh 同步上线。第三人称射击游戏是一种射击游戏类型，第一人称射击游戏在游戏屏幕上只显示玩家视野，第三人称射击游戏可以看到玩家的全部动作。1999 年，Macworld Expo 的主题演讲中，时任苹果临时 CEO 的乔布斯为《Halo》产品揭幕。

计划比不过变化，2000 年 6 月 19 日，正在纪念九周年的 Bungie 宣布：公司已被微软收购。《Halo》也从第三人称射击游戏，改为 Xbox 独占的第一人称射击游戏。它的游戏背景设定在 26 世纪，玩家扮演一名名为“士官长”的超级战士。玩家要完成 Halo（游戏中的人造世界）的故事主线，并和各种外星生物作战。

《Halo》是微软最成功的独占游戏，《Next Generation》杂志对 Xbox 版《Halo》评测后给出满分评价：如果你认为没有购买 Xbox 的理由，《Halo》会改变你的想法。

《光环：战斗进化》最后的销量为 420 万份。

Controller S 和 Xbox Live

大概是太多日本用户反馈 Xbox 手柄过大，2002 年，微软在日本发布一款专用手柄——Controller S，一个更小更轻的版本。Controller S 在 2003 年成为 Xbox 的标配手柄，Duke 成为选配件。下图为盖茨为 Controller S 做的日语广告，手持汉堡包，代表小体型中的巨大能量。盖茨频频出境，倒是帮微软节约了不少广告代言费。

改善，就是进步。

Xbox 生态构建上，微软策略很简单：谈得成就合作，谈不成就买。2002 年 9 月，微软完成 Rare 的收购。Xbox Live 发布没多久，已经有近 50 款游戏陆续上线 Xbox 并支持 Xbox Live。

Xbox Live 是微软创造的，运营在线游戏和数字分发的业务，也是微软拒绝世嘉 Net 的关键原因。2002 年 11 月 15 日，Xbox Live 正式在 Xbox 上线。Xbox 中的硬盘和标准以太网卡架构，是 Xbox Live 的性能基础，也是对比 PS2 的优势。Xbox Live 的王牌游戏，是由 Epic Games 和 Digital Extremes 共同开发的第一人称竞技场射击游戏——《虚幻冠军赛》（Unreal Championship）。利用网络功能，Xbox Live 实现朋友列表、游戏 ID、使用耳机的标准化语音通信等一系列网络游戏对战功能。

跟着 Xbox Live 一起发布的游戏还有《MotoGP》《MechAssault》《Tom Clancy’s Ghost Recon》。随后是《Tom Clancy’s Splinter Cell》和《Star Wars: Knights of the Old Republic》。《Tom Clancy’s》是育碧（Ubisoft）的当家射击游戏之一，《Star Wars》则是卢卡斯影业游戏（Lucas Film Games）公司的王牌游戏 IP。

为 Xbox Live 打出赫赫威名的游戏是《机甲先锋》（MechAssault），由 Day 1 Studios 开发。《机甲先锋》最重要的贡献是创建所有在线游戏的标准服务，包括查找比赛、创建比赛和开始比赛等设定。玩家可以创建多种比赛，邀请朋友参与比赛。它获得的赞誉和《光环》类似，《GameSpot》杂志评论说：如果你打算用 Xbox Live 入门套件购买一款游戏，《机甲先锋》就是你要买的一款。

财大气粗的微软，这下颇有点得道多助的意思。

Take-Two 互动修改和索尼的合作协议，将《侠盗猎车手 3》和续集在 Xbox 上发布。许多开发商在选择推出 PS2 游戏时，会一并发布 Xbox 游戏版本，而不再分先后顺序，厚此薄彼。

2004 年 7 月，Xbox Live 在线用户达 100 万。

2004 年 11 月 9 日，Xbox 上最重要的游戏也是收入最多的游戏《光环 2》（Halo 2）上线。它是继《机甲先锋》和《彩虹六号 3》后，又一款杀手级游戏。《光环 2》推出后，气吞长虹。首作的良好口碑，Xbox Live 的网络联机玩法，精心制作的内容和科幻背景，《光环 2》共售出 846 万份，为 Xbox 史上最佳游戏。

不仅如此，《光环 2》还被视为是美国电子游戏全面超过美国电影的标志。美国电子游戏终于找一个可以被识别的超级巨星——士官长。什么马里奥，什么索尼克，都要靠边站。美国游戏界将多人游戏的诞生和美国电子竞技行业的普及，都归功于《光环 2》。

同年，微软和 EA 开始合作。EA 将热门游戏移植到 Xbox，从此成为微软最重要的合作伙伴之一。

2005 年 7 月，Xbox Live 在线用户数量达 200 万。

同年，微软收购的第一方游戏公司 Rare 发布游戏——《Conker: Live & Reloaded》。Rare 继续研发动作冒险游戏《Kameo: Elements of Power》和第一人称射击游戏《Perfect Dark Zero》。在发布前，微软通知 Rare，这两款游戏将用于 Xbox 的下一代机型——Xbox 360。

Xbox 上最后一款作品是 2008 年 8 月 12 日 EA 出品的体育游戏——《Madden NFL 2009》。

成功的高昂代价

到 2004 年，Xbox 全球售出 1550 万台，其中北美 1010 万台，欧洲 390 万台，亚太地区 150 万台。Xbox 在美国的市场占有率，从零提升到 33%。每台 Xbox 制造成本约 425 美元，售价 299 美元。按按计算器，会发现每卖出一台 Xbox，微软净亏损高达 126 美元。微软并非对此一无所知，按照 5000 万台销售目标估算，微软在 Xbox 上最终亏损会高达 60 亿美元。

跟微软比起来，世嘉亏损的那点钱真不算什么。

2002 年 4 月，微软将 Xbox 的零售价降到 199 美元，和 PS2 展开直接竞争。价格战立竿见影。2004 年 4 月，Xbox 美国销量超过 PS2。2005 年，微软决定停产 Xbox，转到全新一代的游戏机 Xbox 360，Xbox 的生命周期提前结束。

Xbox 终生销量为 2400 万台，低于微软预测的 5000 万台，不如 PS2 的 1.55 亿台。不过它仍然超过了同时期的任天堂 GameCube 和世嘉 Dreamcast。微软在 Xbox 上亏损达 40 亿美元，是之前游戏公司们难以想象的天文数字。

人傻、钱多、速来。

微软认为 40 亿亏损换来的结果是积极的，2400 万台的销量，排名第 2 的成绩，说明微软有资格在游戏机市场撑起一片天空。任天堂和世嘉虽然拥有 30 多年电子游戏机的研发和市场经验，也没有打败微软。

当然，下次不要亏这么多最好了。

电子游戏机行业，就是充满风险的行业。让人痛苦的同时，也会兴奋、沉醉。

盖茨说过：“我最喜欢微软的一个部分，也是我今天仍然喜欢做的事情，是去探索其他人认为似乎不可能的、大的、新的想法，我们围绕它建立了整个公司。Xbox 也是一个很好的例子：所有人都知道游戏产业是巨大的，他们相信微软可以发挥作用，即使这意味着开始全新的挑战。”

喷过的口水，迟早会干。

微软 Xbox 在日本市场乏善可陈，总销量 474,992 台。原因很多：游戏机外形粗糙、手柄巨大、游戏少、售价高。

没关系，微软还会卷土重来。电子游戏机市场，从没有永远的王者。

第七十八章　育碧：从农庄到城堡的全球育碧

从农庄到城堡

布列塔尼是法国的一个大区，它位于法国西北部的布列塔尼半岛、英吉利海峡和比斯开湾之间，首府在雷恩。布列塔尼居民来源复杂，一部分是原始高卢人的后裔，另外一部分则是来自大不列颠岛西南部的威尔士和康沃尔人后裔。在历史漫长的岁月中，他们融合成现代布列塔尼人。法语中，大不列颠（Grande Bretagne）就是大布列塔尼。英语中的“布列塔尼”（Brittany）一词的意思就是“小不列颠”，由此可见此地人民和不列颠岛之间的渊源。

1499 年，布列塔尼女公爵安娜嫁给法国国王路易十二，此后布列塔尼失去自治权。1532 年，布列塔尼公国正式成为法国的一部分，布列塔尼大区。

布列塔尼大区伊勒－维莱讷省的一个市镇上，一个叫吉尔莫特（Guillemot）的家族有五个儿子，分别是：克里斯蒂安（Christian）、克劳德（Claude）、热拉尔（G é rard）、迈克尔（Michel）和伊维斯（Yves）。五兄弟在一个小村庄长大，跟父母经营一家农业公司。每年，兄弟们都要参与农场的收成、送货和会计各个工种。生意利润很低，而且十分辛苦。吉尔莫特兄弟盘算着，能不能开展一些赚钱的新生意。

大学毕业后，克劳德在农场附近开了家商店，向农民出售电脑和 CD，还兼营化肥和农机零件。电脑卖得不错，他顺带在店里卖起电子游戏。当时店里有 20 台电脑库存，100 份游戏的库存，小具规模。

克劳德有次去英国出差，在伦敦电子市场闲逛，发现英国市场电脑零售价只有他法国供应商的一半。他没有跑回去痛骂供应商，而是敏锐地洞察到其中的商机。当时英国的主流电脑是 Amstrad，类似美国的 Commodore。克劳德做起新生意，将英国和美国的软硬件进口到法国转售。

1984 年，吉尔莫特家兄弟创建 Guillemot Informatique，主营邮购电脑软硬件。他们的母亲说："做生意没问题，但有一个条件，'一起做，平等分享'"。在这位智慧母亲的指导下，五兄弟像麻绳一样拧在一起。

随着公司发展，克劳德发现法国有很大的电脑保有量，可电子游戏供给量却严重不足，特别是没什么美国游戏。凭借强大的商业谈判能力，克劳德说服 EA、Sierra、Lucas 等游戏公司，允许 Guillemot Informatique 为其在法国发行游戏。

1985 年，他们成立 Guillemot 公司，经营跟 Informatique 类似的电脑硬件分销业务。1986 年，Guillemot 营业收入已达到 4000 万法郎，约合 580 万美元。1980 年代，电脑的消费者主要是年轻人，他们都喜欢在电脑上玩游戏，所以电子游戏业务增速最快，利润也最高。

吉尔莫特兄弟对此十分羡慕，讨论后得出一个结论："好吧，我们必须看看如何制作这些游戏，因为我们知道如何销售它们。我们喜欢玩游戏，我们知道什么是消费者最喜欢的，所以我们应该组织人员来制作游戏。"

1986 年 3 月 28 日，在软硬件销售业务上挖到第一桶金的吉尔莫特兄弟，决定进军电子游戏开发业，为此，他们成立 Ubi Soft（正式名称是 Ubi SoftEntertainment S.A.）。Ubi 单词的来源，据说是吉尔莫特家族崇拜的最高神 Uban 和英文单词 ubiquitous（英文普遍存在的；无所不在的）的合体。下图为育碧公司从成立到今天的标识。

UBI SOFT
Entertainment Software

1986 - 1989　　1989 - 1993

1993 - 1994　　1994 - 2003

UBISOFT®　　UBISOFT

2003 - 2017　　2017 - NOW

Uban是一个早已灭绝的部落——Izila的最高神，是Izila部落的上帝。传言称，吉尔莫特家族起源就是Izila部落的祭祀，Ubi的名字是为向祖先的神明致敬。Ubi曾经花费大量精力在《孤岛惊魂》中，还原Izila部落的历史。

以上内容，纯属调侃。

Ubi成立后，开始招募游戏开发工程师。他们没有将团队放在巴黎的办公室，而是躲在布列塔尼的一座城堡中开始秘密研发。游戏开发团队由热拉尔、迈克尔带领，成员是一群热爱编程的年轻人，十分业余。下图为育碧游戏最早的城堡基地。

安塞尔

1986 年，育碧开始发行自研游戏和软件，如《Zombi》《Ciné Clap》《Fer et Flamme》《Masque》《Graphic City》。《Zombi》是他们第一款游戏，到 1987 年售出 5,000 份。此外，育碧还在西班牙和西德（此时柏林墙还在）建立游戏分销渠道。1987 年，育碧进口卡普空的《Commando》和 SNK 的《Ikari Warriors》在法国发行，《Commando》销量达 15,000 份。

1988 年，伊维斯·吉尔莫特被任命为育碧 CEO。

还记得史克威尔创始人福岛康博搞的日本全国电脑游戏编程大赛吗？他在比赛上搜罗到天才游戏设计师堀井雄二和中村光一等人。育碧同样通过编程大赛招募到一位天才——迈克尔·安塞尔（Michel Ancel）。

迈克尔·安塞尔，1972 年 3 月 29 日出生。他从小自学成才，十四五岁就开始制作程序动画。1998 年，育碧在一本杂志上举行编程大赛，赢家可以获得 1 台电脑。安塞尔将自己制作的臭氧和氧分子动画寄给杂志社，获得一个光荣参与奖——谢谢参与。

安塞尔失望之际，育碧给他打来电话，邀请他来巴黎商谈。

16 岁的安塞尔坐着火车从蒙彼利埃（法国南部城市，奥克西塔尼大区埃罗省的一个市，是该省省会和人口最多的城市）来到巴黎。他父母对他完全放养，不干涉他的决定。在巴黎找了几个小时，安塞尔好不容易来到 Guillemot 公司位于巴黎郊区的办公室。简单地交谈后，他们让安塞尔继续西行 300 千米，去布列塔尼的育碧研发城堡。

安塞尔心想，这不是骗子吧。不过来都来了，他跳上火车后，经过一大片农田、村庄和奶牛，终于来到目的地。火车站外，停着一台育碧派来迎接他的豪华出租车。

在那里，他见到了热拉尔・吉尔莫特。

因为安塞尔在编程、制作动画和图形上极具天赋，热拉尔希望他能利用自己的天赋协助育碧完成一款游戏。安塞尔回家后，花 6 个月时间完成那款游戏。在这之后，育碧又给他送来法国第一台 Game Boy，让他搞清楚掌机的工作原理。因为安塞尔的工作，他和家人都搬到布列塔尼。

育碧并不想只开发 Amiga 和 Apple 等电脑游戏，他们的目标是在任天堂和世嘉游戏机平台上制作游戏。

到 1988 年，育碧共有 6 位开发人员在城堡工作。对于一座城堡来说，这几个人的成本确实太高，每月的暖气费都要 1000 美元。为节约开发成本，育碧将开发人员全部迁回巴黎都会区。

这一迁好了，安塞尔待不住了。

安塞尔说："我在巴黎不是很舒服，我的家人无法搬到那里，因为那里的房子非常昂贵。那时我很年轻，没有钱。巴黎对穷人是个非常糟糕的地方，公寓很差，交通费也十分昂贵。这是育碧第一次管理开发人员，他们觉得组织十分复杂。半年后，我回到蒙彼利埃。那时 3D 技术刚刚开始，我开始从事一些 3D 艺术方面的工作。可我还是很想制作游戏，所以开始研究 Rayman 的 2D 动画和角色控制。"

育碧 CEO 伊维斯十分看重这位年轻的工程师，他对安塞尔说："如果你做出什么好的东西，随时告诉我们，随时回来找我们。"

育碧的工作文化十分包容，不满意可以离开，有好的想法同样可以回来实施。没多久，安塞尔和另外一名游戏工程师弗雷德里克・豪德（Fr é d é ric Houde）带着他们的新游戏原型回到育碧。育碧看后，决定将该项目作为公司最为关键的项目。

Rayman

新游戏原型的角色叫“雷曼”（Rayman），是一位有手有脚却没有胳膊和大腿的卡通人物。它长着一缕金发，移动的时候蹦蹦跳跳，轻松随意。雷曼由安塞尔设计创造，游戏工程师弗雷德里克·豪德和美术亚历山德拉·斯蒂布尔（Alexandra Steible）及育碧团队成员协作完成。图为早期雷曼造型，它和马里奥兄弟、索尼克一样，是非常著名的游戏形象。

安塞尔初次创造雷曼是在1980年代后期，他从凯尔特人（公元前2000年活动在西欧的民族，高卢人被认为是凯尔特人的一支）、中国和俄罗斯童话中汲取灵感，制作出许多奇怪的生物。1990年，安塞尔开始学习光线追踪3D图形渲染算法，并用于角色动画的设计中。Rayman中的“Ray”就是取自光线追踪的英文单词——ray tracing。

1992年，雷曼项目正式开始实施。迈克尔·吉尔莫特等十分重视雷曼，育碧拨出1500万法郎预算用于游戏开发。此时育碧已是旧貌换新颜，财力雄厚。1993 年，育碧成为法国规模最大的游戏发行商。

安塞尔说："育碧有一位非常重要的人——现 Gameloft 的首席执行官——迈克尔·吉尔莫特。他是一个在阴影中工作的，不可思议的人，一个有远见的人。他非常了解如何在内部制作游戏，并且创建让所有年轻开发者走上正轨的范式。他了解年轻开发者想要做什么，并帮助他们变得更专业。为雷曼工作时，我还很年轻，但他给了我很多设计和创作的责任。我们原本计划在 Super Nintendo CD 系统上制作游戏，但它因为某些原因没能发布（任天堂和索尼闹翻）。迈克尔·吉尔莫特接过项目并说：'如果你想做这个项目，我们需要引进很多人和很多钱，我们需要组织这个项目。'"

雷曼项目被提到前所未有的高度。

迈克尔·吉尔莫特将雷曼的程序开发放在巴黎，游戏创意和美术部分放在安塞尔和豪德等人所在的蒙彼利埃。1994 年，育碧在蒙彼利埃成立 Ubi Pictures，后成为 Ubisoft Montpellier 工作室。

满世界到处开工作室，是育碧风格之一。

Super Nintendo CD 取消后，育碧决定将《雷曼》移植到 Atari Jaguar 游戏机上。1995 年 9 月，育碧再次转向，将《雷曼》移植到索尼 PlayStation。同时，育碧还启动对世嘉土星和 32X 版本的移植。过程中，安塞尔发现雷曼项目团队的成员越来越多。项目从 2 个人扩充到 100 多人，是法国规模最大的游戏开发团队。

1995 年 9 月 1 日，《雷曼》PlayStation 版开始发售。1995 年底，《雷曼》在欧洲已经售出 40 万份，PS 版累积销量达到 500 万份，超过《古墓丽影 Ⅱ》和《Gran Turismo》等游戏。

《雷曼》系列共制作 45 款跨平台的游戏，是育碧得以上市融资的功臣。

全球扩张和游戏劳模

1996 年，育碧完成 IPO，募集到 8000 万美元，用来扩大经营规模。

1996—1998 年间，育碧在全球设立 4 家工作室，分别是安纳西（1996）、上海（1996）、蒙特利尔（1997）和米兰（1998）。

1999 年 12 月 14 日，育碧五兄弟之一的迈克尔·吉尔莫特创建一家以免费游戏和手机游戏为主要业务的公司——Gameloft。育碧将 IP 授权给 Gameloft，此举使得育碧股价一下就翻了 5 倍。凭借金融市场高达 1.7 亿欧元的融资，育碧在 2000 年收购著名游戏工作室——红色火爆娱乐（Red Storm Entertainment）。

红色火爆娱乐主要经营美国作家汤姆·克兰西（Tom Clancy）小说改编的游戏，“Tom Clancy’s”是游戏的品牌，旗下有《彩虹六号》系列、《幽灵行动》系列、《细胞分裂》系列等潜行间谍游戏。收购红色火爆娱乐帮助育碧在美国市场站稳脚跟，开始以欧洲为中心向全球范围扩张，育碧也是最早参加 Xbox 游戏开发的公司。

2001 年 3 月，育碧收购 Gores Technology Group 旗下娱乐部门 The Learning Company，此次收购包括《神秘岛》和《波斯王子》等游戏 IP。2003 年，育碧使用《波斯王子》IP 开发出风靡全球的动作冒险游戏——《波斯王子：时之沙》（Prince of Persia: The Sands of Time）。

2003 年底，《波斯王子：时之沙》销量突破 200 万份。截至 2014 年，该游戏在全球所有平台售出超过 1400 万份。

《波斯王子：时之沙》成功后，育碧要求蒙特利尔工作室开发其续集，作为第七世代游戏机 PS3 和 Xbox 360 的旗舰游戏。为更好发挥第七世代游戏机能，育碧蒙特利尔使用《时之沙》游戏玩法，加入开放世界和历史背景。新游戏故事设定在欧洲第三次十字军东征时期，场景在大马士革和耶路撒冷等城市来回切换，玩家扮演一位身着白衣的刺客——阿泰尔。游戏最初计划使用为开放世界设计的 Scimitar engine 游戏引擎，可为节约时间，开发团队直接沿用《时之沙》的引擎。这款游戏就是育碧的当家花旦——《刺客信条》（Assassin’s Creed）。

Scimitar engine 引擎被更名为 Anvil Next，用于育碧其他《刺客信条》系列游戏。在 2006 年 E3 展出后，育碧蒙特利尔研发《刺客信条》的团队扩充到 150 人。2007 年 11 月 13 日，《刺客信条》在 PS3 和 Xbox 360 上发布，到 2009 年 4 月 16 日，育碧透露该游戏已售出 800 万份，《刺客信条》也成为育碧游戏的代名词。

收购优质的开发团队和 IP，经过对团队的重新管理和 IP 的再次开发，是育碧的拿手好戏。今天的育碧，在全球 18 个国家拥有 26 个工作室，是全球最大的游戏制作和发行商之一。

第七十九章　维尔福：微软富豪离职创业和 Steam

加布·纽维尔（Gabe Newell），1962 年 11 月 3 日出生于科罗拉多州，在加利福尼亚州戴维斯长大。1980 年，他考上哈佛大学。1983 年，纽维尔在某位微软销售人员的劝说下，辍学加入微软，参与开发 Windows 的第一个版本。

微软上市后，纽维尔成为一位年轻的百万富翁。

1995 年，纽维尔通过 DirectX 的 API，将 id Software 开发的《毁灭战士》移植到 Windows 95。《毁灭战士 95》十分成功，纽维尔说："令我震惊的是，Windows 是美国市场占有率第二高的应用程序。排名第一的应用程序是《毁灭战士》。这是一种共享软件程序，并不是由一家强大的软件公司开发的。id Software 是一家德克萨斯州郊区公司，仅有 12 人。他们不通过零售渠道分销软件，只通过 BBS 和其他互联网机制进行分销。对我来说，那是一道闪电——微软雇用 500 人的销售团队，而 id 公司只有 12 人。可它却创造了世界上分布最广泛的软件。一场巨变即将来临。"

数字软件发行的效率，让纽维尔内心很难平静，也在他内心埋下一颗种子。

1996 年，纽维尔的同事，WindowsNT 程序员迈克尔·阿布拉什（Michael Abrash）离开微软，去 id Software 开发《雷神之锤》（Quake）。受阿布拉什鼓舞，1996 年 8 月 24 日，纽维尔和另外一位同事迈克·哈灵顿（Mike Harrington）也离开微软，合伙创办 Valve（维尔福）。

半条命

纽维尔和哈灵顿开发的第一款游戏，是基于 id Software 的 Quake 引擎第一人称射击游戏。Quake 引擎是 id Software 为《雷神之锤》(1996) 开发的游戏引擎，支持 3D 实时渲染。由迈克尔·阿布拉什设计算法和图形优化，id Software 创始人约翰·卡马克进行引擎编程，设计灵感来源于世嘉的 3D 格斗游戏《VR 战士》。Quake 引擎原计划支持多人格斗游戏，后因为开发风险过高，调整为只支持第一人称射击游戏。

《毁灭战士》《雷神之锤》都是第一人称射击游戏，纽维尔是产品开发的专家，自然会选择阻力最小的路径开发公司首款游戏。

1997 年，id Software 发布《雷神之锤》续作《雷神之锤Ⅱ》(Quake Ⅱ)，Quake Ⅱ引擎同时发布。鉴于纽维尔和 id Software 的良好关系，Valve 获得 Quake 引擎和 Quake Ⅱ引擎的官方许可。纽维尔将 2 个引擎的代码和自己的代码结合，添加骨骼动画和 Direct3D。同时，Valve 取消公司另外一款 RPG 游戏《Prospero》的开发计划，将 Prospero 团队全部加入公司的第一人称射击游戏项目。

设计师哈利·特斯利（Harry Teasley）说：“《毁灭战士》影响很大，为了像《毁灭战士》一样能吓唬到玩家，我们游戏的项目代号是 Quiver，是著名惊悚电影《The Mist》中军事基地的名称。”

最后，Valve 的第一人称射击游戏名称敲定为《半条命》（Half-Life）。游戏拥有专门的视觉密码符号——希腊字母 λ，它代表半衰期方程中的衰减常数。又是半条命，又是核辐射，《半条命》的名字确实很惊悚。下图为 1998 年《半条命》的宣传画，Half-Life 中 A 字母被替换成“λ”。

Valve 很快找到合作的发行公司，Sierra Online 与其签订了一项协议。

1997年，《半条命》在E3上展示，游戏动画效果和人工智能都引发不小的轰动，Valve计划1997年11月发布该游戏。9月，开发团队发现他们虽然在武器、敌人和关卡上有一些创新，可《半条命》可玩性并不强，内容也不够聚焦。纽维尔并没有强行发布游戏，而是财大气粗地按下核按钮——重启游戏设计，准备再花1年时间开发。

没有微软上市带来的财富，纽维尔很难轻易做出这项“艰难”的决定。

重新开始并不难，可如何能保证再次开始就一定会进步呢？Valve希望可以找到一位类似小岛秀夫的游戏设计师，对游戏进行大刀阔斧的改造。可这种天才市面上极其稀少，哪可能想要就能有呢？

三个臭皮匠，顶个诸葛亮。求才不得，Valve内部创建一个名为“cabal”的组织，专门负责所有游戏策划，设计包括关卡、敌人、叙述和故事等一切跟可玩性相关的元素。1997年7月，Valve终于邀请到著名科幻小说家马克·莱德劳（MarcLaidlaw）加入，协助完善全部故事。

cabal制作出一份200页的游戏文档，其中包括30页的背景故事，莱德劳的主要工作就是在这份文档中添加“古老的讲故事技巧”。

根据莱德劳的回忆，他说道：“《半条命》有一个伟大的中心概念——一个立即让人联想到强烈图像的概念，仅游戏名字就能唤起某种感受。当纽维尔在半条命的开发中按下大红色的‘重置’按钮时，我们回到故事的基本概念，并确保我们做的一切，都加强了游戏的最初愿景。我们扔掉了很多无关紧要的设计，尤其是分散核心想法上注意力的设计。”

“我清楚地记得，大约在发售《半条命》的前一年，有一天午饭后，我们开车回到 Valve。有人说：‘五年后，我们要么成为游戏之神，要么被彻底遗忘。’我们嘲笑自己的狂妄自大，但那是紧张的笑声。因为我们知道，如果不成功，我们就完蛋了。比被遗忘更糟糕的是，我不得不再去当个法律秘书。所有人都希望游戏很棒，但我们很清楚失败的代价。我们无法以任何有效的方式，影响游戏的成功，只有尽力将游戏做到最好。不要忘记，几乎从一开始，Valve 就有一群热情、支持的粉丝。我们知道他们的希望很高，我们想满足他们。《半条命》的事实证明，该粉丝群的规模及其期望水平超出了我们的想象，这很受欢迎。结果是，当我们开始开发《半条命 2》的时候，更大的压力扑面而来。我们的目标定得很高，要千方百计地超越自己。这样我们才可以满足粉丝的希望，才能超越他们的希望。”

幸运的是，Valve 确实聚集了一批具备极高素养的电子游戏工程师。

半条命团队采取“灰度测试”的方式开发游戏。灰度测试，指的是在产品发布前，通过特定人群的试用，及时发现和纠正问题。《半条命》通过 Sierra Online 在线服务对游戏进行测试，cabal 深度参与游戏测试，监控玩家行为，但不和玩家互动。在发现混乱和无法解决的问题时，他们会将其转化成产品需求，并在下一次迭代中解决。通过灰度测试，Valve 不断改进游戏。

本来进展很顺利，可麻绳偏挑细处断。发布前几个月，半条命团队用来管理源代码的系统 Microsoft Visual Source（VSS）莫名崩溃。保存在系统中的开发过程全部丢失，游戏代码只能从个人电脑里恢复，还好没有大碍。

1998 年 E3 上，《半条命》再次出战，获“最佳电脑游戏”和“最佳动作游戏”奖。11 月 19 日，《半条命》正式发售，售价 49 美元。纽维尔的预期销量为 18 万份，到 1999 年初，它已经卖出 212,173 份。1999 年 1 月 19 日，《半条命》全球销量超过 50 万份。到 2001 年 7 月，销量突破 250 万份，到 2004 年销量突破 800 万份。2008 年，吉尼斯世界纪录将有史以来最畅销的第一人称射击游戏（电脑）桂冠，颁给《半条命》。

跟《半条命》一起发布的，还有 Valve 开发的 Worldcraft 关卡设计工具和软件开发工具包。这让开发人员很容易地创建和修改游戏，支持工具中包括纹理编辑器、模型编辑器和关卡编辑器，还有多引擎编辑器 QuArK。

《半条命》的开发套件，让不少自称为“modders”的个人开发者可以使用 GoldSrc 引擎开发同类型射击游戏。其中最著名的 modders 游戏，就是《反恐精英 1.6》（Counter-Strike 1.6）。下图为曾经占据全球大部分人电脑的《反恐精英 1.6》游戏画面。

《反恐精英》推出后，受到高度好评，位列 GameSpot 有史以来最佳游戏名单。2004 年，第一个以《反恐精英》为比赛项目的竞技联盟，E-Sports Entertainment Association League，电子竞技娱乐协会联盟成立。2001 年 7 月，《反恐精英》全球销售量达到 25 万份，2003 年 2 月，该游戏售出 150 万份。而盗版游戏的安装数量，预估在此数量的 50 倍以上。《反恐精英》后续还发布过 6 个不同版本的游戏。

Steam

能开发出《半条命》和《反恐精英》，对一般游戏公司来说已然是了不得的成功。可对 Valve 而言，它们不过是满汉全席前的一道凉菜。

1997 年，Valve 和 Sierra Online 签订发行合同。除发行权以外，该合同还授予 Sierra 一些 IP 权力。Valve 的《半条命》和《反恐精英》，都会通过 Sierra 发布到全球。

2001 年，两家公司签订一份新的合作合同，Valve 拿回游戏的数字版发行权。数字版是和游戏的 ROM 卡带版和光盘版区别而言，它不用任何游戏存储介质，也不需要销售渠道，只需要从互联网下载安装文件，是最便捷的游戏分发方式。

纽维尔对《毁灭战士》的分发成果一直心存向往，他希望可以找到一种更好的方法，来完成电子游戏发行。多人在线游戏可以提供下载补丁，可操作极其麻烦，许多玩家不会操作。他决定创建一个能自动更新游戏并且反盗版（《半条命》和《反恐精英》都是盗版游戏的重度受害者）的分发平台。

2002 年，Valve 对游戏用户调查后发现，已有 75% 用户拥有互联网访问入口，网民数量还在高速增长中。对数字分发有深刻认识的纽维尔看到互联网对游戏分发的巨大潜力，他找到微软、雅虎和 Real Networks 等公司，商谈联合创建具有游戏分发功能的客户端，均被拒绝。

算了，自己干吧。

2002 年，Valve 开发出一个支持游戏分发和自动更新的项目——Grid and Gazelle，是 Steam 平台的前身。3 月 22 日，世界游戏开发者大会上，Valve 对 Steam 平台开始进行 beta 测试，作为产品发布前技术测试的最后步骤。纽维尔随后表示，modders 可以用 995 美元的价格获得游戏引擎授权和 Steam 发行版。

让 Valve 没想到的是，自己的合作伙伴 Sierra Online 竟然一直在网吧分发数字版游戏。对此，Valve 将 Sierra 和母公司 VivendiGames（维旺迪游戏）告上法庭。Sierra 反诉 Valve 破坏双方协议在先，Steam 发布后，会和 Sierra 形成直接竞争关系。

法院判决，Valve 胜诉。判定 Valve 可以终止和 Sierra 的代理合同，并且寻求新的合作伙伴出售其零售版本。

一点毛病都没有。

Valve 计划将游戏零售权卖给微软，被纽维尔的老同事微软游戏部门的负责人埃德·弗瑞斯（Ed Fries）拒绝。微软不傻，如果 Valve 有自己的数字发行平台，零售渠道还有什么价值。

有 8 万—30 万玩家参加 Steam 的 beta 测试。2003 年 9 月 12 日，Steam 作为一款客户端软件发布。

2004 年 11 月 16 日，第一款以纯数字版提供的 Steam 游戏，《半条命》续作《半条命 2》（Half-Life 2）发布。《半条命 2》开发始于 1999 年 6 月，由多达 100 人的豪华开发团队组成，投资超过 4000 万美元。纽维尔说："为什么要花费四年的时间，来构建没有创新而且基本上毫无意义的东西？如果《半条命 2》不被视为有史以来最好的 PC 游戏，这支团队中的大多数人都会彻底失望。"

纽维尔没有给团队设置最后期限，开发预算是"无限"，并承诺在必要时可以个人掏腰包资助该项目。《半条命 2》使用 Valve 的全新游戏引擎——Source。

有这样的支持，哪愁大事不成？

《半条命 2》发布后，获得高达 39 项年度游戏奖，被认为是 2004 年前的最佳游戏。到 2011 年，《半条命 2》售出 1200 万份。在《半条命 2》成功的驱动下，许多第三方游戏公司签约在 Steam 上发行新的游戏。

数字发行不依赖 ROM 卡、光盘和零售商网络，很快展现出强大威力。超高效率和利润率，不断吸引第三方电脑游戏公司进驻，如 id Software、

Eidos Interactive、Capcom 等。2007 年 5 月，Steam 账户用户量超过 1300 万。2008 年，育碧、世嘉、Take-Two Interactive、Activision 和 EA 等大牌厂商也连续进驻 Steam。

Steam 平台目前是全球最大的电脑游戏数字发行平台。2014 年，Steam 游戏总销售额达 15 亿美元。2017 年，Steam 游戏销售额达 43 亿美元，占全球电脑游戏销售额的 18% 以上。2019 年，Steam 上架了超 34,000 款游戏，月活跃用户超 9500 万。

2015 年，Valve 开发出配备 SteamOS 和 Steam Controller 的 Steam Machine 电竞电脑、用于本地游戏的 Steam Link 机顶盒。2022 年 Steam 新发布了掌机 Steam Deck。又一个电子游戏机市场的新玩家。

试问，哪个游戏公司没有一个游戏机的梦呢？

不仅游戏公司有，手机公司都有游戏机梦。

第八十章 诺基亚：游戏手机并不是手机游戏

手机和手机游戏

1917年，芬兰最重要的发明家之一，被称为“芬兰的托马斯·爱迪生”的埃里克·泰格斯特（EricTigerstedt）申请一项名为《超薄折叠袖珍电话专利》（pocket-size folding telephone with averythin carbon microphone）的专利。此时电视机还没被发明出来，泰格斯特的发明更像一种想象力的科学描述。

1946年，摩托罗拉与贝尔在美国运营第一个商业移动电话服务（MTS），作为有线电话公司的一项补充服务。按照移动通信技术（Mobile Communication Technology）的划分，MTS的服务可以称为“0G”。

1973年，摩托罗拉公司展出第一款手机，机体重达2千克。

1979年，全球第一个商用移动通信网络（1G，模拟信号）由日本电报电话公司在日本开始运营。

1981年，丹麦、芬兰、挪威和瑞典，四国联合推出北欧移动电话（NMT）系统。

1983年，摩托罗拉发布第一款商用手机——DynaTAC 8000x。该手机充满电需要10小时，能提供30分钟通话时间，发售时的价格为3,995美元。DynaTAC是“Dynamic Adaptive Total Area Coverage”的缩写。

1G移动通信网络的最大问题是，每个国家的网络标准都不统一，光欧洲就有北欧四国的NMT、英国的TACS、西德等国使用的C-450、法国的Radiocom2000和意大利的RTMI等。欧洲国家开始思考，是否能制定一个统一的手机网络标准，让各国网络漫游更加便利。欧洲那地方，骑个自行车就出国了，难道让用户随身带四五个制式不同的手机吗？

新一代手机网络标准由欧洲邮电行政大会（CEPT）负责起草和准备

工作，1982 年，CEPT 成立移动专家组（法语：Groupe Sp é cial Mobile）。移动专家的缩写，后被改为 Global System for Mobile Communications，以方便全球推广。

1987 年 5 月，GSM 标准成员国就关键技术达成一致。1989 年，欧洲电信标准协会（ETSI）从 CEPT 接手标准制定工作。1990 年，第一版 GSM 标准完成，标准多达 6000 多页。

1991 年，芬兰运营商 Radiolinja 公司开始运营 GSM 网络。3 月 27 日，Radiolinja 公司打出全球第一个 GSM 电话，7 月 1 日开始商用。亚洲最早的 GSM 运营网络是中国香港电讯，中国内地在 1994 年跟进。当时的中国电信移动通信局（现在的中国移动）以“全球通数字移动电话网”名称运营，后为移动的“全球通”品牌。

1995 年，GSM 全球用户达到 1000 万，1998 年达到 1 亿，2005 年达到 15 亿。到 2018 年，GSM 标准从 2G 演变成 3G、4G 和 5G，全球有 50 亿人使用 GSM 标准网络。

1993 年，西门子公司开发出一款能运行《俄罗斯方块》修改版游戏——《Klotz》的 GSM 手机，并注册专利。西门子的高管认为在手机里内置游戏对抢占市场毫无帮助，要求工程师们删掉游戏功能。好在工程师们精通各种躲闪技巧，他们没有删除辛勤的劳动结晶，而是将游戏功能作为彩蛋隐藏在手机里，用户找到后就可以玩。下图为 1994 年发售的西门子 S1 手机，被认为是第一台支持游戏的手机。

1994年8月16日，由IBM研发，支持打电话的PDA（Personal Digital Assistant，个人数字助理，又叫掌上电脑）——IBMS imon Personal Communicator开始发售，后简称为IBM Simon。

IBM Simon支持拨打和接听手机电话、发送和接收传真、电子邮件和手机上网。还包含许多应用程序，包括地址簿、日历、日程安排、计算器、世界时间时钟、电子记事本、手写注释以及标准手写笔输入屏幕键盘。此外，Simon上也有一款游戏《Scramble》，由15个数字组成益智游戏。用户可以通过触摸笔来玩《Scramble》。

1995年，智能手机（smartphone）一词首次出现，用来描述AT&T公司的Phone Writer。按照后来的智能手机标准，IBM Simon被认定为全世界第一款支持游戏的智能手机，也是全球第一款智能手机。下图为IBM Simon真容。

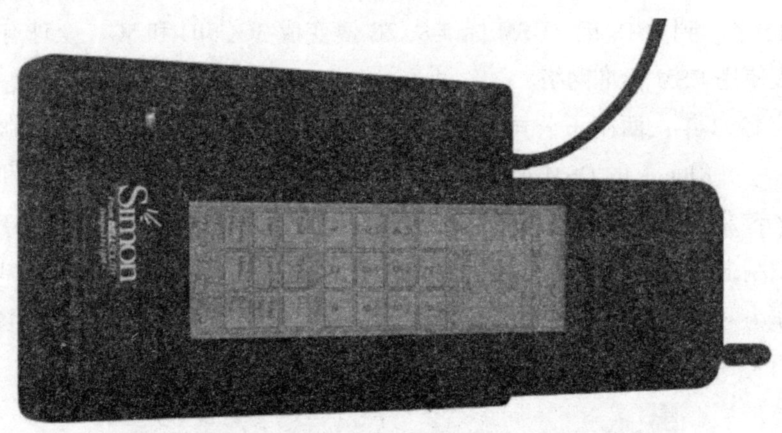

百年Nokia

1864年，芬兰瑞典族采矿工程师弗雷德里克·艾德斯坦（Fredich Idestam）在芬兰坦佩雷镇（当时位于俄罗斯帝国）附近的坦梅尔科斯基急流（Tammerkoski）沿岸开设一家纸浆厂。1868年，艾德斯坦的第二家工厂在坦佩雷以西约15千米的Nokia（诺基亚镇）开业。1871年，艾德斯坦和好朋友里奥·梅赫林（Leo Mechelin）在诺基亚镇合伙创办一家公司，取名为Nokia Ab（瑞典语，等同Nokia Company）。

1896 年，艾德斯坦退休，梅赫林接任公司董事长。1904 年，由爱德华·波隆（Eduard Pol ó n）创立的橡胶企业 Suomen Gummitehdas 也在诺基亚镇附近开设了一家工厂。1922 年，NokiaAb、Suomen Gummitehdas 和一家电缆厂 Kaape litehdas 建立合作关系，合作企业由波隆领导。

1967 年，NokiaAb、Suomen Gummitehdas 和 Kaape litehdas 正式合并成为新诺基亚公司，公司有四大业务：林业、电缆、橡胶和电子。1970 年代初，诺基亚开始进军网络和无线电设备制造，并为芬兰国防军制造军事装备，生产 Sanomalaite M/90 通信器、M61 防毒面具等军用品。芬兰和苏联率先达成贸易协定，诺基亚公司得以在苏联扩张。到 1970 年代后期，苏联已成为诺基亚的主要市场和利润来源。美国前国防部副部长理查德·珀尔（Richard Perle）称，诺基亚与五角大楼有秘密合作，美国能够通过诺基亚来跟踪苏联的技术发展。

1977 年，卡利·凯拉莫（Kari Kairamo）成为公司新 CEO。在他的领导下，诺基亚大肆收购电子企业。1984 年收购电视机制造商 Salora，1985 年收购瑞典电子计算机制造商 LuxorAB，1987 年收购法国电视机制造商 Oceanic。经过大量收购，诺基亚一举成为欧洲仅次于飞利浦和汤姆森（Thomson）的第三大电视机公司。

1987 年，诺基亚收购德国 Standard Elektrik Lorenz 公司（SEL）的消费者业务部门 Schaub-Lorenz，包括“Schaub-Lorenz”和“Graetz”两大品牌。它们最初是美国企业集团国际电话电报公司（ITT）的一部分，收购后的产品以“ITT 诺基亚”品牌出售。SEL 在 1986 年又转卖给阿尔卡特公司前身 Compagnie G é n é raled’Electricit é （CGE）。

1988 年 4 月 1 日，诺基亚收购爱立信信息系统公司。该部门最初是瑞典飞机和汽车制造商萨博的计算机部门（Data saab）。爱立信信息系统公司生产 Alfaskop 终端、打字机、小型计算机和爱立信品牌的 IBM 标准 PC。同时，诺基亚收购 Mobira 电话公司，北欧四国第一代移动通信网络 NMT 的运营商。1982 年，Mobira 推出诺基亚第一款手机——Mobira Senator 车载电话。

完成以上并购后，诺基亚收入达到 27 亿美元。

1988 年 12 月 11 日，诺基亚 CEO 凯拉莫因为抑郁症自杀。

凯拉莫去世后，西莫·沃里莱托（Simo Vuorilehto）接任为新 CEO 兼董事长，开始对诺基亚进行重组。此时诺基亚内部有 11 个集团，沃里莱托剥离不具备战略意义的部门：出售轮胎制造部门 Nokian Renkaat，出售芬兰橡胶厂，出售计算机部门。（计算机部门卖给英国的国际计算机有限公司，富士通西门子前身）

1992 年 1 月，沃里莱托辞去 CEO 职务，诺基亚移动电话业务负责人约玛·奥利拉（Jorma Ollila）接任。奥利拉上任后，再次重塑企业目标，要让诺基亚成为一家“以电信为导向”的企业。在他的带领下，诺基亚大肆剥离电力等非核心业务，专注通信。诺基亚的营业利润也从 1991 年的负数到 1995 年的 10 亿美元，1999 年高达 40 亿美元。

在 Mobira Senator 后，诺基亚推出 1G 手机——Mobira Cityman900。这款手机在芬兰被叫作“Gorba”。因为苏联领导人米哈伊尔·戈尔巴乔夫（Mikhail Gorbachev）曾在 1989 年 10 月新闻发布会上，用它打电话到莫斯科。

1991 年 7 月 1 日，芬兰总理哈里·霍尔克里（Harri Holkeri）使用由 Radiolinja 运营的 900MHz 频段网络上的诺基亚设备，打出世界上第一个 GSM 电话。

1992 年 11 月，诺基亚 1011 推出，成为全球第一款商用的 GSM 手机。下图为诺基亚 1011。

终于，一代霸主诺基亚来到它宿命的位置。

游戏手机 N-Gage

1997 年，诺基亚推出第一款使用 ARM 处理器的 GSM 手机——6110，也是第一款在诺基亚 Series20 用户界面上运行的手机。6110 上，诺基亚预装一款游戏——《贪吃蛇》（Snake）。《贪吃蛇》是 6110 销售火爆的原因之一，诺基亚在此后发布的几乎所有手机中都安装这款游戏或它的变种。截至 2016 年，约有 4 亿台诺基亚手机安装过《贪吃蛇》。

1998 年 10 月，诺基亚超越摩托罗拉成为全球最畅销的手机品牌，且在 12 月生产出第 100,000,000 部手机。锐意进取，不断对手机的形态和技术进行革新的诺基亚，超越摩托罗拉和爱立信。诺基亚 5110 和 3210 都以做工精良，色彩绚亮著称。它还成立 Vertu 品牌，专营豪华手机。

2001 年 3 月，任天堂 GBA 发售，销售十分火爆。机智的诺基亚发现一个痛点：用户出门时，要同时带着手机和 GBA 掌机，十分不便。2002 年 11 月，诺基亚宣布，将开发一款集成手机和游戏机的设备，开发代号——Starship（星舰）。

2003 年 10 月 7 日，Starship 正式发售，名为“N-Gage”，售价 299 美元。它支持 2.1 英寸 TFT 显示屏，左侧是 D-pad 和游戏操作键，右侧是电话数字键和其他按钮。中央处理器是运行频率 104MHz 的 ARM 集成处理器，采取 ARM4T 架构，与诺基亚 7650 和 3650 手机相同。N-Gage 使用 SymbianOS6.1，运行原始的 Series60 软件平台。下图为 N-Gage。

GBA 终生销量高达 8151 万台，N-Gage 认为自己是一台支持电话功能的 GBA，销量不说 8000 万台，那肯定不会低于 2000 万吧。在美国上市第一周，诺基亚就被泼了一盆冷水，GBA 和 N-Gage 的销售比是，100 ∶ 1。

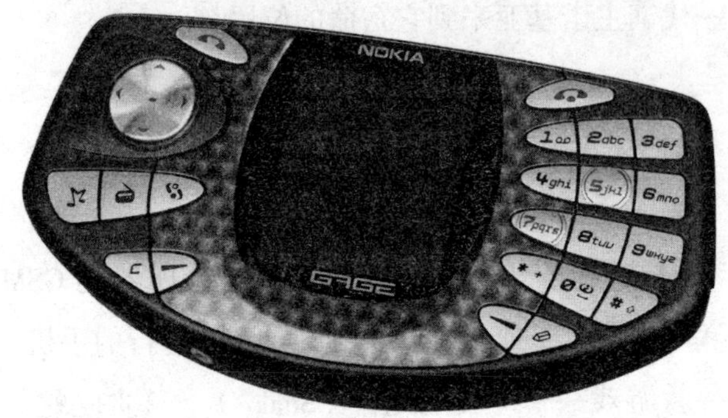

诺基亚对电子游戏机行业明显错判。N–Gage 发售后，因形似墨西哥卷饼，被戏称为“Taco Phone”。2004 年，诺基亚又推出升级版——N–Gage QD，解决部分设计问题。即便如此，N–Gage 销售仍然没有起色，总销量仅有 200 万台。2006 年 2 月，N–Gage 正式停产，诺基亚将游戏移植到 Series60 软件平台上。

百年诺基亚在电子游戏机行业首次试水，惨败。

N–Gage 有 58 款游戏，最出名的游戏是世嘉和诺基亚联合推出的多人在线网络游戏《口袋王国：征服世界》（Pocket Kingdom:Own the World）。还有一款和育碧 RedLynx 工作室联合发行的战术回合制游戏——《荣耀之路》（Pathway to Glory）。下图为《荣耀之路》在 N–Gage 上的画面。

诺基亚产品思维非常超前，可他们搞错了一个基本概念：游戏手机并不是手机游戏。将游戏机的控制方式生搬到手机上，希望借此杀入游戏机市场，欠缺思考。倘若做游戏机这么容易，又怎么会倒下这么多公司。

iPhone 发布前，没人知道手机游戏唯一正确的操控方式是多点触控。2004 年，苹果刚开始启动 iPhone 的研发项目。尽管这款彻底改变手机游戏行业的产品，很快就会席卷全球。可当时确实没几个人可以预想到，它会是诺基亚的掘墓人。

诺基亚 N-Gage 的探索有价值，至少让其他人知道，这是一条走不通的路。

第八十一章　任天堂：DS 和游戏人口增长

山内溥最后的作品 DS

2002 年 5 月 24 日，山内溥退休。卸任前，除了祝福岩田聪领导的新团队，山内溥还有一个逆转任天堂困境的艰难任务交给他们，任天堂全新掌机——Nintendo DS。

山内溥说："其他公司采取低价政策，任天堂的降价也无济于事。我对现任管理团队的期望是开发 Nintendo DS 的能力，如果新的领域扩散开来，全球市场就会被激活，下降的日本市场也会重新崛起——这是任天堂的使命。未来两年将是任天堂的关键时刻：DS 胜，可升天；DS 败，下地狱。双屏掌机，是我最后提出的产品建议。"

2003 年 11 月 13 日，任天堂宣布将在 2004 年发布新游戏机。新闻中没有提到游戏机细节，不过明确表示它不是 GBA 或 GameCube 的接续机型。2004 年 1 月 20 日，任天堂公布产品名称——Nintendo DS，DS 是双屏幕 Dual Screen 的缩写。同时发布的产品细节包括：2 块 3 英寸 TFT LCD 显示屏，双处理器。

双屏？史上从未有过这样的设计。

岩田聪说："Nintendo DS 与现有游戏设备完全不同，它为玩家提供 21 世纪的独特娱乐体验。DS 将帮助任天堂回到创新的前沿，摆脱过去几年公司的保守形象。"

2004 年 3 月，一份名为《Nitro》的产品文档泄露，其中包含 Nintendo DS 的大部分产品细节：4MB 内存、双处理器、触摸屏、支持无线网络。双处理器是两颗芯片：67MHz 的 ARM9 和 33MHz 的 ARM7。

GBA 正是使用一颗 16.78MHz 的 ARM7，因此 Nitro 大概率会兼容 GBA 的游戏。Nitro 支持 100 米内 16 名玩家同时连线，远超同期的 N-Gage。

9 月 20 日，任天堂宣布，DS 将于 2004 年 11 月 21 日在北美首发，售价 149.99 美元。11 月 21 日，DS 如期发售，线上预购第 1 天就被抢购一空。到 12 月底，DS 全球出货量已达到 280 万台，远超任天堂的预测。2005 年 6 月，任天堂官方数据显示：DS 已售出 665 万台，下图为蓝色版本 DS。

游戏人口扩张和玩家之心

2004年12月2日，任天堂在日本发布DS。产品发布会上，岩田聪缺席。

这位任天堂新社长有一个理论，叫“游戏人口扩张”（Gaming Population Expansion）。他一直在寻找全新的游戏类型，以吸引更多的用户，实现游戏人口扩张。游戏人口扩张（Gaming Population Expansion）是岩田聪担任任天堂社长时的核心观念。他时常在公司内部和外部讨论游戏人口扩张理论，让大家了解任天堂到底要去向哪里。一次会议上，任天堂首席财务官给岩田聪推荐日本畅销书——《训练你的大脑：60 天让大脑变得更好》，认为其可能对岩田聪正在寻找的东西有帮助。

此书作者叫川岛隆太，著名神经科学家，主要研究课题是大脑区域到情感、语言、记忆和认知等功能的映射。另外一个课题是帮助儿童发展智力和让中老年人保持大脑健康的脑力训练。《训练你的大脑：60 天让大脑变得更好》一书是川岛隆太根据自己的研究成果写的脑力训练书，销量超过 250 万册，是一本超级畅销书。

岩田聪对此十分有兴趣，他约到跟川岛隆太见面的机会，恰好就在 DS 发布前几个小时。因此 DS 发布时，缺席的岩田聪正在日本仙台的东北大学拜访川岛隆太教授。东北大学前身是仙台医学专门学校，1904 年，有位名叫周树人的中国年轻人曾在此留学。

两人一见如故，原计划 1 小时的见面会，成为 3 小时的持续头脑风暴。

会后，岩田聪迅速成立一个 9 人开发组，以川岛隆太教授的畅销书为基础，开发一款脑力训练游戏——《大脑年龄：每天大脑训练几分钟！》（Brain Age:TrainYour Brain in Minutes a Day！），并计划在 3 个月内完成开发。

岩田聪为何对一款看起来并不像游戏的作品如此重视呢？

原因在于 Nintendo DS 没有使用先进的硬件技术，任天堂放弃在 N64、GameCube 上“技术增强”的错误思维，将目标转向可以让更多普通用户玩到的，如训练大脑、锻炼身体的游戏。这种游戏看起来跟之前的电子游戏格格不入，却和每个人的生活息息相关。通过游戏让人拥有更好的脑力、更健康的身体，这是其他公司从来没有做到过的。

电子游戏的边界到底是什么？任天堂认为自己应该扩充对电子游戏的定义。

“以令人愉悦的方式，提高人们的生活质量”，是岩田聪提出来的任天堂使命。他希望任天堂公司的游戏设计师们可以认识到，任天堂并非一家只懂制作电子游戏的公司。任天堂制作过日本花札、扑克牌、玩具。电子游戏是任天堂选择的业务，可任天堂并不只是代表游戏。

岩田聪说："对于任何电子游戏来说，鼓励玩家做一些别的事情也很重要。所有的游戏玩家都会同意他们自愿继续他们的任务，因为他们可以通过输入和输出的方式获得奖励。在这方面，任天堂一直在通过严格练习来塑造公司形象。"

"我们如何才能利用这些优势呢？我们如何利用我们的能力通过创造我们也擅长的硬件和软件来创造全新的东西？利用我们的优势，我们可以采取什么样的新课程？通过反复询问这些问题，我们开始审视可能性，并得出结论：我们应该提出一个与'健康'相关的建议，以及'睡眠'和'疲劳'的主题，因为我们可以发挥自己的优势。"

"我一直在问自己，当我们真正需要跳出框框思考并拥有更广阔的视野时，被这些想法束缚是否真的对我们有任何好处，因此我们将娱乐重新定义为'以令人愉悦的方式，提高人们的生活质量'，并鼓励我们的开发人员接受这一挑战。这是任天堂必须长期坚持做的事情。我们未来 10 年的战略是改变娱乐的定义，扩大任天堂可以开展业务的领域。"

"发明加速度计的人一定没有想到，它会被用在 Wii Sports 中来玩网球。发明者设想了一个目标，任天堂为加速度计发明了一种完全不同的用途。现在世界上有 2 亿左右的 Wii 游戏遥控器，再加上示范效应，我们促成了这样一个事实：加速度计包含在当今世界上各种不同的设备中。"

"正如我所说，这只是一个例子。但正如这个例子所示，我们不能过于狭隘地考虑公司可以做什么。未来 10 年，任天堂将继续努力扩大游戏人群，这是我们的天职，但同时也让我们更进一步，对我们来说至关重要的是，我们不能狭隘地思考我们应该做什么来扩大游戏人口。"

2005 年游戏开发者大会上，岩田聪发布著名的《玩家之心》演讲，他说："我的名片上，我是一个公司总裁。我自己来看，我是一名游戏开发者。而在内心深处，我是一名玩家。"

玩家之心，是每一位游戏行业从业者最宝贵的初心，也是游戏人口增长的初心。

奇迹般的DS

2005年5月19日，《大脑年龄：每天大脑训练几分钟！》发布。它提供各种谜题，如Stroop测试（斯特鲁普试验，认知心理学里很有名的实验）、数学题和数独谜题。

许多神经学家推荐使用这款游戏来预防阿尔兹海默症（俗称老年痴呆症）。不少心理学研究认为，DS上的脑力训练游戏对人的大脑有好处。2010年3月至8月在日本仙台市进行过一项研究，使用双盲干预评估大脑训练游戏对老年人的影响。结果表明，玩《大脑年龄》4周，就可以改善老年人的认知功能，如执行功能和处理速度。

不过任天堂否认任何关于游戏好处的科学报告，声称DS只是娱乐设备。

截止到2015年9月30日，《大脑年龄：每天大脑训练几分钟！》在全球售出1901万份，它的续作《大脑年龄2》，售出1488万份。两作合计3389万份，是DS上最畅销的游戏。

DS营销核心在所有国家都围绕着“Touch”做文章，北美DS的广告语是“Touching is good”。

2006年10月3日，因为DS的销售，任天堂宣布公司净利润预测将上调20.5%。对比其他电子游戏机，DS有44%女性用户。2007年7月25日，DS销量达2600万台，软件销售1.4亿份。到9月26日，DS销量达5000万台，成为有史以来最快突破5000万销量的游戏机。2007年11月18日到24日的销售周，DS就售出635,000台，打破GBA保持的600,000台纪录。

到2009年12月，DS系列销量超越GBA，达到12,513万台，成为有史以来销量最高的掌机，至今没被打破。DS终生销量为1.5402亿台，略低于PS2的1.55亿台。

DS同样留下许多经典游戏，销量前十全部都是任天堂第一方游戏，

名单如下：

New Super Mario Bros.，新超级马里奥兄弟，3080 万，任天堂 EAD；

Nintendogs，任天狗，2396 万，任天堂 EAD；

Mario Kart DS，马里奥赛车 DS，2360 万，任天堂 EAD；

Brain Age，大脑年龄，1901 万，任天堂 SPD；

Pokémon Diamond and Pearl，宝可梦：钻石和珍珠，1767 万，宝可梦公司；

Pokémon Black and White，宝可梦：黑和白，1564 万，宝可梦公司；

Brain Age2，大脑年龄 2，1488 万，任天堂 SPD；

Pokémon Heart Gold and Soul Silver，宝可梦：金心和银魂，1272 万，宝可梦公司；

Animal Crossing: Wild World，动物穿越：野生世界，1175 万，任天堂 EAD；

Super Mario 64DS，超级马里奥 64 DS，1106 万，任天堂 EAD。

DS 完成山内溥的愿望，让任天堂一扫十年来的阴霾，再次站在电子游戏机市场的巅峰。岩田聪也靠此作一战成名，这是山内溥留给他最好的礼物。

对比横井军平，岩田聪同样是一个喜欢走在人迹罕至道路上的游戏人。他在“枯萎技术的横向思维”和创新中找到一个非常好的平衡点：电子游戏只有一件事——乐趣，给大家带来乐趣。

2011 年游戏开发者大会上，岩田聪的发言再次确定他在这方面的判断，他说，自己看过宫本茂的游戏后，坚定认为：工程技术不如想象力重要。

历史认同他的判断。

第八十二章　索尼：挑战 DS 的 PSP

索尼 PlayStation Portable

2003 年 E3 展会上，索尼电脑娱乐公司宣布正在研发的 PlayStation 掌机版本——PlayStation Portable，简称 PSP。久多良木健自比盛田昭夫，称 PSP 为“21 世纪的 Walkman”。作为掌机，它的性能可比 PlayStation1 代还要强悍。

11 月，索尼公司战略会议上，久多良木健亮出 PSP 概念图，如下。

索尼电脑娱乐公布的“技术细节”十分丰富，从存储到性能都全面超越竞争对手。PSP 使用一种类似 DVD 的双层存储介质，Universal Media Disc（UMD）存储游戏，容量高达 1.8GB。UMD 带有基于高级加密系统（AES）的 DVD 风格区域编码和复制保护机制，有唯一 ID 号，能有效防止盗版。PSP 有两个处理器，第 1 个处理器是 MIPS 32 位的 R4000，使用 90nm 制程。该处理器采用与英特尔 SSE 2 和 PowerPC 的 Alti Vec 类似的 SIMD 矢量处理引擎，配备 8MB 的嵌入式内存，频率为 333MHz，工作电压为 1.2V，内存带宽 2.6GBps。第 2 个 MIPS R4000 同样是 90nm 制程，用作 PSP 媒体引擎，有 2MB 嵌入式 DRAM。

除两颗 R4000 之外，PSP 还有两个专用的图形处理器，一个用于高级图形处理，另一个用于原始像素分流。第二个图形处理器中包含 2MB 嵌入式视频内存，通过 256 位 5.3GBps 总线运行。它可以提供每秒 6.64 亿像素的 24 位颜色填充率，并通过变换和照明效果每秒生成 3300 万个多边形。音效方面，PSP 采用杜比 7.1 多声道音频和 3D 音效格式。它支持 MP3、AAC 和索尼自己的 ATRAC3 声音格式。UMD 最多可以容纳两小时的 DVD 质量或四小时的“标准”质量的影片播放。

此外，PSP 还有用于多人游戏的 802.11b 无线网络。久多良木健声称，索尼还会在 PSP 升级中增加电话功能，用来暴打诺基亚 N-Gage。

他表示，PSP 将不是一台设备，而是一系列机器。鉴于索尼在电子游戏机上的卓越表现，它对任天堂掌机王者地位发起的挑战，让所有媒体不由得血脉偾张。

1989 年 4 月 21 日任天堂 Game Boy 发布后，无数游戏机公司对掌机发起过冲锋。任天堂城墙下，远远地倒着一众败军的残骸：雅达利 Lynx、Neo Geo Pocket Color、世嘉 Game Gear、世嘉 Nomad、NEC TurboExpres、万代的 WonderSwan Color 等。

说是竞争者，这些掌机连城墙边都没挨近过，离护城河还有 10 里远。任天堂举着望远镜，才能依稀看到敌军的旗帜横七竖八地倒在那里。

PSP 发售

索尼并非第一次进入掌机市场，早在 1999 年，它就以 PS 外围设备——Pocket Station 试水过掌机。该设备十分袖珍，具备单色液晶显示器（LCD）、红外通信能力、实时时钟、内置闪存和声音能力。Pocket Station 支持通过存储卡连接 PS 接口，下载新游戏。

尽管功能简陋，Pocket Station 在 1999 年 1 月 23 日发布后仍十分受欢迎，卖出近 500 万台。下图为 Pocket Station 的广告，有点像电子宠物。

PS2 的成功，让 SCE 发现电子游戏机公司并非无法突破的壁垒。挑战任天堂在掌机上的领导地位，成为家庭游戏和掌机双料王者，是 SCE 无法拒绝的诱惑。从家用游戏机到掌机，难度并不在技术，而在于产品的平衡性。

索尼不管，大力出奇迹，大法有疗效。

PSP 正式发售的版本和 2003 年 11 月公布的内容大同小异，不过增加模拟摇杆和电量的具体参数。PSP 由 1800mAh 锂电池供电，可提供 3 至 6 小时的游戏时间、4 至 5 小时的视频播放时间或 8 至 11 小时的音频播放时间。首发的 PSP 如下图，又叫 PSP 1000。

2004 年 12 月 12 日，索尼 PSP 基础版在日本上市，售价 19,800 日元，超值版售价 24,800 日元，上市首日售出 20 万台。2005 年 3 月 24 日，PSP 在北美上市，售价为 249 美元，比任天堂 DS 贵 100 美元。北美上市前 2 天，售出 50 万台。

IDC(International Data Corporation，国际数据，美国一间从事市场研究、分析和咨询的公司，专注于资讯科技、电信和消费科技，在全球 110 个国家拥有超过 1,100 名分析师）分析师表示：售价 250 美元的 PSP 是任天堂在掌机市场的主导地位的第一个像样的竞争对手。2004 年，全球掌机市场份额约 10 亿美元，到 2009 年，全球掌机市场份额会增长达 90 亿美元，足够容纳索尼和任天堂和更多的公司进来扑腾。

从 2004 年的 PSP 1000，SCE 发布过 5 款 PlayStation Portable，分别是：2004 年 12 月 12 日在日本首发的 PSP 1000；2007 年 8 月 30 日在中国香港首发的 PSP 2000；2008 年 10 月 14 日在北美首发的 PSP 3000；2009 年 1 月 1 日在北美、欧盟首发的 PSP Go；2011 年 10 月 26 日在欧盟和菲律宾首发的 PSP Street。

PSP 只比 DS 晚 1 个月面世，这两位绝代双骄都被认为是“优秀的掌机”。DS 长处在低价、长续航和任天堂优秀的第一方 IP。PSP 长处在高性能硬件、多媒体特性和大量第三方游戏。

玩家到底要什么？都要。

2007年3月31日，PSP全球出货量达到2539万台，其中亚洲692万台，北美958万台，欧洲889万台。到2010年第3季度，PSP销量达到5300万台，是DS最强劲的竞争对手。到2012年3月31日，PSP全球销量约为7630万台，其中日本1900万台，美国1700万台，欧盟1520万台，其他地区2510万台。它的终生销量约为8200万台，约为DS一半。

PSP销量虽然没有超越任天堂DS，可也非常亮眼。

电子游戏史上，从索尼PS上市后，就再也没有公司对索尼在家用游戏机市场上的王者地位形成过有效挑战。与之对应的是，从任天堂GB上市后，也没有公司对任天堂在掌机市场的王者地位有过挑战。

游戏机和掌机双王者的格局，至今没被打破。

PSP游戏

从1994年PS到2004年PSP，10年间，索尼从一个既不懂游戏机也不懂游戏的公司，成为电子游戏行业最重要的参与者。PlayStation Portable是一台便携版的PS，它的游戏，和PS如出一辙。

PSP上最畅销的游戏仍是R星工作室的《侠盗猎车手》系列，还有索尼第一方游戏公司，圣莫尼卡工作室出品的《战神》系列。其中《GTA：自由城》（Grand Theft Auto: Liberty City Stories），销量800万份，是PSP排名第1的游戏。《GTA：罪恶都市》（Grand Theft Auto: Vice City Stories），销量503万份，是PSP上排名第2的游戏。《战神：奥林匹斯之链》（God of War: Chains of Olympus），销量320万份。

对比DS动辄数千万份的游戏销售额，PSP低了一个数量级。

这对索尼来说不重要。在PSP系列掌机10年的生命周期中，PSP上发布过1,370款游戏。这不算索尼PSP上大量游戏模拟器和各种破解版，2005年E3上，宫本茂就被爆出用PSP模拟器试玩《超级马里奥大陆》。

很古怪，可也很和谐。

PSP上最值得一提的游戏是卡普空的《怪物猎人》（Monster Hunter）系列。

虎父无犬子

1973 年 10 月 18 日，辻本宪三迎来自己第 3 个儿子——辻本良三。他高中毕业于阪南大学高等学校，大学就读于近畿大学商经学部。1996 年，辻本良三加入卡普空。他进入卡普空后，先从事街机游戏开发，后负责游戏机游戏策划。

1997 年，辻本宪三的大儿子辻本春弘开始担任卡普空的董事总经理，可以让父亲专注于热爱的红酒事业。大儿子接班后，1998 年，热爱红酒的辻本宪三在加利福尼亚州纳帕谷产区（Napa Valley），占地 1530 公顷的宪三酒庄（Kenzo Estate）种下第一棵葡萄藤。

2002 年，卡普空提出著名的产品计划——Production Studio 1，该计划中包括 3 款 PS2 平台网络游戏：《网络极限赛车》（Auto Modellista）、《生化危机：逃出生天》（Resident Evil Outbreak）和《怪物猎人》（Monster Hunter）。卡普空此前没有网络游戏开发经验，对 3 款游戏的销售预期为 100 万份。

《怪物猎人》进入开发后，辻本良三加入项目组。2004 年 9 月 21 日，《怪物猎人》登陆 PS2，销售突破 100 万份，达到预期目标，可离火爆单品还有很长的距离。毕竟，当时任谁也不知道，《怪物猎人》会成为销售突破 7500 万份的顶级 IP，是动作 RPG 的神迹作品。卡普空，江湖人称“动作天尊”，和《怪物猎人》系列游戏有莫大的关系。

辻本良三说：“我成长的时候，Capcom 制造了许多街机游戏。在日本，即使是现在，也到处都是游戏厅，每个街区都有游戏厅。以前，我经常和朋友去游戏厅玩。我是那种永远学不会正式在办公室工作的人，所以一直想在创意行业工作。大学毕业找工作的时候，我想，要么玩游戏，要么玩玩具……没有其他。我是游戏时代长大的人，NES 火爆时上小学，SNES 火爆时上高中。我是在游戏中长大的，这是从事游戏的原因。”

作为辻本家的小儿子，辻本良三不用过早像其哥哥一样承担家族企业的压力，他说：“年长的人有更大的压力去担任某些职位，我有更多的自由。”

成为《怪物猎人》制作人后，辻本良三说：“我在工作中还有发挥创造力的地方，制作人对游戏负有很多责任：需要一支优秀的团队，否则游戏将不会问世。数百人在《怪物猎人》上工作，我永远不会声称它是我的。我从概念阶段开始到游戏发布的最后阶段都为《怪物猎人》工作，我不只是一个管理者。”

辻本良三将《怪物猎人》移植到PSP上，名为《怪物猎人自由》(Monster Hunter Freedom)。2005年12月1日，《怪物猎人自由》发布，支持多人游戏。

在PS2表现并不是那么抢眼的《怪物猎人》，在PSP上表现截然不同。《怪物猎人》在索尼PSP上线后，在日本引发热潮。街头巷尾到处都是年轻人拿着PSP和朋友们一起打怪、升级、获得珍稀装备，《怪物猎人》成为日本的文化符号。接着，辻本良三又为PSP开发系列续作《Monster Hunter Freedom2》（2007年2月22日）、《Monster Hunter Freedom Unite》（2008年3月27日）、《Monster Hunter Portable 3》（2010年12月1日），销量分别是240万份和380万份、490万份。

卡普空有一份按季度更新的表单——PlatinumTitles（白金榜单），收录卡普空销售额前10的游戏。里面排名的第1、第4、第7的都是《怪物猎人》系列游戏。下图为2021年12月31日更新的PlatinumTitles。

Title	Release date	Platform(s) considered	Sales (m)
Monster Hunter World †	January 2018	PlayStation 4, Xbox One, PC	17.8[a]
Resident Evil 7: Biohazard †	January 2017	PlayStation 4, Xbox One, PC	10.6
Resident Evil 2 †	January 2019	PlayStation 4, Xbox One, PC	9.3
Monster Hunter World: Iceborne †	September 2019	PlayStation 4, Xbox One, PC	8.8
Resident Evil 5 †	March 2009	PlayStation 3, Xbox 360	8.1
Resident Evil 6 †	October 2012	PlayStation 3, Xbox 360	8.1
Monster Hunter Rise†	March 2021	Nintendo Switch	7.7
Street Fighter II	June 1992	Super Nintendo Entertainment System	6.3
Street Fighter V †	February 2016	PlayStation 4, PC	6.1
Resident Evil Village †	May 2021	PlayStation 4, PlayStation 5, Xbox One, XSX, PC	5.7

《怪物猎人》是 PSP 上最值得玩的游戏系列，对 PSP 的价值无可替代。辻本良三认为《怪物猎人》的成功原因是："这是一个多人动作游戏，所以你可以和朋友聚在一起玩。它在日本市场特别有吸引力的原因是，它对所有技能水平的人都非常公平。你们一起出去执行任务，一起消灭怪物，共同分享奖励。最后谁做了什么并不重要，游戏不会因为谁杀了它，然后给那个人更多的东西。那些没有参与的人也不会被剥夺奖励，这是一个集体的努力，在日本市场确实很有吸引力。"

"即使你是新手，也可以与高级玩家一起玩。他们可以帮助你，让你不会觉得自己无用或落后。他们可以帮助你参与到游戏里，然后帮你提高技能。我认为这种公共游戏方面是它在日本受欢迎的关键。"

索尼 PSP 让任天堂 DS 有一些压力，但并没有造成实际伤害。掌机市场的高速增长，完全可以容纳两家公司的良性竞争。人们对便携性游戏的渴求，是市场扩张的原动力。

把手机做成掌机的样子，或在掌机上增加电话功能，看起来都不是很聪明的样子。移动游戏操控方式的问题，还要等到参与过街机 Pong 开发，后又离开雅达利的那位年轻人来解决。

第八十三章　盛大：31 岁的中国首富陈天桥

中国网络游戏

中国电子游戏行业没有经过街机游戏、家用游戏机和掌机游戏数十年的发展。而是在互联网强力驱动下，直接进入电脑游戏时代。

1997 年 6 月 3 日，经中华人民共和国国务院主管部门批准，中国互联网络信息中心（China InternetNetworkInformationCenter，CNNIC）成立。CNNIC 是中国互联网管理和服务机构，由中国科学院主管、中国科学院计算机网络信息中心（CNIC）实际运营。

同年 6 月，丁磊在广州创立网易。1998 年 2 月，搜狐成立。11 月 11 日，腾讯成立。12 月，新浪成立。1999 年 9 月 9 日，阿里巴巴成立。2000 年 1 月，百度成立。

未来，以上公司都会或多或少地参与电子游戏行业的发展。

1989 年，杭州大学（现浙江大学西溪校区）数学系高才生鲍岳桥分配到杭州橡胶厂工作，任计算中心程序员。1993 年，鲍岳桥辞职赴北京追梦，就职于北京希望电脑公司。他先在软件部任程序员，后升任公司总工程师。在希望公司任职期间，鲍岳桥成功研制出 PTDOS 和 UCDOS 汉字系统。1998 年，鲍岳桥辞职创业，以 50 万元起步，和简晶、王建华 3 人组建北京联众电脑技术有限公司，并出任联众的总经理兼董事长。

50 万是中国互联网公司创业的吉利数字，丁磊和马化腾、陈天桥都以 50 万元启动资金开始传奇创业之旅。

以棋牌游戏切入网络游戏市场的联众，很快成长为全球最大的网络游戏公司。2003 年，联众占据中国游戏市场 85% 的份额，注册用户超 2 亿，

月活跃用户超 1500 万，最高同时在线人数达 40 万，在中国、美国、日本、韩国架设有服务器。

刚触网的中国网民，基本人人玩联众。

联众火爆的同时，中国本土 MUD 游戏（Multiple User Domain，多用户虚拟空间游戏，文字网游）也在蓬勃发展。

1994 年 11 月 4 日，中国台湾发布过一款中国武侠背景的 MUD 游戏《天朝帝国》（全名为《东方故事 2：天朝帝国》，简称 ES2）。1995 年，ES2 将 ES2 mudlib 代码开源，带动全球中文 MUD 游戏发展。同年，方舟子（科普作家）因为对《东方故事 2：天朝帝国》中增加大量玄幻元素不满，集结翔少爷、时空、丁、草鱼组成一个五人小组，开发另外一款 MUD 游戏《侠客行》，开始运营。

使用 ES2 mudlib 搭建的中文 MUD 非常多，如《西游记 MUD》《北大侠客行 MUD》《万王之王 MUD》等。文字类的网络游戏全靠想象，远比不上图形化的 MMORPG 游戏好玩。

1997 年，EA 旗下 MMORPG 游戏《Ultima Online》（网络创世纪，UO）开始全球运营。由于《网络创世纪》没有国内服务器，1998 年，国内一些游戏爱好者开始自己编写模拟服务程序，并且架设网站。EA 对此并不反对，反而默许其存在。当时流行的网络创世纪服务器模拟软件有 SPHERE、UOX、POL，还有 Jarry、ATTIN、HYC 和 GG 站点。这种做法在今天看属于严重侵犯知识产权的“私服”（私自架设未经许可服务器）行为。可在当时，更像铁粉追星。

《网络创世纪》是中国第一款由游戏爱好者运营 MMORPG 游戏，虽然只有英文版，可绚丽的画面、华丽的格斗和游戏故事仍然给许多人留下极其深刻的印象。MMORPG，也因此成为中国网游的代名词。

1999 年 7 月，由中国台湾第一家网络游戏公司雷爵网络开发的 MMORPG 游戏，《万王之王》正式上线。该游戏由《万王之王 MUD》升级而来，支持完整的对话频道和表情系统，支持国战，支持装备和英雄岛 PK。2000 年 7 月，北京华彩软件代理《万王之王》在中国大陆发行，拉开中国 MMORPG 游戏市场大战的序幕。

没多久，由智冠制作和出品的 2D 网络游戏《网络三国》也来到中国大陆。

1999 年，日本 System Supply 公司开发一款以远古时代为游戏背景的 MMORPG 游戏《石器时代》（Stone Age）。中国台湾华义国际在 2001 年初获得《石器时代》在两岸的代理权，中国台湾地区 2000 年 4 月上线运营，大陆地区 2001 年 1 月 12 日上线运营，由北京华义联合软件开发有限公司代理运营。

2000 年后，中国网民开始井喷式增长。在欧美厂商还没关注到中国大陆市场时，韩国游戏开始量产泡菜游戏来抢占市场。2001 年 2 月 8 日，韩国 eSofNet 公司与三星电子共同开发的网络游戏《龙族》上线运营。3 月 14 日，Actoz 开发的武侠类网络游戏《千年》上线运营。7 月 9 日，韩国 ShiLi Network 开发的 2D 网络游戏《红月》上线运营。

《龙族》《千年》《红月》，三款游戏玩法和画面基本雷同，是泡菜游戏者的代表作品。

2001 年 7 月，由中华网龙开发，龙图智库代理的网络游戏《金庸群侠 online》上线运营。

2001 年 9 月，真正改变中国电子游戏市场格局的网络游戏《热血传奇》（The Legend of Mir 2），上线运营。

2001 年是中国网络游戏的大年份。

陈天桥和热血传奇

陈天桥，1973 年 5 月 14 日出生，浙江省绍兴市新昌人。1991 年，陈天桥从洋泾中学毕业，考入复旦大学经济系。1993 年，他提前 1 年从复旦毕业，进入上海大型国有企业陆家嘴集团工作。很快，他升迁为总经理秘书。1998 年，陈天桥辞职加入一家信托公司。1999 年底，陈天桥和妻子雒芊芊、弟弟陈大年等 5 人用 50 万元启动资金，成立盛大网络发展有限公司，经营卡通网络社区 stame.com，在互联网泡沫破灭前跑步进场。

2001 年 1 月，盛大获得中华网 300 万美元的风险投资。互联网泡沫破灭后，中华网从盛大撤出。陈天桥转向网络游戏代理，以 30 万美元的价格获得 Actoz 公司旗下网络游戏《热血传奇》的中国独家代理权。

《热血传奇》由 Actoz 著名制作人朴宽浩带领团队成员开发而成，由于 Actoz 公司对《热血传奇》评价并不高，朴宽浩带着多名员工从 Actoz 离职，创建新公司娱美德（Wemade）。Actoz 持有娱美德 40% 的股份，和娱美德共同拥有《热血传奇》IP 的经营权，分成五五开。

2001 年 3 月，娱美德公司将《热血传奇》授权意大利 Digital Bros 公司在欧洲运营。6 月，Actoz 又将《热血传奇》中国区运营代理权以 30 万美元的价格卖给盛大。2002 年 8 月，娱美德公司又将《热血传奇》的中国台湾代理权卖给智冠科技。

一顿瞎卖，收点代理费很重要。

盛大的传奇时代

2001 年 9 月，盛大运营的《热血传奇》正式进入公测。2 个月后，游戏盈利。盛大开始在上海以外的城市进行扩张，并且组建以网吧为中心的销售渠道。

盛大做出一个极具创新价值的营销策略，他们将能兑换游戏时间的点卡放在网吧销售，并且开发线上销售系统——E-sales，实现点卡信息流和资金的纯线上互动。当时游戏卡定价是，玩家购买 35 元一张的点卡，就可以获得 120 小时的游戏时间。玩家购买行为、经销商进货和销售，都可以在线上完成，网吧都十分乐意销售盛大点卡。

2002 年，盛大年收入占中国网游市场 60%，其中 65% 通过网吧渠道实现。2003 年，盛大在全国拥有的网吧分销商高达 4000 多家。到 2005 年 5 月，盛大称，约有 12 万家网吧在销售它的点卡，游戏收入同比上年增长 70%。

网吧销售网络和 E-sales，让盛大具备极强的现金流能力，每天都有源源不断的现金进入账户。2002 年，盛大实现收入 5000 万美元，利润 2500 万美元，玩家最高同时在线达到 70 万。

30 万美元代理权，一年过后就变成年利润 2000 万美元以上的公司，还有蒸蒸日上的势态。要说 Actoz 和娱美德不得红眼病，那真是绝不可能。

2002 年 9 月 28 日，《热血传奇》源代码泄露。一时间，国内到处都是《传奇》私服，盛大代理权益受到极大挑战。盛大为此找 Actoz 求助，不料被拒绝。对此，陈天桥十分震怒，开始拒绝支付分成费。

2003 年 1 月 24 日，Actoz 和娱美德发联名信：终止与盛大关于《热血传奇》的代理协议。盛大一边反击，要求 Actoz 赔偿因源代码泄露带来的巨额损失，一边开发具有自有知识产权的游戏《传奇世界》。

2003 年 6 月，《传奇世界》正式开始运营，和《热血传奇》账户完全互通。《传奇世界》上线后，Actoz 见对盛大的威胁无用，双方秘密和解。盛大以 400 万美元加 30% 游戏分成的条件，续约《热血传奇》2 年代理权。

2004 年 5 月 13 日，盛大在纳斯达克上市，是第一家在美上市的中国网络游戏公司，也是当时中国互联网公司规模最大的一次 IPO。在华尔街的推动下，31 岁的陈天桥成为中国首富。手握重金的陈天桥开始悄悄收购 Actoz 公司股份。11 月 29 日，盛大公布一则重要消息：将以 9170 万美元收购 Actoz 公司 29% 的股份，成为公司最大单一股东。

到 2007 年，盛大手中的 Actoz 公司股份达到 51%，获得控股权。眼看老窝被掏，Actoz 顾不得再打知识产权官司，寻求彻底和解。至此，盛大、Actoz 和娱美德关于《热血传奇》的纷争才告一段落。盛大能如此操作的能力，说到底还是《传奇》网游带来源源不断的现金流。

之后，盛大开始多元化，大肆收购各类互联网公司。2005 年，以 2.3 亿美元价格收购新浪网 20% 的股份。同年收购手机游戏公司 Digital-Red 和起点文学网。10 月，盛大发布自己的掌机产品——EZ mini 以及多媒体硬件 EZ Center/EZ Pod，盛大盒子。到 2005 年底，盛大市值已达到 18 亿美元，陈天桥也被称作“中国的比尔·盖茨”。

一款不被看好的游戏《热血传奇》，成就陈天桥和盛大的传奇故事。

第八十四章　网易：32 岁的中国首富丁磊

网易丁磊

丁磊，1971 年 10 月 1 日出生，浙江宁波奉化人，与搜狐的张朝阳、新浪的王志东并称为“中国网络三剑客”。

丁磊出生于一个高级知识分子家庭，父亲是科研机构研究员。初一时，他就会独立组装六管调幅收音机，荣获“神童”称号。1989 年，丁磊考入成都的电子科技大学。大学期间，他最感兴趣的课程就是编程。1993 年，他从电子科技大学毕业，获得工学学士学位，后分配到浙江省宁波市电信局，担任电信工程师。在宁波电信局工作期间，丁磊顺利掌握 Unix 的操作能力。为学习 Unix，他每天晚上 12 点才离开单位。

1994 年，丁磊从中科院的同学那里拿到账号，第一次登录 Internet，第一个浏览的网站是雅虎。1995 年 6 月，丁磊成为北京电信前 100 个用户之一。触网后，对互联网十分痴迷的丁磊建议宁波电信局也开通信息服务业务。被领导拒绝，碰壁后的丁磊决定离开宁波电信局，去追求梦想。

离开宁波电信局时，丁磊说：“这是我第一次开除自己。人的一生总会面临很多机遇，但机遇是有代价的。有没有勇气迈出第一步，往往是人生的分水岭。”

1995 年 5 月，丁磊来到当时中国经济最活跃的城市——广州，在 Sybase（美国数据库软件公司）广州公司任工程师，每天干着数据调试的活。单调重复的工作，让丁磊觉得自己没什么成长。1996 年 5 月，他跳槽到广州飞捷担任技术助理，一家 ISP 公司（Internet Service Provider，互联网服务供应商，ISP）。在飞捷，他在 Chinanet 架设一个名为“火鸟”

的BBS，在那里认识了许多网友。好景不长，飞捷因为跟电信的竞争难以存续经营。1997年5月，丁磊再次辞职。

26岁的丁磊参加工作不过4年，就已换过3家公司。他闷在家里足足思考了5天，决定自立门户。网易创业的50万元，是丁磊工作后靠写代码辛苦攒下来的。他说："这笔钱原本是用来在广州买房子安家用的。我根本不知道自己的公司未来该靠什么赚钱，我天真地认为只要写一些软件，做一些系统集成就可以了。这种想法后来几乎造成公司无法生存下去。"

创业后的丁磊带着2人挤在一间7平方米的办公室，通宵达旦开发软件。1997年5月，网易第一个产品，中文搜索引擎www.yeah.net投入运营。在那个中文站点极少的年代，中文搜索引擎没有激起什么水花。

从邮箱到门户

想经营搜索业务，最好可以直接在电信局里安装服务器。丁磊想尽办法，希望能把服务器放到广州电信局。他向广州电信局提交一份名为《丰富Chinanet服务，吸引上网时》的方案，方案要点是：要吸引用户上网，就要提供更多的互联网服务。网易提供的BBS服务可以吸引大批用户上网，利于扩充用户。

广州电信局的领导十分开明，丁磊的方案不用电信局出钱，跟电信局业务也没冲突。就这样，网易将服务器放到电信局，成为最早的服务器托管服务。丁磊觉得自己的方案写得非常好，曾经点评说："几乎可以打动任何一个电信局。"

网易在广州电信局的服务器，是丁磊亲自动手安装的一台奔腾PRO处理器电脑，硬盘很大，高达18G。丁磊将用不上的空间免费提供给网友作为个人主页空间，为此还写了一套个人主页服务系统。服务系统使用FreeBSD Unix，WebServer使用Apache系统，性能在当时十分卓越。1997年9月，网易免费个人主页数量已达到10,000个。

丁磊说："如果我当初就考虑到做站点如何赚钱，我可能就把路走错了。我受 Linux 影响很深，我觉得服务就应该是免费的，因此没想到网站今后会有收益，我只是想硬盘闲着也是闲着，不如拿出来给大家用，我的目的大约就是想让网易会变得出名一些吧，但没想到后来会这么出名，更没想到靠出名还能吸引广告赚钱。我们当初一直致力于写 Internet 上的软件，一心想着怎样靠技术赚钱。”

免费的 BBS，免费的个人主页，免费的搜索引擎，网易还没想到如何用互联网软件赚钱。

一次偶然的机会，丁磊发现邮箱软件 Hotmail，惊为天人。同时，远在武汉的华中科技大学研究生张小龙，也在 1997 年 1 月发布自己的个人软件——Foxmail 1.0 beta 英文版。

丁磊准备借 10 万美元买一套 Hotmail 系统，在中国建设免费邮箱站点。Hotmail 的答复是：不卖。后看到丁磊十分有诚意，报了个价——280 万美元。

这个价格，超出网易可以承受的范围数十倍。被迫无奈，丁磊决定和伙伴陈磊华一起研究 Hotmail，研发网易电子邮箱系统。电子邮箱能赚钱吗？丁磊并不知道。

7 个月后，网易免费邮箱系统编写完成。丁磊灵机一动，将 163.com 和 163.net 域名注册在手。他满怀期待跟广州电信局申请，想经营免费邮箱服务时，被广州电信局拒绝。理由很简单，政策不允许网易独立经营电子邮箱业务。

丁磊在全国找了一圈，都没找到愿意和网易联合经营免费电子邮箱业务的合作者，只能回头再找屡次伸手帮助自己的广州电信局。丁磊的合作方案十分有诚意：合作经营，电信局不用出一分钱。软硬件全由网易公司投入，利润 6 ∶ 4 分成（电信 6，网易 4）。

广州电信局此时却有了新打算，他们觉得电子邮箱很有搞头，提议要购买网易的邮箱系统。丁磊自然不会卖掉自己最看好的业务，他只好继续找其他电信局合作。

不过，连广州都没戏，其他地区更不用谈。

1997 年 12 月底，微软以 3.5 亿美元价格收购 Hotmail，成为 MSN 的一部分。Hotmail 创人杰克·史密斯（Jack Smith）和沙比尔·巴蒂亚（Sabeer Bhatia）赚得盆满钵满，丁磊的 50 万元创业资金却所剩无几。

1998 年 2 月，丁磊答应将邮箱系统卖给广州电信，一起出售的还有 163.net 域名。2 月 16 日，163.net 免费邮箱开放。注册用户以每天 2000 名的速度增加，很快就达到 35 万人。许多互联网公司开始找丁磊买邮箱系统，网易在破产前，终于赚到钱了。

1998 年 4 月，张小龙的 Foxmail 2.1 中文版推出。

邮箱系统的出售消弭了网易的财务危机，丁磊想做中国 Hotmail 的梦想，只能交给 Foxmail 了。

1998 年，CNNIC 开始举行名为“十佳中文网站”的评比活动，引发全网轰动。CNNIC 第一任主任毛伟说：“所谓十佳网站评比，不是评出来的，而是 1998 年在中国互联网络发展状况调查中增加的一项调查。增加这一调查的目的是希望发现并向网民推荐一些好的网站，促进我国网络信息资源建设。起初效果很好，一些优秀的网站由此引起了网民的重视，引起了网站经营者的重视，甚至引起了投资人的重视。特别是在互联网点石成金的阶段，名次的高低成为影响风险投资的重要砝码。然而最终网站调查被商业利益所利用，这违背了我们的初衷，CNNIC 只得决定取消了排名。”

1999 年 1 月，CNNIC 发布第 3 次调查统计报告，同时发布十佳网站的评选结果——网易位列第一。来自广东的 28 岁青年丁磊引发记者的围观，CNNIC 为他特意准备一间 15 平方米办公室接受采访。丁磊虽说赚了不少钱，可还是第一次碰到这种阵仗。

记者招待会结束后，丁磊和毛伟去小饭馆吃饭。丁磊突然对毛伟说：“我不只做技术了，我要做网站，我要融资，我要上市。”原来 1998 年 CNNIC 排名中，网易就位列第一，此次已经是梅花二度。有风险投资公司看到 CNNIC 的排名，给丁磊打过电话，表明投资意向。再次获奖，丁磊意识到，应该改变经营思路，“我们一直把自己看成是搞技术的，是靠开发软件维持公司运行的公司，不是做内容的站点”。

丁磊认为网易是技术公司，而非广告公司。只要能赚钱，做内容网站也没什么不好。

1998 年 9 月 22 日，网易全面改版，定位转为中文网络门户。12 月 24 日，网易虚拟社区开始运营。下图为 12 月 1 日网易首页，网易虚拟社区尚未上线。

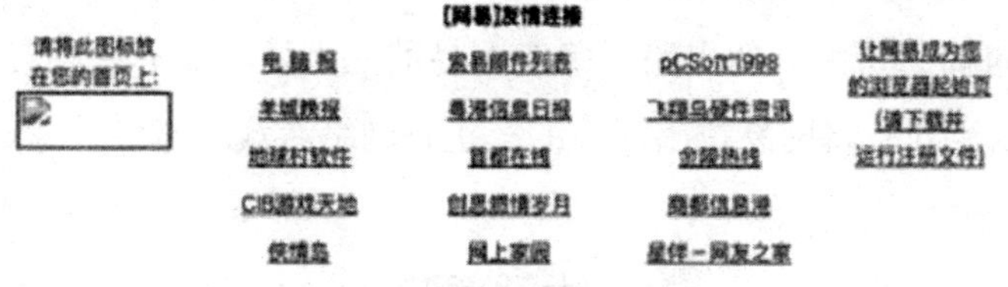

丁磊将公司核心业务转为门户网站。他说："一个网络门户必须有一定比例的固定用户，这样门户的人流量才有一个基本的保证，因此，门户站点必须建立起用户的忠诚度。提高用户忠诚度可以从几个方面入手：一是提供个人服务，如免费邮箱、免费个人主页、个性化网站等；二是提供时效性的内容，如新闻、专栏文章、地方性生活资讯、天气预报等；三是充分发挥品牌效应，通过高质量的服务和品质保证，使用户对网站的品牌产生信任感和归属感。建立用户对网站的忠诚度只是提高网站流量的一个方面，更重要的是利用网站用户之间的互动关系，建立起用户与用户之间、用户与网站之间的感情纽带。因此，网络门户必须提供BBS、论坛、聊天室等功能。这方面，充分利用互动性和即时性体现情感因素的虚拟社区将会是网络门户的最佳选择。"

不得不说，除技术外，丁磊还有很强的商业能力。

2000年6月29日，创办仅3年的网易赶在互联网泡沫破裂前在纳斯达克上市，发行价15.5美元，收盘价12.125美元。随后股价一路下行，直到1美元以下。因为涉嫌财务造假，2001年9月4日到2002年1月2日，网易被纳斯达克停牌禁止交易。

在网易股价跌到0.64美元时，网易CEO黎景辉发布《告网易全体员工书》，称丁磊"是一头冲进葡萄园里的公牛"，要"揭露网易公司运作的真相"。《华尔街日报》发文评论网易："总部设在北京的这个互联网门户网站，似乎走到了尽头。"

30岁的丁磊遭遇前所未有的危机。丁磊说："人生是个积累的过程，你总会有摔倒，即使跌倒了，你也要懂得抓一把沙子在手里。"

他重新思考网易的出路，确定网易的三大核心业务：广告、无线互联和网络游戏。将网易拉出泥潭的，正是网络游戏。

大话西游

网易是中国电子游戏行业的第二极，是仅次于腾讯的中国游戏公司，经常会搞出让所有人大吃一惊的游戏，如《阴阳师》《第五人格》《哈利波特：魔法觉醒》等游戏。

网易是怎么进入电子游戏行业的呢？和最早的 MUD 也有关联。

梁宇翀，1994 年毕业于华南师范大学计算机系，1997 年底在中山大学成立天下工作室，用来制作和运营 MUD 游戏《侠客英雄传Ⅱ》。1998 年，梁宇翀成立广州天夏科技有限公司，开始制作国内第一款 MMORPG 游戏——《天下》。游戏由徐康担任主程序，胡志辉担任游戏主策划。2000 年 6 月，《天下》进入内测，引起广州网易负责人周卓林的注意。11 月 9 日，丁磊亲自到天夏科技参观，当天就决定要收购天夏。

2001 年 3 月，网易完成对天夏科技的收购，梁宇翀因此加入网易。

网易自主研发的第一款游戏，就是梁宇翀主持制作的 MMORPG 游戏——《大话西游 Online》。由于承接天夏科技的全部研发班底，《大话西游 Online》开发进展十分顺利。开发团队原计划参考《仙剑奇侠传》、《轩辕剑》和《网络创世纪》，研发一款唐代武侠神怪背景的即时战斗模式的 MMORPG 游戏——《天下Ⅱ》。可网易员工李康提出制作回合制游戏的设想，可以模仿《石器时代》的战斗模式。2000 年前后，正是周星驰电影《大话西游》在大陆年轻人间流行的时候。两好并一好，《大话西游 Online》方案正式进入实施。

经过不断优化和迭代，《大话西游 Online》终于完成多门派、帮派、抓鬼、任务链、挖宝、天降甘露、师徒任务、剧情完整的游戏策划案。构建出一款荒诞不经，却又感人至深的游戏。

为发挥网易聊天室特色，《大话西游 Online》还将聊天窗口做到游戏主画面外，方便玩家交流。美术上，游戏使用整张 JPEG 高清图片作为地图，使得游戏质量十分高。到发布时，《大话西游 Online》的游戏品质堪称当时国产 MMORPG 游戏之最。

2001 年 11 月 29 日，《大话西游 Online》正式发布，周星驰作为游戏形象代言人为游戏揭幕，网易正式进军网络游戏。丁磊的选择十分正确，网络游戏是未来 20 年中国增长最快的一条赛道。《大话西游 Online》成功后，2002年8月，网易又推出《大话西游 Online Ⅱ》。延续前作的成功，该游戏最高同时在线突破58万。2003年12月，《梦幻西游 Online》上线。《西游》系列网络游戏，为网易带来数之不尽的现金。

2002年1月2日，网易复牌交易。2003年10月10日，网易股价冲上70.27美元，相对0.64美元的价格翻了100多倍。

这里插播一段段永平投资网易的故事。2001年，40岁的段永平为兑现对妻子刘昕的承诺，离开步步高一线管理层，远赴美国。段永平是最早制造仿FC的制造商，十分理解游戏公司的价值。当他看到网易财报时发现，股价0.8美元的网易，账上还有2亿美元的现金，十分有投资价值。特别是在试玩《大话西游 Online》后，段永平认为网易必将成为中国游戏行业的一方霸主。

他拿出200万美元购买网易股票。这一笔交易，等到2007年网易股价冲上100美元才结束，为段永平带来100倍回报。

是金子就一定会发光。2003年，32岁的丁磊以10.76亿美元身价荣登福布斯、胡润两大富豪榜“首富”宝座。

2002年7月，金山的《剑侠情缘 online》发布。2002年8月，第九城市的《奇迹》登场。2002年11月，《魔剑》上线。2003年1月1日，游戏新干线的《仙境传说》上线。中国 MMORPG 游戏一片繁荣，美国电子游戏也不甘寂寞。

一款比传奇还要传奇的大型 MMORPG，正在紧张的测试中。

第八十五章　暴雪：MMORPG 的巅峰时刻

魔兽争霸 III

在《魔兽争霸Ⅱ：黑暗之潮》（1995）和《魔兽争霸Ⅱ：黑暗之门》（1996）成功后，暴雪计划开发一款名为《魔兽历险：部落之王》（Warcraft Adventures: Lord of the Clans）的 RPG 游戏来继续魔兽系列游戏的成功。

1998 年，暴雪公司以质量不达标为由取消《部落之王》项目，将游戏主角萨尔的故事，放入《魔兽争霸 3》中。1999 年 9 月 5 日，暴雪游戏首席创意官罗伯·帕尔多（Rob Pardo）在欧洲计算机贸易展的新闻发布会上宣布：《魔兽争霸 3》将是全新的游戏类型——Role-Playing Strategy，角色扮演战略游戏。帕尔多还表示，暴雪的首席程序员迈克·奥布莱恩最初设计过一款全新的《魔兽争霸 3》，内部定名为《魔兽争霸传奇》（Warcraft Legends）。《魔兽争霸传奇》和前作比起来有一些改变，如需要指挥的作战单位少，支持过肩镜头（Over-The-ShoulderShot，一种隔着肩膀向其他人物拍摄的镜头）和取消主基地。

话说得很满，经过一年的努力，奥布莱恩也没完成游戏主体开发。

《部落之王》和《魔兽争霸传奇》两轮折腾未果后，暴雪决定沿用 RTS 游戏设定。1999 年欧洲计算机贸易展（ECTS）上，《魔兽争霸 3》演示中首次出现英雄形象，展示中还特意和《神话》和《魔法门》两款支持英雄的游戏进行对比。

2000 年 E3 上，《魔兽争霸 3》首支游戏预告片登场。11 月，游戏设定公开：有 5 个可选种族和 1 种资源。2001 年 1 月，暴雪又宣布暗夜精灵族为第 4 个种族，恶魔族成为 NPC 种族，是其他 4 个种族的对立方。

4月，暴雪推出包含黄金、木材和维护费的游戏版本。和《星际争霸》设定不同，《魔兽争霸3》希望玩家将注意力放在战斗而非生产上。英雄的使用，让玩家多打小规模的战斗，关注即时战斗而非宏观战略。

《魔兽争霸3》是第一款使用全3D图形渲染的暴雪游戏，游戏所有部分包括功能选项都是3D。游戏中的任意角色都拥有独立的3D形象和动画，包括一只羊咩咩。游戏通过大量过场动画来讲述故事，场面极其宏大。为让玩家有更强的置入感，游戏内建筑风格照搬中世纪欧洲。从艺术角度上看，《魔兽争霸3》已经形成高度个性化的美术风格。

游戏人物和故事由暴雪游戏设计师克里斯·梅岑（Chris Metzen）编写，他也是兽族英雄萨尔的配音人员。

2002年1月中旬，暴雪将5000个《魔兽争霸3》beta版发给随机选择的测试人员，便于改进。内测邀请，是电脑游戏的独特优势。此版本只支持战网，不支持单人游戏和局域网游戏。2002年7月3日，《魔兽争霸3》正式在美国发布，游戏发布时名称为《魔兽争霸3：混乱之治》（Warcraft3：Reign of Chaos）。

《混乱之治》发布后，暴雪没有停下对游戏的改进。2002年10月，他们开发出扩展版本《冰封王座》（The Frozen Throne）。《冰封王座》为每个种族增加1个新的英雄，并增加5个可以被所有种族雇用的中立英雄。通过20,000名玩家灰度测试后，2003年7月1日，《魔兽争霸3：冰封王座》在全球发行。

暴雪的传统艺能是会随游戏一起发布地图编辑器，让玩家自定义游戏。强大的地图编辑器，催生出诸如《澄海3C》和《DotA》等独立于《魔兽争霸》的游戏玩法，成为电子竞技项目。

《魔兽争霸3》发布首月就售出100万份，是历史上销售最快破100万的电脑游戏，超越《暗黑破坏神Ⅱ》。2001年9月2日，欧洲计算机贸易展的新闻发布会上，暴雪公布新游戏《魔兽世界》（World of Warcraft）的开发计划，一款大型多人在线角色扮演游戏（Multiplayer Online Role-Playing Game，MMORPG）。《魔兽世界》将继承《魔兽争霸》

的故事背景，采取全 3D 引擎，让玩家可以在一个史诗般的奇幻世界中冒险。玩家可以探索艾泽拉斯的每一寸土地，和其他玩家战斗或厮杀，获得最后的胜利。

暴雪表示："我们专注于扩大魔兽世界的范围，为玩家提供令人难以置信的动态在线游戏体验，并提供无限可能。动感十足的战斗系统可与多个对手进行快速、激烈的战斗，同时最大限度地减少战斗之间的延迟，让玩家保持移动。魔兽世界会定期更新，丰富、不断发展的故事和任务系统将使玩家全沉浸于此。"

《魔兽争霸》系列带来的良好口碑和庞大的战网用户，几乎可以确定暴雪这款 MMORPG 将会前所未有地成功。

魔兽世界

《魔兽世界》和《魔兽争霸 3》的开发周期是并行的，在暴雪内部，双方会共享开发进展和人员，比如两个项目的首席创意官都是罗伯·帕尔多。帕尔多回忆说："在《星际争霸》完成后的一段时间里，我们将南方暴雪分成两个独立团队。其中一个团队正在开发一个最终会成为《魔兽争霸 3》的项目，但一开始并不能明确它的发展方向（曾 2 次更改设计方案）。另一个团队开发一个完全不同的项目，但它显得有点漫无目的。我们决定停止开发。接下来该团队要做什么？这就是《魔兽世界》的起源。"

谁知道，《魔兽世界》竟然源于不知道做什么？

1997 年，EA 旗下的 Origin Systems 工作室的游戏制作人理查德·盖瑞特（Richard Garriott）带领团队开发出一款 MMORPG 游戏《网络创世纪》（Ultima Online），该游戏曾多次在本书中出现。1998 年 12 月，《网络创世纪》订阅用户已达到 10 万，是全球第一款达到 10 万订阅的 MMORPG 游戏。EA 陆续在日本、欧洲、韩国、中国台湾、澳洲增设服务器。《网络创世纪》是全球影响力最大的 MMORPG，也是运营时间最长的 MMORPG 游戏之一。另一款知名 MMORPG 游戏是 1999 年 3 月 16 日美国索尼在线娱乐（Sony Online Entertainment）运营的《无尽的任务》（Ever Quest）。该游戏包括 1.6 万个任务，游戏中的诺拉斯大陆面积换算为现实世界，有 350 万平方千米。《无尽的任务》的标志性设计，是人物头顶的黄色感叹号。

暴雪开发团队的 MMORPG 粉丝量极高，在暴雪联合创始人艾伦·阿达姆的提议下，“不知道干什么”团队转入 MMORPG 游戏开发。暴雪另外两位创始人迈克尔·莫海姆和弗兰克·皮尔斯表示十分认可，并说，“这是暴雪的起源”。

既然如此，《魔兽世界》开发就由艾伦·阿达姆负责吧。

帕尔多说：“我是《魔兽争霸 3》的首席设计师，艾伦担任《魔兽世界》的首席设计师，并在早期真正推动该项目。我们的关系非常有趣，因为工作室里没有其他的首席设计师，所以我们必须花很多时间在一起共同设计很多东西。早期，我们非常专注《魔兽争霸 3》的设计决策，每天都会一起吃午饭并讨论问题。随着《魔兽世界》开发越来越深入，我们的讨论越来越多地转向《魔兽世界》。”

双执政官的设计，果然会让效率提升。

设计上，《魔兽世界》的主要参考对象就是《网络创世纪》和《无尽的任务》。帕尔多本人在《无尽的任务》中经营着一个大规模的公会，他十分喜欢那种并肩作战的友情。

《无尽的任务》里还有一个非常厉害的公会——Fires of Heaven，公会会长名叫亚历克斯·阿弗拉西亚比（Alex Afrasiabi），网名 Furor。这哥儿们是《无尽的任务》里的明星玩家，经常带着公会同伴完成各种任务首杀，并且有个人网站公布游戏攻略。Furor 个性非常鲜明，经常怼索尼在线娱乐。有一次甚至在论坛威胁游戏官方——美国索尼在线娱乐（Sony Online Entertainment）说：“给你们 14 天把问题解决，不然我就删号解散公会退游戏。”

威胁有效，问题很快被解决。

帕尔多觉得，这哥儿们真是个天才。

2004 年 3 月 14 日，暴雪聘请他为《魔兽世界》的助理任务设计师。2007 年，Furor 已经成为魔兽世界第一部资料片《燃烧的远征》（The Burning Crusade）首席任务设计师。

多玩游戏，玩家里隐藏着许多天才。

2004 年，《魔兽世界》公测，Fires of Heaven 公会第一时间入驻。

随着《魔兽世界》游戏世界观逐渐成型，帕尔多开始设计不同的游戏职业：战士（Warrior）、潜行者（Rogue）、猎人（Hunter）、法师（Mage）、术士（Warlock）、牧师（Priest）、德鲁伊（Druid）、圣骑士（Paladin）、萨满祭司（Shaman）、死亡骑士（Death Knight），并设计出两大阵营——联盟和部落。联盟阵营（Alliance）由人类（Human）、矮人（Dwarf）、暗夜精灵（Night Elf）、侏儒（Gnome）、德莱尼（Draenei）以及狼人（Worgen）组成。部落阵营（Horde）由兽人（Orc）、牛头人（Tauren）、巨魔（Troll）、亡灵／被遗忘者（Undead/Forsaken）、血精灵（Blood Elf）、地精（Goblins）组成。

帕尔多说："在《魔兽争霸 3》中，即使是英雄也只有四种能力。在魔兽世界中，我们打算用 30、40 种能力来制作这些职业。"

2003 年，被游戏开发折腾得筋疲力竭的阿达姆暂时离开，帕尔多接手他的工作。此时，另外一位概念艺术家罗吉米（JimmyLo）加入魔兽世界，完成主要的美术风格。下图为《魔兽世界》游戏画面。

巅峰魔兽世界

2004年11月23日，《魔兽世界》在北美和澳大利亚上线运营，支持Macintosh和Windows平台。

游戏上线后，马上是一边倒的叫好声。游戏数据的火爆并没有让《魔兽世界》开发团队马上开香槟庆祝，而是陷入更紧张的改进。和《魔兽争霸》和《星际争霸》不同，《魔兽世界》是暴雪第一款MMORPG游戏。在线游戏要面对的问题，明显多许多。

帕尔多说："我们大大低估了游戏的受欢迎程度，还大大低估了人们在一天玩它的时间，很多方面我们都没准备好。从纯粹的硬件方面来看，我们没有准备好。从人们达到最高等级的速度，以及我们是否将为他们准备好内容的角度来看，我们没有准备好。我们从未真正考过，它是一场永远不会结束的游戏。"

就像淘宝承受双十一的峰值数据考验一样，暴雪承受住开服期蜂拥而至的玩家。《魔兽世界》团队在接下来的十多年里，发布了8部资料片，对游戏进行扩容。分别是：

2007年1月16日，The Burning Crusade，燃烧的远征。

2008年11月13日，Wrath of the Lich King，巫妖王之怒。

2010年12月7日，Cataclysm，大地的裂变。

2012年9月25日，Mists of Pandaria，熊猫人之谜。

2014年11月13日，Warlords of Draenor，德拉诺之王。

2016年9月1日，Legion，军团再临。

2018年8月14日，Battle for Azeroth，争霸艾泽拉斯。

2020年11月24日，Shadowlands，暗影国度。

2008年1月22日，《魔兽世界》全球订阅用户超过1000万，其中欧洲用户200万，北美250万，亚洲550万。到2014年1月28日，暴雪宣称《魔兽世界》玩家账户数突破 1 亿。

2008 年 4 月，《魔兽世界》占全球 MMORPG 订阅市场的 62%。游戏总收入达 92.3 亿美元，是有史以来收入最高的电子游戏。

第八十六章　第九城市：从奇迹到魔兽世界

网游韩流

1995年，韩国Star Museum娱乐公司创始人李秀满计划打造一个嘻哈音乐风格的男孩团体。年底，拥有五名成员的H.O.T.组合正式成立，进入集训。1996年9月7日，H.O.T.发布首张专辑《We Hate All Kinds of VIolence》，并且在MBCTV热门节目《周六周六快乐吧》获得20分钟亮相时间。该专辑销量突破100万张，成为韩国歌坛一匹黑马。

从此，韩国音乐产业开始由偶像团体主导，各种组合席卷全韩，H.O.T.也成为第一个在首尔奥林匹克主竞技场单独开唱的韩国艺人团体。H.O.T.在首尔奥林匹克主竞技场演唱会共3天，有45,000人入场，创下韩国演艺史上票房最高、最快售完、观众数最多、维安规模最大的演唱会纪录。2000年2月1日，H.O.T.在中国北京工人体育馆举行演唱会，是第一个单独在中国开演唱会的韩国组合。当天，工体座无虚席，13,000名听众到场，90%都是听不懂韩语的中国人。

中国媒体开始使用“韩流”来形容H.O.T.到来引发的轰动，诸如《H.O.T.燃烧工体》《H.O.T.令北京升温》的标题，出现在各种报纸和杂志上。

因其轰动性影响，H.O.T.被任命为“中韩文化交流宣传大使”、“韩国观光推广大使”和“禁毒宣传形象大使”，曾三次被韩国总统金大中接见。一时间，韩流席卷全球。在英语中，“Hallyu”一词被用来特指韩流。

2000年前后，中国游戏市场也正是韩国游戏大行其道时期。在《热

血传奇》造富效应的示范下，大量中国商人跑去韩国找游戏代理。韩国人一看机会难得，将大量粗制滥造的游戏趁机卖给中国公司，中国玩家深受其害。

一片混乱中，韩国成长出几家不错的游戏公司。

韩国第一大游戏公司——NEXON，1994 年 12 月由正在韩国科学技术高等研究院（KAIST）攻读计算机科学与工程博士学位的金正珠创立。创立后发布第一款 MMORPG 游戏——《Nexus: The Kingdom of the Winds》，一款架空韩国历史的游戏。NEXON 主要作品有《地下城与勇士》（DNF）、《跑跑卡丁车》、《冒险岛》、《泡泡堂》、《反恐精英 Online》等，是休闲游戏专家。

韩国第二大游戏公司——NC Soft。之前出场过，是金泽辰 1997 年 3 月创办的游戏公司。1998 年 9 月，NC Soft 推出首款 MMORPG 游戏《天堂》。NC Soft 后续研发的游戏包括《永恒纪元》《剑灵》《天堂Ⅱ》《荒野星球》等知名 MMORPG 游戏。

韩国第三大游戏公司——Webzen。在韩国市场极度火热时进场，2000 年 4 月 28 日成立。首款游戏为《奇迹 Online》（MU Online）。游戏在韩国上线后，立马成为最耀眼的新星。Webzen 当年收入突破 2000 万美元，打破《天堂》在韩国游戏市场的垄断。有网友说：《奇迹 Online》是让《天堂》哭泣的游戏。《奇迹 Online》并非籍籍无名之辈，它的老师可是《暗黑破坏神》。

就这个，出道即巅峰的《奇迹 Online》被一位名叫朱骏的年轻人看上了。

九城朱骏

朱骏，1966 年 10 月 7 日出生于上海。他小时候家里十分穷，为补贴家用出去骑黄鱼车（三轮自行车，上海俚语叫黄鱼车，因形同东海里的黄鱼，到处乱窜）帮人送货。有一次拉着一车货从上海军工路到宜山路，

足有 20 多千米路程。顶着火辣辣的太阳，还要负责搬运。送完货，朱骏拿到 168 元报酬。他没有花掉，而是用镜框装裱起来。

1980 年代中期，朱骏考入上海交通大学。大学期间，他开始经商。第一次下海是进了 5 件 20 元的夹克衫，在淮海路边练摊，每件卖 25 元。和 3 个同学吆喝半天，终于把衣服全部卖完。满怀欣喜结账时，发现荷包里竟然只有 100 元。原来是有件衣服被人顺手牵羊拿走，大家白忙活一场。

朱骏后来说："无论干什么，管理都非常重要，那个时候正是因为我们只把眼睛盯在了简单的卖东西上面，盯在了钱上面，才会疏于管理，才会让小偷有可乘之机，由此可见，无论干什么都要将管理放在第一位，没有好的管理就不可能出来好的效益。"

1985 年 3 月，上海大众成立，开始生产中国最普及的轿车"桑塔纳"。卖夹克衫没赚到钱，朱骏准备干票大的——兼职卖桑塔纳。卖出一辆桑塔纳提成足足有 2500 元，比卖衣服高出 500 倍。他跑到上海花园酒店一楼的咖啡厅，在那里驻点卖车，因为那里有钱人比例最高。喝掉 500 元咖啡后，朱骏发现卖车也不靠谱。提成是高，可卖车比卖衣服难太多了。

读完 2 年大学后，朱骏从上海交大退学，进入物资部上海一家下属企业担任秘书。为何离开交大，至今没有准确的答案。从朱骏的发展来看，他退学和盖茨、乔布斯和扎克伯格退学一样，不算坏事。在进出口贸易公司上海申大集团工作期间，由于情商极高，做事又勤奋，朱骏很快在公司打出一片天地，个人承包了进口七部。

1993 年，朱骏去美国发展。到美国后，他开始玩起房地产，做地产经纪人，第一桶金就赚到 25 万美元。他回忆说："当时我看了比尔·盖茨的一本书，书上说比尔·盖茨赚的第一笔钱是 25,000 美金，而我的第一桶金比他多多了。"

1995 年，盖茨首次登顶福布斯世界首富的宝座，将"世界首富"的桂冠戴到 2007 年。

在美期间，朱骏赚到 300 万美元。1998 年，他从美国回国，投资 50 万美元创建 Gamenow，占股 60%。都是 50 万，朱骏的 50 万比陈天桥、丁磊、

马化腾等人的 50 万，要高端很多。

1999 年 8 月，Gamenow 正式推出，成为国内第一个网络虚拟社区。2000 年 5 月，网站改版更名为 www.the9.com。the9，第九，来自“第九艺术”一词，本是指排在建筑学、雕塑、绘画、音乐、舞蹈、诗歌文学、电影、电视这人类八大艺术形式之后的漫画，后被指代为电子游戏。the9 的虚拟社区叫作第九城市，注册用户叫作居民。2000 年 9 月，第九城市注册居民突破 100 万。

2000 年互联网泡沫后，还没来得及上市的九城只能靠朱骏老板自己掏腰包维持，每月费用高达 120 万元。为鼓舞军心，财大气粗的朱骏老板给高管发放股份，并组织一项超级花钱的活动：足球。

朱骏对足球是发自内心的热爱，不只是玩玩而已。

2002 年 7 月，九城以 200 万美元价格拿下韩国 Webzen 的当家花旦《奇迹》在中国的代理权。双方各投资 150 万美元成立九城娱乐公司，中方占股 51%，韩方占股 49%。

制作精良的《奇迹》很快进入抢钱模式，2003 年 2 月，《奇迹》注册用户达到 1500 万，同时在线人数 30 万。九城每天可以在《奇迹》上赚到 200 万元，成为当时 MMORPG 游戏市场最为重要的玩家。

2003 年，赚到大钱的朱骏组织九城员工以“上海九城”的名称参加业余足球丙级联赛。同年，上海另一支球队上海天娜参加乙级联赛但是未能冲甲。赛季结束后，上海天娜被朱骏收购。2004 年，以新天娜球员为主的上海九城再次参加中乙联赛，以不败战绩夺冠，冲甲成功。

2005 年，上海九城队在比赛中途更名为上海联城，避免和纳斯达克上市公司九城有所关联。上海联城完全是朱骏的个人球队，他颇有点《西虹市首富》中王多鱼的感觉。

2006 年，朱骏将上海联城转让，自己去收购中超球队上海中邦，将其改名联城。2007 年，他又收购上海最出名的足球俱乐部上海申花。有钱任性的他将价值数千万的联城（原上海中邦）的中超参赛资格直接注销，将两支球队人员合并。

2007年8月，上海申花远赴荷兰鹿特丹参加港口杯邀请赛，对阵利物浦队。申花俱乐部投资人朱骏首发出场，与利物浦队世界级球星杰拉德、托雷斯等人同场竞技。过了5分钟大战利物浦的比赛瘾后，朱骏被主教练换下。

英国的媒体对此行为的“赞美”溢于言表，《卫报》称，这位肥胖的“前锋”仅仅5分钟就被换下。利物浦《回声报》评论，朱骏选择让自己上场，也许是为了有朝一日能够给他的孙子说，我曾经和利物浦打过比赛。

不得不让人怀疑，《西虹市首富》是照着他拍的。

俱乐部顾问张德发曾对朱骏上场参赛一事辩解：“朱骏出场比赛的原因是主办方事前的言论刺激，致使申花几乎考虑退赛，球队即使水平不如对手，也不能被视为陪衬失去尊严，因此朱骏为了自己的尊严亲自出场，而且是出于给对方留一些颜面的缘故，所以才只上场踢了五分钟。”

王多鱼对上的是恒太队，朱骏对上的是利物浦队，孰高孰低，一目了然。

2004年4月，九城和暴雪娱乐签署战略合作协议：九城获得《魔兽世界》中国大陆地区的独家运营权。12月16日，第九城市（NCTY）在纳斯达克正式挂牌，募资1.03亿美元。

2004年12月24日，朱骏接受采访时表示：九城现在还不是国内第一，可在3D网游阶段，我们将横扫一切竞争对手。

手握《魔兽世界》代理权的九城，肯定有资格这么说。

九城魔兽世界

2005年4月，《魔兽世界》在中国开始公测。6月，《魔兽世界》正式开始商业化运营。

九城代理《魔兽世界》的费用极低，只有300万美元。可附加条款一大堆，比如九城每年要拿出1300万美元为《魔兽世界》宣传，进入运营后，4年内每季度必须支付160万—370万美元作为版税费用。

拿着从纳斯达克募集来的1.03亿美元，朱骏毫不慌张，何况他手里还有一只正在下金蛋的母鸡——《奇迹Online》。

2005年，九城收入达6270万美元。

2006年，九城收入达13,290万美元，比2005年增长112%。

这本来是一个多么完美的创业故事，可朱骏的注意力完全在足球上，并不关心《魔兽世界》的运营质量。《魔兽世界》第三区、第七区故障频发，逐步发展到全区全服频繁崩溃掉线，用户怨声载道。九城漠视问题，只顾收钱。游戏客服不响应，对玩家数据经常搞“回档”。

2007年5月21日晚，九城宣布获得暴雪的老对手EA的投资：EA以1.67亿美元的价格，获得九城增发的15%股份。同时，九城宣布与EA签订中国大陆独家代理运营EA Sports的《FIFA Online》的合作协议。

2007年1月16日，魔兽世界发布第一部资料片《燃烧的远征》(The Burning Crusade)。作为《魔兽世界》的中国代理商，中文版《燃烧的远征》9月6日才发行，是全球最后一个资料片上线的地区。九城对《魔兽世界》的运营态度极不端正：资料片中的小版本跟全球版本脱节，大区服务器掉线严重，盗号问题泛滥。

加上九城接受EA投资，暴雪开始考虑终止和九城的合作。

2008年4月14日，九城发布消息：已经和暴雪签约，续签下一部资料片在中国大陆地区的运营权。可这只是个烟幕弹，网易和暴雪已经开始眉来眼去。8月，网易获得暴雪开发的《星际争霸2》以及战网的代理权。

2009年4月16日下午3点40分，暴雪官宣，《魔兽世界》中国地区代理权将由九城移交到网易，为期3年。随后，网易发布玩家关心的数据转换、账号安全及下一部资料片的公告。当天，九城股价大跌24.66%。

4月17日，九城还在开放游戏新服务器，称：九区刀塔将于4月21日开放，十区奎尔丹纳斯将于4月24日开放。在失去代理权后，九城仍然操作不止，实在让人不解。

2009年6月7日0时，《魔兽世界》国服正式移交给网易旗下公司上海网之易网络科技发展有限公司。在服务切换无法游戏的 1 个半月里，大批奋战在艾泽拉斯的《魔兽世界》难民涌入各类网游，并引发一系列知名网络事件，如“贾君鹏，你妈妈喊你回家吃饭”事件。7 月 23 日，网之易发布消息称《魔兽世界》国服将在 7 月 30 日开始内测，免费 2 个月，版本简称 3.13。

让中国玩家没想到的是，3.13 版《魔兽世界》竟然持续了 1 年零 1 个月都没有更新。被称为“万年 TBC”，TBC 是“The Burning Crusade”（燃烧的远征）首字母。其续集《魔兽世界：巫妖王之怒》足足审核了一年多，到 2010 年 8 月 31 日才开服。审核期内《魔兽世界》国服资料片大大落后全球其他地区，可繁荣程度确实一点都不差。

九城现金流充裕时，朱骏还抢到过不少 MMORPG 游戏的代理权，比如《卓越之剑》《奇迹世界》《激战》等。理所当然，这些游戏都没能激出一点点浪花。而失去《魔兽世界》的九城进入漫长的亏损之旅，2009 年到 2018 年连续亏损 10 年，市值更是跌到不足 5000 万美元。

2018 年，九城进军区块链。2019 年，九城发公告，称已与贾跃亭的法拉第未来签订协议，在中国制造和运营电动车。

至此，电子游戏的江湖中，再也没有九城这号人物了。

凭运气赚来的钱，最终都会凭实力亏掉，无一例外。

第八十七章 巨人网络：人性的弱点

传奇史玉柱

1962年9月15日，史玉柱出生于安徽省蚌埠市怀远县城关镇。1980年，他以怀远县高考状元的身份考入浙江大学数学系。1984年，他毕业分配到安徽省统计局。1985年，史玉柱被外派到西安统计学院进修。学校请来一位美国教授传授美国统计调查方法，基础就是美国正在飞速发展的计算机系统。学成归来的史玉柱回到单位后，说服领导购买了一台计算机。他开始自学计算机编程，开发程序用来对安徽省各项统计数据进行分析，并将其写成论文发表在统计学刊上。

史玉柱人生第一次高光时刻也因此来临。1980年到1988年，原中国科技大学统筹方法研究室杨纪珂教授担任安徽省副省长，他十分欣赏史玉柱，将其推荐到深圳大学软科学管理硕士研究生班进修。

1989年1月，由安徽省公派的史玉柱从深圳大学毕业。

回到单位的史玉柱没有老老实实工作，成为一名优秀的公务员。他反其道而行之，辞职离开安徽统计局。这在当时是极其离经叛道的行为，史玉柱丝毫不怵。受深圳特区改革开放气息强烈鼓舞的他说："如果下海失败，我就去跳海。"

史玉柱的创业项目跟求伯君的一样，也是中文文字处理系统。他借来一台电脑，开始没日没夜编程，直到开发出一套中文排版印刷软件"M-6401"。他将M-6401交给安徽统计局的前同事试用，反响很好。

1989年夏天，史玉柱带着借来的4000元到深圳开始创业。为省钱，他住在深大学生宿舍。当时的电脑价格十分昂贵，史玉柱很难找到可用的电脑。在朋友的帮助下，他获得晚上使用深大老师办公室电脑的机会。

每当夜幕降临的时候，史玉柱就会轻轻走进老师办公室，噼里啪啦地继续完善 M-6401。

产品搞定了，可没有公司开展业务。他挂靠到天津大学深圳科贸发展公司，每月交挂靠费，才获得正式经营的资格。深圳是改革开放的急先锋，解决政策限制远比内地灵活。

要将 M-6401 顺利推出，史玉柱还需要一台电脑。他跑到商场以贵 1000 元却要延期付款 1 个月为条件，赊来 1 台电脑。没钱打广告，史玉柱又跑到北京《计算机世界》杂志社广告部，现场演示 M-6401 的使用，要求以产品为抵押赊账打广告。当时的广告主任贺静华颇具眼光，答应先给史玉柱打 3 期 1/4 版面的广告。

1989 年 8 月 2 日，《计算机世界》上出现 M-6401 的广告标题《办公自动化的历史性突破：同时替代激光排版和中英文打字机的 M-6401 办公机问世》。广告一登，黄金万两。广州的一家政府机关打电话说要买 3 套，史玉柱跳上中巴车亲自送货到广州。刚回来，宁波又来要货电话。

8 月 16 日，史玉柱收到三张银行汇款，一共 15,820 元。广州 3 套 8,820 元；另外 2 张零售单，每张 3,500 元。9 月份，史玉柱收到 16 万元货款，10 月份收到 100 万元货款。

9 月初，在朋友的介绍下史玉柱招聘到 3 个员工。10 月份，看到赚到那么多钱，这几个员工说："我们每个人都应该有股份，大家应该将赚到钱的分掉。"史玉柱觉得他们几个可能有点毛病，他说："股份的事情可以商量，但每人 25% 不可能。"大家不欢而散，史玉柱气得摔了电脑。

后来他说："中国人合作精神本来就很差，一旦有了股份，就有了和你斗的资本，造成公司结构不稳定。后来我就给我的高管高薪水和奖金，就是给比他应该得到的股份分红还要多的钱。我认为，这个模式是正确的，从此以后，我的公司就再没发生过内斗。"

10 月份，史玉柱将赚到的 100 万元全部作为广告费砸向《计算机世界》。M-6401 的销售额突破 500 万元，到 1990 年 3 月，史玉柱已经赚到 3000 万人民币。很快，金山求伯君的 WPS 杀入文字处理市场，为能研发出跟 WPS 对抗的产品，史玉柱再次进入闭关模式。他和另外一位同事又住到深圳大学学生宿舍，研发 M-6402。

经过长达 5 个月的开发，产品完成开发。他无心他顾，吃饭都是方便面解决。他给 M-6402 取了个响亮的名字——巨人汉卡。1991 年 4 月，史玉柱正式成立巨人公司。“巨人”一词来源于 IBM 的绰号：蓝色巨人。

1992 年，史玉柱将公司总部搬到珠海，此时巨人公司已经是一家净资产过亿，拥有数百员工的高科技公司。珠海市政府对巨人十分重视：税收减免，破例审批出国。为成为真正的巨人，史玉柱开始做巨人电脑，并在当时最火热的“企业多元化”思维下四面出击。巨人集团下属业务不仅有文字编辑软件，还有生物工程、服装、化妆品一大堆事业部。1993 年，巨人公司销售额达到 3.6 亿，成为仅次于四通的第二大民营高科技企业。

为支持巨人公司的发展，时任珠海市委书记的梁广大力排众议，给巨人一块兴建巨人大厦的建设用地。不过有个附加要求，希望巨人建成全国第一高楼。

1993 年，中国经济十分火热，通胀达到 2 位数。深圳写字楼的价格一度涨到 15,000 元每平方米，同为特区的珠海也在大肆兴建港口和机场。史玉柱出现误判，认为珠海很快会和深圳比肩。他将巨人大厦从 18 层规划改为 72 层超高建筑，造价高达 12 亿。手里只有 1 亿现金的史玉柱丝毫不慌，因为他还有个绝招：卖楼花，也就是卖期房。

1994 年，正当史玉柱打算出售巨人大厦楼花时，中国第一次宏观经济调控来袭。巨人大厦才刚打下 68 根桩后，就已经花掉巨人公司 1 个多亿现金流。对此，史玉柱一点都不警惕，还在大肆扩张。创业后的胜利，让他不断膨胀，感觉做什么都能成。

巨人在保健品上投入近 1 亿广告费，推广全新的产品“脑黄金”。钱哗啦啦地从巨人账上流走，史玉柱这才发现从不缺钱的巨人现金流开始十分紧张。同年，33 岁的史玉柱位列福布斯中国大陆富豪榜单第 8。

1996 年 6 月 3 日，湖南常德汉寿县的退休老船工陈伯顺因服食三株口服液死亡，成为中国保健品市场崩溃的起点。质量低下、管理混乱的中国保健品行业从此进入寒冬。依靠保健品脑黄金利润修建巨人大厦的巨人集团，现金流出现断裂的风险。不久后，才盖了3层的巨人大厦停工，公司停摆。

史玉柱带着2.5亿的债务，短暂消失在公众视野中。

他没有放弃，而是躲着等待机会，谋求东山再起。

1997年冬，安徽泾县。史玉柱带着巨人的铁杆员工召开“太平湖会议”，讨论脑白金产品构思。1998年，在一辆珠海开往无锡的车上，史玉柱对着20多个月没拿到工资的员工说：“等我有了钱，一定补偿你们。”

史玉柱找朋友借了50万元重启保健品事业，又一个“50万”。这50万怎么花呢？史玉柱拿出5万元补发部分工资，15万元给工厂生产，15万元在江阴投广告，15万元备用金。他用地方广告和本地报纸，在一个极小的市场启动脑白金的推广。对比之前动辄上亿的广告投入，史玉柱并不因为钱少而忽视广告。他亲临一线，制定出一套花费最小效果最好的本地化广告轰炸策略。

从实战成绩看，史玉柱可以位列建国后排名第一的营销大师，绝无虚言。

史玉柱拿着赚来的钱从县级市一个个启动，边砸广告，边坚持现货。巨人公司的广告“今年过节不收礼，收礼只收脑白金！”多年位列最差广告，可丝毫不影响脑白金的火爆销售。

1年多后，脑白金王者归来，月销售额达到1亿。1999年7月12日，上海健特成立，健特是巨人的英文单词“giant”的音译。为避免巨人的恶劣影响，史玉柱曾在3月分别注册黄山康奇和怀远宏强两家公司，用于投资成立上海健特。2001年，拥有脑白金权益的上海健特和ST国货合并，更名为ST青健。史玉柱在这次合并中，拿到3.43亿现金。

2月6日的《解放日报》第4版上，史玉柱发表个人感言作为广告内容：“十年前，巨人创造过辉煌；四年前，巨人跌入低谷；新世纪，巨人从上海复出；感谢上海优良的投资环境、良好的政策环境；感谢上海人民的厚爱。史玉柱真的重新站起来了。”

2003年，香港上市公司四通电子（H股代码：409）获得批准，收购黄金搭档生物科技。这是一桩复杂的交易，卖方是史玉柱拥有全资权益的公司 Ready Finance。四通电子此次收购的标的是黄金搭档生物科技75%的股权，总价 11.7 亿港币，用 6 亿现金加增发的 5.7 亿可转换股债券支付。收购完成后，黄金搭档生物科技将重组脑白金和黄金搭档的知识产权和全部分销网络。

史玉柱拿着巨额现金投入最保险的行业——银行。他先买入 1.4 亿股华夏银行的法人股，又买到 3.157 亿股民生银行。此时的他终于可以安然坐在家里，品味难得的悠闲。

1989 年到 2003 年，短短 14 年间的大起大落，是史玉柱难得的魔幻冒险。动人的故事，给他带来动人的洞察力。

网游的开始

2003 年的一个深夜。

史玉柱宅在家里玩盛大的《传奇世界》，网名“收礼只收脑白金”。在游戏里，他多次被人 PK，十分郁闷。为报仇，他找到服务器级别最高的玩家，想买他的账号一雪前耻。得知对方是温州一个网吧老板后，他火速让温州分公司的经理花 7000 元买来账号。买到高等级账号后，史玉柱发现自己 PK 还是不行。原来除了账号等级外，装备也重要。

买装备要花钱。他开始琢磨《传奇》的漏洞。作为顶级程序员，他很快发现《传奇》有个漏洞：角色在地图切换时，会有 0.5 秒延迟。史玉柱说：“我搞两台电脑，一个我正在登录，另外一个准备好登录。我从一个地图往另外一个地图闯，这边刚露头，那边回车键一按，我一个人同时在两台电脑上出现。然后我把我身上所有的钱、装备给一个号，我下线，我身上什么东西都是两倍，再做一次四倍，再做一次八倍。”

史玉柱的行为很快就获得回报——封号。

他实在气不过，关机就直奔盛大总部，报上自己的名字。陈天桥对这位老前辈自然是尊重有加，账号顺利解封。回去后的史玉柱仍然贼心不死，还在找《传奇》的其他漏洞。再次被封后，他气得放弃《传奇》，改玩盛大旗下另外一款 MMORPG 游戏《英雄年代》，一款现代人穿越到中国春秋战国的游戏。

他发现《英雄年代》的设定非常有趣，不比《传奇》差。

2004 年，盛大因为游戏设计理念和《英雄年代》研发团队不同，导致整个《英雄年代》的研发团队都想离开盛大。得知这个消息后，史玉柱连忙用高薪接收了全部开发团队。他说："我看准的优秀人才，工资一事一议，不受公司级别制度限制。"

就这样，史玉柱攒够了研发一款 MMORPG 游戏的全部人马，20 人左右。史玉柱回忆说："我们的游戏刚做出来的时候，是很不好玩的一个游戏，非常难玩，我每天就在里面玩，平均是 15 个小时在游戏里待着，除了吃饭睡觉，剩下的时间我全在游戏里面。我这样待了两年，外面都没有朋友了，我也不用手机的。我基本上就在那个虚拟世界真的待了两年，每天不看到太阳我是不睡觉的，太阳出来我才睡觉。这么熬了两年，玩的时候发现哪个地方不好，连夜把技术人员叫起来，叫他起来去改。之后我睡觉了，醒来后就看改好了没有。"

他是真正地热爱游戏，和朱骏真正热爱足球一样。

作为一名玩家，史玉柱将自己毕生对人性的理解全部放入游戏中。他知人善用，对研发团队的能力和特性了如指掌，钱也给得远超行业水平。2 年时间，一款高品质的 2D MMORPG 游戏终于打磨成型，名为《征途》。

2005 年 9 月 29 日：《征途》进入封闭测试。

在《史玉柱自述：我的营销心得》一书中，史玉柱说："以前网络游戏的收费模式，全部都是时间点卡。也就是不管你玩不玩，你先交钱，比如 5 块钱 1 个小时，你要买就买 100 块钱的，我就让你玩 20 个小时，以前都是这样的。我在这个游戏里面玩的时候，发现大部分玩家都是学生。我那时候没收费，因为他们说只要一收点卡他们就不玩了。其实游戏里面有很多人是愿意花钱的，像我在游戏里就属于愿意花钱的。我曾经为了玩盛大的游戏，花 7000 块钱买了别人一个账号去玩。像我这种人挺多的，有的人比我还舍得花钱。这些人就觉得，一般的学生可能靠父母给点伙食费在里面玩，像我这么有钱在里面，我的优势出不来，他心理也不平衡。然后这个有钱人他需要那些没有钱的人。游戏主要是战争，要打架，如果没有钱的学生都不玩了，要打架的时候你拿刀砍谁去？所以没人了有钱人也不爽。所以我就研究，应该是这样：让这些没有钱的人不用花钱，就在里面免费玩；但是有钱的人，你就去花钱，让你花多多的钱，你在里面要建你自己的组织，比如说自己的国家、自己的帮会，你帮会里的小兄弟小姐妹们，他们的钱你也得出，反正你有钱也不在乎。”

“后来一测试就发现，这个方式在在线人数、实际收入上，都成立。第一，在线人数，如果用时间点卡，我只能做到 10,000 在线人数的话，我用这种方式，在线人数可以做到十几万人，人数可以多很多。人一多，游戏就热闹。第二，收入，如果在线人数一样，以前的 10,000 人和现在的 10000 人，用我这种方式，人均收入会比以前的人均收入方式高 7 倍。为什么？有些人他愿意多花钱，在里面花几百万的人挺多的。几百万如果是用过去那种点卡，要够他好几个月的。”

在网络游戏里，人性的拙劣往往比现实生活要明显。游戏中没有法律和道德的约束，人的易怒、贪婪和愚蠢，很容易被游戏玩法左右。这也是史玉柱设计的《征途》游戏，负面评价最多的地方。

在商言商，游戏公司不是慈善机构。

正在《征途》要搞免费网络游戏时，2005 年 11 月，盛大抢先公布一则消息：《传奇》免费。

虽说是网络游戏行业的新丁，史玉柱却看得很透。

他怕丁磊：网易要现金有现金，要人有人，最可怕的是丁磊本人非常重视网游。所幸网易做卡通类，和我们不在一个市场。

他也怕腾讯：QQ 主要是休闲类，不是我们这个圈子里的。

他不怕九城：《魔兽世界》确实好，3D 游戏里面可能 5 年之内都出不了超过它的，但它的致命伤在文化。举个例子，中国人很怕死人，外国人不怕，美国人当个亡灵可能很开心，中国人谁愿意当僵尸？所以，《魔兽世界》30 万在线，已经到头了。

至于金山，史玉柱不看：我的一款游戏就能把它所有游戏给超过去。

征途和新巨人

2006 年 4 月 21 日，《征途》进入公开测试阶段，最高同时在线人数达到 30 万。

2006 年 8 月 5 日，《征途》确定副标题为“风雨同舟”，开始正式运营。

2006 年 9 月 1 日，《征途》开始发工资。发工资的标准是：角色等级 60 级以上，每月总共在线 60 小时以上，有一定数量的游戏“荣誉值”。工资只有 10—100 元，可玩家付出的劳动远超 100 元。

2006 年 9 月 15 日，《征途》最高同时在线人数达到 50 万。

2006 年 12 月 23 日，《征途》最高同时在线人数达到 75 万。

2007 年 4 月 20 日，《征途》最高同时在线人数达到 91 万。

2007 年 5 月 20 日，《征途》最高同时在线人数达到 105 万。

2008 年 3 月 1 日，《征途》最高同时在线人数达到 152 万。

2008 年 4 月 26 日，《征途》最高同时在线人数达到 210 万。

每位营销大师，同时都是深谙人性的心理学大师，史玉柱表现得尤为出众。他利用人性中的弱点设计出无数收费机制，利用玩家联盟之间的国战，营造荣誉感，使得大家源源不断地花钱去升级装备。他曾说过：“定价是怎么定的呢？首先你不能让消费者觉得贵，要让他能接受。比如像前面这个玫瑰花，你要定到 100 块钱一朵，几乎就没什么人买了，你定到 1 块钱，大家都能消费得起。但是你可以靠机制去引导他多花钱，上量，上不封顶。举个例子，比如我有个游戏，我要在一把刀上面镶一颗宝石。在我们的设计中，这把刀是最极品的刀，需要他花 1000 块钱。但是如果说你买一颗 1000 块钱的宝石镶上去，这个肯定大家就不买了。我们后来设计的方式是这样，让他 10 块钱买一颗宝石，往上镶，成功概率是 1%。其实最后也是 1000 块钱。但是这种他就容易接受，消费面就会宽。”

他拿出经营保健品的经验，总结道：只要是面向消费者的生意，都要研究消费者这种消费心理，靠试错，还是试错。方法很简单，因为我本身就是游戏里的玩家，当然那些玩家也不知道我是谁，我就跟他们聊天。我有个什么想法，就先从侧面问他们，当然我也不能暴露自己。我就说，其他的游戏里，想干个什么什么事，你们觉得这个好不好？其他游戏要推一个什么东西，你们觉得怎样。我会问10个或20个玩家，听他们的意见，根据他们的意见我再来作初步的判断。只要是面向消费者的生意都是这样。只要你这个公司不是做生产资料的，不是做钢铁的，只要是直接面向消费者的，我觉得都面临这个问题，你都要研究消费者。

2007年10月16日，上海征途网络科技有限公司正式更名为上海巨人网络科技有限公司。并于2007年11月1日顺利登陆美国纽约证券交易所，总市值达到42亿美元。

史玉柱的巨人梦，通过游戏再次回到商业社会。

2016年4月7日，巨人网络回归A股获证监会批准，公司重组完成。

巨人网络是中国电子游戏产业的重要参与者，尽管已是忆往昔峥嵘岁月，可在未来的日子里，相信还会看到它的光热。

第八十八章　腾讯：全球第一的游戏公司

学霸马化腾

1950 年 5 月，海南岛宣告解放，成立海南军政委员会，开始军事管制。1951 年 4 月，广东省人民政府海南行政公署成立。1979 年，广东省辖广州、海口、汕头、湛江、茂名、佛山、江门、深圳、珠海、韶关等 10 市，设韶关、惠阳、梅州、汕头、佛山、湛江、肇庆等 7 地区和海南行政区及海南黎族苗族自治州，共 14 市、92 县、3 自治县。1984 年 10 月，海南行政区人民政府正式宣告成立。1988 年 4 月 13 日，撤销广东省海南行政区，设立海南省和海南经济特区。

马化腾，祖籍广东省汕头市潮南区，1971 年 10 月 29 日生于广东省东方县八所港，现海南省东方市。1984 年，马父马陈术工作变动，从海南八所港务局调到深圳市盐田港集团。他跟父亲从东方县随迁至深圳，就读于深圳中学。1989 年，马化腾考入深圳大学计算机系，1993 年毕业。毕业后的马化腾加入深圳润迅通信发展有限公司，从事寻呼机软件工程师工作。润迅是传呼机时代的王者，年营业额超过 20 亿，有接近 2 万员工。

马化腾在润迅工作时，正是中国互联网萌芽时期。大量新网民聚集在由爱好者搭建起来的网站上，其中最著名的就是“中国惠多网”。它高峰期间在全国有上百个站点，网名“Ponysoft”的马化腾就是深圳站站长，求伯君是珠海站站长，王峻涛是福州站站长，丁磊是宁波站站长。

马化腾白天在润迅工作，晚上在惠多网回答各种问题，软件技术和眼界都有很大的提升。

年轻人最大的苦闷就是壮志难酬，丁磊建议宁波电信开展信息服务业务被否定。迷上即时通信软件ICQ的马化腾跟润迅提议开发网络寻呼机，获得的回答也差不多：这东西究竟是收钱还是不收钱？如果不收钱，我做它来干什么？

正在马化腾苦恼时，契机出现了。

1995年，麻省理工学院博士后张朝阳回国创办爱信特。1998年2月，爱信特创办搜狐网。1999年，搜狐推出新闻及内容频道，奠定门户网站的雏形。张朝阳被美国《时代》周刊评为“全球50位数字英雄”之一，并先后登上“财富”论坛和《亚洲周刊》封面。张朝阳到深圳演讲时，台下的马化腾眼睛里全是小星星。张朝阳多次说：马化腾就是听了我的演讲后回去创建腾讯的。

1998年，马化腾带着自己工作多年的积蓄——制作股霸卡的利润以及炒股赚到的50万元，和大学同学张志东一起创办深圳腾讯计算机系统有限公司。之后，腾讯又吸纳了三位股东：许晨晔、陈一丹和曾李青。许晨晔和张志东都是马化腾在深圳大学的同学和校友，不过他们大学毕业后选择继续深造，许晨晔是南京大学计算机应用专业硕士，张志东是华南理工大学计算机应用及系统架构硕士。曾李青是许晨晔在深圳电信局的同事。

创业维艰，为维持生计，腾讯做网页、做集成、做外包，生意迟迟不见起色。1999年2月，腾讯依照ICQ开发出一款即时通信软件：OICQ。下图为OICQ的第一个标志。

OICQ推出后，注册用户大多是男的。没办法，当时网民比例中，男性远高于女性。马化腾只好自己注册女性ID，陪新用户聊天。半年后，OICQ用户达到100万。形势一片大好，可腾讯却要撑不住了。即时聊天软件的网络费用、服务器费用、员工工资，让腾讯不堪重负。腾讯最危险时，账上仅剩 1 万元现金。曾李青提议说，可以去找找风险投资。

在曾李青的努力下，腾讯找到美国著名风险投资机构 IDG Capital。IDG，1992 年在波士顿成立，是一家专注于风险投资、私募股权和并购的投资和资产管理公司，该公司是 1990 年代最早进入中国的全球性风险投资公司，也是百度、腾讯、小米、美团和奇虎 360 的早期投资者。

腾讯虽拥有快速增长的用户，可盈利模式还十分存疑。为分散风险，IDG 和另外一家公司“盈科数字动力”，以 110 万美元的价格各购买 20% 的腾讯股份。

电讯盈科源于李嘉诚幼子李泽楷，1993 年 10 月创立投资公司盈科拓展。1999 年 3 月，港府未经公开投标，就将香港高科技中心及地产发展项目数字港发展权免费交给盈科拓展，代价是李泽楷需把数字港非地产部分（地产部分指贝沙湾）免费给港府。1999 年 5 月，盈科拓展将数字港发展权和资产注入香港上市公司得信佳集团有限公司，从而成为其大股东。得信佳更名为盈科数字动力，在港股交易。互联网泡沫下，盈科数字动力很快参与到资本的狂欢。1999 年 12 月 28 日，盈科数字动力股价升至 19.5 港币，市值超过 1700 亿港币，为香港第七大上市公司。

对 IDG 和盈科数字动力来说，腾讯只是诸多投资项目中普普通通的那个。

2000—2001 年互联网泡沫破灭，IDG 和盈科数字动力都损失惨重。拿盈科数字动力来说，2000 年 8 月 17 日，李泽楷将盈科数字动力和香港电讯合并，玩了一出超大规模的资本游戏，将公司更名为电讯盈科。2001 年，电讯盈科就爆出 69 亿港币的巨额亏损，净资产变成负数，股价也从高点急速下挫，跌去 96% 的市值。

对 IDG 和电讯盈科而言，腾讯的这项小投资属于边缘项目，能尽快出手最好。IDG 曾找过新浪和搜狐，想他们接手腾讯股权，被拒。

2001 年，腾讯用户突破 1 亿。

同年，一位中文名叫“网大为”的外国人来到腾讯总部，希望能购买腾讯股权。网大为，本名大卫·沃勒斯坦（David Wallerstein），毕业于加州大学伯克利分校，是南非报业集团（Naspers）旗下公司 MIH 中国区副总裁。他选择的时机，刚好是互联网投资前所未有的低谷。

三方一拍即合，MIH 对腾讯公司估值为 6000 万美元，远超两位初始投资者的成本价。2001 年 6 月，电讯盈科将腾讯 20% 股权以 1260 万美元卖给 MIH，赚了近 10 倍。IDG 稍微保守一点，将 12.8% 股权出售给 MIH，留下 7.2%。2002 年 6 月，腾讯的部分创始人将自己持有的 13.5% 股权转让给 MIH，腾讯的股权结构变为：创始团队 46.3%，MIH46.5%，IDG7.2%。

2003 年，腾讯计划在港股上市，IDG7.2% 股权被回购，上市前成为腾讯团队和 MIH 各持 50% 结构。2004 年 6 月 16 日，腾讯正式在港股 IPO，共发行 4.2 亿股。腾讯和 MIH 股权比例从 50% 降至 37.5%。同年 8 月 31 日，南非最大的银行集团南非联合银行集团（ABSA）宣布持有 1.85 亿股腾讯，占发行股份 10.43%。

腾讯当下市值在 4 万亿港币左右，李泽楷和 IDG 如果能继续持有那 20% 的股份，是一笔金额高达 8000 亿港币的财富。MIH 则因为投资腾讯并长期持有腾讯股票，创造出一个很难被打破的投资神话：3200 万美元翻了约 5000 倍，计 1500 亿美元。

1999 年 10 月，一封来自 OICQ 的律师函发到腾讯公司，认为其侵权，要求 OICQ 改名。顺理成章，马化腾将 OICQ 改成更为朗朗上口的名字：QQ。

从 QQ 到 QQ 游戏

2000 年 6 月 21 日，移动 QQ 首次集成到 SIM 卡工具包中，用户可以使用它收发 QQ 的聊天信息和查询用户。12 月，中国移动推出增值数据服务“移动梦网”。到 2001 年，移动梦网每个月可以给腾讯带来 200 万元以上收入，2001 年，腾讯年利润已达到 1000 万元，没有缺钱之虞。

2000 年 4 月，QQ 注册用户突破 500 万。5 月 27 日晚 20: 43 分，QQ 最高同时在线突破 100 万。6 月，移动 QQ 的助力让 QQ 注册用户直接突破 1000 万。一时间，QQ 成为上网的通行者，网民人手 1 个或多个 QQ 号。2001 年 2 月份，QQ 注册用户达到 5000 万。3 月份，QQ 注册用户首次突破 1 亿。

2003 年 2 月，腾讯网正式改版，www.qq.com 成为一个综合网站，除提供腾讯 QQ 软件服务外，还提供新闻、娱乐、财经、游戏、购物等多种信息。8 月，QQ 游戏上线。9 月，QQ 注册用户达到 2 亿。9 月 9 日，腾讯在北京嘉里中心推出企业通信产品“腾讯通 RTX”。12 月 15 日，腾讯又推出 QQ 办公版本“Tencent Messenger”。

2004 年，QQ 注册用户达到 3 亿。8 月 27 日，QQ 游戏最高同时在线达到 62 万。12 月，QQ 游戏最高同时在线突破 100 万。用史玉柱的话说，幸好腾讯做的是休闲游戏，不然的话，大家都没饭吃。

话说得有点早。

2005 年 2 月，QQ 最高同时在线达到 1000 万。3 月 16 日，腾讯收购 Foxmail，顺带将微信之父张小龙收入囊中。10 月 25 日，腾讯的免费 MMORPG 游戏《QQ 幻想》，正式公测。11 月，《QQ 幻想》最高同时在线突破 50 万人。

史玉柱看得不准，QQ 游戏可不是只想做休闲游戏。

腾讯一路开挂，2008 年 QQ 注册用户达到 4.3 亿。2010 年 3 月 5 日，QQ 最高同时在线用户突破 1 亿，是全球首个单一最高同时在线突破 1 亿的应用。腾讯成为毫无撼动可能的即时通信霸主。

2011 年 1 月 21 日，腾讯推出智能手机即时通信软件：WeChat，微信。

2010 年，《计算机世界》杂志刊登一篇名为《“狗日的”腾讯》的封面头条文章，将腾讯作为中国互联网之敌一顿怒批。文章主人公有美团王兴、联众鲍岳桥、4399 蔡文胜、360 周鸿祎、暴风影音 CEO 冯鑫，以鲍岳桥的故事最为“催人泪下”。

是怎么一回事呢？

2003年8月，QQ游戏上线。那时中国休闲游戏市场有两个主要玩家：联众和中国游戏中心，联众占据休闲棋牌游戏市场85%的市场份额。

接受《计算机世界》杂志社的采访时，鲍岳桥说："从QQ游戏平台上线那天起，联众的失败就已经注定了。与大型网游不同，棋牌类游戏规则固定，没有技术门槛，玩家又与QQ用户高度重合，腾讯很容易模仿。"

上线仅1年，到2004年9月，QQ游戏成为国内第一的休闲棋牌游戏平台，QQ斗地主成为国民游戏，斗地主的魔性音效在每台电脑上响得不绝于耳。联众的运营数据则一路下滑，从85%降到1%。2009年第二季度，QQ游戏超越盛大成为中国网络游戏的第一名。鲍岳桥把联众的失败归咎于腾讯，真是如此吗？

联众倒下后，国内的休闲棋牌游戏并不是QQ游戏一家独大，而是百花齐放。黄金岛、同城游、波克城市等休闲棋牌游戏平台，从2004年到2006年间先后上线，在国内二、三线城市发掘地方特色棋牌游戏，都成为威震一方的头部休闲棋牌游戏公司。

制霸全球

2020年数据显示，全球游戏业务收入最高的公司是腾讯，游戏业务收入241亿美元。排名第2的是索尼娱乐电脑，第3是任天堂。第4是微软Xbox，收入131.96亿美元。

短短17年间，腾讯游戏是如何走到全球第一的呢？

把镜头再拉回到2003年8月1日。腾讯代理的第一款MMORPG游戏是韩国Imazic公司开发的《凯旋》。游戏公测时号称达到万人同时在线，游戏Bug也同步破万。这是腾讯首次试水代理游戏，半年后戛然而止。

随后，腾讯将重点放到自己研发的休闲游戏平台《QQ游戏》上。2004年，QQ游戏超越联众。腾讯游戏又推出《QQ堂》，直指盛大的《泡泡堂》。2005年，腾讯将无线增值业务和QQ游戏合并，成立腾讯互娱（IGE），专门运营网络游戏。

接下来就是一堆凭借QQ海量流量获得短期成功的游戏《QQ幻想》《QQ音速》《QQ三国》。这些游戏制作并不精良，可都很好地满足了玩家口味，为腾讯游戏积累下丰富的游戏开发运营经验和团队能力。

在积极自研的同时，腾讯代理了3款划时代的游戏。韩国Neople（韩国游戏开发公司，2001年创立，2008年被NEXON收购）开发的2D横版角色扮演动作游戏《地下城与勇士》（Dungeon & Fighter）。Smilegate（成立于2002年的韩国游戏公司）开发的第一人称设计游戏《穿越火线》（Cross fire）。拳头游戏（Riot Games，成立于2006年的美国游戏公司，2009年获得腾讯等公司投资，总部位于美国加利福尼亚州圣莫尼卡）开发的5vs5多人在线战术竞技游戏（Multiplayer Online Battle Arena，MOBA）《英雄联盟》（League of Legends）。

《地下城与勇士》2008年6月上线，《穿越火线》7月上线。通过这2款代理游戏，腾讯游戏收入在2009年达到53.86亿，占客户端游戏市场的23%。走进中国任何一家网吧，都可以看到不少人在大呼小叫地开火。

2011年9月，《英雄联盟》上线，腾讯游戏完成国内客户端游戏的垄断。2013年，腾讯的客户端游戏市场份额提高到惊人的59%。幸好中国没有《反托拉斯法》，否则腾讯少不了跟微软一样分拆的命运。

巨额的利润，让腾讯游戏具有足够的研发实力投入自研体系。腾讯内部形成以量子工作室为首的八大工作室，从2011年开始不断推出自研游戏。比如《逆战》《斗战神》。

2013年，腾讯进入手机游戏市场，推出一系列休闲手机游戏。在微信巨额流量的加持下，天天游戏系列休闲游戏，如《天天跑酷》《天天象棋》积累了大量用户。不过对比盛大和网易来说，腾讯还没有一款像样的手机游戏。

2014年10月，腾讯互娱（IGE）对组织架构重新调整，将8大工作室拆分成20个工作室，分别隶属于天美、光子、魔方、北极光四大工作室群，倡导内部竞争。在近似养蛊（武侠或玄幻小说中会提到，专属西南少数民族间流传的一种神奇秘术。把毒物放在一个罐子中进行“大逃杀”，最后活下来的就是集万千剧毒于一身的蛊）的策略下，由天美工作室群 L1 工作室制作的手机 MOBA 游戏《王者荣耀》，2015 年 11 月 26 日公测。到 2016 年 8 月，王者荣耀最高同时在线达到 100 万。2017 年 5 月取得全球手游综合收入榜冠军。截至 2019 年，王者荣耀的总营业额约为 78 亿美元，折合人民币 511 亿。

2019 年 5 月 8 日，光子工作室研发一款使用虚幻 4 游戏引擎打造的手机第一人称射击游戏《和平精英》。

此外，腾讯还投资了许多世界一流的游戏公司和工作室：100% 持股拳头游戏、40% 持股 Epic Games、11.5% 持股蓝洞游戏、5% 持股育碧、5% 持股动视暴雪、80% 持股 Grinding Gear Games、84.3% 持股 Supercell 等。

本书中出现过的许多游戏公司，都被腾讯收入囊中。

再过 100 年，不排除电子游戏史略等同于腾讯游戏史的可能性出现。

第八十九章　微软：新世代赢家 Xbox 360 和 Kinect

启动第七世代的 Xbox 360

电脑游戏一片繁荣，电子游戏机市场却有点疲态尽显。微软进入家用游戏机市场前，游戏机更新的速度一般是 6 到 7 年 1 代：2—3 年研发，卖个 4—5 年收回成本，进入下一世代循环。

微软不这么认为。

初代 Xbox 于 2001 年 11 月 15 日发布，2003 年微软就开始设计它的接续机型——Xbox 360。2005 年 11 月 15 日，Xbox 360 开始在美国和加拿大发售，离上一代机型面世仅 4 年。按照家用游戏机世代说，Xbox 360 是第七世代电子游戏机的首款机型，它奏响游戏机公司第七世代的序曲。

硕果仅存的三家电子游戏机公司，大都放弃将对手彻底打垮的虚幻梦想，转为扎实做产品。好产品，是电子游戏行业竞争的本质。

2002 年 1 月 23 日，微软开始代号为“Trinity”的 Xbox 360 芯片项目，该代号后来更改为 Xenon。同年春，芯片工程师向供应商寻求 Xenon 芯片的建议，格雷格·吉布森（Greg Gibson）被任命为 Xenon 的系统设计师。

9 月，索尼获 Cell 处理器专利，Xbox 团队开始研究其相关技术。杰夫·安德鲁斯（JeffAndrews）写了一份关于 Xenon 芯片的白皮书，供比尔·盖茨在他的“思考周”期间阅读。10 月，曾为任天堂 GameCube 设计 Flipper 图形芯片的 ATI 公司提出微软下一代游戏机图形芯片的方案，项目代号——C1。12 月，比尔·盖茨和史蒂夫·鲍尔默与 C1 芯片设计团队会面。不仅如此，微软和 IBM 还达成一项开发基于 IBM PowerPC 指令集架构的三核处理器开发计划，项目代号为“Waternoose”，名字源自著名迪士尼动画电影《怪物公司》里的角色“Henry J. Waternoose 3”。

11月3日，开发计划公布。微软计划在下一代游戏机中，使用全新的处理器和显卡架构。12月23日，詹姆斯·阿拉德（James Allard）升任微软副总裁。12月，游戏机行业销售数据出炉：索尼售出3600万台PS2，任天堂售出910万台NGC，微软售出580万台Xbox。

微软对此成绩十分不满。2003年初，微软正式对Xenon立项，由詹姆斯·阿拉德负责。同月，微软在华盛顿州贝尔维尤召开一场由400名开发人员组成的活动，招募Xenon支持者，世嘉前总裁彼得·摩尔此时加入微软。

2003年8月13日，ATI和微软正式签约。11月3日，IBM和微软的芯片项目对外公布。

微软的动作，真是快得目不暇接。

电子游戏机是不是性能越强越好？肯定不是。不然带着8颗微处理器的世嘉土星，不会败得一塌糊涂。从第一世代到第七世代，折戟的电子游戏机不下百款。任天堂NES、GB、GBA、索尼PS的成功，并非它们具备最强的机能，而是因为它们做到很好的产品平衡性。

一款好的电子游戏机，要做到四项核心指标的平衡：售价、性能、操控、第三方游戏。第七世代的三款家用游戏机：微软Xbox 360、索尼PlayStation 3、任天堂Wii，都是其中的佼佼者。

平衡，才是王道。

Xbox360处理器名为Xenon，基于IBM PowerPC指令集架构，有3个独立处理核心。每个处理核心都有2个对称硬件线程（SMT），总共有6个硬件线程可供游戏使用。每个单独处理核心还包括32 KB的L1指令高速缓存和32 KB的L1数据高速缓存。Xenon使用90nm制程，处理频率高达3.2Ghz。比Xbox的733MHz的Intel Pentium 3提升近3倍。

搭配Xenon多核心处理器的图形显示芯片是ATI在C1项目中研发的Xenos芯片。它采用TeraScale微架构中采用的新设计理念，支持统一渲染架构。其中包括 2 个独立芯片：一个是 GPU 本身，包括大部分处理能力，另一个是 10MB 的嵌入式 DRAM，可以通过 32GB/ 秒的速度连接到 GPU，将 CPU 和 GPU 紧密相连，这也是微软的传统艺能。

Xenos 是第一款使用统一渲染架构的 GPU，其意义十分重大。

通过对 GPU 的图形处理过程分析后，工程师们发现使用渲染器会比 T&L 硬件更有效率。2001 年，微软发布包含 Shader Model（渲染单元模式）的 DirectX 8，渲染架构正式诞生。Shader 的基础是可以被 GPU 执行的图形渲染指令集。在 3D 场景渲染中，可以包含多个 Shader。有的 Shader 负责处理 3D 对象顶点，有的 Shader 负责处理对象像素。在 Shader Model 1.0 中，分为 Vertex Shader（顶点着色器 / 顶点单元，VS）和 Pixel Shader（像素着色器 / 像素单元，PS）。对比 T&L 固定坐标渲染，VS 和 PS 实现顶点和像素的可编程。通俗地讲，VS 负责构建 3D 图形的骨架，就是产生多边形的连线，PS 负责图形表面的纹理、像素值和颜色。

GPU 一般包括多条渲染管线，如顶点渲染管线（Vertex Shader Pipeline，渲染顶点单元）和像素渲染管线（Pixel Shder Pipeline，包括 PSU、TMU 和 ROP/RBE），各司其职，互不干涉。这个设计本来没什么问题，可随着 3D 图形的变化，VS 和 PS 出现工作量的差异。大部分时候，VS 活干完了，PS 还在吭哧吭哧处理像素渲染，PS 成为性能瓶颈。为解决这个问题，早期 GPU 厂商的选择是增加 PS 管线数量。

微软的处理方式是统一 VS 和 PS，DirectX 10 开始使用统一渲染架构（Unified Shader Architecture）。统一的意思是将 VS 和 PS 统一放入 GS 处理，所有需要渲染的内容，都交给统一渲染单元（Unified Shader）处理。通过 US 统一 VS 和 PS，是 Xbox 360 上最大的创新。

Xbox 360 将 Xenon CPU、XenosGPU，还有 eDRAM 集成到 XCPU 芯片中。这是从 PS2 开始的趋势，提高游戏机内部集成度有助于降低成本。下图是 XCPU-ES，ES 意为工程样品，由 IBM 位于加拿大的 Bromont 工程封装。

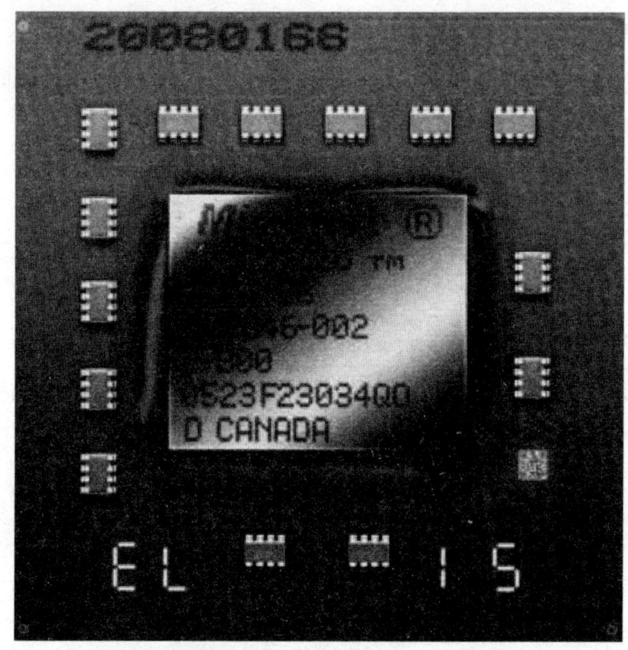

吸取 Xbox 外观丑陋的教训，Xbox 360 工业设计由位于美国加利福尼亚州旧金山的美国设计公司 Astro Studios 负责。专业公司出手，比微软半吊子要强得多。下图是 Astro Studios 公布的 Xbox 360 设计图和概念机型。

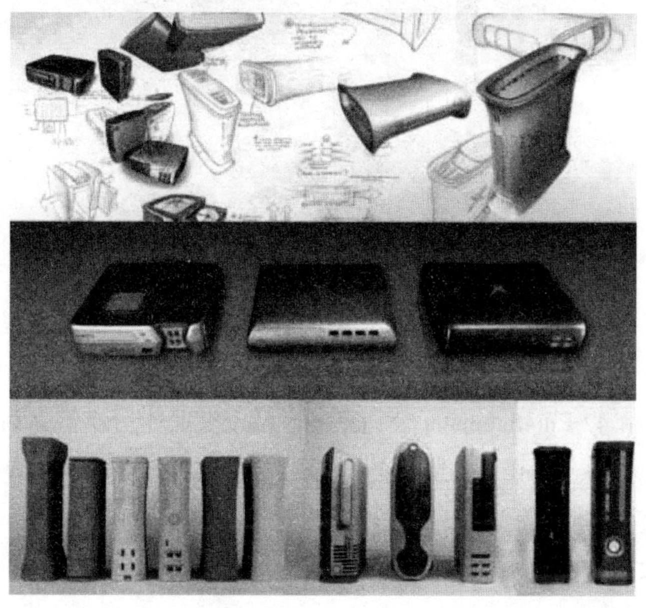

微软为下一代游戏机取过很多名字，如 Xbox Next、Xenon、Xbox 2、Xbox FS、NextBox、Xbox 360、Xbox E、Xbox EV、Xbox HD，都是可能的选项。最后它的名字被定为——Xbox 360。

新世代的胜利者

2005 年 11 月 22 日，Xbox 360 在美国和加拿大发布，是第七世代游戏机最早发售的机型。下图为 Xbox 360 Premium，512MDDR3 内存，20G 硬盘，售价 399 美元，Xbox 360 Core 版本只需要 299 美元。

2005 年 10 月 28 日，微软开启名为“The Sign of the Hex”的病毒营销活动，由 42 Entertainment 公司策划。活动奖品十分丰富：为期 3 天 2 夜的 VIP 之旅、Xbox 360 发布会入场券、一台顶配 Xbox 360 游戏机外加 3 款游戏。活动十分成功，共有 360 位玩家获得奖品。

2005 年底，微软已售出 150 万台 Xbox 360，其中北美 90 万台，欧洲 50 万台，日本 10 万台。2008 年 5 月，微软宣布，Xbox 360 销量正式达到 1000 万台，是美国第一位突破千万销售的“当代游戏机”。不过这个纪录没保持多久，就被晚它 1 年发布的任天堂 Wii 轻松超越。

微软娱乐和设备部门互动娱乐业务高级副总裁唐·马崔克（Don Mattrick）说：“今年将是游戏行业历史上规模最大的一年，Xbox 360 在美国和国外引领潮流。历史告诉我们，第 1 家游戏机销量达千万的公司将会赢得世代之战。我们有得天独厚的优势，为行业树立新的标杆。”

结果并非如此，不过不重要。

2011 年 3 月到 2013 年 10 月，在 Kinect 游戏组件和频繁升级硬件等要素驱动下，Xbox 360 连续领先。2014 年底，Xbox 360 销量再次超过 Wii，成为美国排名第一的家用游戏机。

2013 年，由于美国国会没有通过 2014 会计年度的预算拨款，美国联邦政府临时关闭。时任美国总统的奥巴马说：“你不可能给你的贷款银行打电话说：‘这个月我不打算支付我的抵押贷款了，除非你送我一辆新车和一台 Xbox。’”

在美国，Xbox 360 已经成为游戏机的代名词。

在日本，Xbox 360 销量也有所长进，销量达到 1,616,218 台，对比 Xbox 的 474,992 台销量，增长近 4 倍。截至 2014 年 6 月 9 日，Xbox 360 销售为 8400 万台，其中美国 3880 万台，其他地区 4520 万台，跟 PS3 的 8700 万台不相上下。

死亡红环

Xbox 360 发布没多久，就遭遇一场因硬件故障带来的危机。它通过游戏机电源按钮附近的红灯，提示用户故障。当出现三个闪烁红灯时，代表硬件无法运转。这场故障被戏称为“死亡红环”（Red Ring of Death），在中国叫作“三红”问题。

三红问题在 Xbox 360 上出现的概率很高。微软官方表示，故障率并不高，没有超过电子消费行业 3%—5% 的水平。可媒体报道的机器故障率数据在 23.7%—54.2% 之间，远超官方，十分惊人。

2007 年 7 月 5 日，彼得·摩尔发表公开信，承认 Xbox 360 的故障，并表示正在解决。解决的办法十分简单，那就是最高成本的——退换。离开微软多年后，摩尔回忆起他给当时微软首席执行官鲍尔默汇报三红问题时的情形："我们必须告诉鲍尔默，这就是必须做的。我们需要联邦快递寄一个空盒子给有问题的客户，联邦快递给箱子贴上退货标签，然后用联邦快递把它寄回工厂并修理它，联邦快递收了 2.4 亿美元的快递费。"

鲍尔默问："要花多少钱？"

摩尔说："我们认为大概是 11.5 亿美元。"

鲍尔默没有任何犹豫地说："做吧。"

摩尔说："没有鲍尔默的决定，如果我们当时没有做出那个决定，并试图在这个问题上蒙混过关，那么今天的 Xbox 品牌和 Xbox One 就不会存在。"

微软曾在 Xbox 上录得过 40 亿美元亏损，到 Xbox 360 仍然没有改善。如果电子游戏机有亏损吉尼斯纪录，Xbox 系列会毫无疑问地荣登榜首。

微软将 Xbox 360 保质期提高到 3 年，并且无条件更换有三红问题的游戏机。本来是一场足以让 Xbox 360 死亡的事件，成为玩家们的笑谈。

微软财大气粗，没有什么问题是花钱解决不了的。如果无法解决，说明花的钱还不够多。

2009 年，Xbox 360 问题彻底解决。2010 年，微软发布更轻薄的 Xbox 360 Slim，并且取消硬件故障提示方式，电源按钮键不再有环形红色故障灯。同时，微软取消 3 年保修。

如果不是三红问题，Xbox 360 销量应该不会低于 1 亿台。

硬件升级和 Kinect

Xbox 360 生命周期十分长。2005 年 11 月发售 Xbox 360 Premium

后，微软还多次对产品进行重要升级。2007年4月29日，发售Xbox 360 Elite，售价479.99美元。2010年8月3日，发售Xbox 360 S，售价199.99美元。2013年6月10日，发售Xbox 360 E，售价199.99美元。

2016年4月20日，所有Xbox 360型号停产。

Xbox 360的核心处理器也在不断改进，从Xenon开始，先后经历过6次核心处理器改进。Zephyr核心，修复三红问题并加入HDMI接口。Falcon核心，采用65nm制程，GPU保持不变。Opus核心，仅用于返修机。Jasper核心，GPU升级为65nm制程，进一步降低成本。Valhalla核心，用于Xbox 360 Slim上，采用45nm制程CPU和GPU，进一步降低成本和功耗。

Xbox 360长达10年的维护过程中，微软积累了大量技术，成功进入游戏机制造厂商队列。对比索尼和任天堂，微软还有一项它们无法触及的傲人成绩是Xbox LIVE服务的会员。2008年4月份，在《Grand Theft AutoIV》的催化下，Xbox LIVE全球会员数达到1200万。微软表示：在美国拥有1000万台电子游戏机保有量是一项重大成就，也是通往市场领导地位的重要里程碑。更重要的成就是全球在线的1200万Xbox LIVE游戏玩家，那是游戏机联网游戏中最大的社区。

2005年，两位以色列数学家兼工程师阿维德·梅泽尔斯（Aviad Maizels）和亚历山大·斯庞特（Alexander Shpunt）在特拉维夫创办Prime Sense 3D公司，主营传感技术，目标是对电子游戏产业进行革命性创新。2006年，两位创始人在世界游戏开发者大会上展示了他们的发明——通过视觉识别用户动作。微软硬件孵化总经理亚历克斯·基普曼（Alex Kipman）正在场下观看，他十分认可Prime Sense的技术潜力。微软开始和Prime Sense 3D讨论具体实现路径，如需要做些什么来使他们的产品对消费者更友好，如何改进深度感应相机的功能，如何减小尺寸和成本，如何进行大规模硬件制造。

2006年11月，任天堂发布支持体感游戏的游戏机Wii，控制器是Wii Remote。Wii的成功给领先者微软带来很大的威胁，微软开始加速研发基于 Prime Sense 的摄像头体感动作的方案，期望其可以获得跟 Wii 一致的游戏体验，甚至超越 Wii。

2008 年，基普曼开始领队开发一种全新的动作识别方法——使用机器学习模型打造一款能识别玩家意图的硬件。简单地说就是通过摄像头，就可以知道用户的意图，并将其应用于游戏。该项目 2008 年获批，2009 年开始工作。项目以基普曼出生的巴西城市纳塔尔为名，代号为“纳塔尔计划”（Project Natal）。硬件的开发耗时 22 个月，内置游戏是 Good Science Studio 开发的《Kinect Adventures》。

2010 年 E3 上，微软宣布 Project Natal 的正式名称为“Kinect”，并将于 2010 年 11 月 4 日开始在美国发售。Kinect 的广告语为“你就是控制器”（You are the controller），效果十分科幻。它不用玩家佩戴任何外设，而是通过三个镜头识别玩家动作，并做出相应操作。中间的摄像头是 RGB 彩色摄影机，左右两边镜头分别是红外线发射器和红外线 CMOS 摄影机所构成的 3D 结构光深度感应器。还搭配追焦技术，底座马达会随着对焦物体移动而转动。下图为 Kinect 的造型和结构。

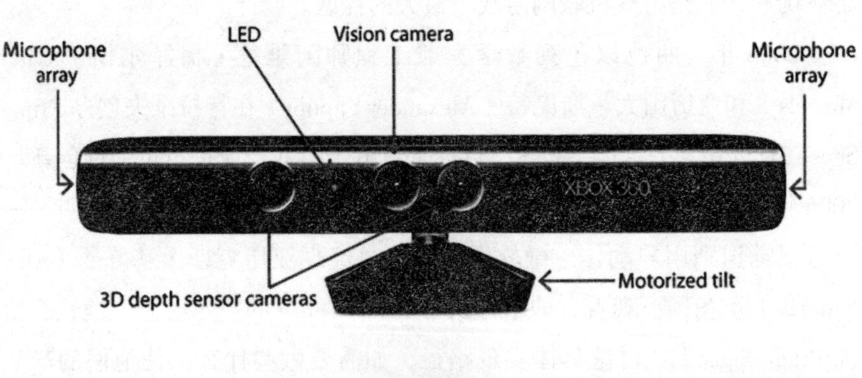

KINECT
for XBOX 360.

2010 年 11 月 4 日，Kinect 如期发售。这是游戏机史上，首款有影响力的通过摄像头识别人体动作的体感游戏机。对比 Wii，Kinect 带给用户黑科技般的用户体验。

2011 年 3 月 9 日，微软宣称 Kinect 已售出 1000 万台，发售前 60 天就售出 800 万台，打破世界销售速度最快的消费电子产品吉尼斯纪录。到 2017 年 Kinect 停产时，Kinect 销售数量达到 3500 万台。

第七世代是体感游戏的世代，御三家都分别推出体感游戏。竞赛的焦点聚集在体感游戏控制方法上：任天堂通过加速度计算法识别人体动作，微软通过摄像头识别，索尼则是兼具两家所长（所短）。

8400 万台 Xbox 360，3500 万台 Kinect，合计 11,900 万台。微软在第七世代，大获全胜。

第九十章　索尼：无可奈何花落去 PlayStation 3

CELL 处理器

2000 年初，SCE 的久多良木健跟 IBM 高层会面，讨论下一代微处理器开发，半导体制造商东芝参与。夏天，在东京的一次三方会议上，SCE 提出 100 倍提升 PS2 性能的项目——Cell。

对，眼睛没出问题吧。没有，真是 100 倍。

IBM 拿出当时最先进的技术：90nm 制程、绝缘体上硅（SOI）和铜互连工艺。三方达成初步共识，设计一款将宽带互联、娱乐系统和超级计算机整合到一起的处理器。经过几个月的处理器架构和合作合同讨论，由索尼 SCE、东芝（Toshiba）和 IBM 合伙创办 STI（三家公司开头字母）设计中心在美国德克萨斯州奥斯汀市成立，投资总额 4 亿美元。

3 家实力强劲的合伙伙伴拿出浑身解数推动 Cell 处理器的设计：一是使用整体设计方法，对处理器架构、硬件实现、系统结构和软件编程模型同步展开；二是 IBM 抽调出大量半导体人才补充到项目；三是设计的灵活性，可编程的协同处理器，可配置到 I/O 接口，目标就是行业级的解决方案。

Cell 处理器是久多良木健的一场豪赌，赌的是 PS3 可以构建出一个无所不在的处理器方案。IBM 十分欢迎 SCE 的做法，PowerPC 眼见就要倒在 Wintel 眼前，索尼又打来一剂强心针。还有东芝垫背，大好特好。

索尼和 IBM 还想拉上苹果加入 Cell。

2004 年，乔布斯在加利福尼亚见到索尼 CEO 出井伸之和久多良木健。会谈中，久多良木健使出浑身解数介绍 Cell 处理器的设计原理和性

能，希望苹果公司加入 Cell 阵营。此刻的乔布斯正在为无法提升性能的 Power Mac G5 头疼，G5 是一款搭载 IBMPowerPC G5 中央处理器的 Power Macintosh，也是苹果的第一款 64 位个人电脑。

了解过 Cell 具体情况后，乔布斯拒绝久多良木健。没多久，苹果全面倒向英特尔。

STI 成立后，三家公司抽调约 400 名工程师一起在奥斯汀工作。IBM 全球 11 个设计中心提供支持，开发周期预计为 4 年。作为开发核心，IBM 提出 Cell 架构、制造工艺和软件环境有关的多项专利。早期专利版本的"Broadband Engine"是一个芯片封装，包含 4 个处理元件。处理元件（Processing Elements）由 1 个 PPE（Power Processing Element，功率处理元件）和 8 个 SPE（Synergistic Processing Elements，协同处理元件）组成。按专利描述来看，它可以用 4GHz 主频运行，拥有 32 个 SPE。每个 SPE 提供 32GFLOPS（gigaFLOPS，10 的 9 次方浮点运算，10 亿），32 乘以 32，它大概拥有 1TFLOPS（tera FLOPS10 的 12 次方，1 万亿）。

这种浮点运算能力，确实只有超级计算机才配。太吓人了。

还好，吓人的"1PPE+8SPE"处理器没有正式生产过，IBM 只生产过 Cell Broadband Engine，仅包含 1 个 PPE 和 8 个 SPE。

2002 年，微软找到 IBM，希望其协助设计下一代游戏机的微处理器。为拿下微软这个大客户，拥有 Cell 专利的 IBM 直接将专利、技术规格和设计图纸等详细内容交给微软查阅。

微软研究完后大喜过望，立马和 IBM 签订开发协议。IBM 这事做的，很不地道。

开发协议签完后，IBM 员工不得不对一起工作的 SCE 和东芝工程师保密，防止 IBM 和微软的合约泄密。Xbox 360 的 Xenon 芯片的进展，开发进度也比 Cell 快，毕竟微软没有久多良木健那么远大的理想。索尼对此事一无所知，还以为正在跟好大哥 IBM 一起奋力向前。

没多久，IBM 半导体制造部门出现生产故障，不得不停工。微软将芯片生产委托给第三方，可作为 IBM 攻守同盟的索尼，只能耐心等待问题排除后，才能拿到 Cell 处理器。

索尼拿着钱帮 IBM 开发，成果被 IBM 授权给微软，让微软 Xbox 360 足足比 PS3 早上市一年。

索尼为何能接受这种安排呢？因为 Xenon 芯片和索尼使用的 Cell Broadband Engine，还是有不少差异。微软使用 PowerPC 架构的三核处理器，并没使用索尼引以为傲的协同处理元件方案。在 Cell 处理器研发上，IBM 和索尼都是赌徒。

2005 年 8 月 25 日，IBM、索尼与东芝正式公开“Cell”，该次所公布的规格资料参考文件分为 5 份。其中 1 份说明 Cell 基于分布式处理与多媒体应用所定义的整体架构，另外 4 份是 Cell 独立浮点数运算单元 SPU 的指令集架构，底层汇编语言，C/C++ 编程语言扩展规格，以及应用程序二进制接口（Application Binary Interface）的规格书与帮助文档。

Cell 处理器由 1 个 PPE 和 8 个 SPE 组成。PPE 和微软 Xbox 360 的处理核心一样，采用 IBM 的 SOI 90 纳米铜互连工艺制造，主频 3.2GHz（没有 4GHz），SPE 可以作为数据处理器使用。PPE 上的程序也可以将任务分解到 SPE 上完成，然后相互传输数据。SPE 缺少一般处理器中的大部分通用特性，它们不能执行操作系统任务，没有虚拟内存的支持，不能直接访问电脑的 RAM，中断支持也非常有限。Cell 中内置 2.6MB 内存，支持 XDR 而不是主流的 GDDR3 内存格式。

索尼原计划通过 2 块 Cell，分别实现 CPU 和 GPU 的功能。鼓捣半天后发现，Cell 确实没办法很好地实现 GPU。他们只好找到英伟达，希望能定制一款跟 Cell 搭配的 GPU。

2004 年 12 月 7 日，索尼和英伟达宣布共同开发下一世代游戏机用图像处理芯片。

英伟达为索尼 PS3 开发的 GPU 叫 RSX Reality Synthesizer, 为 Nvidia 7800GTX 修改而来，是修改 G70/G71（以前称为 NV47）的混合架构。RSX 有单独的顶点渲染和像素渲染管线，使用主频为 650MHz 的 256M GDDR3 内存，有效传输速率为 1.3 GHz。

Cell 内置 XDR 内存，RSX Reality Synthesizer 支持 GDDR3 内存，都没法修改。这样，PS3 只能保留两套内存控制器。下图为 PS3 主板上的 Cell 处理器。

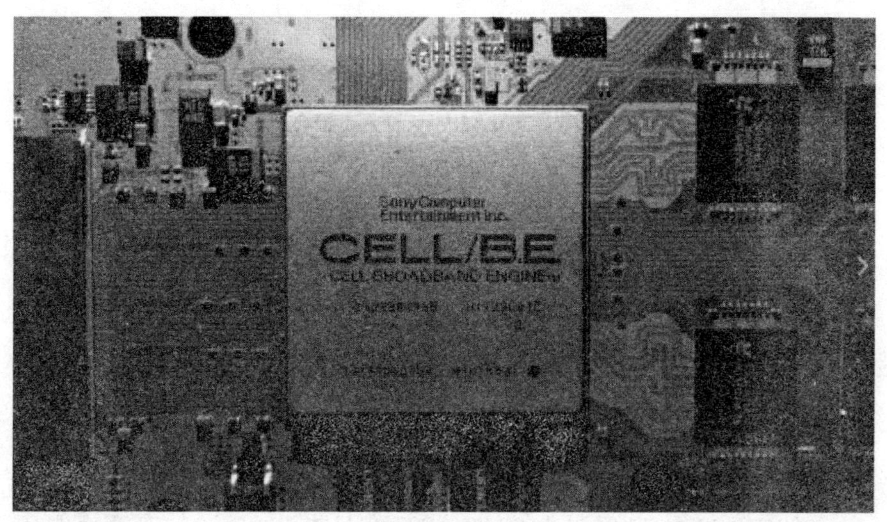

PS3 发售

2003 年，久多良木健接受日本《PC Watch》杂志专访时说，如果足够数量的 Cell 连接到一起，可以达到“地球模拟器”超级计算机的算力。地球模拟器的原型是 NEC 的矢量型超级计算机“SX-5”，2002 年 3 月 15 日开始运行，每秒运算次数能够达到 65 万亿次，持续运算的速度在巅峰运算速度的 90% 左右，大约为每秒 58.5 万亿次，曾经是“世界最强的超级计算机”。

久多良木健数学成绩很好，“足够数量”的 Cell 串联，何止能达到地球模拟器的算力，银河系模拟器都不在话下。性能比肩超级计算机，是索尼在 PS3 上的核心卖点。不过，这个卖点除了彰显久多良木健在技术上勇攀高峰的信念，再无其他含义。

2006 年 E3 上，索尼 PlayStation 3 正式亮相，售价 599 美元，高昂的售价引发阵阵嘘声。更搞笑的场景是，主持人正在一本正经地介绍首发游戏《源氏：神威奏乱》（Genji: Days of the Blade）时，“这款游戏是以真实历史上的日本著名战役为故事背景……”，一只巨大的螃蟹在屏幕上出现，并且到处发射着激光。

什么？真实历史？赛博朋克螃蟹？顿时笑场，PS3 展示上的螃蟹也成为欧美玩家口中著名的“螃蟹梗”，索尼危矣。下图为 PS3 初代机型。

2006 年 11 月 11 日早上 07:00，PS3 在日本 Bic Camera 东京旗舰店举行首卖会，第一批 88,400 台游戏机被抢购一空。2007 年 1 月 8 日，索尼 SCE 在 CES 上宣称，PS3 销量正式达到 100 万台。3 月 8 日，PS3 社交平台“PlayStation Home”发布。5 月 16 日，PS3 全球出货量达 550 万台。2009 年 9 月 1 日，轻薄版 PS3 slim 全球发售。

2017 年 3 月 17 日，索尼官方宣布，PS3 全系列停止出货。

索尼 PS3 长达 11 年的生命周期里，不少时间和 PS2 同台竞技。它共售出 8740 万台，其中美国 2290 万台，日本 930 万台，欧洲含英国 3000 万台，其他地区 2520 万台。

跟 PS2 的销量比起来，明显不够看。

由于采用 Cell 处理器，PS3 成本居高不下。PS3 初代 20GB 版本成本高达 805.85 美元，60GB 版本为 840.35 美元，售价只有 499 美元和 599 美元，卖出一台亏损 200—300 美元。游戏方面，PS3 的王牌游戏《GTA》系列，再也不是平台独占，仅有的《战神》和《山脊赛车》独木难支。

2007 年 3 月，SCE 财政年度亏损达到 19.7 亿美元。

4月27日，索尼与SCE联合对外发布，公司CEO久多良木健将于6月19日任期届满后退休。退休后荣任索尼电脑娱乐公司荣誉会长，原职位由平井一夫接任。带领索尼进入电子游戏机的最大功臣，57岁的久多良木健荣退。

SCE声称久多良木健的离任早有计划，跟PS3失败毫无关联。和65岁退休的盛田昭夫，72岁退休的大贺典雄比起来，他退休的时间确实早了一些。不过仍然要把掌声送给这位当之无愧的"Play Station之父"，一位充满梦想的工程师，真性情的电子游戏从业者——久多良木健。

2008年7月的一次采访中，接替久多良木健的平井一夫说："我的目标是让PS3在其第9年售出1.5亿台，超过PlayStation 2上市9年1.4亿台的销售额。"

PS2和PS3正在同台销售，而且数据不相上下。

平井一夫改变PS3的销售策略，加强索尼的看家本领——蓝光碟片播放。逐步挽回一些颓势，SCE也在2010年转亏为盈。平井一夫因此升为索尼公司执行长，同年进入董事会。

索尼体感游戏方案

1999年，斯坦福大学航空航天机器人实验室博士理查德·马克斯（Richard Marks）开始构思一套通过廉价的网络摄像头实现计算机视觉和手势识别的应用程序。加入索尼后，他开始深化自己的想法。马克斯的研究引起SCE负责产品开发的副总裁菲尔·哈里森（Phil Harrison）的注意，他将马克斯带到伦敦研发总部。

在伦敦，马克斯和Psygnosis工作室（后合并为London Studio）一起研发游戏和硬件。该硬件方案最初叫作"iToy"，被哈里森改为"EyeToy"，算是最早的视觉体感游戏方案。

2002年8月，EyeToy登上PlayStation Experience活动首发，包含四个迷你游戏。2003年，EyeToy在欧洲销量超过200万台，在美国销量超过 40 万台。2004 年 2 月 11 日，EyeToy 在日本上市。下图为 EyeToy，有 25 款游戏，需要接入 PS2 才能玩。

硬件的限制和游戏数量不足，EyeToy 如其名，像玩具多过像游戏机。

任天堂 Wii 发售后，游戏公司都看到体感游戏的爆发力。索尼对 EyeToy 进行改进，2007 年发布新的硬件产品“PlayStation Eye”。该技术不仅通过计算机视觉和手势识别来识别玩家动作，还可以用内置麦克风让玩家和游戏互动。随 PlayStation Eye 一起发布的还有捆绑游戏《审判之眼》（The Eye of Judgment），一款回合制卡牌游戏。

微软 Project Natal 公布后，索尼也抓紧时间开发其他可以用于 PlayStation Eye 的技术，包括：Vision Library，执行高级面部识别 / 分析和基于 CV 的头部跟踪；PSVR（PlayStation Voice Recognition），支持大约 20 种不同语言的语音识别库。面部技术可以识别眼睛、嘴巴、眉毛、鼻子和眼镜等特征；读取嘴的形状并检测微笑；确定受试者头部的位置和方向；估计年龄和性别。此外，PlayStation Eye 还可以用于创建电影和视频，并且和网络好友进行视频聊天。

不过，PlayStation Eye 的硬件性能远不如微软 Kinect。

2008 年，索尼开始研发跟任天堂 Wii Remote 类似的控制棒，将其跟

PlayStation Eye 配合使用。索尼的体感游戏控制器，同时具备摄像头和惯性传感器两套方案。该项目内部代号是“Y-con”。Y 指的是三个研发团队：日本 SCEI 硬件团队、SCEA 软件工程团队和索尼 Worldwide Studios 团队，三队交汇一点成为“Y”。

2009 年，Y-con 在 E3 上亮相，定名为 PlayStation 运动控制器。没多久，索尼又宣称，正在探索 Y-con 和 PS3 标准手柄 DualShock 3 结合的可能性：如将 Y-con 当作剑，DualShock 3 当作盾牌。

2009 年 9 月，索尼在东京电玩展上展示如何使用这套方案玩《生化危机 5》。2010 年 1 月，索尼宣布，PlayStation 运动控制器将在第三、第四季度推出。3 月 10 日，索尼在世界游戏开发者大会上宣布其正式名称和徽标“PlayStation Move”。标志是一个彩色的波浪形状，代表来自 PlayStation Move 运动控制器上球体的光迹被挥动。Move 上顶部的球体跟 PlayStation Eye 交互，感知手柄运动轨迹。球体颜色会不断变化，五彩斑斓，十分好看。下图为 PS3 的宣传画面，玩家手持 PlayStation Move 玩游戏。

2010 年 9 月 15 日，PlayStation Move 在欧盟推出。首月出货大概 150 万台，北美售出 100 万台。2010 年 11 月 30 日，索尼官方宣布，PlayStation Move 总出货量达 410 万台，形势一片大好。2011 年 E3 上，索尼称 PlayStation Move 已经售出 880 万台，到 2012 年 11 月，该数字达到 1500 万台。

对比任天堂 Wii 高达 10163 万台的销量，索尼承认："无论是玩家还是游戏，PlayStation Move 都没有达到期望值。"

索尼的体感游戏，在御三家中只能位列第三，数量更是远远落后于任天堂和微软。

作为掀起第七世代游戏机体感游戏浪潮的真正王者，任天堂最后一个才出场。

第九十一章　任天堂：你方唱罢我登场体感游戏机 Wii

体感游戏先驱 XaviX

1995 年，在任天堂工作长达 16 年的中川克也决定离开任天堂。此时的任天堂正处在历史低谷，N64 和 Virtual Boy 相继失败，全靠掌机苦苦支撑。中川克也希望通过自己的努力，中兴日本电子游戏机产业。

话说，索尼不也是日本的吗？

中川克也凭借个人影响力，在任天堂聚集到 8 位同事，其中很多人曾经都是 Famicom 的工程师。9 人以“贡献至上”为座右铭，以“专业数字技术造福社会”为宗旨，成立新世代株式会社（SSD COMPANY LIMITED），SSD 是“Short for Shinsedai”的简写。

SSD 成立后，依靠外包业务维持生计。他们第一个成功的体感游戏是《勇者斗恶龙：剑神》（剣神ドラゴンクエスト 苏りし伝説の剣）。下图为游戏外设，用户只需要拿着剑对着电视屏幕挥舞就可以斩妖除魔。

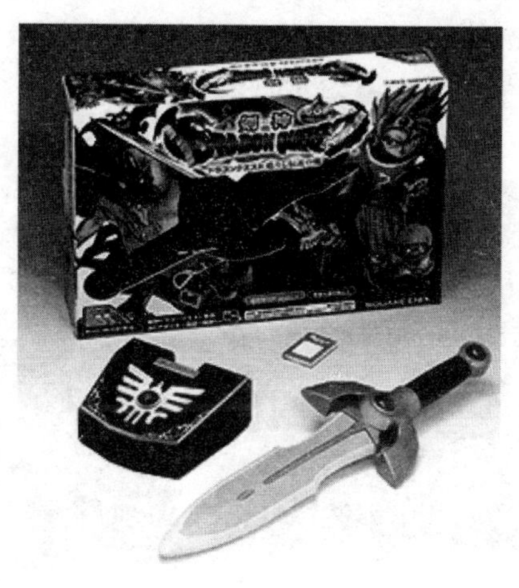

到 2003 年，SSD 已经帮助过不少游戏公司开发游戏，可 SSD 品牌从未出现在公众眼前。中川克也不甘心做幕后英雄，他计划走到台前，推出 SSD 的游戏机——XaviX。

中川克也深知 XaviX 不可能在性能和游戏复杂度上跟主流厂商竞争，所以选择运动和健身主题的体感游戏作为切入口，并在 2004 年 1 月 8 日拉斯维加斯的 CES 展上展示该产品。

XaviX 的首字母来自未知数 X，其后是 A（Audio，音频）、V（Video，视频）、I（Interactive，交互），最后又是 X。中川克也的想法是放弃图形和游戏复杂性，专注于玩家易于上手的体感游戏。他给 SSD 设定四大业务支柱，分别是：XaviX Games、XaviX Home、XaviX Education 和 XaviX Entertainment。

这个愿景真是难以想象的大。

2004 年 8 月，SSD 体感运动游戏机 XaviXPORT 在美国发布，售价仅 79.99 美元。随游戏机一起发布的有 3 款游戏，《棒球》《保龄球》《网球》，零售价均为 49.99 美元。

2004 年还有如此便宜的游戏机？

按 XaviXPORT 的硬件标准，它确实贵不起来。游戏机使用 8 位 CPU，主频 21MHz，屏幕分辨率 640*480，1670 万色。处理器频率低，原因在于 ROM 卡里还有 1 个协处理器。游戏机没有配备手柄或控制器，控制器在游戏外设里。每款游戏都有独立控制器，比如《网球》就必须拿着 XaviX 制作的网球拍玩。下图是 XaviXPORT 游戏机、外设和游戏卡，产品设计思路还处于米罗华奥德赛时期，十分原始。

2005年1月6日，SSD邀请国际动作巨星成龙为XaviXPORT的代言人，并且使用他的形象设计两款游戏：《Jackie Chan Studio Fitness: PowerBoxing》和《Jackie Chan Studio Fitness: J-MAT》。

选取成龙作为代言人，让SSD本就昏暗的前途，又蒙上一层黑雾。下图为J-MAT游戏外设的包装，可以看到成龙的照片。

SSD不仅做游戏机，还希望将技术应用范围扩大到医疗保健领域。他们推出Hot Plus服务，为医院、疗养院和康复机构租用定制的XaviXPORT。该定制系统可以绑定保龄球和计步器，允许使用32个游戏项目让病人进行日常娱乐和康复。第二个尝试是Atama俱乐部。SSD开发一款类似游戏的程序，可以用来刺激和训练大脑，相当于体感版的《大脑年龄》。Atama的ROM卡可以将数据在本地存储，然后上传到Atama的数据管理网站汇总、分析和打印。

SSD果然是系出任天堂，招招不离任天堂。

2006年11月19日，任天堂Wii在全球发布。一款Wii Sports就包括了XaviXPORT的全部游戏。

SSD并没有因此直接覆灭，他们将技术授权给法国体育用品零售商迪卡侬，让迪卡侬得以发布体感交互游戏系统“动悦适互动系统”（Domyos Interactive System），Domyos 是迪卡侬旗下品牌。动悦适互动系统的第一款游戏叫《动悦适 Step Concept》，由 SSD 制作。

到 2009 年，迪卡侬开始意识到动悦适互动系统技术过于落后，将动悦适的游戏开发交给 Geonaute，迪卡侬旗下的技术部门。Geonaute 和许多硬件开发商接触，如 Koto Laboratory，WonderSwan，计划创造一个新的硬件概念。由于迪卡侬公司管理层的变化，动悦适互动系统 2 项目被取消。

不幸中的万幸。

SSD 在 2008 年夏天发布最后一款游戏——《Music & Circuit》，它共研发过 10 款体感游戏上线。2013 年，公司停止运营。

作为体感游戏的先驱，SSD 有一些创举。可限于技术实力和对体感游戏的理解不够，他们做出来的东西只能说似是而非。

而真正理解体感游戏该如何做的任天堂，此时对未来也并不笃定。

任天堂 Wii

据宫本茂回忆：“我们在 2001 年 GameCube 上市时就开始 Wii 的工作（Wii 内部代号：Revolution），最初的想法是做出一个独特的游戏界面。大家的共识是，性能并不是游戏机的一切。市面上有太多强大的游戏机，是无法共存的。这就像如果世界上只有各种凶猛的恐龙，那它们可能只会互相战斗，加速自己种族的灭亡。”

Revolution 在设计时就完全不考虑游戏机的性能，而是考虑是否有创新性的玩法。

2001 年 9 月 24 日，GameCube 上市后 10 天，任天堂从 Gyration 公司手中获得两项运动检测专利。

宫本茂对游戏的本质理解极深刻，他以科乐美公司发明的跳舞机游戏《舞蹈革命》（Dance Dance Revolution）为例，说：“经典手柄控制器是我们喜欢的东西，游戏玩家也习惯了。它很重要。但它也决定了游戏中的很多内容——图形的制作方式、角色扮演游戏中战斗的方式、游戏中故事的弧线，它们都被制造成符合一个标准。创造力被扼杀，游戏范围正在缩小。我们希望为特定游戏制作控制器，例如《Konami’s Dance Revolution》。长期以来，我们认为改变控制器会拓宽游戏设计，并放松对程序员的创造性限制。当我们发布DS时，发现这是真的。大约在那个时候，我们同意从触摸屏开始，制作完全不同于我们以前制作的任何东西。”下图为科乐美公司1998年推出的全球首款跳舞机。

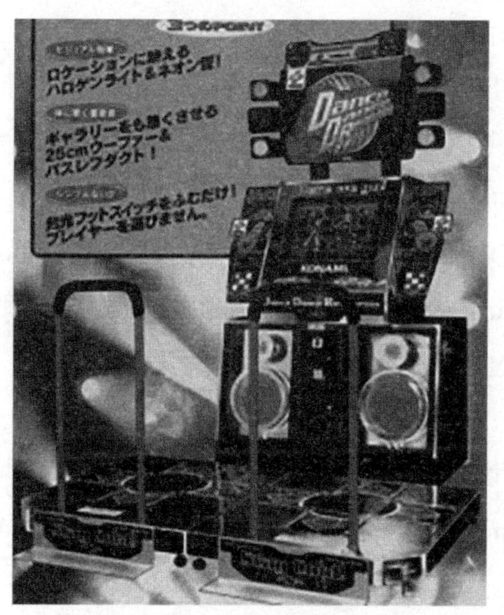

DS使用触摸屏，说明什么呢？说明玩家喜欢学习新鲜的游戏操控方式。

记者问道：“2004年发布的DS掌上游戏机是目前最畅销的便携式电子游戏机。DS的成功是否影响了您的设计决策？”

宫本茂说：“DS为Wii铺平了道路，DS独特的界面吸引了非游戏玩家。这让我们认为有机会接触到更广泛的受众。但如果DS失败了，我们可能会在Wii上使用触摸屏。”

现在的宫本茂还不知道，触控操作方式是便携式游戏（移动游戏）有且唯一正确的解，可它并不适合家用游戏机。游戏触控操作的想法，在 Wii 的后续机型 Wii U 和 Nintendo Switch 上得以实现。

如果任天堂在制作 DS 时考虑同步进入手机游戏行业，也许电子游戏世界的格局跟今天又会完全不同。

岩田聪掌管任天堂后第一项成功业务，是通过 DS 的成功进一步巩固任天堂在掌机上的领导地位。

2003 年，岩田聪召集宫本茂和竹田玄洋研究下一代游戏机的技术路线，提出几个模糊的要求：首先要能吸引妈妈，其次要能兼容之前的任天堂游戏。在社长的安排下，竹田玄洋负责硬件开发，宫本茂负责基于 Gyration 体感运动的新型控制器。

2004 年 E3 上，岩田聪公布任天堂下一代游戏机名称——Revolution。他声称，Revolution 将带来游戏机行业的革命。2005 年 E3 上，岩田聪将手放在娇小的机器原型上，以形成跟 PS 和 Xbox 在体积上的强烈对比。9 月东京电玩展上，岩田聪展示最新的 Revolution 的控制器原型，跟正式发布的 Wii Remote 和 Nunchuk 区别不大。岩田聪说："堀井雄二和小岛秀夫测试过，相信玩家一定会被吸引。"

2006 年 4 月，任天堂公布 Revolution 的正式名称——Wii。Wii 中的两个"i"字母，代表两个小人。一起公布的还有长相古怪的控制器——Wii Remote 和 Nunchuk。任天堂表示：Wii 听起来像"We"，它强调游戏机适合所有人。Wii 很容易被世界各地的人们记住，无论他们说什么语言都不会混淆。

Wii 的硬件性能乏善可陈，中央处理器是 Broadway（名称源自 Broadway theatre，百老汇剧院），由 IBM 设计，使用 90nm SOI 工艺生产，主频 729MHz。它沿用 GameCube 处理器 Gekko 的架构，使得 Wii 可以兼容 NGC 游戏。图形显示芯片由 ATI 设计，同样采用 90nm 制程，叫 Hollywood（好莱坞，全球电影圣地）。它同样沿用 NGC 上 Flipper GPU 的设计，频率和性能略有提升。

对比微软 Xbox 360 和 PS3 在硬件上绞尽脑汁不计成本的投入，Wii 可以说是完全放弃硬件性能。

宫本茂解释说："最初，我想要一台售价 100 美元的机器。我的想法是不花任何钱在游戏机技术上，这样所有的钱都可以花在改进操作和游戏上。如果我们没有使用 NAND 闪存和其他昂贵的部件，我们可能会成功。我们着手设计一款售价低于 25,000 日元（约 200 美元）的游戏机。"

"我们不得不在图形显示上妥协，放弃强大的芯片。我们的许多员工最初都想要高清图形，但他们同意我们的观点：如果游戏不好玩，图形无关紧要。"

从游戏机性能上看，Wii 对比 NGC 略有提升，和 Xbox 360 和 PS3 比起来，则是弱到不像话。

不重要。

Wii 的大杀器并不是机能，而是体感控制器。

Wii Remote 和 Nunchuk

在宫本茂眼里，游戏控制器决定电子游戏的上限。要革新游戏，必须革新游戏控制方式。

2004 年，任天堂使用 Gyration 的专利制作出反传统造型的 Wii Remote 控制器和 Nunchuk 附件。除运动传感器以外，任天堂还在 Remote 上加入红外线感应和按钮布局。宫本茂花大量时间优化红外线感应，因为灯光和阳光都会干涉到它的准确性。直到量产前，他还在对红外线的准确性进行优化。

Wii Remote 的设计包括：ADI MEMS 的三维加速度计传感器，由 Analog Devices 设计。PixArt 光学传感器，用来感应 Wii 游戏机上传感器条传过来的感应光线。Wii 的传感器条长约 20 厘米，有 10 个红外 LED，可以放在电视机上方或下方，它可以让 Wii Remote 在 5 米距离内精准操控屏幕，定位出光标。从传感器条每一端发出的红外线，可以聚焦到 Remote 的图像传感器上，从而通过 Wii CPU 计算出 Remote 和传感器条之间的距离。Remote 的旋转量，也可以通过算法计算。所以 Wii 的传感器条不需要精准摆放，只要在 Remote 的有效感应范围内就可以。

Wii Remote 的位置和运动跟踪能力，允许玩家模仿现实中的动作来玩游戏。如挥动长剑或用枪瞄准怪物，而不是移动方向键。任天堂的电视广告里，都是让演员模仿钓鱼、烹饪、打鼓、音乐指挥、开枪、剑术和进行牙科手术等动作。2008 年 E3 上，宫本茂就用 Wii Remote 演示 Wii Music 的玩法，过了一通演奏家的瘾。

Nunchuk 和双节棍的英文“Nunchaku”很像，是 Wii Remote 辅助配件。它通过一根短线连接到 Remote，两个棍状控制器连在一起，乍一看去确实很像双节棍。Nunchuk 带 1 个模拟摇杆和 2 个按钮，可以跟 Wii Remote 一起用来游戏。它有三轴加速度计感应器，可没有震动反馈。

Wii 还有用来玩射击游戏的 Wii Zapper，玩驾驶游戏的 Wii Wheel 等外设，更好地发挥体感游戏特性。

2006 年 11 月 19 日，Wii 正式在美国发售，售价 249.99 美元，只有 PS3 的一半。下图为白色 Wii 和 Remote。

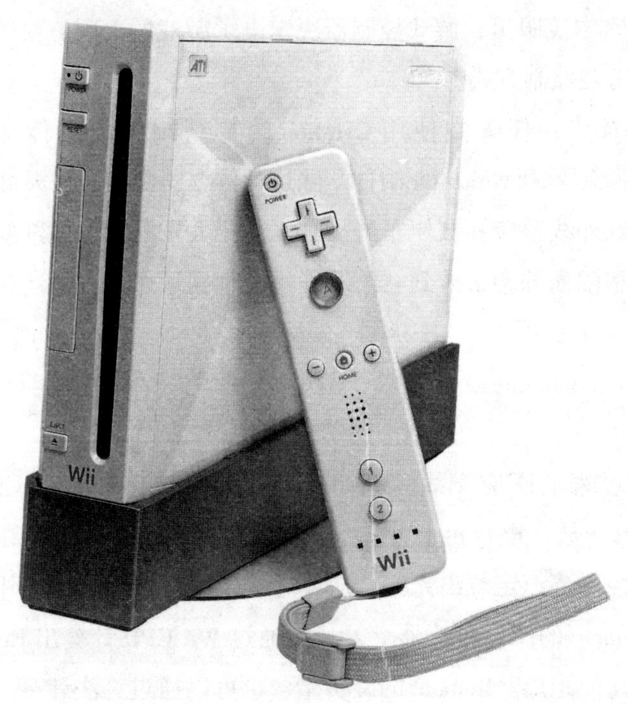

体感游戏王者

2006 年 11 月，任天堂开始对 Wii 进行广告投放，营销预算高达 2 亿美元，是难得一见的大手笔。Wii 主打家庭游戏和亲情，广告中大量出现父母和祖父母一起玩游戏的场景。

12 月，在任天堂 DS 游戏《勇者斗恶龙 9：星空的守护者》（Dragon Quest9：Sentinels of the Starry Skies）发布会上，岩田聪说："我们不是在考虑与索尼对抗，而是考虑我们能让多少人享受游戏。我们考虑最多的不是便携式游戏机等其他的东西，而是我们想让更多的人来玩游戏。Wii 的广告口号是：Wii would like to play，我们想玩。"

英国媒体报道，英女王伊丽莎白二世也玩过 Wii。

Wii 和 DS 一样，都是岩田聪"游戏人口扩张"理念的延伸。任天堂第一方游戏《塞尔达传说》《马里奥》《宝可梦》等系列都一一登陆。任天堂之前的主机都有"三坟机"绰号，Wii 却得到了育碧、世嘉、史克威尔艾尼克斯、暴雪、EA 和卡普空等公司的支持，游戏数量超越同时期的 Xbox 360 和 PS3。

任天堂还推出 Virtual Console 在线商店，提供怀旧主机的游戏系统。玩家可以玩到 FC、SFC、N64、世嘉 MD、MSX、Neo Geo 的主要游戏。Virtual Console 的游戏经由互联网下载，大部分需要付费。

2006 年底，Will 全球销量达到 320 万台。2007 年 9 月，Wii 的销量超过 Xbox 360。2008 年，任天堂将 Wii 的产量从每个月 160 万台提高到 250 万台。2009 年 3 月世界游戏开发者大会上，任天堂称 Wii 销量已经达到 5000 万台。9 月，任天堂将 Wii 的价格从 249.99 美元降至 199.99 美元。2009 年底，Wii 销量达到 6700 万台。

2010 年，Wii 的销量开始下降，因为索尼 PS3 和 Xbox 360 都推出体感游戏。到 2013 年第二季度，Wii 全球销量正式突破 1 亿台。Wii 的终生销量为 1.0163 亿台，成为电子游戏史上第 5 款突破 1 亿台销量的游戏机。

Wii 的游戏销量更是打破历史纪录，一共有 9 款游戏在全球销量突破 1000 万：《Wii Sports》（8290 万）、《Mario Kart Wii》（3738 万）、《Wii Sports Resort》（3314 万）、《New Super Mario Bros. Wii》（3032 万）、《Wii Play》（2802 万）、《Wii Fit》（2267 万）、《Wii Fit Plus》（2113 万）、《Super Smash Bros. Brawl》（1332 万）和《Super Mario Galaxy》（1280 万），全部都是任天堂的第一方游戏。

Wii Sports 是 Wii 的杀手级应用，基本是每机必备，它也是将不玩游戏的人变成游戏玩家的主力军。

三坟机的叫法，还可以继续用。

2018 年 12 月 31 日的统计数据称，Wii 游戏在全球销量达到 9.2066 亿份。

2015 年 4 月 2 日，PROPE 工作室推出的游戏《天空战士罗迪亚》(Rodea the Sky Soldier)，是 Wii 在日本地区发行的最后一款游戏。2019 年 11 月 5 日，育碧推出的游戏《舞力全开 2020》（Just Dance 2020），为 Wii 在北美地区发行的最后一款游戏。2020 年 7 月 9 日，由 Vblank Entertainment 开发的游戏《Shakedown: Hawa Ⅱ》和《Retro City Rampage DX+》，是欧洲地区最后发行的游戏。

2012 年 11 月 18 日，任天堂为 Wii 推出后续机型，Wii U。

那已经是下一个家用游戏机世代了。

第九十二章　苹果：重新定义手机游戏

iPod

1997 年，阔别苹果 12 年的乔布斯回归，担任临时 CEO 重新执掌苹果公司。1998 年，苹果推出 iMac G3 一体机，大获成功，乔布斯从临时工转为正式 CEO。2000 年 Macworld 展上，乔布斯去掉“临时 CEO”的头衔，他开玩笑说要用“iCEO”称呼自己。

2000 年互联网泡沫破灭后，大家都不看好 PC 的前景，苹果 Power Mac G4 Cube 销量也十分黯淡。乔布斯一方面提拔蒂姆·库克（Tim Cook）任运营官，缩短产品周期提高运营效率，另一方面在商业黄金地段开设 Apple Store 专卖店并大获成功。为解决增长问题，他还让苹果首席硬件工程师乔纳森·鲁宾斯坦（Jonathan Rubinstein）和 Fuse Systems 公司的托尼·法德尔（Tony Fadel）合作开发一款便携式音乐播放器，项目代号“P-68”。法德尔十分干练，他们和 PortalPlayer 公司签订合作协议，设计 P-68 的播放器软件。P-68 外观设计由苹果设计师乔纳森·艾维（Jonathan Ive）完成。它的用户界面、Unicode、内存管理和事件处理由 Pixo 公司完成，乔布斯直接负责。

为压缩 P-68 内部空间，据说乔布斯曾经在工程师面前将一个原型机扔进水族箱，指着外壳中冒出的气泡，要求其继续压缩硬件体积。P-68 也就是后来的 iPod。

“iPod”的名字由自由撰稿人维尼·切科（Vinnie Chieco）提出。看到 P-68 原型后，切科联想到电影《2001：太空漫游》（2001: A Space Odyssey）结尾时那句经典台词“Open the pod bay door, Hal ”。句中“pod”

指太空船上的小飞船，这和乔布斯所说的“Mac 是其他苹果数码产品的中心基站”异曲同工：Mac 是太空船，P-68 是小飞船。

2001 年 10 月 23 日，配备 5G 硬盘的 iPod 正式发售，它可以将 1000 首歌放进口袋里。

iPod 是电子消费品的商业奇迹，是 Walkman 的真正接班人。2007 年 1 月，苹果公布创纪录的 71 亿美元季度收入，其中 48% 来自 iPod。2007 年 4 月 9 日，苹果宣布售出第 1 亿台 iPod，为史上第一畅销的数字音乐播放器。2008 年第 1 季度，苹果还有 42% 的收入来源于 iPod 销售。2009 年 9 月 9 日，在 Apple Event 主题演讲中，iPod 销量正式突破 2.2 亿台。到 2012 年 9 月，苹果报告称 iPod 总销量为 3.5 亿台。

人人需要音乐，人人需要游戏。

iPod 同样可以玩游戏，它的早期版本就预装《打砖块》（苹果创始人沃兹尼亚克制作，乔布斯监督）。后面预装《降落伞》、《纸牌》和《Rock and Pop Quiz》（一款音乐问答游戏）。南梦宫、EA、世嘉和哈德森软件、史克威尔都为 iPod 制作过游戏。iPod 游戏分两种，预装在操作系统上的和通过 iTunes Store 购买下载的，和苹果手机 iOS 游戏不同。

2003 年 4 月 28 日，iTunes Music Store（后更名为 iTunes Store）推出。随后的 10 年里，跟 iPod 深度绑定的它，成为全世界排名第一的音乐商店。iTunes Store 中提供 2800 万种音乐、视频和应用程序。到 2011 年 10 月 4 日，已经有 160 亿首歌曲从 iTunes Store 售出。

iTunes Store 和苹果手机的 App Store 主要区别在于，iTunes Store 是可以用于 Windows 和 macOS 电脑的应用程序，App Store 是苹果手机的应用商店，Apple id 在二者间通用。

多点触控和 iPhone

多点触控（multi-touch）是一种让触摸板或触摸屏能同时识别表面多个接触点的技术。1972 年，欧洲核子中心（European Organization for

Nuclear Research，CERN）就开始使用多点触控技术控制超级质子同步加速器。1976 年，CERN 开发一款全新的触摸屏幕“xy 电容式触摸屏”，用于加速器控制室。

1984 年，贝尔实验室和卡内基梅隆大学都研究出多点触摸产品。区别在于贝尔实验室的多点触控使用电容耦合技术，而卡内基梅隆大学使用光学。1985 年，乔布斯参观卡内基梅隆大学的 Sensor Frame 多点触控实验室。

1998 年，特拉华大学的韦恩·韦斯特曼（Wayne Westerman）和他的老师约翰·埃利亚斯（John Elias）教授创办多点触控技术商用公司 Finger Works。公司主要业务是生产和营销多点触控键盘——Touch Stream。

2003 年 10 月，乔布斯被诊断出患上一种罕见的癌症，胰岛神经内分泌瘤。确诊后的乔布斯拒绝手术，而是选择使用药物来解决它。他还尝试素食、针灸、草药等方式治疗。到 2004 年 7 月，他才接受胰头十二指肠切除手术，并向苹果员工公开此事。乔布斯手术期间，苹果公司由 COO 蒂姆·库克代为管理。

2003 年底，iPod mini 发布前夜（2004 年 1 月发布）。

负责设计的苹果副总裁乔纳森·艾维正在和团队开头脑风暴会议，一位从 IDEO（总部在美国加州帕罗奥多的全球知名设计公司）跳槽到苹果的设计师邓肯·克尔（Duncan Kerr）做了一些新技术演示。克尔为苹果输入团队工作，他们一直在为 Mac 电脑寻找新输入方式，作为对键盘鼠标的改进。

克尔演示的技术正是多点触控，他在屏幕上演示用手指头对画面旋转、放大和缩小。触控技术并不新奇，使用电容笔单点触摸的产品在市场上也很多，如黑莓 Pilots 和微软 PDA。还有银行 ATM 机的电阻式触摸屏，靠指尖按压。克尔跟同事详细介绍多点触控的特点，对比其他输入方式它十分自然。随着一阵阵哇声，苹果的设计师都感受到了它的革新性体验。

倘若 Mac 都支持多点触控，会怎样呢？有位设计师还建议："如何将这个技术应用到已经出现一段时间的平板电脑上？触控是一回事，但多点触控则是另外一回事。你可以滑动来翻页，而不是去点击一个翻页按钮，我们可以将界面做得像报纸一样简洁。"

作为团队领导，苹果设计的灵魂人物，乔纳森·艾维对触控技术也十分看好。Mac 输入设备工程团队飞速做出一个 MVP（minimum viable product，最小可用产品），便于艾维跟乔布斯汇报。

艾维说："因为乔布斯能快速地不假思索地给出意见，所以我没有在别人面前和他谈。因为我怕他会直接说'这就是垃圾'，从此这个创意就被埋没。我知道这个创意还很脆弱，所以必须小心谨慎。如果乔布斯不看好这个的话，那么就将是一个灾难。"

乔布斯回答很简洁："这才是未来。"

乔布斯安排 2 位苹果高级工程师，伊姆兰·乔德里（Imran Chaudhri）和巴斯·奥丁（Bas Ording）参与多点触控的可行性探索。1 周后，2 人就拿着一台连着 Mac，支持手势操作的粗糙原型机出现在大家眼前。技术路线没有问题，艾维开始率领苹果工业设计团队打造可以商业化的产品原型"Model 035"，如下图，对比是 iPad2。

2004年，iPod销售还如日中天，艾维团队制作过多款苹果平板电脑的原型，可并没获得重视。2010年1月27日，苹果首款iPad才发布。因为当时大家的注意力都在智能手机上，所有人都认为，手机是电子消费品的未来。

2005年9月7日，苹果和摩托罗拉合作推出一款预装iTunes音乐播放器的手机：ROKR E1。它支持在iTunes Music Store购买音乐，用户可以在一个像iPod的应用上播放音乐。ROKR E1的音乐性能很差，只能存储100首歌曲，在电脑上操作也十分麻烦。

演示ROKR E1时，乔布斯就像拿着一个没洗的袜子。在他大声宣布“世界上第一款带有iTunes的手机”同时，内心的想法却是要马上淘汰它。ROKR E1确实不争气，它登上《连线》杂志的封面，标题是《你说这是未来的手机？》（You Call This the Phone of the Future？）。

就这？

乔布斯对iPod的设计师法德尔说：“这不行，我已经厌倦了和那些笨手笨脚的家伙打交道。”

他认为市场没有苹果合适的合作伙伴，苹果只能选择自己造手机。

制造手机，苹果有两套可选方案：基于iPod nano和基于035模型。小孩子才做选择，苹果不是小孩子。他们将手机开发项目命名为“Purple”，代号P，开2个分支。iPod nano分支由法德尔负责，代号P1，035模型分支由艾维负责，代号P2。

Purple项目被苹果安置在一个绝密的办公室里，所有人要通过四次门禁才可以进入工作空间。项目成员在门上贴上电影《搏击俱乐部》的规则：搏击俱乐部第一条规则是：你不能谈及搏击俱乐部。第二条规则是：你还是不能谈及搏击俱乐部。第三条规则是：只要有人喊停，四肢受伤，快累死了，打斗就要停下来。第四条规则是：一次只能两个人打。

Purple项目最重要的规矩也是：不许在外面谈Purple项目。

调侃归调侃，P1和P2组马不停蹄地开发苹果手机原型。

法德尔说：“这就是 iPod 的一种进化，我们想要把它完善成另外一个产品。”

法德尔团队正在开发新的 iPod nano 和 iPod classic，任务十分繁重。P1 项目极度保密，精兵强将无法使用，只能用实习工程师马特·罗杰斯（Matt Rogers）来制作 P1 的软件。

在 6 个月的努力后，P1 终于制造出一个基于 iPod nano 可以运行的手机。它的车轮操作盘称为拨号盘，跟最老式的电话操作一样。不能上网，不能运行其他软件。短信怎么发送呢？屏幕底部有一个字母表，用车轮操作盘选择字母。用户发一句话，需要旋转几百次。

苹果手机打出的第一个电话，不是在多点触摸屏上，而是在 iPod nano 蒸汽朋克式的车轮转盘上拨号的。

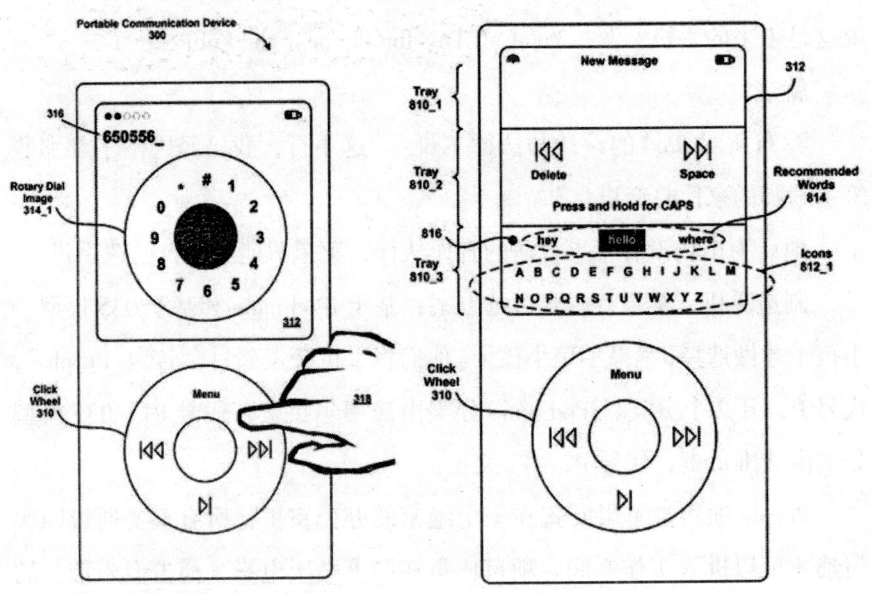

乔布斯看了一下，说：“停止吧。”

2007 年 Macworld 上，乔布斯在 PPT 中放了一张支持拨号的 iPod 照片，说：“这不是打造一部全新手机的方法。”当场哄然大笑。大家以为那只是个效果图，极少人知道这真是苹果的 P1 项目。

P2 项目由艾维负责工业设计，软件系统由设计过 Mac OS X 的软件

工程师斯科特·福斯特尔（Scott Forstall）负责，苹果人称“小乔布斯”，是个能力强却很讨厌人的天才。艾维画的第一个 iPhone 设计草图如下：

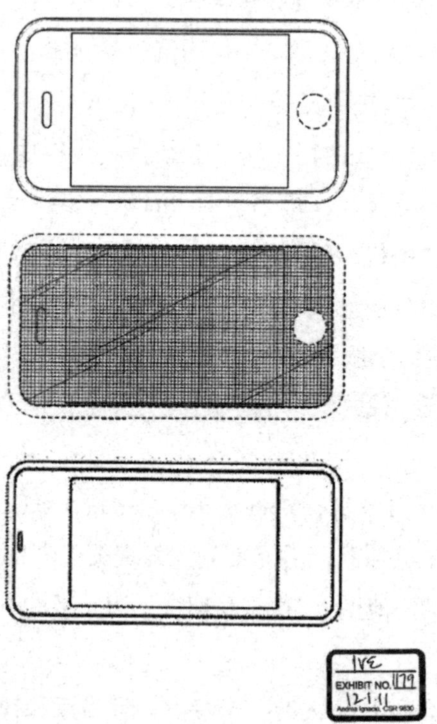

艾维认为苹果手机的生命力在于屏幕，他将自己的设计理念称为“infinity pool”（无边界泳池）。他说：“我们想让屏幕给人一种魔法般的震惊效果，这是我们最终极的设计目标。虽然在设计早期，这个概念总让人觉得太新太难入手了，但我们都能感觉到其中的机会。”

艾维团队制作出两套不同的方案：Extrudo 和 Sandwich。Extrudo 利用 iPod mini 的部件，有较大的生产优势。Sandwich 则是一套塑料外壳，机身中间是金属带环绕的屏幕，屏幕下方有一个菜单按键。艾维团队在 Extrudo 上花费许多时间改善，工程测试时发现它并不适用：上下的空间使得屏幕变得更小，脱离了“infinity pool”设计理念。

Sandwich 成为唯一的选择。

iPhone 研发费用高达 1.5 亿美元，乔布斯找 AT&T 合作，签订一份长达数年的合作协议。合同内容主要包括：AT&T 为 iPhone 2.5G 手机独家销售伙伴、合作期 2 年、苹果以 325 美元的价格向 AT&T 供货、AT&T 获得 1 个新用户向苹果支付 3 美元、获得 1 个转网用户向苹果支付 11 美元、苹果公司可获得 AT&T 手机增值业务分成的 10%。

iPhone 的最终形态是：三星 32 位 ARM 微处理器，PowerVR MBX Lite 3D GPU、128M 内存、4/8G 微硬盘。屏幕是一个 320×480 分辨率的 LCD 多点触控屏幕，分辨率为 163ppi，对角线尺寸约为 3.5 英寸，尺寸远超同期其他手机，做到“infinity pool”。手机支持 4 频段 GSM，支持 EDGE 和 802.11b/g 无线上网，支持电邮、移动通话、短信、网络浏览以及其他的无线通信服务。

iPhone 第一代的操作系统被命名为：iPhone OS。（到 iPhone OS 4 时，更名为 iOS）。

2007 年 1 月 9 日，Macworld Conference & Expo 在加利福尼亚州旧金山 Moscone West 举行。乔布斯正式发表关于 iPhone 的演讲，并留下史上最精彩的一幕。他说：“这是我期待了两年半的一天。今天，苹果将重新发明手机。”

乔布斯介绍 iPhone 的三个特点：带多点触摸的宽屏 iPod、革命性手机、突破性的互联网传播者。

没有丝毫夸大。

2007 年 6 月 29 日晚上 6 时，上千名苹果发烧友在 AT&T 零售店提前排队等待购买 iPhone。

电子消费品史上最伟大的产品 iPhone 的传奇就此展开。

App Store 和乔布斯离世

2008 年 7 月 11 日，预装 iPhone OS 2.0.1 的 iPhone 3G 发行，iPhone 和 iPod Touch 的新固件首次支持 App Store。（固件，是指嵌入在硬件设备中的软件）。和 iTunes Store 一样，苹果公司通过软件销售和分成从

App Store 中获利。销售收入 30% 归苹果，70% 归开发者。年底，App Store 中的软件数量正式突破 10,000，其中就包含许多休闲小游戏。

2009 年 12 月，濒临破产的游戏公司芬兰 Rovio 娱乐工作室推出的休闲游戏《愤怒的小鸟》(Angry Birds)，登陆 iOS。因为 2009 年猪流感肆虐，所以猪成为游戏的大反派。《愤怒的小鸟》发布后，为移动游戏最靓的仔。到 2010 年 9 月，《愤怒的小鸟》在 iOS 上下载量已经超过 1100 万次，全付费版本下载量突破 700 万次。2010 年 12 月，Rovio 宣布游戏的下载量正式突破 5000 万。2002 年 5 月，《愤怒的小鸟》月活跃用户达到 2 亿。到 2014 年 1 月，《愤怒的小鸟》系列的下载量已经突破 20 亿次。当然，这个数据包括 iOS、安卓和其他移动平台。

App Store 历史上，《愤怒的小鸟》保持付费应用榜第一的纪录——连续 275 天位居第一。

真正的手机游戏，在 iPhone 和 App Store 的带领下，汹涌而来。

2009 年 1 月 14 日，乔布斯宣称将休假 6 个月，由库克担任代理 CEO。2009 年 4 月，乔布斯在田纳西州孟菲斯的卫理公会大学医院移植研究所接受肝脏移植手术。手术愈后被描述为——极好。他的肝源来源于库克，因为两人配型十分好。乔布斯和库克，才是真正的“肝胆相照”。据说，乔布斯对移植库克的肝源十分反对，他大喊：“我永远不会让你那样做，我永远不会那样做。”（I’ll never let you do that. I’ll never do that）

乔布斯的反对，有时候也不会奏效。

2010 年 6 月 8 日，在苹果全球开发者大会（Worldwide Developers Conference，WWDC）上，乔布斯发布苹果手机里程碑产品——iPhone 4。该手机销量达 3998 万台，敲响了诺基亚、摩托罗拉等手机品牌的下课铃。

2011 年 1 月 17 日，乔布斯再次休假。3 月 2 日，他参加 iPad 2 的发布活动，6 月 6 日参加 iCloud 的 WWDC 演讲，也是他最后一次参加 WWDC。2011 年 8 月 24 日，乔布斯宣布辞去苹果 CEO 职务，并致信如下：

致苹果董事会及苹果社区：

我曾经说过，如果有一天我不再能履行作为苹果 CEO 的职责和期望，我会是第一个告诉你们知道的人。不幸的是，这一天到来了。

在此，我宣布从苹果CEO的职位上辞职，如果董事会同意，我会担任苹果董事会主席。针对接任者，我强烈建议执行我们制定的接任计划，提名蒂姆·库克为苹果CEO。我相信，苹果的未来将更加光明，更具创造力。我期待未来苹果的成功，也将为此尽自己的绵薄之力。

我在苹果结交了一些人生中最好的朋友，能和你们所有人一起共事这么多年，非常感谢你们！

2011年10月4日，库克首次登台演说，发布苹果新款产品iPhone 4s。

2011年10月5日，乔布斯在他位于加利福尼亚州帕洛阿尔托的家中去世。

1974年，19岁的乔布斯来到雅达利，出现在本书中，是世界第一款街机游戏《Pong》的产品经理。2011年，他离开世界。

用他自己的话总结一生："成为坟墓里最有钱的人对我来说并不重要，能够在夜晚准备躺下睡觉时，对着自己说出一句'我们真的做了一些美好的事'，对我才是有意义的。"

缅怀乔布斯。

To the Apple Board of Directors and the Apple Community:

I have always said if there ever came a day when I could no longer meet my duties and expectations as Apple' s CEO, I would be the first to let you know.

Unfortunately, that day has come.

I hereby resign as CEO of Apple. I would like to serve, if the Board sees fit, as Chairman of the Board, director and Apple employee.

As far as my successor goes, I strongly recommend that we execute our succession plan and name Tim Cook as CEO of Apple.

I believe Apple' s brightest and most innovative days are ahead of it. And I look forward to watching and contributing to its success in a new role.

I have made some of the best friends of my life at Apple, and I thank you all for the many years of being able to work alongside you.

手机游戏元年

《愤怒的小鸟》后，iPhone 上还有类似《水果忍者》《会说话的汤姆猫》爆款休闲游戏上线。多点触控对手机游戏十分重要，大家开始接受通过屏幕跟游戏互动。

《水果忍者》2010 年 4 月 21 日登陆 iPod Touch 和 iPhone。2011 年 3 月下载量突破 300 万，2012 年 5 月下载量已经突破 3 亿次，1/3 的 iPhone 都安装有《水果忍者》。

iPhone 4 发售后，苹果手机上开始出现一些大型游戏。随 iPhone 4 一起发布的游戏是 Epic 公司和 Chair Entertainment 合作用虚幻 3 引擎打造的游戏《无尽之剑》（Infinity Blade）。在 iPhone 4 Retina 屏幕加持下，《无尽之剑》2011 年收入达到 2300 万美元，看得一众游戏公司艳羡不已。

在手机平台开发游戏，唯一要考虑的问题只有游戏好不好玩，硬件限制和盗版问题都不复存在。第三方游戏厂商大量往手机迁移，许多新游戏公司也如雨后春笋一般冒出来，比如主打社交游戏的 Zynga，主打休闲游戏的 Supercell 等。

2011 年，《无尽之剑 Ⅱ》随 iPhone 4S 发售，成为手机游戏的超级爆款。同年 12 月，R 星将《GTA 3》搬上 iOS 和安卓。沙盒游戏《我的世界》（Minecraft），Android 版和 iOS 版也分别于 10 月 7 日及 11 月 17 日发售。

本书将 2007 年定为手机游戏元年，因为手机游戏只有两个时期：iPhone 前时期和 iPhone 时期。多点触控，是宫本茂也没想到的终极游戏控制方法。如非苹果将多点触控技术应用于手机，智能手机能摸索到什么地步，真不好说。

像发明加速度计传感器的人，没有想到它会被任天堂用于体感游戏。乔布斯同样没想到，多点触控是手机游戏的唯一正确解。

N-Gage 和所有电阻触摸屏游戏都没有触碰到本质。

正如乔布斯所说：“上帝给了我们最好的十根手写笔，我们为什么还要再加一根呢？”

第九十三章　谷歌：Android 多点触控时代

类 Unix 系统——Linux

1876 年 3 月 7 日，亚历山大·贝尔（Alexander Bell）收到发明电话的美国专利文件。1877 年，贝尔和他的岳父加德纳·哈伯德（Gardiner Hubbard）创建贝尔电话公司。1885 年，翁婿在纽约成立一家新的子公司：American Telephone and Telegraph Company，简称 AT&T。由于马萨诸塞州的《公司法》限制公司资本上限为 1000 万美元，贝尔电话公司将资产转让给纽约的 AT&T。1899 年 12 月 30 日，AT&T 正式收购母公司美国贝尔电话公司的资产，成为新的母公司，完美绕开麻州的法律限制。

1913 年，美国联邦政府对 AT&T 提起反垄断诉讼。经过长时间拉锯后，AT&T 和联邦政府达成《金斯伯里承诺》：让出西联公司股权，同时允许没有竞争的独立电话公司与它的长途电话网络互连，不允许在未经州际商务委员会批准的情况下收购任何独立的电话公司。

1925 年 1 月 1 日，AT&T 收购西方电子（Western Electric）的研究部门，成立贝尔电话实验室公司，后改名为贝尔实验室，AT&T 和西方电子各占 50% 股权。截止到 2012 年，贝尔实验室有 8 项（13 人）诺贝尔奖（其中 7 项物理学奖，1 项化学奖），有效专利 29,190 项，许多重大发明对世界经济发展起到关键性作用。是晶体管、激光器、太阳能电池、发光二极管、数字交换机、通信卫星、电子数字计算机、C 语言、Unix 操作系统、蜂窝移动通信设备、长途电视传送、仿真语言、有声电影、立体声录音，以及通信网等许多重大发明的诞生地。从此，AT&T 在美国开始近百年的电信服务行业领域的垄断。美国和加

拿大地区，贝尔系统常常被称为“贝尔老妈（Ma Bell）”。贝尔老妈旗下共有四个主要业务部门：AT&T 长途线路（提供长途线路以连接本地电话交换服务和长途电话服务）、西方电气（设备制造部门）、贝尔实验室（研究和发展部门）、区域贝尔运营公司（提供区域本地电话交换服务）。

1949 年，美国司法部再次提出诉讼，希望贝尔老妈剥离 Western Electric。经过长达 7 年的诉讼，AT&T 同意将其产品和服务仅限于公共运营商电信并将其专利许可给“所有相关方”。另外一个关键内容是：禁止 AT&T 制造和销售计算机，尽管它在电子研发中发挥着关键作用。

联邦政府如此打压，AT&T 仍然在 1962 年委托发射了第一颗实验性通信卫星。

1969 年，贝尔实验室的工程师肯·汤普森（第二章出现过）等发布 Unix 操作系统。1974 年，汤普森和里奇合作在《ACM 通信》（Communications of the ACM，CACM）上发表一篇关于 Unix 的文章，这是 Unix 首次在贝尔实验室以外亮相。此后，Unix 逐渐流行开。被罚不准进入计算机行业的 AT&T 将 Unix 广泛授权给学术机构和企业。这些机构在 Unix 源代码的基础上加以扩展和改进，形成类 Unix 系统（英语：Unix-like，经常被称为 UN*X 或 *nix），其中最著名的变种是加州大学伯克利分校开发的伯克利软件套件——Free BSD。

挺好的一件事，Unix 在计算机史上作用功不可没。

1974 年，美国司法部再次对 AT&T 发起反垄断诉讼，官司打到 1982 年 1 月 8 日。双方和解后，AT&T 同意剥离其本地电话交换服务运营公司，以换取进入计算机业务的机会。AT&T 本地业务分为七家独立的区域贝尔运营公司，通常称为“Baby Bells”，分别是：大西洋贝尔、西南贝尔、西部贝尔、太平洋贝尔、南方贝尔、亚美达科和纽新公司。

1983 年开始，贝尔旗下的机构都挂着一个牌子，上面写着：我们国家有两个巨大的实体在工作，它们都对我们的日常生活产生了惊人的影响。一个给我们提供了雷达、声呐、立体声、电传打字机、晶体管、助听器、人工喉、有声电影，以及电话。另一个给我们内战、美西战争、第一次世界大战、第二次世界大战、朝鲜战争、越南战争、两位数的通货膨胀、两位数的失业率、大萧条、汽油危机，以及水门事件的惨败。猜猜哪一个现在正试图告诉另一个如何经营其业务？

AT&T 真是烦死美国政府了。

不过，AT&T 从此获得进入计算机行业的资格，他们开始收回各类 Unix 授权，并跟全球各类使用 Unix 的机构打官司。这一顿骚操作，将正在良好发展中的 Unix 拖入谷底，大量开发者因此离开 Unix 开发平台，盖茨和微软趁势而起。

贝尔实验室这一告不要紧，全球大学和科研机构都不知道该用什么操作系统了。

不要紧，金鳞岂是池中物，一遇风云便化龙。

说的就是芬兰赫尔辛基市的林纳斯·托瓦兹（Linus Torvalds）。托瓦兹的祖父奥勒·托瓦兹（Ole Torvalds）是位记者兼诗人，外祖父里奥·托恩奎斯特（Leo Törnqvist）是芬兰第一批统计学教授。芬兰的统计学会还特别设有“Leo Törnqvist 奖”，专门奖励统计学硕士研究生。林纳斯·托瓦兹 11 岁时，其外祖父就教他使用 BASIC 语言编写统计学程序。

1988 年，托瓦兹进入赫尔辛基大学计算机科学系学习，后服兵役休学 11 个月。服役期间，主要负责弹道计算。他买了一本安德鲁·特南鲍姆（Andrew Tanenbaum）编写的书《操作系统：设计与实现》学习。这本书主要介绍 Minix 操作系统（Minix 是 Mini Unix 缩写），是为教学编写的类 Unix 系统。1990 年，托瓦兹退伍回到学校，正式开始接触 Unix。

嫌 Unix 太大效率太低，1991 年 8 月 25 日，托瓦兹在网络上发布 Linux 内核源代码。Linux 操作系统内核最初被叫作“Freax”，是“free”加“freak”的组合词，并附上 x。赫尔辛基大学 FTP 管理员嫌这个名字不好听，将其改为 Linux（跟托瓦兹的名字 Linus 接近）。10 月，Linux 0.02 版发布，托瓦兹在 comp.os.minix 上发布一则消息：“大家好，所有使用

minix 的人，我正在为 386（486）AT 克隆机做一个（免费）操作系统（只是爱好，不会像 gnu 那样大而专业）。”

Linux 的标志和吉祥物是一只名字叫作 Tux 的企鹅，标志的由来说是因为托瓦兹在澳洲时曾被一座动物园里的企鹅咬了一口，便选择企鹅作为 Linux 的标志。下图为 Linux 标识，归托瓦兹所有。

1994 年 3 月 14 日，Linux 的 1.0 版本发布。

1996 年，托瓦兹硕士毕业，论文题目是《Linux：一个便携操作系统》。1997 年 2 月，托瓦兹被 Transmeta 公司（一家设计微处理器的美国有限公司，集中于开发降低电子设备功耗的运算技术，2009 年 7 月破产）聘请，来到美国加州工作。

1999 年，Red Hat 和 VA Linux 两家公司为感谢托瓦兹的贡献，向他赠送部分公司股票期权。公司上市后，托瓦兹个人财产达到 2,000 万美元。2003 年，托瓦兹辞职，在开源码发展实验室（OSDL）担任 Linux 内核的主要维护者。

2005 年，为管理 Linux 内核源代码，托瓦兹开发 Git（分布式版本控制软件，2005 年以 GPL 许可协议发布）。

Linux 是计算机系统上最伟大的项目之一，重要程度无可比拟。它是开源软件，用户不支付费用就可以获得和使用它的源代码，并且没有约束地传播。新兴软件公司可以用极低成本开始创建全新项目，没有知识产权纠纷，它是互联网分享精神和自由开源软件的最佳诠释。

今天，基于 Linux 内核的操作系统统治几乎从移动设备到大型服务器的全部领域。截至 2017 年 11 月，世界前 500 台最强的超级计算机全部使用 Linux 内核的操作系统。

手机操作系统和 Android

1994 年 8 月 16 日，全球首台智能手机，由 IBM 研发支持打电话的 PDA“IBM Simon Personal Communicator”发售。1996 年 4 月，使用 Palm OS 1.0 操作系统的 PalmPilot 掌上电脑 Pilot 1000 问世。1997 年，塞班公司发布 Symbian 操作系统。

手机厂商对操作系统的认知是，各用各家，理所当然。

2006 年，全球手机出货量突破 10.2 亿台。诺基亚高居榜首，市场份额高达 35.2%。后面是摩托罗拉和三星，分别为 21.9%、10.7%。第四位索尼爱立信，8.7%，第五位 LG，5.7%。

2007 年 1 月 9 日，iPhone 发售。

微软鲍尔默说：“iPhone 想进占市场根本没戏，也许它们能挣点小钱，但每年卖出的 13 亿台手机中，大部分依然会搭载微软的系统，苹果能分得 2%—3% 的份额就不错了。”

老鲍的看法颇具代表性。

2010 年，诺基亚副总裁嘲讽 iPhone 4 信号问题，说：“无论用户怎么握它，在任何情况下，诺基亚 N8 都能提供完美性能。Symbian 仍然是全球应用最广泛的平台，基于 Symbian 的设备数量高于 Android 和 iOS 设备总和。诺基亚今年推出的智能手机全部采用新的 Symbian 操作系统。”

6 年后，2016 年，全球智能手机总销量超过 14.7 亿部，总销量排名前五的手机厂商分别是三星、苹果、华为、OPPO 和 vivo。除苹果外，其余四家厂商均使用 Android 操作系统。

诺基亚、摩托罗拉、索尼爱立信和 LG，估计再没机会回到榜单。手机操作系统以 Android 和 iOS 完胜告一段落。

那么，Android 是怎么来的呢？

安迪·鲁宾（Andy Rubin），1963 年 3 月 13 日出生于美国纽约州威彻斯特县，其父是一位心理学家。1986 年，他在纽约尤蒂卡学院获得计算机科学学士学位。毕业后加入著名光学仪器设备公司卡尔·蔡司任工程师，被外派到瑞士负责海外项目。

1989 年的一个清晨，鲁宾在开曼群岛度假。当他在沙滩中闲逛时，碰到一个被女朋友赶出度假别墅的哥们——比尔·卡斯威尔（Bill Caswell）。寒暄了几句，他好心地帮卡斯威尔找到住处。没想到这位情场失意者是苹果公司员工，在他的引荐下，好心人安迪·鲁宾来到苹果，参与苹果个人电脑 Macintosh Quadra 开发。此时苹果 CEO 是约翰·斯卡利（John Sculley）。

在苹果工作时，鲁宾获得过一个外号“Android”。Android 一词最早出现于法国作家维利耶·德·利尔·阿达姆·利尔亚当（Auguste Villiers de l’Isle-Adam）在 1886 年发表的科幻小说《未来夏娃》（L’Ève future）中。他把外表像人的机器人取名为 Android，意为机器人。

2008 年之前，Android.com 一直是鲁宾的个人网站。

1990 年 5 月，苹果内部员工离职创办公司——General Magic。苹果在该公司持有少数股权，CEO 斯卡利任公司董事。1992 年，索尼、摩托罗拉、松下、飞利浦和 AT&T 等公司成为 General Magic 的合伙伙伴和投资者，一时引发轰动。General Magic 的主要业务是一款名为“Magic Cap”的软件，供 PDA 使用。1992 年，鲁宾加入 General Magic，成为 Motorola Envoy（摩托罗拉开发的 PDA）的首席工程师。

General Magic 没辉煌多久，就开始走下坡路。鲁宾离职加入 Artemis Research，一家开发互联网电视“ WebTV”的公司。1997 年，Artemis 公司被微软收购，鲁宾因此来到微软。在微软混了 2 年后，他觉得束手束脚，离开。

离开微软的鲁宾和朋友一起创办智能手机公司“Danger”，专门生产一种可上网的智能手机——Sidekick。Danger 公司的第一笔风险投资来自一位新手投资家：格雷格·加拉诺斯（Greg Galanos）。下图为 Danger 的 Sidekick 智能手机，一款滑盖全键盘上网手机。

2002 年初，鲁宾在斯坦福大学工程班上对 Sidekick 的开发过程进行介绍。台下坐着两位已经毕业正在创业的博士生，拉里·佩奇（Larry Page）和谢尔盖·布林（Sergey Brin），谷歌创始人。佩奇和布林看到手机的默认搜索引擎竟然是 Google，两位说了一声：Cool。

就此别过。

鲁宾是一位技术极客，可好像并不适合担任 CEO，Danger 公司的经营一直不理想。2005 年，Danger 公司董事会提议更换 CEO，鲁宾投了一注同意票。新任 CEO 加入后，鲁宾决定离开。他说已经在公司实现了自己的目标，并想继续前进。然而，其他知情人士表示，鲁宾对董事会的新安排感到失望。

2008 年，微软收购 Danger 公司。只能说，鲁宾跟微软真是很有缘分。

2003 年 10 月，安迪·鲁宾、利奇·米勒（Rich Miner）、尼克·席尔斯（Nick Sears）、克里斯·怀特（Chris White）4 人在加利福尼亚州帕罗奥图创办一家全新的科技公司——Android。鲁宾对 Android 项目期望极高，称其为“有极大的潜能以开发更智能的移动设备，以更了解其用户的位置及偏好”。

Android 公司最初目标为数码相机开发操作系统，干了几个月后，创始人发现最擅长的还是手机软件。5 个月后，公司将目标转移到开发一款可以跟 Symbian 和 Windows Mobile 媲美的手机操作系统。

同时，公司账上没钱了。

鲁宾打电话给自己的好友斯蒂弗·帕尔曼（Steve Perlman），说自己马上要破产了。

帕尔曼问：“你什么时候需要钱？”

鲁宾说：“现在。”

帕尔曼马上去银行取来 10,000 美元，装在信封里交给鲁宾。然而，帕尔曼拒绝鲁宾给他的股份，因为他并不想以投资的方式给鲁宾这笔钱，他说：“我这样做是因为我相信这件事能成，并且我想帮安迪。”

帕尔曼前后拿出 10 万美元，帮助鲁宾的公司运营。在种子资金的帮助下，Android 总算度过破产危机。

2004 年 8 月 19 日，谷歌开始首次公开募股，登陆纳斯达克交易所。

2005 年，鲁宾计划出售部分 Android 股权，他找到三星和 HTC 谈判，被拒绝。屡次碰壁，他终于碰到谷歌门口。没多少废话，手握大笔现金，又和鲁宾有缘分的谷歌，以 5000 万美元的价格将还没发布任何产品的 Android 公司和团队收入囊中。2006 年 10 月，谷歌又用 16.5 亿美元的价格收购视频分享网站 YouTube。

这大概是谷歌历史上最成功的两笔收购交易。

谷歌对收购 Android 的评价是：“有史以来最好的交易。”时任谷歌 CEO 的埃里克·施密特（Eric Schmidt）说：“收购 Android 目的是抗衡微软，阻止微软在移动市场复制桌面市场的成功。”

2005 年，苹果手机才立项，手机操作系统市场最大的假想敌是微软。

被谷歌收购后，鲁宾领导团队开发出基于 Linux 内核的移动操作系统“Android”（安卓）。Google 向手机制造商及网络运营商推出该平台，并承诺提供灵活可靠、可升级的系统。早期安卓基于 QWERTY 键盘，不支持多点触控，这是当时智能手机面向商务人群的标准配置，也被认为是“正确”的产品设计。

iPhone 发布时，鲁宾在拉斯维加斯的一辆出租车后座全程看完网络直播。作为一位手机操作系统的老司机，他自然知道安卓和苹果 iPhone OS 之间鸿沟一般的差距。看来，取消安卓发布计划，重新设计才是正确选择。

鲁宾团队的一位开发工程师表示，与 iPhone 相比，他们在 Android 上的工作看起来很糟糕，“我们看起来如此……90 年代”。

想来想去，也没有更好的办法，安卓只能照抄 iPhone OS——支持触摸屏。为显得略有区别和兼顾商务客户，安卓同时保留 QWERTY 键盘设计。

2007 年 11 月 5 日，谷歌领导成立“Open Handset Alliance”（手持设备开放联盟），初始成员包括手机制造商 HTC、摩托罗拉、三星等，运营商 Sprint、中国移动和 T-Mobile 等，芯片制造商高通和德州仪器。目标是建立首个真正开放和全面的移动设备平台。既然采用 Linux 内核，谷歌就没想过要在操作系统上收取授权费用。随后，Broadcom、Intel、LG、Marvell 加入。2008 年 12 月，ARM、华为和索尼等公司加入。很快，手持设备开放联盟就拥有 34 家成员公司。今天，手持设备开放联盟拥有 84 家公司，是除苹果以外的全部手机公司的大本营。

谷歌和 Linux 内核的安卓，大家充满期待。

手机游戏的唯一正确解：多点触控

2008 年 9 月 23 日，全球首款商用安卓手机——HTC Dream，由中国台湾电子公司 HTC 推出。HTC 由台湾经营之神台塑集团创办人王永庆的女儿王雪红运营管理，HTC 是她在手机上的梦。下图为 HTC Dream，一款支持触控屏幕（不支持多点触控）的安卓手机。内置多项 Google 服务，如 Google 地图、Gmail、YouTube、Android Market 等。

跟微软 Mobile Windows 和诺基亚 Symbian 一样，安卓也根本没想明白手机操作系统设计的初衷是什么，为工作，还是为娱乐？

多点触控是为工作准备的吗？什么样的工作需要多点触控呢？对，欧洲核子中心的超级质子同步加速器需要。除此之外，很难找出需要多点触控的工作了。多点触控的终极用途是娱乐，安卓还没想明白这件事。

别说它，全世界对此都不是特别清楚。没关系，傻子过年看隔壁。

谷歌开始对着 iOS 全方位“致敬”，照搬一切设计要素。

很快，安卓放弃全键盘设计，用户界面开始支持真实世界的直接触摸操作：滑动、点击、捏合和反向捏合来操作屏幕上的对象，以及虚拟键盘。同时支持振动功能提供触觉反馈，内部硬件也有陀螺仪传感器来响应用户操作，比如旋转屏幕。其核心是什么？多点触控。

再回忆一下宫本茂说的话：“经典手柄控制器是我们喜欢的东西，游戏玩家也习惯了。它很重要。但它也决定了游戏中的很多内容——图形的制作方式、角色扮演游戏中战斗的方式、游戏中故事的弧线，它们都被制造成符合一个标准。创造力被扼杀，游戏范围正在缩小。我们希望为特定游戏制作控制器，例如《Konami’s Dance Revolution》。长期以来，我们认为改变控制器会拓宽游戏设计，并放松对程序员创造性的限制。

当我们发布 DS 时，发现这是真的。大约在那个时候，我们同意从触摸屏开始，制作完全不同于我们以前制作的任何东西。”触摸屏和多点触控只差一点，而这一点就是手机游戏的唯一正确解。

安卓的从善如流，让它和 iOS 联手统治全球手机操作系统。

2022 年，苹果和谷歌是全球市值排名第一和第四的公司。从 2011 年以来，安卓成为全球分布最广的操作系统。至 2021 年 5 月，它拥有超过 30 亿月活跃用户，是所有操作系统中安装基数最大的，Google Play 商店拥有超过 300 万个应用程序。

iOS 呢？全球活跃苹果设备超过 18 亿台，App Store 有 180 万个 App，每周有来自 175 个国家的超过 5 亿用户访问 App Store。

数十亿台手机，成为游戏公司驰骋的战场。对比一下，电子游戏机畅销榜排名第一的 PS2，保有量也不过 1.55 亿台。手机不仅成为人类最有效的沟通工具，也是最广泛的娱乐设备。

2021 年，全球移动游戏市场收入达 932 亿美元，离 2007 年仅过 14 年。

苹果和谷歌的恩怨

苹果和谷歌都不是游戏公司，可它们的游戏收入却超越许多游戏公司。2020 年，全球移动游戏市场 863.24 亿美元，用户在 App Store 游戏里花费 476 亿美元，较 2019 年（380 亿美元）增长 25.3%。在 Google Play 游戏花费 320 亿美元，同比增长了 27%。全球移动游戏市场，基本等同安卓和 iOS 应用商店的游戏收入之和。

苹果公司 2021 年全年游戏收入达到 153 亿美元，在全球上市公司游戏营收排名中位列第 3，仅次于腾讯和索尼，高过微软。

苹果和谷歌的业务模式，到今天基本也是无限趋同，同质化程度极高。

把视线往前拉一下，看谷歌和苹果是如何从密友变成敌人的。

2001 年，谷歌成立第 3 年，公司收入突破 5000 万。佩奇和布林找到乔布斯，希望他可以成为谷歌的 CEO。乔布斯拒绝了这个建议，可他十分欣赏这两位年轻人（乔布斯比2位大18岁）。

为帮助谷歌走上轨道，乔布斯让威廉·坎贝尔（William V. Campbell）充当谷歌领导层教练，帮助施密特和两位年轻创始人之间的磨合。作为非谷歌员工，坎贝尔每周都参加谷歌的执行管理小组会议，他的外部视角对谷歌帮助很大。在他的帮助下，施密特组建出一个很好的谷歌董事会。年长的坎贝尔一直在谷歌充当秘密黏合剂，帮助施密特和创始人在观点截然不同时，能共同做出决定。

史蒂文·列维（Steven Levy）在《In the Plex》一书中写道："乔布斯很高兴有机会与一家业务完全互补的公司合作——似乎没有竞争重叠。两家公司重叠太多，几乎就像苹果和谷歌是一家公司一样。"

2006年8月，谷歌CEO施密特加入苹果董事会。

2007年iPhone发布。2008年首款安卓手机HTC Dream发布。

看到HTC Dream后，乔布斯勃然大怒。他认为自己被2个学生骗了：谷歌窃取了苹果的创意和知识产权。

2009年5月，联邦贸易委员会（Federal Trade Commission）认定：谷歌和苹果共享董事会成员，违反竞争性商业行为。

施密特发言称："谷歌不是苹果iPhone的主要竞争对手。"

说了也没用。2009年8月，施密特被赶出苹果董事会。

乔布斯致信说："埃里克是一名出色的苹果董事会成员，在这里他贡献了大量的时间、天分、激情、智慧来帮助苹果更上一层楼。不幸的是，随着谷歌进入苹果更多的核心业务，包括安卓和现在的Chrome OS，埃里克作为苹果董事会成员的效率将大大降低，由于潜在的冲突，他将不得不回避我们更多的会议。因此，我们共同决定，现在是埃里克辞去苹果董事会职位的合适时机。"

乔布斯后来肯定后悔，这纸声明用词过于客气。

2009年11月，谷歌在苹果手里抢到移动广告行业领导公司Ad Mob的控制权。2010年1月，谷歌推出自己的第一款智能手机——Nexus One，支持多点触控。

乔布斯大发雷霆，放出狠话：“如果有必要，我会用尽最后一口气，不惜花掉苹果银行400亿美元中的每一分钱，来纠正这个错误。我要摧毁安卓，因为它是偷来的产品。我愿意为此发射氢弹（Thermonuclear）。”

原子弹都不过瘾，一发氢弹把谷歌轰掉才行。

在加利福尼亚州帕洛阿尔托的一家咖啡馆（两人被拍到的地方），乔布斯告诉施密特，他对解决争端不感兴趣：“我不要你的钱，你给我50亿美元都没用。我有很多钱，我希望你们停止在安卓中使用我们的想法，这才是我想要的。”

2010年1月下旬会议上，乔布斯说：“我们没有做搜索业务。他们做了手机业务。毫无疑问，他们想杀死iPhone。我们不要让他们赢了。谷歌‘不作恶’的口号是胡说八道。”

3月，苹果起诉手持设备开放联盟重要成员HTC侵犯iPhone专利权。10月，苹果对摩托罗拉提起两项专利诉讼，涉及六项多点触控专利。2011年4月，苹果起诉三星侵犯iPhone和iPad专利权。

为“保卫Android”，2011年8月下旬，谷歌收购摩托罗拉及其17,000项专利组合，总价125亿美元。收购摩托罗拉后，联盟成员才得到保护，不然都被苹果告得痛不欲生，要退出谷歌群。

苹果公司和谷歌公司都不是游戏公司，多点触控也不是为游戏发明的技术。二者结合起来，竟然成就这十几年电子游戏最为闪耀的时刻。岩田聪绞尽脑汁想要完成的“游戏人口扩张”，被苹果和谷歌轻松完成。2020年，全球游戏玩家数量已经超过30亿人，而且还在持续增长中。这30亿人中，有28亿人都在移动设备上玩游戏。

2020年地球上有多少人呢？德国世界人口基金会（DSW）提供的数据：2020年世界人口增加8230万人，以78亿3700万人口进入2021年。

第九十四章　Meta：将虚幻和现实融合到底

创办 Facebook

马克·扎克伯格（Mark Zuckerberg），1984 年 5 月 14 日出生于纽约怀特普莱恩斯的一个犹太教改革派家庭。母亲凯伦·坎普纳（Karen Kempner）是精神科医生，父亲爱德华·扎克伯格（Edward Zuckerberg）是牙医。小扎克伯格还有三个姐妹：Randi、Donna 和 Arielle。

扎克伯格的牙医父亲毕业于纽约大学，诊所就开在家里地下室，他被病人亲热地称为“无痛的 Z 医生”。扎克伯格医生的诊所中摆着一个 600 升的大鱼缸，里面塞满各种小玩意。牙医诊所生意很好，坎普纳停止精神科执业，到丈夫的办公室担任经理。

扎克伯格医生是个电脑发烧友，他将 Atari basic 计算机编程介绍给儿子。无意插柳下，一位天才程序员就此诞生。小扎克伯格 11 岁的时候，父母聘请一位名叫大卫·纽曼（David Newman）的程序员给他当老师。没几天，纽曼说：“他是个神童，我有时都很难比他更强。”

扎克伯格医生只能送小扎克伯格每周四晚，去家附近的学校上计算机高级课程。第一次上课时，老师看着扎克伯格医生说：“你不能带儿子进教室。”扎克伯格医生无奈地摆摆手说：“我儿子就是学生。”

小扎克伯格大概是本书中出现过的绝对智力最高的人类。他开发的第一款程序是可以让家里和诊所的电脑相互通信软件，他称为“ZuckNet”。同样功能的 AOL Instant Messenger，比 ZuckNet 还要晚一年。小扎克伯格家的人都很喜欢使用 ZuckNet 来聊天。

高中时，他编写出一个名为“Synapse Media Player”的音乐软件，可以利用 AI 来学习用户的习惯。软件被贴到 Slashdot（一个信息技术网站）后，很快就传播开。AOL 和微软都想收购 Synapse 并招募开发它的小扎克伯格。据称，微软开过一个很高的年薪报价，可丝毫没能打动扎克伯格。

2002 年，马克・扎克伯格获得哈佛的录取通知。在哈佛，他经常穿着一件 T 恤，上面写着“Code Monkey”，一度被人以为是 Nerd（在美国中学和大学文化中通指那些只会刻苦学习，不会体育运动和人际交往的学生）。扎克伯格并非 Nerd，他的智力驾驭社交活动绰绰有余。中学期间，扎克伯格在数学团队、科学奥林匹克、乐队、拉丁荣誉学会、希腊语暑期课程都表现十分突出。2000 年，他还在美国击剑协会纽约地区比赛中被选为 MVP。

他写给哈佛的申请中写到：“击剑被证明是完美的媒介，无论我是在 USFA 锦标赛中与对手比赛，还是只是与朋友交锋。我很少发现有什么比击剑更有趣的事情。”

到哈佛没多久，他就发现许多比击剑更有趣的事，比如各种 Party 和谈恋爱。

扎克伯格参加大学联谊组织犹太兄弟会——Alpha Epsilon Pi。在犹太兄弟会每周五开的 Party 上，大二的扎克伯格碰到自己未来的妻子：普莉希拉・陈（Priscilla Chan）。不过，两人并没有马上来电。

2003 年，大二第一学期。因为刚被一个女孩甩掉，扎克伯格独自坐在宿舍里喝闷酒。化痛苦为创造力，他坐在电脑面前创建一个“Harvard Face Mash: The Process”的工程，制作出一个名为“Facemash.com”的恶作剧网站。网站的功能很简单，他入侵哈佛同学资料，下载同学照片，并将照片放到网站首页上，让登录网站的人评价谁更“性感”。

他的室友阿里・哈西特（Arie Hasit）说：“他有几本名为脸谱（Face Books）的书，里面包括学生的名字与照片。起初，他创建一个网站，放上两张照片，或两张男生，女生照片。浏览者可以选择哪一张最‘好’，并且根据投票结果排行来看谁是第一名。”

Face book 是美国大学中常见的纸质或网络目录，其中包含学生的个人照片和姓名。大学管理部门在学年开始时分发此类出版物，目的是帮助学生相互了解。

Facemash.com 非常成功，只不过 4 个小时就吸引了 450 名访客和 22,000 次照片浏览。它很快被发送到其他学校，学生们疯狂地访问，哈佛的路由器不堪重负。没多久，学校就收到大量学生投诉，说 Facemash.com 未经许可使用他们的肖像。

仅过 4 小时，短命的 Facemash 就被勒令关闭。扎克伯格也差点因为数项罪名被哈佛退学，如破坏安全、侵犯肖像权，以及侵犯个人隐私。好在扎克伯格本人认罪良好，并在校报《The Harvard Crimson》上公开表示“这是不适当的举动”。学校的惩罚取消，他得以在哈佛留下来。

同一学年，扎克伯格以 Facemash 为基础，在艺术史期末考前建立一个包含 500 张罗马史图片的网站。该网站支持学生发表对图片的点评和意见，算是他的赎罪作品。

Facemash 关闭了，可扎克伯格作为哈佛“a programming person”的名声不胫而走。三名哈佛高年级生，双胞胎卡梅伦·温克莱沃斯（Cameron Winklevoss）、泰勒·温克莱沃斯（英语：Tyler Winklevoss）和迪维亚·那伦德拉（Divya Narendra）跑来找扎克伯格，希望他帮忙开发一个名为“Harvard Connection”的网站，用来联系各位哈佛学子。

扎克伯格本想给这三位师哥开发网站，后来发现他们的想法实在不错，决定将这个网站变为自己的创意。他边搪塞师哥，边为该网站工作。2004 年 1 月 12 日，他找到自己的室友爱德华多·萨维林（Eduardo Saverin），两人各掏 1000 美元投资网站，扎克伯格拥有 2/3 的股份。2 月 4 日，thefacebook.com 上线。

网站上线后数据增长很快，扎克伯格和萨维林意识到需要更多人参与这个商业项目。他的另外一名室友达斯汀·莫斯克维兹（Dustin Moskovitz）加入，到斯坦福大学、哥伦比亚大学和耶鲁大学做推广。扎克伯格高中好友亚当·德安杰洛（Adam D'Angelo）开始编写网站数据库。公司股权重新分配：扎克伯格 65%，萨维林 30%，莫斯克维兹 5%。

另一位室友克里斯·休斯（Chris Hughes）担任他们的发言人。4 月 13 日，团队提交公司成立信函。扎克伯格在 Facebook 上发布了他的职位描述，称其为：Founder, Master and Commander, Enemy of the State（创始人、大师和指挥官、国家之敌）。

这样看，扎克伯格还是有点 Nerd。

2 月 10 日，师哥温克莱沃斯等人开始和扎克伯格闹腾。他们称扎克伯格剽窃了他们的创意，违反学校的荣誉原则。5 月，他们也推出自己的网站：Connect U。产品很烂，4 年才在 200 所学校发展 15,000 名会员。

可他们一直认为扎克伯格是偷窃者，这场侵权官司一直打到 2008 年，最后以 1200 万股的赔偿条件和解。

有过互联网产品开发经验的人知道，创意都是廉价的，实现创意的能力才是珍稀的。

这一场闹剧被好莱坞拍成电影，由大卫·芬奇（David Finche，《异形 3》《搏击俱乐部》等电影的导演）执导，根据班·梅立克的 2009 年畅销书籍《意外的亿万富翁：Facebook 的创立，性、金钱、天才与背叛的故事》改编。电影获得奥斯卡金像奖的八项提名，包括最佳视频奖、最佳导演奖、最佳男主角，最终获得最佳改编剧本、最佳原创音乐及最佳视频剪辑等奖项。在金球奖颁奖礼上，电影获最佳戏剧类视频、最佳导演、最佳剧本及最佳原创配乐奖。

电影纯属胡扯，不过艺术性很强。

2005 年，公司以 200,000 美元的价格购买 Facebook.com 域名。

在扎克伯格带领下，Facebook 公司用户量和业务蒸蒸日上。

2007 年 5 月第一届 Facebook F8 开发者大会，扎克伯格宣布推出开发者平台，为软件开发者提供一个框架，使得他们创建的应用可以和 Facebook 核心功能交互。2008 年第二届 F8 开发者大会时，Facebook 平台的应用数量已经达到 3.3 万，注册开发者数量高达 40 万。著名社交游戏公司 Zynga 因此诞生，2010 公司年收入就达到 5 亿美元——都源自 Facebook。

2010 年 7 月，Facebook 宣布全球用户突破 5 亿。

2012 年 5 月 17 日，Facebook 首次公开募股，募资金额 160 亿美元，公司估值高达 1040 亿美元。持有公司 28.4% 股份的扎克伯格，身家近 300 亿美元，是地球上最有钱的 28 岁青年。

意气风发的扎克伯格，并没有因此止步。

虚拟现实

1962 年，美国电影摄影师莫顿·海利格（Morton Heilig）发明出一种沉浸式体验剧院设备——Sensorama，并为其申请专利。专利申请将设备描述为：一种供个人使用的伸缩式电视设备……观众可以完全感受到现实，即移动三维图像，这些图像可能是彩色的，具有 100% 的周边视觉、双耳声音、气味和微风。观影者在看电影时，各种机械装置会在适当的时候运行。

海利格的发明很像今天的 4D 影院，可由于理念过于超前，没有技术支持。他没有获得任何资金支持，Sensorama 没有商用。下图是 Sensorama 的专利图，它也被认为是最早的 VR（Virtual reality，虚拟现实）设备。

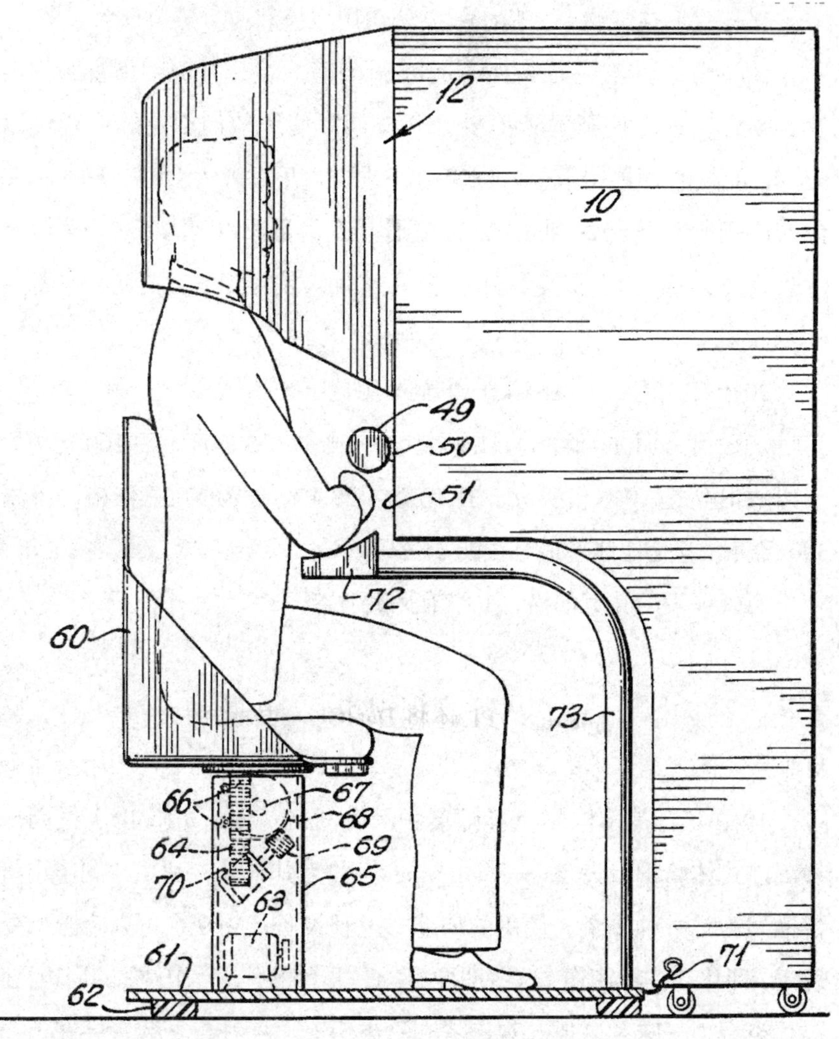

1968 年，伊万·萨瑟兰德（Ivan Sutherland）在学生的帮助下，创作出被认为是首款头戴式 VR 的显示系统。萨瑟兰德是美国计算机图形学和互联网先驱，曾因在图形学上的成果获图灵奖。该设备被称为“达摩克利斯之剑”（The Sword of Damocles）。名字炫酷，功能却十分孱弱。头盔特别重，不得不吊在屋梁上，构成虚拟环境的图形也只有线框。达摩克利斯之剑最创新的部分在于，它是第一个具有三维跟踪功能的头戴式 VR 显示系统。下图为达摩克利斯之剑使用时的样子。

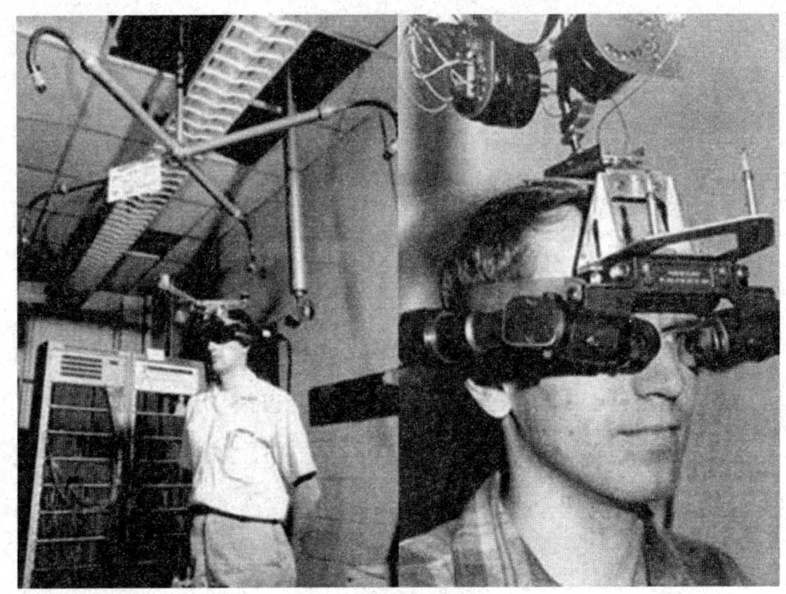

1985 年，因雅达利分拆失业的工程师杰伦·拉尼尔（JaronLanier）创办 VPL Research 公司。VPL 开发过多款 VR 设备，如 DataGlove、EyePhone 和 AudioSphere。VPL 还将 DataGlove 技术授权给美泰公司用于制造 Power Glove，为任天堂 NES 外设，可以玩专门的游戏。Power Glove 如下图，上面还有一个 D-pad。

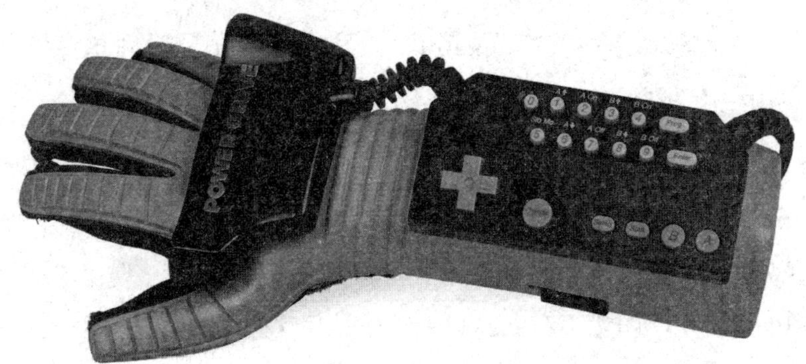

1990 年代中期，许多电子游戏公司剑走偏锋，做出一堆头戴式 VR 设备用来游戏。任天堂 Virtual Boy、SEGA VR、Virtual i-O i-glasses、Forte VFX1、Scuba Virtual Immersion Visor 都是这个时期失败的作品。

2000年的第一个十年，VR技术的发展陷入停滞。电子消费品的爆发围绕电脑、游戏机、手机展开，VR技术毫无进展。

直到一位90后出现。

Oculus VR

1992年9月19日，帕尔默·拉奇（Palmer Luckey）出生在加利福尼亚长滩。2009年，17岁的他和朋友一起创办ModRetro论坛，专门讨论将游戏机和电脑等硬件转制成新设备。硬件技术方向很多，不过拉奇最感兴趣的项目只有一个，头戴式VR设备。

当时市面上所有的VR设备都有共同的问题：画面差、高延迟、低视野、高成本、超重、超大。为解决这些问题，2010年，他在父母的车库里制作出第一个低延迟、内置触觉反馈的原型机——PR1。

为攒够研发费用，拉奇通过维修iPhone，兼职园艺工、帆船教练和修电脑，赚到大概36,000美元。他把这些钱全部花在VR设备的研发上，共制作出50多个头戴式VR系统。拉奇也会定期在虚拟现实爱好者经常光顾的论坛MTBS3D上，分享自己的研发进展。他将研发的第6代设备命名为“Oculus Rift”，目标是放在全球创意众筹平台Kickstarter上发布。

巧的是，id Software的创始人约翰·卡马克也经常在论坛上闲逛，也十分关心头戴式VR设备研发进展。卡马克十分喜欢拉奇的解决方案，他找拉奇弄到一套原型机。该原型机带惯性测量单元（IMU）及5.6英寸（14厘米）液晶显示器，透过定位于两眼上的双镜头，可提供90度水平与110度垂直立体三维透视图。卡马克将《毁灭战士3》的重制版《DOOM 3 BFG Edition》安装到Oculus Rift原型机里，并在2012年E3上进行展示。

下图为《DOOM 3 BFG Edition》的游戏画面。

卡马克的 Oculus 演示引发无数人追捧，电子游戏世界有多久没有创新硬件的出现了？ Valve 的加布·纽维尔说：“这看起来非常令人兴奋！如果有人要解决这一系列难题，我们认为帕尔默可以。我们强烈鼓励你 Kickstarter。”

同年，帕尔默·拉奇退学创办 Oculus VR 公司。

Oculus 在 Kickstarter 上的众筹十分成功，共筹集到 240 万美元，超过预期目标 974%。Oculus VR 随即扩大员工规模，拉奇说：“日常流程没有改变太多，我仍然迈着使这件事成为现实的缓慢步伐。”

众筹的第一代 Oculus VR 系统叫作 Oculus DK1（Development Kit 1）。DK1 采用 7 英寸（18 厘米）LCD 屏幕，立体 3D 不再 100% 重叠，左眼能看到左侧的其他区域，右眼也能看到右侧的其他区域。视野超过 90 度水平角（110 度垂直角），解析度为 1280×800（长宽比为 16 ∶ 10），每眼为 640×800（长宽比为 4 ∶ 5）。DK1 中还有 3 轴陀螺仪、加速度传感器、磁力仪，使得镜头可以跟踪头部。

2013 年 6 月，Oculus 宣布完成 A 轮 1600 万美元融资，由经纬创投领投。

2014 年 3 月，Oculus VR 公司被 Facebook 以 30 亿美元的价格收购。

完成收购后扎克伯格说：“今天的平台是移动，现在我们要为明天的平台做好准备。Oculus 有机会创造有史以来最社交的平台，并改变我们工作、游戏和通信的方式。”

从产品角度看，VR 设备肯定比手机强。可强，就能成为下一代设备吗?

22 岁的拉奇因此成为全球最有名的白手起家年轻富翁之一，身家达到 7 亿美元。此时的 Oculus VR 公司还没有商用产品，只有 DK1 的接续版本：DK2。

扎克伯格收购 Oculus VR 是不是跟谷歌收购安卓一样，是神来之笔呢？还要等待时间的检验。

2016 年 1 月 6 日，Oculus VR 宣布 RiftCV1 消费者版本接受预订，售价 599 美元，同年 3 月 28 日开始首批出货。

虚幻和现实

Oculus RiftCV1 需要连上 Microsoft Windows 并且安装 Oculus 软件才能运行，它本身不具备运算和图形处理能力，要借助电脑 CPU 和 GPU。RiftCV1 双眼各使用一片 OLED 屏幕，支持 1080×1200 分辨率。全局刷新，而非随线扫描。耳机内置在头戴式 VR 设备中，支持 3D 音效。下图是 Oculus RiftCV1。

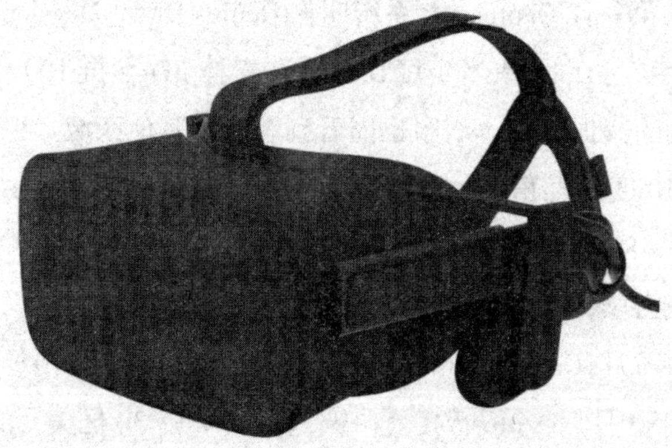

由于跟微软合作，Oculus RiftCV1 最初没有设计控制器，可使用 Xbox One 手柄控制。2016 年 6 月 6 日，RiftCV1 的专用控制器 Oculus

Touch 发布，同年 10 月 10 日接受预订。Oculus Touch 如下图。

电子游戏行业的老问题又出现了，控制器？

那么，它也是游戏机。

没错，Oculus VR 最大的用途之一就是玩游戏。拉奇认为 Oculus 很适合用于视频和游戏等娱乐内容。按照扎克伯格的预想，VR 将成为通信平台的话，OculusStory Studio 所产生的大量虚拟现实场景可能会成为未来可用的资源。下图是 Oculus 应用商店的游戏截图。

娱乐是人类最基础的需求之一，电子游戏带来的多巴胺是人类历史上范围最广、分量最足的一次。在它之前，人类最大的欢乐，多是来自

有损健康的成瘾物质，如尼古丁、酒精等。

电子游戏的终点是什么呢？谁也不知道，按照扎克伯格的理解是人类终究会电子化生存，每个人都是一串比特流。

2019 年，Facebook 推出“Facebook Horizon”社交 VR 世界。下图为 Facebook Horizon 世界，这个世界每个角色都没有腿，但可以自由移动，有货币和每个人的地盘。

把这东西放到 2019 年前任何一个时间点，它都有一个正确的名字——电子游戏。

在今天，它有了新名字——元宇宙（Metaverse）。Metaverse 一词起源于 1992 年尼尔·斯蒂芬森的科幻小说《雪崩》。

游戏是天生的元宇宙。

2021 年，Facebook 更名为“Meta”。扎克伯格宣布公司将致力于开发元宇宙，全力开发虚拟现实技术和增强现实技术。从哈佛校园走出的社交巨头，将自己的未来交给虚拟现实。

《合成世界：在线游戏的商业和文化》（Synthetic Worlds: The Business and Culture of Online Games）（2006）、《移居虚拟世界》（Exodus to the Virtual World）（2008）的作者爱德华·卡斯特罗诺瓦（Edward Castronova）说：“凡是看出风暴即将来袭的人，都应该提醒别人。而我，

正看到了风暴来袭。下一代或下两代会有数量更多的人，甚至会有好几亿人沉浸在虚拟世界和在线游戏里。一旦我们玩起游戏，在游戏外面，‘现实’里的事情就不再发生了，至少，不再以现在这样的方式发生了。数以百万工时的人力从社会中抽离出去，必然会发生点什么超级大事件。”

“如果这一现象出现在整整一代人里，我认为，21世纪必将会有一场巨大的社会灾难，其规模之庞大，连汽车、收音机和电视机的出现所带来的巨变加起来也不堪比肩。这些从现实世界出走、脱离了正常生活的人，会引发一场社会气候的巨大变化，相形之下，全球变暖简直像茶杯里的一股乱流罢了。”

VR希望把人类放入《黑客帝国》的Matrix里：“你的大脑坚信你就在这里，下一步就是感觉到你与其他人在一起。”

全文完

电子游戏简史

艺术、科技和商业的伟大冒险

上部

BRIEF HISTORY OF ELECTRONIC GAMES

李思特Think —— 著

民主与建设出版社
·北京·

图书在版编目（C I P）数据

电子游戏简史 : 艺术、科技和商业的伟大冒险 : 上下 / 李思特 Think 著 . -- 北京 : 民主与建设出版社 , 2022.12

ISBN 978-7-5139-4025-2

Ⅰ . ①电⋯ Ⅱ . ①李⋯ Ⅲ . ①电子游戏—历史 Ⅳ . ① G898.3

中国版本图书馆 CIP 数据核字 (2022) 第 216057 号

电子游戏简史：艺术、科技和商业的伟大冒险（上下）
DIANZI YOUXI JIANSHI YISHU KEJI HE SHANGYE DE WEIDA MAOXIAN SHANGXIA

著　　者　李思特 Think
责任编辑　王　颂
封面设计　天下书装
出版发行　民主与建设出版社有限责任公司
电　　话　（010）59417747　59419778
社　　址　北京市海淀区西三环中路 10 号望海楼 E 座 7 层
邮　　编　100142
印　　刷　三河市富华印刷包装有限公司
版　　次　2022 年 12 月第 1 版
印　　次　2023 年 5 月第 1 次印刷
开　　本　710 毫米 ×1000 毫米　1/16
印　　张　49
字　　数　600 千字
书　　号　ISBN 978-7-5139-4025-2
定　　价　198.00 元（上下册）

注：如有印、装质量问题，请与出版社联系。

序

时间：1982 年 7 月

地点：北京景山公园

一个外地来京的小男孩在这个故宫边上的小公园里漫步，意外发现一群人聚集在一起。在那个娱乐缺乏的年代，凑热闹是一种非常流行的娱乐方式。人群的中心是几台 12 吋黑白电视——那是刚刚出现不太久的高档家用电器，但屏幕上不是电视节目，而是跑来跑去的一个方块，两个人分别操纵两个屏幕边上的长条，想办法把这个方块打回去。

小男孩被这个神奇的设备感动得无以复加，站在旁边痴痴观看，直到天黑了，公园关门下班，才想起来还需要回北京的亲戚家。

那个小男孩就是我。那是我首次和电子游戏的接触。这件事到今天正好 40 年，已经成了历史。我相当确信这也几乎是电子游戏开始进入中国的起点。从本书中，我可以查到，当时看起来无比神奇的两个长条加一个方块的游戏，叫作《Pong》，是雅达利公司的作品。看起来，它不仅深深影响了当时的小男孩，也是游戏史上的关键作品之一。

时间：1989 年某晚

地点：复旦大学化学系计算机房

一个一年级新生发现这里有好几台 IBM PC/XT 电脑，理论上这些宝贵的高档设备应该是用来研究化学课题的。但实际上，一些学生却随身带着可疑的黑色五英寸软盘，在晚上的时候偷偷进来，将里面的一个电子游戏释放在屏幕上。绿色的显示器上，显示出“三国志”三个大字，不过，其他内容则全部是英文了。当时的电脑还基本不配备鼠标，这个

策略游戏的玩法是不断使用数字键来呼叫不同级别的菜单。从界面友好程度来看，显然并不利于初学者。但一旦你能记住所有命令的层级，就可以达到极高的操作效率。新生沉迷于这个游戏，将很多个不眠的夜晚用在了机房。

那个新生也是我。从小学时期就非常喜爱游戏，到此时终于可以找到足够的机会大打出手，对当时的我来说也算是梦想成真的一个时刻。在本书中，光荣公司的《三国志》也可以被查到，不过，书中补充了大量的细节，有一些还比较八卦，读起来非常有意思。

时间：2000 年夏

地点：深圳福田区某砂锅粥大排档

一些年轻人在激烈讨论如何在网上更好地玩四国军棋。和此时还不算多的网络棋牌游戏爱好者不同，我们不仅讨论怎么玩，而且讨论怎么设计这些游戏，让它变得更有意思。其中一位叫马化腾的爱好者提出的意见最多，而我，当时是中国电信中国游戏中心的开发和运营者，正在想办法参与到这一波的 .com 热潮中，对于这些看起来非常琐碎的意见，半心半意地听着，并没有真正打算将其付诸实施。

真希望我能穿越到现在，拿着这本《简史》，发现腾讯已经在游戏史上，而且是正在继续展开的历史上，占据如此重要的 C 位。这样就能更加主动地参与进这个创造历史的时刻。

时间：2019 年某晚

地点：深圳南山区科技园

在此时的中国，电子游戏已经不再是小群体的爱好，这些年来，随着家庭电脑、智能手机的广泛普及，几乎每个人都可以随时接触游戏，一代一代的年轻人和游戏一起长大。

我和作者在神聊。我们都是历史的爱好者，也是游戏的爱好者。不仅如此，我们还一起创作游戏。他对于去理解游戏发展的历史，结合自

己的专业和历史的爱好，表现出了强烈的兴趣。

我没有料想到，他的兴趣会如此巨大，导致去搜集如此多的素材，写成了这么大篇幅的一本书。我也没有想到，他本质上是一个被游戏制作耽误了的作家，把本来应该干巴巴的历史，讲成了一个个精彩的个人故事。

和其他高大上的历史不同，电子游戏的发展历史短，所以和我们的生活过程重合不少。接地气，因为游戏的创造者也是普通的工作者，他们认真完成自己的工作，用最好、最受欢迎的产品来创造属于自己的成功，每个人都有这样的机会。而且，我们不只是这个历史的读者，任何一个游戏作品，必须要有热爱它的玩家，才有进入本书的可能。

让我们一起读读我们参与创作的这段历史吧。

——罗天

2022/9/16

目　录

前　言

2020年，电子游戏已是世界级产业。全球电子游戏市场份额高达1593亿美元，游戏玩家数量30亿，占世界人口的38%。其中手机游戏玩家28亿，PC游戏玩家14亿，游戏机玩家9亿。

规模庞大又分布广泛的游戏，是如何开始参与到人类社会活动中的呢?

本书从1910年全世界第一台电子游戏机“艾耶德雷西斯塔”的出现开始。将电子游戏史分为艺术、科技和商业三种要素，以极具创新精神的公司和个人为核心，按时间次序展开。包括电子游戏机：街机、游戏机、电脑、掌机、手机游戏、VR设备；电子游戏艺术：游戏类型、游戏角色、游戏美术、游戏引擎；电子游戏硬件技术：TTL、CPU、GPU、加速度计、陀螺仪传感器；电子游戏经典人物：游戏设计师、精英企业家和失败者；以及电子游戏行业的商业竞争、系统工程和经营之道。

1910年，第一台电子游戏机艾耶德雷西斯塔被西班牙工程师维克多发明出来后，到1972才有第一台商用电子游戏机——米罗华奥德赛。在米罗华奥德赛的启迪下，布什内尔成立雅达利公司，发明出第一台热销全球的游戏街机——Pong。雅达利也因此成为全球电子游戏行业的领导者，任天堂、南梦宫、世嘉、太东、科乐美和科莱科等公司此时成长起来。1983年，由于激进的产品和市场策略，雅达利引发北美游戏市场大崩溃。全球电子游戏市场的发源地美国，陷入冰封般的停滞期。

日本任天堂公司趁美国公司一片萧索之际，以低价高质的NES家用游戏机为引擎，挟日本文化符号的“马里奥兄弟”系列游戏将电子游戏行业再次点燃。山内溥、横井军平、宫本茂、辻本宪三、福岛康博、堀井雄二、坂口博信等，日本电子游戏群星闪耀。NES 游戏 6191 万台的全球销量，让大家看到电子游戏的庞大潜力。全球游戏公司迎来第二次飞速而稳健的发展。卡普空、艾尼克斯、史克威尔、EA、哈德森、HAL 研究所、Rare、3DO、特库摩等公司都在此时建立。电脑和游戏机齐头并进，随之而来的是激烈的市场竞争。

在一番恶斗下，胜利者的桂冠从任天堂移到世嘉。世嘉以增强硬件的产品思路，配合背后庞大的街机游戏阵营，硬生生抢到游戏机行业第一的宝座。任天堂只能依靠掌机维持自己在游戏机市场的地位。电子游戏行业形成街机、家用游戏机、掌机和电脑游戏百花齐放的势头。好景不长，世嘉增强硬件的产品思路遭遇重创，土星和 Dreamcast 游戏机相继惨败，给世嘉带来巨额财务损失。1994 年索尼 PS 发布后，世嘉不得不离开家用游戏机行业。

电脑游戏在互联网的加持下，逐渐成为和游戏机游戏抗衡的势力。北美最后一款电子游戏机是 1993 年 11 月 23 日发布的雅达利捷豹。从此以后，美国游戏机市场彻底沦为日本厂商的群雄逐鹿之地。形成鲜明对比的是，美国游戏公司都在电脑游戏上发力，暴雪、育碧、维尔福等公司崭露头角。而索尼则以历史第一的游戏机 PS2 取代世嘉的领导地位，成为新的王者。2011 年重量级选手“微软”带着第六世代游戏机 Xbox 杀入游戏机市场，亏损高达 40 亿美元，是世嘉在 Dreamcast 上损失的 10 倍。由于微软的加入，老御三家：任天堂、世嘉、索尼，变成新御三家：任天堂、微软、索尼。

手机游戏萌芽，网络游戏在中国和美国发力，成为全球电子游戏最主要的市场。暴雪公司的《魔兽世界》将 MMORPG 游戏带入高潮，进而成为电脑游戏的代名词。2008 年 4 月，《魔兽世界》占全球 MMORPG 订阅市场的 62%。游戏总收入达 92.3 亿美元，是有史以来收入最高的电子游戏。中国直接跳过街机和家用游戏机的发展，进入互

联网游戏时代，盛大、网易、第九城市、巨人、腾讯和金山等公司都因MMORPG游戏而崛起。

1990年超级NES发布后，任天堂在家用游戏机市场长达16年没有推出卓越的产品。2006年因为体感游戏机Wii的发布，任天堂再次登顶，体感游戏成为电子游戏史上又一次颠覆式创新。有样学样，微软和索尼推出同样支持体感的Kinect和PlayStation Move。

2007年苹果iPhone发布，手机游戏被划分成2个时代：iPhone前时代和iPhone后时代。多点触控是手机游戏的终极解吗？事实告诉我们：是的。苹果公司和谷歌公司不是游戏公司，多点触控也不是为游戏发明的技术。二者结合起来，竟然成就了这十几年电子游戏最为闪耀的时刻。岩田聪绞尽脑汁想要完成“游戏人口扩张”，却被苹果和谷歌轻松完成。2020年，全球移动游戏市场863.24亿美元，用户在App Store游戏里花费476亿美元，较2019年（380亿美元）增长25.3%。在Google Play游戏花费320亿美元，同比增长了27%。全球移动游戏市场，基本等同安卓和iOS应用商店的游戏收入之和。苹果公司2021年全年游戏收入达到153亿美元，在全球上市公司游戏营收排名中位列第3，仅次于腾讯和索尼，高过微软。

书的最后是2012年头戴式VR设备Oculus出现，它会是下一代电子游戏机的解决方案吗？

电子游戏是艺术、科技和商业的合体。它既有艺术性，又有科技性，还要考虑商业价值。它站在艺术和科技的十字路口：左边是技术进步带来的推动力，右边是艺术带来的爆炸力。可电子游戏的使命一直没变：给人带来更多的快乐和幸福感。

作为一名游戏行业从业人员，编写本书的目的主要有两个：一是让人了解电子游戏的全部发展历程，是持续不断的艺术、科技和商业的伟大冒险才造就了当今的电子游戏世界；二是希望大家可以解除对游戏的偏见，正确认识它的本质。

第一章　艾耶德雷西斯塔和阴极射线管娱乐装置

西班牙皇家科学院院长

故事要从 1852 年的西班牙开始说起。

1852 年，莱昂纳多·托雷斯·维克多（Leonardo Torres Quevedo）在西班牙坎塔布里亚圣克鲁斯出生。他母亲家在坎塔布里亚山区，父亲在西班牙北部比斯开省首府毕尔巴鄂市担任铁路工程师。比斯开盛产铁矿，是西班牙的钢铁工业基地，维克多的少年时代都在毕尔巴鄂度过。

他在毕尔巴鄂读到高一，后到巴黎读完高中。1870 年，维克多全家随父亲调令前往马德里，他开始在首都的西班牙陆军工程兵团官方学校接受高等教育。1873 年，西班牙第三次卡洛斯战争爆发，维克多自愿参加毕尔巴鄂防御工作。战争结束后，他回到马德里继续读书。1876 年，以第四名的成绩顺利毕业。

毕业后的维克多跟父亲在同一家火车公司工作，可他没有即刻上岗，而是踏上穿越欧洲的长途旅行，以了解其他地区的科学和技术进步，特别是电气技术。第二次工业革命，就发生在 1870 年至 1914 年期间。游历结束后，他回到桑坦德定居，那是西班牙一座美丽的港口城市，也是坎塔布里亚自治区的首府。

1885 年，维克多完婚，和妻子生养了 8 个孩子，跟他的科研成果一样高产。1889 年，他移居到马德里，进入西班牙皇家科学院，并于 1910 年担任该机构院长。1900 年，维克多开始学习国际语言世界语，终其一生都是该语言的倡导者，被国际世界语协会认为是该协会最重要的成员之一。

1916 年，西班牙国王阿方索十三世授予他埃切加雷奖章（西班牙语：

Medalla Echegaray)。1918年，他拒绝国家西班牙发展部长的职位。1920年，他进入西班牙皇家科学院，并成为巴黎科学院力学系的成员。1922年，巴黎大学授予他名誉博士学位。1927年，他被任命为学院十二名委员会之一。

1922年8月，国际联盟国际智力合作委员会（The International Committee on Intellectual Cooperation，ICIC）成立。首届成员共有12人，包括爱因斯坦、居里夫人和维克多。

维克多从1928年开始担任西班牙皇家科学院院长，直到1934年。1936年12月18日，维克多在马德里去世，死于西班牙内战。

世界首台电子游戏机

作为西班牙皇家科学院第7任院长，维克多一生成就无数。他是无线电控制和自动计算机的先驱、国际象棋游戏机的发明者、阿斯特拉-托雷斯飞艇（Astra-Torres airship）和乌利亚山索道缆车的设计师。

1902年，维克多向马德里和巴黎的科学院提出全新飞艇项目，该项目1905年成功制造出第1个原型并成功试飞。新飞艇使用三叶形横截面，而不是圆形横截面，阻力更小。他还发明出一种名叫“telekino”的无线电装置来遥控飞艇，避免充满氢气的飞艇可能产生的爆炸伤害到机组人员。维克多的飞艇专利被法国公司Astra收购，在“一战”中成为协约国用于保护海军的主要装备。1911年正式建造时，叫“Astra-Torres airship”，如下图。

1903 年，维克多在法国科学院展示一个通过电磁波远程控制其他设备的发明“Telekino”，是继发明家特斯拉的专利“远程自动机”之后，全世界第二款无线电控器。对比特斯拉发明的只支持“开 / 关”的远程遥控器，Telekino 可以自动执行 19 种不同的指令。1906 年，在西班牙国王面前，维克多在毕尔巴鄂港成功展示这项发明：遥控一艘载有船上人员的小船从岸边驶出。

因为这项发明，维克多的雕像被陈列在电气和电子工程师协会（英语：Institute of Electrical and Electronics Engineers，IEEE）。下图为 Telekino，设计十分精巧的机械装置。

1910 年初，维克多开始建造一个全新机器，他称之为国际象棋自动机，这台机器还有一个非常动听的名字——艾耶德雷西斯塔（El Ajedrecista），它可以在任何位置开始自动进行对局，无须任何人工干预。

下图为艾耶德雷西斯塔，现陈列于马德里土木工程学院博物馆。

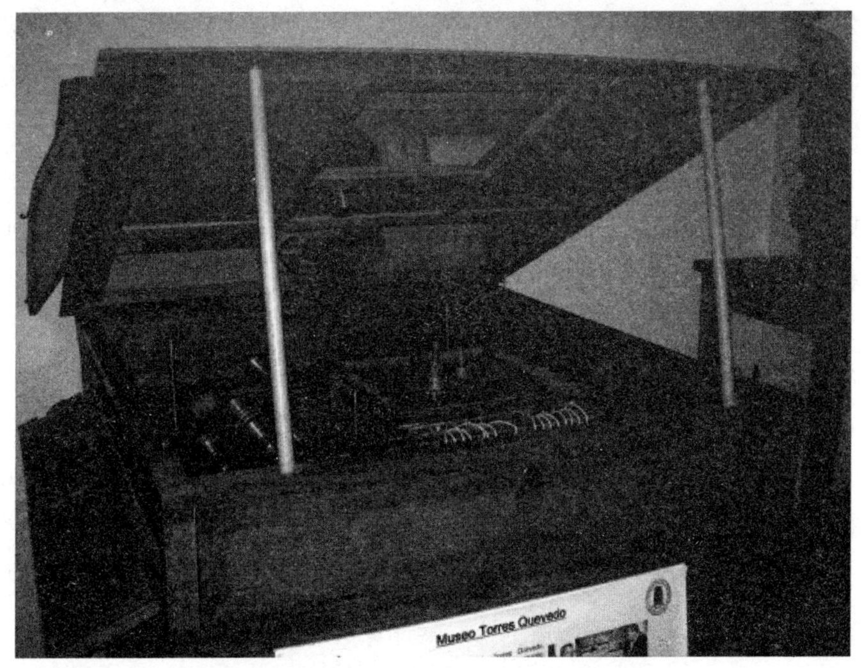

该设备1914年在巴黎首次公开演示，就引发了轰动。

1915年11月6日艾耶德雷西斯塔首次在《科学美国人》杂志上广泛刊登，名为《托雷斯和惊人的自动装置》。

艾耶德雷西斯塔使用安装在棋盘下方的电磁铁，自动玩三种类型的棋子，并移动King和Rook将由人类玩家控制的King将死。

在艾耶德雷西斯塔之前，世界上曾经出现过两个强大的国际象棋“自动机”：Mechanical Turk和Ajeeb。Mechanical Turk看起来是个自动化机械设备，实际在机器里藏着一个人类的国际象棋大师。土耳其人依靠这套设备，赢得了近84年来在欧洲和美洲期间进行的大部分比赛，还击败过拿破仑·波拿巴和本杰明·富兰克林等政治家在内的许多挑战者。参与过这场横跨几个大洲的诈骗活动的国际象棋大师也有许多，如约翰·阿尔盖尔、邦库尔、亚伦·亚历山大，均是当时知名棋士。

Ajeeb的故事跟Mechanical Turk大同小异，也是一场惊世骗局。机器的名字来源于阿拉伯语，寓意为“奇妙的”，是Harles Hooper公司制造的一款国际象棋“自动机”，躲在其中的仍然是一些天才棋手，如哈里·纳

尔逊·皮尔斯伯里。Ajeeb 跟 The Turk 一样，也骗过无数名流，如美国总统西奥多·罗斯福和小说家欧·亨利等。1915 年，Ajeeb 还在美国巡展，引发不少轰动。

机器中躲人的套路被戳穿后，法国阿尔萨斯地区的假肢制造商查尔斯·甘普尔（Charles G ü mpel）又花了六七年时间，折腾出一个可以远程控制的国际象棋“自动机”——墨菲斯托（Mephisto）。为避免大家认为里面有人躲着，Mephisto 设计成人形大小。它骗人的方式更隐蔽，由匈牙利棋手伊西多尔·冈斯伯格（Isidor Gunsberg）远程操控。Mephisto 骗人更狠，它甚至还加入了国际象棋协会，拥有自己的俱乐部。

Mechanical Turk 于 1854 年被焚毁，Ajeeb1929 年被焚毁，Mephisto1889 年被拆除，它们都不能算真正的国际象棋自动机。

艾耶德雷西斯塔是一台真正使用电子电路来自动执行下棋程序的计算机，它被认为是人类历史上第一款计算机游戏。第一个版本中包含一些国际象棋的残局表库，用灯泡发出信号。1920 年，维克多的儿子贡萨洛又基于艾耶德雷西斯塔发明出一种改进的自动下棋机。

虎父无犬子。改良版的机器增加声音效果，在被将死时会播放“将死”的录音。

艾耶德雷西斯塔可以算是最早的电子游戏机，可它的主要用途并不是娱乐，而是思考技术的各种可能，电子游戏的春天并没因此到来。

从 1912 年艾耶德雷西斯塔的出现，到 1972 年全世界首款电子游戏机米罗华奥德赛的发售，中间有 60 年光阴。这 60 年里，电子游戏探索寥寥无几，只是极少数人的零星触碰。

电子游戏的这点星光，何时才会成为天际的璀璨繁星呢？

阴极射线管娱乐装置

1914 年 6 月 28 日，波斯尼亚首府萨拉热窝，塞尔维亚族学生加夫里洛·普林西普（Gavrilo Princip）开枪打死奥匈帝国皇储斐迪南大公，

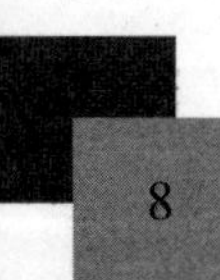

第一次世界大战就此拉开帷幕。“一战”打了 4 年，战火从欧洲烧到全世界。“一战”共损失 1600 万人口，历史学家们都以为这将会是人类历史上伤亡最大的战争。没想 1939—1945 年再次爆发的全球军事冲突，导致 7000 万人死亡，再次刷新了人类战争死亡人数的上限，史称“第二次世界大战”。

“一战”和“二战”接连发生，人们流离失所，在困苦中艰难求生。命都保不住，谈何电子游戏。人类最聪明的大脑聚焦一起，讨论的要务是哪种武器才能造成对方更大规模的伤亡。

幸好，此事很快就有了结果。1945 年 8 月 6 日早晨，美国在广岛投下第一枚原子弹，8 月 9 日早晨又在长崎投下第二枚原子弹。原子弹毁天灭世的杀伤力，彻底终结“二战”。核武器的诞生，给人类带来历史上最漫长的一次和平。

艺术往往诞生于繁荣，攀升于泡沫之中。从历史角度看，和平年代都会带来艺术的飞速发展，电子游戏作为一种艺术形式，亦是如此。

1945 年 8 月 15 日，日本宣布投降。9 月 2 日在密苏里号甲板上，日本签署《投降书》，意味着第二次世界大战正式宣告结束。

日本投降没多久，准确说是——1947 年 1 月 25 日，一个叫作阴极射线管娱乐装置的设计图纸，在美国申请了专利。阴极射线管，是最早实现的显像器技术。专利电路图在下方，发明者是托马斯·戈德史密斯（Thomas Goldsmith）和艾斯托·雷·曼（Estle Ray Mann），二人是迪蒙实验室的同事。

阴极射线管娱乐装置专利包含一根连接至示波器的阴极射线管，以及一组旋钮和开关。装置基于模拟电路，未采用任何数字计算机、记忆装置或程序。游戏机制是用显像管在示波器上投射一个代表导弹的光点，这个光点会呈抛物线移动。在这个示波器上，会覆盖一个标靶，比如上面画着一架飞机。在光点的尽头，电子束会散焦形成光晕，代表导弹爆炸。玩家的目标则是让这个光点在标靶上爆炸，这就是个简单的《导弹打飞机》游戏。

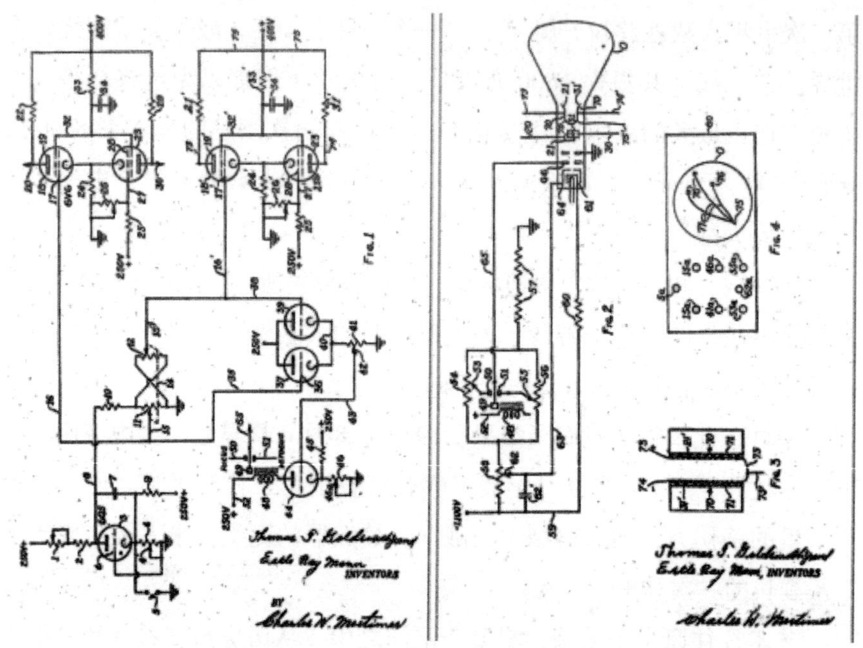

这个专利如果深化下去，很有可能造出历史上第一台电子游戏机。毕竟，1933 年电视机发明出来后，普及十分神速。1936 年柏林奥运会期间，全世界就有 16 万人通过电视机观看了奥运会。从技术角度看，实现该专利并不难。可惜的是，戈德史密斯他们没有制作出任何原型。

二人申请专利没多久，迪蒙实验室就出现严重的财务危机。1966 年，戈德史密斯在迪蒙实验室破产分拆前应聘到福尔曼大学任物理系教授。成为教授的他，把阴极射线管娱乐装置专利忘到了九霄云外。

阴极射线管娱乐装置专利直到 2002 年才重见天日。法国电子产品收藏家大卫·温特（David Winter），在搜寻“米罗华奥德赛”原型时，意外在档案仓库里看到 1974 年米罗华公司控告其他游戏机公司的文件中，有这项专利的描述。大家才知道电子游戏史上竟然有这样一个发明，其专利申请文件才公之于众。

米罗华奥德赛是世界上第一台商业家用电子游戏机，是米罗华公司被飞利浦收购前最重要的产品。米罗华公司并不是家初创公司，它早在 1910 年就在美国成立。“一战”时，米罗华给军方生产通信设备，生意一直不错。直到碰到 AT&T，收入一落千丈。米罗华自知通信设备不是AT&T的对手，于是先转行到留声机行业，1960年才开始做起电视机买卖。

米罗华牌电视机销量也并不理想，1966 年才收购到电子游戏机方面的重要专利，使其成为全世界首款电子游戏机的创造者。

阴极射线管娱乐装置专利是已知最早的跟电子游戏有关的专利，可它并未投产，也没有过公开展示。专利注册后就束之高阁，不见天日。可以给它考古价值，不能赋予实际价值。

阴极射线管娱乐装置是电子游戏发展史中的小涟漪，和艾耶德雷西斯塔一样，都是占据“第一”的位置，可离现代电子游戏还非常遥远。

第二章 游戏机、编程语言和 Unix

Bertie the Brain

约瑟夫·凯特斯（Josef Kates，原名 Josef Katz），1921 年 5 月 5 日出生于奥地利维也纳的一个犹太家庭，是家中第 5 个孩子。1938 年，为躲避纳粹的迫害，凯特斯逃亡意大利。1939 年，他和在英国的家人团聚，并找到一份眼镜师学徒的工作。当他计划加入英国军队时，却被当作德国人的间谍拘捕，并驱逐到加拿大。

押运船从魁北克登陆后，凯特斯在拘留营度过近 2 年的时光，直到被加拿大政府当作“纳粹侵略的受害者”才被释放。拘留营中，凯特斯得到受教育机会，他和沃尔特·科恩（Walter Kohn，1988 年诺贝尔化学奖得主）同台竞技。在考试中，他第一，科恩第二。

由于无法返回英国与家人团聚（战争时期穿越海洋风险太大），凯特斯依靠他在约克郡当眼镜店学徒的经验，在多伦多帝国光学公司找到一份工作。在那里，由于精湛技艺，他在负责制造诸如枪瞄准具和潜望镜之类的军械精密部门，无人不知。

1941 年，凯特斯进入蒙特利尔的麦吉尔大学学习，后在多伦多大学获得物理学博士学位。他回忆说：“1941 年秋天，当我离开营地时，我想成为一名医生。除非能找到一份全职工作，否则我将不得不回去砍柴、缝袜子和修补渔网。”

到多伦多大学后，他和同事研发出世界第一台工作计算机——University of Toronto Electronic Computer（UTEC）。同时，凯特斯还在研究自己设计的微型中空管“Additron”，类似晶体管。凯特斯说：“在 UTEC 上，我们实际上是在玩游戏，所以我说，‘看，我们可以制造一个游戏机……’。

几乎每个人都知道井字游戏（又叫 Tic-tac-toe 游戏，玩家在 3×3 的表格上使用 X 和 O 进行填充），我认为这将是一个很好的展览。”

他还说：“我在开发这款 *Bertie the Brain* 时，在大学里研究计算机，同时在攻读博士学位。我一次做三件事，我被称为多核处理器。”

按照凯特斯的说法，制造出来的世界第一台工作计算机，第一用途是“游戏机”，用来玩“井字游戏”。

1954 年，凯特斯还设计出世界第一个自动交通信号系统——多伦多自动交通信号系统。不愧是战胜诺贝尔奖得主的男人。

1950 年 8 月 25 日，多伦多举行的加拿大国际展览会上，展出凯特斯的作品“Bertie the Brain”，可以让参展人员和电脑对战井字游戏。这是一台奇怪的设备，上面写着：“computer brain” versus “human brain”。

机器高达 4 米，支持难度调节。

1968 年，他被任命为加拿大科学委员会成员，1975 年至 1978 年任主席。2000 年，接受《Maclean’s Magazine》采访时，凯特斯说：“大多数人认为计算机可以做一些事情，我认为计算机可以做任何事情（I thought computers could do everything）。”

百花齐放

1951 年 5 月 5 日，Nimrod 电脑在英国全国性展览“不列颠节”上亮相，它是为玩《Nim》游戏专门设计的，也是有记载的最早专门设计用来玩游戏的计算机之一。虽说是为游戏才设计的数字计算机，可真正意图是向公众解说数字计算机基本原理。

同年 5 月，计算机科学家，CPL 语言创造者克里斯托弗·斯特雷奇（Christopher Strachey）利用业余时间在英国国家物理实验室（The National Physical Laboratory）的图灵计算机 Pilot ACE 上编写跳棋程序。7 月份，他完成代码设计。当 ACE 运行时，才发现机器性能不够，程序无法运行。10 月份，他听闻曼彻斯特大学制作出一台全新的计算机“Manchester Mark I”，负责人正是他同学艾伦·图灵（Alan Turing，英国计算机科学家、数学家、逻辑学家、密码分析学家和理论生物学家，被誉为计算机科学与人工智能之父）。他找图灵拿到 Mark I 的编程手册，将他写的跳棋程序转化成 Mark I 程序。1952 年夏天，跳棋程序成功运行。斯特雷奇没给它取名字，后被叫作 MUC Draughts，MUC 是曼彻斯特大学简称，Draughts 是跳棋的英国叫法。

MUC Draughts 被认为是第一款电脑游戏，斯特雷奇就算是第一位游戏程序员吧。

1952 年，桑迪·道格拉斯（Sandy Douglas）在英国剑桥大学数学实验室的 EDSAC 电脑上编写《OXO》游戏，一款人机对战的井字棋游戏，跟凯特斯的“Bertie the Brain”类似。Pilot ACE 是图灵设计的，EDSAC 则是受另外一位计算机之神冯·诺伊曼（John von Neumann，出生于匈牙利的美国籍犹太人数学家，理论计算机科学与博弈论的奠基者）的《First Draft of a Report on the EDVAC》（关于 EDVAC 的初次报告）论文启发，以 EDVAC 为蓝本设计和建造出来的。

EDSAC 于 1949 年 5 月 6 日正式运行，是世界上第一台实际运行的存储程序式电子计算机。这么好的计算机，不用来玩游戏多可惜。下图为 EDSAC。

《OXO》为何没有流行起来呢？原因很简单，没人玩得起。

EDSAC造价高达50万美元，这可是1952年。此外，还要准备300平方米的专门房间，接受150千瓦时的功率，还要忍受它的噪声和热量。对了，还要拥有剑桥的博士学位。

以上一切，仅仅是为了在电脑上下个跳棋？

幸运的是，电子游戏成长的土壤“计算机”，开始在全球普及。用来提升效率的工具——计算机编程语言也先后被发明出来：FORTRAN、LISP、COBOL等语言在20世纪五六十年代大放异彩。科学家们一边用计算机搞科研，一边琢磨怎么用它玩游戏。

20世纪五六十年代计算机程序语言的诞生表如下：

1951 – Regional Assembly Language

1952 – Autocode

1954 – FORTRAN

1954 – IPL（LISP的先驱）

1955 – FLOW-MATIC（COBOL的先驱）

1957 – COMTRAN（COBOL的先驱）

1958 – LISP

1958 – ALGOL 58

1959 – FACT（COBOL的先驱）

1959 – COBOL

1962 – APL

1962 – Simula

1962 – SNOBOL

1963 – CPL（C语言的先驱）

1964 – BASIC

1964 – PL/I

1967 – BCPL（C语言的先驱）

1958年，威廉·希金博坦（William Higinbotham），美国物理学家，

曼哈顿计划的参与者，第一颗核弹研发团队成员，为所在实验室的年度博览会制作出一款游戏《双人网球》（*Tennis for Two*）。该游戏在示波器上显示，是博览会上最受欢迎的产品。《双人网球》采用侧视的简化网球场设计，网球受重力作用且必须过网。通过模拟计算机控制球拍，包括电阻、电容和继电器，但在打出球时会快速切换用晶体管。使用示波器玩游戏的创意，和阴极射线管娱乐装置专利很像。下图为《双人网球》游戏在示波器上的游戏画面。

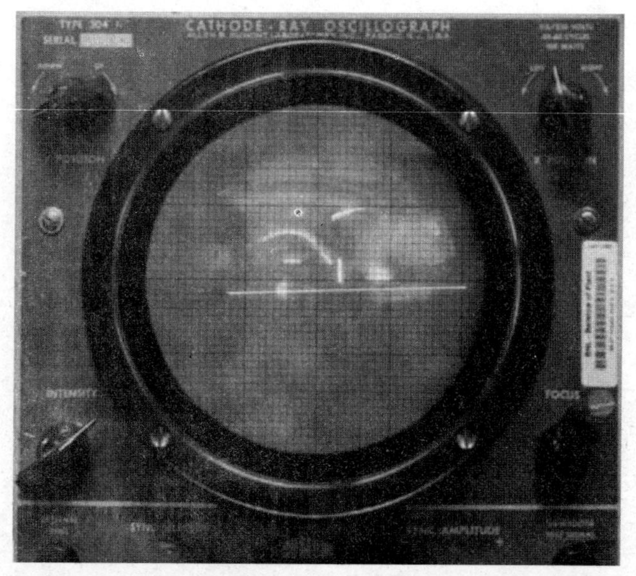

《双人网球》的出现并没有引起太大的波澜，1962 年出现的《太空大战》（*Spacewar*！），才是真正启发一代电子游戏的作品。

1962 年，斯蒂芬·拉塞尔（Stephen Russell）和他的同事、学生开始在麻省理工学院新安装的 DEC PDP-1 小型计算机上编写游戏。对比之前的计算机，PDP-1 功能十分强大，它拥有独立的屏幕显示器，是 Digital Equipment Corporation 研发的 PDP 系列的第一款计算机。斯蒂芬·拉塞尔在 1972 年的一次采访中告诉《Rolling Stone》杂志："有人建立了一些小的模式生成程序，它们可以生成有趣的图案，比如万花筒。这是可以做各种有趣的事情的显示器！所以我们开始讨论它，想什么是有趣的展示。我们决定做一个二维机动的东西，并决定自然要做的东西是宇宙飞船。”

1962 年 4 月，电子游戏史上最重要的游戏《太空大战》发布。游戏方式为两名玩家分别用摇杆和按钮操作虚拟的太空船对战，直到消灭对方。外形较粗的太空船叫“楔形船”（Wedge）、较细长的叫“针形船”（Needle）。飞船被击中或靠近屏幕中央的恒星时会被毁灭，游戏还附带重力“引擎”和超空间跳跃，以及爆炸的烟火效果。下图为《太空大战》的游戏画面。

对比 EDSAC 高达 50 万美元的售价，PDP-1 只需要 1 万 2 千美元。可这个数字，仍然不是普通人可以承受的。它仍然只是科学家们的玩具，无法成为商业产品。

《太空大战》开始不仅限于在 DEC PDP-1 上复制，其他计算机上也出现相应变种游戏。“只要有图形显示器连接到计算机，《太空大战》就会自发开花！”艾伦·凯［Alan Kay，美国计算机科学家，美国国家工程院院士，以面向对象编程和窗口图形用户界面（GUI）设计方面的开创性工作而闻名］如是说。《太空大战》在美国的各个大学和实验室流传，直到来到犹他州盐湖城的犹他大学。

1965 年，正在犹他州上大学的诺兰·布什内尔首次玩到《太空大战》。他认为："这是一款有趣的好游戏，但是执行需求的电脑成本过于昂贵，不符合经济效益。"从犹他大学毕业后，诺兰·布什内尔在加州的 Ampex 公司搬砖。有一天，他与同事重玩《太空大战》时，点燃了他对"游戏的狂热及潜在商机的信心"。

1972 年，诺兰·布什内尔辞职创办雅达利公司。

《太空大战》没能从大学实验室走向普通家庭，但是它间接启发诺兰·布什内尔等一系列卓越人物投身于电子游戏，电子游戏发展开始百花齐放。

1963 年，华莱士·费厄泽在 PDP-1 上开发问答游戏《苏格拉底式系统》，以教育医学生如何诊断病人。

1965 年，爱德华·斯坦因贝格尔在 PDP-5 上编写一款骰子游戏。

1966 年，拉里·贝斯努曼将宾果游戏的 BASIC 源码提交到 DECUS 用户组。

1967 年 5 月，查尔斯·贝克勒用 BASIC 编写首款篮球模拟游戏。8 月，雅各布·贝格曼编写模拟 1967 年世界棒球职业锦标赛的棒球游戏。

1969 年，肯·汤普森（Ken Thompson）在 Multics 系统上编写《Space Travel》游戏。

Multics 系统是贝尔实验室、麻省理工学院及美国通用电气公司一起研发的分时操作系统，目的是研发出一套多人多任务的操作系统。该系统研发难度和成本远超想象，1969 年 4 月，贝尔实验室退出 Multics 系统研发，留下麻省理工学院和 GE 苦战。离开 Multics 项目后，贝尔实验室的工程师肯·汤普森还想做操作系统，贝尔实验室对汤普森说："你丫嫌我们经费太多吗？"他们拒绝给汤普森买系统开发的硬件。

没硬件怎么开发操作系统？总不能在草稿本上 debug 吧。常人无解的问题，对汤普森却没造成丝毫困扰，他找到了一台老旧的 PDP-7 开始编码。PDP-7 是 1964 年推出的计算机，只有 16KB 内存，1969 年早已过时。

为熟悉PDP-7的操作，也为继续玩游戏，汤普森将自己在Multics系统上编写的游戏《Space Travel》移植到PDP-7。

这就完了？整个计算机历史上最为离谱的事情之一，此时就发生了。史称“三周写出Unix操作系统”。

《Unix：历史与回忆》一书里详细地描述了当时肯·汤普森在Unix的工作过程：

“‘在某一时刻，我发现离实现一个操作系统仅有3周之遥了。’他需要写三个程序，每周写一个：用来创建代码的编辑器；将代码转换为PDP-7能运行的机器语言的汇编器；再加上‘内核的外层——操作系统齐活了。

“正在那时，肯的太太休了3周假，带着一岁大的儿子去加利福尼亚探望公婆，这样肯就有了3周不受打扰的工作时间。正如他在2019年一次采访中所说：

“‘一周，一周，再一周，我们就有了Unix。’

“无论以何种方式来度量，这都体现了真正的软件生产力。

“肯和我都从贝尔实验室退休几年之后，我问他3周内写出Unix是否属实。下面是他回复邮件的原文，谈到的情况和最近那次采访完全一致。

“肯回复的邮件

```
Date: Thu, 9 Jan 2003 13:51:56 -0800

unix was a file system implementation to test thruput and
the like.  once implemented, it was hard to get data to it
to load it up.  i could put read/write calls in loops, but
anything more sophisticated was near impossible.  that was
the state when bonnie went to visit my parents in san diego.

i decided that it was close to a time sharing system, just
lacking an exec call, a shell, an editor, and an assembler.
(no compilers) the exec call was trivial and the other 3
were done in 1-week each - exactly bonnie's stay.

the machine was 8k x 18 bits.  4k was kernel and 4k was
swapped user.

ken
```

“信件翻译如下：

“‘日期：2003 年 1 月 9 日，星期四，13:51:56-0800

Unix 是用来测试吞吐量之类的文件系统实现。实现出来之后，我发现很难用数据给它加上负载。我可以在循环中调用读 / 写操作，但做不了更复杂的事。

这就是邦妮（Bonnie）去圣迭戈（San Diego）探望我父母时，我面临的状况。

我认为它已经很接近分时系统了，只是还缺少执行调用（exec call）、shell、编辑器和汇编器。（没有编译器）执行调用手到擒来。其他三个每周做一个——加起来正好是邦妮在那边待的时间。计算机内存有 8k × 18 位。4k 做内核，4k 供用户程序换入换出。’”

游戏移植完成后，汤普森着手把工具扩充成完备的操作系统。他和丹尼斯·里奇（Dennis Ritchie）带领成员在 PDP-7 上面进行开发工作，实现了文件系统、进程、设备文件、命令行解释器和工具程序等。最后该系统被命名为“Unix”，与“Multics”寓意相反。完成 Unix 系统开发工作之后，汤普逊觉得 Unix 系统需要一编程语言，创造了 B 语言，里奇又在 B 语言基础上创造出 C 语言。

软硬件技术不断进步，电子游戏来到爆发前夜。

第三章　米罗华：先驱者米罗华

德国贝尔和美国贝尔

1922 年 3 月 8 日，德国拜仁州罗达尔本。一位名叫鲁道夫·海因里希·贝尔（Rudolf Heinrich Baer）的犹太婴儿呱呱落地。

1920 年到 1933 年，是德国魏玛共和政府衰落和纳粹党兴起的时代。德国中产阶级在前所未有的通货膨胀下，财富被尽数摧毁。每天努力工作，只能换回一堆如同废纸的大钞。推着一推车钱，去换回一个面包，就发生在此时。

1930 年，德国在经济大恐慌中遭受致命打击，魏玛共和政府信用垮台。纳粹党前身德国工人党借此良机走向德国政治舞台的中央。1933 年 3 月，臭名昭著的希特勒正式掌控德国。同年，11 岁的贝尔因为犹太血统被赶出了学校。被赶出学校的他无所事事，四处游荡。

直到有一天，贝尔收到消息，德国人要对犹太人下死手了。他赶在水晶之夜前夕逃到纽约，躲过一劫。水晶之夜是纳粹党和党卫军袭击德国境内犹太人的事件，许多犹太人开设的商店都在此夜被洗劫。碎玻璃反射的月光很像水晶的反光，因此得名。

水晶之夜后，反犹行动扩散到整个欧洲。来到美国后，贝尔仍心有余悸，他改掉鲁道夫·海因里希·贝尔的犹太名字，换成一个很美国化的英文名字：拉尔夫·亨利·贝尔（Ralph Henry Baer）。

超级创意：棕盒子

16 岁的贝尔先在一家皮套厂工作，动手能力极强的他发明出可以同时缝制五六个皮套的机器。由于辛勤工作和积极开动脑筋，他拿到皮套厂老板给的第一笔丰厚奖励。也许是幼年被赶出学校的阴影，贝尔拿到奖金后的第一件事就是参加函授培训。1940 年，他从华盛顿的国家无线电学院毕业，成功地从皮套厂工人转职为无线电维修技师。

1941 年 12 月 8 日，美国向日本宣战，加入第二次世界大战。贝尔应征入伍。

“二战”期间贝尔也没闲着，他在美军情报部门的伦敦总部担任情报官，将收缴的德军无线电台改成收音机用来听音乐。因为强悍的动手能力，贝尔搜集了 18 吨的德式装备，战后全部上缴到美国军事博物馆。“二战”结束后，按《退伍军人法案》，他得以在芝加哥的美国电视技术学院学习，并获得电视工程理学学士学位。

1956 年，贝尔加入 Sanders Associates，一家国防承包商公司。他在 Sanders 的主要职责是管理工程师们开发用于军事的电子系统。

1966 年，美国电视机保有量突破 4000 万台，美国人口堪堪接近 2 亿，敏锐的贝尔察觉到电视机娱乐的广大市场。他撰写了一篇关于将 3 号和 4 号频道改为游戏频道，从而为大众提供游戏介绍和纸牌游戏的方案。超前的产品方案让他顿时成为公司颇具争议的角色，不过无人能理解他的想法。好在一位叫赫伯・坎普曼（Herb Campman）的主管慧眼识珠，给贝尔拨了 2500 美元的研发经费。1966 年国际金价是 35 美元 / 盎司，用黄金来换算，大概是现在 15 万美元的研发经费。

比尔・哈里森（Bill Harrison）和比尔・鲁西（Bill Rusch）两位工程师加入后，贝尔团队经过 5 个月的开发，于 1966 年 9 月到 1967 年 2 月期间，开发出“棕盒子”（Brown Box）的游戏原型机。之所以叫这个名字，是因为原型机外面包了一层木质花纹的皮。

棕盒子原型机由几十个晶体管和二极管组成，并带有两个手柄和一个枪式外设，现陈列于华盛顿哥伦比亚特区的美国国家历史博物馆中。

米罗华奥德赛的诞生

Sanders Associates 是国防承包商，没有电视显示和娱乐这方面的产品。贝尔团队只得将机器方案推送到其他的公司，希望可以量产棕盒子。

几个月的拜访，没一家公司表达出对这个超前产品有兴趣。贝尔团队第一个目标是有线电视行业公司，原型机引起 TelePrompTer Corporation（发明提词器的美国公司，后转型为有线电视和卫星广播业务）兴趣。几个月的谈判后，现金流问题迫使 TelePrompTer 在 1968 年 4 月退出协议。此时 Sanders Associates 也出现财务危机，贝尔团队很难获得新的支持。

研发经费捉襟见肘，可他们仍然对产品完成 2 次迭代。1969 年 1 月，棕盒子第 7 个原型完成，产品的商品形态接近完整。

贝尔找到 RCA（Radio Corporation of America，美国电子公司），仍然无果。1969 年 7 月，他们在 Magnavox 公司（米罗华）展示原型机。大部分高管表示无感，可负责产品规划的副总裁盖瑞·马丁（Gerry Martin）却有浓烈兴趣。

经过漫长谈判，Sanders Associates 和 Magnavox 在 1971 年 1 月达成协议，共同生产贝尔团队的棕盒子。很快，基于棕盒子专利，米罗华公司开发出全世界第一款商用电子游戏机——米罗华奥德赛（Magnavox Odyssey），型号为 1TL200。

1971 年 3 月，Sanders Associates 为棕盒子申请专利，专利号为 US3728480A，专利名称：电视游戏和训练设备（Television Gaming and Training Apparatus）。

当时美国专利审查不像今天，可以通过网络申报。申请专利必须去专利局与审查员当面交锋，用嘴将其说服。据贝尔回忆，当时专利员因为一些细节对他百般刁难，两人争执不下。迫于无奈，只得将棕盒子接到专利员办公室的电视机上。贝尔说："十五分钟内，这层楼面的所有专利审查员都会跑来这间办公室，想要玩游戏。"

这个场景，让贝尔非常自豪，也让米罗华公司对电子游戏机的未来充满了无限的遐想。让米罗华没想到的是，该专利在未来十几年里，才是他们的真正收入来源。

专利申请成功，产品制造的障碍也扫平了。米罗华上下摩拳擦掌，要用奥德赛大战一场。世界第一款商业电子游戏机，多么让人兴奋的"title"，米罗华是不是就胜利在望呢？

1972 年 9 月，万众瞩目的米罗华奥德赛上市。电子游戏史上最伟大的一幕拉开——电子游戏终于开始走向普通人的生活，每个人都可以轻易享受到人类科技进来带来的娱乐体验。

科技为何？为人类福祉。

1972 年 6 月，雅达利公司正式成立，并在 9 月推出雅达利的第一款游戏《Pong》。跟米罗华奥德赛主攻家庭娱乐市场不同，雅达利的第一款游戏机是街机。

米罗华奥德赛游戏机上市后，定价 100 美元（相当于今天的 3,000 美元）。即便价格如此高昂，游戏机仍然在 1972 年圣诞节卖出 13 万台。到 1975 年第一代奥德赛停产，米罗华一共卖掉了 33 万台主机和 8 万把光线枪。

对比后来动辄上亿台的电子游戏机销售，该销售量不算什么。可参考 1972 年全世界也没几个发达国家，33 万台已是十分惊人的数字。

米罗华奥德赛只支持在米罗华电视机上畅玩：要玩奥德赛就必须买一台米罗华电视机，而米罗华电视机售价高达 500 美元。米罗华算是做出最早的封闭生态，如果不是因为要玩奥德赛，品质一般的米罗华电视机很难卖出去。

电子游戏机的傲人成绩，让米罗华公司的股价在 1972 年冲上 39 美元。下图为米罗华奥德赛的产品宣传画。

世界第一台商业电子游戏机，米罗华奥德赛就这样来到了世间。前方等着电子游戏的又是什么呢？

第四章　米罗华：第一讼棍米罗华

米罗华奥德赛

米罗华奥德赛到底是一个什么样的产品呢？下面是初代机的容颜。

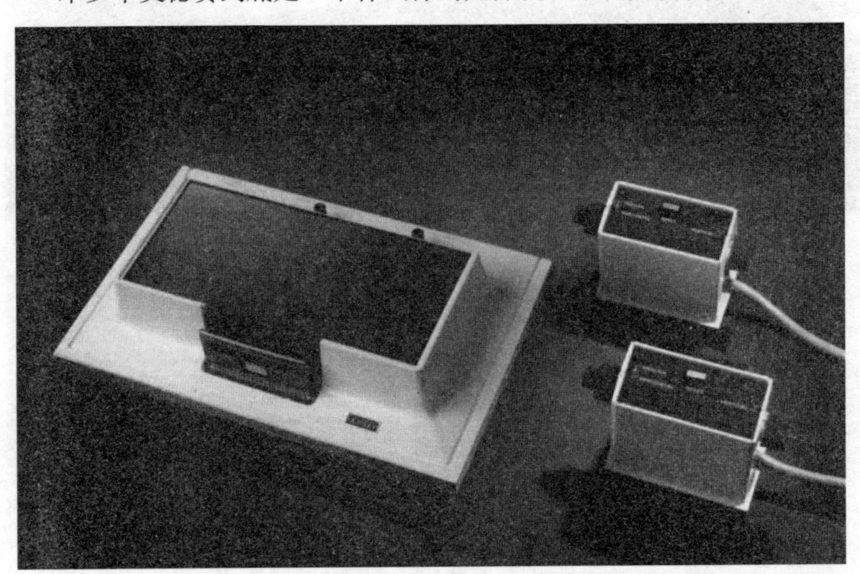

作为全球第一台商业化的电子游戏机，米罗华奥德赛品质是合格的。共有 28 款游戏在米罗华奥德赛上推出，其中 13 款随主机一并发售（美国包含其中 12 款，其他国家包含其中 10 款）。6 款为独立发售，1 款为玩家填写意见卡后赠送，4 款随光线枪一并发售。最后 4 款游戏于 1973 年发售。

米罗华奥德赛产品形态十分完备，电子游戏机中的产品要素，在它身上都有。游戏机主机、卡带、控制器、游戏外设，一应俱全。米罗华奥德赛通过卡带来更换游戏，卡带在随机赠送的盒子里，没有游戏名称，只有数字序号。游戏机配备多张可以覆盖在电视机上的薄膜，这样玩家可以玩到带有色彩的游戏画面，增强视觉效果。比如玩《网球》游戏，就要在电视机屏幕上覆上绿色的场地薄膜，这些光点移动时才有身临其境的感觉。米罗华奥德赛还为游戏准备不同的游戏道具，比如卡牌、骰子、筹码。下面左图是游戏机的辅助道具，贴纸、扑克、机械控制、筹码和骰子，右图是奥德赛光线枪。

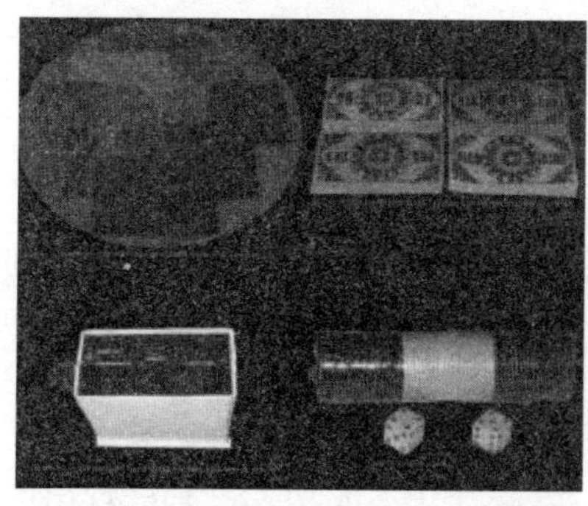

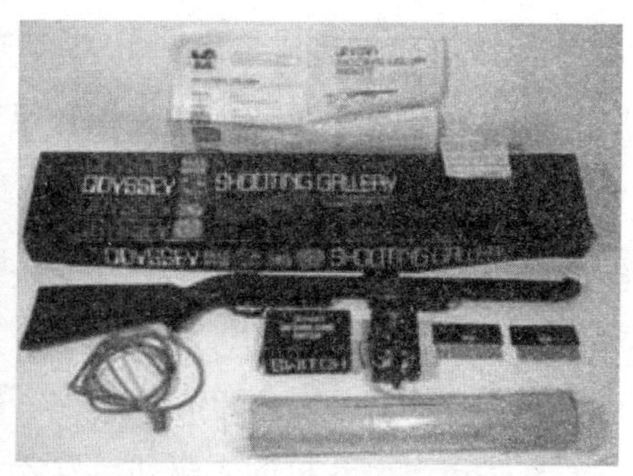

米罗华奥德赛发售后，销量和概念引发许多公司关注。嗅觉敏锐的电子厂商意识到电子游戏机市场中蕴含的巨大商机，纷纷投资进入这个市场。

电子游戏机的黄金年代快来了。

米罗华奥德赛的业绩

米罗华创造电子游戏史上首个封闭生态，表现为：米罗华奥德赛只能通过专有线材连接米罗华电视机；米罗华奥德赛只能通过米罗华认可的销售网络进行销售。对米罗华来说，奥德赛是电视机的促销品，它们是电视机公司，而非游戏机公司。

米罗华奥德赛发布后，首批产量 50,000 台。刚发布时销售势头确实不错，米罗华连忙追加产量到 120,000—140,000 台。实际销量出炉，不到 10 万台。米罗华对此成绩并不满意，观察到市场需求仍然存在，他们在 1973 年还是生产出 27,000 台米罗华奥德赛。1973 年底，米罗华投入巨

额广告，同时搞降价促销，双管齐下。一连串的营销手段，米罗华奥德赛1974年销量达到129,000—150,000台。这个成绩并不理想，不及预期。

米罗华决定停产初代米罗华奥德赛，开始发售新的奥德赛，如奥德赛100、奥德赛200、奥德赛300直到1978年的奥德赛2100。几年时间里，米罗华先后发布了11款机型。可这些都只是敷衍之作，仅仅更换了游戏机外壳，对提振销售额收效甚微。

从1972年初代机推出到1975年开发新的奥德赛机型，米罗华奥德赛总销量30万台左右。对比美国每年千万台电视机销售规模，可以说十分惨淡。原因呢？第一是米罗华的自身定位，不愿意投资开发新的电子游戏，只想卖电视机。第二是米罗华封闭的思想，不愿意奥德赛和其他电视机厂商共同分享。

世界首创就一定会畅销世界吗？逻辑不成立。

作为电子游戏机的先驱和启发者，奥德赛并不成功，可它展现出电子游戏机与电视机结合后产生的巨大的娱乐潜能。

电子游戏史上第一讼棍

米罗华奥德赛业绩不尽人意，丝毫没降低其他公司进入该行业的热情。新进者的销量，马上大大超过米罗华奥德赛。对此，米罗华没有反思自己的策略失误，他们想的是：难道我米是起了一个大早，赶了一个晚集吗？

曾经被AT&T（美国电话电报公司，通信业霸主）打败的屈辱感卷土重来，笼罩在米罗华公司管理层的头顶，挥之不去。不能就这样算了，电子游戏机的专利还在我们手里呢。

米罗华将愤怒的目光投向当时风头最劲的游戏机厂商，也是导致自己玩家倒戈的元凶：一家成立不过2年的年轻公司——雅达利。

1974年，Sanders Associates和米罗华公司联合起诉雅达利侵权，将雅达利的游戏创意追溯到1966年奥德赛开发之初的文档。这场官司以雅达利败诉，以被判支付 70 万美元版权金收场。

米罗华一战成名，这场官司让其茅塞顿开。尝到甜头的米罗华公司忽然发现，打专利官司来钱好像比卖电视机快得多啊。

不如，咱就专职打官司吧。

今天的地球上有 2 个不能惹的结构：迪士尼法务部和任天堂法务部。迪士尼法务部绰号“地表最强法务部”，有个段子说“假如有一天你流落到一个孤岛，想要获救的最好办法就是，在岛上画一个迪士尼旗下的图案，迪士尼法务部将以最快的速度赶过来，起诉你！”。比迪士尼法务部弱一点的是任天堂法务部，绰号“东半球最强法务部”。据说任天堂法务部赚到的赔偿金比任天堂公司卖游戏还要多，当然这是夸张说法。

东半球最强的任天堂，也被米罗华公司揍过。

从胜诉雅达利开始，米罗华开始长达十数年的电子游戏行业诉讼之旅。逢人就告，一告就赢，俗称“加州必胜客”。电子游戏史上第一讼棍，横空出世。可谓是前无古人，后有来者。

米罗华背靠电子游戏机的专利，与雅达利、任天堂、动视等游戏机厂商轮番打官司。

拿任天堂来说，任天堂是日本第一家获得米罗华奥德赛销售代理权的公司。公司传奇掌舵人山内溥很早就看到电子游戏的远大前程，虽说是米罗华经销商，可神人岂是久居人下之辈。在三菱电机协助下，任天堂 1977—1980 年之间发布 5 款 Color TV-Game 游戏机。

米罗华：什么？你敢做游戏机？

官司照打。

山内溥不吃这套，1985 年，做好准备的任天堂跟米罗华大干一场。

1985 年，任天堂起诉米罗华，指出第一款视频游戏（video game）应该是 1958 年威廉 · 希金博坦开发的《双人网球》（*Tennis for Two*），要求法庭废除奥德赛的专利。

法官一巴掌拍回来：《双人网球》并未运用电视视频信号，只是示波器，因此不能算“视频游戏”。任天堂败诉。

电子游戏机厂商仍需向米罗华公司支付授权金，直至1993年专利到期。在1989年的一次采访中，时任任天堂美国公司副总裁兼律师的霍华德·林肯（Howard Lincoln）抱怨说："米罗华公司的业务不是做游戏，而是起诉那些做游戏的人。"

说归说，切身之痛，让山内溥学习到美国人"专利卡脖子"的传统艺能。十几年后，任天堂法务部成为比米罗华还要凶残的"诉讼专家"，勇者变恶龙的故事再一次上演。

据不完全统计，在游戏机专利《电视游戏与训练装置》1993年到期前，米罗华通过打官司获得了1亿美元左右的授权金和赔偿金。

米罗华奥德赛的尾声

米罗华热衷打官司，专利发明人贝尔就要经常出庭。虽然都是胜诉，可贝尔发现米罗华打官司的兴趣，远大于电子游戏机，他烦不胜烦。1979年，完成米罗华奥德赛2的开发后，他退出奥德赛的后续开发，转行做电子玩具。1978年，贝尔和霍华德·莫里森（Howard J. Morrison）为Milton Bradley公司开发出一款名叫"西蒙"的电子玩具。下图是SIMON玩具。

西蒙玩法很简单，游戏开始后按钮会以随机顺序依次亮起，并发出独特的音调。玩家需要记忆灯亮的先后顺序，然后按照记忆顺序准确重复这个顺序。玩具设计灵感来自雅达利的街机游戏《Touch Me》。西蒙上市后迅速热销，截止到 1982 年，共售出 1000 万台，是美国玩具市场的奇迹。

牢记这位犹太人的名字：拉尔夫·亨利·贝尔，世界第一台商业家用电子游戏机的发明者。

米罗华的故事就此结束，下面登场的选手是雅达利。

第五章　雅达利：雅达利初创

水瓶座男孩布什内尔

诺兰·布什内尔（Nolan Bushnell），1943 年 2 月 5 日出生于美国犹他州奥格登市，在戴维斯县克利尔菲尔德长大成人。他父母都是虔诚的摩门教徒，童年的布什内尔没有特别的机会接触电子产品。

上过一堂三年级科学课后，他突然萌发了对科学工程的强烈兴趣。他邻居刚好是业余无线电爱好者，还开有一家电器店，兼顾维修。在热心邻居的指导下，11 岁的布什内尔很快成为一个无线电爱好者。电子配件价格高昂，他只能变废为宝，整天都在熔炼厂附近搜罗电子零件，用来组装出新的电子产品。为买新零件，布什内尔还找到一份兼职工作——在城区送货和维修电视。

他回忆说：“他们正在为铝材熔化“二战”时期的飞机机身，在飞机里面，仍然有收音机、电线和灯，我们会在晚上偷偷溜进去把它们剥掉。”

对孩子来说，熔炼厂很危险，但也是世外桃源。

15 岁那年，布什内尔家突生变故，父亲死于心脏病突发。为避免合同赔偿，他接手父亲的混凝土生意。能者无所不能，家族生意问题顺利解决。布什内尔也得以重返学校，开始高中学业。高中生活十分丰富，他开始参加各种体育活动，还顺带学起哲学。作为一名典型的水瓶座男孩，聪明早慧，好奇心重和兴趣广泛，喜欢尝试新鲜事物才是正常的。

啥电子，啥组装，再也没提过。

3 年后，布什内尔被犹他大学工程专业录取。工程学要学的课程太多了，耽误玩乐，他申请转到经济学。对比刻苦学习，布什内尔明显更享受大学生活的乐趣。大学前两年，他一直忙着辗转在各种派对和创业项目之间。

大学期间，布什内尔曾为多家公司工作，如 Litton Guidance and Control Systems、Hadley Ltd 和 U of U。他还建立过自己的广告公司“Campus Company”，主要在大学销售吸墨纸，顺带卖活动日历上广告位。

布什内尔大学期间最重要的兼职岗位，是泻湖游乐公园游戏厅管理员。他为何去泻湖游乐公园兼职呢？不少记载说：布什内尔在一场扑克游戏中输掉许多钱，将学费都搭进去了，才不得不去泻湖游乐公园打工偿债。

结合 1960 年代美国德州扑克热的兴起，此事极有可能。

对此事，布什内尔在《Portraits In Silicon》一书中辟谣说：“当时他手里还有不少钱，只是怕继续在学校里混着，迟早会坐吃山空。未雨绸缪，1963 年他才开始在泻湖游乐公园工作。”《Portraits In Silicon》出版于 1989 年，主要介绍硅谷的里程碑人物。布什内尔在书中排名第 27 位，第 28 位是史蒂夫・乔布斯。

在泻湖游乐公园兼职工作时，由于表现卓越，布什内尔被调到公园游戏厅担任管理员。公园游戏厅主要经营 Chicago Coin 公司的投币机，这些投币机叫作“Electro-mechanical game”，简称 EM 游戏机。它们由电机、开关、电阻器、螺线管、继电器、铃铛、蜂鸣器和电灯等配件组成，由电力驱动的 EM 游戏机介于电子游戏和机械游戏之间，不使用集成电路，也不能交互，不能算严格意义的电子游戏。观看客户玩游戏并且维护机器，了解投币机的运作机制，这工作让布什内尔如鱼得水。游戏厅的玩家们必须依靠技巧和运气，才能实现游戏目标并获得奖品。在这里，他还学到投币机核心付费机制：让玩家感到好奇，然后支付费用才能玩。这两堂课都十分重要，在他未来的创业过程中会一直起作用。

Ampex 的打工人

1966 年，在经济学专业混日子的布什内尔跟宝拉・尼尔森（Paula

Nielson)结婚。婚后的布什内尔忽然觉得自己要成熟起来，该干点什么了。于是他重新申请工程学专业课程，回到工程学系。

兜兜转转，回到起点。

在犹他大学的电脑科学部，他接触到分时系统和图像显示的前沿研究。他也开始学习早期编程语言，不过布什内尔个人兴趣还是在硬件方面。

1968 年毕业后，布什内尔到加州想在迪士尼乐园寻求一份工作。迪士尼乐园不招聘应届生，他毫无悬念地被拒。于是布什内尔开始四处投递简历，直到被著名的录音机公司 Ampex 录取。1969 年，布什内尔举家搬到加利福尼亚州。被 Ampex 录用后，布什内尔终于成为一位正儿八经的打工人，开始搬砖的日子。

他在 Ampex 的工作过程乏善可陈，一个刚毕业的大学生，也不能指望他会做出什么像样的成绩。布什内尔在 Ampex 的主要成果是遇到未来事业的重要伙伴：泰德 · 达布尼（ Ted Dabney ）。

组建 Syzygy 公司

搬砖的日子很无聊，布什内尔每天都跟达布尼分享他的创业梦想：开一家满是电子游戏的比萨店。达布尼不知道电子游戏为何物，所幸 Apemx 公司离斯坦福大学并不远，布什内尔带着他去斯坦福人工智能实验室的计算实验室向他展示何为电子游戏——玩一局《太空大战》。他曾告诉达布尼，自己在斯坦福报名了研究生课程。可据达布尼观察，以他们在 Ampex 的工作时长，布什内尔不大可能有空去斯坦福参加研究生进修。

被《太空大战》吸引的达布尼不知道布什内尔的想法是否靠谱，可鉴于两人在一起摸鱼的好交情，这位铁子同意布什内尔的创意点子。他俩都是硬件工程师，为增强研发实力，又找来一位软件工程师同事拉里·布莱恩（ Larry Bryan ）为创业伙伴。

大学时就开过广告公司的布什内尔给三人公司取了一个非常有特色

的名字——Syzygy。Syzygy 意为“朔望”。在天文学上，朔望是指三个天体出现在一条直线上的现象。三个天体象征，三个创始人，完美匹配。

布什内尔计划用 Nova800 将《太空大战》制作成投币游戏机，因为这种小型机价格非常低廉，只要 4000 美元 / 台，其他电脑价格往往超过 20,000 美元。如果可以将 Nova800 改成投币机，并且让几个玩家进行游戏对战的话，他就可以将《太空大战》游戏商业化了。

这个主意棒极了！

想法是美好的，现实是残酷的。三位工程师很快发现，Nova800 的性能仅能运行文字。要它运行游戏图像和处理分布式数据，远远超出机器能力。原本三人商量好，每人掏 350 美元作为创业经费。得知项目不可行后，布莱恩一分钱没掏，拍拍屁股走了，白吃布什内尔几次比萨。

布什内尔没有气馁，没软件工程师就从硬件入手。两人开始考虑用专用硬件替换子程序功能，来减少计算机的性能负载。即便如此，Nova800 性能仍不够用。1970 年 11 月，布什内尔决定放弃该项目，技术路线可能有错误。

承认失败没什么问题，可要做游戏的想法在布什内尔脑海内盘桓不去。他又想到一个新的办法，用硬件来操纵屏幕上的视频信号，无须计算机控制。两人形成以硬件组件取代计算机制作游戏的想法，这个想法是对的。1971 年 1 月，新技术路线初步成功——屏幕上的点可以移动了。布什内尔意识到用定制硬件取代 Nova800 是可行的，这种构建出来的投币机成本会更低。

他们的技术路线从使用便宜的计算机 Nova800 改为使用更便宜的定制硬件来移植《太空大战》，并初步得到验证。

万事俱备，伟大事业即将起航。技术方案成型后，两人各掏 350 美元，用来投资成立 Syzygy Engineering 公司。

1971 年 1 月，Syzygy 总资产：700 美元。够吃不少顿比萨了。

第六章　雅达利：雅达利首秀

贡布里希在《艺术的故事》序言里，第一句写道：没有艺术这种东西，只有艺术家（There really is no such things as Art. There are only artists.）。

本书将电子游戏定义为艺术的一种，自然有许多“游戏艺术家”的故事。

塞缪尔·F. 达布尼（Samuel Frederick Dabney），1937 年 5 月 2 日出生于加州旧金山。相比其他的名字，达布尼本人更喜欢别人叫他“泰德·达布尼”，所以朋友都叫他泰德。他很小时，父母就离婚了，由父亲单独抚养成人。达布尼就读于约翰·奥康奈尔技术专科学校和圣马特奥高中，最后获得高中毕业证书。

毕业后，他在当地一家测绘公司找到工作，没多久就被解雇了。达布尼随后加入不会被解雇的组织——美国海军陆战队，服役三年间自学完成电子课程。之后他申请加州州立大学旧金山分校，被录取后离开军队。悲剧的是，他发现自己没钱支付昂贵的大学学费和生活费。只好去美国银行工作，在那里做一些录音方面的技术工作。

1961 年，达布尼加入 Ampex 公司。

1969 年，布什内尔加入 Ampex，两人成为一个部门的同事。

Computer Space

布什内尔和达布尼通过定制硬件的方式将《太空大战》运行起来后，还将技术方案拿到实验室 Nova800 上测试，结果仍不理想。这不禁让人心生懊恼，不过很快二人就意识到：既然已经用硬件方式组装出《太空大战》游戏，为何不直接将硬件接到显示器上呢？

结果十分激动人心：游戏运转顺畅，《太空大战》原型机宣告成功。

由于《太空大战》是电脑游戏，两人将这台原型机叫作“Computer Space”。它跟电脑一分钱关系都没有，是一台没有处理器的专用游戏机。

当然，它也是世界第一台街机，《Computer Space》也是世界第一款真正商业化的电子游戏。

原型机成功后，他们没资金可以量产它。只能带着原型机四处拜访，全都是闭门羹。电子游戏早期，吃闭门羹是家常便饭，接受新生事物的永远只有一小部分人。

好在硅谷并不大。布什内尔去看牙医时，候诊时跟牙医吐槽自己近期压抑的生活。好巧不巧，这位牙医恰好认识一位名叫戴夫·拉尔斯丁（Dave Ralstin）的男子，该男子恰好又是专门制作投币机和乐园设施的公司“Nutting Associates”的销售经理。

一切都是最好的安排。

米罗华的盖瑞·马丁一眼看上贝尔的发明，Nutting Associates 的戴夫·拉尔斯丁跟布什内尔也一拍即合。Nutting 给出的合作条件非常不错：Nutting Associates 负责生产 Computer Space，并负担全部的生产费用。每台机器 Syzygy 会获得 5% 版税，无须其他支出。

1971 年 4 月，布什内尔从 Ampex 辞职，就职为 Nutting Associates 首席工程师。6 月，达布尼也辞职来到 Nutting Associates。布什内尔负责完善图像显示相关的电脑，还有敌对飞船的 AI。达布尼负责设计 Computer Space 的框架、控制面板和投币机。

结对开发后，生产力爆棚。

1971 年 8 月，第一台 Computer Space 下线。Nutting Associates 将 Computer Space 投放到斯坦福大学的一所酒吧里，机器前面马上挤满了人，大家争相排队体验。当 Computer Space 投放到比萨店时，效果却不是很好。下面是 Computer Space，世界首款街机。

表现平平的 Computer Space

1971 年 10 月 15 日，芝加哥电子展，Nutting Associates 展出 Computer Space。大家都为新科技感叹，可游戏厅的分销商们对此产品都持谨慎态度，愿意试水的客户不多。11 月，Computer Space 正式投产。市场反馈不错，可实际销售情况却并不理想。布什内尔估计，Computer Space 总售出 1300—1500 台。这个销售成绩勉强及格，离预期还很远。产品开卖半年后，之前说的那位看牙医的销售经理戴夫·拉尔斯丁就被 Nutting 的老板解雇了。

Computer Space 并不成功，布什内尔做过分析：Computer Space 复制的游戏是《太空大战》，这是个优秀的游戏。但是它的故事背景是星舰大战，炮弹和飞船遵循引力和重力规律进行移动。这种游戏机制对于具备丰富物理知识的斯坦福学生，很容易掌握，也很有乐趣。可对知识程度低的蓝领阶层，乐趣就很低了。

Computer Space 摆在斯坦福旁边的酒吧，引起的轰动比街头的比萨店要大得多，侧面说明这个产品的受众比较狭窄。

布什内尔认为需要设计一款机制更简单的游戏，来覆盖更大的人群。此时的他，还没意识到一场巨变即将来临。

1972 年春天，加利福尼亚春光明媚。布什内尔双手抱在头顶，在办公室闲适地跟达布尼交流着对下一个游戏的想法，顺便打算跟 Nutting Associates 的老板比尔·纳廷（Bill Nutting）聊聊新一年的安排。就 Computer Space 的“优异”表现，布什内尔决定跟纳廷要 33% 的股份，这算是狮子大开口。好天气对人的影响还不小，听到布什内尔的无理要求，心情不错的纳廷没有让布什内尔和达布尼立马滚蛋，这比拉尔斯丁的待遇好了不只一点。

纳廷回复说，最多可以给 5% 的股份，多一点就没有。

预期和实际差距太大，布什内尔和达布尼决定跟 Nutting Associates 分道扬镳。气呼呼的布什内尔马上找到纳廷的竞争对手“Bally Manufacturing”。Bally 是一家制作老虎机和弹珠机的老牌公司，实力要比 Nutting 强许多。1996 年 Bally 被希尔顿收购时，卖出 30 亿美元的高价。

和 Bally 研发部门总裁搭上线后，他对布什内尔的新机器很感兴趣。但他表示，布什内尔和达布尼必须辞掉 Nutting Associates 的工作，双方才可以合作，因为他不想惹上什么麻烦。

有这么强的合作伙伴，还要什么脚踏车？

1972 年 6 月 5 日，年轻气盛的布什内尔和达布尼双双辞职，准备全心投入 Syzygy 公司。按照布什内尔的想法，Syzygy 公司的业务模式是：设计投币机游戏，靠授权和专利赚钱。

二人为何有如此大的底气，说走就走，也有两个原因：其一是被纳廷解雇的拉尔斯丁，在被解雇前把自己的投币机渠道卖给 Syzygy，这个渠道每周可以给二人带来 300 美元收入；其二是两人辞职前，跟 Nutting Associates 还有一个产品外包协议，设计 1 款双人版的 Computer Space 街机。

有钱有业务，身体和心灵一样自由。

布什内尔和达布尼在加州圣克拉拉市山景城租下带有两个办公区和一个仓库的场所，作为 Syzygy 总部。还招聘到两位员工，一位是布什内尔家的保姆，辛迪亚·维伦努瓦（Cynthia Villenueva），这位女高中生是 Syzygy 的接待员，兼职客服。另一位是他们在 Ampex 的同事，艾伦·奥尔康（Allan Alcorn），也是一名硬件工程师。跟闪电退出 Syzygy 的布莱恩不同，奥尔康是书中排得上号的重要角色。下图为奥尔康在 Syzygy 公司的名片。

雅达利的诞生

新公司开张没几天，6 月 26 日，Bally 合同如期而来。合同要求：从 1972 年 7 月到 1972 年 12 月底，Syzygy 要设计出一台新投币机和一台四人弹珠机。Bally 每个月会付 4000 美元开发费，如果设计方案被采纳，Syzygy 还可以获得 3% 版税。

版税收入不如 Nutting，可 Bally 是更有实力的合作伙伴，何况每个月还有 4000 美元开发资金。大展宏图之前还有个小问题：Syzygy 商标已经被人注册。酷爱围棋的布什内尔，马上想出三个新名字，都是围棋术语，分别是：扳、先手和叫吃，对应日文的英文发音是：Hane、Sente

和 Atari。

他们的选择是：Atari。

Atari，日语围棋游戏术语，あたり，中文为："叫吃。"叫吃是指一方的棋子被对手围住只剩一口气的状态，如被围的棋子下一步不逃将被提子。叫吃是一种胜券在握的状态，此时的布什内尔已经能看到自己下一步的成功。

雅达利注册后，Syzygy 并入雅达利。

奥尔康的挑战任务

双人团队仍然保持着高效率的工作，7 月 10 日，布什内尔向 Bally 提交设计方案：一台玩冰球游戏的投币机，一台代号"火鸟"的弹珠机。冰球游戏的设计十分超前：在屏幕上显示冰球场鸟瞰图、即时记分，冰球由电脑操控。布什内尔杂务缠身，冰球街机他打算让奥尔康来设计。

奥尔康 1971 年毕业于加州大学伯克利分校，获电气工程和计算机科学学士学位，是名校毕业的高才生。这位伯克利高才生为何从名企 Ampex 离开，加入名不见经传的创业公司 Syzygy 呢？那还消说，自然是被布什内尔忽悠过来的。

不管哪个时代的年轻人，都吃改变世界这一套。即便如此，把冰球如此重要的产品交给刚从学校毕业，工作才 1 年多的工程师，布什内尔也觉得自己的安排不靠谱。

要不先做个简单的版本吧，MVP 嘛。MVP，Minimum Viable Product 的缩写，最小化可实行产品。这是埃里克·莱斯（Eric Ries）在《精益创业》中关于"精益创业"的核心思想：用最快、最简明的方式建立一个可用的产品原型，通过简单原型来测试产品是否符合市场预期。再通过不断的快速迭代来修正产品，最终适应市场需求。

布什内尔想到在 Nutting Associates 时，参加过芝加哥电子展，在那里他看到米罗华奥德赛展出的游戏机，还试玩过一把。身为犹他大学毕业生，又专门进修过图像处理技术的布什内尔，对奥德赛使用的原始显示方法自然嗤之以鼻。在屏幕上贴膜？多么落后的设计。

他认为家用电子游戏机根本无法跟专用的投币游戏机竞争，不过米罗华奥德赛上有个很简单的游戏，倒是可以让奥尔康练手。那就是米罗华奥德赛的《网球》。

对于《Pong》灵感到底从何而来，布什内尔矢口否认是参照米罗华奥德赛的《网球》，因为他说自己没去过那次展会。2011 年的一次杂志采访中，布什内尔表示，他的灵感来源于 1964 年，犹他大学 PDP-1 上的乒乓球游戏。可当时的犹他大学实验室里没有小型机，只有大型机，也没有乒乓球游戏。

奥尔康很明确地表示：布什内尔就是参考米罗华奥德赛主机上的《网球》设计的。有好事者找到了当时芝加哥电子展的参加者名录，发现布什内尔的大名赫然在列。

米罗华告雅达利冤不冤？不怎么冤，因为这两款游戏实在很像。

雅达利成立后的第一个产品命运如何呢？

第七章　雅达利：爆款街机 Pong

1974 年，19 岁的史蒂夫 · 乔布斯（Steven Jobs）从里德学院退学，那是一所充满自由精神的学校，同时也是美国收费最为高昂的私立大学之一。退学后，乔布斯计划找一份工作养活自己。雅达利在《圣何塞市 Mercury》上刊登的招聘广告吸引到他。广告词是这样写的：Have fun, Make money（又开心又赚钱）。

还有这样的好事，穿着拖鞋，蓬头垢面的乔布斯下一秒就出现在雅达利公司的大堂。他告诉雅达利人事经理，说自己必须要得到这份工作，不然不会离开。

时任雅达利首席工程师的奥尔康接到人事电话，人事跟奥尔康说道："公司大厅有个嬉皮士。他说在我们雇用他之前他不会离开，我们应该报警还是让他进来？"

奥尔康说他也是第一次听到这么奇怪的事情，说："让他进来吧。"不修边幅的乔布斯让人惊讶，而在与乔布斯的交谈中，奥尔康感受到这位年轻人对技术的热情，他决定聘用乔布斯。另外一个重要原因是，会焊接电路板的 19 岁肄业生乔布斯要求的工资并不高。

才华横溢又喜欢嘲讽同事的乔布斯在雅达利并不讨人喜欢，他不爱洗澡带来的浓烈体味引发很多同事的投诉。奥尔康对此不以为意，只是让乔布斯晚上来工作，这样就可以跟大家完美避开。

雅达利的工作让乔布斯攒够去印度修行的钱，他远赴印度修行 7 个月后，1975 年又回到雅达利。

爆款游戏Pong的诞生

毫无悬疑地，布什内尔计划用一个骗局来压榨奥尔康的生产力。他告诉奥尔康，他负责的新项目是雅达利跟通用电气公司的合作合同，而不是Bally的产品。他不知道的是，身为摩羯座的奥尔康是一个自我驱动能力极强的顶尖工程师，不用编造这样的谎言他也会全力以赴。

奥尔康对此毫不知情，他完全按照布什内尔的意见推动这款新产品的开发。

某次采访中，记者问到奥尔康当时的场景。

记者问：那么，诺兰是如何向你描述Pong游戏的呢？他有没有给你详细的设计文档？

奥尔康回答：哦，不，只有一个非常笼统的目标：让我们在电视屏幕上创建一个俯视角的乒乓球游戏。一个移动的点，两个拍子……只是用我们有限的技术把它放在屏幕上，可这令我非常兴奋。

单纯的奥尔康，立刻全身心地投入到这个方案的开发中。为实现预期的功能，他掏出在Ampex工作时攒下来的硬件。因为开发资金的限制，奥尔康选择最为物美价廉的TTL电路，晶体管-晶体管逻辑电路（Transistor Transistor Logic）7400系列（TTL集成电路，最早由德州仪器制造，被广泛用于小型计算机）。对于奥尔康来说，他不仅要完成硬件设计，还要对游戏的体验进行改善。

他做到了。下图为早期的Pong街机原型，也被认为是第一台成功商业化的街机。

设计这款街机时，奥尔康做出许多创新。他读过布什内尔的《Computer Space》原理图，觉得非常难懂。他的设计基于TTL知识和布什内尔的游戏需求。基础游戏太无聊，缺乏变化，奥尔康将球拍分成八段来改变球的反弹角度。如正中央以90度返回，而其他的部位则用更小的角度返回。为增加乐趣，他还将球进行分段计速，球被击打十二个回合后，会在比赛中开始加速。

奥尔康让布什内尔试玩，布什内尔提出一些新的意见，如游戏里应该有逼真的音效和喧闹的人群声。奥尔康仔细研究这个产品需求，发现用同步发生器就可以实现击球和得分的音效。这个调整可比米罗华奥德赛强不少，奥德赛跟早期的默片一样，是无声游戏。

为构造原型机，奥尔康在商店里购买了一台 75 美元的二手日立黑白电视用来做显示设备。他的极限成本压缩能力，给布什内尔和达布尼留下深刻印象，他们认为低价将是未来在市场上一种可能的竞争优势。3 个月的努力后，奥尔康终于完成街机 Pong。

布什内尔、达布尼和奥尔康三人反复试玩这个游戏，三人各有意见：布什内尔觉得它挺好玩，但有点像换皮的米罗华奥德赛《网球》。如果拿出去直接发售，很有可能遭遇侵权官司。奥尔康认为最大的问题是硬件预算严重超标，远高于之前确定的标准。达布尼则认为 Pong 可以交给 Bally，作为合同里替代冰球投币机的方案。

布什内尔不看好Pong，达布尼和奥尔康两人看好。经过一次激烈的争论，布什内尔选择妥协：他同意将Pong投放到雅达利的投币机渠道里试试水。当然，是拉尔斯丁转让给他们的销售渠道。下图是Pong的游戏界面。

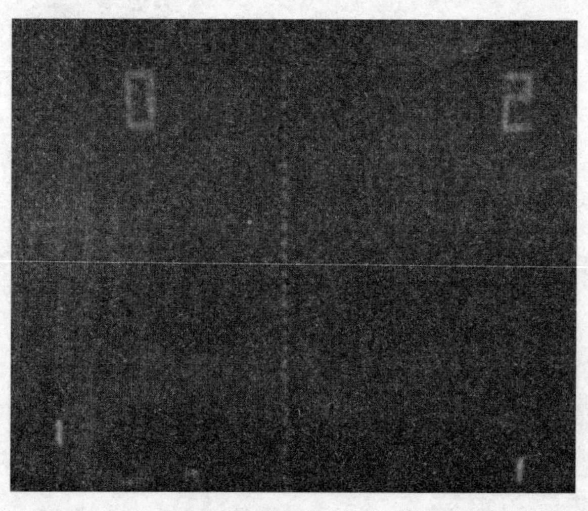

爆款街机 Pong

继米罗华奥德赛和《Computer Space》两次平淡无奇的表现后，电子游戏史上第一个爆款游戏即将上场。三人取得一致后，达布尼迅速完成外壳、控制面板和投币装置的制作。他将其中一台Pong送到位于加利福尼亚州桑尼维尔的Andy Capp’s Tavern酒馆。这台看起来粗制滥造的街机就放在酒吧的酒桶上，没任何操作说明。

奥尔康和达布尼一人拿了一罐啤酒，开始等待它的表演。

喝啤酒的时候，开始有人投币来尝试玩一下。这台街机游戏的优势在于不需要说明书，玩家就知道自己要做什么。

当晚，没有发生任何奇迹。

一周后，酒吧老板比尔打来电话说机器坏了。奥尔康一点都不惊讶，因为他知道这台原型机只是展示用而不是商用，轻轻一撞，它可能就要罢工。让奥尔康惊讶的是，它竟然可以撑到这么久才坏。

下班后，奥尔康带着工具去酒馆。这时已经有几个人等在机器前面，埋怨他为什么姗姗来迟。作为 Pong 的发明者，奥尔康挺惊讶它竟然还有不少粉丝。等到打开机器投币箱一看，发现里面装满 400 多个 25 美分的硬币。机器没坏，只是投币箱满了。

一周 100 美元，这个成绩相当不错。拿着一大堆硬币，兴高采烈回到公司的奥尔康把这个消息告诉布什内尔，收到的回答是：这很有趣。

布什内尔带着另外一台 Pong 去芝加哥，想用它替代之前 Bally 方案里所说的冰球游戏。

亲自下场

Bally 觉得 Pong 有那么点意思，但是比起布什内尔之前提出要做的冰球投币机产品，差得不是一点半点。说到底，Pong 只能算米罗华奥德赛的《网球》变种，没有太大的不同。Bally 不想接受 Pong，但推荐布什内尔将街机方案卖给自己的子公司 Midway，可人家 Midway 同样看不上。

虽说好马不吃回头草，可脸皮极厚的布什内尔找到曾经的东家 Nutting 公司。没想到老板纳廷不仅表达出对 Pong 的蔑视，还落井下石地说，自己已经找到新人来设计双人 Computer Space 投币机，原来和雅达利的合同作废。

没人愿意给雅达利生产 Pong，布什内尔抱着生产样机的目的，继续生产这台新型街机。1972 年 10 月到 11 月之间，雅达利造出 12 台 Pong。这 12 台机器有 10 台送到了酒吧，1 台留在公司，1 台送给 Bally。几周内，在酒吧的 10 台机器就带来非常可观的收入。布什内尔拿着 Pong 的投币收入数据，想再一次说服 Bally。怕 Bally 认为他们在数据中灌水，布什内尔还把数据压低 2/3 。

即便如此，Bally 还是不愿意接受雅达利 Pong 的设计方案。按照合约，如果 Bally 不明确拒绝 Pong 方案，那么雅达利不能生产，也不能授权其他厂商生产。

万般无奈，布什内尔提议：雅达利应该尝试自己生产 Pong。

达布尼和奥尔康不同意他的提议，这个操作太过于冒险。Bally 家大业大，雅达利如果故意违约，要赔偿的金额可不是小数目。可二人明显架不住布什内尔的说服力，只能同意由雅达利自己生产街机的方案。

告不告的，以后再说吧。

三人与达布尼的兄弟一起组装出 50 台 Pong，雅达利的仓库不够用，只好在墙壁上打个洞，偷偷用上隔壁闲置的库房。此时 Bally 回复说，他们对 Pong 不感兴趣，按照合同条款，雅达利仍然要给 Bally 设计一款新游戏。这就是明确拒绝 Pong 方案，布什内尔他们如释重负，开启疯狂接单模式。

为满足市场需求，布什内尔需要更多资金来生产 Pong。钱从哪来呢？布什内尔跑了许多银行，银行家们都认为 Pong 就是弹珠机的变种，跟赌博有关。1970 年代的美国，弹珠机总会跟黑手党联系到一起。所以布什内尔没能从银行贷到款，对电子游戏的偏见，很早就存在。直到富国银行给布什内尔贷了 5 万美元，才初步解决雅达利的资金问题。

他买下公司附近一栋楼，开始招聘新员工生产 Pong 街机和配送。1972 年 12 月，雅达利开始正式配送街机 Pong。1973 年 2 月后，雅达利已经可以向国外发货，Pong 街机正式走向全球。

对于一家年轻的公司，突然火爆的生意带来大量新的考验。作为全世界第一台成功商业化的街机，Pong 影响深远，是雅达利的开山之作。

下一步，他们将走向何方呢？

第八章　雅达利：雅达利的第一次危机

奥尔康往事

奥尔康是怎么加入雅达利的呢？

1972 年 5 月的一天，布什内尔到 Ampex 找奥尔康。他装作漫不经心地带刚升任副工程师的奥尔康，去看他们做出来的新游戏机。两人驱车来到 Syzygy 在山景城高速路旁的办公室，Computer Space 原型机就摆在这里。这是奥尔康第一次见到电子游戏机，作为伯克利的毕业生，奥尔康自然看得出 Computer Space 是《太空大战》移植品。

作为一名硬件工程师，奥尔康也知道这台游戏机里没有电脑。即便它叫 Computer Space，他也知道它跟 computer 毫无关联。打开机柜一看，奥尔康发现 Computer Space 里果然没有计算机、没有软件、没有微处理器也没有帧缓冲器，甚至都没几块芯片。就靠一点逻辑电路这么简单的东西，布什内尔和达布尼就能实现控制屏幕上的点。对于十几岁就开始修理电视机，毕业后在 Ampex 从事显示器开发的奥尔康来说，他认为“几乎是不可能”的。

用产品吸引住奥尔康之后，布什内尔邀请他加入 Syzygy。工资是 1000 美元 / 月，此外，他还可以获得 Syzygy 公司 10% 的股份。同为 Ampex 同事，布什内尔的胆大妄为深深打动奥尔康。奥尔康在 Ampex 的工资是 1200 美元 / 月，那 10% 的股权奥尔康并不在意，因为他认为 Syzygy 基本不会成功。

奥尔康的女朋友在最后一刻给他强力支持，鼓励他冒险一次。毕竟他们还没有孩子，也没有贷款。就算创业失败，在山景城再找一份工作也不算难事。

谨慎的摩羯座男孩奥尔康决定加入Syzygy。“没有什么可失去的”,“人生苦短”，“是时候为自己创造机会了”，他给自己来了一个打气三连。

早期山寨大军

雅达利Pong的火爆，引发不少公司的密切关注。1972年底，Ramtek公司（美国的计算机、计算机显示器和投币街机制造商，成立于1971年，1978年上市）的工程师在酒吧喝酒，看到Pong。他们反复试玩，发现这是个绝佳的产品创意。虽然Ramtek从来没有从事过投币机的业务，但同为工程师的他们认为，逆向工程破解再克隆出一台跟Pong同样的设备，易如反掌。

1973年3月，Ramtek紧随雅达利推出自己的街机，名叫“Hockey”。下图是Ramtek的山寨机Hockey宣传海报。

Ramtek只是Pong山寨大军的冰山一角。雅达利Pong既没有硬件上的独特配件，也没来得及申请专利。对想山寨它的公司来说，如入无人之境。美国大街小巷陈列的 Pong 里，只有 1/3 是正品，其余都是山寨货。

Pong 的火爆给沉闷的投币机行业带来一股清流，投币机公司大部分都转行到街机生产。Bally 此时后悔莫及，不过它仍然在雅达利那里拿到正规授权，授权子公司 Midway 生产 Pong。尊重知识产权，Bally 还是有腔调的。布什内尔对山寨 Pong 的公司深恶痛绝，可又毫无办法，只能悻悻地称其为“豺狼”。

至此，Pong 毫无疑问地成为世界第一的爆款街机。它有许多的优势，比如低廉的制作成本、可靠的性能、便于维修、简单易上手的游戏特性。更为重要的是，与恶名已显的游戏厅弹珠机相比，Pong 街机看起来健康无害，是个真正的 Game，而非 Gambling。由于生产能力的限制，雅达利只能眼睁睁地被山寨机侵蚀市场。雅达利在和授权厂商的竞争上，也没占到便宜。1973 年底，Midway 售出 9000 台 Pong，雅达利销量才 6000 台。即便如此，雅达利的年销售额在 1973 年也突破了 1000 万美元。

Pong 为什么就是没法提高产能呢？这和负责生产的达布尼有关。

达布尼的离开

Pong 的火爆，给雅达利带大量的财富和名气。布什内尔的商业天赋和奥尔康的技术优势合在一起，公司快速成长起来。同时，另外一个创始人达布尼开始变得无足轻重起来。

这不是感觉，而是事实。

布什内尔将游乐设备的视频图像定位控制系统申请专利，专利发明人里没有提到达布尼。接着，布什内尔又给达布尼安排一个相对低级的职位，高层会议也不让他参加。1973 年 3 月，布什内尔叫奥尔康去他办公室，达布尼正在那里。在奥尔康的见证下，布什内尔向负责生产制造的达布尼提问：“我们的运营效率如何？总制造能力达到了多少？本周环比上周情况？本月环比上月情况呢？”

达布尼完全说不上来。

奥尔康对此惊讶又伤心，在他的回忆里，他说道："那是一个悲伤的时刻。我真的很喜欢达布尼。"

3 月份，达布尼离开公司。他说离开是辞职，布什内尔的说法则是达布尼被解雇。辞职后的达布尼将自己的雅达利股权，以 25,000 美元的价格转让给布什内尔。

他离开雅达利后，仍然和布什内尔保持联系。他选择独自经营 Syzygy 公司，同时在比萨时光剧院工作，那是布什内尔另外一个创业项目。达布尼开发出比萨时光剧院用的街机——根据阿西莫夫小说改编的问答游戏。比萨时光剧院倒闭时，布什内尔没向达布尼偿清债务。这时达布尼才关闭 Syzygy，象征他和布什内尔的友谊彻底结束。

在所有的采访记录里，达布尼就像一位隐身人，所有人都认为布什内尔是雅达利唯一的创始人。

离开电子游戏行业后，达布尼过着普通人的生活。2017 年，他被诊断出食道癌，医生告知他还有 8 个月时间后，他选择不治疗。2018 年 5 月 26 日，达布尼在加州克里尔雷克的家中回到上帝的怀抱。

泰德·达布尼（1937 年 5 月 2 日—2018 年 5 月 26 日）与布什内尔联手创办雅达利。

爆产能和第一次危机

不善管理生产制造流程的达布尼离开后，布什内尔开始爆产能。此刻全美国的 Pong 都供不应求。做得多，赚得多。布什内尔将收到的钱源源不断地投入扩产，现金流十分紧张。为此，他坚持经销商提货用现金支付，而不是按照行业惯例：长期分成。

1973 年中，为增加产能和绕过街机行业固有的独家授权限制，布什内尔让自己的邻居乔·基南（Joe Keenan）创办一家新公司"Kee Games"，主要业务是做雅达利街机的克隆。为支持 Kee Games 的生产和销售，布什内尔还将一些雅达利员工派去 Kee 工作。Kee 对外宣传则是：

自己是雅达利的竞争对手，并且欢迎离开的雅达利的人才。

布什内尔真是很聪明，花样特别多，无间道玩到飞起。

1974 年 5 月，雅达利研发出一个全新的赛车游戏街机“Gran Trak10”。为摆脱 Pong 的影子，证明公司的创新性研发能力，雅达利在 Trak10 上投入大量资本和人力。这台街机不再是简单的按钮移动，而拥有方向盘、变速杆、油门和刹车踏板的复杂系统。Gran Trak10 有支持逼真的音效，除 TTL 逻辑电路之外，还使用二极管 ROM 存储器来存储图形信息。下图是 Gran Trak10 街机。

Gran Trak10 推出后，卖得很火。遗憾的是雅达利的会计在核算成本时，出了纰漏：Gran Trak10 制造成本高达 1095 美元，售价应该是 1195 美元。会计核算时，将本应加的 100 美元利润，算成减掉 100 美元。Gran Trak10 的售价变成 995 美元，每卖出 1 台，雅达利就亏损 100 美元。1984 年，Gran Trak10 卖出 5000 台，这一个机型雅达利的亏损就高达 50 万美元。

真是财务找得好，公司破产早。雅达利组建日本公司也试水失败，第二年被迫卖给中村制作所（Namco，南梦宫的前身）。遭到连续重击，布什内尔不得不解雇雅达利的一半员工，思考如何再战。

Kee 的惊喜

雅达利在 Gran Trak10 的亏损中苦苦挣扎时，作为备胎的 Kee Games 却在高效率运行。布什内尔随手捡来的邻居基南，竟然是个经营街机的天才。Kee 研发的 Tank 街机，卖出 10,000 台。Tank 街机在雅达利的历史上非常重要，如果不是布什内尔埋下的这颗种子，雅达利在 1974 年就会因 Gran Trak10 事件破产倒闭。

1974 年 9 月，雅达利和 Kee Games 正式合并。新公司由布什内尔担任 CEO，基南担任总裁，布里斯托担任工程主管，奥尔康担任研发主管，雅达利的核心团队基本成型。

遭遇打击后，布什内尔召集工程师们进行游戏的头脑风暴。爱玩的布什内尔把这些讨论安排在山景城的假日酒店，很快又挪到加州草谷，最后到布什内尔家里。这些会议里据说充满了各种成瘾物，比如说酒精和其他更让人上头的东西。雅达利后期发布的游戏和产品创意，许多都产生于这次头脑风暴。比如新的街机，还有家用游戏机 Home Pong。布什内尔还提出“悠闲工程师”这个新名词，真是开发界的普罗米修斯。

雅达利在 1974 年下半年到 1975 年疯狂发布产品，据不完全统计，雅达利一共发布以下游戏街机：

Gran Trak20：新赛车游戏，解决 Gran Trak10 的技术问题，增加两套完整的控制装置；

Pin- Pong：一款弹球游戏，Pin–Pong 中提供重力算法，屏幕上会有逼真的弹球动作；

Pursuit：一款“一战”背景的射击游戏；

Tank 2、Tank 3、Tank 的鸡尾酒桌版本；

Indy 800：全彩屏幕 8 人赛车游戏，这个街机需要 16 平方米才能摆下，每个车手都有自己的喇叭；

Steeplechase：6 人赛马游戏；

Crash'n Score：视频赛车游戏；

Shark Jaws：电影《大白鲨》主题的恐怖游戏；

1974 年，雅达利还组织了两场街机比赛。一个是他们的光枪游戏《Qwak!》，一款狩猎鸭子的游戏街机。另外一个就是《Touch Me》，在前文提到过的，畅销美国的西蒙玩具原型。

有钱就猛造，这很雅达利。

雅达利第一次危机解除了，死里逃生后的雅达利玩起街机的机海战术，街机行业残酷的竞争压力让布什内尔开始考虑进入家用游戏机市场。

雅达利能称心如意吗？

第九章　雅达利：雅达利家用游戏机

雅达利的故事至此，布什内尔是个什么样的人呢？有几个事实，很难否认：他聪明贪玩、有很强的学习能力和决断力、热爱冒险且不畏惧失败、会被眼前的利益吸引而忘记自己的长远目标。

1975 年，布什内尔提出雅达利公司超前的管理理念，这些理念放到现在都不过时，仍然保持电子游戏产业的先进性。现代不少游戏公司，仍然还在按类似理念打造自己的公司：

“所有员工都获得与高管相同的医疗福利。”

“悠闲工程师。”

“我们将产品定义为创新休闲。我们将尽可能打造最好的产品，并服务于我们的市场。使雅达利这个名字随着时间的推移成为质量、想象力、研究、售后服务和社会责任的代名词。”

“公司只是人们以有组织的方式联合起来生产产品，当雅达利的目标与其员工的目标相一致时，雅达利就会强大，员工就会感到幸福和满足。”

“雅达利的策略实际上非常简单，而且我认为非常优雅。我们被称为 Party 公司，但重要的是，除非制定了目标，否则 Party 不会发生。我们举办了很多派对，因为员工创造了纪录。”布什内尔言出必行。

雅达利的机海战术并没有获得预期的战果，布什内尔开始了新产品的思考。

Home Pong 的诞生

Tank 成功时，布什内尔没有闲着，他正在关注 LSI（Large Scale

Integration，大规模集成电路）技术的进展。LSI 对比 TTL 有质的提升，他认为 LSI 会给游戏机注入新的力量。Pong 和雅达利的街机都使用 PCB（Printed circuit board，印刷电路板）和 TTL 技术，游戏性能有限且很容易被反向破解。

光有内容不行，很容易山寨。雅达利开始投入资金到 LSI 研发：使用 LSI 的街机，量产成本会下降，山寨成本更高。山寨是街机游戏最大的敌人，每个新产品都要在专利上重重保护，在硬件上花够精力。

1974 年，雅达利的工程师哈罗德·李（Harold Lee）提出一种可以用来连接电视的家庭版 Pong 游戏机——Home Pong。当时的雅达利正在焦头烂额地处理财务问题，没有资金和人力来研究家用游戏机。

1974 年全年，Tank 大获成功。雅达利的销售额达到 3900 万美元，利润突破 350 万美元。此时，LSI 价格也下降到合理水平，Home Pong 技术方案实施条件已经成熟。该项目以 Darlene 为代号，由布里斯托、奥尔康和哈罗德·李合作开发。Darlene 是雅达利公司一位特别迷人的女同事的名字，以美女名字作为秘密项目代号，也是雅达利公司的独特文化之一。

三人日夜兼程，白天布里斯托和哈罗德·李负责游戏设计，晚上奥尔康负责硬件调试。1974 年底，全新的家用游戏机“Home Pong”设计完成，使用的 LSI 是当时家用游戏机中性能最好的芯片。

布什内尔说：“一个顿悟是，当我们发现可以将 Pong 放在一个 LSI 上时……突然之间，我们知道我们可以在每个家庭中都放置一个 Pong，我们从一个非常成功的投币街机业务变成了一个消费者业务。”

下图是 Pong 的家庭版——Home Pong，“Tele-Games”是西尔斯的商标。

话说得很好听，可雅达利从来没做过电子消费品业务。雅达利之前的销售模式是将街机新产品宣传册发给经销商，然后下单订货，是典型的 To B 业务，雅达利没有接触过 To C 的业务。公司营销副总裁利吉恩·利普金（Gene Lipkin）虽然在投币街机行业有丰富的经验，可他也不懂消费者业务如何开展。

没有张屠夫，难道就要吃带毛猪？

布什内尔和利普金四处出击，希望有零售商愿意经销 Home Pong。作为一个全新的消费产品，零售经销商们都觉得这东西没什么市场，又贵又不好玩。一筹莫展之际，雅达利有员工翻开美国著名的百货公司西尔斯购物手册，在体育用品部分看到了米罗华奥德赛的广告。他们联系西尔斯体育用品主管汤姆·奎因（Tom Quinn），介绍雅达利的新产品。

该尝试依然没有成功。

1975 年 1 月，雅达利跑去参加美国玩具展，还特意设计了一套 Home Pong 的展台，仍然没有收到任何订单。幸运的是，奎因也在这个展会。亲眼所见后，他认为 Home Pong 还不错，让雅达利去芝加哥西尔斯总部给高管们演示。奥尔康和利普金兴奋地带着样机来到西尔斯大厦，结果非常好：西尔斯喜欢。

西尔斯百货给雅达利 50,000 台的订单，由于圣诞节的火爆销售，西尔斯又追加 100,000 台的订单，共计 150,000 台。

突如其来的大订单让布什内尔既幸福又痛苦，幸福的是 Home Pong 被认可，痛苦的是雅达利依旧是一家没有产能的公司，不然不会让授权公司 Midway 的销量都比自己还高一大截。

关键时刻，硅谷传奇人物，“硅谷风险投资之父”唐纳德·托马

斯·瓦伦丁（Donald Thomas Valentine，1932 年 6 月 26 日—2019 年 10 月 25 日）登场。瓦伦丁是风险投资公司红杉资本的创始人，专注于对小型、高风险科技公司的早期风险投资，红杉也是苹果电脑和雅达利的原始投资者之一。1978 年，红杉就向苹果公司投资 150,000 美元。它还对 LSI Logic、甲骨文公司、思科、艺电、谷歌、YouTube 等一大堆公司进行过早期投资，是硅谷风险投资行业的祖师爷。

布什内尔拿到瓦伦丁两笔投资，1975 年夏天拿到 600,000 美元，12 月又拿到 300,000 美元。这些钱，足够布什内尔启动 Home Pong 的生产。

Home Pong 第一批设备以西尔斯的“Tele-Games”命名，1976 年后雅达利冠上自己的品牌。

米罗华的突袭

把时间的时钟拨回来一点，米罗华再次登场。此时米罗华已被飞利浦收购，成为飞利浦米罗华。1974 年 4 月，米罗华对 Atari、Allied Leisure、Bally 的 Midway 和 Chicago Dynamics 提起诉讼。这几家公司都是雅达利街机的授权制造商。

由贝尔发明，专利号 US3728480A，专利名称：电视游戏和训练设备，这专利到底是个什么样子？为何米罗华可以靠这套专利在街机厂商身上疯狂操作，巧取豪夺 1 亿美金的巨额赔偿呢？要知道，米罗华奥德赛总共也不过卖出 33 万台，满打满算总销售额不会超过 3000 万美元。

米罗华的诉讼共涉及三个专利，分别是：“电视游戏机”美国专利 USRE28507、“电视游戏装置和方法”美国专利 US3659285，以及“电视游戏和训练设备”美国专利 US3728480A。其中最核心的，就是 480A。为解开此事，本书专门找到相关资料进行整理，下面是 Television gaming and training apparatus 专利的时间表：

首先是专利的时间线：480A 专利注册于 1969 年 3 月 18 日，专利发明人是贝尔，专利所有公司是 Sanders，专利在 1973 年 4 月 17 日正

式下发。Priovity 意为对比同期其他专利更有优势，如对比 1971 年 3 月 22 日的 US12696671A。480A 专利在 1990 年 4 月 17 日到期。

米罗华发难的时间，刚好是 480A 专利正式生效 1 年的关键时间点。

480A 发明的关键描述是：本发明将标准单色和彩色电视作为接收机的装置和方法，用于在电视机的屏幕上生成、显示、操纵和使用几何图形。一名或多名参与者可以用于训练模拟，用于玩游戏。在一个应用实例中，本发明包括控制单元、连接装置以及在一些应用中与电视机结合使用的电视屏幕覆盖。

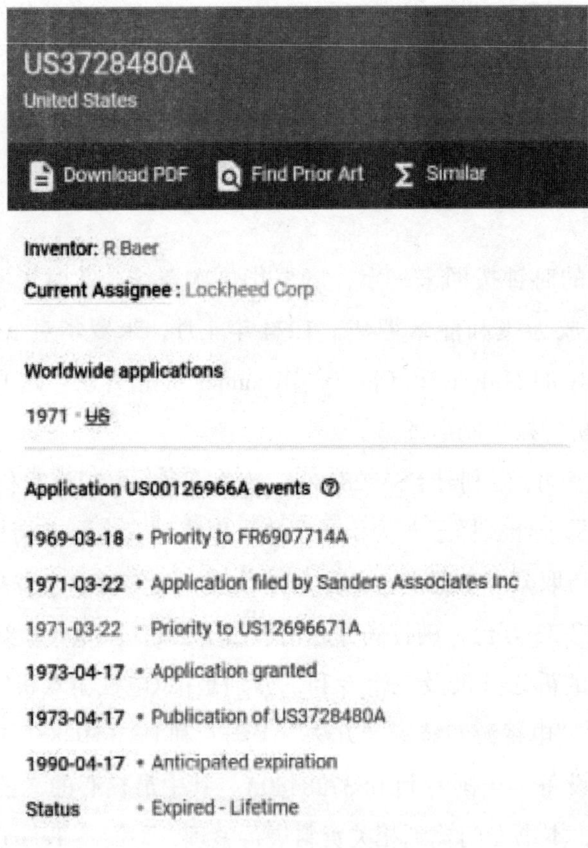

贝尔是个非常严谨的人，21 页的专利说明书，基本将电子游戏机大部分可能出现的内容都写了进去。

官司开打，布什内尔积极应诉，可米罗华也是有备而来。甚至为何

在1973年获得专利，1974年才起诉，米罗华都有一套算计。因为米罗华和Sanders要等到预期收益比诉讼成本高的时候，才发起诉讼。换言之就是：让你们多赚一点钱，索赔起来才有更大的收益。

美国打官司很贵的，好吗？真是杀人诛心。

看到米罗华气势逼人，拿出的证据也都不利于雅达利。布什内尔此时又要忙于解决另外一个非常重要的业务，只能低头认输寻求庭外和解。实际上，面对米罗华的勒索，只有Seeburg Corporation和Chicago Dynamics Industries（已破产）排除在最初三起诉讼的被告之外，所有其他公司都选择庭外和解，包括任天堂。第一讼棍的实力，名不虚传。

1976年6月法院宣判，米罗华胜诉，雅达利败诉，需要赔偿米罗华专利侵权费150万美元。为不影响大局，布什内尔选择跟米罗华庭外和解。为何这两家要庭外和解呢？

疑问会在下一章里解答。

雅达利惨，其他的诉讼对象更惨。米罗华的官司打得越来越流利，Coleco、美泰、Seeburg全部都乖乖赔钱。动视公司不服，非要跟米罗华拼个鱼死网破，结果被米罗华勒索660万美元。鱼差点死了，网还很牢固。这一场官司把幼年动视打到破产边缘，更是让米罗华恶名远扬。

1976年发生了什么呢？

第十章　雅达利：诸王的纷争

TTL 游戏的绝响

1976 年，是个大年份。

Home Pong 的火爆，没有让雅达利停下对街机的研发。1976 年，他们继续开发基于 TTL 的街机。赚钱快，烧钱更快。雅达利为获得更多市场份额，在街机行业发动了一场机海战术。2 月，雅达利发布《Stunt Cycle》，一款摩托车赛车游戏，该街机配备逼真的摩托车把手和把手油门。《Stunt Cycle》后是《Quiz Show》和《Indy 400》（Indy 800 的 4 人版本），以及《LeMans》。

1975 年，Midway 开发出第一款基于微处理器的街机游戏——*Gun Fight*（从太东的街机游戏移植而来）。对比 Midway 的《Gun Fight》，雅达利的对标游戏《Outlaw》，显得很不够看，这是 TTL 逻辑电路和微处理器的天然差距。在竞争压力下，雅达利也投入微处理器街机开发。在 TTL 街机最后的时光里，雅达利开发出最后一个爆款 TTL 街机——Breakout（打砖块）。

雅达利《打砖块》，最初是布什内尔和布里斯托一起构思的游戏，初衷是制作 *Pong* 的单人版本。完成大致产品构思后，布什内尔将设计任务交给研发主管奥尔康。没多久，奥尔康将此游戏设计任务交给乔布斯。

乔布斯虽说不懂 TTL 逻辑电路的设计，但他依然承诺奥尔康：4 天交付原型机。

乔布斯不会，他的好朋友斯蒂夫·沃兹尼亚克（Stephen Wozniak）会啊。在乔布斯劝说下，沃兹尼亚克同意跟雅达利合作。后来，二人还一起创办苹果公司。

为减少电路板数量，沃兹尼亚克用各种黑客手段来设计原型机，这是他的看家本领：用更少的电路，实现多电路同样的功能。开发工作到达尾声的时候，沃兹尼亚克想把《打砖块》的计分板移到屏幕的顶部，被乔布斯否定，他说布什内尔想让计分板在屏幕的底部。

沃兹尼亚克疯狂输出 4 天后，《打砖块》原型机完成。乔布斯拿到雅达利的 5000 美元奖励，分给沃兹尼亚克 350 美元作为 4 天工作的报酬，其余的都被他收入囊中。

沃兹尼亚克的设计没有应用到打砖块量产机型上。为节省成本，他在原型机上只用到 46 个逻辑电路，这使得机器装配过程过于复杂，无法顺利量产。为降低难度，雅达利用 100 个逻辑电路实现《打砖块》的游戏功能。反转的是，布什内尔还是觉得将计分板放到屏幕上方好。

《打砖块》街机售价 1095 美元一台，发售后销量很快超过 11,000 台。雅达利将街机日本代理权授权给南梦宫，可由于设备产能跟不上，南梦宫只好自己做起仿制品，这让它狠赚一笔。

艰难的岁月

使用 TTL 的《打砖块》成功，说明电子游戏的竞争并不完全是技术的竞争，而是创意、灵感和体验的多重比拼。随着微处理器的价格进一步下探，8 位微处理器成为很适合制作游戏机的标准架构。微处理器还可以做到一些逻辑芯片无法实现的功能，如游戏人工智能。

1976 年，雅达利招聘欧文·罗宾（Owen Rubin）开始进行微处理器街机研发，使用的微处理器是 MOS6502 和 Motorola 6800。1976 年 7 月，雅达利发布第一款基于微处理器的街机游戏《Cops' N Robbers》。11 月，雅达利发布新街机游戏《Sprint 2》，是《Gran Trak》的续作。和以前的人和人对战不同，这是首台支持人和电脑AI一起赛车的游戏。《Sprint 2》的发布带来非常不错的反响，街机厅的老板们，每周都可以在该机器上赚到200—300美元，《Sprint 2》卖出8000多台。

这一连串的成功产品给雅达利带来滚滚财富了吗？并没有。结果证明，更强的技术确实可以开辟出全新的游戏类型和风格，但不见得会带来利润。

在游戏行业打拼数年的布什内尔发现，开发一款街机游戏的成本高达25万美元，而成功的可能性不到10%。换言之，雅达利每投入250万美元，才能收获一次。这种成功率，让雅达利始终在盈亏平衡线上，稍不留神就会亏损。

街机没有钱赚，家用游戏机如何呢？

1975年到1976年间，西尔斯百货销售Home Pong成功后，雅达利制造出更多的衍生型号。包括C-140 Super Pong、C-160 Pong Doubles、C-180 Super Pong Ten。可雅达利并不是唯一可以玩到Pong的游戏机，当年至少有75家在进军家用游戏机。家用游戏机，也不是雅达利能统治的市场。

幸运的是，这群公司里大部分都是跟风者。不幸的是，里面确实隐藏着两个大猛男。

猛男一号是Coleco工业公司。他们是全世界首个使用General Instrument（通用仪器）的AY-3-8500微处理器开发家用游戏机的公司。Coleco推出的Coleco Telstar系列游戏机售价50美元，只有Home Pong的一半，而且技术更先进。Coleco Telstar从1976年投放到1983年退出家用游戏机市场，卖出100多万台，侵占了不少本属于雅达利Home Pong的市场。

图为Coleco Telstar家用游戏机，设计感和功能性极强。

又好又便宜的竞争对手，Coleco 已经够猛了，可还有位更猛的猛男要上场——Fairchild Camera and Instrument（仙童相机和仪器公司，大名鼎鼎的仙童半导体曾是它一个部门）。1976 年 11 月，Fairchild Channel F 发布，是世界首款使用 EPROM 制作游戏卡的家用游戏机。处理器是英特尔 8080，当时性能最好的微处理器。Coleco Telstar 的成本优势和 Fairchild Channel F 的领先技术，让雅达利在 1976 年彻底沦为家用游戏机市场的二流竞争者。Coleco Telstar 接替 Home Pong 成为北美圣诞节销售的赢家。

雅达利的秘密武器：家用游戏机雅达利 VCS，此时正在偷偷摸摸研发中。VCS 项目消耗掉雅达利大量的现金流，它哪有余钱赔给米罗华呢?

重新定义家用游戏机

Fairchild 是一个姓氏，费尔柴尔德。这个名字不如罗斯柴尔德那么响亮，不过有个很仙的译名——仙童。

仙童是世界培养半导体巨头最多的公司，Intel 和 AMD 的创始人都是从仙童公司“毕业的”。和使用通用 AY-3-8500 来制作 Telstar 游戏机的 Coleco 不同，仙童公司并不想搞短平快的复制。而是认认真真研究过电子游戏机行业，并制作出一款有革命意义的家用游戏机：Fairchild Channel F。下图为 Fairchild Channel F 的海报，包括游戏机、游戏控制器和游戏卡。

1976 年 11 月，Fairchild Channel F 正式发布，售价 169.9 美元。Channel F 开启了家用游戏机史上两个第一：第一个使用微处理器、第一个 Fairchild 使用 EPROM 技术制作游戏卡。这两个第一，定义出下一世代家用游戏机的基础形态。Fairchild Channel F 也是家用游戏机第二世代的第一款 8 位处理器游戏机。

Fairchild Channel F 的销售业绩并不理想，本想跟雅达利 VCS 一决高下，结果终生销量停在 350,000 台。原因在于售价太贵，游戏太少。不过它是家用游戏机的里程碑产品，虽败犹荣。

1971 年，英特尔推出 4004 处理器，1972 年推出 8008 处理器，1974

年推出了 8080 处理器。世界各地的电子工程师开始将英特尔的芯片应用于各种想象的领域，Fairchild Channel F 就是因此诞生。在 Fairchild Channel F 之前，布什内尔也设想过用微处理器来制作家用游戏机，可雅达利公司小资源少，精力都分散在街机上，没办法全心投入到家用游戏机开发。

英特尔 8080 微处理器的开发套件支持使用 EPROM（可擦除可编程只读存储器），这是在当时非常先进的芯片，断电后仍能保留数据的计算机储存芯片。在 Fairchild 工程师无限的想象力下，用于储存文件资料的 EPROM 被设计成游戏卡，这是世界最早的游戏卡的来由。

读者会问，之前米罗华奥德赛不也有卡带吗？米罗华奥德赛使用的是断路技术，它的卡带只能支持在屏幕上显示一些移动亮点，所以需要外设来配合游戏，电视机只做辅助显示。EPROM 是可擦写存储芯片，可以记录图片、声音、游戏过程等内容，这为未来的游戏设计提供了极大的施展空间。

Fairchild Channel F 并不是仙童自己研发的技术，是由 Alpex 计算机公司两位工程师华莱士·克什纳（Wallace Kirschner）和劳伦斯·哈斯克尔（Lawrence Haskel）研发出的原型，使用英特尔 8080 处理器和 ROM 方案。他们找到仙童后，仙童派出工程师杰里·劳森（Gerald Lawson）对项目进行审核，劳森给出的建议是：买下来。

劳森带领团队将英特尔 8080 处理器改为仙童自产的 Fairchild F8（和英特尔 8080 一样，也是 8 位处理器），并完成游戏卡的实际产品化，劳森因此也被称为“游戏卡之父”。

Fairchild Channel F 对 Fairchild F8 处理器加 EPROM 的技术方案成竹在胸，这确实是领先其他家用游戏机的技术框架。他们还花费大量时间解决 EPROM 的外观美化问题，Channel F 的游戏卡上都带着由艺术家 Tom Kamifuji 画的插画，这种设计也让其他公司争相模仿。下图为 Fairchild Channel F 的游戏卡，不过还是只有数字。

Fairchild Channel F 为这套 ROM 卡系统做出大量工业设计，比如在卡带上设计了一个弹簧加载的塑料门，不使用时，弹簧门会覆盖金手指。一旦插入，凸轮就会推开塑料门，露出金手指。1976 年 7 月 6 日，《商业周刊》刊发一篇名为《智能机器革命》的文章，把 Fairchild Channel F 一顿吹嘘。该杂志认为 Channel F 将和汽车、手表、体重秤一样成为日常消费品。

如此凶猛的 Fairchild Channel F 为何没有成功呢？原因很多。其中最重要的原因是仙童的消费部门要用高于市场价的价格在仙童半导体购买芯片，这让 Fairchild Channel F 在成本和定价上失去优势。而雅达利可以选择市场上最便宜的芯片，甚至主机让利，用卡带获取利润。另外一个重要原因是仙童公司的工程师文化：仙童负责产品开发的成员，关注点都放在硬件和性能上，不关注游戏本身的品质。

早期的雅达利是一个非常娱乐化的游戏公司，受布什内尔的影响，公司都是追求快乐的年轻人。这种宽松的企业文化，促使雅达利在游戏开发上涌现出许多好点子。

仙童对电子游戏机的理解，还没达到游戏这一层。没有游戏的电子游戏机，性能再好也没价值。

游戏机 VS 游戏，这种对弈在未来还会不断出现。游戏作为一种新的艺术形式，反复被科技、营销硬锤。要到 2006 年前后，大家才认识到，电子游戏和电子产品完全不是一回事。

Fairchild Channel F 是家用游戏机的里程碑式发明，它给雅达利的未来埋下一颗巨大的炸弹。在这颗炸弹底下，一颗真正的巨树种子已经开始发芽。

被 Coleco 和 Fairchild 两大强者夹击，布什内尔如何反败为胜呢？

第十一章　雅达利：雅达利 2600 登顶

一个新兴行业，任何人都有可能出错。谁也没有预测能力，能预知未来要发生的事。

1976 年 4 月，乔布斯和沃兹尼亚克、韦恩三人在车库里创立苹果公司。在乔布斯借款 150,000 美元投资前，韦恩和沃兹尼亚克认为风险太高，退出苹果公司。乔布斯找到老东家雅达利，他愿意用 50,000 美元的价格转让苹果公司 30% 的股份。

乔布斯给雅达利展示的原型机是基于廉价芯片 MOS6502 微处理器开发的，可布什内尔和奥尔康都觉得雅达利没余力进入个人电脑市场，乔布斯被委婉拒绝。

奥尔康回忆说："我们说不，谢谢……但我喜欢他，我认为他是个好人，所以我把他介绍给风险投资家。"那位风险投资家是谁，可想而知。

乔布斯展示的那台原型机就是 Apple I 电脑。再过几年，等雅达利想进入个人电脑市场时，苹果已经成为他们再也高攀不起的个人电脑王者。

开启雅达利 VCS

街机并不是一个好赛道：开发费用高，成功率低，玩法容易过时，山寨泛滥。四大问题泰山压顶，很难脱颖而出。雅达利确实开发过几款好玩的游戏，结果如何呢？不过是给人做嫁衣。

要想持续发展，雅达利必须要设计出一个拥有较长生命周期，并且可以持续提高用户群收益的产品。

1974 年，布什内尔已经开始在做这方面的技术准备。雅达利收购

Cyan Engineering，一家在草谷的电子科技公司。Cyan 由史蒂夫·梅耶（Steve Mayer）和拉里·埃蒙斯（Larry Emmons）创立，他们也是布什内尔在 Ampex 公司的前同事。Home Pong 发布前，梅耶就设想过使用微处理器来实现雅达利游戏。问题是合适的微处理器，如摩托罗拉 6800 微处理器，成本高达 100 美元。这对消费品来说成本太高，无法商业化。

1975 年 9 月，摩托罗拉出走的工程师们创建 MOS Technology。随后在旧金山的 Wescon 贸易展上，MOS 以 25 美元的价格推出 MOS6502 微处理器。图为苹果和雅达利 2600 都使用过的 MOS6502，是当时电脑和游戏机的主流选择之一。

同月，梅耶和埃蒙斯也来到 Wescon 贸易展。两人拜会 MOS 团队的负责人查克·佩德尔（Chuck Peddle），梅耶提出在雅达利家用游戏机中使用 MOS6502 的想法。展会结束后，大家在 Cyan Engineering 的办公室里进一步讨论方案的可行性。

2 天的时间里，MOS 和 Cyan 的工程师就设计出一套以 MOS6502 微处理器为核心的游戏机。可即使 6502 微处理器只要 25 美元，对家用游戏机来说也过于昂贵。佩德尔提出一套新的解决方案：使用 6507 微处理器和 RIOT 芯片。6507 微处理器是 6502 的廉价版，它采用 28 针 DIP 封装，地址总线从 16 位减少到 13 位，可用内存范围从 64 KB 限制到 8 KB，价格也从 25 美元降到 12 美元。Cyan 和 MOS 以每对 12 美元的价格，达成 MOS 6507 和 RIOT 的采购协议。佩德尔还建议雅达利使用 Microcomputer 为 MOS 开发的调试工具，提升开发速度。

1975 年 10 月，雅达利就与 MOS 的合作发布通告。摩托罗拉得知此事后，勃然大怒，当月就对 MOS 提起诉讼。12 月，Cyan 聘请刚从加州大学伯克利分校毕业的约瑟夫·德库尔（Joseph Decuir）加入雅达利。他大学期间已经开始使用 MOS6502 微处理器做项目开发。德库尔入职后的第一台工作项目，是调试一款秘密研发的新硬件——雅达利 VCS，未来大名鼎鼎的雅达利 2600。不过现在还只是个代号“Stella”的研发项目。德库尔很快搞出 Stella 第一台原型机，使用 Tank 街机的控制器，6502 微处理器和电源。

1976 年 3 月，雅达利在圣克拉拉洛斯加托斯开发出 Stella 第二台原型机。第二台原型机开发时，雅达利请来硅谷传奇硬件设计师杰伊·米纳（Jay Miner）协助。在米纳的帮助下，德库尔发明了一种被称为电视接口适配器（TIA）的芯片，用于将图形和音频发送到电视上。第二台原型机包括：一个 TIA 芯片、一个 6507 微处理器和一个 ROM 卡带插槽和适配器。

卖身开发

1976 年夏天，雅达利资金再次告急，布什内尔只能继续融资。他找到瓦伦丁，希望他还能帮助公司筹集资金。这一次，瓦伦丁建议布什内尔找人收购他们。

布什内尔如是说：“当时发生的是，一家不断发展的企业正在以惊人的速度消耗资本。华尔街很难将我们产品的娱乐性和它是一项严肃的业务，认定为同一件事。筹集资金对我们来说非常非常困难。为了进入消费市场，我们需要更大的资金支持，这就是我们决定出售的原因。”

如果放任 Coleco 和 Fairchild 继续扩张下去，雅达利再不筹集资金推出微处理器版本的 Stella，真可能倒在黎明前。电子游戏不完全依赖于科技，可科技确实是游戏的基础。

1976 年秋天，雅达利将 Cyan Engineering 和 Stella 的开发团队都搬到雅达利在加州桑尼维尔的新总部，合并到公司开发部，由梅耶领导。

随着 TIA 芯片不断完善，奥尔康让雅达利总部的开发人员都加入 Stella 项目的开发，协助解决开发问题。此外，布什内尔还请来杰纳·兰德鲁姆（Gene Landrum），他刚为 Fairchild Channel F 做过咨询，十分理解用户对电子游戏机的需求。兰德鲁姆对 Stella 提出不少建议，包括游戏卡的设计。在他的建议下，雅达利还挖来设计 Fairchild Channel F 游戏卡的工程师，这些工程师的设计帮雅达利避免了未来的专利冲突。

Stella 项目研发，让资金像水一样流淌，布什内尔更急切地想为雅达利寻找一个买家。

布什内尔被介绍给华纳通信（Warner Communications）的 COO 伊曼纽尔·杰拉德（Emanuel Gerard），当时的华纳不是今天的时代华纳，他们 1920—1970 年代主营业务还是拍电影。1969 年，华纳买下 DC 漫画，拍出一系列的卖座电影，如《超人》系列，《蝙蝠侠》系列，赚到不少钱。

赚到钱要干什么呢？自然是多元化。

华纳通信看上雅达利不断增长的游戏业务，收入增长乏力的华纳通信认为电子游戏将是未来增速最快的娱乐产品，市场不比电影小。他们给布什内尔开出无法拒绝的条件：

雅达利作价 2800 万美元卖给华纳，布什内尔个人拿 1500 万美元，基南等获得股份等比例现金。

华纳再向雅达利追加 1.2 亿美元投资。

布什内尔继续担任公司董事长和首席执行官，基南继续担任总裁。

唯一的要求：收购前，雅达利需要解决与米罗华的诉讼官司。

如此优渥的条件，谁也无法拒绝。速战速决，雅达利认㞞，和米罗华庭外和解。对于布什内尔来说，卖掉雅达利才是核心工作。唯一的插曲在于他担心雅达利“悠闲工程师”文化会影响华纳通信的并购，当华纳通信管理层参观雅达利工厂时，他让那些身着奇装异服的流水线工人都躲到柜子里。

雅达利登顶

1976 年 11 月，雅达利正式被华纳通信收购。

手握 1.2 亿美元巨额资金的雅达利，春风得意。Stella 项目开发很快完成，最终版本被营销部门命名为“雅达利视频计算机系统”（Atari Video Computer System，简称雅达利 VCS）。雅达利 VCS 包含以下内容：以 1.2 MHZ 运行的 6507 处理器（6502 衍生版本）；128 字节 RAM，4K 字节 ROM 盒式卡带；TIA 定制视音频芯片；两个控制器端口，可支持带点火按钮的 8 向操纵杆、基于电位计的拨片、支持接入驾驶控制器或键盘。下图是雅达利 VCS 广告。

1977 年 6 月，雅达利 VCS 在消费电子展 CES 展出。9 月，雅达利 VCS 正式销售，售价 199 美元。正式销售的 VCS 上有两个操纵杆和一个战斗游戏合集，这个合集中包含了 27 种游戏场景，是玩家操控坦克、双翼飞机和喷气式游戏在不同的场景上战斗。除了游戏合集以外，雅达利 VCS 还有 8 款游戏单独出售。VCS 发售后，历年销量如下：

1977 年：雅达利 VCS 在美国一共售出 350,000—400,000 台。

1978 年：雅达利 VCS 生产 800,000 台，卖出 550,000 台。（业绩惨淡）

1979 年：雅达利 VCS 在美国售出 100 万台。

1980 年：雅达利 VCS 获太东（Taito）授权制作《太空侵略者》游戏，美国销售 200 万台。

1982 年：雅达利 VCS 获南梦宫（Namco）授权制作《吃豆人》游戏，美国售出 1000 万台。

雅达利 VCS 在欧洲的成绩也相当不错。1980 年在英国售出 125,000 台，1984 年在德国售出 450,000 台，在法国售出 600,000 台。

1982 年，雅达利推出 VCS 继承者——雅达利 5200。为产品命名标准化，雅达利 VCS 改名为雅达利 2600，2600 源自制造部件号 CX2600。

1977 年，雅达利被华纳收购。1982 年，雅达利 VCS 成为世界销量第一的家用游戏机。短短 5 年里，发生了什么呢？

第十二章 雅达利：冰与火的卡萨时代

布什内尔下线和家用游戏机世代

被收购后，布什内尔与华纳通信管理层在产品发展方向上一直存在巨大分歧。1978 年，雅达利 VCS 生产 800,000 台，卖出 550,000 台。业绩惨淡，华纳通信对布什内尔的经营能力投下不信任票。

10 月，Kee Games 解散。同年 12 月，布什内尔与杰拉德发生激烈的争吵后，被光速解雇。

布什内尔离开没多久，基南离职。

不管是解雇还是主动退出，布什内尔从雅达利这款真人游戏彻底离线。后期他曾经还想连线雅达利游戏：1996 年参与竞拍雅达利公司，可惜竞拍失败，他彻底成为雅达利的历史。

从 1971 年创业到 1978 年退出，8 年间布什内尔打造过 Pong 街机、Home Pong、Breakout 街机、雅达利 VCS 等一系列改变电子游戏史的产品。这些产品催化了电子游戏的艺术创作，提高了全人类的幸福感，加速了电子游戏行业的发展。

把掌声送给布什内尔：虽然他不是电子游戏的发明者，但他是将电子游戏推向全世界的最大功臣。人类多巴胺的产生又多出一条捷径——电子游戏。布什内尔打开电子游戏这幅画卷，在上面率先画上一幅名为“雅达利”的篇章。

撇开最早的电子游戏机艾耶德雷西斯塔不说，在家用游戏机进入商业化时代后，本书将家用游戏机分为九个世代。跟地质年代中白垩纪、侏罗纪、三叠纪叫法不同的是，家用游戏机被简单地分为一、二、三、四、

五、六、七、八、九，共九个世代。1972年的米罗华奥德赛是第一世代，2020年PlayStation 5是第九世代。

第一世代家用游戏机采取印刷电路板或大规模集成电路技术，如米罗华奥德赛和Home Pong。第二世代家用游戏机开始使用微处理器，如雅达利VCS、Fairchild Channel F。第三世代家用游戏机使用真8位处理器，在游戏品质和数量上都出现爆发性的发展。

家用游戏的断代依据是什么呢？这个问题以后会专门总结。

下图是一—九世代家用游戏机的时间线。

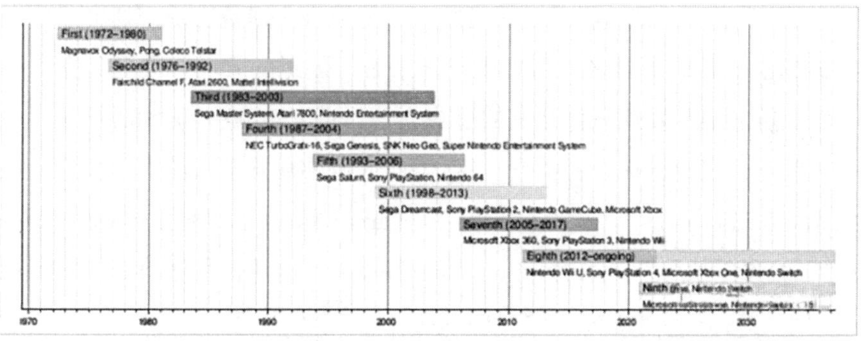

铁血CEO卡萨

布什内尔下线后，华纳任命雅达利新掌门人——雷蒙德·卡萨（Raymond Kassar）。卡萨在伯灵顿工业工作长达26年，一直从事纺织品的销售，干到伯灵顿工业副总裁。1978年2月，卡萨开始担任雅达利消费者部门总裁。布什内尔被免职后，他接任CEO。

布什内尔28岁创立雅达利，35岁离开。卡萨出生于1928年，50岁来到雅达利，是一位来自传统行业的营销管理型高级管理人员。一位年轻人创建的公司，由一位知天命的职业经理人来打理，自然会产生许多问题。

卡萨为人十分强势，他按照在纺织行业的经验和做法开始驱动雅达利的运营。绩效管理、成本控制、效率优先。这种传统行业的做法，很快引发雅达利“悠闲工程师”文化的反弹。他对此毫不关心，他唯一关心的只有业绩。因此，卡萨在雅达利内部被“亲切”地叫作“sock king”（袜子大王）和“towel czar”（毛巾沙皇）。

铁血般强势的卡萨接手雅达利后，公司销售额从1977年的7500万美元迅速增长到1982年的22亿美元。只看销售额，卡萨是称职的。他将纺织业的严苛管理方式，照搬到电子游戏公司的管理上。没多久，雅达利原有开发团队离职殆尽，奥尔康也在这时离开雅达利。

1979年初，雅达利营销部门发出一份销售业绩备忘录，列出了前一年最畅销的游戏卡排名，用来指导未来游戏创意的方向。大卫·克雷恩（David Crane）发现，他开发的游戏为公司带来2000万美元的收入，可个人收入却只有区区2万美元。雅达利35位游戏开发人员中，大卫·克雷恩（David Crane）、拉里·卡普兰（Larry Kaplan）、阿兰·米勒（Alan Miller）和鲍勃·怀特海德（Bob Whitehead），这4位程序员制作的游戏占到雅达利1979年游戏卡销量的60%，约6000万美元。

四人约好到卡萨的办公室，想找他谈谈公司对游戏设计师的待遇问题。他们表达看法，公司应该多给一些现金奖励，还应该像唱片一样，在游戏卡上印上设计者的名字。

卡萨的回答是：“对于这些项目，你并不比装配线上组装它们的人更重要。没有他们，你们设计的游戏卖不了多少钱。”

卡萨还说：“你们四个就是毛巾设计师，任何人都可以制作游戏卡。”

这下炸锅了，四位游戏设计师离职，并于1979年10月成立自己的公司——Activision（动视）。

动视是电子游戏史上第一个专门从事游戏制作的第三方游戏开发商。后来，动视会成长为独霸一方的霸主，现在还是个小作坊。

四个顶尖工程师离开后，雅达利的游戏内容开发立刻崩溃一大半。

1981年，雅达利2600上发布一款新游戏《亚尔的复仇》（*Yars' Revenge*）。游戏推出后，引发无数好评。游戏设计师霍华德·华沙（Howard

Warshaw）说：卡萨（Ray Kassar）的名字，倒着拼写就是“Yar”和“Razak”这两个名字。Yar 的复仇，就是 Ray 对动视的复仇。可见雅达利的游戏设计师们对卡萨多“喜爱”，每个调侃都离不开他。

电子游戏艺术史上第一个彩蛋

铁血 CEO 卡萨催生动视的诞生，同时也催生出电子游戏史上第一枚游戏彩蛋（Easter egg，寻找彩蛋是一种复活节游戏，在此期间，装饰过的彩蛋或复活节彩蛋被隐藏起来供孩子们寻找）。

卡萨不允许游戏设计师们在游戏卡上署名，还对此进行刻薄评价，把留下来的游戏设计师约瑟·沃伦·罗比内特（Joseph Warren Robinett）惹恼了。你不是不允许我们在卡带上署名吗？那我就在游戏里设计一道隐藏关卡。玩家发现隐藏关卡时，就会发现上面写着一列闪着光的彩虹字“Created by Warren Robinett”，（沃伦·罗比内特制作），如下图。

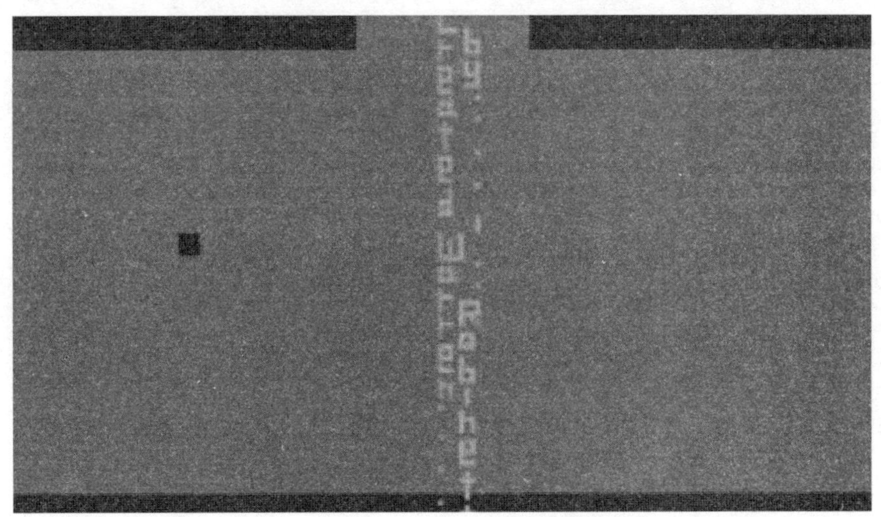

罗比内特设计的这款游戏，恰好是雅达利历史上排名第 7 的好游戏《Adventure》，销售量达到 100 万份。

隐藏关卡被玩家找到后，雅达利的高管层大怒。怒气冲天之余，他们发现除了生气，好像无计可施。将卖掉的游戏卡收回来更换吗？除损失一大笔钱外毫无价值。雅达利公关部门比较聪明，他们将错就错地说："各位亲爱的玩家，这是雅达利游戏中的复活节彩蛋。以后雅达利游戏还会有各种各样的彩蛋，欢迎大家寻找。"游戏史上第一个彩蛋就这样出现。

离职的离职，嘲讽的嘲讽，埋彩蛋的埋彩蛋。就这样，卡萨时期的雅达利仍然推出不少好游戏。如《小行星》（*Asteroids*）。《小行星》街机卖掉 70,000 台，移植到雅达利 2600 后，游戏卡卖出 300 万份。

太东和南梦宫的助攻

对于卡萨来说，游戏是否原创并不重要，只要好卖就可以了，反正他都不会玩。在雅达利 2600 制霸全球的路上，有两家日本游戏公司不得不提：一家是太东（Taito），另一家是南梦宫（Nomco）。

太东 1960 年就开始制作游乐园的投币机，经营范围跟 Bally 类似。1972 年街机 Pong 火爆后，太东也进入街机的开发和生产。太东是电子游戏早期的重要玩家之一，在街机游戏领域，是仅次于科乐美、南梦宫和世嘉的公司。1974—1986 年期间，太东发布过许多热门作品，比如《Speed Race》（1974）、《Western Gun》（1975）、《Space Invaders》（1978）、《Bubble Bobble》（1986）和《Arkanoid》（1986 年）。其中最重要的作品就是《太空侵略者》（*Space Invaders*）。

《太空侵略者》由太东游戏设计师西角友宏设计，他是最早破解 Pong 的日本游戏工程师，具备极强的工程实力。《太空侵略者》推出后，全球销量超过 360,000 台。到 1981 年，《太空侵略者》街机的总收入超过 10 亿美元，是街机史上最为成功的产品之一。1980 年，雅达利获得太东授权，将《太空侵略者》移植到雅达利 2600。《太空侵略者》是家用游戏机上第一个超级爆款游戏，第一年发售就售出 100 万份游戏卡，它是雅达利 2600 在 1980 年销量突破 200 万台的最大功臣。之后，《太空侵略者》销售数字仍然节节攀升，1981 年累计销量达到 420 万份，1982 年达到 560 万份。到 1983 年，《太空侵略者》在雅达利 2600 上的累计销量达到 609 万份。

爆款游戏的魔力可见一斑。电子游戏创作总是充满风险，爆款游戏总是那位驾着七彩祥云来搭救创作者的英雄。

1974 年收购日本雅达利后，南梦宫开始自己制作街机游戏，而不是在别的厂商那里购买授权。1980 年，南梦宫发布了电子游戏史上最重要的游戏产品《吃豆人》（*Pac-Man*）。《吃豆人》出现的时期比《太空侵略者》略晚，可它比《太空侵略者》更成功。《吃豆人》推出当年，就卖出 100,000 台街机。1982 年已经有 400,000 台《吃豆人》街机摆在美国街头，全年吞掉 70 亿枚硬币。按照 25 美分硬币面额计算，收入达到 15 亿美元。《吃豆人》是电子游戏史上最成功的产品之一，据统计，《吃豆人》的游戏和周边授权收入，在 2016 年突破 120 亿美元。

1982 年，雅达利拿到《吃豆人》授权，也将其移植到雅达利 2600 上。移植的过程中，雅达利 2600《吃豆人》出现许多 Bug，比如图形闪烁出现鬼影。问题重重却没有影响其销售的火爆，《吃豆人》游戏卡卖出 700 多万份，同年雅达利 2600 的销量也突破 1000 万台。《吃豆人》的火爆背后隐藏着危机：为卖出更多游戏，雅达利完全不在意游戏的品质控制。《吃豆人》卖得越多，雅达利产品美誉度滑坡越快。

1982 年，在太东和南梦宫的助攻下，雅达利第一方的游戏卡并没有大获全胜，第三方游戏公司制作的游戏卡销售额占了一半。

怎么回事呢？动视不是 1979 年 10 月才成立吗？第三方游戏公司怎么就这么强大了？

第十三章 雅达利：雅达利 Game Over

动视的胜利

1979 年成立的动视是个前所未有的新型公司。

动视出现之前，如果有公司想制作游戏，需要先做出游戏机，再开始制作游戏。如雅达利要先制造出 2600，再为 2600 制作游戏卡。米罗华要先做米罗华奥德赛 2，再制作游戏卡。

想做游戏，先做游戏机，这是惯例。

动视的商业模式是：直接为游戏机制作游戏卡。这在当时是活雷锋啊，米罗华怎么会给雅达利制作游戏卡呢？它嫌雅达利活得不够滋润嘛。

创建动视前，四位程序员就动视的商业模式咨询过律师，得到的回复是：为其他游戏机厂商制作游戏完全合法。解决合法问题后，从雅达利出走的四位程序员：大卫·克雷恩、拉里·卡普兰、阿兰·米勒和鲍勃·怀特海德，加上一个从事唱片业务的吉姆·利维（Jim Levy），成立动视公司。

熟悉雅达利 2600 游戏完全制作流程的动视，很快进入工作状态。他们 1980 年发布多款游戏，《Dragster》《Fishing Derby》《Checkers》《Boxing》。1981 年的《Kaboom！》和 1982 年的《Pitfall！》最成功，《Kaboom！》卖出 100 万份，而《Pitfall！》卖出 400 万份。

1980 年 1 月，卡萨在 CES 上专门租用一个广告位，暗讽动视是窃取商业机密的坏蛋。随后雅达利发起对动视的诉讼，指控他们窃取商业机密，违反保密协议，侵犯知识产权。雅达利还警告零售商，如果销售动视的游戏卡，有可能会被取消雅达利 2600 的销售授权。

克雷恩说："由于我们的支持，雅达利才会销售更多游戏机，但他们不这么看。我们可能是雅达利最好的帮手，他们也不这么认为。"

确实，卡萨完全不能理解第三方游戏的好处。

动视边跟雅达利打官司，边开发雅达利2600的游戏卡。1982年，官司审结：法院驳回雅达利的控诉，雅达利败诉了！

被迫无奈的雅达利和动视庭外达成约定：动视向雅达利支付游戏许可费，雅达利认可动视制作的游戏卡。

这使动视实际成为第一家第三方游戏开发商，并建立游戏机制造商许可第三方开发的模式。雅达利的败诉还传递出一个非常重要的信息：所有公司，都可以合法地开发在雅达利2600上运行的游戏卡啦。

一时间，群情涌动，毕竟游戏卡的开发成本比游戏机低很多。干不了游戏机，还干不了游戏卡吗？

动视的第一任CEO吉姆·利维，提出"游戏开发者也是艺术家"的理念。动视的游戏卡会在包装盒上印刷开发者的照片和语录，还会介绍游戏开发的背景和故事，像电影和唱片一样。

这五位电子游戏史先驱，将游戏设计师从游戏机附庸的定义中脱离出来，成立了一个全新的行业：游戏制作。游戏制作人不再只是工程师，而是艺术家。他们制作的游戏不再是玩具，而是跟电影、音乐和书籍一样的艺术品。

游戏卡的反噬

动视的胜诉，打开了第三方游戏制作的大门。

跟2010年中国游戏业一窝蜂做网页游戏一样，1982年美国游戏制作行业也是无数公司蜂拥而出。克雷恩观察到：从1982年开始，许多公司获得风险投资的支持进入游戏制作市场。这些公司做出来的游戏，大部分都是"你能想象到的最糟糕的游戏"。

动视具备在雅达利 2600 上丰富的游戏开发经验，其他游戏开发商却没有。新进者只能靠商业间谍活动、挖人和逆向工程来制作游戏卡，借此获得市场份额。让人意想不到的是，雅达利竟然也参与进来。它从 Mattel 的游戏工作室雇用几名程序员，偷偷摸摸地买到他们的游戏。这使得雅达利和 Mattel 之间爆发了一场诉讼，撕了好几年。Mattel1979 年发布 Intellivision 游戏机，这款机器历史销量达到 300 万套，有 125 款游戏发行。

1982 年 CES 上只有 17 家制作雅达利游戏的厂商，有 90 款游戏发布。1983 年，CES 上有 158 家游戏厂商，有 400 款游戏发布。这些游戏中的绝大部分，如克雷恩所言，都是粗制滥造的作品。

如 Ralston Purina Company，一家在密苏里州圣路易斯的狗粮公司。他们发行过雅达利 2600 游戏《Chase the Chuck Wagon》，下图为《Chase the Chuck Wagon》游戏封面，内容就是一只狗追着 Ralston Purina 公司厢式货车奔跑。

该游戏收到的评价十分中肯：狗都不玩。

据动视公司营销部门市场预测，1982 年全美游戏卡总市场为 6000 万份，动视可以获得 12%—15% 的市场份额。实际在 1982—1983 年期间，市场上卖出的游戏卡超过 1.2 亿份，超出预期 100%。这种局势下，雅达利没有做出有效的反应，反而推波助澜加入到滥发游戏的狂潮中。

看到游戏卡利润远超游戏机，回款速度比游戏机更快。卡萨决定在第三方公司那里大量购买劣质游戏，打上雅达利的标志后推向市场。不仅如此，他们还利用雅达利的销售网络优势，强制零售商囤积游戏卡。这种做法让雅达利的财报十分好看，转移到零售商的库存都成为雅达利亮丽的财报数据。

游戏卡泛滥使雅达利第一方游戏卡市场份额从 1981 年的 75% 降到 1982 年的不到 40%。这些游戏不仅影响雅达利游戏卡销售，也让动视售价较高的优质游戏卡滞销。高价游戏卡市场急剧萎缩，取而代之的是粗糙的低价劣质游戏卡。许多游戏卡公司不会做游戏，倒是很会做广告和设计，跟方便面包装上的图片一样，用户买了都大呼上当。一百八十当，当当不一样。上当带来的差评，消费者都算到雅达利身上。

多重因素叠加，家用游戏机声誉每况愈下。

1982 年前，雅达利被认为是家用游戏机行业的主导玩家。跟动视的官司败诉后，让大家不得不重新审视游戏机这个行业，是否有如此高的成长价值。游戏机公司都无法主导电子游戏的发布，那卖出再多的游戏机又有什么价值呢？为他人做嫁衣吗？

此时，个人电脑行业也进入高速发展期。Commodore International 公司将 8 位个人电脑 VIC-20 的价格降至 199 美元，杀入家用游戏机的竞争区间。Commodore 赤裸裸表示，这款产品就是对游戏玩家而来。VIC-20 在广告中说："为什么只从雅达利或 Intellivision 购买视频游戏呢？与游戏机不同，VIC-20 是一台真正的电脑，也能玩很棒的游戏。"

个人电脑的价格战到了什么地步呢？ 1983 年 6 月，《纽约时报》刊登行业从业人员的感受：我从事零售业 30 年，从未见过任何类别的商品出现这样的自毁模式。

那是他还没看到1983年的游戏机市场崩溃后的惨状。

雅达利在干什么呢？

压垮骆驼的最后一根稻草：E.T.

1982年，由史蒂文·斯皮尔伯格（Steven Spielberg）导演的电影《E.T.》风靡全美，整个美国都沉浸在人类与外星人的动人友情故事里。《E.T.》是电影史上的传奇作品，全球票房7.92亿美元，北美票房4.35亿美元。这个纪录过十年才被斯皮尔伯格执导的另一部作品《侏罗纪公园》打破。

6月，华纳通信CEO史蒂夫·罗斯（Steve Ross）开始与斯皮尔伯格及发行商环球影业谈判，想获得制作《E.T.》的游戏授权。6月底，华纳公司宣布已经获得《E.T.》授权，将制作出一款《E.T.》游戏。交易细节并未同期披露，媒体称雅达利为此至少支付2000万—5000万美元。

协议完成后，罗斯问卡萨的意见，卡萨回答说："我认为这是一个愚蠢的想法，我们怎么可能把一部动作电影改成游戏？"

卡萨虽说不懂游戏，但也觉得这个想法不着调。布什内尔离开后，母公司华纳通信和雅达利的关系并没有改善，仍不顺畅。盘踞在华纳通信的是一群商业精英，是手里时刻按着计算器，眼睛盯着华尔街和股市波动的MBA。他们不关心雅达利，不关心雅达利的产品，不关心雅达利的用户，只关注财务数字。

还记得开发《Yars' Revenge》的霍华德·华沙吗？华纳通信与环球影业达成协议后，卡萨打电话给华沙，让他担任《E.T.》同名游戏的开发主管。华沙曾经开发过斯皮尔伯格的另外一部电影《夺宝奇兵》的同名游戏，《E.T.》游戏仍交由他开发。

为赶上圣诞节销售季，卡萨承诺给华沙提供20万美元的奖励和夏威夷度假费用全包大套餐，要求是"9月1日前完成游戏开发"。重赏之下必有勇夫，作为一名经验丰富的游戏设计师，华沙马上行动。他以

《E.T.》电影为蓝本，搭建世界观、设定目标、设计游戏的核心玩法：一款跨越障碍的搜集游戏。华沙和雅达利高管们向斯皮尔伯格展示《E.T.》的游戏设计方案，征求意见。斯皮尔伯格撇撇嘴，表示无感。反而问道："你不能做一些更像《吃豆人》的东西吗？"

说得轻巧，5周时间能开发出一个《吃豆人》吗？华沙没有接受斯皮尔伯格的意见，选择相信自己。5周时间，他完成《E.T.》游戏的制作，甩甩屁股拿着卡萨给的20万美元奖金直奔夏威夷，度假去也。下图是雅达利的《E.T.》游戏的宣传海报：E.T. needs your help!

游戏开发完成后，想在圣诞节前销售进度依然紧张。基于从南梦宫移植《吃豆人》游戏的经验，即便游戏有严重体验问题，依然能卖出七八百万份。此案例说明，游戏品质并非大卖的必要条件，卡萨决定取消游戏测试工序，以保证游戏卡第一时间到达。

斯皮尔伯格的《E.T.》，不可能不如《吃豆人》吧?

雅达利另一个信心来源是，10月份他们要求零售商大量下单备货《E.T.》游戏卡，零售商们看到雅达利铺天盖地的宣传，对《E.T.》游戏信心大增。为预防断货，他们都给雅达利下出超量订单。游戏超预期，超额订单，雅达利启动的第一波《E.T.》游戏卡生产量是：400万份。

动视开始第三方游戏制作，跟动视打官司败诉导致粗制滥造的游戏卡充斥市场，个人电脑价格战，对市场的盲目乐观和误判。一个接一个的错误，连在一起，给雅达利编成套在脖子上的绳索。接下来，就等着谁来撤凳子。

说时迟，那时快，凳子马上撤了。

1982年圣诞节，《E.T.》游戏如期发售。在铺天盖地的广告推动下，游戏迅速卖出100多万份。《纽约时报》跟进报道称：基于成功电影的改编游戏，特别是E.T.，将成为游戏开发有利可图的来源。

胜利的庆祝还没开始，噩耗袭来，市场出现玩家大面积退货。5周开发出来的游戏，质量可想而知。雅达利收到的退货越来越多，据称售出的游戏卡有669,000份被退回。还有250万—350万盒躺在仓库，从未见过天日。雅达利内部的说法是，库存的《E.T.》游戏卡比卖出去的雅达利2600还多。这个数字实在让人难以置信，因为雅达利2600累计销量有2000万台左右。如果是将雅达利所有库存游戏卡合并计算，这个数字又有点可信度。

对于《E.T.》游戏，设计者华沙说：“事实上，《E.T.》是我成功地克服重大技术挑战的作品。我在5周内独立编写这款游戏，雅达利游戏开发部门无人可以达到这一纪录。本作本应是一部更好的游戏，相对在5周内完成，已经算是不差了。我发现用户们不关注开发周期，他们唯一在乎的就是游戏体验。我个人认为《E.T.》是一部完整的、合格的游戏，也有人喜欢它，它显然算不上史上最差的游戏。不过成为史上最差游戏的作者，感觉也不错。在《E.T.》和《Yars’ Revenge》之间，我制作的游戏玩家跨度最大。”

言外之意是，好的差的，我华沙都行。5个月开发时间就是《Yars' Revenge》，5周开发时间就只能《E.T.》。怪我喽？

《E.T.》爆雷后，还有值得提一下的事情：《E.T.》是第一部采取专门美工的电子游戏，他的名字“Jerome Domurat”的缩写作为彩蛋出现在游戏中，华沙的名字则是另一个彩蛋。

雅达利时代的谢幕

1983年中，雅达利解雇3000名员工（共有10,000名员工）。无法售出的游戏卡，包括《吃豆人》《E.T.》以及1982年的大部分游戏卡和游戏机，堆满雅达利仓库。1983年底，雅达利财务亏损超过5.36亿美元。

1983年9月，新墨西哥州阿拉莫戈多市《每日新闻》报道：有10到20辆半挂车从得克萨斯州埃尔帕索的雅达利仓库出发，装满游戏卡和游戏机，压碎后埋在垃圾填埋场。雅达利声称是因为要发布雅达利5200，才会销毁2600和游戏卡，毕竟雅达利5200不兼容2600嘛。9月29日，垃圾场又在破碎的雅达利电子垃圾上浇筑一层混凝土，好像在掩盖什么，这在废物处理中是极其罕见的。

没多久，这地方就拥有一个专属地名“Atari video game burial”（雅达利游戏的坟场）。大家猜测，雅达利在这里至少销毁过350万份游戏卡。

2013年5月28日，阿拉莫戈多市委员会授予加拿大娱乐公司Fuel Industries进入垃圾填埋场的权限，以拍摄一部纪录片《雅达利：游戏结束》（*Atari : Game Over*）。Xbox娱乐工作室在2014年播出这部系列纪录片，作为Xbox One和Xbox 360的独占视频。同为游戏机公司，微软在Xbox上播出这部纪录片，真有点意味深长。下图是纪录片的封面。

1982 年，雅达利还发布过一款问题重重的家用游戏机：5200。

1984 年，雅达利分拆，被华纳通信卖给 Commodore International 公司和南梦宫。

雅达利仍有一些故事，留后再续。

1983 年美国游戏大崩溃

至此，全美游戏玩家对雅达利和整个家用游戏机行业的堕落深恶痛绝，游戏机和游戏卡一夜之间都成为电子垃圾。北美家用游戏机营收由 1983 年的 32 亿美元暴跌至 1985 年的 1 亿美元，跌幅高达 97%。全行业破产公司无数，米罗华退出游戏行业，动视转到电脑游戏开发，美泰和 Coleco1985 年关闭游戏机业务。

在电子游戏史上，1983—1985 年发生，由雅达利《E.T.》游戏引发，导致全美游戏市场崩溃的事件有个专有名词：1983 年电子游戏大崩溃（Video game crash of 1983）。在日本，该事件叫作：Atari shock，日本叫法明显柔和许多。1983 年北美游戏市场大崩溃事件，主要影响的还是北美。全球其他地方如日本和欧洲，受到的影响并不大。

1983 年事件压制了美国电子游戏机的发展，在接下来长达近 20 年

的游戏机大战中，北美市场成为日本公司的主战场。丢掉游戏机市场，美国电脑游戏却因此迅速发展，这让美国在电脑游戏中拥有绝佳优势。

雅达利故事行将结束。

雅达利是电子游戏史上的罪人吗？显然不是，北美游戏市场崩溃是技术飞速进步、用户急速发育以及资本野蛮冲撞三个因素互相撕扯的结果，不能怪罪于某家公司。

雅达利是电子游戏史上一个标志。此刻，电子游戏就站在科技和艺术的十字路口，往任何方向前进，都是进步。

第十四章　南梦宫：从摇摇马启程

1925 年 12 月 24 日，中村雅哉在东京出生。1948 年，他从横滨工业大学毕业，获造船专业学位。“二战”后，日本下海的船比沉在太平洋底的还少，中村雅哉光荣失业。他父亲在东京一家百货公司经营维修猎枪的业务，转行制作气枪，没想到柳暗花明，发财了。

1955 年 6 月 1 日，拿着父亲资助的 3000 美元，中村雅哉在东京池上成立自己的公司“中村制作所”（Nakamura Seisakusho）。他选择了一个低成本的创业项目“摇摇”。中村雅哉做的摇摇不是“爸爸的爸爸叫什么”，而是摇摇马。市场竞争激烈，他只得将摇摇马安装在百货公司的屋顶花园上。

中村雅哉每天都去清理摇摇马，对带孩子的母亲们服务态度尤为殷勤热切。由于经营有道，摇摇马生意十分不错，他趁机买更多的摇摇马扩大经营规模。

1959 年，中村雅哉将公司更名为“中村制造公司”（Nakamura Manufacturing）。1963 年，三越连锁百货与他接洽，让其为商场建造屋顶游乐园。游乐园的核心部分是一台叫“Roadway Race”的轨道车，另外还有摇摇马、金鱼池等儿童游乐设施。三越百货的屋顶游乐园推出后，为商场吸引到大量人流。三越百货大喜，给名下所有的商场都建造了屋顶游乐园。下图是中村雅哉创业的摇摇马和乐园小火车。

在中村雅哉的领导下，中村制造公司与 Taito、Rosen Enterprises 和 Nihon Goraku Bussan 一起，成为日本四大乐园娱乐设施公司之一。Taito 之前出现过，Rosen Enterprises 和 Nihon Goraku Bussan 是什么来头呢？1965 年，Rosen Enterprises 与 Nihon Goraku 合并为世嘉 SEGA，这两家公司是世嘉的前身。

中村制造的游戏机之梦

中村制造公司的业务模式是以较低的折扣价在其他制造商那里买街机，然后再分销给规模更小的店。虽然南梦宫很会卖街机，但是由于没有生产能力，所以他的成本比其他制造商卖游戏机更贵。1966 年，中村制造公司将办公室迁至东京大田，并开设一家工厂。公司获得迪士尼的授权，可以生产一些动漫角色的儿童游乐设施。和迪士尼的合作，推动了中村制作所的发展，他们开始自己制作一些投币机。

1965 年，中村制造发布制作的第一个投币机游戏《潜望镜》（*Periscope*）。《潜望镜》是一款电子机械射击游戏机，模拟潜艇发射鱼雷攻击战舰。1966 年世嘉公司也制作过类似鱼雷游戏，作为世嘉合并后首批推出的投币机游戏。

到 1971 年，中村制造公司已经拥有几十名员工，他们使用“Namco”作为投币游戏机的品牌名称。中村雅哉本人对制作机器人非常痴迷，他在公司内部成立机器人部门，为游戏厅和节日庆典制作可以分发宣传资料的机器人。有一个叫“Putan”的机器人，可以走一些预先设定好的迷宫。

1973 年 8 月，雅达利日本成立。

1974 年初，雅达利日本 CEO 拓海健一跟中村制造公司接洽，希望其可以帮助雅达利在日本销售 Pong 街机和其他街机。此时中村雅哉正在谋划全球扩张，世嘉的成功让他看到电子游戏的广阔的前景。他答应拓海健一，成为雅达利日本的合作商。

由于管理不善，员工肆意掏空公司。雅达利日本首年就陷入困境，经营停滞。同时期雅达利美国总部也因 Gran Trak10 的成本核算错误，账面出现巨额亏损。内忧外患之下，布什内尔决定卖掉雅达利日本。他们分别对世嘉、太东和中村三家公司发出出售意向。太东表示没兴趣，世嘉勉为其难地出价 5 万美元。唯有中村制造公司饱含诚意，接受雅达利日本 119 万美元报价，买下雅达利日本。中村没那么多现金，却是当时唯一有诚意的买家。为快速解决双线作战的困境，布什内尔接受了中村提出的付款方式：先付 55 万美元，余额三年付清。

收购雅达利日本后，中村制造公司的业务并没有马上好转。雅达利子公司 Kee Games 设计的《Tank》在美国销售得不错，在日本却表现平平。

1976 年，日本政府开始对赌博机游戏发出限制令，同年雅达利发布《打砖块》。在这两个关联事件驱动下，中村雅哉意识到日本投币机即将迎来一波需求高峰，他向雅达利预定大量《打砖块》街机。雅达利此时的产能供应美国市场都困难，完全无法足量供应日本市场。

中村雅哉提议，雅达利应该授权中村制造在日本本地生产。雅达利的答复让人很失望：只许分销，不许生产。

没多久，日本各地山寨《打砖块》街机数量暴增。经过实地调查，中村发现山寨机的幕后黑手是一个黑道势力。他与黑道组长会面，要求立刻停止侵权行为。这位组长回答说，“停止是不可能的，作为回报，我们可以帮你收拾竞争对手，让中村制造成为日本最大的街机游戏商。”

中村还没糊涂到这个程度，跟日本黑道扯上关联哪是什么好事，他

拒绝大哥的好意。可如果再不采取有效措施，日本很快就会布满《打砖块》山寨机，自己这个正牌公司连口汤都喝不到。

忧心忡忡的中村雅哉买了一张东京到伦敦的机票，去 MOA 贸易展和布什内尔会面，计划与他仔细探讨日本市场的问题。可整个会议期间，布什内尔都喝得酩酊大醉，压根没法交流。中村只好飞回东京，在没有获得授权的情况下组织生产《打砖块》街机。

《打砖块》街机让中村制造公司获得前所未有的成功，正式跻身于亚洲一流的街机制造商行列。可中村制作所并没有得到雅达利的制造授权，被雅达利告上法庭。20 世纪 70–90 年代的电子游戏业，是相互抄袭和四处诉讼的混乱时代。你起诉我，我起诉你，再和解，再起诉。此起彼伏，爆出过不少让人啼笑皆非的故事。

布什内尔的一场大酒，让中村制造公司真正踏入街机制造业。喝酒误事，诚不我欺。

NAMCO 的诞生

1977 年 6 月，中村制造公司正式更名为“南梦宫”（NAMCO）。NAMCO 是从 Nakamura Manufacturing Company 而来。Nakamura 的“NA”，Manufacturing 的“M”和 Company 的“CO”。组合起来，就是 NAMCO。从游戏史的角度来看，早期参与到电子游戏行业的公司一般都会分几步发展：

第一步：电子机械的投币娱乐机；

第二步：投币街机；

第三步：开发第二世代或第三世代家用游戏机。

第四步：破产、转行。

今天还在地图上的国家，都曾经是所向披靡的民族；今天还在念诵的艺术家，都曾经是才华冲天的天才；今天还能听到名字的游戏公司，都曾经是独占一方的霸主。

听不到名字的公司，就留在历史中吧。

南梦宫在香港成立南梦宫亚洲，负责游戏厅和娱乐业务。促成中村收购雅达利的关键人物中岛秀之向中村提议，应该在美国设立公司提升全球知名度。1978年9月1日，南梦宫美国在加利福尼亚州桑尼维尔成立，由中岛秀之担任总裁，离雅达利总部不过几千米。南梦宫美国的主要业务，是将自研游戏授权给雅达利和 Midway 等公司生产。

1977 年，雅达利 2600 发布后销售情况并不理想。更换 CEO 之后，雅达利销售进入快车道。此时日本还在摇摇晃晃地模仿美国街机游戏，希望鼓捣出几个像样的作品。理工男中村雅哉对南梦宫自主开发游戏十分感兴趣，他从 NEC 买来一些库存 PDA-80 计算机，让公司员工尝试破解并制作街机游戏。

1977 年，南梦宫迎来一位 22 岁的新员工——岩谷彻。

南梦宫的天才员工

岩谷彻，1955 年 1 月 25 日出生于东京，1977 年从东海大学工学部毕业，后加入南梦宫。他既没学过美术，也没学过计算机，完全是个人兴趣爱好使然进入电子游戏行业。初进南梦宫，岩谷彻很想开发弹球机，却被安排到新成立的投币街机部门研发街机游戏。

1978 年，参考《打砖块》的游戏设计，在程序员石村茂一的协助下，岩谷彻完成了自己的处女座《Gee Bee》。跟太东的《太空侵略者》比，《Gee Bee》算不上十分成功，它共卖出 10,000 台。在 1978 年日本投币街机市场中，位列第 8。虽说不是爆品，可它是南梦宫正式涉足街机行业的作品，让南梦宫站稳了脚跟。1979 年，南梦宫还发行过其他街机游戏，《Gee Bee》续作和《Cutie Q》。

1979 年，岩谷彻开始思考游戏的一些本质问题。他认为市场上只有为男性设计的游戏题材，如枪击、炮弹、运动、赛车。这些游戏图形粗糙，通过暴力获得感观刺激，缺乏艺术性。他想为女性设计一个游戏：

没有暴力，只有美好和快乐。岩谷彻说："在任天堂 Famicom 出现之前，唯一可以玩电子游戏的地方是商场。当时的大多数街机电子游戏都是暴力的，主要受众是男性玩家，因此游戏厅成了男性经常光顾的地方。我们决定设计能够吸引女性，进而吸引情侣的游戏来改变现状，从而使游戏厅成为约会的理想场所。"

岩谷彻开始思考女性最喜欢做的事情有哪些，日本盛产各种各样的蛋糕和点心，没有女孩可以抵挡住可爱又好吃的甜点。最后，他觉得应该做一个跟"吃"有关的游戏。他从 1979 年初开始开发这款他梦想中的游戏，耗时一年零五个月才面世。

对比雅达利花 4 天做《打砖块》，华沙花 5 周做《E.T.》，该游戏的开发时间真是不可思议的长。南梦宫有 5 到 6 名员工参与到游戏制作，如音效师盖俊雄、程序员船木重夫和硬件工程师石村茂一，集合公司的主要研发实力。此时，南梦宫还在设计一款率先使用 RGB 彩色显示器的街机《小蜜蜂》（*Galaxian*）。《小蜜蜂》是 1979 年和 1980 年日本销量排名第 2 的街机游戏，也是 1980 年美国销量排名第 2 的街机游戏，它同样是有史以来最畅销的街机游戏之一，1982 年卖出 50,000 台。

作为入行不久的游戏菜鸟设计师，岩谷彻会有何表现呢？

第十五章 南梦宫：启明星南梦宫

当看到地平线上出现启明星时，天就快亮了。南梦宫在电子游戏艺术史上，堪为启明星。

1980 年，岩谷彻继续开发他梦想中的游戏。梦想游戏核心玩法十分简单：主角要吃掉迷宫里的全部豆子，且自己不能被鬼魂吃掉。游戏主角是岩谷彻根据工作午餐设计的：缺了一片的比萨饼，跟苹果公司标识有点类似。受电视连续剧《鬼马小精灵》和漫画《小鬼 Q 太郎》的启发，岩谷彻把鬼魂设计成游戏里的反派。为了增加游戏的变化，他还借鉴大力水手吃菠菜的设定，在游戏里加入能量饼干，主角吃完能量饼干就可以把鬼魂打回巢穴。南梦宫热门街机《小蜜蜂》对 RGB 的使用，启发岩谷彻把游戏中的角色都设计上鲜明活泼的彩色。

初始设计中，中村雅哉认为鬼魂都做成红色比较显眼。岩谷彻提出反对意见，将鬼魂设计成了红、粉、蓝、橙四种，这个设计方案得到团队一致支持，最后被采用。每个鬼魂都有自己的名字和性格。Blinky，红色鬼魂，它会追击主角，主角吃的豆子越多它的速度就越快。Pinky，粉红色鬼魂，它会在主角的前方四格伏击。Inky，浅蓝色的鬼魂，在主角吃 30 个豆子后会出来，然后在红色鬼魂和主角之间的距离夹击主角。Clyde，橙色的鬼魂，它最后出来，会在追击主角和逃跑模式中交替变化。

鬼魂的移动算法是整个游戏里最困难的部分，要给鬼魂设计不同的颜色和个性，每一个鬼魂在位置上的算法都是独立的。要在低硬件性能下设计出好玩的游戏智能，岩谷彻在调试鬼魂算法上花了许多时间。

游戏里还有樱桃、草莓、橙子等水果，是通关的采集物。为让玩家更快了解游戏世界观和保持游戏节奏，通过部分关卡后会插入一个大约15 秒的演示动画。游戏音效的灵感来源是在一次设计会议上，岩谷彻向盖俊雄演示吃水果的声音。他发出嘎吱嘎吱的节奏声，盖俊雄就此设计出游戏音效。

产品终于完成，按照最初的设想，游戏被命名为：Puck Man。

Puck 来源于日本词语“パクパ”，发音类似“Paku Paku”，是人正在吃东西的拟声。

吃豆人

如果说雅达利 2600 开启了家用游戏机时代，那么《吃豆人》就开启了电子游戏时代。宫本茂表示：吃豆人是他最爱的电子游戏角色。

1980 年 5 月 22 日，东京涩谷站。忠犬八公的铜像正安静地矗立在站台前，它的前足被游人摸得铮亮。忠犬八公是另外一个感人至深的故事：秋田犬八公，每天习惯去涩谷站迎接其主人上野英三郎教授回家。三郎死后，它仍然在涩谷站外等待自己永远不会再来的主人。一直等了 10 年，直到狗生的结束。

走出涩谷站，不远处可以看到一栋七八层的建筑物，里面有几个小电影院。全新的《吃豆人》街机就陈列在这栋建筑中一个狭长的房间里。一对夫妻看到机器，试玩后觉得非常好玩。《吃豆人》的游戏机制并不难理解，也很容易上手。

在涩谷测试几天后，岩谷彻发现它满足最初的设计目标：不吸引男性玩家，很讨女生、小孩和老年人的喜欢。《吃豆人》游戏节奏缓慢，而当时美国流行的都是刺激的射击游戏。有这个预期，南梦宫觉得它很难走出日本，那就好好在本国经营吧。

测试完成后，岩谷彻团队对游戏平衡和难度再次微调。

1980 年 7 月，《吃豆人》正式发布。它发布时，南梦宫的首款支持 RGB 彩色显示的街机《小蜜蜂》也在当打之时。没多久，《吃豆人》异军突起，让人大跌眼镜。它成为 1980 年日本收入最高的街机，击败霸榜两年的太东游戏《太空侵略者》和《小蜜蜂》。《吃豆人》的火爆，使得日本市场电子游戏开始由各种太空射击游戏转向休闲游戏。1981 年，《吃豆人》是日本收入第 4 的街机游戏。

怎么才第四？1981 年任天堂的街机游戏《大金刚》已经乘势而来。

神仙打架。

鉴于在日本的优异表现，南梦宫将《吃豆人》推向国际市场，第一站就是竞争最为激烈的北美。发布前，南梦宫美国公司对游戏进行一些微调，如鬼魂的名称。最大的改动在于游戏名称，中村雅哉担心有人会把“Puck Man”中的“P”换成“F”，变成一个低俗词汇。游戏更名为：Pac-Man（吃豆人），这个名字跟游戏最初的发音最为接近。

1980 年 11 月，南梦宫在娱乐和音乐运营商协会贸易展上展出两款新的街机游戏：《Pac-Man》和《Rally-X》。《Rally-X》是一款迷宫赛车游戏，表现也颇为不俗，在日本取得了商业成功，是 1980 年排名第 6 的街机游戏，仅次于《Pac-Man》和《Galaxian》。下图为《游戏机报纸》1982 年日本市场游戏街机排名。

南梦宫美国先找到亲密合作伙伴雅达利，希望雅达利可以在美国发行《吃豆人》。被拒，真是送上门的金元宝不要。Bally 子公司 Midway 同意成为南梦宫的授权制造商，1980 年 12 月 Midway 推出美国版的《吃豆人》和《Rally-X》街机。

1982年2月15日 第182号　　ゲームマシン　　(6)

アーケード機種ベストスリー

本紙調査

1982年版

(調査対象は1981年)

「ドンキーコング」が独走

TVでは「ジャンピューター」「プロゴルフ」の順

正当なAM追求へ

面白さ、コンセプト

■TVゲーム機

后世难及

南宋词人黄升曾经评价白居易的《长相思》说："乐天此调，非后世作者所能及。" 电子游戏史上，当得上"后世难及"评价的作品寥若晨星。《吃豆人》当之无愧，是这个级数的作品。

拿着授权，Midway将《吃豆人》和《Rally-X》两款街机各制作5000台。被寄予厚望的《Rally-X》表现平平，卖出2500台。《吃豆人》发布后却引起前所未有的电子游戏大流行，共卖出10万台。美国许多商场都陈列着整排的《吃豆人》街机，很像今天的抓娃娃机。

1980年，它在美国的周收入突破810万美元。按每玩1次收25美分硬币计算，每周大概有3200万人次在玩《吃豆人》。《吃豆人》游戏1981年的总收入突破了10亿美元，超过电影《星球大战：新希望》(*Star Wars: Episode IV- A New Hope*)在1977年创造的电影票房纪录：7.75亿美元。

《星球大战: 新希望》的票房纪录到1982年才被《E.T.》超过。1982年，美国大概有3000万人玩过《吃豆人》，使用次数达到60亿—70亿人次，游戏收入突破15亿美元。1982年2月到1984年2月，《吃豆人》连续23个月在美国街机游戏榜上名列前茅。据说，因为太多人投币玩吃豆人，美国都出现了硬币荒——25美分的硬币缺货。该流言，同样出现在太东的《太空侵略者》游戏上。

雅达利及时改正错误的判断，获得《吃豆人》在雅达利2600上的授权。尽管游戏卡制作粗糙，问题重重，仍然卖出700多万张，是雅达利史上最佳游戏。

到2016年，所有版本的《吃豆人》的综合收入突破了120亿美元。

《吃豆人》是有史以来最有影响的电子游戏之一，它开创了一个全新的游戏类型：迷宫追逐。是第一款带过场游戏动画、第一款对玩家动

作计算的人工智能、第一款针对女性玩家、第一款可爱风格的游戏。还是第一款并行视觉处理：同时跟踪多个实体，如玩家位置、敌人和能量的游戏，同时还是全世界安装数最多的街机游戏。受它的影响，许多游戏公司开始制作同类型的游戏。比如任天堂的《大金刚》，科乐美的《蛙人》。

2008年，吉尼斯世界纪录授予《吃豆人》“全世界安装数量最多的投币式街机”：293,822台。2009年吉尼斯世界纪录又授予《吃豆人》为“美国最知名电子游戏”，它为94%的美国人所知，高于马里奥的93%。

吃豆人带来许多游戏机上的新探索，Coleco发布过一款Mini-Arcade，1982年卖出120万台。《吃豆人》刺激整个电子游戏产业飞快地成长，它被广泛授权到全行业游戏制造商的各种机型上。不限于电视、音乐、电影，还有珠宝、餐饮各类商品和服务。

吃豆人不仅是游戏，更是文化。

米罗华败诉

说到这里，还有个插曲。

米罗华被飞利浦收购后，不是到处打官司讨人嫌吗？可因为《吃豆人》，雅达利状告米罗华胜诉。

跟专利侵权案不同，雅达利胜诉米罗华是首次将版权法应用于游戏官司，具备开创性意义。它是美国版权官司司法实践的关键官司：Atari, Inc. v. North American Philips Consumer Electronics Corp：雅达利诉北美飞利浦消费电子案。

案子的起因是米罗华在奥德赛上发布一款名为《KC Munchkin！》的游戏，该游戏直接抄袭《吃豆人》，玩法和角色高度雷同。下图为《KC Munchkin！》游戏。

第一次起诉，初审法院以没有直接证据证明《KC Munchkin！》抄袭《吃豆人》，判雅达利败诉。雅达利不服，上诉到美国第七巡回上诉法庭。哈灵顿·伍德（Harlington Wood）法官使用“抽象测试”（一种将表达和思想分离，识别实质相似性保护版权的方式），证明《KC Munchkin！》抄袭。

该判定确定：版权不保护游戏设计背后的思想，但是保护游戏的表达方式。

这场官司意义重大，许多游戏侵权官司都会引用“雅达利诉北美飞利浦消费电子案”作为适用判例。在美国上诉法院批准禁令后，米罗华被判禁止出售《KC Munchkin！》。米罗华后尝试向美国最高法院提起诉讼，被驳回。

讼棍被打，大快人心。

等待王者

南梦宫天才员工岩谷彻的故事还会继续，中村雅哉不仅能招募到天才员工，本人对游戏研究也十分深入。每款南梦宫游戏发布前，中村雅哉都会深度体验，有时候体验时间长达 20 多小时，是一位劳模级测试工程师。中村雅哉也是最早提出“屏幕上瘾”的资深玩家，他本人大概就是一位上瘾者。

《吃豆人》发布后，南梦宫并没有停下脚步，他们继续深耕街机游戏。1981 年，南梦宫发布新游戏《大蜜蜂》（*Galaga*），是《小蜜蜂》的后续作品。1982 年，南梦宫发布游戏《Pole Position》，一款赛车游戏，是首个使用真正赛道（富士赛道）的赛车游戏，这个做法确定赛车游戏设计的基本路线。1982 年，南梦宫发布游戏《Dig Dug》，一款迷宫游戏，允许玩家自建迷宫。1983 年，南梦宫发布游戏《Xevious》，由南梦宫的新员工远藤雅信主持设计，一位跟岩谷彻类似的天才员工。《Xevious》发布后，销量马上超过太东的《太空侵略者》。1983 年，南梦宫发布游戏《Pole Position Ⅱ》。

1984 年，南梦宫发布游戏《迷宫塔》（*Druaga*），为任天堂设计《塞尔达传说》的灵感来源之一。同年，南梦宫发布游戏《Pac-Land》，间接启发任天堂《超级马里奥兄弟》的制作。

南梦宫佳作如云，可并没有取得完全领先位置。不是它不努力，而是敌人实在太强大。

启明已现，光明不远。

第十六章　世嘉游戏：美国人的日本公司

世嘉成立

1940 年 5 月，三位美国商人：马丁・布罗姆利（Martin Bromley）、欧文・布朗伯格（Irving Bromberg）和詹姆斯・汉伯特（James Humpert）组建“Standard Games”，主营业务是为美军的军事基地提供点唱机和老虎机游戏。

Standard Games 生意本来不温不火，没想到日本海军在 1941 年 12 月 7 日展开一波骚操作——突袭珍珠港。Standard Games 业绩迅速提升，尽管战争年代运输不便，标准游戏的业务还是扩充到太平洋地区大部分美军基地。1945 年，“二战”结束，Standard Games 更名为“Service Games”。Service 就是军队后勤，说明标准游戏公司的受众已经锁定为军队后勤人员。

1946 年，Service Games 开始给美占区提供老虎机。到 1950 年，Service Games 的重点市场变成日本，因为日本成为美国最重要的占领区。1945 年 9 月 2 日日本投降后，到 1952 年 4 月 28 日《旧金山和约》生效前，美国一直占据着日本，是日本太上皇。占领日本的美军有大量的时间和金钱，是 Service Games 公司的主要服务对象。

1951 年，美国政府颁布《赌博装置运输法》（*Transportation of Gambling Devices Act*）。各州纷纷取缔老虎机的运营，作为美国主要的老虎机制造商，Service Game 只能将公司迁往东京。

1952 年，布罗姆利成立 Service Game of Japan，为驻日本美军基地提供老虎机。1953 年，Service Game Panama 成立，用以控股 Service Game

旗下所有实体，扩充韩国、菲律宾和越南的分销规模。

1954 年，美国空军军人大卫·罗森（David Rosen）在日本成立罗森公司（Rosen Enterprises），主要向美国市场销售日本创作的艺术品，以及拍摄身份证的照相馆。罗森生意头脑极佳，在日本开设数百家连锁照相馆（不要和今天的罗森便利店搞混淆）。1957 年，罗森公司转移经营重心，将风靡美国的投币游戏机进口到日本。罗森公司利用照相馆的有利位置，展开了投币游戏机的经营。

1960 年，美国政府开始对 Service Game 商业犯罪行为进行调查。5 月 31 日，Service Game 被迫解散。6 月 3 日，为接管公司资产，布罗姆利成立两家新公司：日本娱乐物产（营运部门）与日本机械制造（制造部门）。日本机械制造以“Sega”的名字开展业务，主要制造老虎机。日本娱乐物产以“Utamatic”名字开展业务，做投币点唱机，并于 7 月推出日本首台国产点唱机“SEGA1000”，成为最早使用“SEGA”品牌的产品。SEGA，是 Service Game 的前 2 个英文字母“SE”和“GA”的组合。

1964 年，日本娱乐物产与日本机械制造再度合并。合并公司使用日本娱乐物产名称，同年进军电玩市场。1965 年，由大卫·罗森主导，罗森公司和日本娱乐物产在 7 月 15 日正式合并。新公司取名为“世嘉”（SEGA）。罗森担任世嘉 CEO，公司主营业务从老虎机转为投币机。

世嘉成立后，进口 Rock-Ola 公司的点唱机、Williams 公司的弹珠机和 Midway 的投币机。这些机器都不是电子游戏，只是机电游戏。由于进口的机器需要经常维护，为节约成本，世嘉选择自己为进口机器替换零件，这导致世嘉开始自研投币机。

疑案：谁发明了 Periscope 之南梦宫

《Periscope》是 1960 年中后期风靡国际市场的投币机电子游戏。游戏中，玩家将潜望镜与船只目标对齐后，按下射击键，炮弹就会发出。如果命中，视线内就会看到爆炸效果，代表击中船只。

1966 年，世嘉开始制作《Periscope》投币机，由罗森亲自发起，世嘉技术人员越智鹿之介担任项目负责人。《Periscope》不是名不见经传的小游戏，它是开启世嘉时代的拳头作品。世嘉的产品介绍里写着“1966 年发布 Periscope”。

南梦宫博物馆里也有一款《Periscope》的产品图，写着“1965 年发布 Periscope”。

南梦宫制作的游戏，没道理世嘉也有一个。《Periscope》对世嘉极其重要，不过到底是谁发明了它？这是电子游戏史上一个疑案。

两家公司的历史里，没有就《Periscope》达成过任何合作协议。

先看南梦宫的证据。

最早的投币机出版物 1969 年版《Yumio 机器字典》里面列出过 2 个《Periscope》，可都没有具体的发布年份。同时代的英文资料还有一篇，1967 年 4 月 15 日出版的《Cashbox》杂志，里面有中村制造制作《Periscope》首次出现的文字图片资料。中村雅哉在采访中提到希望将其出口到其他国家。从《Cashbox》杂志刊出的图中看出，南梦宫的 Periscope 和世嘉产品有一些区别。

1977 年，《Play Meter》1 月刊。中村雅哉接受了编辑拉莉的采访，是这样说的。

拉莉：您制作的第一款游乐设备是什么？

中村雅哉：是一个潜艇游戏，叫《Periscope》。这是个三人游戏，三个潜望镜平行摆放。

拉莉：从那以后下一步是什么？

中村雅哉：我们制作了一款坦克游戏，改编自“二战”期间盟军和德军之间的一场大型坦克战。

拉莉：当你开始制作时，你有没有把这些游戏卖给你的竞争对手，也就是你一直分销给的运营商？

中村雅哉：是的。

拉莉：你提到的潜艇游戏听起来像海狼号（潜艇名字）。这是十年前的事情。那是世界第一个潜望镜游戏吗？

中村雅哉：我不这么认为，但这是日本第一个潜艇游戏。以前有一些类似的游戏，然而，这是第一个著名的 Periscope 游戏。

南梦宫关于《Periscope》的记录并不多。

下图照片来源是南梦宫博物馆的一张传单，传单上可以看到中村制作所的标识和《Periscope》游戏，可这张传单上同样没有时间。

第 2 张有关中村雅哉和《Periscope》的照片，1982 年公布。照片上写着：1965 年，中村雅哉在《Periscope》前合影。

比较合理的猜测是：南梦宫在 1965 年研发出一款《Periscope》原型，为生产它，1966 年 2 月在东京成立自己的工厂。生产出《Periscope》后，被《Cashbox》杂志关注到。中村雅哉此时并不知道世嘉也有类似游戏，因为世嘉当时的主要业务是将投币机销往美国。

疑案：谁发明了 Periscope 之世嘉

世嘉《Periscope》的首次文献资料产生于 1966 年 11 月 28 日伦敦 ATE 贸易展，《Cashbox》杂志提到“世嘉版鱼雷射击 Periscope 游戏”，说明市面上还存在其他《Periscope》游戏。可“其他 Periscope”就一定是指南梦宫吗？未必。

世嘉 Periscope 的第一张照片出现在 1967 年 6 月 25 日发行的欧洲投币机《Coin Slot》杂志上。这篇文章谈到了在比利时安装 Periscope 的事情，杂志如下图。

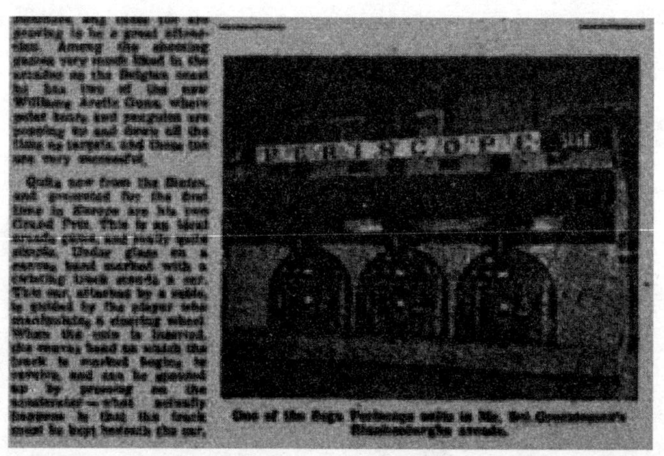

1968 年 3 月 23 日发行的《Cashbox》杂志中，世嘉《Periscope》的广告包含游戏和整个公司的信息。通过这篇文章可以清楚地看到，《Periscope》被称为具有一定年龄限制的游戏，《Cashbox》将其称为“行业经典”，罗森提到“它几年前已首次发售”。世嘉的证据显示，《Periscope》肯定存在于 1966 年之前，证据存在于公开出版物，十分清晰。

仅从首次出现的证据来看，世嘉比南梦宫要早。

下图为南梦宫和世嘉《Periscope》的对比。两款游戏实在太像了，很难让人相信二者毫无关联。

第三方——梅菲尔德公司

梅菲尔德电子（Mayfield Electronics），是一家英格兰兰开夏郡的娱乐设备制造商。他们生产各种投币式游戏机。1964 年 8 月，《Cashbox》杂志第一次报道这家公司。

1965 年，梅菲尔德公司在英国市场推出了一款名为《鱼雷射击》的游戏。这款游戏与中村制作所和世嘉《Periscope》不同，尽管它们具有一些相似点。《鱼雷射击》是一款独立的目标射击游戏，玩家在黑暗中发射导弹。有的杂志和报纸也将这款游戏叫作“Periscope”，可这款游戏和正在讨论的《Periscope》关系并不大，不然就不会有世嘉《Periscope》定义投币街机这一说。

梅菲尔德公司和世嘉是怎样联系起来的呢？虽说世嘉在经营老虎机和点唱机时，曾经在英国市场经营，可这不能说明二者就有联系。更有可能产生联系的是：1966 年 12 月 16 日，梅菲尔德电子公司的工程师爱德华·奥斯瓦尔德·卡特（Edward Oswald Carter）申请专利：“一种新的或改进的室内游戏设备。”专利图如下，看起来就是一个双人版的《Periscope》。

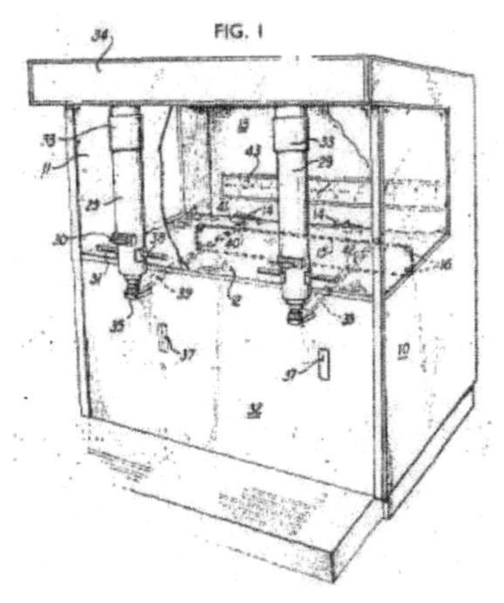

再看下证据链。

事实一：1966 年 11 月 28 日伦敦 ATE 贸易展，世嘉展示《Periscope》投币机。

事实二：1966 年 12 月 16 日，梅菲尔德公司为《Periscope》申请专利。

事实三：南梦宫和世嘉都没有为《Periscope》申请过专利。

大概率是梅菲尔德公司在展会上看到世嘉《Periscope》，然后火速申请了一个删减版专利。

关于到底谁才是《Periscope》的发明者，南梦宫、世嘉还是梅菲尔德？研究者亚历克斯·史密斯（Alex Smith）选择相信南梦宫，认为世嘉抄袭南梦宫。他推理的依据是：世嘉没有从零到一研发出《Periscope》这种划时代产品的能力，而南梦宫有工程能力。

本书的猜测偏向于：世嘉制造出 Periscope。南梦宫的历史证据不能将《Periscope》的发明时间推到 1966 年 11 月前。中村雅哉也没指控过世嘉抄袭，他提到的仅仅是：《Periscope》是南梦宫第一款游戏，而非第一款原创游戏。

至于梅菲尔德公司，不过是一个投机分子，1972 年就被扫进历史的垃圾堆。如果没有更有力的证据出现，大概率就是中村雅哉记错时间了。

世嘉来了

为何要对《Periscope》做如此深入的了解呢？因为它跟《Pac-Man》一样，也是划时代的产品。1967 年，世嘉带着《Periscope》，正式踏入投币机市场。一个“来自日本的美国人，在美国市场打日本人”的故事，在此埋下伏笔。

第十七章　世嘉游戏：日本人的美国公司

1967 年，世嘉带着《Periscope》正式踏入美国投币机市场。世嘉 CEO 罗森是犹太人，生于纽约布鲁克林。1954 年他与日本姑娘藤崎雅子结婚，并收养了一个女儿丽莎。带着《Periscope》回到美国，罗森算是衣锦还乡。

25 美分运动重新定义投币机市场

世嘉进入美国投币机市场时，该行业发展早已停滞多年。投币机制造商都固守在自己的游戏类型上：弹球、老虎机，一些简单的机电游戏，该行业完全没有欲望做玩法创新。原因很简单，投币机有个约定俗成的价格——10 美分 / 次。从“二战”以来，玩一次投币机的价格就是 10 美分，铁板钉钉，纹丝不动。无法提升售价，就没有超额利润。没有超额利润，谁还想创新？

世嘉虽说是美国人创办的，可它不折不扣地是家日本公司。日本高额出口关税，使《Periscope》出口到美国的成本价高达 1295 美元（相当于 2021 年的 10,091 美元）。美国制造商的投币机一般在 695—795 美元之间，前文提过，雅达利的 Pong 街机售价为 1005 美元，那是因为街机要用到集成电路，零部件比投币机贵得多。

《Periscope》在美国推出时，按照约定俗成的办法，也选择 10 美分 / 次的定价。没多久，罗森就发现这样的定价十分愚蠢。不同的制造商，不同的游戏，为什么都要卖同样的价格呢？《Periscope》的经销商也抱怨成本过高，无利可图。

经过仔细的思考，罗森确信游戏是一种创新商品，新奇的游戏理应让用户支付更高的价格才能体验。他开始联合 Periscope 的制造商、分销商和运营商，使用25美分/次作为投币机的定价。具备杰出商业头脑的罗森，将这场商业创新叫作“Quarter–Play”。25美分玩游戏，价格比10美分提高150%，能行吗？

对此，罗森有一番精彩的表演。日本世嘉为美国市场准备了三款游戏：《Motopolo》《Helicopter》《Periscope》。下图为《Periscope》的宣传海报，一位漂亮的美国女兵。

使用美女广告的《Periscope》很受欢迎，该计划在市场实施后结果让人难以置信，世嘉投币机引发一场热潮。参与“Quarter–Play”活动的运营商，都赚得盆满钵满。

25美分投币活动为何成功呢？其原理和5美分的糖果条在自动贩卖机上忽然涨价到10美分，怎样让消费者接受一样。糖果制造商通过升级产品解决提价问题，如糖果条变得更大，口味更好，包装更美观。罗森也是秉承同样的原则：世嘉投币机提升整体产品体验，使游戏从5美分的糖果变成10美分的糖果。

1969年3月，罗森点评《Periscope》，“很可能会成为十年来最赚钱的投币机”。在接下来的时间，世嘉每年会推出8—10款投币机。《Periscope》有很吸引人的优点：大、笨重、嘈杂，特别容易引起用户好奇心。从 1967—1977 年，世嘉推出的投币街机都是市场上的宠儿。除《Periscope》，还有《Missile》《Combat》《Grand Prix》等游戏。

将投币机定价为 25 美分，使得投币机市场再次繁荣起来。人们愿意为玩游戏支付的费用，不再是不可调整的内容。市场利润提升带来投资回报，让制造商们开始继续为投币机行业制作好玩的游戏。运营商们，也更乐意推广和摆放优质的投币机游戏。合力之下，给电子游戏进入投币机市场打下牢靠的用户基础。没有这一步，街机的黄金时代还要等很久。

《Periscope》的成功确立了美国投币机的市场标准，也让世嘉最终踏上电子游戏的道路。这也是要花大量篇幅深入研究《Periscope》的原因。不管是《Pong》还是《Pac-Man》，都因世嘉的《Periscope》获益匪浅。

罗森的“Quarter-Play”无疑是电子游戏史上最佳商业创新之一。

只要游戏好，不怕价格高。人们愿意为快乐支付的价钱，没有上限。

北美街机游戏的黄金时代

1969 年，罗森决定让世嘉上市，当时在日本上市非常困难，他只能去美国寻找机会。在这个过程中，世嘉被海湾和西部工业集团（Gulf and Western Industries）收购，公司仍然由罗森担任 CEO。1973 年，世嘉发布第一款街机——Pong-Tron。从投币机到街机，世嘉正式从机电游戏进入电子游戏领域。

街机黄金时代是街机技术和创意集体爆发的时代，街机游戏在北美、欧洲和亚洲迅速传播。1980—1982 年期间，北美游戏厅数量达到 10,000 家。经历 1983 年的北美游戏市场崩溃后，1998 年北美游戏厅还剩下 4000 家。街机游戏不仅摆在游戏厅，还摆在超市、超市、酒吧、加油站和一切零售场所。街机游戏像便利店一样普及，最夸张的时候，殡仪馆都摆着几台《吃豆人》。街机游戏市场份额也从 1978 年的 5000 万美元增长到 1981 年的 9 亿美元，1982 年攀升到 15 亿美元。据统计，1982 年美国共有 150 万投币街机运行。许多家用游戏机上的爆款游戏，都是改自街机。

街机的火爆，孕育出一堆游戏大佬，如 Capcom、SNK、任天堂。

北美街机游戏黄金时代，街面最多的游戏是太东的《太空侵略者》和南梦宫的《吃豆人》，分别有 360,000 和 400,000 台。除了这两位超级巨星外，其他游戏也表现不凡。《吃豆人小姐》115,000 台、《小行星》70,000 台、《金刚》60,000 台、《后卫》55,000 台、《少年金刚》35,000 台、《小蜜蜂》40,000 台、《Do！》30,000 台、《Tempest》29,000 台。还有《Defender》《Dragon' s Lair》《Space Ace》等一系列畅销街机。

1979 年，世嘉年收入达到 1 亿美元，同年收购两家公司：Gremlin Industries 和 Esco Trading。Gremlin 由哈利 · 福格曼（Harry Frank Fogleman）和卡尔·格林德尔（Carl E. Grindle）于 1971 年作为工程公司成立。二人本想用 "Grindleman Industries" 作为公司名字，那是两人名字拼起来的单词。没想到特拉华州的办公人员听错写成 "Gremlin"，公司就这样注册完成。

Gremlin 被世嘉收购后，主要负责世嘉游戏和其他世嘉授权的街机制造。Esco Trading 是中山隼雄创建的投币机销售公司，被世嘉收购后，中山隼雄担任世嘉副总裁，负责日本业务。此人打个圈圈，以后要考。

1979 年，世嘉 Gremlin 发布游戏《Head-On》，是 1979 年日美两国排名第 4 的街机游戏。1980 年，世嘉年收入增至 2.14 亿美元。

1981 年，世嘉获得了科乐美公司畅销游戏《青蛙过河》的授权。

世界首款伪 3D 游戏

1982 年，世嘉推出第一款 2.5D 游戏《Zaxxon》。在世嘉推出《Zaxxon》前，雅达利在 1980 年也推出过类似游戏：用线框模型搭建 3D 场景模型飞行。市场反应很差，大部分人脑子并不具备将线框转化成为立体模型的空间想象力。如果全靠想象的话，还玩什么电子游戏？

2D 和 3D 是什么呢？2D 指的是二维平面的图像（2 Dimensions），

3D 是三维立体的图像（3 Dimensions）。如下图左边的小熊，是个平面 2D 图形，无法旋转。而右边的小熊有阴暗面，旋转后仍然可以看到不同面的小熊。

伪 3D 是什么呢？它是指以二维形式直观地表示三维对象的方法。它不是 3D 图像，可它会让看到的人觉得它是 3D 图像。方法是使用平行投影,用角度来显示环节,这样它的画面就不能做成从上而下或者侧视图，而是需要 45° 斜着摆放。《Zaxxon》就是一款伪 3D 游戏，下图是游戏海报和画面。

世嘉对《Zaxxon》的宣传不遗余力，还支出 150,000 美元请派拉蒙影业拍摄世界第一支街机游戏广告。世嘉和派拉蒙同属海湾和西部工业集团二级公司，双方都有高管在对方董事会任职。

《Zaxxon》给世嘉带来前所未有的商业成功，游戏一经推出便受到评论家们的好评。游戏评论家科恩称赞“令人难以置信的 3D 真实感”，他认为这是迄今为止电子游戏中最好的，同时将游戏玩法描述为“驾驶和射击游戏的混合体”。《电子游戏》杂志称赞该游戏“在街机游戏中处于三维的前沿”，以及当时基于高度的“现实”游戏玩法。

1982 年 6 月，《Zaxxon》登上美国街机月榜榜首。它对游戏设计的影响非常深远，倾斜 45° 画面平行投影的设计带出一堆伪 3D 小弟。这在性能不足的年代，是玩家们的福音。《帝国时代》《星际争霸》《红色警戒》《暗黑破坏神》《大话西游》都是伪 3D 技术的使用者。最会造名词的还是台湾智冠电子，为宣传新游戏《风云之天下会》，堂而皇之地称自己为 2.5D 游戏画面。

2004 年暴雪娱乐的《魔兽世界》出现，伪 3D 的时代才算被真 3D 终结。

世嘉的 MBO

王者的故事并没有就此展开，而是戛然而止。

受雅达利引发的 1983 年北美游戏大崩溃后，游戏市场降至冰点。1983 年 9 月，海湾和西部工业集团将街机制造和街机游戏知识产权（IP）打包卖给 Bally，保留世嘉的研发业务和日本子公司。随着街机业务的进一步萎缩，世嘉日本总裁中山隼雄提议开发日本家庭消费市场，于是世嘉日本开发出个人电脑“SC-3000”。得知任天堂正在开发家用游戏机，世嘉又在 SC-3000 基础上开发出世嘉第一款家用游戏机——SG-1000。产品发布后，1983 年卖出 160,000 台，远超预期。

1983 年 11 月份，罗森宣布辞去世嘉总裁一职，由杰弗里 · 罗赫利斯（Jeffrey Rochlis）担任世嘉新总裁。SG-1000 推出没多久，海湾和西

部工业集团的创始人查尔斯·布鲁多恩（Charles Bluhdorn）去世，海湾和西部工业集团决定出售二级公司的股权。在 CSK 公司大川功的资金支持下，罗森和中山隼雄等人以 3800 万美元的价格完成世嘉日本的管理层收购。

管理层收购（Management Buyout，MBO）是指公司的高级管理层从金融机构或风险投资得到资金的支持，从公开市场上买下公司很大比例的股权，甚至全部股权，以达到控股程度。管理层收购是并购的一种特殊形式。

新世嘉由大川功担任董事长，中山隼雄担任 CEO。罗森已经举家迁往洛杉矶，不想返回日本。他担任世嘉美国董事长，在世嘉美国工作到 1996 年离任。

1967 年，罗森踌躇满志地从日本回到美国，到 1984 年完成 MBO，世嘉又回到日本。南柯一梦终须醒，浮生若梦皆是空。

一家美国人创办的日本公司，最后回到日本人手里，成为日本人的美国公司。

2000 年和 2001 年世嘉遇到重大财务危机，大川功分别拿出 500 亿日元、850 亿日元捐给世嘉渡过难关。2001 年，大川功因癌症离世。

世嘉的故事远远还没结束，它暂时下场。

第十八章　太东：东渡扶桑的俄国犹太人

来到哈尔滨

1920年1月1日晚，今乌克兰敖德萨。黑海的波浪轻轻地拍打着港口，这是个平静的夜晚。城里，老科根正在焦急地等着自己第六个孩子的到来。不多时，一名男婴顺利地出生，这是他家最小的儿子。老科根给他取了一个响亮的名字：米哈伊洛·科根（乌克兰语：Михайло Коган），教名马尔科。

已有多位犹太裔登场，创造"Bertie the Brain"的凯特斯，发明电子游戏的贝尔，世嘉的罗森。

1920年，敖德萨进入动荡期。犹太革命家米什卡·雅蓬奇克（Mishka Yaponchik）被杀后，法国军、红军白军、黑帮轮番上场。德国纳粹党上台后，全欧洲又刮起阵阵反犹太浪潮。局势日益崩坏，为逃避迫害，科根一家变卖家产踏上流亡路。他在流亡中熟练掌握了德、日、中和阿拉伯语四门外语，堪称语言天才。1932年，科根家定居在中国东北城市——哈尔滨，此时米哈伊洛·科根已经12岁。

反犹太的不只德国，还有俄国。

格里戈里·米哈伊洛维奇·谢苗诺夫（1890年9月25日—1946年8月30日），俄罗斯帝国陆军中将，后在日本支持下成为外贝加尔山脉地区的白军领袖，是俄国反犹太将领。他十分相信一本名为《锡安长老会纪要》的阴谋论小册子，认为犹太人正在秘密计划统治全世界。他将《锡安长老会纪要》在部队发放，想激发士兵们同仇敌忾。

谢苗诺夫的司令部，有两名日本情报官员兼俄罗斯事务专家：陆军的安江仙弘和海军的犬冢是重。他们着手研究这本古怪的书，并把它翻译成日文。两位日本情报人员同样十分相信《纪要》的真实性。然而，他们得出的结论与谢苗诺夫希望的完全不同：犹太人这么聪明，掌握那么多隐秘的财富，日本应该争取犹太资本的支持，犹太人应该成为日本的盟友，为天皇服务。

1934 年，日本钢铁企业家鲇川义介在外交刊物上发表题为《一项邀请 5 万德国犹太人来满洲国的计划》的文章，宣告日本民间和官方都接受犹太人确实掌握着全世界神秘财富和资本的事实。日本关东军开始接纳犹太人，还为犹太人提供定居点。可惜的是，流亡到东北的犹太人大多是穷人和难民，日本人并没捞到什么好处。日本盟友德国要求杀掉所有犹太人，由于日本方面先入为主地认为《纪要》确有此事，成千上万的犹太人因此活了下来。其中就有幸运儿——米哈伊洛·科根。

两渡扶桑

安江仙弘（1886 年 1 月 12 日—1950 年 8 月 15 日），日本陆军上校，他在“河豚计划”中发挥了关键作用。他与犬冢是重一起，被称为日本犹太专家。河豚计划执行后，犹太人从欧洲获救后被带到日占区和日本本土。

1938 年，已成为犹太复国组织青年领袖的科根参加第二届远东犹太人大会，负责安江仙弘的护卫。安江仙弘在会上说道：“犹太人在世界任何地方都没有自己的家园。今天，随着世界某些地区发生大屠杀，我们看到犹太人被追捕和驱逐，以人类的名义和我作为个人都深感悲痛。一些国家将自己的同胞，作为不良分子驱逐。他们把这些人驱逐到哪里去了？就个人而言，我真的很讨厌这种行为。我们应该给犹太人土地，让他们拥有自己的国家。”

掌声雷动，站在安江仙弘身旁的科根也流下激动的泪水，从此和安江仙弘成为至交好友。安江仙弘也很喜欢这位精通多国语言，高大帅气的犹太青年。他推荐科根去东京早稻田大学经济系进修，科根欣然前往。

安江仙弘安排科根住在自己朋友米川正夫家里，当时日本最著名的俄语小说翻译家。他翻译的陀思妥耶夫斯基的作品集，至今仍是最好的日译本之一。作为一名语言天才，科根帮助米川完成了许多翻译工作。

1944 年，科根从早稻田大学毕业。经许可，他来到中国上海与家人团聚，正好躲过 1945 年美国在日本丢下的原子弹。在上海，科根成立太东洋行。公司成立不久，日本投降。接管上海的国民党政府要求犹太人回国，科根自然不愿再回到敖德萨，举家来到天津。在天津，科根充分展示出犹太人的经销商天赋。精通多国语言的他八面玲珑，生意十分火爆。

1948 年，新中国解放前夜，科根带着在中国赚的第一桶金再次回到东京，在东京注册“太东洋行”。本以为会再次大展身手，没想到日本文化和中国文化截然不同。太东洋行的服装生意虽说不错，可雇员和客户们都十分难缠，科根的生意陷入困境。因为对新环境的不适应和经营的压力，那几年他过得十分压抑，只能去公司附近的空手道武馆发泄。

1952 年，科根在空手道武馆训练期间，遇到道馆的临时管理员，法学毕业生中西昭雄。两人一见如故，在科根极力邀请下，中西昭雄加入太东洋行成为王牌业务员。两位年轻人配合默契，很快，太东洋行的业务焕然一新。1953 年 8 月，科根将太东洋行正式更名为“太东贸易株式会社”（Taito Trading Company）。下图为 Taito 早期的标识。

1950年代初，日本开始流行伏特加，自认为天赋异禀的科根毫不犹豫地加入这波风潮，他花巨资请来澳大利亚酿酒大师酿造太东伏特加，成功酿造出“Troika”（特洛加）。酒的品质非常高，可日本错综复杂的商业关系，让酒厂、经销商和酒吧形成一堵高墙，太东特洛加无门而入。下图为太东 Troika Vodka，1953年出品。

一筹莫展之际，中西昭雄从日本街头出现的可乐自动贩卖机获得灵感。进不去高档酒店和酒吧，为何不在街头卖酒呢？太东对小型投币贩卖机进行改进，设计出一款投币式自动售酒机，还可以在机器上买到花生作为佐酒零食。

没多久，从北九州到九州的便利店、咖啡馆和酒吧，都留下中西昭雄的足迹，太东的自动伏特加贩卖机一炮而红。好景不长，三得利等大厂商也很快跟进这种做法，科根选择退出伏特加业务。中西昭雄开拓的销售渠道，为太东下一步进入投币机市场打下不错的市场基础。

第十九章 太东：太东的太空侵略者前传

与世嘉相逢

1952年，布罗姆利成立Service Game of Japan，为日本美军基地提供老虎机和点唱机。战后日本人的生活都非常苦闷，点唱机这种只要一点点钱就可以获得快乐的娱乐设备，很快就从美军基地传播到日本民间。著名的推理小说作家松本清张说过：战后迷茫无助时，点唱机是自己唯一的心灵慰藉。

点唱机的火爆，让正在卖伏特加的科根发现这才是真正的好生意。科根奔走日本各美军基地收购旧点唱机，翻新后将机器摆在便利店和咖啡馆出租，获得丰厚的回报。中西昭雄提出零押金的租赁模式，免费在酒吧开展业务。零押金模式十分有效，迅速在全日本打开局面。科根对租赁点唱机的业务并不满足，1955年，太东成立自己的研发基地。1956年在大阪国际商贸展上推出太东第一款点唱机“ジュ ーク J40”（Juke J40）。

Juke J40使用进口配件，造价高昂，卖不到10台就被迫停产。自研不成，为打破Service Games和V&V（专营点唱机进出口贸易公司）的垄断，科根到美国洛杉矶寻找一手货源。生性豪爽口碑又好的他很快融入洛杉矶犹太裔社区，认识北美最著名点唱机公司AMI（Automatic Musical Instrument）的老板，另外一位犹太人。有这层关系，科根没费多少工夫就获得AMI点唱机日本代理权。不仅如此，他还获得跟AMI齐名的Seeburg Corporation公司的点唱机代理权。两大点唱机品牌在手，太东的业务终成气候。

1965 年时，太东员工人数已经超过 300 人，成为日本仅次于世嘉的投币机制造运营商。科根也成为日美商业合作的联络人，经常在两地之间义务调停各种商业纠纷。某次科根去 V&V 拜访时，发现一位特别精明能干的年轻人。他向 V&V 社长大力推荐，这位年轻人很快得到重用。1968 年，这位年轻人离开 V&V，成立 ESCO 贸易公司。1979 年，ESCO 被世嘉收购。1983 年，他和罗森等人完成管理层收购，成为世嘉日本的社长。这位就是未来一度压着任天堂打的世嘉传奇掌舵人——中山隼雄。

科根具备识人的天赋，这是非常稀缺的能力。

1958 年，太东开始引进 Gottlieb 公司的弹珠游戏机。市场人员并不知道该如何推广弹珠机，中西昭雄想到一个好办法：把弹珠机安装到保龄球馆。保龄球当时是日本最火热的社交活动，从早到晚各个场馆里都排着长长的队。中西觉得，大家在等待上场前可以玩玩弹珠机。

他的判断很准确，Gottlieb 弹珠机很快打开市场，大受欢迎。老对手 Service Games 见状连忙跟进，他们不仅引进 Gottlieb 弹珠机，顺带还引来 Bally 等厂商。Service Games 比太东更进一步，它不满足于将弹珠机作为保龄球馆搭配的经营模式，而是开设专门的电子游戏厅。面对 Service Games 的进攻，科根也在大阪上本町六丁目开设第一家太东游戏厅。CAPCOM 创始人辻本宪三的家，离这里不到 1 千米。

为抢占投币机市场，科根将太东的资源全部投入自营工厂的扩建。1963 年，太东成立子公司“パシフィック工业”（Pacific Industries）。

1964 年，日本东京奥运会举行。东京奥运会是日本经济战后首次腾飞的催化剂，也是日本投币机娱乐产业的里程碑之年。4 月，太东贸易推出一款名为奥林匹亚（Olympia）的老虎机。奥林匹亚老虎机推出后，立刻成为风行一时的游戏。太东在东京闹市区的游戏厅里，天天排长队。

Service Game 又跳出来对奥林匹亚老虎机一顿山寨，还为此拿到日本奥委会的授权。可惜这次山寨的结果很不理想，Service Game 的老虎机没人玩，自家游戏厅还因为太东游戏厅太火爆，业务一落千丈。为此事，Service Game 向太东动用不少灰色力量，双方闹得不可开交。最后，科根不得不亲自和Service Games总裁理查德·斯图尔特（Richard Stewart）交涉。经过多次磋商谈判，发现闹下去成本太高，于是双方达成全面合作协议。下图是奥林匹亚老虎机。

太东贸易和Service Games以合资方式成立奥林匹亚株式会社，其中Service Games负责生产制造设备和向欧美地区推广，太东贸易则与之共同分享日本国内的经营成果。这次合作，使得老虎机市场迅速扩大。Service Games1965年的销售额创纪录地突破了百亿日元，并在当年和罗森企业合二为一。

1968年，太东贸易员工已达600人。奥林匹亚株式会社的业务在1968年到达顶峰后开始衰退，太东贸易几名产品开发人员跳槽到一家名为SAMMY（飒美）的公司，他们根据奥林匹亚的设计原理研发出一款全新产品，就是今天还遍布日本大街小巷的柏青哥机。2004年，SAMMY公司和世嘉合并。

缘分本是天注定，谁也没想到太东和世嘉还有如此渊源。

从太东到 Taito

1965 年，太东贸易横滨研发中心独立设计出一个名叫“Crane Game”的机器，“抓娃娃机”的最早原型。Crane Game 是在一个半圆形的玻璃罩中放置各种礼品，玩家通过推拉操纵杆来抓小玩具。它成为投币机的超级爆品，很快给太东带来超额收益。

世嘉合并后由罗森主持大局，他起用一批年青员工进入世嘉管理层。这群年轻人在 Crane Game 的基础上大幅改动，将其工业设计和游戏机制都进行全面提升，且不断降低小玩具的成本，制作出 Crane Game 的仿制品“SEGA UFO CATCHER”。UFO CATCHER 面世后，很快打败太东，成为世嘉的主要收入来源。下图是SEGA UFO CATCHER——抓娃娃机初代机型。

1967 年 2 月，由罗森世嘉、科根太东贸易和中村雅哉南梦宫三家占日本市场份额四成以上的公司联名发起成立日本投币机工业协会。1971 年，日本投币机行业协会又合并日本自动贩卖机协会，成立全日本投币机行业协会，由太东贸易的中西昭雄担任会长。

1970年，太东贸易出口额突破50亿日元。1972年，太东贸易正式更名为“TAITO”。

科根教名叫马尔科，如果别人喊他科根先生，他会平静地接受。可如果有人喊他“马尔科”，他就会十分高兴地以拥抱回应。科根是一位身高180厘米，体重100公斤的大汉，他的拥抱并不是很好受。传闻中村雅哉就因为享受过马尔科的熊抱，后面只敢喊科根先生。

太东的天才员工——西角友宏

电子游戏史上，多次出现这样的标题，并非耸人听闻。天才员工就是电子游戏的天才艺术家和制作人。游戏和绘画艺术有所不同，因为包含技术特性，往往需要配套的工业体系和团队才能完成。可它和绘画艺术又类似，需要有天才的灵感，才能制作出卓越的作品。

西角友宏，1944年3月31日出生于大阪，1967年毕业于东京电机大学通信工学系。毕业后他去索尼面试，面试最后一轮惨遭淘汰。于是他加入一家名为Takt的小公司，在那里混完1年后，西角觉得没意思。他计划跳槽到一家关西的通信公司，可又舍不得离开老家。在大阪府岸和田市街头闲逛一个多月后，他终于下定决心要去关西。出发时，在火车站碰到一位Takt的老同事。这位老同事说太东正在招聘工程师来制作游戏。反正都在关西，西角友宏决定先去太东看看。

毫不意外地，1968年，这位眯眯眼大学生加入太东。

加入太东后，投币机的技术水平之低，让西角友宏十分震惊。作为东京电机大学毕业生，专业的电气工程师，他发现太东代理的投币机不过是一些使用接触感应式电路制作成的设备。对于想大展身手的西角来说，完全没有用武之地。

他咨询经理，能不能在机器上采取一些新技术，比如逻辑电路或彩色显示器。经理的回答十分严厉：“对于一个追求薄利多销的市场来说，不合实际的成本预算无疑是严重的冒险行为！”

年轻的西角友宏不认同领导的看法，他又花时间去试玩其他厂商的投币机。不出所料，同样是一些粗制滥造的作品，毫无新意。

和经理不同，科根本人并不是循规蹈矩的经营者，他鼓励员工积极开发新产品。科根对投币机行业互相抄袭不思进取的风气十分痛心，他说道："我们应该努力去做与众不同的东西，至少要让大家第一眼就知道这是太东的商品。"

"创造与众不同的东西"，后来成为太东的社训。

得知西角友宏的想法后，科根安排他去研究 TTL 电路。这让西角友宏成为太东最早，也是唯一的逻辑电路工程师，是日本投币机行业中极少数具备这项能力的工程师。

1970 年，西角友宏制作出一款由太东完全自行开发的投币机《天空战机》（*Sky Fighter*）。《天空战机》没有技术上的突破，不过它的创意仍然引起业内关注，毕竟，这个行业太缺乏创新了。

1971 年 7 月，西角友宏在《天空战机》的基础上，开发出《天空战机 Ⅱ》。它采取全新的设计理念：亚克力透明罩中，一个飞机模型悬浮在空中。玩家手中的光枪射出红光，击中飞机后还会产生爆炸效果。西角友宏采取折射影像，使得模型飞机从底座折射到半空中，看起来有立体效果。《天空战机 Ⅱ》的创造性设计，让太东在全行业地位稳步上升，也带来不少市场收入。

第二十章　太东：神作太空侵略者

1972年，雅达利《Pong》发布，这是一款使用TTL的投币机，也是世界首台成功商业化的街机。1973年，《Pong》来到日本。太东认为这款售价奇高的机器没什么市场，放弃独家代理《Pong》的机会，转而与世嘉共同代理。结果和判断大相径庭，《Pong》的火爆引发日本企业争相进入街机市场。它的成功，同样震撼到太东上下员工。

集成电路在当时是高科技的象征，没想到竟然可以应用于投币机。科根让研发部门马上开始研发，要做出类似的产品。重担自然落在太东唯一的电气工程师——西角友宏身上。

劳模西角友宏

和岩谷彻没花2年就鼓捣出《Pac-Man》不同，西角友宏面对的困难要大很多。在他之前，日本没有使用TTL开发过街机，需要从零开始研究。通信工学科班出身，外加丰富的开发经验，让西角友宏得以迅速深入《Pong》的开发原理。学习的过程中，他也找到自己的毕生事业：研发真正站在科技前沿的电子游戏设备。

半年时间里，经过TTL的反复摸索，西角友宏已全然掌握《Pong》的工作原理，可他并不想做个山寨机。跟科根交流后，老板支持他制作一款全新的游戏《Soccer》。

1973年，太东《Soccer》街机发布，同样是采取集成电路设计，使用绿色背景模拟比赛场地。《Soccer》发布后被 Midway 进口到美国，获得很好的市场反馈。太东《Soccer》是日本第一款原创的，基于集成电路的街机游戏。图为太东的 Soccer 街机游戏宣传海报，可以看到游戏背景。

《Soccer》之后，西角又继续开发第二款基于 TTL 的游戏《Davis Cup》，一款网球游戏。《Davis Cup》支持双打，支持 4 名玩家同时游戏。游戏发布后，成为太东游戏厅的台柱子游戏。

在科根鼎力支持下，西角友宏没有停下产品开发的脚步。天才制作人，搭配上资本和信任，爆发出的力量是无穷的。1974 年，西角开始研究如何把游戏角色从简单的矩形变成角色图形。他在《TV Basketball》游戏中实现图形游戏角色，当年 4 月在欧洲发布。《TV Basketball》发布后被 Midway 获得美国地区的代理权，并成为当年 Midway 销售数量最多的游戏。下图为《TV Basketball》的球员，别看很简单，可之前的游戏角色都只是小方块。

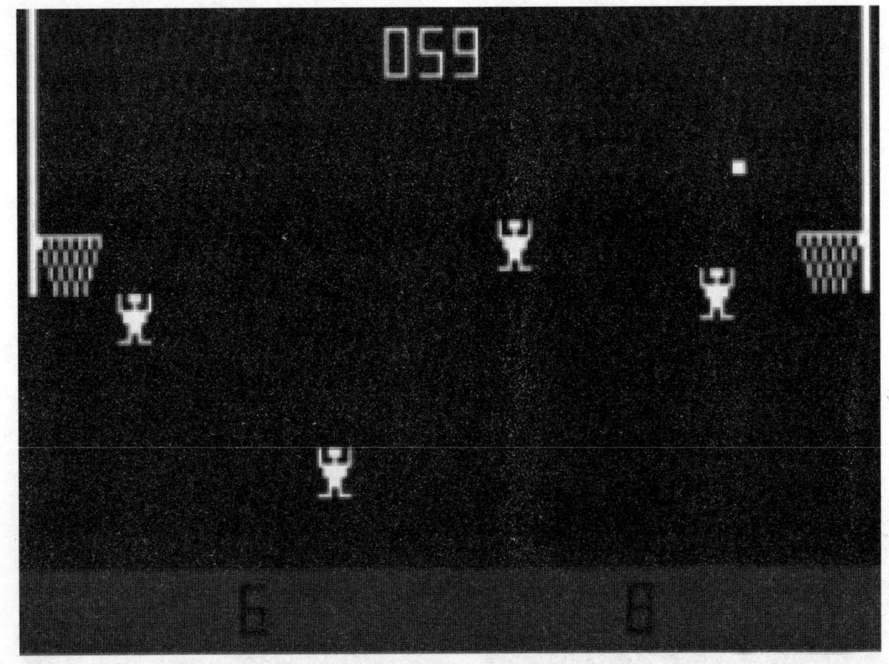

11 月，西角研发出《Speed Race》，这款游戏同样由 Midway 在北美发行。太东的游戏出口业务蒸蒸日上，世嘉却一直没找到跟西角友宏和岩谷彻媲美的天才工程师，只能做授权工厂和贸易商。《Speed Race》创造性地引入滚动图形，让车沿着路线移动时，路线会产生宽窄变化。随着分数的增加，竞争对手的车辆会变多，车辆的速度也会加快，产生紧张刺激的竞赛感。此外，游戏还配备赛车方向盘和仪表盘，带有加速器、换挡装置、速度计和转速计。玩家可以选择单人游戏或两人游戏，每个玩家都要超过对方的分数才能获胜。游戏还支持难度选择，支持“初学者”和“高级玩家”选项，在当时又是一项创新。

《Speed Race》北美版本被 Midway 更名为《Wheels》发售，销量超过 10,000 台，成为 1975 年北美最畅销的街机游戏。下图为太东的街机《Speed Race》。

西角友宏十分高产，1975 年他又主持开发《Western Gun》。射击游戏一直是热门题材，《Western Gun》创新性地开创双人对战模式，而且略带暴力。游戏中角色都有个人形象，游戏场景中有仙人掌、松树和火车。场景中的道具可以掩护玩家，也可以被破坏掉。玩家的子弹也是有限的，每人只有 6 颗。游戏还采取双摇杆射击，一个用于移动角色，另外一个用于用户改变射击方向。子弹还能在画面边缘进行反射，击中对手。

《Western Gun》同样授权给 Midway 在美国发行，Midway 照惯例将其更名为《Gun Fight》。Midway 在制作《Gun Fight》时，开始使用微处理器运行游戏。这启发了西角友宏，他也开始尝试使用科技含量更高的微处理器开发游戏。整个 70 年代，太东和 Midway 是非常密切的合作伙伴，双方在产品上相互授权，技术上互相分享。

1973 年到 1976 年短短 4 年里，太东一跃成为日本第一的街机公司。科根的慧眼和支持，西角友宏的天纵奇才，中西昭雄的运营，打造出“太东奇迹”。1974 年 9 月，科根带着太东关键员工前往美国参加 AMOA 展，西角友宏也被点名前往。展会上，布什内尔偷偷地把他拉到一边，开出天价薪酬挖他去雅达利从事产品开发，被拒绝。原因据说是西角友宏刚新婚不久，还有科根的知遇之恩。

《Gun Fight》发布后在美国大获全胜，卖出 8600 台。1975 年在北美街机游戏中排名第三，1976 年排名第二。《Gun Fight》的成功打响了日本街机游戏进攻美国市场的号角，此时美国人还在家用游戏机上酣战，浑然不觉日本公司的野心。1976 年 3 月，西角又研发出新游戏《空中拦截》（*Interceptor*）。这款游戏通过伪 3D 方式来缩放目标，使得玩家有一种虚拟的 3D 感。

太空侵略者

1977 年，西角友宏开始秘密研发一款新游戏，他自己动手组装出一台微处理器。以这台微处理器为基础，他独立完成设计和游戏编程，为它制作美术和音效。比起岩谷彻带领制作《Pac-Man》的团队，西角的新游戏可谓是“一人机”。他将游戏的创作归于一个梦境，“日本的学童们，在圣诞节前夕等待圣诞老人出现在空中。可空中出现的不是圣诞老人，而是一排排外星人。聪明的孩子们用汽车电池、火花塞和轮毂盖拼成激光爆破器。在孩子们的控制下，激光爆破器左右移动，把外星人炸开花拯救地球”。

西角友宏对此游戏反复打磨。48 个外星人，分成 6 排，每排 8 个，在屏幕上水平移动。一旦入侵者触摸到屏幕的一侧，外星人就会下降一排，使他们更靠近屏幕底部的玩家坦克。激光爆破器要与外星人交火，通过从左向右移动来躲避他们的射击，最终杀死屏幕上的所有外星人。杀死的外星人越多，他们下降的速度就越快。随着每一波的推进，玩家用来掩护的绿色屏障最终会化为乌有，让你更加脆弱。杀死所有入侵者后，就会继续进行下一波，随着游戏的推进，游戏变得越来越困难。

西角友宏本人强悍的硬件能力，在游戏中发挥得淋漓尽致。他使用 Intel 8080 微处理器做运算单元，使用位图帧缓冲区在 CRT 显示器上显示光栅图形，并使用由单声道声音模拟电路组合德州仪器 SN76477 声音芯片来播放音乐和音效。他还从 Midway 开发的《Gun Fight》中借鉴桶形移位器电路（barrel shifter，一种数字电路，可以在一个时钟频率周期内将数据进行特定比特数的移位）技术，使得动画更为流畅。桶形移位器电路允许 Intel 8080 以比使用其自己的本机指令更快的速度移动图形帧缓冲区中的图片。

在对游戏进行编程时，西角友宏发现当屏幕上的外星人较少时，处理器能够较快地渲染外星人动画图形的每一帧。由于外星人的位置在每一帧之后都会自动更新，随着越来越多的外星人被摧毁，外星人会以越来越快的速度在屏幕上移动。他没有修改这个设定，反而认为这个可以作为游戏机制：这就是开始所说的，用外星人移动替代传统计时器设计。

1978 年 4 月 1 日，太东发布这款游戏《太空侵略者》（*Space Invaders*），7 月进入量产。同街机版本一起发布的还有《TT Space Invaders》，它的桌面版本。下图为《太空侵略者》游戏画面。

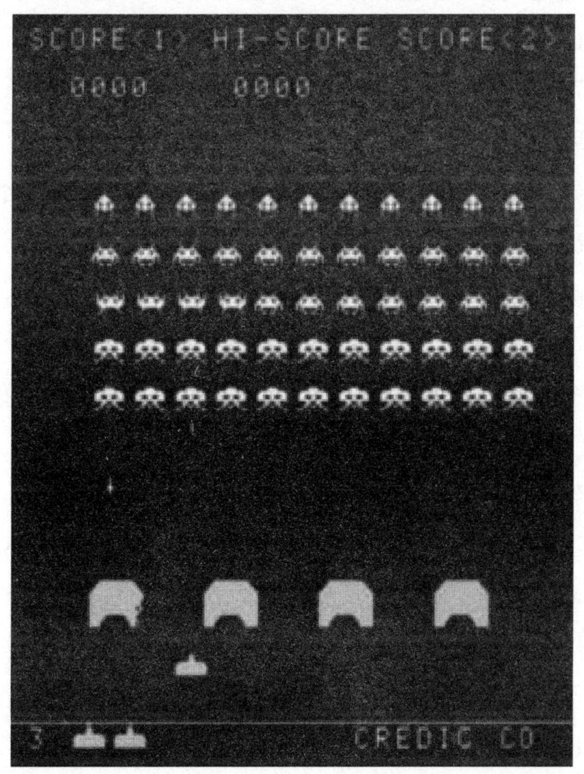

封神之作

《太空侵略者》带来电子游戏艺术史上多个第一：第一个互动风格游戏，第一个使用高分记录的游戏，第一个可以保存玩家分数的游戏，第一个玩家击退成群怪物的游戏，第一个使用背景音轨并且变奏的游戏，第一个从现实世界转向虚拟世界的游戏。

宫本茂曾经点评说，《太空侵略者》是一款改变电子游戏的游戏。在玩《太空侵略者》之前，宫本茂从未对游戏产生过兴趣。1977 年从金泽美术工艺大学工业设计系毕业的宫本茂，完全是因为该游戏而想投身游戏行业。

不知是确有其事还是恭维。

西角友宏完成《太空侵略者》开发后，科根认为它可能不会成功:《太空侵略者》的游戏时间，要短过使用计时器的街机游戏。玩家玩的时间短，这在消费市场是劣势。科根对市场的判断力远不如他对人的判断力，在日本推出后几个月，《太空侵略者》很快就成了超级巨星。

1978 年 4 月到 12 月，太东就在日本安装超过 100,000 台《太空侵略者》，收入达 6.7 亿美元。截至 1979 年 6 月，太东在日本制造约 200,000 台《太空侵略者》。这些机器每天都可以赚到 10,000 日元。《太空侵略者》海外授权给 Midway，到 1979 年底，《太空侵略者》全球销量达到 750,000 台。1978 年到 1980 年间，《太空侵略者》都是街机业的顶流玩家，成绩仅次于《吃豆人》。1982 年它总收入突破 38 亿美元，太东的年利润在当年达到 5 亿美元。

1980 年，《太空侵略者》在雅达利 2600 上移植。首年就售出 200 万份。在《吃豆人》出现前，它一直是雅达利 2600 上最畅销的游戏，累计卖出 625 万份游戏卡。《太空侵略者》和《吃豆人》一样，都是电子游戏史上封神的作品。关于它的赞誉和传说，还有非常多，比如最出名的 1979 年 5 月 13 日《日本经济新闻》刊发的新闻《100 日元不够了，全国总共被吸走三千万？》，文中说游戏过于火热，社会无币可用。日本银行只能连夜增产，加铸硬币。

当然，事实上此事纯属子虚乌有，属于夸大其词。今天打开太东的官方网站，看到仍然是布满《太空侵略者》的游戏元素。

太东后记

卡普空（CAPCOM）创始人辻本宪三说过："我失业后，太东总裁科根先生联系到我。他说会投资我在游戏行业想做的任何事情，我很感激。科根先生去世后，每次我去洛杉矶，都会去他的墓地看望他。在他的投资下，我 1983 年创立 CAPCOM。"

1984 年 2 月，米哈伊洛·科根在洛杉矶出差期间，心脏病突发去世。按照犹太人的仪式，科根安葬在洛杉矶。（一说安葬在以色列）太东由他儿子亚伯拉罕接任董事长，中西昭雄担任总裁。

1986 年 3 月，太东被京瓷收购。

2005 年 9 月，太东并入史克威尔艾尼克斯。

第二十一章　科乐美和科莱科：都是科家人

20 世纪 70—80 年代，南梦宫、世嘉和太东等厂商在街机市场大杀四方，可也有一些公司在夹缝中茁壮成长。

比如 KONAMI：科乐美。

KONAMI 科乐美

2021 年，美国福布斯日本排行榜，年届 81 岁的上月景正成为日本位列 36 的富豪。

1969 年 3 月 21 日，上月景正在大阪府丰中市创立“企业社”（エンタプライズ社），从事点唱机的修理与租赁。投币点唱机是日本电子游戏的真正源泉，太东、世嘉都是从点唱机开始街机游戏业务。KONAMI 这个名字，据说来源于科乐美创办人上月景正、仲真良信、宫迫龙雄各自姓氏的前两个英文字母：KOuzuki（上月）、NAkama（仲真）、MIyasako（宫迫）。另外一个起源是 2010 年上月景正接受采访时所说，KONAMI 是中文“小波”的日语发音，意为“比起兴风作浪，搅起一点水花会更好”。

对于已经将仲真良信和宫迫龙雄赶出公司的上月景正来说，这个说法更合理。

1981 年，科乐美发布自己第一款街机《Scramble》。身单力薄的科乐美的游戏都委托给 Stern Electronics、世嘉和 Gremlin Industries 制造。《Scramble》商业上取得不错的成功，《计算机与视频游戏》杂志在其 1982 年 2 月刊中称：是第一款让玩家执行任务的街机游戏。《Scramble》

在北美售出15,136台。科乐美在《Scramble》后推出续作《Super Cobra》。《Super Cobra》在美国售出12,337台。1981年，《Scramble》在日本获得排名14的好成绩。神作辈出的年代，实属难能可贵。

1981年，科乐美发布新游戏《青蛙过河》。游戏里玩家从屏幕底部出发，帮助青蛙穿过马路和河流各种障碍，最后回到自己的洞里。青蛙过河是游戏机设计师桥本明在车里等待红绿灯时，看到一只青蛙在马路上溜达。这只可怜的青蛙想回到马路对面的小溪，来回飞驰的汽车差点把它轧成青蛙干。桥本明下车帮青蛙回到水里，由此产生制作《青蛙过河》游戏的想法。

《青蛙过河》制作完成后，科乐美先将它推荐给世嘉。世嘉评估后，拒绝制作这款游戏，理由是太低龄和可爱。世嘉一位名叫伊丽莎白的女性高管将《青蛙过河》带到董事会，被戈登驳回。理由是：这种只能吸引女性和儿童的题材，没有市场价值。伊丽莎白说：你们也因此拒绝过《Pac-Man》。

会议室鸦雀无声。

世嘉向科乐美按每天3500美元的价格，获得60天的授权许可。《青蛙过河》的EPROM到达美国后，世嘉工程师用它制作成原型机。原型机被带到圣地亚哥的Spanky’s Saloon酒吧，由男性用户进行测试。如果酒吧测试结果良好，世嘉就会同意制造和销售该游戏。

测试的结果出乎意料地好，经销商报告称：《青蛙过河》吸引广泛的玩家群体，吸引了所有年龄段的人。女性尤其喜欢这款游戏，而且感觉很舒服。因为它不具侵略性，但极具挑战性。

《青蛙过河》是全新的休闲游戏类型，它不分年龄和性别地吸引着玩家。1981年，《青蛙过河》为世嘉赚到1.35亿美元。《青蛙过河》移植到雅达利2600后卖出400万份，到2005年全球版本售出超过2000万份。

《青蛙过河》是科乐美在电子游戏行业的立足之作。

高产王牌制作

1982 年，科乐美推出新游戏《Time Pilot》。《Time Pilot》是游戏设计师冈本吉起的作品，他为科乐美制作过几款不错的游戏，如《Gyruss》和《Time Pilot》。可因为不欣赏冈本吉起懒散的个人风格，上月景正对这位游戏设计师并不感冒。在一场产品重大分歧后，冈本吉起离开科乐美，加入 CAPCOM，成为卡普空的主要设计师之一。冈本吉起是电子游戏史上最卓越的游戏设计师之一，错过他是科乐美的一大损失。

1983 年，科乐美发布《Roc' n Rope》。它由游戏设计师藤原得郎设计。游戏中玩家是一名配备手电筒和鱼叉的考古学家，要反复跳跃才能找到凤凰鸟。藤原得郎，1961 年 4 月 7 日出生，毕业于大阪设计师专业学校，业内诨号“F 教授”或“亚瑟王”，是比冈本吉起还要猛很多的游戏制作人。他 1982 年加入科乐美，1983 年和冈本吉起一起跳槽到 CAPCOM。

这些人纷纷聚集到拿着科根投资的辻本宪三麾下，打算做什么呢？

1983 年 9 月，科乐美新游戏《Hyper Olympic》，在东京游戏机展（AM Show）展出。《Hyper Olympic》最初授权给 Centuri 公司，结果雅达利才是奥运会官方游戏授权商，Centuri 无法使用“Olympic”字样，只好将游戏更名为《Track & Field》，这将其才引入北美。图为《Track & Field》游戏画面。

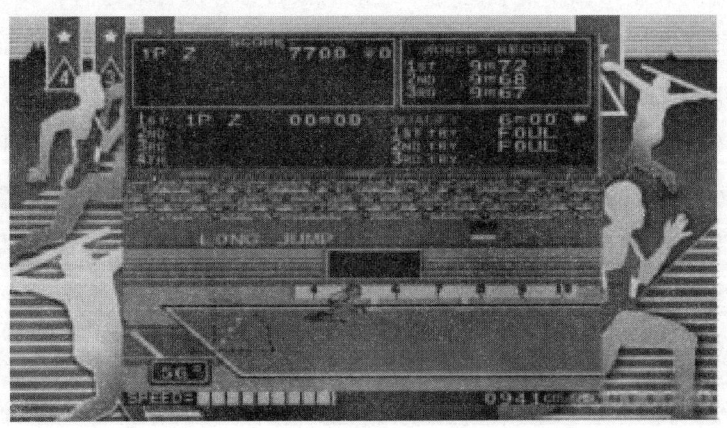

1983 年 12 月，《Track & Field》成为年度最畅销游戏。即便经历北美游戏市场大崩溃，它仍然卖出 38,000 台。1984 年它保持竞技状态，荣列美国街机游戏排行榜第 3。事实说明，市场崩溃并非玩家厌倦，纯粹是游戏质量过差导致的。雅达利在游戏质量上毫无追求，盲目扩充规模，这不是游戏行业的经营之道。

因为《Track & Field》的成功，科乐美和 Centuri 联合举办“1984 年《Track & Field》游戏大赛”，在全球吸引到 100 万玩家的关注。它直接带来体育类游戏的兴起，也启发南梦宫开始创作《Pac-Land》。

科乐美火爆的生意，惹来黑道的注意，在找人协调的过程中，上月景正认识一位黑白通吃的神人——菱川文博（1925 年 2 月 1 日—2017 年 1 月 11 日）。这哥们出生于兵库县明石市，父亲是兵库县厅的职员，母亲是助产士。小时候喜欢相扑，很强壮。长大后进入原官营的神户高等商学院学习，因公开反对军国主义被惩罚。1945 年 6 月，又被 A 级征兵令征召入伍。

1945 年 8 月 6 日，美国在广岛投下第一颗原子弹。8 月 9 日，美国在长崎投下第二颗原子弹。菱川文博就在离爆炸点 2.7 千米的五户町营地。10 日，日军开始进入长崎营救幸存者。跟他一起的人大部分都见了上帝，他因为辐射量少侥幸活了下来，命真的很硬。

战后，菱川文博在父亲的推荐下进入兵库县厅，后在县厅担任青年局局长、阪神县局局长、企划部部长，并作为金井元彦知事、酒井时忠知事的助手，大显身手，参与过神户机场建设计划和西播磨科技城概念。

在帮助科乐美的过程中，也不知道上月景正使出什么迷幻药，菱川文博放弃一片大好的政治前途，加入科乐美。1984 年，菱川文博开始担任科乐美董事长。1987 年到 1992 年间担任联席社长，并带领科乐美在东京证券交易所第一部上市。

Yie Ar Kung–Fu

1984 年 10 月，科乐美发布街机时代最重要的游戏《咿呀功夫》（*Yie Ar Kung-Fu*）。它 1985 年 1 月在全国范围内广泛发行，1985 年 3 月登陆国际市场。

《咿呀功夫》游戏设计灵感来源于李小龙电影，游戏主角乌龙以李小龙为蓝本，让玩家玩游戏有在演功夫片的感觉。游戏中不同角色拥有各异的服装、动作和招式。此外它还引入血量计算系统，血量归零会翻倒在地。下图为《咿呀功夫》街机游戏画面。

《咿呀功夫》是格斗游戏的鼻祖，它在日本街机游戏公司 Techn ō s 的街机游戏《空手道冠军》（*Karate Champ*）上大胆创新，玩家可以执行多达 16 种格斗动作。还可以站立、蹲伏和跳跃，用操纵杆和按钮组合出各种招式。玩家获得额外的道具时，会听到普通话的“XIEXIE”发音。《咿呀功夫》在 1985 年 3 月 1 日的街机排名榜位列第 2，这款游戏后来移植到任天堂的红白机上，获得更大的成功。

科乐美在街机黄金时代后期才进场，从 1981 年开始，它持续不断数十年一直在推出佳作。

Coleco 游戏路

1932 年，俄国犹太人莫里斯·格林伯格（Maurice Greenberg）创立“Coleco Industries”（科莱科工业），其前身是康涅狄格皮革公司。科莱科最初的业务是给修鞋匠提供皮革和修鞋工具，后来扩充到销售鞋、制鞋机和擦鞋架。

1954 年，科莱科进入玩具行业。1963 年，它收购马萨诸塞州斯普林菲尔德的 Kestral 公司。该公司主营充气泳池和玩具，科莱科因此成为全球最大的充气泳池制造商。1966 年，科莱科 CEO 伦纳德·格林伯格（Leonard Greenberg）说服兄弟阿诺德·格林伯格（Arnold Greenberg）加入科莱科，开始大肆商业收购：1966 年收购 Playtime Products 公司，1968 年收购加拿大 Eagle Toys 公司。

1972 年，科莱科通过收购进入雪地摩托车市场，结果掉进个大坑，亏损惨重，伦纳德让贤给兄弟阿诺德。在新首席执行官阿诺德·格林伯格的英明指挥下，1976 年，科莱科正式进入家用游戏机行业。受雅达利 Home Pong 成功的鼓舞，当时有数十家企业争先恐后地杀入家用游戏机行业。

家用游戏机的开发，最容易的技术方案是采用通用仪器生产的 AY-3-8500 微处理器架构。通用仪器没有想到电子游戏机需求会如此火爆，产能上严重不足。科莱科作为最早下订单的公司，获得足量芯片的供应。机缘巧合下，科莱科顺利发布家用游戏机“Coleco Telstar”，在其他游戏机公司缺少芯片时迅速占领游戏机市场。

从 1976 年到 1978 年间，科莱科发布过 14 个版本 Coleco Telstar，带来 100 万台游戏机的销量。信心十足的它没有停止脚步，将触角伸向掌上游戏机市场。科莱科发布的第一款掌上游戏机“Electronic Quarterback”，如下图。

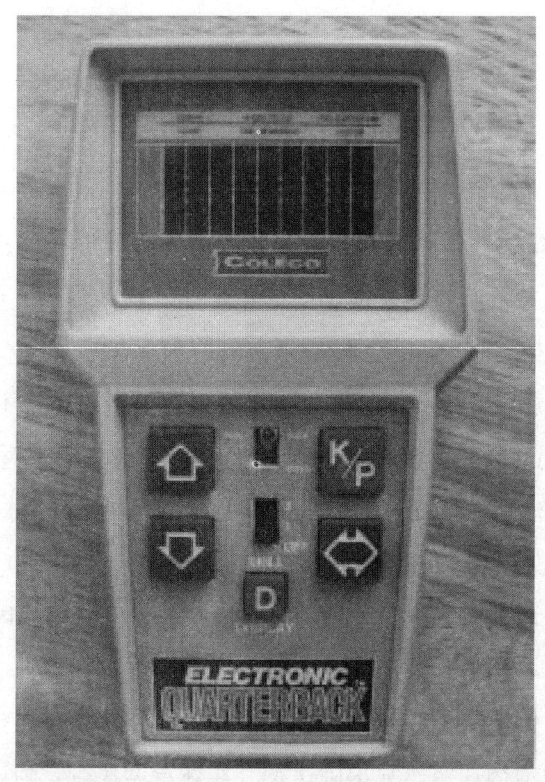

科莱科在掌上游戏机市场如鱼得水，迅速击败之前的王者——Mattel（美泰公司）。推出 Electronic Quarterback 没多久，1982 年，他们又做出一款名叫“Mini-Arcade”的掌上电子游戏机。Mini-Arcade 获得许多日本热门街机游戏的授权，推出前四款游戏为《Pac-Man》《Galaxian》《大金刚》《青蛙过河》，都是街机上的明星游戏。将热门街机游戏做成手上玩的掌机，Mini-Arcade 带来 300 万台的销量。其中《Pac-Man》的 Mini-Arcade 版，就卖出 150 万台。1983 年，它又发布三款产品，《吃豆人小姐》《Donkey Kong Junior》《Zaxxon》。下图为 Mini-Arcade 版的《大金刚》。

Coleco Vision

科莱科的新 CEO 阿诺德·格林伯格一直对家用游戏机市场有浓厚的兴趣，可因为游戏机组件太贵无法入场。而当科莱科把核心业务放在掌上游戏机市场后，日子过得还不错，就没有贸然进入家用游戏机市场。

1981 年左右，电子工程师埃瑞克·布罗姆利（Eric Bromley）在《华尔街日报》上看到一篇文章称 RAM 的价格已经大幅下降。他计算成本数字后，发现制作电子游戏机的成本已经达到科莱科的理想范围内。布罗姆利连忙跑去跟阿诺德汇报新情况："老大，游戏硬件价格跳水了。"真是瞌睡有人送枕头，阿诺德通过十分钟时间的"仔细"思考，决定立项全新的家用游戏机项目——Coleco Vision。

1981 年，布罗姆利跟任天堂接触，希望获得其街机游戏在家用游戏机上的授权。任天堂给布罗姆利安排了一场日式聚会，由山内溥亲自接待，却对他的诉求不置可否。布罗姆利希望获得任天堂王牌游戏《大金刚》

的授权，山内溥开出条件：20 万美元预付款加每台设备 2 美元授权金。他对此毫无异议，兴高采烈地回到美国，可双方没签订正式合同。

1981 年 CES 上，正在参展的布罗姆利碰到山内溥一行，聊天中发现任天堂竟然已经将《大金刚》授权给雅达利。

又没预付款，又没合同，光有个口头协议，任天堂肯定不当数。

这可如何是好，不过幸好山内溥大女儿洋子记得双方的君子协定。在她的帮助下，科莱科重新获得《大金刚》的授权。对《大金刚》的失而复得，科莱科十分珍惜，他们决定将其和 Coleco Vision 捆绑销售，也就是买 Coleco Vision 送《大金刚》。下图为 Coleco Vision 游戏机。

1982 年，在错误的时间点（1983 年北美游戏市场大崩溃前一年），科莱科带着自己的全新家用游戏机“Coleco Vision”王者归来。1982 年 8 月，Coleco Vision 发布。到 1982 年圣诞节，已经售出 560,000 台。1983 年，Coleco Vision 总销售量突破 100 万台。不仅如此，科莱科还为雅达利 2600 开发游戏卡，共售出 800 万套游戏卡。

好景不长，1983 年北美游戏市场大崩溃如期而至，科莱科也未能幸免。它转向家用电脑市场，制作个人电脑“Coleco Adam”，这是当时许多家用游戏机品牌的选择。再次失败，科莱科 1985 年彻底离开电子游戏行业。

1988 年，科莱科申请破产保护，成为最先倒下的电子游戏机公司。

第二十二章　任天堂：被迫接班的富四代山内博

努力致富的一代：山内房治郎

1868年，福井次郎在京都市下京区出生，是福井宗介的长子。1873年，福井次郎（5岁）被山内直七收养，更名山内房治郎。1882年，山内房治郎（14岁）继承山内家业。1887年，山内房治郎（19岁）和本田驹完婚。1888年，二人生下长女山内佐田。

1864年8月20日禁门之变（日本江户时代末期的军事政变，也称为蛤御门之变、元治之变）后，京都市烧毁大半。1869年，日本明治天皇和维新政府从京都移驻江户，改江户为东京。京都人口减少，产业不断衰退。第三任京都府知事北垣国道为振兴京都，以灌溉、自来水、水运、水车动力为目标，设计琵琶湖运河工程，并任命刚大学毕业的田边朔郎为工程主管，负责设计监督。

1890年，琵琶湖运河工程完成第一部分工程。运河开建时，日本只有2家水泥生产商：小野田水泥和浅野水泥，年产不到4000桶，无法满足30,000桶的工程需求。工程使用的水泥，只能从英国进口。福井家族世代经营土木建筑业，山内房治郎跟随生父从事水泥业务。他热衷于水泥销售，经营过程中认识负责小野田水泥销售的三井物产高层管理人员。山内房治郎将桶装水泥从山口县装船，运到大阪港，然后到京都木屋町的米滨港登陆。再用马车或者牛车，将水泥运到琵琶湖工程。对于他打通运输环节的努力，小野田水泥授权山内房治郎为其京都代理商。

山内房治郎是个经商天才，1889年9月23日，他在日本京都下京区创立自己的公司——Nintendo Karuta。“Nintendo”的名字首次正式出现。该公司主要经营项目是“hanafuda”（花札），一种日本本土纸牌。西式纸牌大概在 16 世纪由葡萄牙商人传入日本，在随后的三个世纪中，日本根据西式纸牌创造出各种不同的纸牌游戏。而 19 世纪后期，最受欢迎的就是花札——印有美丽多彩花朵图案的卡片。这些花札经常用于赌博，山内房治郎将公司取名为“Nintendo”的原因在于它的意思是——尽人事以待天命，或听天由命。

人生就是一场豪赌，与其坐以待毙，不如搏一把听天由命。下图为任天堂的花札产品，里面也有西洋纸牌。

Nintendo Karuta 生意不错，第一款产品 1902 年投入市场。

1904 年日俄战争爆发后，公司生意一落千丈。日本此时又推出花札税，对花札企业征收重税。为挽回生意，山内房治郎与当时日本香烟之王村井吉兵卫合作，在香烟出售时附赠花札，借助香烟的销售网络将任天堂花札推向全国。借助创新的营销手法，Nintendo Karuta 躲过破产危机，生意再次好转。

1929 年，61 岁的山内房治郎离任任天堂。1940 年，山内房治郎离世。

任天堂第二代

开始任天堂第二代故事前，先介绍下日本的风俗——成人收养。日本在法律和社会风俗上，都接受非血缘成人成为家庭后代，这种特有的方式被称为“成人收养”。该风俗从13世纪起源，到17世纪江户时代流行开，一直延续到今天。德川幕府时期，武士阶层会收养成年男性来继承家业。对于缺乏儿子的家庭，这是维持权力交替的最好办法。

三井创始人三井高俊就说过：“宁可要女儿，也不要儿子，因为有了女儿我可以挑选儿子。”

当代日本，成人收养依然十分流行。当没有儿子或儿子太蠢无法接班时，社长会考虑成人收养：从企业中收养一名有价值的员工当儿子。日本铃木集团现任CEO铃木修（Osamu Suzuki）是该公司社长的第四个养子。使用这种方法选择继承人的著名公司还有：龟甲万、佳能、丰田和松井证券。

山内房治郎没有儿子，只有一个女儿。按照当时日本的风俗，想要任天堂延续下去，他必须收养一个儿子。1907年，24岁的金田积良迎娶山内房治郎之女山内泰。两人成婚那天，金田积良更名为“山内积良”。

按照三井高俊的说法，有女儿挑选儿子确实是个好主意。

山内积良是个经营人才，他接管任天堂后，公司成为日本最大的花札制造商。1933年，山内积良成立山内任天堂（Yamauchi Nintendo）。1947年他又成立花札的分销公司丸福（Marufuku）。山内积良管理企业期间，逐步建立起公司的工业体系和管理结构。

山内积良不是山内房治郎的亲生儿子，却继承他的血统，成为山内家“二代目”。他也没有儿子，只有一个女儿山内君美。山内君美嫁给稻叶鹿之丞，按照山内家的规矩，稻叶鹿之丞改名山内鹿之丞。1927年11月7日，山内鹿之丞夫妇生下一个男婴，取名山内博。

1932年，山内鹿之丞为追求爱情，抛弃妻子，丢下老婆和5岁的儿子，离家出走。

任天堂第三代，没了。

任天堂第四代

失去父亲的山内博在严厉的祖父母和慈祥的母亲照拂下，健康长大。作为家族唯一的男性继承人，他备受宠爱，个性骄纵固执。12岁时，山内博被送到京都一所预备学校，计划在此学习法律和工程学。“二战”开始后，他只得退学。1945年日本战败投降，18岁的山内博进入早稻田大学攻读法律。

同年，他认识一个富有家庭的女儿——稻叶美智子。山内博的父亲失踪，在爷爷（实则外公）山内积良的主持下，这对年轻人喜结连理。山内博夫妇搬到东京涩谷最富有的区域涩谷区松涛町居住。

山内博是一个真正的富四代，他穿着时尚，喜欢奢侈品，吃西餐厅，打台球，喝葡萄酒和威士忌。稻叶家不仅给予这对夫妇优渥的生活，还资助山内积良的生意。战后日本全力追求重建，限制娱乐生意，花札纸牌的生意并不理想。

山内博在早稻田的主要任务不是学习，而是花钱。日本当时极端追求西化，在此风潮之下，他成为一个完全西化的日本人。山内积良拼命打拼时，山内博每天仍然花天酒地。为拯救任天堂，山内积良不断尝试新产品，做西式扑克，搞贸易。

1948年，这位勤劳的任天堂二代领导因为劳累过度不幸中风。1949年，山内积良病重。病情危重下，3月份，他要求孙子山内博放弃早稻田大学的学业，返回京都接管任天堂。

就这样，既没经验，也没热情的山内博回到京都，担任任天堂社长。

被迫接班的天才山内博

到任天堂工作可以，山内博带着不少条件。他跟祖父提的第一个条

件是：自己将是任天堂工作的唯一家族成员，否则不接受社长一职。对家族晚辈照拂有加的山内积良不情愿地答应山内博，没多久，他就因为中风并发症去世。

就这样，山内博，21 岁的早稻田肄业生，入主拥有 100 多号员工的山内任天堂公司，同时还要负责管理 Marufuku 公司。山内博的表哥，按照协议被解雇。

1951 年，山内博将公司名称更改为：任天堂娱乐扑克有限公司（Nintendo Playing Card Co., Ltd，）。公司保留“任天堂花札”（Nintendo Karuta）的名称。1952 年，他申请任天堂公司史上的第一笔企业贷款，以获取东山区的土地来建造生产基地。公司内部，他下令取消任何影响员工的法规，以鼓励创造力。1953 年，任天堂娱乐扑克公司开始生产西方塑料扑克牌，是日本首个开始制作西式塑料扑克牌的公司。下图为任天堂生产的西方塑料扑克牌。

西方扑克牌的生产让任天堂大获成功，可山内博在公司的肆意妄为，让公司许多元老对他的行为十分担忧。这些元老仗着自己是山内积良时的老部下，以为山内博不敢拿自己怎么样，在公司闹罢工，还用绝食对抗新措施。倚老卖老对山内博完全无效，他爽快地辞掉这些老员工，将麻烦用暴力直接清除。

没人教过山内博该如何经营一家企业，可他就是会，这大概就是天才。

1959 年，山内博和沃特·迪士尼（Walt Disney）达成合作协议，将迪士尼动画片角色做上扑克牌。山内博希望改变日本人对扑克牌的看法，将其定位为可以跟家人一起娱乐的工具，而非赌博。为让日本人更好地了解扑克牌玩法，任天堂在每幅扑克牌中放入一张写满扑克玩法的纸，下图为任天堂的扑克使用说明。

任天堂和迪士尼合作的扑克牌，是公司的首次成功。任天堂娱乐扑克公司成为日本市场最有知名度的扑克品牌，在市场上拥有绝对统治力。同时，山内博开始采取自动化机器生产扑克牌，极大提高了产值。1962 年，35 岁的山内博带领任天堂扑克娱乐公司在大阪和京都的证券交易所上市。上市不久后，山内博决定将公司名称更改为“Nintendo Co., Ltd”。

山内博说：“应该要删除名称中关于纸牌的描述，我认为任天堂不止如此。”

1964 年，任天堂盈利 1.5 亿日元。

为何要删除任天堂关于纸牌的业务描述呢？原来上市前，山内博特意去美国参观世界最大的扑克公司“United States Playing Card Company”，想好好向行业标杆学习。全世界最为流行的扑克牌都是这家公司的产品，如“BEE”系列。到达美国扑克公司的总部后，映入山内博眼帘的却是一家小小的办公室和工厂。就这？他感到非常失望，扑克牌行业最顶尖的公司都不过如此，这个行业到底有多少空间能供任天堂成长呢？

不得不说，山内家这位富四代，真是个野心勃勃的家伙。

第二十三章　任天堂：寻找终身事业

从美国回来的山内博无比失望，做扑克没前途。可任天堂从他曾祖父开始就在做扑克，该选择什么作为终身事业呢？

多元化经营

“我们的生意是非必需品，等我们一觉醒来，市场可能就消失了。”山内博对扑克公司的未来感到焦虑，他说，“一个公司里，冒险精神当然是必不可少的。就任天堂来说，我不知道该去向哪里。但如果在现实中不做点什么，公司就会消失。那种危机感非常强烈。”

不顾祖母点评他“玷污公司传统”，山内博决定进入实用有前途的领域，比如出租车公司，人总归要坐车的吧。他有个亲戚是出租车公司老板，了解一些该行业情况后。1960年10月，山内博成立出租车公司——钻石运输株式会社。钻石运输的出租车业务经营得非常不错，巅峰时期有40辆车在京都街头四处揽客。随着日本出租车公会的力量越来越强大，经营出租车公司逐渐无利可图。1969年11月，山内博卖掉出租车公司退出。现在这家公司还在存续经营，归日本八坂集团旗下南八坂交通所有，标志也不再是那颗大钻石。图为钻石运输出租车公司的标志。

经营出租车业务的同时，山内博还在研发可以用热水泡开的方便米饭。1960 年代是方便面的火爆时期，已经当爸爸的山内博认为米饭是永恒而稳定的市场，人总归要吃饭的吧。

任天堂帮助京都大学生命研究院一位叫近江锦志的科学家运营“San-O Foods Co., Ltd”，并开发方便米饭产品。之后，任天堂在京都府宇治市小仓町建立工厂（现为任天堂宇治小仓工厂）。1961 年，任天堂的方便泡饭上市。结果稀碎，山内博深感失望，可仍然将它推向市场。1962 年，任天堂还制作迪士尼联名版产品“大力水手拉面”。

以上尝试全部失败。1965 年，任天堂退出食品市场。下图为任天堂的方便泡饭。

除食品以外，山内博还考虑经营情趣酒店钟点房。这又是一个不靠谱的生意。据媒体报道，只有他自己使用过该情趣酒店的优惠券。毫无疑问，情趣酒店项目失败。项目失败了，山内博毫不气馁，他仍然说：“公司必须始终以冒险精神开展业务。我们打算开发具有冒险业务的产品。”

山内博是个极度自信的人，无论成功和失败，他都知道自己在做什么，而不会向他人透露。“如果结果失败，99% 是我的责任”，对于多

元化经营，山内博并不后悔，他从来没在失败前面低过头。他总是继续开始下一个新业务，任天堂的基因到底是什么？他还没来得及思考这个问题。

1971 年，山内博认为可以依靠自身的销售渠道来销售办公用品，他成立任天堂办公用品部，推出简易复印机。1982 年，任天堂还推出婴儿车、家用棉花糖机、音乐节奏机 ELE-Conga、塑料架、盖子掉了也不会干的文具笔和健身设备 Punch Buoy。图为任天堂 ELE-Conga 宣传海报。

1964 年，东京奥运会召开。日本经济猛烈复苏，国内开始流行弹球机、保龄球馆和夜间郊游等活动。任天堂的主营业务好景不再，主要产品销量急速萎缩。正如他所说，扑克牌的市场确实是够有限的。

“如果这家公司没有上市，当时可能已经被压垮了。”山内博意识到不能再继续胡整下去。为了任天堂的未来，他开始关注有才华的大学毕业生，希望能招聘到一些新鲜血液。任天堂的主营业务是花札和扑克牌，总让人联想到赌博，极少有大学生愿意到这种公司来工作。

1963 年，任天堂终于招聘到一位不错的人才——今西博史。

横井军平

1963 年，今西博史从同志社大学（日本知名私立大学，同志社的意思为“相同志向的人聚集一起而创立的结社”）法科学院毕业，加入任天堂。

1965 年，今西博史说服山内博，任天堂应该继续在提供人们娱乐的玩具上发力。山内博让他负责组建公司研发部门，一个未来聚集横井军平、上村雅之、竹田玄洋、宫本茂等天才游戏人的部门。

同年，横井军平（1941 年 9 月 10 日 — 1997 年 10 月 4 日）应约来到。他在同志社大学获电子学学位，是今西博史的师弟。横井军平加入任天堂后，主要负责维护制作花札的自动化机器。

1966 年，山内博来到横井军平工作的花札工厂，发现机器维修员横井同志正在不务正业地制作玩具——伸展臂。围观者大惊，以为山内博要马上发飙。没想到山内博不仅没发火，反而让横井军平将其开发成圣诞节玩具。这个伸展臂，就是流行数十年的玩具——超级怪手（Ultra Hand）。

超级怪手由几个交错的塑料元件组成，根据“懒钳”原理进行操作。一端是剪刀状的手柄，操作起来像剪刀。把手捏在一起时伸出，分开时缩回。另一端是两个碗形把手，当超级怪手完全伸展时，可以抓住球状

物体。超级怪手包装中还包含三个彩色球，以及可以放置球的支架。超级怪手一经面世，销量就突破 100 万台。这对深陷财务危机的任天堂无疑是雨后甘霖，把山内博从破产边缘拉了回来。下图为超级怪手玩具海报。

因为超级怪手玩具的成功，山内博决定将任天堂的业务重心从乱七八糟的支线上收回来，仅关注玩具制造。任天堂成立一个新部门“游戏装置部”（Games and Setup），放在京都的仓库中办公，专心研发。横井军平在仓库里先后研发出多款脍炙人口的玩具，如百亿桶拼图、微型遥控吸尘器、Ultra Machine 棒球投掷机和爱情测试仪。

其中最值得一说的玩具是爱情测试仪，1969 年横井军平设计的新颖玩具。它为“年轻女士和男士”设计，以测试双方相爱的程度。使用时，需要两人一只手抓住金属传感器，另外一只手握住对方。然后设备上会有数值显示两人的“爱情分数”。

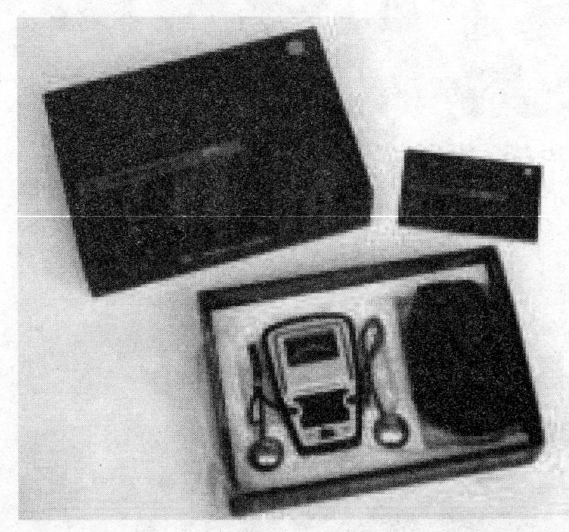

横井军平说：“爱情测试仪是我发明的，我想知道我是否可以用它来让女孩们牵住我的手。……多亏了它，我最终和很多女孩手牵手。当然，在某个地方，我开始觉得我想做的不仅仅是牵手。”

爱情测试仪是任天堂少数出口的产品，它被销售到欧洲和美国，并配备英文说明。这是任天堂第一款电子玩具，也是让任天堂最早在产品创新性上享有盛誉的玩具。对比充斥积木和洋娃娃的玩具市场，任天堂成为玩具市场的创新公司。在此期间，任天堂还在京都郊外的宇治市建立起新工厂，主要制作各种棋类游戏和传统的花札产品。

枯萎技术的横向思维

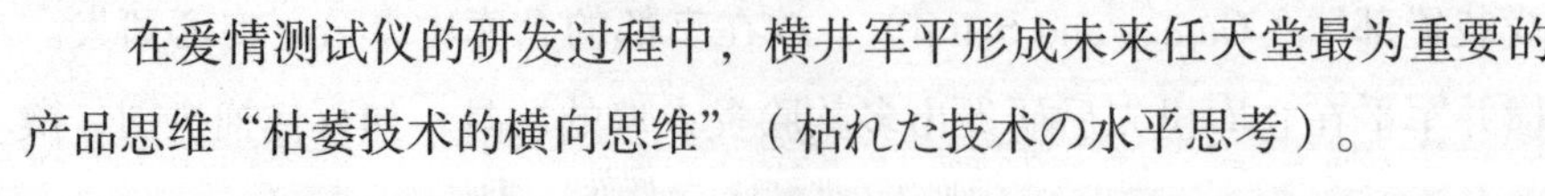

在爱情测试仪的研发过程中，横井军平形成未来任天堂最为重要的产品思维“枯萎技术的横向思维”（枯れた技术の水平思考）。

横井军平说道："任天堂适应技术的方式，不是寻找最先进的技术，而是利用可以廉价大量生产的成熟技术。'枯萎技术'指的是一种成熟的技术，价格低廉且易于理解。'横向思维'是指寻找使用这种技术的全新方法。"

横井军平认为开发玩具和游戏不一定需要尖端技术。在采访中，他表示昂贵的尖端技术可能会阻碍新产品的开发。"在塑料、金属、电机等玩具方面，专业玩具制造商绝对比任天堂好，它们有这么多的历史和记录。因此，我认为我只能用创意竞争，避免技术能力竞争，否则无法获胜。这就是我们最初进入电子玩具的原因。"

横井军平在产品研发中严格贯彻"枯萎技术的横向思维"，通过在成熟而流行的技术中增加创意来产生新的想法，开发出一个个新式玩具。比如 Ultrascope 电子潜望镜玩具；Ray Phone LT，灯光语音通话玩具；还有 Lefty RX，无线电遥控汽车等。

横井军平的"枯萎技术的横向思维"为何如此重要？因为它是贯穿任天堂数十年产品开发的核心思想。

上村雅之和光线枪

1970 年，横井军平计划发明一种新型玩具"光线枪 SP"（Raygun SP）。光线枪的光电感应器由夏普制造，时任夏普推销员的上村雅之因此频繁拜访任天堂，便于产品沟通。从千叶工业大学毕业的上村雅之也是个才华横溢的工程师，横井军平邀请他一起参与光线枪的开发。

上村雅之（1943 年 6 月 20 日—2021 年 12 月 6 日），出生于日本奈良。"二战"结束，他举家搬迁到不远的京都。上村雅之小学时就开始组装矿石收音机，对电子产品兴趣十分浓厚。后考入千叶工业大学电子工学部，1967 年毕业后进入早川电机工业（夏普电子的前身，夏普为其品牌名称）从事光感应产品开发。

光线枪原理十分简单：利用太阳能的感光特性，开发出对光有反应的目标，比如狮子头和轮盘。下图为任天堂的光线枪玩具。

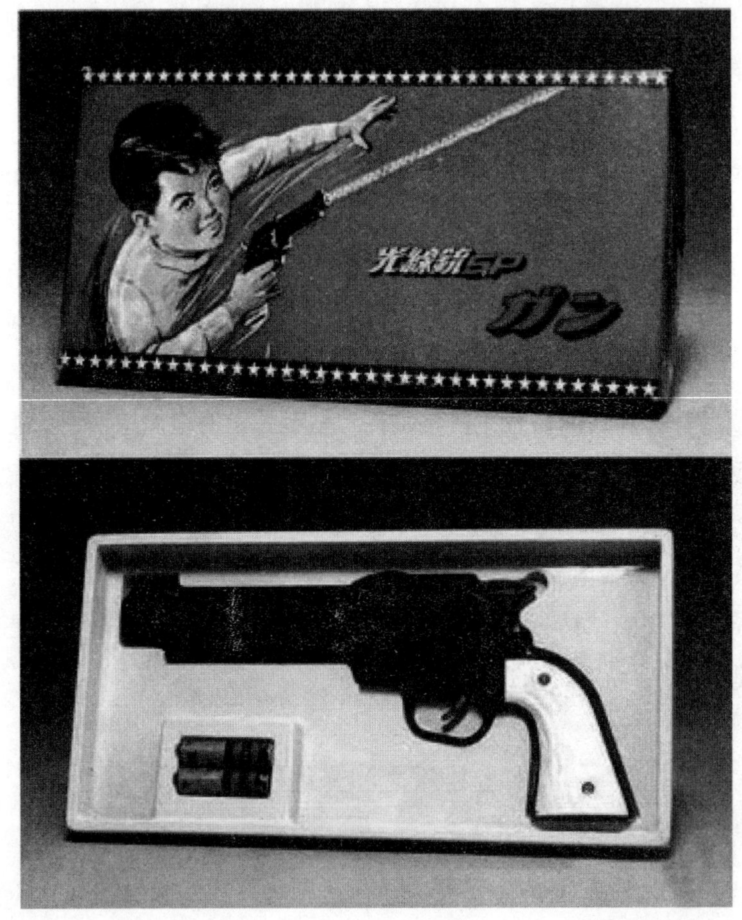

1971 年，上村雅之离开夏普加入任天堂，负责游戏硬件开发。1972 年，世界首台电子游戏机米罗华奥德赛在美国上市，配件中就包括一把光线枪。1976 年，横井军平和上村雅之用光线枪定制版开发出光线枪打鸭子游戏《Duck Hunt》。

因为故障和退货太多，光线枪的火爆并没有给任天堂带来多少利润。从不畏惧冒险和失败的山内博在此刻终于找到信心，他开始对任天堂未来的事业有了决断。

第二十四章　任天堂：迟到的宫本茂

出师不利光线飞碟射击系统

光线枪推出后，山内博读到一篇关于《飞碟射击》的比赛新闻报道。他问横井军平："光线枪能模拟飞碟射击吗？"在他提出想法的几天后，横井要求山内博给他买一支步枪。

横井军平打算用步枪作为原型来设计模拟"飞碟射击"的游戏，协助他进行产品开发的是上村雅之和竹田玄洋。该项目 1971 年获得批准，被称为"光线飞碟射击系统"（Laser Clay Shooting System）。

飞碟射击（clay pigeon shooting）是一种用枪械射击抛在空中圆形黏土碟的射击运动。英文中对飞碟的称呼是"黏土鸽子"(clay pigeon)或"鸟"（bird），原因是过去英国的射击比赛曾使用活鸽子作为靶子。1921 年立法禁止使用活鸽子当靶子，改用黏土碟模拟鸽子，但之前打鸽子的叫法都被保留了下来。命中目标叫"打死"（kill）、没能击中叫"鸟逃了"（bird away）、发射飞碟的机械叫"鸟阱"（trap）。

日本正处在保龄球热的退潮之中，曾经布满日本大街小巷的保龄球馆都在转让，取而代之的是卡拉 OK 系统。跟中西昭雄只想着把街机摆在保龄球馆不同，山内博正在考虑怎么利用废弃保龄球馆做个大生意，而光线飞碟射击系统就是为这个大生意准备的。

1973 年，任天堂在一家关张转让的保龄球馆开设全日本第一个大型光线枪射击馆。新的娱乐设施马上引发热潮——大家都想玩新鲜的。全日本保龄球馆正在批量关闭，山内博看到开局不错，开始制作大量的射击系统并收购主要城市的废弃保龄球馆。每个保龄球馆中都安装投影仪显示山区或城市，用户可以使用步枪射击投影上的飞行目标。为此，山内博还特意成立销售和维护光线飞碟射击系统的公司“任天堂休闲系统公司”（Nintendo Leisure System Co., Ltd）。下图为任天堂光线枪射击馆的盛况，大家可以拿着光线枪攻击投影仪上的目标，玩法十分新颖。

任天堂休闲系统公司获得许多预购订单，为满足订单，旗下工厂都进入满负荷运营。正在山内博踌躇满志想大干一场时，1973 年 10 月，欧佩克大幅提升油价，引发全球第一次石油危机。98% 以上石油依赖进口的日本马上陷入经济衰退，娱乐设施成为首当其冲的缩减项目。

就这样，任天堂休闲系统公司的订单全部化为空气。任天堂在该项目亏损高达 10 亿日元。山内博不得不取消光线飞碟射击馆项目。幸运的是，1970 年任天堂已经在大阪交易所重新上市，所以还有钱继续经营。

山内博说：“不知道还能坚持多久，每天就像走钢丝一样。”

虽说光线枪飞碟射击馆失败了，可当时的技术投入和销售渠道都可以用于投币机业务。决定在玩具和娱乐市场深耕的山内博认为，随着经济的复苏，娱乐行业一定会再次迎来曙光。1974 年，任天堂发布基于“光线飞碟射击系统”的小型化投币机《狂野枪手》（*Wild Gunman*）。下图为《狂野枪手》投币机。

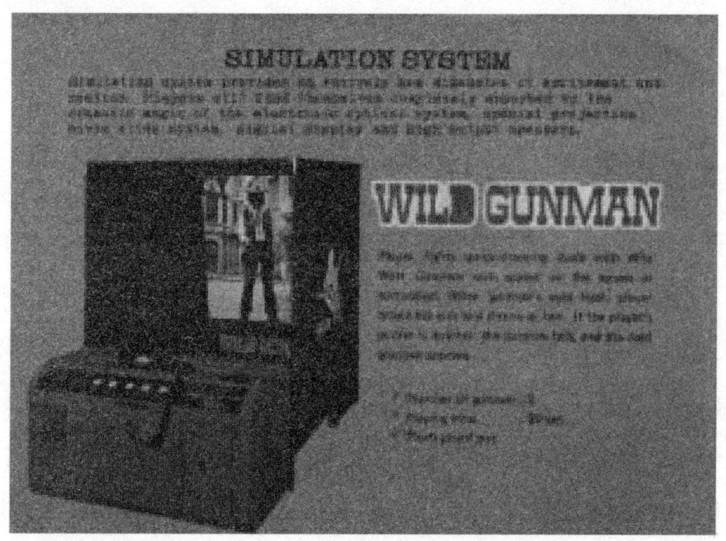

跟《狂野枪手》一起，任天堂还设计过一款名为《Fascination》的成人游戏。游戏中主角不是牛仔，而是穿着晚礼服的欧洲女性。她会在投影仪上跳舞。当摆好姿势时，玩家会射击她衣服，直到她完全裸体，该游戏从未向公众发布。图为《Fascination》游戏机。

1975 年，任天堂发布竹田玄洋研发的投币机游戏《EVR Race》，这款机器可以随机切换画面。

竹田玄洋和任天堂 R&D

竹田玄洋，1949 年 3 月 7 日生于大阪，在本州静冈政府大学毕业，获电子学位。1971 年，22 岁的竹田玄洋加入任天堂，在横井军平的 R&D1（Research and development，R&D，意为研究和开发）部门中开发那个失败的光线枪射击系统项目。在 R&D1 工作 9 年后，竹田玄洋奉命组建 R&D3，并且担任 R&D3 部门总经理。R&D3 是任天堂最小的研发部门，主要工作是为街机系统和后续的家用游戏机提供硬件设计和软件开发。

任天堂从 1972 年开始组建研发部门，由横井军平担任研发中心总经理。1978 年，研发部门一分为二，R&D1 和 R&D2。R&D1 继续由横井军平领导，R&D2 则由上村雅之领导。1980 年，R&D3 成立，由竹田玄洋担任部门总经理。

山内溥改名事件和美国公司成立

1977 年，山内博在家翻阅电话簿，发现有许多人名字跟自己一样。为有所区分，他将名字改为“山内溥”。山内博从此成为历史，取而代之的是山内溥。“溥”的中文是“广大”的意思。

“溥”和“博”哪个字更有高级感，中国人懂。

1978 年，任天堂发布街机《电脑黑白棋奥赛罗》（*Computer Othello*）。刚开始制作街机时，任天堂制作原创游戏的水平并不高，需要拿到其他游戏公司授权来生产街机。下图是任天堂生产的电脑棋游戏海报，放在商场里基本没人玩，性能和显示都很弱。

1978 年，太东街机《太空侵略者》发布，那是任天堂望尘莫及的超级巨星，铺天盖地的人在街机前排队。为抢钱，许多厂商未经太东授权就开始生产《太空侵略者》，街头巷尾到处都是山寨机。任天堂同样发布过一款类似产品《太空狂热者》（*Space Fever*）。下图为任天堂的《太空狂热者》，不能说一模一样，只能说差别不大。

对于太东游戏被大量复制，山内溥说：“玩法不是专利。如果有想抄袭的想法，就可以抄袭。与此相对，要说有没有合适的手段防止抄袭，即使《太空侵略者》衰落，以计算机为中心的游戏也会蓬勃发展。我认为抛开保密这种想法，相互交流开发出的优秀事物更重要。”

站着说话不腰疼，以后别人抄任天堂的时候，他可不这样想。

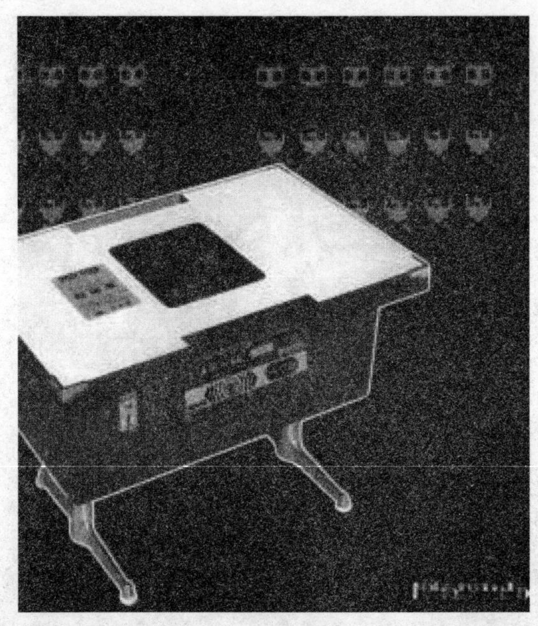

雅达利引发北美游戏市场大崩溃后，山内溥对电子游戏的态度发生变化，他才重新认真思考游戏的知识产权问题。

1980 年，山内溥考虑向美国扩展业务。由于儿子山内克仁还小，这件事就落在他的大女婿荒川实头上。

荒川实，1946 年 9 月 3 日生于京都，是荒川株式会社荒川和一郎的次子。荒川家是日本享保年间（1716—1736 年）就在大阪繁荣起来的古老家族。荒川实的哥哥是荒川株式会社董事长，两个姐妹分别嫁给大学教授和物理学教授，母亲石原美智更厉害，是日本 9 世纪宇多天皇的后裔，祖父是第一任京都市长，父亲石原半右卫门是国会议员。石原家族在京都拥有大量土地，据说石原美智和荒川和一郎结婚的时候，两家共同拥有的土地面积达到了京都市的五分之一。

土豪无疑。

荒川实大学毕业于京都大学工学部土木工程系，研究生毕业于麻省理工学院。1972 年，他加入日本知名财阀丸红，在海外开发建设部负责海外酒店、写字楼、公寓的建设和销售。1980 年，应岳父山内溥的要求，他离开丸红前去美国组建任天堂美国公司（Nintendo of America，

NOA）。

说到山内溥的女婿，补充一些关于山内溥家庭的故事。

1950年，山内溥的妻子盐川美知子生下两人第一个孩子——山内洋子。1957年，他们俩生下第二个女儿——山内藤子。第三个孩子是个男孩，取名山内克仁。山内溥的父亲叫稻叶鹿之丞（抛妻弃子前叫山内鹿之丞），他曾经回来看望过自己的儿子，可山内溥拒绝跟他说话。

1956年前后，山内溥同父异母的妹妹告诉山内溥，父亲鹿之丞中风去世了。他前去参加父亲的葬礼，在那里看到父亲后来的妻子和四个女儿。之前，他从未见过自己的姐妹，此时山内溥开始为自己在世时没有和父亲和解感到后悔。这和乔布斯见过生父，却不知那是他生父比起来，还是要幸福一些。

父亲去世后，山内溥陷入长长的思念之中，之后经常会去父亲的墓地看望父亲。而他本人，一直居住在祖父山内积良修建的老房子里。

希望这段故事能让大家对山内溥内心深沉的情感世界，有所了解。

宫本茂出场

1952年11月16日，宫本茂出生在日本京都西北部的乡村小镇——园部。父亲宫本二重是英语教师，母亲日奈子是一名家庭主妇。园部有稻田、峡谷和绵延起伏的丘陵。他小时候最喜欢探索家的周围，发现竹林和小湖会让他兴奋不已。根据他的回忆，一生中最激动人心的记忆是在地面上发现一个洞，他鼓起勇气用自制的竹灯笼探索了这个洞穴。据说，这次历险也是他设计《塞尔达传说》的最初体悟。

宫本茂不爱上学，他很喜欢画画。他曾经回忆说："还是个孩子的时候，就特别希望自己得一种不会伤及生命的病。这样他就可以一直待在医院里，只能画画。"宫本茂的家人每隔几个月会坐1小时的火车去往京都，看最新上映的电影作为消遣活动。小宫本茂最喜欢看的电影是迪士尼动画的《彼得·潘》和《白雪公主》。

1970 年，宫本茂考上金泽市立工艺专门学校。对他来说，学习不是主要任务，所以在学校混了 5 年才毕业。在学校时，他总在画漫画和听音乐，极少听课。留着雅皮士一样的长发，也不爱洗澡，同学们都认为他毕业后极有可能成为流浪汉。

宫本茂不知道自己想要什么，他不想去公司上班，只想拿到学位后做个漫画家。1977 年，宫本茂获得工业设计学位。

任天堂是迪士尼在日本的重要合作伙伴，出于对迪士尼的喜爱，宫本茂请求父亲安排自己去任天堂面试。宫本二重与山内溥年轻时，有过一段不错的友谊。任天堂比较紧缺的人才是工程师，是横井军平和上村雅之这样的技术人才，而非艺术家。

尽管如此，山内溥仍然同意面试自己老友的儿子。对于宝贵的面试机会，宫本茂十分珍惜。他兴奋地给山内溥展示自己充满创意和灵气的画册，顺利通过面试。就这样，他成为任天堂第一位艺术型员工。

任天堂早期天团成员终于补齐了，接下来是任天堂在街机、家用游戏机和掌机三线作战的故事。

第二十五章　任天堂：多线作战的最强王者

从任天堂设置 R&D1、2、3 可以看出，山内溥并非一个墨守成规的人。他曾经说过：市场调查？你怎么查？任天堂创造市场，没有必要做市场调查。

山内溥依靠直觉管理任天堂，这是游戏公司和其他类型公司最大的区别，是艺术和工业的分野。

自古以来，双线作战就是取败的不二法门。战争史上双线作战成功的战役，屈指可数。可山内溥偏偏不这样认为，任天堂要三线作战。

第一战线：家用游戏机小胜

1974 年，雅达利 Home Pong 和米罗华奥德赛带来的全新娱乐体验，激发任天堂进军家用游戏机市场的欲望。山内溥与米罗华奥德赛达成协议，获得奥德赛日本分销权和仿制奥德赛的授权。

获得授权后，任天堂开始制作米罗华奥德赛的克隆产品。它本身没有电子产品制造能力，基于和三菱电机合作制作投币机的经历，任天堂委托三菱电机制作这款游戏机，游戏内容由任天堂 R&D2 负责。山内溥对这款家用游戏机只有一个要求：足够便宜。

1977 年 6 月 1 日，任天堂推出首款家用游戏机 ColorTV - Game6。为何叫“6”呢？任天堂对价格严格要求，游戏机成本被压得极低。山内溥对此仍不满意，他决定删除 9 种游戏以降低成本。这使得本有 15 款游戏的 ColorTV-Game15 直接减 9，变成 ColorTV-Game6。

游戏机零售价 9,800 日元，只有市面其他家用游戏机价格的一半。

ColorTV-Game6 中包含 Pong 的 6 个变种，是专门用来玩 Pong 类型的游戏机。6 个变种是 3 种游戏的单双打合集：曲棍球、排球和网球，每款都支持单打模式或双打模式。下图为 ColorTV-Game6 游戏机。

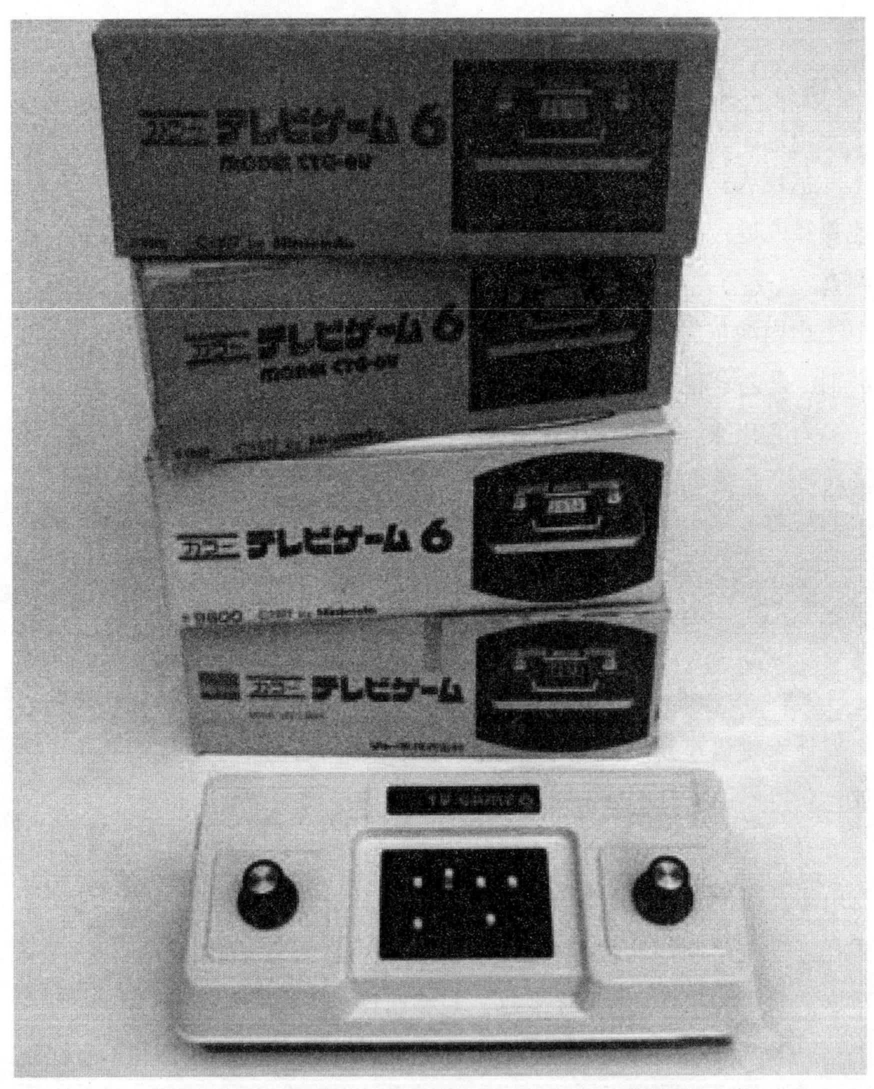

没多久，任天堂对 ColorTV-Game6 进行升级。改为橙色外壳，并且增加不少选项，可以对游戏过程进行设置。下图为新款 ColorTV-Game6 的设置界面。

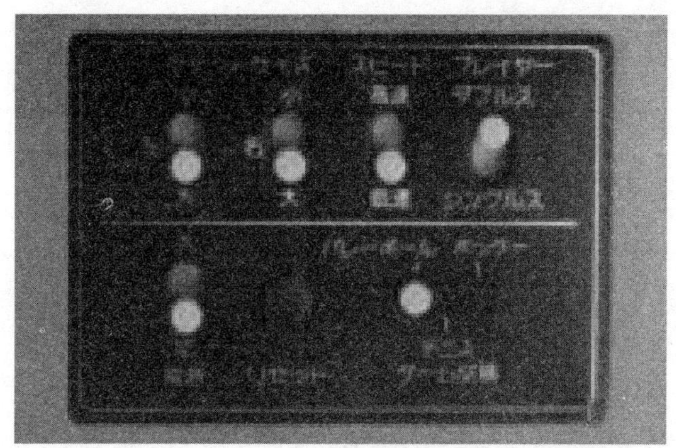

为扩充销量，山内溥还为食品公司 HouseFoods 设计专门的定制版游戏机，推广其方便面。也不知道要吃多少方便面，才能拥有一台游戏机。为 HouseFoods 方便面定制的 ColorTV-Game6 市面上极少，估计没有人可以吃完那么多方便面。

1977 年 6 月 8 日，ColorTV-Game 15 发布，零售价 15,000 日元。1978 年 6 月 8 日，任天堂发布新游戏机 ColorTV Game Racing112，零售价 18,000 日元，促销价很快降到 12,000 日元，最后直接降到 5000 日元，跟玩具价格差不多。ColorTV Game Racing112 内置游戏是一款赛车游戏，ColorTV Game Racing112 比 Game 6 和 Game 15 体积要大很多。它配备方向盘和换挡把手，能让玩家玩到 112 种玩法（都是一些 Pong 的变种）。

1979 年 4 月 23 日，任天堂发布 ColorTV Game 系列的最后一款设备——ColorTV Game BlockKuzushi。任天堂在这款游戏内置六种《打砖块》的变体。游戏机外壳由刚加入公司不久的宫本茂负责设计，比起前三代产品，极具美感。下图为 BlockKuzushi 外壳。

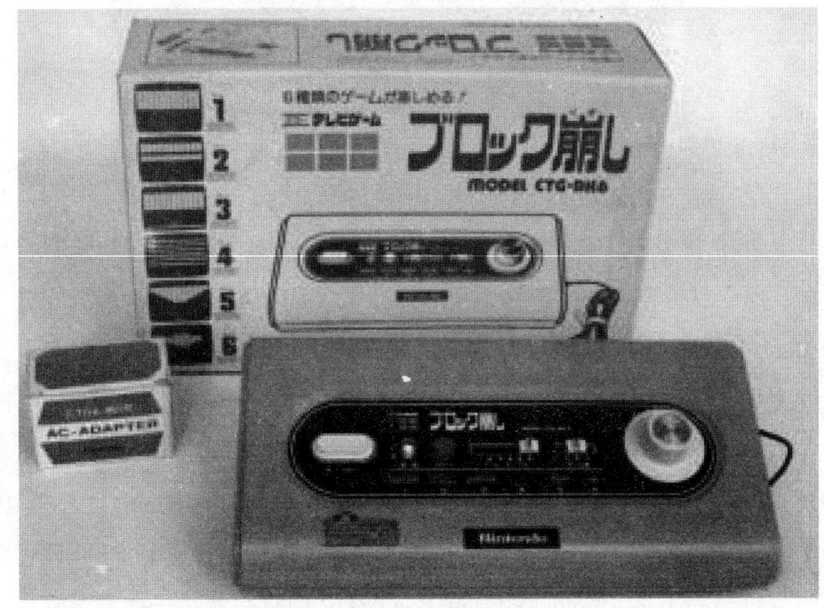

在这款机器上，任天堂不再将 Nintendo 的标志隐藏起来，而是印在机壳最显眼的位置。游戏机中包含 6 款打砖块游戏。任天堂为推广《终极打砖块》，还在百货公司举办《打砖块》大师赛，为优胜者颁发奖状和奖牌。

不得不说，任天堂天生具备娱乐基因。

ColorTV 系列游戏机对任天堂来说是成功的，Game 6 和 Game 15 各卖出 100 万台。Game Racing112 和 Game BlockKuzushi 各卖出 50 万台。虽说任天堂游戏机售价十分便宜，可 200 万台的出货量给山内溥极强的信心，使得任天堂往电子游戏的转型越来越坚决。

雅达利 2600 发布后，只能玩同一类型的专用游戏机受欢迎程度不断下降，大家都开始制造支持 EPROM 卡带的第二世代家用游戏机。此时任天堂还发布过一款专用游戏机——Computer TV Game。这款游戏机巨大无比，唯一的玩法就是下棋，售价高达 48,000 日元。下图是游戏机外壳。

该机器外壳同样是宫本茂设计的，但是没卖几台，任天堂彻底停产第一世代家用游戏机。

第一战线小结：家用游戏机没赚到什么钱，积累了一些技术力量，小胜。

第二战线：街机中胜

比起家用游戏机，投币机和街机是任天堂最早进入的领域。

从 1973 年研发光线枪射击系统开始，任天堂发布过许多款投币机和街机产品，如《狂野枪手》《EVR》《天鹰》《战鲨》《太空狂热者》《警长》《魔法猴子》等。大部分都不温不火，只能授权给世嘉发行。在《大金刚》出现前，任天堂最重要的街机是《Radar Scope》。

1980 年，任天堂 R&D2 完成《Radar Scope》街机开发，一款射击游戏，玩法类似《太空侵略者》。《Radar Scope》制作团队聚集任天堂的精英，由上村雅之领队，宫本茂负责画面，任天堂御用音乐师田中宏和负责音效。

在游戏完成后，宫本茂点评其“简单又平庸”，可却丝毫不影响它在日本的火爆。那个时代，射击游戏永远有市场。下图为《Radar

Scope》游戏画面。

负责组建任天堂美国公司的荒川实，看到《Radar Scope》在日本的优异表现，向总部下了个大订单——3000台。山内溥也很想借此游戏打入北美市场，他没有评估业务风险，就给女婿发去3000台街机。

不承想，街机从日本装船到纽约，花掉4个月时间，错过《Space Invaders》在美国引发的热潮。几个月后，3000台街机还剩2000多台躺在仓库无人问津，美国任天堂因此深陷财务危机。鉴于海运时间太长的教训，也为降低公司运营成本，荒川实决定将公司从美国最东边的纽约直接搬到美国最西边的西雅图。

看着仓库摆满的《Radar Scope》，荒川实麻着胆子给岳父打了一个电话，问能不能搞个新游戏，将《Radar Scope》街机进行改装，看能否挽救美国任天堂的财务危机。不然老岳父您的美国市场开拓计划，可能要就此打住。

接到女婿的求救电话，山内溥也有点坐蜡。对此窘境，他要负失察的责任。在任天堂内部仔细调查一番，他发现能解决此事的人，非宫本茂莫属。几番计较下，他决定安排宫本茂开发这款“救女婿”的游戏。

怕宫本茂过于年轻，又让横井军平协助。

接到任务后，宫本茂自嘲地说："没有其他人可用了。"

按照当时的电子游戏行业惯例，游戏设计师往往都是程序员和工程师。要么精通软件要么精通硬件，没有艺术家担任游戏设计师的先例。即便是将游戏设计师定义为艺术家的动视那四位大哥，也都是程序员。宫本茂不会技术，他能做的是概念化和设计游戏，然后将想法传递给程序员和工程师来实现。

宫本茂后，纯粹的游戏艺术才产生。

宫本茂说："我不是工程师，我也不是程序员，我只是做设计，我让程序员配合我做游戏。可能我是第一个拥有游戏整体制作自由裁量权的游戏设计师。所以在那些日子里，我有时开玩笑地说，我是世界上最伟大的五位游戏设计师之一——仅仅是因为世界上没有其他游戏设计师。"

如果宫本茂不是世界最伟大的游戏设计师，还有谁当得上这个称谓呢？

大金刚街机

对于这款救女婿的街机游戏，任天堂最初希望获得动画片《大力水手》改编游戏的授权，但被派拉蒙影业拒绝。

无奈之下，宫本茂只好自行创作。他画过许多角色和情节，最后的设计是：一个大猩猩、一个拿着锤子的水管工和女朋友之间的三角恋。这很像大力水手中的情节：波派和女朋友奥利佛幸福地生活在一起，反派布鲁托每集都要出现来抢奥利佛，而波派吃完菠菜就会把布鲁托一顿胖揍。宫本茂声称还受到《美女与野兽》以及《金刚》电影的影响，才有这款游戏的故事。

这是电子游戏史上，首次将故事背景放在制作之前，而非在游戏制作完成后编造故事作为宣传资料发布。

宫本茂对自己的想法十分自信，可由于他不会编程，需要向工程师咨询各种设计的可行性。他想到用倾斜的平台、桶和梯子来实现游戏过程。

横井军平认为设计过于复杂，可还是帮他实现了初始设计。在横井军平的鼎力支持下，宫本茂的大部分游戏设计内容都得以实现。经过几个月的时间，他们制作出一款 20KB 左右的游戏。

山内溥认为这款游戏的目标是救在美国的女婿，首发地在美国，应该取个英文名字。宫本茂原计划将游戏命名为“猿”，因为猿是很强的动物。他在日英词典中寻找一些意为“顽固大猩猩”的英文词汇，发现 Donkey 这个词，可以同时表达“顽固”和“愚蠢”。游戏名字最后被定为《大金刚》（*Donkey Kong*）。

《Radar Scope》街机硬件是按南梦宫《Galaxian》街机硬件设计的，支持高速移动的游戏角色。《大金刚》中没有高速移动的敌人，开发团队删除掉不必要的功能后缩小电路板。然后为新 ROM 写入《大金刚》游戏玩法和图形，原有处理器、声音和显示器保持不变。字符集、记分牌、屏幕上显示基本和《Radar Scope》保持一致。下图为任天堂《大金刚》游戏海报，也是马里奥形象首次亮相。

游戏开发完成后，山内溥十分满意。他认为《大金刚》将会让所有人大吃一惊。他打电话通知女婿：小子，你请求的事已办妥。

荒川实对岳父深信不疑，他带着任天堂美国的合作伙伴去找律师，先完成申请商标。《大金刚》确实是个很古怪的游戏，在《吃豆人》和《太空侵略者》横行的年代，它看起来不怎么有前途。可有山内溥的判断，荒川实相信它一定是一款可以拯救任天堂美国公司的游戏。

CEO 都这样想了，那就开始干吧。翻译人员开始翻译《大金刚》的游戏故事，并且给角色进行命名。游戏里总共有 3 个角色，大猩猩叫 DonkeyKong，女士叫宝琳，那位水管工则按照《Pac-Man》的命名法，叫“Jump-Man”吧。

正在这样进行时，突如其来一个新状况。

前面说到任天堂美国公司遭遇财务危机后，把公司搬到西雅图。在西雅图，为了节约成本，荒川实租用一位名叫马里奥·赛格尔（Mario Segale）的开发商仓库作为公司总部。由于租金给付不及时，马里奥·赛格尔有事没事就跑来对着荒川实一顿谩骂，话说得特别难听，浑然不顾当时还有任天堂其他员工在场。

荒川实想想，那位留着古怪大胡子的小人就不要叫 Jump-Man，叫 Mario 吧。马里奥·赛格尔（Mario Segale）先生，就以如此可笑的方式留在电子游戏史上，还是最出名的电子游戏角色，没有之一。万事俱备，《大金刚》推出。

第二十六章　任天堂：决战第三战线和 Game&Watch 大捷

跟之前其他创新街机游戏一模一样，《大金刚》被各路人马拒之门外。直到它在西雅图两家酒吧安装后，展现出强悍的吸金能力，订单才蜂拥而至。荒川实和老婆山内洋子，亲自带着一众公司员工和经销商，将 2000 多台库存机全部更换成《大金刚》。

《大金刚》从美国起步，逐步扩散到全世界。2000 台改装机售罄后，任天堂美国公司又接到大量订单，荒川实开始本地化生产。公司也因此解除财务危机，在美国站稳脚跟。1982 年 6 月，任天堂在美国卖出 60,000 台《大金刚》，销售收入 1.8 亿美元。到年底，收入达到 2.8 亿美元。

老岳父救女婿，画上圆满的句号。

《大金刚》街机在日本表现也十分不俗，1981 年是收入最高的街机游戏，1982 年收入排名第 6。截止到 1983 年，任天堂在日本和美国共售出 132,000 台《大金刚》。它还间接拯救过 Coleco，也是雅达利代理任天堂 Famicom 合约破裂的导火索。

完成第三世代家用游戏机研发后，任天堂的主营业务开始向家用游戏机转移。1985 年，山内溥判断"街机没有前途"，公司开始缩减街机投入，专注于家用游戏机开发。任天堂街机业务负责人的小舞德造愤而离任，加入世嘉。1987 年，负责街机业务的任天堂休闲设备公司解散，任天堂彻底退出街机市场。有《大金刚》相助，任天堂街机业务算中胜。

山内溥说："我们的业务，是把从未见过的东西送到世界上，对过去存在的东西做微小的改变的想法是没有用的。"

山内溥并不会玩游戏，比起南梦宫社长中村雅哉动辄花几十小时体

验本公司产品，他连游戏机手柄都闹不明白。山内溥的理念是：创造力，而非技术，才是游戏发展的关键。山内溥说："我们不能仅仅通过使用更好的技术，就保证有好玩的游戏。在玩家身上激发发现的乐趣和惊喜，是游戏艺术的伟大目的。"

他的好朋友亨克·罗杰斯(Henk Rogers)是少数获得其友谊的西方人。罗杰斯经常说，山内溥很像《教父》里的柯里昂。"他像钉子一样坚强，能很快做出决定，"他说，"当他这样做时，每个人都要排队站好。他是一个很难取悦的人，如果你胆敢公开反对他，你的日子就屈指可数了。"

山内溥是围棋6段的高手，深谙对局之道。

第三战线：Game&Watch大捷

一次出差的途中，坐在新干线上的横井军平看到一个上班族正在百无聊赖地玩着计算器。他突然想到：应该做一个可以拿在手上的小型游戏机来打发时间。等横井军平回到办公室，脑海里还盘桓着这个产品创意。

在他聚精会神思考时，任天堂的人力资源部同事敲门进来。山内溥要去市中心开会，可他的司机得了重感冒，无法开车。公司里唯一会开左舵美式汽车的人，只有横井军平。

横井军平马上发飙："我是研发部总经理，可不是任何人的司机！"

话是这样说，可在任天堂谁敢拒绝山内溥呢？横井军平用只有自己才能听到的嘟囔声，爬上山内溥座驾的司机座。转念一想，他觉得这样还不错。山内溥坐在后座，他可以自由地宣讲自己的想法，不用走正式汇报流程。"如果我们能把游戏机做到跟计算器一样轻薄，上班族也可以玩游戏了。"装作如不经意却饱含期待的横井军平在司机座上说道。他以为老板会认真地跟他探讨这个新奇的想法，山内溥却面无表情，不置一词。

完了，老板没兴趣。

一周后，山内溥把横井军平叫进办公室，里面还有夏普电子的一位高管。"我不知道发生了什么，"横井回忆说，"老板说，你想做一个计算器大小的游戏机，夏普很擅长，所以我叫他们的负责人过来。"横井军平开车送山内溥的那次会议上，山内溥会后就坐到当时世界最大的计算器制造商夏普公司总裁佐木明身边，跟他交流了便携式游戏机的想法。

夏普公司在1964年开发出世界上第一台晶体管计算器，1969年又推出第一台LSI计算器，是第一款售价低于100,000日元的袖珍计算器，并成为热门产品。1973年，夏普生产出第一台LCD计算器。

横井军平的想法在硬件技术上是没任何障碍的，核心在于怎么做出好玩的游戏。便携式游戏机开发不需要创新型硬件，只需要使用已经验证的产品：夏普LCD计算器。LCD计算器技术成熟，采购成本低廉，技术并不领先，但一样可以做出好玩的游戏。索尼Walkman发布时也因为不能录音饱受嘲讽，可这并不影响它成为一款风行全球的电子消费品。

这是横井军平产品理念“枯萎技术的横向思维”的再一次贯彻，山内溥无疑也支持这种想法。

有了山内溥的支持，项目进入加速期。

Game&Watch发布

任天堂便携式游戏机使用夏普LCD计算器技术，使用纽扣电池供电，体积小且价格便宜。1980年4月28日，Game&Watch Silver正式面世，是全球第一款Game&Watch掌机，支持单屏单人游戏。下图为Game&Watch Silver，简称GW Silver。

第一款GW游戏《Ball》，有两种玩法。A玩法中，玩家将两个球抛起来，当球落下时需要接住再抛起来，像杂耍一样，每成功1次奖励1分。B玩法中，玩家要玩到3个球，每次接球成功奖10分。从1980年首款GW Silver发布，GW掌机共发布13个系列，59个游戏。1981年，GW系列掌机全球销售1400万台，1982年发布的《大金刚》掌机就售出800万台。下图为GW《大金刚》，支持折叠双屏。掌机控制器上，可以看到十字方向键和一个跳跃按钮。这是十字方向键控制器首次出现，十分受用户欢迎。任天堂为它注册专利，该掌机还获得技术工程类艾美奖。

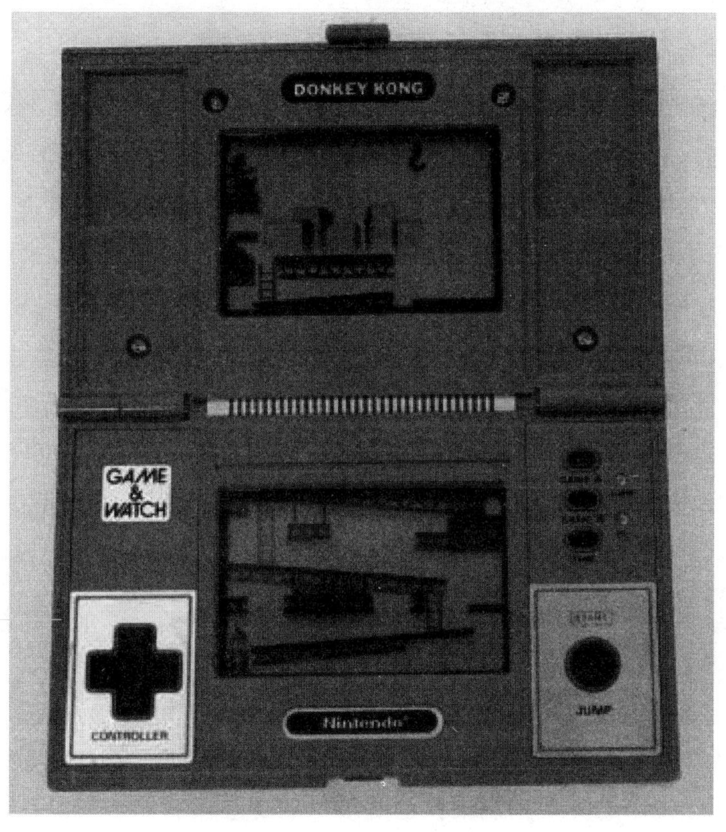

十字方向键和塞尔达

作为电子游戏史上最重要的发明之一，发明者横井军平表示，他并不认为十字方向键是一项伟大的发明。GW 的真正挑战在于如何用 GW 极低的存储容量制作游戏和降低成本，那才是对技术艰苦的挑战。

横井军平还没意识到游戏控制器是电子游戏的核心，像汽车的操控系统一样重要。

米罗华奥德赛的游戏都是两人游戏，因此有两个合并使用的控制器。控制器是长方形的，可以放在膝盖上，也可以放在桌子上。有 3 个旋钮，其中左右两个大旋钮，左侧旋钮上还有个小旋钮。控制器上方还有个“重置”按钮，可以重置游戏到默认状态。下图为米罗华奥德赛控制器。

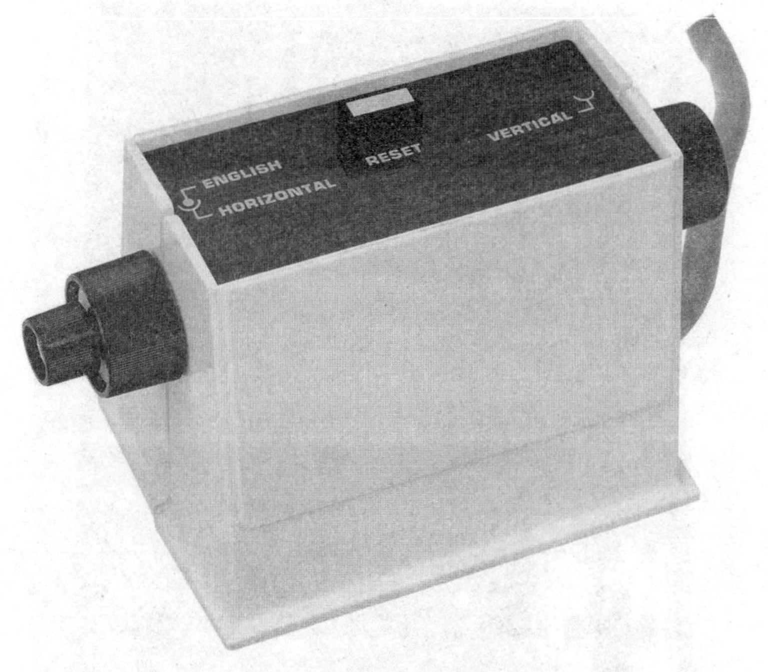

1977 年跟雅达利 VCS 一起发售的游戏控制器叫“CX10”，它是最早被广泛运用的游戏控制器，也是最早的游戏控制器通用设计方案。1978 年，雅达利推出 CX10 的升级版本“CX40”，结构更简单更便宜，叫作“Digital Joysticks”。下图是 CX40，包含方向控制和一个开火键，支持 8 个方向控制。

横井军平开发 GW 游戏控制器时，并不顺利。他先制作出一个带着尖尖的纽扣形按钮，他自己描述为很像“乳房”。他计划用推动尖尖的方式操作方向，可发现它无法像预期一样移动。后面又设计过一个平板按键控制方向，也不理想。最后横井军平发现，人们在玩游戏时根本不应该看按钮，只应该看屏幕。十字型方向键有这个好处，手指触摸就知道上下左右，不用盯着控制器。

经过一周的反复实验，横井军平决定采用十字作为方向控制键的形状。方向操控是个复杂操作，人类用手的习惯是：左手负责简单操作，右手负责复杂操作。按这个设计原则，方向控制键应该放在掌机右侧。可横井军平没有这样做，他沿用街机的设计逻辑：把控制杆放在左侧。

这位十字方向键的发明人说：“我认为在右侧是正常的，可一直到今天，在左侧放十字键已经成为潮流，真是奇怪。”奇怪什么呢？没几个人懂得游戏还需要设计专门的控制器。十字方向键后来拥有自己的名字“Directional Pad”，简称 D-pad。

1983 年，GW《马里奥兄弟》发售，卖出超过 100 万台。1989 年 8 月 26 日，GW 双屏版《塞尔达传说》发布。它是一款双屏单人游戏，支持翻盖，是任天堂家用游戏机改编过来的游戏。在GW版的《塞尔达传说》中，八条桀骜不驯的巨龙正在世界上制造浩劫。他们绑架了塞尔达公主之后，需要林克击败他们并拯救公主。巨龙将塞尔达公主囚禁在一个需要8块三角力量才能解锁的封印后面。击败每条龙后，林克可以获得一份三角力量。

两块屏幕分别显示不同的战斗场景，下方屏幕是林克在迷宫房里战斗，上方屏幕则是林克与龙的战斗。下方屏幕中还会显示游戏地图和物品，是特有的游戏玩法。GW版《塞尔达传说》还有一个复活按键，玩家在死亡后还可以继续游戏。双屏设计是突破GW LCD极限的显示方式，虽然没有家用游戏机那么复杂的游戏机制，可仍然是一款很好的游戏作品。

《塞尔达传说》在所有GW游戏中排名第5，评价是：它确实捕捉到它所在世界的感觉。下图是GW版《塞尔达传说》。

需要说明的是：GW由任天堂R&D1研发，横井军平领导。任天堂家庭游戏机由R&D2研发，上村雅之领导。

Game&Watch 大捷

任天堂 GW 系列全球共售出 4340 万台，其中日本国内 1287 万台，海外 3053 万台，是任天堂在全球范围最早的一次重大成功。

第三战线：掌机大捷。

任天堂三线作战的战果，以家用游戏机小胜、街机中胜和掌机大捷结束。GW 的成功，对任天堂十分重要。GW 之前，任天堂一直在亏损线上挣扎。多元化投资年年亏损，公司累计债务规模高达 70 亿日元。GW 一出，债务问题全部迎刃而解。任天堂不仅还清债务，还因此获得 40 亿日元的盈余。GW 的成功一直保持销量到 90 年代初期，低廉的成本、广大的市场和用户的喜爱，成为公司的现金奶牛。

1983 年，北美游戏市场大崩溃后，任天堂对电子游戏市场仍然信心十足，带着全新游戏机杀入美国。1985 年 3 月号《电子游戏》杂志称："美国的电子游戏市场实际上已经消失"，"这可能是任天堂的误判"。这些杂音对山内溥没有构成任何影响，GW 的成功让他们有足够的底气。

接下来该是电子游戏史上最重要的产品上场了。

第二十七章　任天堂：史上第一神机 Famicom

1979 年，雅达利更换 CEO 后销量节节攀升。游戏卡成为电子游戏机标配，大量第三方游戏公司和新游戏进入市场，带来电子游戏业的第一次繁荣。已经打算退出街机市场的任天堂，将目光再次投向家用游戏机。

1981 年 11 月，山内溥给任天堂 R&D2 负责人上村雅之打电话说："去，做点东西，让家里电视机上也可以玩到街机游戏。"《大金刚》街机在日本街头十分火爆，上村雅之能理解山内溥对于创新的追求。他想，任天堂必须做出一款别人从未做到过的产品，否则不会有太大价值。

GameCom 项目

1982 年 6 月，以上村雅之为首的任天堂 R&D2 开始研发山内溥提出的家用游戏电脑，项目代号为：GameCom，意为 Game 和 Computer 的合体。

在之前的产品开发中，任天堂虽说有一些技术积累，可到用时发现都不够看。ColorTV Game 系列使用的是第一世代游戏机上过时的技术，Game&Watch 是用夏普 LCD 计算器改装的，只有街机使用过微处理器开发，可那又是大型电路板，无法直接移植到家用游戏机。

撇开以上内容，任天堂想要自主研发，最有参照价值的是 Coleco 科莱科公司。1981 年，科莱科公司就和任天堂达成过合作，获得街机《大金刚》的游戏授权，将其移植到 ColecoVision 和 Mini Arcade 上。《大金刚》是 ColecoVision 销售突破 100 万台的最大功臣。

当科莱科的员工带着 ColecoVision 拜访任天堂时，任天堂 R&D2 全

体员工都十分震惊。负责 GameCom 项目软件开发的程序员泽野孝雄将机器带回家，让家人试玩，反响非常好。ColecoVision 没有雅达利 2600 常见的闪烁和中断，画面十分流畅。

泽野孝雄 1972 年加入任天堂，入职后在 R&D2 跟随上村雅之使用专用芯片开发街机产品。后因 Game&Watch 的火爆，他作为宝贵的软件程序员被调去 R&D1 随横井军平开发 GW 游戏。GameCom 项目启动后，他又作为主力成员回到 R&D2。

泽野孝雄是建议在 GameCom 控制器上使用十字方向键的关键员工。他开发过 GW，深知十字方向键对提升游戏体验的重要性。有许多研究者说“GameCom 项目是基于雅达利 2600 开发的”，其实并非如此。根据上村雅之的描述，任天堂的原型机是参考 ColecoVision 设计的。下图是 1982 年最初的 GameCom 原型，丝毫不像雅达利 2600。

项目的第一个核心问题：GameCom 的中央处理器。中央处理器是个人电脑和家用游戏机的核心配件，它的选型决定机器的硬件成本、运行状况和开发方式，是一切内容的先决要素。

上村雅之派出两名员工，中川克也和大竹正宏去理光半导体研究游戏机处理器技术方案。为何选择理光呢？任天堂街机都是委托三菱电机开发，三菱的项目负责人是八木弘光。八木弘光精通街机处理器方案，对家用游戏机开发也十分感兴趣，而他刚跳槽去理光没多久。

中川克也和大竹正宏把《大金刚》街机带去理光，商讨硬件方案。大家都是一眼黑，街机庞大的躯壳可以塞下很大的屏幕和大量电路板，家用游戏机体积那么小，怎么塞进去那么多复杂电路呢？

一筹莫展之际，老司机发挥作用了。上村雅之做出两个重要决定：一是以在电视机上复制街机游戏为目标，开发家用游戏机专用处理器。二是同时让专用处理器也能支持街机，这样可以更快速地让它商业化。简单地说，专用处理器大一点，没问题。

各位读者没有游戏产品开发经验，所以不清楚这项决定的价值，这里简单地说明一下。

在游戏产品开发中，确定开发目标后，最难的部分是如何组织成员开始生产流程并验收成果。一个产品目标下，往往会包含许多工作过程，如游戏故事策划、程序、美术、音乐等。有的工作流程会很快产生成果，如美术画完的一张原画。有的工作流程则需要很长时间才会产生成果。

产生成果，软件开发中称为“交付”。交付是软件产品开发中最为重要的内容，相当于树上结出一颗小小的果实。虽然离做成水果罐头还很远，可它是罐头的基础。对于“研发 GameCom 处理器”这个巨大的交付任务，拥有丰富开发经验和判断力的上村雅之将其分解为两部分：第一部分是完成老板山内溥的开发目标，这项工作很难，可能会失败；第二部分是在任天堂街机上实现新处理器应用，这项工作相对容易。成功后，将其小型化就相当于完成第一部分的目标。

将大目标拆成具备分阶段交付且保持价值的小目标，同时满足老板的要求和商业目标，这就是顶级产品经理和游戏艺术家的现象级表现。事实上，这项决定是后来任天堂家用游戏机走进美国的关键举动。图为任天堂基于 GameCom 专用处理器的街机“VS.SYSTEM”。

MOS6502 和理光 2A03

对于 GameCom 到底选择哪款处理器，任天堂最初属意 Zilog 公司生产的 Z80 处理器。《大金刚》街机中，使用的就是 Z80 处理器。Z80 和 MOS6502 是 1980 年代使用最广泛的微处理器，被大量使用在 Atari2600、Atari8 位系列、Apple Ⅱ、Commodore64、AtariLynx、BBCMicro 等游戏机和个人电脑上。

在 Z80 和 MOS6502 二选一的问题上，理光推荐 MOS6502。因为理光拥有 MosTech 公司的授权，可以直接生产基于 MOS6502 内核的处理器。为拿下任天堂 GameCom 订单，理光开发出一款名为“Ricoh2A03”的微处理器，集成编程声音发生器（APU）、DMA（Direct Memory Access，直接存储器访问，它允许不同速度的硬件装置来沟通，不需要依赖于 CPU 大量中断负载，DMA 是性能的保证）和游戏控制模块。

理光的殷勤，上村雅之没法拒绝。Ricoh2A03 还有一项优势，芯片面积只有 Z80 的 1/4。

更换微处理器不是小工作，代表所有的开发工具都要重新学习。上村雅之试图说服任天堂研发中心的同事转换到新开发平台上，大家都比较抵触。此时泽野孝雄又秀了一波：刚从 R&D1 回归的他毫无技术负担，马上使用 MOS6502 开发套件进行开发，不承想 6502 处理器和原有的图形处理芯片十分兼容，开发效率更高。下图为装载 Ricoh2A03 处理器的 GameCom 主板。

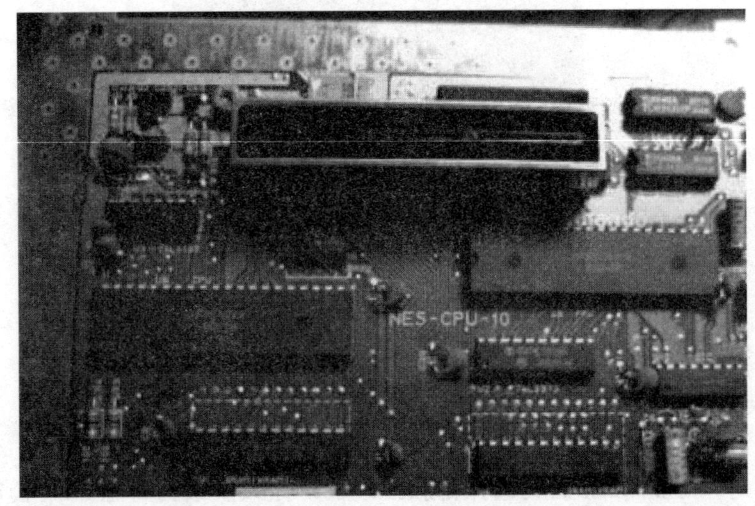

选定中央处理器，可当时开发工具仍然极其稀少，十分影响游戏开发效率。上村雅之买了一台中国台湾厂商的 ICE（In-circuitemulator）来开发 NCAP（Nintendo-capture），解决燃眉之急。NCAP 在 NEC 电脑 PC-8001 运行，任天堂许多游戏都使用这款设备开发。开发过程中，R&D2 的开发人员不停解决技术问题，有惊无险地完成 NCAP 开发。

1983 年 4 月，程序员加藤修平加入 R&D2，这位程序员外号“6502 活手册”，一位真正的专家。他加入后，GameCom 开发终于进入快车道。加藤修平丰富的经验和动手能力，帮助团队效率产生数量级的提升。

日本 Famicom 发布

1983 年 6 月 5 日至 6 月 8 日，消费电子展（CES）在美国伊利诺伊州芝加哥市芝加哥会议中心和两家酒店举行。展会占地 735,000 平方英尺，展出 1,200 件展品，共有 80,000 人参加了此次展会。

此次 CES 展上演了一出“个人电脑大战游戏机”的戏码。雅达利展出个人电脑 600XL 和其他型号的游戏机，美泰展示新发布的个人电脑 Aquarius。而 Coleco 在 CES 开始前一天晚上，就宣发他们全新的电脑 Adam，抢尽其他游戏机公司风头。著名电脑品牌 Commodore 展出 MagicVoice 语音合成盒和电脑 Executive-64。

任天堂原计划将游戏机授权给雅达利代销，借此进入北美市场。双方约定在本次 CES 上以雅达利名义发布 Famicom，可 1982 年的 CES 展上，雅达利发现任天堂竟然将《大金刚》游戏授权给自己的主要竞争对手 Coleco。这违反双方约定的独家许可条约，使得任天堂计划在 1983 年 CES 展上发布 Famicom 的计划泡汤。

夏季 CES 展过后 1 个月，1983 年 7 月，雅达利 CEO 雷·卡萨被解雇。此项交易更加遥遥无期，任天堂决定自己在美国销售 Famicom。

1983 年 7 月 15 日，Famicom 在日本发布，日文名为“家庭用カセット式ビデオゲーム　ファミリーコンピュータ”（家用卡式游戏电脑）。售价 14,800 日元，附带任天堂三款游戏《大金刚》《大金刚 JR》《大力水手》。Famicom 在日本后发布后，最初几个月卖得很好。

没多久，Famicom 出现图形芯片故障，游戏过程中角色会忽然卡住。找到电路故障后，任天堂宣布召回所有 Famicom。并决定在问题解决前停止售卖，这个举动给任天堂带来数百万美元的损失。好产品不怕晚。解决故障后，新主板启用，Famicom 人气回暖，随之再度进入上升期。

和任天堂 Famicom 同一天发布的家用游戏机还有世嘉 SG-1000，是世嘉日本 CEO 中山隼雄在世嘉个人电脑 SC-1000 上修改而来。任天堂在街机上的卓越表现，让靠街机吃饭的世嘉特别警惕，SC-1000 的主要目标之一就是狙击任天堂。Famicom 的芯片故障让 SG-1000 乘虚而入，销量一度反超。

等任天堂解决硬件问题后，SG-1000 就马上不够看了。世嘉并不弱，

SG-1000上市时支持21款游戏，Famicom只有9款。SG-1000售价15,000日元，Famicom售价14,800日元。在整个1983年，Famicom售出45万台，SG-1000售出16万台。下图为世嘉SG-1000。

设计GameCom

解决专用处理器的同时，GameCom的功能和机体也在设计之中。通过对ColecoVision分析，上村雅之提出七个设计要求：

勿将键盘连接到主体上。

走出电脑形象。

是游戏机，但没有玩具味。

有两个控制器，如果可能的话，考虑将它存放在主体中。

ROM模拟磁带，外观、尺寸、阻力几乎相同。

ROM盒连接器、电源开关和控制器连接器通过电源适配器插孔和RF适配器插孔连接到主机。

将操纵杆、两个进入按钮、一个开始按钮和一个暂停按钮放到控制器上。

试图详细说明机器外观工业设计的上村雅之，带上中川克也和汤川雅之一起来到理光设计办公室。随着他一起来的，还有山内溥的要求："前所未有的创新，前所未有的产品形象。”

理光的产品设计师说，如果这样的话，“最好使用无法从外部判断价值的设计”。就像如果录音机看起来是录音机时，消费者自然会按照录音机的价格定位。简单地说，GameCom 外观设计理念为不知道它是什么。这样自然是有“前所未有的产品形象”。

“不知道它是什么”的设计理念，除了超前貌似没有其他价值。

汤川雅之说，设计理念超前到什么程度呢？完成后，大家发现它就是“一个无趣的盒子”。

唯一有点好玩的设计是横井军平提出的“弹出游戏卡的支架设计”。游戏卡弹出时会发出咔嚓咔嚓的声响，横井军平觉得这样的声音可以吸引小孩的注意力，中川他们接受建议。

GameCom 的控制器原计划使用街机的操纵摇杆，而非雅达利 CX40 的控制器。操纵摇杆如何在家里固定？凸起是不是会伤到小孩？这些问题让大家伤透了脑筋。

多次立功的泽野孝雄又站了出来，他建议使用十字键作为游戏机控制器。对使用十字方向键完成 Game&Watch 游戏开发的泽野孝雄来说，推荐使用十字键理所当然。其他开发人员并未马上认同他的意见：十字方向键适合小屏幕的 GW，是否就适合大尺寸的电视游戏呢？

泽野孝雄没有多废话，把十字方向键控制器连到 GameCom 原型机上，让其他人试试。试试就试试，中川克也马上被十字方向键征服。他发现玩家很快就能熟悉十字键的操作，完全不用看控制器，只需要看着屏幕就能完成操作。即便把电视机移到几米开外，也丝毫不影响操作。

事实胜于雄辩，上村雅之决定使用十字方向键作为 GameCom 控制器的核心部件。R&D1 没有人会制作塑料模具，只能委托横井军平代劳。实际发布游戏机控制器，按钮的尺寸比 Game&Watch 都要大一号，响应操作的反馈更好，不同按钮采取不同材质。下图为世界首款十字方向键加 AB 键的手柄控制器。

游戏卡和 Famicom

按上村雅之的建议，游戏卡的规格要跟磁带大小一致。中川克也尝试将磁带装入卡槽，发现不行，最后的设计方案比磁带稍大一点。下图为任天堂游戏卡，一块 60 帧 PCB 板，上面有两个 24KB 容量 ROM（只读存储器）。

游戏卡的开发中，中川克也发现游戏卡接触不良和磨损情况非常严重，他决定开发一款特殊的 60 帧 PCB 板来解决这个问题。并且特别强化插入拔出的老化测试，将游戏卡拔插次数提升到 5000 次。1983 年，GameCom 整机内容，包括机体、手柄控制器、游戏卡等主要内容变得逐渐清晰。4 月，上村雅之在家里谈论 GameCom 项目时，他妻子说："既然它不是家用游戏机，又不是个人电脑，何不叫它家庭电脑 'FamilyComputer' 呢？可以简称 FC，昵称 Famicom，很不错啊。"

这个名字最后被保留下来，在日本发布时成为正式名称——Famicom。

Famicom 为何是红白色的呢？源于山内溥的要求。有次上村雅之陪山内溥出门时，出高速看到天线制造商 DX 的广告牌，是非常好看的红色。第二天，山内溥将自己的红色围巾带到公司，建议使用该红色。R&D2 设计过各种颜色组合，如白色和黑色，黑色和蓝色。最后还是按照山内溥的意见，用红色作为机器的主色调。

花花公子山内溥的审美情趣，肯定高过一众工程师。Famicom 正式完成，下图为日本发售时的游戏机，采用充满动感的红白配色。

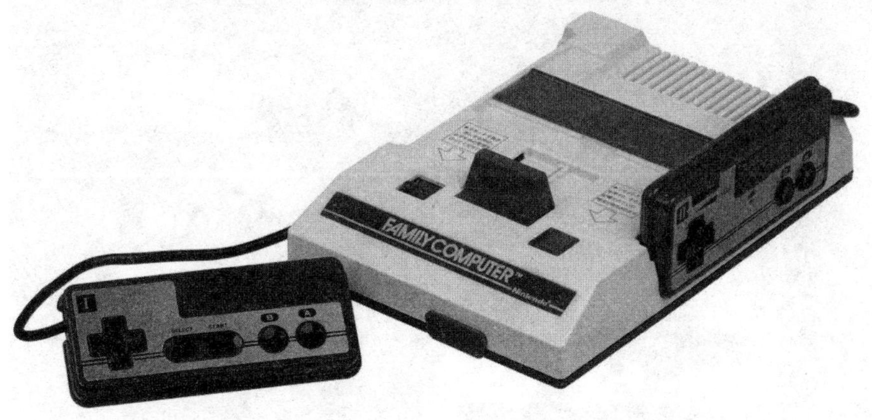

Famicom 这个缩写名称暂时还不能用，因为夏普刚把它注册为微波炉（家电类）商标，同时注册娱乐设备行业商标。直到夏普把娱乐设备行业商标转让给任天堂，Famicom 名称才正式启用。

第二十八章　任天堂：从第三方公司到超级马里奥兄弟

Famicom 外设

和雅达利起诉动视不同，山内溥早就计划好，将游戏制作开放给第三方游戏公司。Famicom 成本高，硬件利润微薄。面对这种情况，他必须考虑在外设和游戏卡的销售上获利。1984 年，支持任天堂 Famicom 的光线枪发布，此外还有键盘和机器人。下图为 Zapper 光线枪，任天堂的看家本领之一。

下图为 Famicom 键盘和机器人。

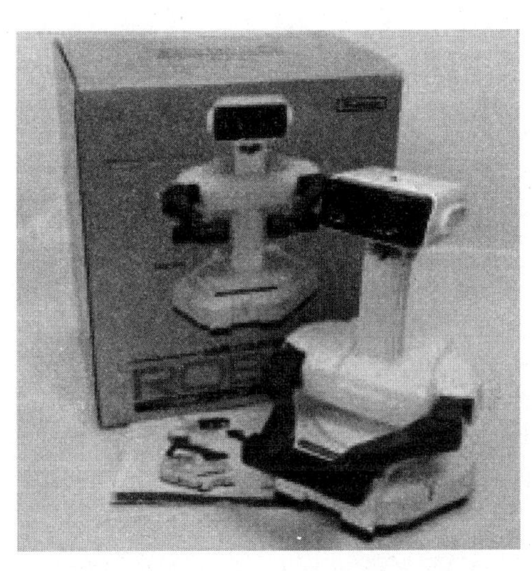

吃螃蟹的 Hudson 和南梦宫

1973 年 5 月 18 日，工藤博志和工藤裕二两兄弟在日本札幌丰平区成立合伙公司，取名为“HudsonSoft”（哈德森软件）。兄弟俩都是火车迷，因此他们用最喜欢的哈德森 4-6-4 蒸汽机火车型号，作为公司名称。

他俩最初想开一家咖啡店，可发现要开店的地方已经有一家咖啡店捷足先登。没思考多久，两位决定将咖啡店更改为无线电店，出售无线电通信设备和拍艺术照。

转型步子跨得有点大。工藤兄弟虽然拥有大学学历，可并没有商业经验，开店时期每个月都在亏钱。

1975 年 9 月开始，哈德森公司开始销售个人电脑，1979 年 3 月开始开发和销售游戏卡。工藤兄弟采取的是“数量压倒质量”的经营策略，该公司每月都能发布 30 款以上的游戏和软件，款款失败，无一成功。

1983 年，他俩考虑是不是要调整下经营策略，优先游戏质量，否则公司快要办不下去了。就这样，哈德森成为任天堂的第一家第三方游戏开发商，给任天堂开发游戏，下图为 Hudson 的公司标识，一只叫八助的蜜蜂。

哈德森公司的创始人有点搞笑，可他们的制作水平却要高于他们的搞笑程度。能制作出《高桥名人之冒险岛》和《炸弹人》的公司，有资格吃螃蟹。

紧随哈德森之后的是南梦宫，两家公司都同意以 30% 抽成成为任天堂第三方游戏开发商，其中 10% 为发行许可费，20% 为游戏卡制作成本。30% 抽成比例，后被乔布斯借鉴用来经营 iTunes 和 App Store。出身雅达利的乔布斯深知这种模式的好处，它有个专门的叫法——权利金模式。

1985 年，Capcom、Enix 和 Konami 开始和任天堂合作，给 Famicom 制作第三方游戏。没多久，哈德森软件的《Lode Runner》和南梦宫的《Xevious》游戏在 Famicom 上一炮而红，这让 Famicom 像是鲜花碰到热油，火上加火。1984 年，Famicom 销量突破 100 万台，这个数字很快在 1985 年初刷新为 250 万台。

世嘉完成 MBO 后，新世嘉日本 1984 年 7 月 31 日发布 SG-1000 的升级版——SG-1000 Ⅱ。尽管十分努力，SG-1000 Ⅱ仍然无法跟任天堂抗衡。主要原因之一在于作为街机王者，世嘉并不想跟街机行业的竞争对手们合作开发第三方游戏，他们坚持移植和自行制作游戏。

1985 年，Sega Mark3 发布。截至 1988 年，SG-1000 游戏机系列（包括 Mark3）在日本的销量达 140 万台，最初的 SG-1000 型号在日本的销量为 400,000 台，远不及 Famicom。

SG-1000 是世嘉正式踏入家用游戏机的作品，成绩不是很好，可却给世嘉留下许多念想。

超级马里奥兄弟的成功

1985 年，村上春树出版《世界尽头和冷酷仙境》，这是人类文学史上的一部梦幻作品。1987 年，另一本神作《挪威森林》出版。两本书卖出数百万本，让村上春树声名鹊起，成为霸占日本 1985—1987 年畅销书榜首的当红作家。

村上春树亮丽的成绩，在那年也没比过宫本茂和手冢卓志联合制作的《超级马里奥兄弟》（*Super Mario Bros.*）。用上村雅之的话来说，Famicom 和《超级马里奥兄弟》的结合，就像“为时尚火上浇油”。随着当年政府法令禁止儿童和青少年进入游乐厅，孩子们只能在家里玩电子游戏，《超级马里奥兄弟》顿时成为日本家庭的时尚配备。

《超级马里奥兄弟》是横版闯关游戏的始祖，也是电子游戏史上最伟大的作品。1985 年 9 月，发布当月卖出 120 万份。4 个月后，日本售出 300 万份《超级马里奥兄弟》。到 1986 年，游戏销量已经突破 500 万份。发布到海外后，销量更是一路飙升。1994 年，《超级马里奥兄弟》Famicom 版本游戏卡已经售出 4000 万份。它获得最畅销电子游戏的吉尼斯纪录，是电子游戏史上里程碑作品。下图是《超级马里奥兄弟》的游戏画面，在中国有个独特的名字——《采蘑菇》。

超级马里奥兄弟和马里奥兄弟

《超级马里奥兄弟》是怎么诞生的呢?

1983年，任天堂发布街机游戏《马里奥兄弟》（*Mario Bros.*）。

街机版《马里奥兄弟》里，有两个水管工：一个叫马里奥，另外一个叫路易吉。路易吉，日语发音“ruiji”，在日语里是“相似”的意思。他被设计为马里奥的弟兄和伙伴。《马里奥兄弟》是路易吉首次出场，双角色设计是为使用双控制器和家庭聚会游戏。为更好地辨识这对双胞胎兄弟，马里奥戴着红色的帽子，路易吉带着绿色的帽子。

《马里奥兄弟》里，马里奥和路易吉需要调查纽约的下水道，两兄弟只能跑动和跳跃。每个游戏关卡都是一些平台，跳跃起来的马里奥兄弟可以把怪物顶翻，然后通过一个关卡。下图为《马里奥兄弟》的游戏画面。

1984年是宫本茂加入任天堂第7年，32岁的他正处在创造力高峰期。同年4月，任天堂又迎来一位新员工——手冢卓志，大阪艺术大学设计系高才生。他是托尔金小说《魔戒》的铁粉，也是2017年发布的游戏《塞尔达传说：旷野之息》的监制人。

不过，此时的手冢卓志还只是个新人。

《超级马里奥兄弟》由宫本茂和手冢卓志设计，SRD公司中乡俊彦编程。SRD成立于1979年，1982年开始在Famicom上与任天堂合作。从那时起，他们协助几乎所有任天堂游戏机上的游戏编程。目前不清楚他们参与了多少游戏，只知道他们几乎参与过所有《塞尔达传说》电子游戏的开发。该公司与任天堂之间没有资本关系，尽管他们的京都办事处就位于任天堂开发中心内，中乡俊彦为社长。

2022年2月24日，任天堂收购SRD工作室。

手冢卓志说："在设计游戏时，我从未有意识地将休闲用户和铁杆游戏玩家分开。在过去的20年里，我一直在努力制作游戏，让任何人——尽可能多的人——都能享受它们……我不得不说，我从心底里热爱制作游戏的工作。"

手冢卓志的加入，使得宫本茂想做一个更加丰富多彩，带有滚动屏幕的游戏进展更快。设计游戏之前，宫本茂想过许多。任天堂在1986年即将发布Famicom的磁盘版。宫本茂说过："在Famicom游戏卡时代，硬件限制非常严格，我们无能为力。我们希望绕过这些限制实现新的东西，给公众从未看过的东西。所以我们想用他们在其他游戏中从未见过的新东西，给他们留下深刻印象，让他们思考：'他们是怎么做到的啊？'"

宫本茂这时已经不是初出茅庐的小伙子，而是个对市面畅销游戏和技术要素了如指掌的资深游戏设计师。接下来会深度介绍电子游戏史上最佳游戏之一《超级马里奥兄弟》。

第二十九章　任天堂：集大成的超级马里奥兄弟

从功夫片开始的横版闯关游戏

1984年，由洪金宝编剧和导演，成龙、洪金宝、元彪、罗拉·芳娜（Lola Forner）主演，取景西班牙巴塞罗那的动作电影《快餐车》在日本上映。本片上映后，日本票房突破20亿日元，成为当年日本排名第6的外国电影。

1984年，Irem公司（日本一家街机游戏公司，总部位于东京千代田）将《快餐车》改为横版格斗街机游戏《功夫大师》（*Kung-FuMaster*）。玩家控制功夫大师托马斯，在神殿五个关卡中一路奋战，救出女友西尔维娅。五个关卡的灵感来源于李小龙电影《死亡游戏》的五层宝塔设计，每层宝塔都有不同国籍的武术家。对应的是，《功夫大师》每层关卡都有Boss，托马斯和Boss有血量计。

《功夫大师》由西山隆志设计制作，发布在街机上。其Famicom版本，交由宫本茂团队开发。

除《功夫大师》外，还有几款街机游戏的Famicom版本，都交由宫本茂开发。比如《越野摩托》（*Excitebike*）。《越野摩托》是一款横向闯关赛车游戏，玩家控制越野摩托车赛车手进行比赛。该游戏具有两种游戏模式，A是单人赛跑，B是让赛车手与计算机AI控制的对手对抗。下图为《越野摩托》游戏画面。

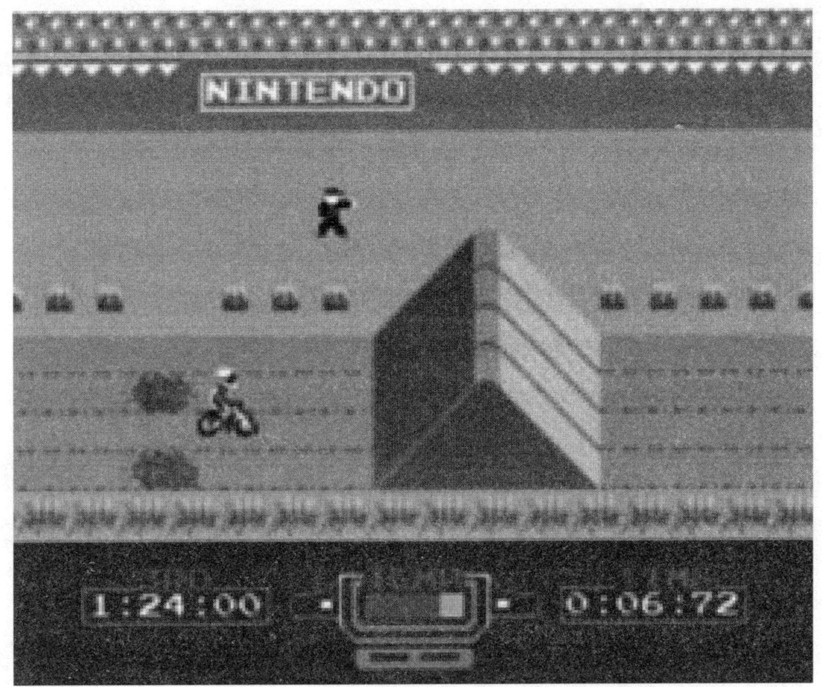

新进任天堂的手冢卓志跟宫本茂联合设计过一款游戏《恶魔世界》（*DevilWorld*）。一款类似《Pac-Man》的迷宫游戏，不过复杂程度远高于它。玩家要在游戏里完成搜集任务，还要消灭不同的恶魔。由于《恶魔世界》里的撒旦形象过于显眼，荒川实认为它不适合在美国发布。《恶魔世界》是宫本茂首款Famicom专属游戏（仅在Famicom上有，未移植到其他设备），也是唯一一款由他制作却没在美国发布的游戏。

基于《功夫大师》《越野摩托》《恶魔世界》三大游戏的工作成果，宫本茂提出一个全新的游戏玩法：让玩家在屏幕横版滚动时调整游戏策略。

这里插播一个电子游戏的分类知识，如绘画分为国画、油画、工笔画、水彩画、抽象派、印象派等林林总总。电子游戏同样可以根据不同的分类标准进行分类，如基于硬件平台标准，分为电脑游戏、街机游戏、掌机游戏、主机游戏。按照游戏内容来分，一般分为动作、冒险、模拟、角色扮演、休闲和其他。它们各有几十种分支，形成了庞大的“游戏类型树”。2010 年后还出现过一种新的游戏类型——沙盒游戏。游戏类型树是不断成长的，经常会有创新者带来全新的游戏类型。常见游戏类型有：

ACT（ACTion）（动作）

ARPG（ActionRole-PlayingGame）（动作角色扮演）

AVG（AdVentureGame）（冒险游戏）

AAVG（ActionAdVentureGame）（动作冒险）

CAG（CardGame）（卡牌游戏）

FTG（FighTingGame）（格斗游戏）

RPG（Role-PlayingGame）（角色扮演）

RTS（Real-TimeStrategy）（即时战略）

TBS（Turn-BasedStrategy）（回合制战略游戏）

MMORPG（MassivelyMultiplayerOnlineRole-PlayingGame）（大型多人线上角色扮演游戏）

MUD（Multi-UserDungeonDimensionDomain）（多人即时虚拟世界）

SLG（SimuLationGame）（模拟游戏）

SRPG（SimulationRole-PlayingGame）（模拟角色扮演）

STG（ShooTingGame）（射击）

FPS（First-PersonShooter）（第一人称射击游戏）

IF（Interactivefiction）（文字冒险）

TPS（Third-PersonShooter）（第三人称射击游戏）

SPG（SPortsGame）（运动）

TBG（TabletopBoardGame）（牌桌游戏）

PZG（PuZzleGame）（益智解谜）

RCG（RaCingGame）（赛车游戏）

VR（虚拟实境）

AR（扩增实境）

MR（混合实境）

MOBA（MultiplayerOnlineBattleArena）（多人线上战术擂台）

MUG（MusicGame）（音乐游戏）

宫本茂想制作的这款游戏，是未来影响无数游戏设计师的游戏类型：横版闯关游戏。游戏研发团队已经在《越野摩托》中实现屏幕的变速位移，新游戏里马里奥就可以从步行变成跑动，而不是只能以恒定速度前进。

超级马里奥兄弟内容设计

游戏类型和技术问题解决后，下一步就是游戏内容了。

《超级马里奥兄弟》讲述了一个这样的故事：坏蛋酷霸王带着一群乌龟入侵蘑菇王国，他用魔法将可爱的蘑菇国居民都变成砖块和石头，还趁机绑架蘑菇王国的公主——桃子公主（宫本茂本人喜欢桃子）。想要解除蘑菇王国的魔法，必须要解救桃子公主，因为她是唯一可以解除魔法的人。马里奥听到这个消息后，开始一路打败酷霸王的各路手下，最后到达他的据点。在那里，他们进行生死决战。最后，马里奥击败酷霸王，让他掉下桥摔入熔岩之中。

马里奥完成使命，救出桃子公主，拯救蘑菇王国，桃子公主因此成为马里奥的女朋友。

这是一款迎娶公主，最后走上人生巅峰的故事。

游戏最初设想是让马里奥驾驶火箭飞船向敌人开火，还好这个创意没被采纳。

游戏里的大反派“酷霸王”（King Koopa），是宫本茂生生创造的。他本来想把酷霸王设计成一头牛，原型是一部根据《西游记》改编的动画片《阿拉卡萨姆大帝》中的牛魔王。宫本茂手绘的牛魔王长下图这样。

不能说栩栩如生，可是凶神恶煞之相确实跃出纸面。手冢卓志说："宫本大哥，您画的这玩意不怎么像牛，更像只乌龟啊。"

竟然敢当面点评大哥的画工？

宫本茂不怒反喜，乌龟也很好啊！反派不如就是个乌龟吧。两人合作，创作出新反派"酷霸王"。宫本茂说："现在看起来很酷！"下图是《超级马里奥兄弟》中的酷霸王，它已经成为游戏艺术史上非常重要的反派角色，知名度不在马里奥兄弟之下。

制作《超级马里奥兄弟》时，宫本茂团队同时还在为 Famicom 版本的《塞尔达传说》做准备。出现在《超级马里奥兄弟》城堡关卡里的火龙，也是《塞尔达传说》里的元素。

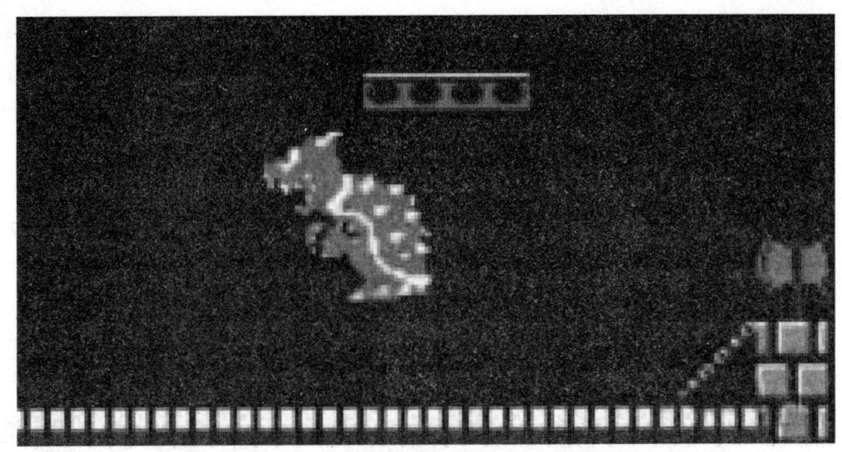

早期游戏工业化

游戏工业化是近些年才出现的新词汇，指的是游戏制作流程上的标准化、平台化、自动化特征。众所周知，艺术是无法工业化的，人类永远不可能批量生产《蒙娜丽莎的微笑》。

微处理器出现后，电子游戏行业就极少再出现单打独斗的场面，像西角友宏这种一手完成所有开发过程的游戏工程师，已成绝响。今天所说的“独立开发者”，依然需要依赖第三方提供的硬件和游戏引擎，外包美术和动画，很难依靠一人之力完成。

不能一人完成，就需要团队。

作为一种艺术形式，游戏为何就能提出工业化的叫法呢？

工业化的核心是提升生产力，游戏能工业化，是因为电子游戏可以通过工具、资源和开发管理模式，提高非艺术部分的效率，产出更高品质的游戏。电子游戏作为一个新生事物，刚开始入行的都是机电、电子和美术专业的学生。没有专门的学校培养游戏制作人才，每个人都是业余的。任天堂是最早聚集一批游戏人才的公司，这群人专业研发游戏，以游戏设计为本职。

《超级马里奥兄弟》的开发团队是电子游戏业最早专业化的团队，

是游戏工业化的萌芽。宫本茂带领着由 7 名程序员、美术和音效师组成的团队，将他的想法源源不断地转化成代码、画面、游戏逻辑、音乐和音效。许多街机中的功能都被加入这款新游戏，如《大金刚》中的斜坡、升降机、传送带和梯子；《大金刚 JR》中的绳索、原木和弹簧；《马里奥兄弟》中的敌人、平台等。加上之前所说可以变速的横版滚动屏幕，《超级马里奥兄弟》站在一众精品游戏的肩膀之上。

宫本茂最初的设计是这样的，由一个小小的马里奥启动游戏。随着关卡的推进，马里奥的身体逐步变大。后来的设计改为——让小马里奥获得某种道具后改变体型。为让玩家学习关卡，也就是关卡 1–1 里学习到一项知识“蘑菇和栗宝宝是不同的东西”，玩家操控马里奥刚进入游戏，就会获得蘑菇变成“巨型马里奥”。栗宝宝如下图，它以前是蘑菇王国的朋友，是电子游戏史上著名的软弱反派，一碰就扁。

对于为何要出场时用小马里奥这个问题，宫本茂说：“当我们制作巨型马里奥原型时，我们觉得他不够大。所以，我们想出了先展示小马里奥的想法，他可以在游戏后期变得更大，玩家看到后会感觉到他更大。”

他们还创造出巨型马里奥再吃 1 个蘑菇就会增加 1 条生命的设计，

叫“1-up”设计。至于那个能顶出 10 个金币的砖块，则是 Bug 的原因，由于它非常有趣，所以在正式版本中也被保留下来。

《超级马里奥兄弟》是任天堂第一次使用 256KB 容量的 ROM，为更高效率使用这丁点容量，在游戏中塞入更多细节，《超级马里奥兄弟》不得不大量复用已有资源。如游戏中的云和灌木丛都是相同的精灵图，由算法自动生成。马里奥受伤的音效和他进入管道的音效相同，它跳到敌人身上和划水的声音相同。为节约空间，也为让玩家不是一开始就去打酷霸王的小弟——乌龟，设计师又创造出一个静态图像来回反转，就是栗宝宝。

完成所有开发后，256KB 竟然还剩下 20 字节，宫本茂用它制作出一个皇冠。当你通关 10 次后，它就会出现在你的生命数里。

插播一条知识点：精灵图。精灵图（Sprite）又被称为拼合图。在电脑图学中，当一张二维图像整合进场景，成为整个显示图像的一部分时，这张图就称为精灵图。精灵图源于 1974 年左右街机的兴起，ROM 应用带来精灵图的广泛使用，Taito 发售最早使用精灵图的电子游戏。“精灵图”一词首次作为图形术语出现，是德州仪器研发的 TMS9918A 显示芯片上。使用“精灵图”作为术语，是因为精灵图并不是显示的一部分，而是悬浮于画面之上，就像幽灵或精灵一样。下图为超级马里奥兄弟精灵图——怪物部分。

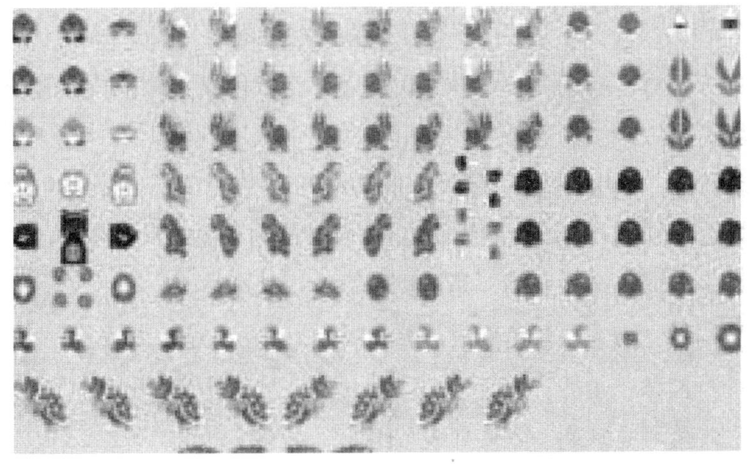

超级马里奥兄弟设计的尾声

岩田聪、宫本茂和手冢卓志在任天堂内被视为梦之队，他们一起合作过 30 多年，大部分电子游戏都取得成功。如岩田聪解释的那样，他们是一个“金三角”。有段岩田聪、宫本茂、中乡俊彦对《超级马里奥兄弟》开发过程回忆的采访，由于非常有趣，也有助于读者了解当时的情况，放在此处。

宫本茂：通常你（中乡俊彦）会留下大约 100 字节，作为预防可能需要修复的错误。但我们已经到了开发的尾声并且似乎没有任何错误，所以我们开始使用剩余的空间，最后他们看起来非常高兴地说：“还剩下八个字节，那你有什么要放入的吗？”我回答说：“我真的很想在这里放一些砖块！”

众人大笑。

宫本茂：我说：“如果出现任何错误，请不要看我！”这样来来回回很有趣。

中乡俊彦：确实如此。

中乡俊彦：当我们制作《超级马里奥兄弟》时，我们一直在想类似的技巧。

岩田聪：关于我们如何用少量数据让游戏看起来更丰富。

中乡俊彦：我们倾注了我们的力量，来弄清楚如何使用少量数据来表示很多。

岩田聪：你开始制作《超级马里奥兄弟》，并想出了各种巧妙的设计，使这款游戏成为之前游戏的巅峰之作。你什么时候感觉到它变得了不起？

中乡俊彦：毫无疑问，是在我们做游戏背景时。

岩田聪：当它从黑色变成蓝天时吗？

中乡俊彦：是的。

宫本茂：（拿起一张计划表）给。

下图为《超级马里奥兄弟》的设计计划表。

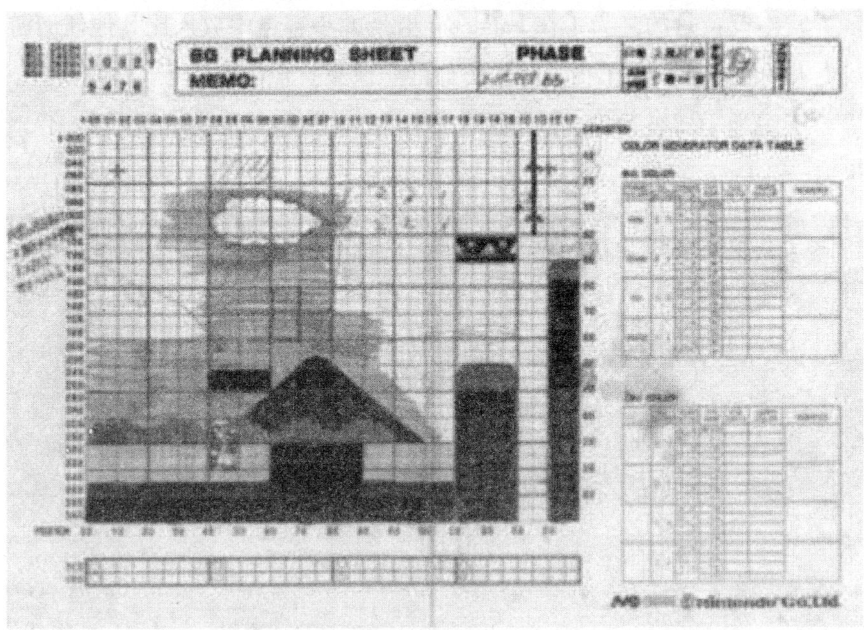

中乡俊彦：哦，来了！

岩田聪：手冢同学，这是你画的吗？

手冢卓志：我想也许是宫本先生。

岩田聪：宫本先生？

宫本茂：这是我画的吗？是的，它是我的，有我的签字。（笑）

岩田聪：看看日期……它是 1985 年 2 月 28 日签署的。距离第一个规范仅过了一周。

宫本茂：我工作不快吗？

岩田聪：（笑）

宫本茂：此规划表的右上角有一个调色板。我们用它来管理事情——比如用相同的部分，制作绿色植物和云朵。

岩田聪：绿叶和云朵是由相同的部分组成的，每一种只能使用四种颜色。您在调色板中填写了您想为这四种颜色使用的颜色。这是 Famicom 硬件的一个特性。如果你改变这四种颜色的组合，同一个物体看起来可能会有惊人的不同。我们当时充分利用了这一点。

宫本茂：是的。为了在 Famicom 卡带的小容量中放入比其他任何游戏更大的游戏，我们不得不想出类似的想法来打包内容。

下图为《超级马里奥兄弟》中使用相同形状不同颜色的内容，分别代表云朵和绿色植物。

岩田聪：这是制作超级马里奥兄弟游戏的重要组成部分。

中乡俊彦：以这种方式制作游戏很有趣。

中乡俊彦：确实如此。

宫本茂：这对我们这些制作游戏的人来说很有趣，由此产生的关卡对玩家来说也很有趣。

岩田聪：谁设计了关卡？

宫本茂：我和手冢先生。

手冢卓志：我们一起设计了它们。

宫本茂：除了手冢先生和我之外，没有人画了。

中乡俊彦：这是真的。只有他们俩。

宫本茂：我们把它们都画了。这样，不同的个性就会以一种有趣的方式融合。如果只有一个人画，你就不会看到超级马里奥兄弟。

岩田聪：手冢同学，你当时对地形设计和敌人的布置有什么想法？

即使在 25 年后，每个人都认为超级马里奥兄弟中敌人的布置很有趣。如此令人印象深刻的地图是如何产生的？

手冢卓志：嗯……

岩田聪：你不能说，“碰巧”。（笑）

手冢卓志：这不是偶然的。（笑）当我设计一个关卡时，我会预测玩家会如何玩它，然后我会把它展示给宫本先生。

岩田聪：我懂了。

手冢卓志：他会看，并做出如下评论：“玩家可能会这样接近它。当敌人出现在这里时，玩家会朝这个方向跑，但我们不希望玩家撞到马里奥的头，所以。……”然后我会修复他感觉不对的地方。

岩田聪：手冢先生，您对宫本先生制作的地图有意见吗？

手冢卓志：我有吗？

宫本茂：……（笑）

岩田聪：还是一直以宫本先生为主导？

手冢卓志：（坚定地）他是主导。那时，你每天只能看到一次从纸上转化到游戏中的版本，因此需要尽量在纸上完善设计。

岩田聪：啊，对。这是另一个限制，但也许有好处。当时，我们没有现在做的所有方便的工具，所以你不能直接将它放入项目并且立即检查是否好玩。如果你设计一个草率的关卡，你会浪费一整天。

手冢卓志：它看起来……我真的考虑过。

岩田聪：（笑）对不起。

宫本茂：他只是一个新人，但他尽可能地考虑了一下。

这段对话很有趣，可以看出任天堂游戏团队合作无间和愉快轻松的工作氛围。要创造快乐，如果创作者都不快乐，快乐又从何谈起。

《超级马里奥兄弟》创作的过程可以说很久，还是让视线回到 Famicom 上吧。

第三十章　任天堂：电子游戏机铁王座

任天堂 VS 系统重回美国市场

1985 年初，日本国内已经卖出 250 万台 Famicom。同年任天堂宣布，要在北美发布 Famicom 海外版本，名为“高级视频娱乐系统”（Advanced Video System）。任天堂的产品规划中，Advanced Video System 包括 Famicom 主机、键盘、磁带数据记录器、无线操控和键盘卡带。

该商业计划没有机会实施，美国此时还在 1983 年游戏市场大崩溃的余波中心有余悸，压根没人对任天堂的家用游戏机计划感兴趣。

美国人不知道的是，1984 年 Famicom 硬件就以任天堂 VS 系统（Nintendo VS. System）的面目通过街机进入北美。美国零售商拒绝 Famicom，山内溥却认为可以通过街机业务先将游戏带到北美。任天堂 VS 系统是任天堂开发和生产的可转换街机系统，它和 Famicom 的大部分硬件相同。

不出所料，VS 系统在北美街机市场中取得重大成果：1985 年居美国街机收入排行榜首位。VS 系统首先改装的游戏有《大金刚》《大金刚 JR》《大金刚 3》《大力水手》《马里奥兄弟》等游戏。它使用跟 Famicom 一样的理光 Ricoh2A03 处理器，同样可以通过更换 ROM 安装新游戏。下图为任天堂 VS 系统，双街机共用一套处理器，可以支持四个人同时玩。

任天堂并非最早提出可换卡街机系统的公司，1980 年 10 月，Date East 公司就设计出“DECO Cassette System”，第一个允许街机所有者转换游戏的标准化系统。DECO 于 1979 年开始开发，1980 年在日本发布，1981 年在北美发布。

街机老板买一个 DECO 的街机柜，游戏存储在标准录音带上。机器启动时，将盒式磁带和密钥模块插入机柜，磁带中的程序将被复制到机柜的 RAM 芯片中，这个过程需要两到三分钟。之后，可以自由玩游戏，直到断电。DECO 在当时是革命性创新，可因磁带很容易消磁、写入关键模块很容易坏、加载游戏过长、游戏质量差，1985 年，DECO 停产，寿命只有 4 年。

又是起个大早，赶个晚集的典型案例。

美国电子游戏机败倒的速度很快，雅达利从 1982 年的如日中天到 1983 年人人喊打，宛如梦境。北美家用游戏机市场份额，接近归零。街机游戏深受影响，可由于没有第三方游戏拖后腿，品质还在，保留着一丝元气。

VS 系统采取跟 Famicom 同样的硬件平台，任天堂可以很容易地将 Famicom 上的优质游戏，转为街机游戏。荒川实从 Bally 挖来杰夫·沃克（Jeff Walker）负责推广 VS 系统。1984 年 2 月 ASI 展，VS 系统正式进入美国。

VS 系统在美推出后，好评如潮。易于转换游戏、成本实惠、游戏多、支持多人游戏赚钱快。1984 年，*Replay* 杂志报道称，任天堂已成为美国街机的“大人物”。与之相反的是，日本国内此时已经是 Famicom 的天下，街机的受众与日俱减。1985 年，VS 系统停止在日本出售，任天堂率先撤出日本街机市场。

看到科乐美的《Track & Field》（1983）等体育游戏街机成功之后，任天堂利用 VS 系统推出一系列体育游戏，如《拳无虚发》（*Punch-Out*）、《VS 版网球》（*Vs. Tennis*）和《VS 版棒球》（*Vs. Baseball*）。

按 1984 年媒体的说法，VS 系统为“压倒性的打击”，成果归功于“好游戏和低价”。1984 年，任天堂卖出 20,000 套 VS 系统街机。1985 年又卖出 50,000 套，成为 1985 年销售最多的街机。1986 年，在美国版 Famicom 推出时，VS 系统销量已经突破 100,000 台。

任天堂经营 VS 系统的目标并不是为街机，而是家用游戏机。在媒体为任天堂在街机上的成果欢呼时，山内溥的想法是什么呢？要扔掉这块没有前途的业务。

岳父看不上的生意，荒川实看得上，任天堂美国退出街机业务比日本晚得多。之后还推出过 PlayChoice-10（1986）和 Nintendo Super System（1991）等街机转换系统。Super System 是任天堂最后一款街机系统，1992 年 7 月 31 日停产。

街机行业是否在任天堂离开后就一蹶不振呢？并非如此。1985 年以后，还有一大堆优秀公司杀入街机业务，并且赚得盆满钵满。

VS 系统成功最大的价值是让任天堂有信心把 Advanced Video System 重新捡起来。为适应美国人口味，美国版 Famicom 被命名为“Nintendo Entertainment System”（任天堂娱乐系统），简称 NES。任天堂市场策略按照三级火箭执行：第一级是日本 Famicom，第二级是美国 VS 系统，第三级才是美国 NES。依次为 Famicom 在日本成功，移植到街机 VS 系统再次成功，最后无风险移植到 NES 进入千家万户。

三级火箭的策略，让 NES 发布时就有高品质和稳定的游戏阵营，这和雅达利 2600 是大壤之别。美国人发现自己购买的 NES 游戏，早已在街机上玩过，比如《超级马里奥兄弟》。比起雅达利时期追求“方便面包装级”的虚张声势宣传画和游戏内容，任天堂游戏一改陋习，追求游戏画面和内容的一致。

VS 系统是任天堂 NES 登上家用游戏机铁王座的巨龙。

NES 正式亮相

1985 年 6 月的 CES 展上，任天堂正式发布 NES。游戏机外壳由任天堂美国公司员工兰斯·巴尔（Lance Barr）重新设计，配有“无阻力”游戏卡插槽。游戏卡从顶部装载变成从前端装载，使得 NES 更像一台 VCR 录像机而非游戏机。

1985 年正是录像机流行的时候，这种外观设计使得 NES 和之前的电子游戏机有明显差异。对此，上村雅之解释道，任天堂认为顶端装载更容易伤害到儿童，前端装载是更安全的设计。无阻力前端装载的设计给 NES 带来不少麻烦，无阻力并非真正的无阻力，而是使用类似 VCR 的装载方式。当游戏卡很干且设备全新的时候，它会工作得很好。可多次拔插后，无阻力设计就会故障频发。在 NES 的后续版本，如 Super NES 中，任天堂又将前端装载改为顶端装载。不过，正因为这些硬件缺陷，“任天堂授权维修中心”才在美国兴起。授权维修中心的业务十分纯粹，就是购买任天堂生产的零件换上损坏件。下图为 NES，看起来比 Famicom 的设计要商务不少。

任天堂 Famicom 有许多不同的名字。日本版由于采取红白配色设计，被叫作红白机。美国版 NES 采取灰色设计，被叫作灰机。在中国上海，它被叫作平机，和超级任天堂“立体机”对应。中国大陆，Famicom 还有两个未授权的克隆版本：小霸王学习机和裕兴学习机。不管叫什么，都是指任天堂这款 8 位家用游戏机。

1985 年 10 月 18 日，NES 在纽约市开卖。1986 年 2 月进入洛杉矶，9 月 27 日开始全美发行。其间任天堂发布 17 款高质量游戏，如《打鸭子》《越野摩托》《高尔夫》《功夫大师》《弹球》《足球》《超级马里奥兄弟》《网球》《狂野枪手》《破坏船员》等。

对于大崩溃以后的美国市场，NES 做出许多截然不同的改变。产品被命名为 Entertainment System，而非游戏系统。用“Control Deck”替换“Console”的叫法。游戏卡叫作“Game Paks”而非“Video Games”。这些改进让任天堂有效地进入玩具市场，与恶名昭著的家用游戏机区分开。

游戏卡包装上有与实际游戏画面十分接近的图片，为降低消费者理解的难度，还会注明游戏类型。对获得任天堂许可的游戏和配件，会贴上官方印记，上面写“此印章向您承诺，任天堂已批准并保证此产品质量”（This seal is your assurance that Nintendo has approved and guaranteed the quality of this product）。图为最早的任天堂产品印章，后更名为“任天堂质量印章”，广泛使用。

吸取雅达利的教训，任天堂极力阻止未经授权的非第三方游戏生产。并为此设计出一整套防护策略，其中重要的设计就是10NES。

10NES 和雅达利 Games

10NES系统是任天堂为北美和欧洲版本NES设计的锁定系统，由一块名为“Checking Integrated Circuit ”（CIC）的芯片和NES主机共同实现禁止未授权游戏运行。“锁”存储在游戏机中，“使用密钥”存储在游戏中，通过“使用密钥”来检查游戏卡是否为真实授权。

NES中的一个芯片负责检查插入的游戏卡身份验证，游戏卡中的一个微芯片根据NES需要提供10NES代码。如果没有提供正确的认证，10NES会在每个插入周期重置CPU，直到插入带有正确授权芯片的游戏卡，CPU重置将阻止NES启动。如果10NES未能验证到许可，CPU同样会被重置。10NES获得美国专利号为US4736419A，源代码受版权保护。

只有任天堂可以生产10NES授权芯片，10NES的专利于2005年到期，但版权保护会一直有效。10NES支持锁区保护，可以验证游戏卡与游戏机是否在同一区域，比如美国/加拿大（3193锁定芯片）、欧洲大部分地区（3195）、亚洲（3196）、英国、意大利和澳大利亚（3197）。下图为10NES系统的芯片。

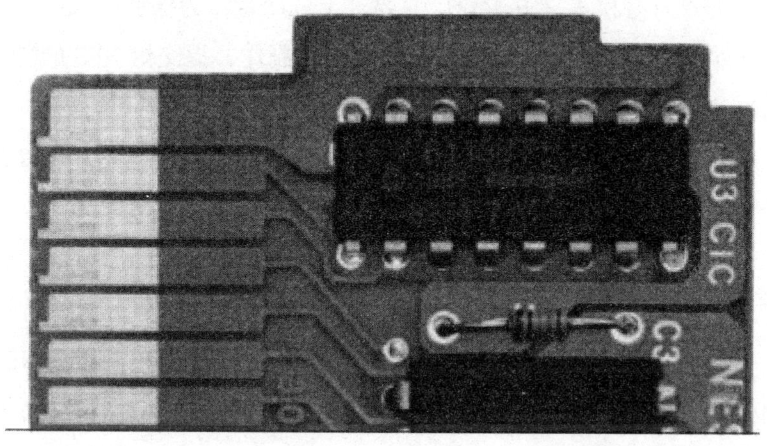

任天堂是最早开始锁区的游戏公司之一，而且使用的是硬件锁。

Famicom 最初没有 10NES 芯片，导致亚洲市场上出现大量未经授权的游戏卡。山内溥在 1986 年说道："雅达利倒闭，是因为他们给了第三方开发商太多自由，市场上充斥着垃圾游戏。"

前车之鉴，后事之师。

10NES 系统主要有三个用途：让任天堂完全控制为平台发布的软件；防止未经许可（盗版）的游戏卡运行；防止游戏卡窜货（区域锁定）。

这个在今天看起来非常正常的商业行为，在当时却是冒天下之大不韪的行为。有动视和雅达利的诉讼官司在前，大家认为第三方游戏公司给游戏机公司开发游戏，天经地义合情合理。于是，一家叫 Tengen（天元）的公司，站出来对任天堂一顿疯狂操作。

Tengen 是何方神圣呢？它不是别人，就是之前的雅达利。

1984 年，雅达利被拆分为两家公司：Atari Corporation 和 Atari Games。Atari Corporation 得到雅达利旗下计算机和家用游戏机业务，被华纳卖给杰克·特拉米尔（Jack Tramiel）。Atari Games 得到街机业务，被华纳卖给南梦宫。Atari Games 为再度进入家用游戏机市场，1987 年 12 月 21 日成立一家新公司"Tengen"（天元）。不使用雅达利品牌的目的十分简单，不想让玩家产生"不好"的联想。

"天元"同样是围棋术语，指棋盘的中心点。

任天堂对授权第三方游戏厂商要求十分严苛：为保证游戏质量，每年只允许提交 5 款游戏；游戏卡要交任天堂制作，提交给 NES 的游戏在 2 年内为独占游戏。

天元对此限制极其不满，想和任天堂谈判，被拒绝。1987 年 12 月，天元签订任天堂标准许可，没有拿到任何额外待遇。

1988 年，天元发布三款 NSE 游戏《Baseball》《Pac-Man》《Gauntlet》，看起来十分正常。

任天堂不知道的是，天元正在打算绕过 10NES 的限制，为 NES 大量制作游戏。在动视一案中，雅达利的败诉让天元以为已经掌握知识产权保护的真理。确实，为游戏机开发游戏不违法，可破解游戏机公司的保护系统违法啊。雅达利的企业文化，真是一言难尽。

天元将绕过 10NES 限制的破解芯片叫“Rabbit”，当时也有些游戏商通过电压击穿的方式破解 10NES 限制，这种做法有一定概率会损害 NES 主机，天元自然不会使用。要破解 10NES 限制，最好的办法自然是获得 10NES 的源代码。时间紧迫，天元又开始动起歪脑筋。Atari Games 的律师联系美国专利局，要求其提供一份任天堂游戏锁源代码，声称是诉讼需要。专利局不明就里，以为真是诉讼需要，将源代码交给律师。

不能说美国专利局业务不精，只能说没防住小人。

1988 年，Atari Games 声称发布没有任何限制，可以用于 NES 的游戏卡。由于 Atari Games 是在没有任天堂许可下获得 NES 的访问权限，任天堂向法院申诉，禁止 Atari Games 涉嫌侵犯其版权的行为，该动议获得地方法院的批准。

没想到，不服输的 Atari Games 反而以 1 亿美元的巨额索赔，反诉任天堂公司，声称它不公平地垄断每年数十亿美元的家庭游戏市场。这场官司的过程极其复杂，辩护过程十分艰辛。

最后法院认定，Atari Games 通过创建 10NES 芯片受保护元素且仿造基本相似的副本侵犯了任天堂的版权，Atari Games 未能成功声称此类复制是合理使用，或任天堂滥用其版权。Atari Games 再次败诉。

Atari Games 的想法是，当年以动视为首的一大堆第三方游戏公司给雅达利 2600 制作游戏，雅达利起诉动视，败诉。现在 Atari Games 作为第三方游戏公司给任天堂 NES 制作游戏，不是应该胜诉吗？怎么又败诉呢？

这还用说吗？雅达利 2600 本身没有制定授权保护硬件，也没主观制定严苛的授权条件。Atari Games 已经和任天堂签订过 10NES 的授权协议，还想尽办法要绕过 NES 的限制。简直是知法犯法，罪加一等。

Atari Games 官司败诉，可跟任天堂纠缠到 1994 年才和解。

NES 铁王座

任天堂太成功，惹来无数麻烦，10NES 只是其中的一部分。山内溥说：“所有人都认为任天堂的战略有什么特别秘密之处，似乎有预测未来的能力，其实并没有。没人知道这个业务能持续到什么时候，接下来要做什么，长期战略，都没有。”

1988 年，NES 销量增长极快，任天堂的游戏卡销量比全世界所有个人电脑软件的销量总和还要多。1988 年全年，美国售出 700 万台 NES，是 1984—1988 年美国个人电脑冠军 Commodore 64 的销量总和。

1989 年 6 月，美国任天堂营销副总裁彼得·梅恩（Peter Meyn）发言称，日本有 37% 的家庭使用 Famicom。到 1990 年，30% 的美国家庭拥有 NES，而个人电脑比例为 23%。到 1990 年，NES 的销量已经超过全世界所有以前发布的游戏机。

截至 2010 年，NES 全球销售 6191 万台。其中日本售出 1935 万，美国售出 3400 万，其他国家和地区售出 856 万。

任天堂 NES 不可战胜！

第三十一章　任天堂：Famicom 磁盘系统和磁盘传真

日本出租游戏犯法

2018 年 6 月 13 日，日本京都和神户警方表示，他们在京都和神户逮捕四名未经游戏制造商许可，允许顾客在酒吧玩游戏的店长。逮捕的理由是“违反著作权法”。这四家店做了什么呢——把游戏提供给店里的顾客玩。警方表示，此四人未经游戏制造商任天堂和卡普空许可，允许客户在他们的酒吧玩游戏，属于违法。警方共没收四家店 30 台游戏机和 1100 个游戏。

2018 年初，日本计算机软件版权协会，简称 ACCS（Association of Copyright for Computer Software）就向全日本游戏吧发出过警告，不得在酒吧内向用户提供游戏。任天堂和卡普空都是 ACCS 的会员，这些人为何被逮捕，起因就是 ACCS 投诉。下图为大阪的 Space StationGame Bar（空间站游戏吧），提供复古游戏机，生意十分火爆。

对此，任天堂官方网站上有过回答：本社不允许以盈利为目的，使

用本社制造的游戏机以及游戏软件。

什么？在日本租用电子游戏是违法的，这似乎很奇怪。在日本音像店，任何人都可以租借蓝光 DVD，也可以租借漫画书和音乐 CD。大多数商店甚至在收银台出售空白 CD 和 DVD——以防万一需要转录您刚租借的音乐和电影。这都不涉及盗版问题，玩个游戏就违法了？

确实如此，电子游戏在日本只允许买卖，不许租借。租借和在公共场合给人提供游戏，都是违法的。其实在 1983 年 Famicom 发布前，日本大多数电脑商店都可以租用游戏卡。然而，大多数商店都不使用游戏正版原始副本，而是绕过版权保护，制作自己的盗版出租。更不用说，他们还会出售破解软件。这些出租副本，没有任何复制保护，可以被客户无限复制。

1984 年，为了制止猖獗的盗版，游戏公司与日本唱片工业协会、日本光盘和视频出租商业贸易协会一起成功游说并完成日本版权法的修改。通过此次修订，日本实际上禁止电子游戏出租。从 1984 年到 2018 年，这条法律没有发生任何实质性的变化。

为何会有这条奇怪的法律呢？那还要从任天堂的一项失败业务说起。

Famicom Disk System

1985 年，Famicom 在日本市场占据主导地位。游戏机一机难求，游戏卡也是洛阳纸贵。零售商们纷纷向任天堂投诉，游戏卡太贵，影响赚钱。原因很简单，任天堂游戏卡不仅成本高，还经常受芯片短缺的影响断货。鉴于当时个人电脑和家用游戏机的特性（使用同样的 CPU 和显示芯片），任天堂转向个人电脑寻找比 ROM 卡更好的解决方案。

这时，哈德森公司向任天堂建议，可以使用 IC 芯片方案。游戏卡其他部分不变，只需要更换 IC 芯片就能更换游戏。主意不错，上村雅之联合开发人员随即开始尝试开发 IC 芯片游戏。他们很快发现，IC 芯片价格同样高昂，还需要支付授权费。

上村雅之发现一种名为“Quick Disk”的技术，由三美电机研发，是在个人电脑 MSX 上使用的 3 英寸存储软盘，容量约为 112KB。ROM 游戏卡容量一般在32KB左右，他认为Quick Disk可以作为游戏卡的替代技术。

上村雅之尝试过使用快门机制标准软盘，价格没有优势。和其他软盘技术不同，Quick Disk成本低廉。它没有保护磁盘表面免受灰尘影响的快门机制，而是使用断片（非滑动片）写保护。此外，软盘数据不提供随机访问，而是以连续螺旋形式记录在磁盘上，读取时间为8秒。

在成本面前，其他方案全都靠边站。

Famicom选择Quick Disk作为游戏卡的替代方案。虽然写入和读取数据不够快，但它可以兼容磁带机的磁头，单元成本极低。读取便宜，存储便宜，当仁不让的选择。

1986年2月21日，支持Quick Disk的游戏机附件Famicom Disk System发布，售价15,000日元，和Famicom售价相同。同一天，任天堂发布游戏《塞尔达传说》作为推广热点，同步发布其他游戏的磁盘版本。任天堂美国公司宣布，要为NES发布磁盘系统，该计划后被取消。

对比ROM游戏卡，Quick Disk有着无可比拟的成本优势。FC游戏卡售价一般在2000—3000日元，使用Quick Disk重写游戏只需要500日元。有些游戏厚厚的说明书可以通过邮购单独出售，则需要另外收费100日元，比如《塞尔达传说》的说明书。下图中，Famicom下方是Quick Disk驱动器，组成Famicom Disk System。

Famicom Disk System 发布后，Quick Disk 写入机迅速安装在全国 3000 多个加油站。用户可以像自动贩卖机一样，给 Quick Disk 更换游戏。下图为磁盘写入机的海报。

Famicom Disk System 在前 3 个月就售出 30 万台，到 1986 年底，已经售出超过 200 万台。良好的开局，让任天堂认为磁盘系统前途似锦，更大的胜利正在徐徐走来。

任天堂这个判断大错特错，事实上，在游戏载体的选择上，它正确的次数屈指可数。

Famicom Disk System 是创新性产品，它对用户和零售商都很友好。用户买游戏的价格下降，每款游戏只需要 500 日元，对比之前动辄两三千日元的游戏卡，简直是“打骨折”。对于零售商来说，不用备库存，不占用流动资金，也不用考虑哪些游戏好卖不好卖，全部都是数字复制。

用户不担心买不到货，零售商没有库存压力。对比游戏卡必须预测到需求和供给数据的一一匹配，它是项非常好的发明。

有好必有坏。

之前一张游戏卡售价 2000 日元，任天堂、第三方游戏公司、游戏卡制造商、批发商、零售商都有利可图。磁盘系统开卖后，批发商没了，游戏卡制造商没了，第三方游戏公司利润直线下降。之前 2000 日元的售价，第三方游戏公司能获得 800—1000 日元的销售返利。现在卖 500 日元 1 个拷贝，第三方游戏公司只能获得 150—200 日元。收入锐降，导致南梦宫和哈德森等第三方游戏公司拒绝为磁盘系统制作游戏。

除影响收入外，Quick Disk 还很容易损坏，也更容易被盗版。

游戏数字发行

Famicom Disk System 是最早的游戏数字发行案例。在它之前，电子游戏行业的参与者众多，有硬件厂商（游戏机或电脑）、第一方游戏部门（硬件厂商自研）、第三方游戏公司、游戏卡制作厂、渠道商（批发和零售）。

任意一家公司想卖游戏，都离不开游戏的物理介质：游戏卡、软盘或光盘。

数字发行是将游戏内容作为数字信息传递的过程，无须更换物理介质。今天数字发行已经是电子游戏最主要的发行方式，电脑游戏和手机游戏都依赖数字发行——通过 Steam 或 App Store 等应用市场下载。2016 年 2 月，全球视频游戏的数字发行量为每月 62 亿美元，到 2017 年 4 月达到每月 77 亿美元。

1983 年，在 Famicom Disk System 前，由 Control Video Corporation（CVC）开发和运营的 Gameline（游戏在线），实现过由 Atari 2600 拨号上网完成游戏分发。用户可以在雅达利 2600 上安装调制解调器和存储卡，通过电话线访问 Gameline 的服务下载游戏。Gameline 理念十分领先，可硬件售价高达 60 美元，每月还要支付 15 美元会员费。下载 1 次游戏再支付 1 美元，且只能保持 1 周。

随着北美游戏市场崩溃，Gameline 未能幸免。CVC 的投资者和创始人斯蒂文·凯斯（Steve Case）将公司更名为“Quantum Computer Services”。Quantum 最早的业务是为 Commodore 64 电脑提供拨号网络“Q–link”。1991 年 10 月，Quantum Computer Services 改名为“America Online”（美国在线，简称 AOL）。AOL 成立后，收购 CompuServe（全球第一家网络服务的提供商，1989 年首度推出电子邮件服务）、ICQ（最早的网络即时通信软件之一）和 Netscape（网景，世界首个商业互联网浏览器公司）。2000 年，AOL 和时代华纳（Time Warner）宣布合并，后成为世界商业史的著名案例。

AOL 是电子游戏发展历程中的重要角色，雅达利小弟兼并雅达利的母公司，万万没想到。

对比短命的 Gameline，Famicom Disk System 的游戏数字发行靠谱得多。用户可以低价而便捷地在磁盘上反复写入游戏，可以一直保存游戏。除了可以写入游戏以外，它还可以使用其他多媒体软件，比如书籍、录音，学习。下图为 Famicom Disk System 中学习英语词汇的游戏《迈克尔英语大冒险——迈克尔的单词本》。

此外，还有一些“塔罗牌”之类应用软件在磁盘系统上发布。除游戏数字发行，任天堂还希望通过磁盘系统玩出更多的花样。

Famicom 磁盘网络

1986 年秋，任天堂发布与 Famicom Disk System 配合使用的联网设备“Fax Disk”。Fax Disk 通过一台名叫“磁盘传真机”的机器来实现数据的传递，这台传真机可以将信息发送到任天堂，也可以收到从任天堂发来的传真。它不使用网络，使用电话线。左边为任天堂为家庭设计的 Fax Disk，右边则是任天堂实际在商店里陈列的 Fax Disk。

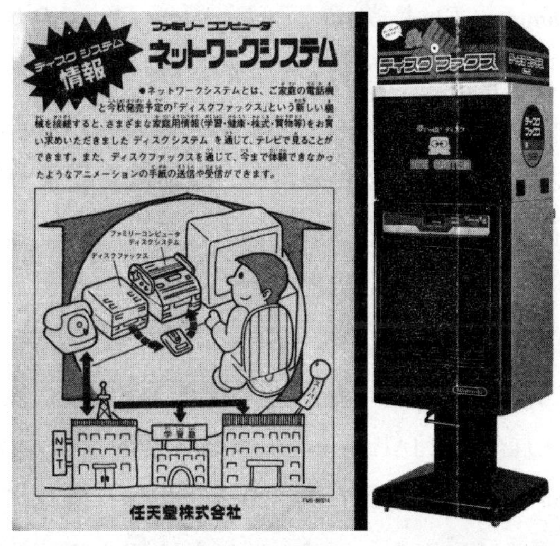

任天堂计划让 Fax Disk 作为一种家庭设备出售，可当时日本家庭的电话机和电视机距离往往较远。而且这台设备实在是太占地方，在实际发布时，磁盘传真作为专用设备安装在店里。任天堂搞 Fax Disk 的目的是什么呢？

为让全日本 Famicom 玩家可以联网游戏。

1984 年 8 月，日本庆应义塾大学教师村井纯（日本互联网之父）用一条 300bps 的线路接通庆应义塾大学和东京工业大学，使用电话线代替磁盘的物理传送。同年，东京大学、东京工业大学加入，组建 JUNET（日本大学网络）。到 1987 年，接入 JUNET 的节点有 250 个。换句话说，1987 年日本人想上网，只能去 JUNET 那 250 个节点。

1986 年秋季，在任天堂搞 Fax Disk 的时候，大部分日本人连网络是什么都不知道，更别说网络游戏。

任天堂是如何用传真实现联网游戏的呢？

Famicom Disk System 游戏一般都是黄色磁盘。为有所区分，任天堂为 Fax Disk 开发出蓝色磁盘。蓝色磁盘可以通过磁盘传真机上传游戏中的数据，从而参加网络比赛。支持 Fax Disk 的游戏有以下 6 款，《马里奥高尔夫日本》（*Golf JAPAN Course*）、《马里奥高尔夫美国》（*Golf US Course*）、《中山美穗的心跳高中》（*Miho Nakayama's Tokimeki High School*）、《Famicom F1 大奖赛》（*Famicom Grand Prix F1 Race*）和《Famicom 3D 热门拉力赛 2》（*Famicom Grand Prix II 3D Hot Rally*）。

按 Famicom Disk System 设计规范，黄色磁盘可以擦写 6 次，蓝色磁盘没有擦写限制。用户购买蓝色磁盘后，玩游戏会记录分数。将蓝色磁盘带安装到磁盘传真机的商店，就可以上传磁盘上的游戏分数以及个人姓名和地址。就这样，任天堂实现前所未有的全国电子游戏锦标赛，是电子游戏史上首次。

到 1988 年，任天堂使用 Fax Disk 组织过 5 次比赛。

其中，第 1 届《Golf JAPAN Course》锦标赛的参赛人数为 80,409 人，《Golf US Course》的参赛人数为 77,820 人。把体育游戏作为联网竞赛项目很好理解，而《Miho Nakayama' s Tokimeki High School》是一款别致的爱情游戏，它怎么联网玩呢？

任天堂大开脑洞。

游戏和应用软件

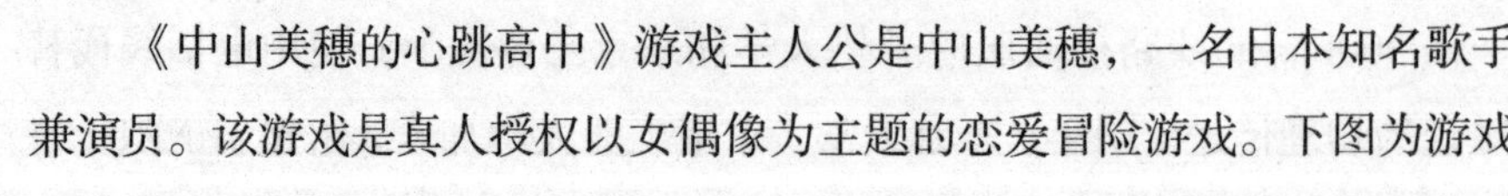

《中山美穗的心跳高中》游戏主人公是中山美穗，一名日本知名歌手兼演员。该游戏是真人授权以女偶像为主题的恋爱冒险游戏。下图为游戏

的蓝色磁盘。

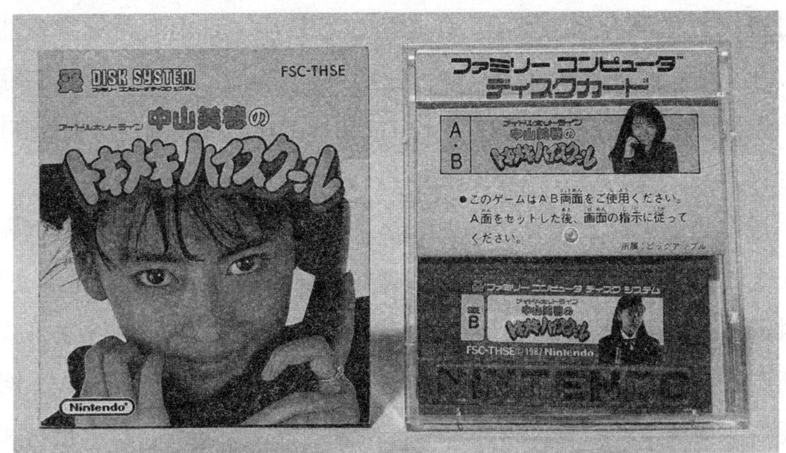

玩家在游戏的过程中，可以拨打显示的电话号码。当玩家真的拨打过去时，可以听到中山美穗的语音留言。将游戏记录通过磁盘传真传递回去后，可以获得奖品。《中山美穗的心跳高中 》在 1987 年 12 月 9 日到 1988 年 2 月 29 日举行活动，共有 8000 人收到中山美穗的签名电话卡，还有 8000 人收到签名的录像带，录像带里有中山美穗的花絮。

该游戏是史克威尔和任天堂合作的项目之一，制作人是坂本义夫（《银河战士》系列游戏设计师），史克威尔主要工作人员包括坂口博信、植松伸夫和时田隆史（这三位是《最终幻想》的核心成员）。

任天堂 Fax Disk 给电子游戏带来无穷的想象力：数字发行、全国玩家一起对战的网络游戏、游戏和偶像以及电话机的交互。这一切，看起来都十分科幻。Fax Disk 的成功，使得任天堂启动一个全新的产品计划——将 Famicom 作为家庭网络设备。

1987 年夏天，上村雅之又接到山内溥的电话，“考虑使用 Famicom 与野村证券开发一款网络设备”。他知道山内溥正在参加某个演讲会，野村证券的人也刚好在场，这个电话应该是他在现场打来的。

上村雅之立刻前往位于东京日本桥的野村证券总公司，野村证券的产品需求描述得十分清晰：用 Famicom 为终端连接电话线，向公司的客户提供股票价格等信息，让客户买卖股票。

日本股市此时正处在金融泡沫的急速膨胀中，从 1983 年起涨，1984 年日经指数已经升到 1 万点。广场协议签订后，日本股市继续疯涨，1987 年 9 月涨到 26,000 点。即使经历过 1987 年 10 月 19 日全球股市暴跌，日经指数还在不断上探。1989 年 12 月 29 日，日经指数达到历史最高点，38915.87。这个数字，到今天也没有被打破。

股市如此火爆，任天堂无法免俗。就这样，野村证券负责数据库，任天堂负责网络适配器，很快完成一套 Famicom 通信系统用于证券交易。上村雅之说道："适配器一旦开发出来，就可以期待以游戏等多种形式开发新产品。我认为这是一个很好的机会，我决定接受联合开发。"网络适配器能交换证券数据，自然可以交换游戏数据。随后，日本银行和日本赛车协会都发出请求，建议将 Famicom 用于办理银行业务和家庭投注，这些服务在 1991 年被实现。下图为支持野村证券交易的 Famicom，有网络接口、下单键盘。

Famicom Disk System 虽说做出一些有创新价值的产品探索，但是没有打造什么利润来源。1987 年，任天堂发布 7 款支持 Disk System 的软件。1998 年 50 款，1989 年 20 款，支持 Disk System 的软件每况愈下。

到 1989 年，摩尔定律发挥作用，微处理器技术迭代加速。技术进步使得游戏卡的成本和容量问题，都得到很好的解决，Disk System 的些许优势荡然无存。第三方游戏公司开始将 Disk System 游戏移植回卡带，包括之前作为电脑游戏发布的史克威尔《最终幻想》。

喧嚣的 80 年代过完，到 1990 年，Famicom Disk System 终生销量止步于 300 万台。最后一款游戏在 1992 年发布。2007 年，任天堂正式停止对它的全部技术支持。

第三十二章　任天堂：单骑救主 Game Boy

任天堂 NES 发布后，全球电子游戏行业进入第二次繁荣期。被山内溥看衰的街机，在卡普空、SNK 等公司推动下，不仅收回失地，还迎来新的黄金时代。家用游戏机更不用说，微处理器技术的发展，使得家用游戏机有大量可用的技术框架。电脑游戏在这个时期也迎来发展的高峰，越来越多的专业游戏制作公司出现。

硬件平台的增加，游戏制作公司可以在不同的平台分发优质的作品，边际成本大幅度下降。游戏机的销量不再是十万台、百万台，而开始以千万台和亿台作单位。电子游戏从少数人的玩具，演变到大众娱乐电子设备。任天堂 Game Boy 系列，就是世界首款销售量破亿台的电子游戏产品。

Game Boy 立项

1987 年，NEC 推出家用游戏机 PC Engine，是全球第一款装载 CD-ROM 的家用游戏机。1988 年，世嘉推出 Mega Drive，使用摩托罗拉 68000 处理器，是全球第一款 16 位游戏机。

仍然使用 8 位处理器的 NES 在技术上已然落后，任天堂并没急于设计和推出新的游戏机。原因有二：一是 NES 的销量仍然一枝独秀；二是任天堂的经营哲学并不认为硬件技术是电子游戏的竞争关键。

对比任天堂严苛的第三方游戏公司授权政策，NEC 和世嘉政策十分包容，许多游戏公司开始转向支持 PC Engine 和 Mega Drive，两家公司的游戏机销量节节攀升。

压力来了。

1987 年 9 月 9 日，山内溥在《京都新闻》上透露：任天堂正在研发 NES 的升级版 “Super NES”（超级 NES），也可以叫作超级任天堂。事实上，山内溥此次声明并非表达超级 NES 即将发售，仅仅是为阻止用户购买 PC Engine。

毕竟，任天堂的新机马上就要上市了，何必买 PC Engine 呢？

NES 是任天堂 R&D2 的作品，R&D1 的王牌作品是 GW 掌机。通过对 NES 学习，R&D1 团队也提出一套全新的掌机产品方案——可更换游戏卡的掌上游戏机。

GW 和早期街机一样，无法更换游戏，每款 GW 只能玩一款游戏，Coleco 的 Mini Arcade 也是如此。街机游戏可更换是由 DECO Cassette System 首先实现的，而掌机可更换游戏则是横井军平率先提出的。

有人会问，电脑游戏为何没有机卡分离的问题呢？因为机卡不分离的电脑，就是游戏机。

GW 如此成功，山内溥自然不会拒绝横井军平的提议。Game Boy 项目正式在内部立项，项目代号 “Dot Matrix Game”。名字很像《黑客帝国》，充满科幻味，可使用的技术却落后无比，是 “真的” 像素游戏。横井军平以小巧、轻便、耐用和便宜作为这款掌机的卖点。对于已经开发过《超级马里奥兄弟》和《塞尔达传说》的任天堂来说，横井军平设计的 DMG-01（Dot Matrix Game）简直是个丑小鸭。

任天堂内部都十分不看好 DMG，横井军平若无其事，他是一个完全不会被人左右的工程师。在他专注产品开发的空隙中，糸井重里前来拜访横井军平。糸井重里不是一般人，日本法政大学肄业生，是日本著名的文案策划、散文家、作词家、游戏设计师、演员。1981 年，他与作家村上春树合著短篇小说集《梦之恋》。1988 年，又在吉卜力工作室电影《龙猫》的日文版中给小月的父亲草下达配音，后在电影《挪威森林》中饰演教授一角。

糸井重里提出建议，将 DMG 改名为 “Game Boy”。这名字不错，横井军平很喜欢“Boy”的叫法。DMG 的新名字被公司其他人知道后，被戏称为“Dame Game”。Dame 意为无用，在围棋里是“空”的意思。

横井军平对 Game Boy 的产品需求十分清晰——可更换游戏卡的 GW。在 GW 时期，横井军平利用夏普、卡西欧、松下和三洋等厂商的液晶大战，大肆购买低价 TN 液晶屏作为 GW 的显示屏。他想在 GB 上故技重施，不过此时夏普已经开发出 TN 液晶屏的升级版本“STN 液晶屏”。

R&D1 另外一位设计师冈田智建议，NES 的游戏画面已经十分高级，GB 的屏幕应该有所升级。如果采取新的 STN 液晶屏，GB 的游戏画面会有质的提升。STN 液晶屏仍然是成熟又廉价的配件，冈田智的意见被采纳。

认识冈田智

冈田智，1947 年 1 月 10 日生于京都。1969 年进入任天堂，任 R&D1 工程师。他制作过《银河战士》，协助横井军平开发过 GW、GB 等产品。横井军平离开任天堂后，冈田智接管 R&D1，开发出 GBC、GBA 等传说级掌机，为任天堂立下汗马功劳。他同样是天才级工程师，重要性不比横井军平和上村雅之低。

冈田智性格十分幽默，2014 年退休前曾接受过《Shooting Gameside》杂志名为《Developer Interview》（《开发者访谈》）的采访。摘录一些内容放在下方，Shooting Gameside，下文简称 STG。

STG：冈田先生，您的职业生涯非常成功。在任天堂打造了多款极为成功的掌上游戏机。我有太多问题，都不知道该从何问起。

冈田智：不用太拘谨，想问什么就问。

STG：想先请您谈谈从童年一直到今天的人生。上初中时，您有什么特别的爱好吗？

冈田智：上初中时，我非常喜欢收音机。当时常去日本桥买收音机元件自己装配，我从矿石收音机起步，随后开始制作使用真空管的收音机。上大学后，我加入一个实验室，继续鼓捣收音机。当时业界正从真空管转向晶体管，还没开始使用集成电路。我记得其他实验室应该正在用大量晶体管组装计算机。

STG：和其他人做不同的事情，常被视为创造力的源泉。您大学生涯又是怎样的？

冈田智：我申请了多所开设工科专业的学校，最后进了第一家接收我的大学。那是一家男女兼收的学校，所以我会和女同学一起在京都附近爬山游览，一起晚餐，随后回到各自的宿舍。那真是个令人精神振奋的专业。（任天堂的文化十分奇怪，山内溥很严肃，旗下的游戏设计师却都十分幽默。）

STG：您参与创造过多款掌上游戏机，我还以为您会很讲究和敏锐，没想到您如此坦诚随和。

冈田智：我用电脑制作的第一台掌机是 Game & Watch，之后掌机就成为我在任天堂的主要工作。其实最初申请加入任天堂时，我并没有什么特别的野心和抱负。本来是我朋友要参加公司面试，但因为种种原因，他没法去面试，于是我就替他去了。当然，我说的“替他去”并不是指我替他考试，当时这个面试机会是我所在学校的求职项目提供的。如果过于轻忽，可能会损害母校的声誉，因此我不能这么做。不过，我确实不太知道自己该做什么，面试迟到了。幸亏面试官宽宏大量，我才能够参加面试。任天堂面试有个环节，要求现场进行设计制作。面试官会下发一份设计图，你要对照图纸使用小金属块来制作模型。由于我在初中就花了大量时间做电气设计，不费吹灰之力就完成了设计。之后，任天堂内部有人说：“有个擅长焊接的人入职了！”看起来我是任天堂内部第一个有焊接背景的员工，这也成为我未来职业生涯中最重要的一项技能。

STG：您在自己的职业生涯中，为孩子们制作过多款设备。但您作为工程师的态度是怎样的？

冈田智：为孩子们设计产品时，我并没有从孩子的角度出发，而是想要创造出我们这些身在任天堂的成年人也能享受的东西。

STG：您是指，“好玩”是个更为主观的概念，与年龄无关吗？

冈田智：如果一个成年人内心感觉到，“我想要这个”。孩子一定也想要同样的东西。如果只是去揣测孩子想要什么，一定会误入歧途。

STG：现在市面上有什么您个人想拥有的设备吗？

冈田智：苹果有不少好产品。第一代 Mac 鼠标用起来很舒服。仔细研究后，我发现移动鼠标时指针会加速移动。这种响应给我留下了深刻印象。

STG：身为工程师，有哪些时刻令您感到极为愉悦？

冈田智：当我研发的产品开始大卖的时候。对我个人而言，这才是我获得家人尊敬的时刻：“你可以在工作中自由表达自己的想法，随时都能休假。世界上可没有太多这样的工作！”

STG：您开发的所有产品，版权自然都归属于任天堂。您是否希望自己的名字能被更多人知道？

冈田智：不。我更希望他们给我涨涨薪水。（笑）

STG：自己设计的掌机在全世界有如此多玩家，是否令您感到骄傲？

冈田智：我感到非常满足。多亏了跟我合作的伙伴和同事。你在一家公司里想做成什么事，不可能只靠自己。学会结盟和结交朋友非常重要。就我个人而言，其实很不擅长使用自己手下的员工，但我有个合作伙伴，他不仅和我一样是个手艺人，还是一位盟友，能在这方面帮我不少忙。他是个机械奇才，又具备艺术家的气质，能够补足我的弱项。（应该指横井军平）

STG：如今的游戏世界正在经历巨变。主机游戏被掌机和手机游戏取代，传统游戏软件则被免费游戏模式取代。您怎么看？

冈田智：专门为游戏设计的主机，有自己的优势。相比智能手机千篇一律的触摸屏，主机游戏可以针对游戏设计手柄和专用的输入设备，这是非常大的优势。我不认为如今的主机已经穷尽了这方面的可能性。我认为有必要在智能手机上推出的休闲游戏和传统电子游戏之间进行清晰的区隔。大型开发商应该继续推出传统游戏，而休闲游戏应该由更多人以更低的成本进行快速开发。如果能保持这种区隔，我们就能更快发挥游戏主机的独特优势。

STG：近来游戏直播吸引了不少注意。您怎么看？

冈田智：如果直播能让更多人爱上游戏，我认为是件好事。

STG：关于今日的游戏产业，您对我们的读者有什么寄语吗？

冈田智：我认为一个时代的精神是由我们自己铸就的。对我自己这一代人而言，没人阻挡我们创新，于是我们就打造出了这种精神。如今想做任何事，都有无穷无尽的官僚主义束手束脚，在新点子诞生之前就将其碾碎。对开发者而言，制作原型至关重要。没有原型，就没法知道该如何面对创意中的问题，甚至连该看哪里都不清楚。我曾经在某个项目中打造出一台原型设备，将 PC 和显示器通过一条线缆连接起来。有人看到后说："用线缆连接恐怕行不通。"当然，之所以用线缆，只是因为这是台原型机，但他能够感觉到这点将成为问题。查找新创意中的问题时，每个人都能看到不同的点。

STG：所以正如您所说，尝试新创意时，产品原型无比重要。

冈田智：我们无法做到既完成一款上市销售的产品，又同时制作出这个项目的原型，因此我深入思考，如今该如何将有趣的创意打磨完善后传递给公司。我认为好点子往往产生在工作之外，出自员工的业余活动。你不应该将所有时间都花在劝说别人相信自己的点子有多好上，而应该找到志向相同的人，那些知道自己在干什么的人，不要管他们隶属于哪个部门。你不应该靠开会来招揽自己想要的人，而要尽快把自己手上的工作完成，随后在业余时间中努力实现自己的创意。

GB 的杀手级应用

电子游戏和其他艺术形式不同，它的使命是给人带来欢乐。在沉重的生活中，打开游戏那一刹那，快乐就会像电流一样通往全身。像冈田智这样幽默风趣的人，电子游戏史里还有许多。

GB 采用定制的夏普 LR35902 微处理器，支持游戏卡切换。使用 2.6 寸单色 STN 屏，4 节 AA 电池，续航时间达到 15 小时。GB 上有四个按钮，分别为："A"、"B"、"SELECT"和"START"，另外还有一个十字方向键。设备左右侧分别是音量控制和亮度控制，顶部有滑动开关和游戏卡插槽。此外还配备电源适配器和 3.5 米立体声插口，让用户可以充电或听音频。下图为初代 GB。

横井军平满怀信心地拿到 GB 任天堂高层审查，被泼一盆冷水。山内溥认为单色屏幕太小，处理器的性能也太差。横井军平对此丝毫不让步，他认为掌机的初始成本和电池续航是比性能更重要的因素。在他的坚持下，山内溥同意发布该方案。

按照任天堂的惯例，新游戏机发布时，必须有与之配套或捆绑的游戏。

山内溥曾经说过："从过去到现在，以软件为主体，以硬件为辅的游戏业务的基础一直是不变的。开发任何人都可以轻松享受，能够满足行业未来发展的游戏是最重要的。"

游戏是主体，硬件是辅助。没有匹配游戏的游戏机，是不完整的。

那属于 GB 的杀手级应用是什么呢？没有杀手级游戏，很难驱动用户购买新掌机。

山内溥认为 GB 上的杀手级游戏，有且只有任天堂的当家花旦——马里奥。他让横井军平和冈田智开发一款马里奥主题的掌机游戏作为捆绑项目，不用宫本茂参与。这是第一款没有宫本茂参与的马里奥作品《超级马里奥大陆》（*Super Mario Land*）。

没有宫本茂的指导，《超级马里奥大陆》也做出许多创新元素，并且针对小屏幕调整。游戏玩法与《超级马里奥兄弟》类似，也是一款横版闯关游戏。游戏故事地更换到萨拉萨兰，桃子公主也改成了黛西公主。此外，该游戏还带有射击关卡。

这边横井军平和冈田智紧张地研发 GB 硬件和首发游戏，那边美国发生着更紧张动人的故事。

第三十三章　任天堂：俄罗斯方块的暗战

俄罗斯方块的故事

故事得从苏联说起。

1955 年，阿列克谢 · 帕吉特诺夫（Alexey Pajitnov）在苏联出生。他父亲是一位艺术评论家，母亲是一位记者，为报纸和电影杂志撰稿。帕吉特诺夫自幼陪母亲参加各种电影放映式，对电影有极深的热情和修养。作为战斗民族的天赋属性之一，他还极具数学天赋，喜欢解决数学难题。

1967 年，帕吉特诺夫父母离异，他和母亲居住在国有公寓里。他 17 岁时，母亲事业进步，两人生活得到改善，搬进 Gersten 街 49 号的私人公寓。1974 年，他被莫斯科航空学院应用数学专业录取，1975 年，帕吉特诺夫在苏联科学院做暑期实习生。1979 年大学毕业后，苏联科学院聘用他在科学院计算中心研究语音识别。

计算机中心工作十分清闲，可还是有点活干。比如收到新的电子设备时，会让帕吉特诺夫为其编写一个小程序，测试其计算能力。根据帕吉特诺夫的说法，编写小程序“成为制作游戏的借口”。

在寻找制作游戏的灵感时，帕吉特诺夫回忆起自己童年玩的一个益智游戏“5 阶骨牌”（Pentominoes）。图为 Pentominoes 玩法，每个图块都是 1 个 5 阶图形，需要将散乱的骨牌摆回方形盒子。

帕吉特诺夫回忆起将这些骨牌放进方盒子的困难和乐趣，基于此制作出一款电子游戏。计算中心有一台 Electronika 60，他在上面花 2 周时间搭建起第一个软件原型。经过反复测试，1984 年 6 月 6 日，游戏主要部分完成，不包含关卡，也没有评分系统。

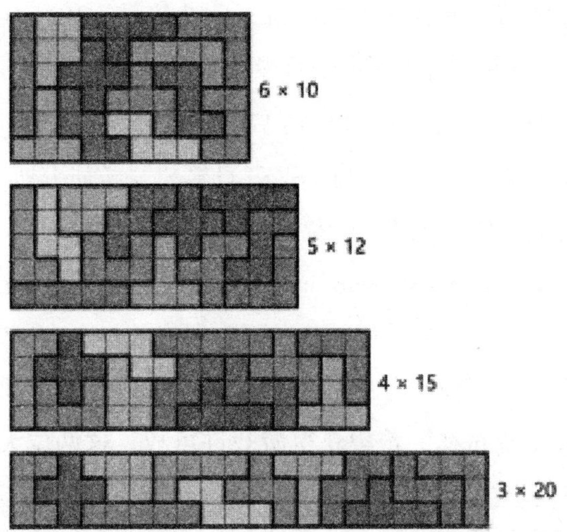

帕吉特诺夫用这款游戏测试新设备，也会拿它在旧设备上反复测试。游戏太好玩，他以测试名义玩得不亦乐乎。同事德米特里・巴甫洛夫斯基（Dmitry Pavlovsky）注意到帕吉特诺夫的反常行为，他没有举报帕吉特诺夫，反而帮他找到苏联科学院另外一位 16 岁的实习生瓦季姆・格拉西莫夫（Vadim Gerasimov）对游戏进行升级。这位格拉西莫夫是位超级电脑天才，只花 3 周时间就用 IBM 电脑完成游戏电脑版的制作。在他的协助下，帕吉特诺夫又花了 1 个月添加音效和记分功能。

《Teris》（俄语：Тетрис，俄罗斯方块）第一个版本，完成。

国际二道贩子斯坦因

《俄罗斯方块》完成后，帕吉特诺夫很想让它走向世界，可他对商业世界一无所知，不知从何下手。苏联科学院不是腾讯，对于不务正业的同志，官方肯定不会鼓励。苏联也没知识产权这一说，科研人员无法依靠出售游戏版权获利。再说，严格意义上该游戏版权，应该属苏联科学院。

帕吉特诺夫找到主管维克多・布贾布林（Victor Brjabrin），他见过世面，请求其协助。布贾布林看到其中的商机，欣然接受。1986 年，他将《俄罗斯方块》的游戏副本发给匈牙利游戏发行商 Novotrade International（1992 年成立的匈牙利游戏公司，后为 KONAMI 开发过索尼 PS 和世嘉土星移植的《魂斗罗》游戏）和布达佩斯的 SZKI 计算机科学研究所。之后，《俄罗斯方块》开始从匈牙利往波兰传播。

1986 年 6 月，Andromeda Software 公司的国际软件销售员罗伯特・斯坦因（Robert Stein）前往匈牙利出差，因为偶然的机会在 SZKI 看到有人在玩《俄罗斯方块》。他十分感兴趣，找到苏联科学院，通过传真联系到帕吉特诺夫和布贾布林，希望获得游戏许可权。这两位大喜过望，以为《俄罗斯方块》已经打到资本主义大本营的腹地——美国。不假思索地，他们给斯坦因回复说“非常乐意达成协议”。这两位不知道的是“传真内容在西方可以被认定为合法合同”，即便没有签订正式的授权合同。

按照惯例，斯坦因认为该传真内容已经形成实际授权，他开始为《俄罗斯方块》寻找合作商。

1987 年，斯坦因在 CES 展会布展，推介《俄罗斯方块》。Broderbund（一家美国游戏发行公司）的联合创始人加里・卡尔斯顿（Gary Carlston）获得一份俄罗斯方块游戏副本并将其带到了加利福尼亚。尽管员工热情高涨，但卡尔斯顿仍然对这款来自苏联的游戏持怀疑态度。美苏几十年的冷战对抗，让美国人对苏联的一切都非常警惕。跟 Broderbund 一样，Mastertronic（一家英国游戏分销公司）联合创始人马丁・阿尔珀（Martin Alper）宣称：没有任何苏联产品可以在西方世界发挥作用。

玩个《俄罗斯方块》，还有什么政治阴谋。

尽管如此，斯坦因还是签到两个不怕苏联的合作商：Mirrorsoft（一家英国游戏发行商）和 Spectrum HoloByte（一家美国游戏公司）。一家获得欧洲授权，一家获得美国授权。Spectrum HoloByte 总裁在 Mirrorsoft 访问时看到《俄罗斯方块》，在他们办公室足足玩了 2 个小时才收手。

斯坦因用 3000 英镑加 7.5%—15% 版税的条件，将《俄罗斯方块》授权给这两家公司。1987 年 11 月，Mirrorsoft 制作的《俄罗斯方块》登陆 IBM PC。1988 年 1 月，Spectrum HoloByte 制作的版本也同样登陆 IBM PC（IBM PC 是格拉西莫夫移植《俄罗斯方块》时的硬件平台）。很快，《俄罗斯方块》被移植到 Amiga、Atari ST、ZX Spectrum、Commodore 64 和 Amstrad CPC 等电脑平台。游戏里没有提到帕吉特诺夫的名字，而是统称为“国外设计，美国制造”。

1988 年 3 月的软件出版商协会卓越软件奖颁奖典礼上，《俄罗斯方块》获一大堆奖项：最佳娱乐软件、最佳原创游戏、最佳策略计划和最佳消费者软件奖。

看到《俄罗斯方块》的表现，斯坦因想着，是不是要签订一个正式授权协议。因为唯一能证明自己拥有《俄罗斯方块》合法授权的资料只是一份传真文件，有法律约束，可并不是正版的授权协议。斯坦因为此再次联系帕吉特诺夫，希望可以签订正式授权协议。

帕吉特诺夫是苏联科学院的职员，开发游戏也是使用苏联科学院的硬件。按照苏联法律，《俄罗斯方块》版权应属苏联国有，和帕吉特诺夫无关。垄断苏联计算机硬件和软件进出口的苏联公司 ELORG（Elektronorgtechnica，ELORG）接手谈判工作。斯坦因原计划支付授权收入中的 75%，ELORG 认为不合理，要求 80% 的授权收入。斯坦因多次去莫斯科跟 ELORG 谈判，终于在 1988 年 2 月 24 日与 ELORG 达成协议。5 月 10 日，签署一份为期 10 年的全球范围的《俄罗斯方块》授权许可，用于所有当前和未来的计算机系统。

这份协议与帕吉特诺夫毫无关系，一切都属于苏联。

硬吃斯坦因和天元

1988 年，山内溥的西方好朋友亨克·罗杰斯在拉斯维加斯 CES 上看到 Spectrum HoloByte 展出的《俄罗斯方块》。试玩后，他发现自己已经迷上这款游戏。罗杰斯寻求《俄罗斯方块》的日本发行授权，Spectrum HoloByte 毫不犹豫地将游戏的电脑和街机授权都交给罗杰斯。

说到罗杰斯和山内溥的友谊，来得也十分凑巧。1985年的某天，罗杰斯的妻子给他看了一篇关于山内溥的报道，说任天堂社长喜欢下围棋。当时有人给罗杰斯赠送过一款在 Commodore 64 上玩的电脑围棋软件，该电脑和任天堂 FC 游戏机都使用 MOS6502 芯片。罗杰斯灵光一闪，将这两件事联系到一起。他给山内溥发去一个传真，说可以给任天堂 FC 开发一款围棋游戏，希望能在山内溥回日本前在美国见上一面。

罗杰斯就收到山内溥的回复："可以。"

两人见面后，山内溥说："我不会给你任何程序员。"

罗杰斯回答说："我不需要程序员，有钱就行。"

"多少？"

"3000万日元。"罗杰斯事后回忆说，那相当于30万美元，是我能想到的最大数字。

山内溥答应了。

9个月后，罗杰斯带着 FC 围棋游戏交货。山内溥指挥下属用手柄完成跟电脑 AI 的对弈，因为他本人不会使用游戏手柄。没费多大劲，电脑 AI 就败在六段高手山内溥手里。

就这？

罗杰斯辩解说，8位机有这种能力已经很不错啦。最后他问山内溥："能不能让我发行这款游戏？"

"那我投的钱又怎么算呢？"山内溥带点玩笑问。

"我每卖出一份就给你100日元。"就这样，罗杰斯又成为任天堂的游戏发行商。不过二人并不像普通的游戏机厂商和发行商关系，山内溥常常把见罗杰斯作为最后一项工作。这样两人在工作结束后，还可以好好下下围棋，顺便谈天。

罗杰斯是唯一拥有山内溥友谊的西方人，也是为数不多的地球人。所有任天堂的高管都把这位能跟山内溥交朋友的荷兰人当作大神，给予他最为优厚的待遇，比如在发行日截止日后发行游戏。

不过，罗杰斯的表现，也足以说明他当得上这份宝贵的友谊。

回到《俄罗斯方块》上。

同时，Mirrorsoft 将游戏的日本授权给了雅达利游戏公司“天元”。天元公司在窃取任天堂知识产权的“10NES 事件”中出现过，是任天堂的半生之敌。下图为天元公司获得《俄罗斯方块》授权后，开发的 NES 版《俄罗斯方块》，据说也是体验最好的一款 NES 移植版本。

天元将《俄罗斯方块》的日本街机授权给世嘉，家用游戏机授权给 BPS（游戏卡制作公司），斯坦因保留电脑平台授权。

罗杰斯希望能将《俄罗斯方块》作为 GB 的捆绑游戏，寻求天元的掌机授权，被拒绝。

在斯坦因操作下，《俄罗斯方块》的授权关系十分混乱。

1988 年 11 月，罗杰斯总算找到授权的源头，总二道贩子斯坦因。斯坦因同意给 GB 授权，可解释说必须要经过 ELORG 同意。多次接触后，罗杰斯一直没有拿到有效的法律授权文件。他开始怀疑斯坦因是个骗子，于是决定 1989 年 2 月亲自前往苏联和 ELORG 谈判。

此时离 GB 在日本发布还有 2 个月。

到达莫斯科后，罗杰斯直奔 ELORG 办公室，斯坦因和 Mirrorsoft 的经理凯文·麦克斯韦（Kevin Maxwell）也不约而同在同一天来到

ELORG。讨论中，罗杰斯表示想为 GB 获得《俄罗斯方块》的掌机授权，没想到ELORG的负责人尼古拉·别利科夫(Nikolai Belikov)直接就同意了。罗杰斯拿出《俄罗斯方块》的 NES 游戏卡，别利科夫感到十分惊讶，因为他们以为斯坦因签订的授权合同中，只包含电脑系统。

没想到，斯坦因竟然已经将授权扩散到家用游戏机和街机。

别利科夫指责任天堂非法出版。罗杰斯申明说，这是天元公司获得授权制作的游戏卡，是天元与斯坦因签订的授权协议。别利科夫马上意识到，商业协议中有一些误解的部分，或者说被刻意误解的部分。

拥有《俄罗斯方块》的授权方确实不少：罗杰斯、斯坦因、Mirrorsoft、Spectrum HoloByte、天元，都在申诉自己拥有的权力。该事情一度陷入死结，大家都不愿妥协。

在莫斯科的罗杰斯百无聊赖，苏联的夜生活可不像美国那么丰富。机缘巧合下，他在一场围棋比赛中认识了《俄罗斯方块》的真正发明者——帕吉特诺夫。两人攀谈下，围棋高手罗杰斯（相当于 6 段）很快得到帕吉特诺的信任。发明人的支持十分重要，别利科夫对罗杰斯建议，应该想办法调整斯坦因的授权，这样 Mirrorsoft 和 Spectrum HoloByte 以及天元的授权就都会同步变化，毕竟他们四家授权同源。如果能成功，就可以将《俄罗斯方块》家用游戏机和掌机的授权给任天堂。

别利科夫认可此提议。

有 ELORG 支持，罗杰斯抓紧时间联系任天堂美国总裁荒川实，建议将《俄罗斯方块》作为 GB 的首发游戏。荒川实对此毫不来电，他说，R&D1 已经有安排了，《超级马里奥大陆》那是我岳父大人亲自确定的游戏。你说改就改？怎么可能。要改，您跟我岳父杠一下把子吧，我可是不敢。

罗杰斯回答："《超级马里奥大陆》确实好，它可以帮任天堂把 GB 卖给年轻人。可《俄罗斯方块》可以帮助任天堂把 GB 卖给所有人。"

荒川实把罗杰斯的谈判结果如实向山内溥汇报，鉴于天元NES版《俄罗斯方块》的良好业绩，山内溥答应 ELORG 的签约条件：授权价格为

500,000 美元，每售出 1 张游戏卡额外支付版权费 0.5 美元。

为了坑斯坦因，ELORG 给斯坦因发送了一份更新的授权协议。新协议有一条不起眼的条款："电脑，定义为具备屏幕和键盘的机器。"

斯坦因之前获得的授权是"用于所有当前和未来的电脑"，新增条款对"电脑"进行准确定义，必须有屏幕和键盘。

换言之，新协议取消了斯坦因在非计算机系统中的全部授权，如街机、掌机和游戏机。斯坦因并没有注意到这一条款的改动，以为只是更新付款条件和版税。直到后来他才发现，其他更新部分都是欺骗性的"烟幕弹"，唯有这条不起眼的改动才是致命的。

真是麻子不叫麻子，叫坑人。

第三十四章　任天堂：GB 杀手级应用和杀手级销量

任天堂的方块

1989 年 3 月，任天堂通知天元：立刻停止生产 NES 版《俄罗斯方块》。

天元跟任天堂正在打 10NES 的官司，收到通知后有点懵。他们马上联系上游授权商 Mirrorsoft，问到底怎么回事？Mirrorsoft 回复说，没什么啊，授权一切正常啊。

任天堂并不这样认为，他们继续向法院申诉，天元和 Mirrorsoft 才发现情况不对。

Mirrorsoft 经理凯文·麦克斯韦（Kevin Maxwell）搬出他老爹，著名国会议员、间谍嫌疑人和大骗子罗伯特·麦克斯韦（Robert Maxwell）。老麦克斯韦听完原委后，手眼通天的他怒不可遏，直接打电话给戈尔巴乔夫（苏联最高领导人），要求取消 ELORG 和任天堂之间的授权合同。改革派戈尔巴乔夫表示对此事无能为力，别利科夫态度十分强硬。谁叫 ELORG 和任天堂的协议具有极强的财务优势呢？

老麦克斯韦的面子，直接掉地上。

1997 年，由皮尔斯·布鲁斯南饰演的电影《007：明日帝国》里面那位大反派，就以罗伯特·麦克斯韦为原型。

1989 年 6 月 16 日，任天堂和天元再次对簿公堂。天元说，NES 就是电脑，它日文名叫“Famicom”，是“Family Computer”的缩写，“Computer”不就是电脑吗？天元拥有在电脑上制作《俄罗斯砖块》的授权，自然可以制作 NES 游戏。

它的论点是，任天堂 NES 也是计算机的一种。

任天堂的说明是，NES 并非家庭电脑，它从用途和受众来看，都是家用游戏机。最关键的是，它没有屏幕和键盘啊！斯坦因签署的最新协议里有说明，“电脑，定义为具备屏幕和键盘的机器”。斯坦因获得的授权，仅限于电脑。

作为证人出庭的帕吉特诺夫强调，和斯坦因的授权协议，确实只涉及电脑，而非全部硬件。另外一位证人 ELORG 的别利科夫，连戈尔巴乔夫的账都不买，自然是站任天堂这一边。

在斯坦因亲笔签字的协议面前，Mirrorsoft 和天元的一切辩解都显得苍白无力。

法官宣布：Mirrorsoft 公司和 Spectrum HoloByte 公司没有获得在电子游戏机上制作《俄罗斯方块》的明确授权。1989 年 6 月 21 日，法官裁决：禁止上述一众公司在电子游戏机上制作《俄罗斯方块》。次日，天元下架全部 NES 版的《俄罗斯方块》，仓库中仍有数千张游戏卡未售出。世嘉原计划在 1989 年 4 月 15 日发布 Mega Drive 版《俄罗斯方块》，也因此终止。

据说，天元制作的 NES 版《俄罗斯方块》比后面任天堂制作的要好玩不少。这也导致天元 NES 的《俄罗斯方块》卡带，售价一路上涨，成为极少的电子游戏收藏品，算是解决天元的库存问题。

善有善报

作为俄罗斯方块游戏的发明者，帕吉特诺夫的游戏卖出数百万份，他在其中没有丝毫获利。对此，他毫无微词。

1990 年 1 月，帕吉特诺夫受 Spectrum HoloByte 邀请参加 CES 展。他在拉斯维加斯、旧金山、纽约和波士顿略作停留，见到许多电子游戏行业的重要人物。1991 年，他和格拉西莫夫移居美国西雅图。1996 年，按照约定，《俄罗斯方块》版权归还给帕吉特诺夫，他与罗杰斯组建新公司“The Tetris Company”（俄罗斯方块公司），向全球制作《俄罗斯方块》的公司收取版税。2005 年 1 月，帕吉特诺夫和罗杰斯以 1500 万美元的价格从 ELORG 手里获得剩余 50%《俄罗斯方块》的权益。帕吉特诺夫和格拉西莫夫还创建过一家 3D 软件技术公司：AnimaTek，该公司开发过游戏屏保程序“El-Fish”。

Game Boy 发布

万事俱备，Game Boy 离发布只有一步之遥。

1989 年 4 月 21 日，Game Boy 在日本发布，包括四款游戏《超级马里奥大陆》（*Super Mario Land*）、《小巷打砖块》（*Alleyway*）、《棒球》（*Baseball*）和《役满麻将》（*Yakuman*）（未在日本以外区域发行）。1989 年 7 月 31 日，Game Boy 在北美发布。共 5 款游戏，增加《俄罗斯方块》和《网球》，不含《役满麻将》。

GB 发布后，几周内就在美国销售 100 万台。GB 版《超级马里奥大陆》在全球售出 1800 万份。杀手级应用《俄罗斯方块》1989 年 7 月 31 日上线后就开始霸榜。到 1997 年，《俄罗斯方块》已经售出 2972 万份，到 2009 年 6 月，《俄罗斯方块》全球售出 3500 万份。

《俄罗斯方块》和《超级马里奥大陆》是 GB 最为畅销的游戏系列。GB 上一共发布过多少款游戏呢？根据完全统计，不计入取消的游戏项目，GB 共有 1048 款游戏。截至 2005 年 3 月 31 日，Game Boy 和 Game Boy Color 的全球销量合计超过 1.18 亿台。

是史上第一款破 1 亿台的电子游戏机和掌机。

Game Boy 的竞争对手们

1989 年 9 月，雅达利公司（注意，不是雅达利游戏或天元）发布 Atari Lynx 掌机，是第一款带有彩色 LCD 屏幕的掌上游戏机。雅达利希望通过其先进的图形显示技术和灵巧的键盘布局与任天堂的 Game Boy 一

决高下。

初期 Atari Lynx 十分成功，由于是世界首款彩色 LCD 屏幕的掌机，首年就售出 50,000 台。对任天堂来说，销量不值一提。可对于扑街数年还敢用“Atari”品牌的雅达利公司，已是难能可贵。到 1991 年底，Atari Lynx 销量突破 80 万台。到 1995 年，终生销量达 700 万台。

它的问题在于游戏库太少，续航能力只有 3—4 小时。下图为 Atari Lynx。

1990 年 10 月，世嘉在日本发布掌机 Game Gear。1991 年 4 月，Game Gear 在北美发布。Game Gear 支持横向格式的全彩背光屏幕，比 Atari Lynx 还要先进。可除了屏幕以外，Game Gear 再无亮点：续航短、质量不可靠、游戏质量差，都是硬伤。可世嘉 Mega Drive 正如日中天，拉着它卖出 1100 万台。下图为世嘉 Game Gear。

除雅达利和世嘉这两位老对手，NEC 也推出过掌机。日本版叫 PC Engine GT，美国版叫 Turbo Express。它的技术更先进，可以通用家用游戏机 TurboGrafx-16 的游戏卡，而且具备矩阵彩色 LCD 屏，还可以用来看电视。PC Engine GT 的销售量更惨，只有 150 万台，未能在掌机市场激发一点波澜。图为 PC Engine GT。

这三家公司在发布掌机时，都不忘对 GB 一顿嘲讽。然而面对 GB，虽然拥有先进的显示屏幕、更好的处理器和通用技术，却全部败得一塌糊涂。

采取成熟技术的 GB，通过更丰富的游戏体验、通过可靠的商品品质和续航时间，再一次打败了敌人。横井军平的“枯萎技术的横向思维”，再一次验证其正确性。

问题是，这些对手哪来的信心还要跟任天堂肉搏呢？原因很简单：Famicom 有点不行了。

第三十五章　卡普空：不屈的辻本宪三

Famicom 不行了？它不行的原因很多。先回到 1980 年代初，看看其他游戏公司都在干什么。

1983—1990 年间，电子游戏已经发展成四大王国：街机、家用游戏机、电脑和掌机。

1965 年，《电子学》（*Electronics Magazine*）35 周年纪念刊第 114 页刊发时任仙童半导体部门研发实验室主任的戈登·摩尔（Gordon Moore）撰写的小文章《在 IC 上集成更多元件》（*Cramming more components onto integrated circuits*）。摩尔提出一个定律：半导体芯片上集成的晶体管和电阻数量将每年翻一番。1975 年又发表其补充版《数字集成电子学的进展》（*Progress In Digital Integrated Electronics*），将定律修正为：芯片上集成的晶体管数量将每两年翻一番。

摩尔定律并非定律，而是半导体技术进展的经验法则。电子游戏的成长，跟半导体的发展密切相关。

辻本宪三

辻本宪三，1940 年 12 月 15 日出生于奈良橿原市。他在战后一无所有的时代，和一无所有一起长大。他父亲原本是个铁匠，战后靠制作玻璃制品为生。辻本宪三初二时，父亲英年早逝，时年 49 岁，留下两个弟弟由他抚养。肩负家庭重担的他，只能休学去一家钓鱼浮漂厂工作。繁重的工作之余，辻本宪三还在奈良县立宇内美高中的夜校学习了四年。

辻本宪三每天工作到下午 5 点，然后去夜校上课到 9 点。下课后，他还会参加柔道俱乐部的活动，直到晚上 11 点。每到冬天，柔道俱乐部里冰冷的榻榻米能把腿冻掉。高中一年级时，学校柔道部有 40 多人。到四年级时，仅剩下 4 人，其中就有辻本宪三，可见此人韧性之强。

“逆境是让人自豪的生活经历”，他毕业时写道。

1960 年 3 月，辻本宪三从学校毕业，在他叔叔的食品批发公司从事会计工作。1963 年 3 月，他将点心批发业务从叔叔的食品公司里独立出来，更名为辻本商店。由于经验不足和经营不善，负债数百万日元。

1965 年，辻本商店在大阪重新开业。经过仔细观察，他发现商店生意最好的就是棉花糖，孩子都喜欢在棉花糖制作机前排队。他们不是想吃棉花糖，而是喜欢棉花糖制作的过程。意识到棉花糖机的价值后，辻本宪三把商店的管理权交给老婆，自己开始在全日本兜售棉花糖机。

在全国销售的过程中，由于棉花糖机和弹珠机原理类似，辻本宪三接到不少改装弹珠机的业务。喧宾夺主的弹珠机的销量，竟然超过了 1000 台。

辻本宪三发现娱乐的价值，“除了衣食住行，人们最想要的就是娱乐”。他开始采购投币机来转售。订单越来越多，他发现自主生产投币机会更赚钱。据辻本宪三的回忆，他当时主要卖投币机和点唱机。为测试点唱机的性能，他要在办公室把每台机器上的歌曲都唱一遍。所以 70 多岁时，他还能唱出来 100 多首日本老歌。

1974 年，辻本宪三创办 IPM 公司，他担任总裁。IPM 是 International Player Machine 的缩写，意为国际播放机公司。IPM 公司名字取得很大，可业务只是在日本的小商店安装投币机。随着《打砖块》街机的流行，IPM 开始进入街机制造、销售和出租业务。1977 年，IPM 与石川县 Eizo 公司合作，开始为街机生产 CRT 显示器。

1979 年初，IPM 更名为 Irem。起因在于 IBM 的一封来信，警告 IPM

很容易跟IBM混淆，有侵权嫌疑。Irem是“国际租赁电子机器”(International Rental Electronics Machines ）的缩写。1979 年 5 月 30 日，辻本宪三创办 IRM 公司。创建 IRM 时，辻本宪三仍兼任 Irem 总裁。IRM 旗下还有一家子公司“Japan Capsule Computers Co., Ltd”。IRM 和 Japan Capsule Computers 业务一样，都从事街机的制造和分销。

1980 年，Eizo 收购 Irem，成为 Irem 大股东。

1981 年 9 月，IRM 和 Japan Capsule Computers 合并，更名为 Sanbi。

Sanbi 公司在《太空侵略者》流行期间，获得太东许可制作《IPM Invaders》和《Capsule Invaders》，都是《太空侵略者》的克隆版。辻本宪三也在此时跟太东创始人科根，建立起很好的私人关系。

1982年，因为街机竞争激烈，《IPM Invader》和其他游戏销量持续下降，Sanbi 仓库摆着大量卖不出去的街机。辻本宪三不得不卖掉房子还债，他也从 Irem 正式离开，成为失业大军的一员。

成立卡普空

得知辻本宪三的遭遇后，科根找到他说：“我会投资你在游戏行业做的任何事情。”

在科根的投资下，1983 年 6 月 11 日，辻本宪三创建新公司“Capcom Co., Ltd.,”（卡普空有限公司），作为 Sanbi 的销售公司，他在卡普空担任总裁。下图为卡普空公司标识。

Capcom 是“Capsule Computer”的缩略词，是辻本宪三创造的名词。它代表辻本宪三的野心：Capcom 可以直接翻译为胶囊电脑，设计目的是超越当时被吹捧的个人电脑。为何要使用胶囊这个词汇呢？代表产品是装满快乐的胶囊，具备一层保护人们享受游戏、免受盗版和劣质仿制品侵害的硬壳。

1983年7月，卡普空发布自己首款投币机游戏《Little League》。1984年5月，卡普空发布它第一个真正的街机游戏《Vulgus》，一款太空射击游戏。《Vulgus》发布后，成为1984年6月日本最受欢迎的街机游戏之一。从一穷二白的技术真空，到发布畅销日本的街机游戏，卡普空进步神速。

卡普空犹如神助的表现，并不是凭空而来，靠的是科乐美的三人组。

科乐美的三人组

1983年10月，在科乐美干得极其不爽，得不到老板赏识的冈本吉起计划辞职。据他自己所说："原本计划在10月左右发售的游戏结束时，就打算离开科乐美。"他离开时，藤原得郎和程序员有马俊夫随同，三人一起加入卡普空。

另一说，他在科乐美公司借的300本书，离开时也未归还。

冈本吉起离开科乐美的原因很简单，卡普空支付的薪酬比科乐美高许多。科乐美支付的月薪为13万日元加全勤奖5000日元，卡普空支付的月薪起薪为35万日元。2倍多的差距，让人很难拒绝。

藤原得郎来到卡普空后，设计的第一款产品就是《Vulgus》。

1984年7月，卡普空发布由冈本吉起设计的游戏《SonSon》。这款游戏是根据《西游记》改编的横向过关游戏。1984年8月1日，《SonSon》为当月排名第5的游戏。图为《SonSon》街机海报，LET'S GO TENJI-KU，意为"一起去天竺吧"。

1984年9月，卡普空发布由藤原得郎设计，有马俊夫编程的街机游戏《Pirate Ship Higemaru》。《Pirate Ship Higemaru》是卡普空首款使用8位处理器Zilog Z80的街机。

11 月 30 日，由冈本吉起设计，卡普空推出一款针对国际市场的街机游戏《1942》。游戏以中途岛战役为背景，玩家驾驶一架美国 P–38 战斗机飞行到东京并摧毁日本飞机大队。中途岛战役是美日战争的转折点，中途岛战役后，日本就开始被美国按着打。为讨好美国市场用户，卡普空简直无所不用其极，唾面自干不在话下。下图为《1942》游戏画面。

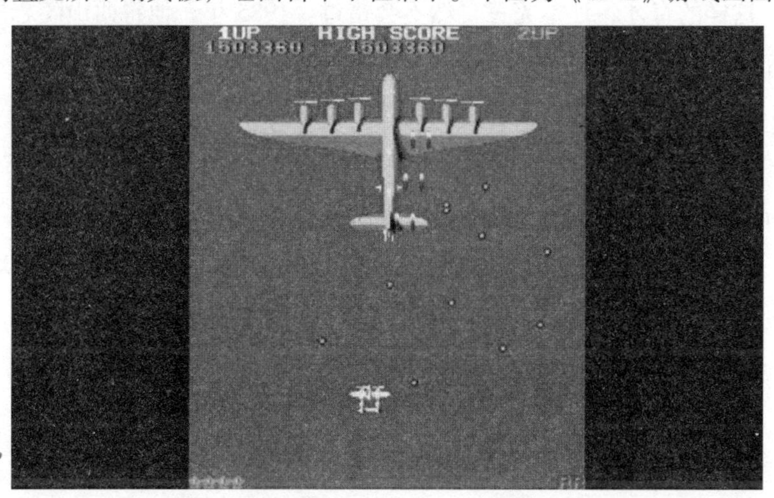

《1942》是卡普空早期得意之作，它同样采取Z80微处理器。1986年，《1942》成为日本收入排名第5的街机游戏，后被移植到任天堂NES，售出超100万份。其受欢迎程度，远超过卡普空之前制作的三款游戏，成为卡普空公司腾飞的起点。

1985年7月7日，卡普空又发布由藤原得郎设计的街机游戏《魔界村》（*Ghosts'n Goblins*）。《魔界村》是一款难度极高的游戏，它在卡普空最畅销的游戏中排名第13，累计销量达440万。

这些游戏都很优秀，可比起接下来的这部作品，都只能算平平无奇。

街头霸王

西山隆志，Irem早期游戏设计师。毕业时，他本来想去找个记者工作，阴错阳差下跑去Irem兼职做游戏脚本，当时Irem董事长是辻本宪三。

1982年，西山隆志参与设计街机游戏《Moon Patrol》。《Moon Patrol》发布后是北美每月排行榜上收入最高的五款街机游戏之一。这是Irem走出日本，开始国际化的游戏。1984年，西山隆志又设计出街机史上第一款格斗游戏《Kung-Fu Master》，该游戏NES版本交由宫本茂开发，间接催生宫本茂开发出《超级马里奥兄弟》。

这样的奇才，辻本宪三自然不会错过。1985年，他将西山隆志挖到卡普空。

来到卡普空，西山隆志回到老领导辻本宪三麾下。

1987年，卡普空推出由西山隆志设计的格斗游戏《街头霸王》（*Street Fighter*）。《街头霸王》系列是电子游戏有史以来收入最高的游戏系列之一，也是Capcom的旗舰游戏。截止到2021年9月，街霸系列全球总销量为4700万份。它在格斗游戏特许经营权上收入达到122亿美元，包括500,000个街机单位的销售额。

当然，这并不是指西山隆志版的《街头霸王》。

初代《街头霸王》如何攻击呢？通过街机前方安装的压敏按键，该

压敏按键支持拳打脚踢。该街机的初始设想是：玩家用越大的力量打击，游戏角色的伤害也会等比例变大。卡普空美国的负责人说："我记得第一次看到它的时候，你要用拳头去打那些橡胶垫（压敏按键）。太可怕了，《街头霸王》不得不退出市场，因为每个玩它的人都会受伤。"

这个设计，用现在的话叫作"体感游戏"。

1988 年，西山隆志带着卡普空另外一位游戏设计师松本裕司以及团队其他人跳槽到 SNK。

快打旋风和 CP 系统

西山隆志离开后，卡普空没急于开发《街头霸王》续集。1989 年，由冈本吉起主持，安田朗、西谷亮等人集中精力制作的游戏《快打旋风》（*Final Fight*）发布。这是一款从著名游戏《双截龙》（*Double Dragon*）继承开发的产品。《快打旋风》创新性设计出横版动作过关游戏中的标准元素，如打破箱子捡到道具、两键齐按无敌技。下图为《快打旋风》第一关游戏画面，相信它已经能勾起许多 80、90 后的回忆。

随着卡普空发布的畅销街机游戏越来越多，为进一步提高使用的便

利性，卡普空开始研发街机转换系统。Data East 公司的 DECO Cassette System 因为技术问题失败，可街机转换系统无疑是正确的技术方向。1981 年，世嘉推出 Convert-a-Game 街机转换系统，该系统中包含六个游戏，可以在 15 分钟内转换游戏。世嘉街机转换系统的成功，不仅启发任天堂 VS 系统，还带动一众街机游戏公司开发街机转换系统，其中就有卡普空。

1988 年 5 月 13 日，卡普空发布街机转换系统“CP System-1”。在卡普空将游戏开发转移到其继任者 CP System-2 前，他们为 CPS-1 发布超过十二款街机游戏。

卡普空开发 CPS-2 硬件花费两年半时间，在此期间设计过两款定制微芯片，称为“CPS 超级芯片”，相当于当时十个普通街机印刷电路板（PCB）的功率。两款定制芯片的开发成本高达 9,800,000 美元，高额的研发费用，差点把卡普空几年的经营成果打回原形。

在看中的项目上下重注，是辻本宪三的风格。

1991 年 2 月 6 日，在 CPS-1 上，卡普空发布街头霸王的续作《街头霸王 Ⅱ》（*Street Fighter II*）。

第三十六章　卡普空：异军突起的黑马

辻本宪三说："模仿别人是不可能做出优秀的产品的。产品之所以有价值，是因为它是其他人无法制造的。管理也是如此，因为具备其他人都不存在的品质，才有获胜的可能。不要拿自己和别人比较，用你自己的价值观来思考。原创性和独创性对于您所做的一切都至关重要。"

从 KONAMI 得到藤原得郎、冈本吉起和有马俊夫后，卡普空 1985 年又收获两位人才：西山隆志和稻船敬二。西山隆志在卡普空待了 3 年后去 SNK，稻船敬二却留下来，参与卡普空作为任天堂 NES 第三方游戏开发。

卡普空设立三个游戏设计部门，分别由藤原得郎、冈本吉起和西山隆志领导。三个部门被称为：Division 1、Division 2 和 Division 3。每个部门都有不同的游戏设计任务，分别对应街机、家用游戏机游戏的设计。到 2002 年，为更好地实现知识和技术共享，卡普空对内部流程进行改革，不过三个游戏开发部门的设计被保留下来。

街头霸王的故事

卡普空的《街头霸王》是如何从"退出市场"走向成功的呢？

1987 年 5 月 12 日，美国费城某体育馆。卡普空租用史泰龙电影《洛奇》所在的坎布里亚拳击俱乐部，邀请当地的拳击手和拳击女郎召开一次展览，以招待远道而来的美国街机经销商。

此时卡普空在街机行业已经小有名气，不过跟大哥世嘉和科乐美比起来，还只能算小弟弟。卡普空举办此次活动的目的，是推荐新街机《街头霸王》。

辻本宪三将《街头霸王》定位为公司的新发展方向，所以非常重视这次推广活动。

卡普空为何会设计《街头霸王》呢？西山隆志说："即使是现在，我也记得很清楚。有一天上班，我们开发人员和销售团队之间开会，而这次特别的会议碰巧持续了很长时间——我想大约是两个小时。就个人而言，作为开发人员的我在这些会议上很难保持兴趣，所以我倾向于做白日梦并思考游戏，我并没有真正思考。忽然一刻，《街头霸王》的想法出现在我脑海中，我在会议期间将它画在一张纸上。当时我坐在冈本吉起旁边，我问他对此有何看法，他说这看起来很有趣。"

"具体来说，这个想法是受到我在 Irem 工作的《功夫大师》的启发。我在想那场比赛中的 boss 战，并认为围绕它建立一个游戏可能会很有趣。你可以说《功夫大师》是《街头霸王》整个创意的基础。"

"在那次会议上写的笔记都很粗糙，但我用这些笔记整理了一份设计文件，说服卡普空高层为游戏开绿灯。我把那份文件给松本裕司，他是在那之后最终完善这些想法的人。之后的一切基本上都是他做的。我监督了开发，但你可以说：这是松本裕司的游戏。"

西山隆志人品很好，他和松本裕司也是一对好拍档。

作为公司重点项目，卡普空给《街头霸王》设计出一个豪华型的街机柜，带有操纵杆和每侧两个巨大的气压动力感应按钮。一个用拳头，一个是踢腿。为杀入高端街机市场，卡普空使用压敏按钮设计，可以跟其他标准控制的游戏分开。

气动按键的最大好处是，每个《街头霸王》玩家都会玩到流血。如果不顾血流成河继续玩，只有一种结果：失血过多而死。

可想而知，大部分玩家成不了拳王。这真是流血式创新。下图为《街头霸王》的按钮版本和压敏版本。

压敏按钮失败后，西山隆志决定不采用摇杆加2按钮设计，而是采用摇杆加6按钮设计。卡普空销售部门最初反对这个设计，因为担心玩家无法学会6按键操作。在他的坚持下，卡普空街机采取6按键设计。推向市场后，玩家反馈非常好，6按键后来成为街机的标准配置。

游戏控制器的重要性，再一次得到验证。

《街头霸王》的压敏版本大概卖出1,000台，6按键版本卖出10,000—15,000台。西山隆志制作的游戏，并没有同样出身于科乐美的藤原得郎和冈本吉起的游戏卖座。仅从业绩来说，西山隆志不如冈本吉起。

可出于Irem的渊源，辻本宪三十分信任西山隆志。公司资源都往他的项目倾斜，出国时，辻本宪三也是带着他。

冈本吉起曾在卡普空内部公开鄙视过西山隆志，认为老板的老部下不过黔之驴尔，早已江郎才尽。这导致卡普空Division之间出现一些裂痕，也让西山隆志对自己的选择产生怀疑。

比起大大咧咧的冈本吉起，西山隆志是个感情非常细腻的人。

《街头霸王》发布后没多久，猎头找到西山隆志，说服他加入SNK。西山隆志思考再三，带着自己的好搭档松本裕司等离开卡普空。

在西山隆志婚礼上当过证婚人的辻本宪三对此十分生气，他说："我永远不会原谅你的离开。"两人的裂痕最后在《街头霸王Ⅳ》中修复，不过已经是2008年前后的事情了。《街头霸王Ⅳ》的制作人，也换成了小野义德。

街头霸王Ⅱ

1985年，设计师安田朗穿着睡衣打着领带来卡普空面试。他忘记带自己的作品，借口说作品集太棒，所以被粉丝偷走了。

面试官问："为什么穿睡衣呢？"

安田朗回答说："自己想表现得正式一些，睡衣是他唯一拥有领子的衣服。"坐在一旁的冈本吉起被安田朗逗笑了，他本人也是个喜欢恶作剧，行事古怪的人。就这样，安田朗加入卡普空。《街头霸王Ⅱ》核心美术师入职。

从科乐美离开后，冈本吉起在卡普空不断放飞自我。听听他同事的描述。

"一团惊人的能量。有创意，有激情。也是个疯子。"

"每次我们开会，他都会做一些奇怪的事情。他会真的很无聊……当我们在日本时，他喜欢跑到你身后试图拉下你的裤子。一天24小时，全天沙雕。"

"他说发送新游戏的视频，并希望我给出意见，结果发送时变成色情片。我把他发送的CD放入笔记本电脑，为当时在办公室的其他同事播放，因为我认为那是新游戏，我也想得到他们的意见。结果是，我对他们放了一部色情电影，于是我在卡普空出名了。"

"有一次冈本吉起告诉我，要带我去Soapland，日本的一个全是澡

堂和风俗店的地方。我一直告诉他们，自己不想去。他们把我拖到那里，我发现是东京迪士尼乐园。”

“他会教我如何写概念和公司规则之类的东西。他是一个非常好的老板，几乎是我的大哥。”

冈本吉起是个非常有趣的游戏设计师和项目管理人，在他的带领下，先后集合约40位卡普空员工的《街头霸王Ⅱ》团队正式启动。下图为《街头霸王Ⅱ》海报。

街头霸王Ⅱ的设计艺术

在制作《快打旋风》时，卡普空已经在破产边缘。电子游戏制作和拍电影一样，花巨资研发的作品如果不受欢迎，所有成本都会打水漂。

过本宪三说："《快打旋风》是《街头霸王》的续作，应该叫《街头霸王Ⅱ》。"冈本吉起说："那好吧，我想叫它《街头霸王89》。"《快打旋风》是他的心血，他并不想跟西山隆志的作品搅和到一起。

冈本吉起认为《街头霸王》初代实在做得太差，声名不佳。发布时，它还是被叫作《快打旋风》，而不是《街头霸王89》，所以极少人知道《快打旋风》其实是作为初代《街头霸王》的续作开发的。

《快打旋风》的火爆，把卡普空从破产危机中拉了出来。卡普空决定立项做《快打旋风Ⅱ》。冈本吉起说："不。"他说自己想做《街头霸王Ⅱ》。

这哥们该怎么管理？过本宪三差点气炸了。

《街头霸王Ⅱ》从开始设计，就决定使用6个按键和8个角色。为何如此呢？那是从纯商业角度出发。2个玩家同时对玩，可以双倍增加1台街机的收入。

街机是卡普空的主战场，可街机当时的发展遇到不少瓶颈。街机游戏难度在不断上调，玩家使用100日元能玩到游戏的时间不断缩短。这样对街机游戏公司和街机厅老板有利，可玩家十分不满意。

卡普空最初的产品考虑是使用更豪华更大的街机，将单次收费提高到500日元，游戏时间更长。这样做对街机公司有利，可玩家和街机厅老板会掏更多的钱。《快打旋风》中，卡普空使用标准街机，让两个玩家玩，分摊投币费用。便宜是《快打旋风》受欢迎的原因之一，可过关游戏对某些人还是太难了。

如果制作一款两人竞赛的游戏，输赢不由街机游戏产生，而是玩家双方竞争的结果，玩家挫败感自然会下降。如此设计，游戏时间变短，街机售价不贵，玩家开心，变成三赢局面。下图为卡普空街机单摇杆加6键设计，后成为街机厅标配。

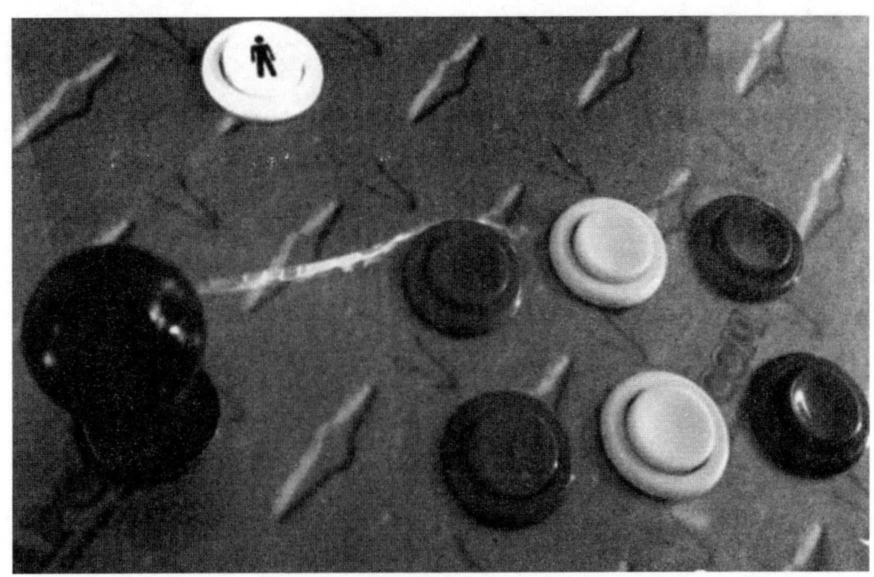

西谷亮很擅长思考从玩家的角度玩游戏。在《街头霸王Ⅱ》中有个招式，叫“升龙拳”。升龙拳操作比较复杂，需要摇杆旋转方向正确，按键时间配合一致才能释放。一旦施展出，会造成很强的伤害。所有人都认为，复杂而精准的动作是应该的。西谷亮则说：“不必那样。我们应让它更容易执行，它会让游戏看起来更酷，而不是运气。”

出于调低难度的目标，开发团队对执行操作的时间开放几帧，只要在那几帧内执行有效操作，波动拳和升龙拳都可以释放。这样带来一个副作用，玩家可以执行组合动作。玩家多了几帧时间输入，就可以把蹲踢和出拳联系起来，变成连击动作。

这是何等天才的设计？一下让枯燥的对攻变为大量连续操作。下图为《街头霸王Ⅱ》中角色 Ken 使用升龙拳。对于菜鸟玩家来说，白衣服 Ryu 和红衣服 Ken 只有肤色的区别。可对于高手而言，Ryu 的升龙拳是垂直向上的，Ken的升龙拳略带倾斜。Ryu的命中率较低，可重击效果更强，也能使出重拳叠加升龙拳的三段伤害。二人的波动拳、旋风腿和投掷技都有细微区别。这是《街头霸王Ⅱ》至今仍充满生命力的关键，细节全部拉满。

卡普空一般不为游戏开发设定预算，而是在制作结束时倒算，看它花销多少。《街头霸王Ⅱ》花费10个月开发时间，团队成员大约有35人，按平均每人每月花费7,000美元计算，该游戏研发成本接近245万美元。是一款制作豪华，耗费大量精英时间和精力的优质作品，在1990年代绝对算得上鸿篇巨制。下图为1992年卡普空发售的《街头霸王Ⅱ：完整档案》中公布的设计细节。

1991年2月，卡普空发布《街头霸王Ⅱ：世界勇者》（*Street Fighter II: The World Warrior*）。

《街头霸王Ⅱ》是街机时代最畅销的游戏，到1994年，美国至少有2500万人玩过该游戏。它在超级NES上发布后，卖出630万张游戏卡，成为卡普空未来20年里最畅销的单机游戏、单一平台最畅销游戏和超级NES最畅销游戏。《街头霸王Ⅱ》也是有史以来最伟大的电子游戏之一，是最有影响力的格斗游戏。2017年，它与《太空侵略者》（1978）和《吃豆人》（1980），列为有史以来最卖座的三大街机游戏。

在它的影响下，各大街机厂商都推出自己类似的格斗游戏，比如《拳皇》《铁拳》《侍魂》等。

NES 游戏和洛克人

1985年12月，卡普空为任天堂NES发布第一款游戏机游戏《1942》。这是从卡普空成功将街机游戏转换到NES上的游戏，发售后卖出超过100万份。在NES上，卡普空还制作过许多精品游戏，除《街头霸王Ⅱ》外最值得一提的就是《洛克人》（*Mega Man*）。

卡普空习惯大制作，大手笔投入研发。而这款游戏，却是卡普空针对电子游戏机的小团队制作，只有6人。由北村明监制，松岛伸之担任程序员、稻船敬二负责美术，算是卡普空首次试水小团队创作。

这款由新人设计的游戏，卡普空销售部门极不看好。可在日本发售后，效果还不错，于是迅速推到美国。因为赶时间，卡普空美国公司总裁让营销人员第二天上班前完成游戏封面设计。

时间紧任务重，这位营销工程师找朋友花了6个小时，就完成了《洛克人》游戏封面的设计。

虽说游戏封面设计在游戏界，一直都是反差的先锋——设计得越好看，游戏越不好玩。《洛克人》这款封面设计，的的确确被认为是电子游戏史上最丑的游戏封面之一。图为美国版《洛克人》海报，只能说跟游戏毫无关联，而且丑出天际。

游戏卖得不好，可《洛克人》得到的评价非常高。游戏评论家认为 NES 的《洛克人》“近乎完美地融合了动作、挑战和卓越的视听体验”。“《洛克人》是出色的图形、令人惊叹的音乐和近乎完美的游戏玩法整合到一个墨盒中的最佳示例之一。”

《洛克人》被认为是任天堂 NES 上最为困难的游戏之一，也是该系列最难的初代作品。太难的游戏，在那个时代销量都不会太好。到宫崎英高之后，能让玩家又虐又爽的游戏才登上真正的高峰。此时宫崎英高还没到庆应义塾大学报到，只是个小学生。

街机的复苏

1983 年北美游戏市场大崩溃后，家用游戏机市场陷入冰点，市场份额直接减少 95%。街机游戏没这么惨，可也从 1982 年的 89 亿美元下降到 1984 年的 45 亿美元，直接腰斩。

世嘉总裁中山隼雄说过："好的游戏，如果做得好，肯定会在美国市场上畅销。" 1985 年，日本世嘉在美国成立新游戏公司。同年，美国街机业务开始迅速复苏，各家街机转换系统纷纷面世。街机转换系统使得街机可以像家用游戏机一样自由地更换游戏，极大降低了游戏厅的运营成本。

1991 年，卡普空推出《街头霸王Ⅱ》，本意只是在世嘉和科乐美等大公司的夹缝里抢口饭吃。没想到《街头霸王Ⅱ》成为史上三大畅销街机游戏之一，是一匹超级黑马。《街头霸王Ⅱ》成为街机复苏的最大功臣，也正式开启街机厅里以格斗游戏为主的时代。

在街机厅最为火热的时代，卡普空至少占据半壁江山，《惩罚者》《恐龙快打》《名将》《吞食天地》《圆桌骑士》《异形大战铁血战士》等，都是卡普空的作品。这些游戏大多 90 年代才传入中国，挥洒无数中国青少年的汗水和零花钱。图为《吞食天地》游戏画面。

1993 年，美国街机行业年收入达到 71 亿美元，超过家用游戏机市场的 60 亿美元和电影票房市场的 50 亿美元。街机复苏的关键力量，就是武术格斗主题的街机游戏，被认为是"街机行业的中坚力量"。

从街机到家用游戏机是游戏公司最为常见的发展路线，其他公司是如何走上这条路的呢？如日中天的任天堂 NES 又是如何落败的呢？

第三十七章 SNK：拳击冠军游戏梦

踏足电子游戏擂台

1944 年，川崎英吉在大阪出生，长大后成为职业拳击手。经过不懈努力，他拿到相当于中国拳王邹市明等级的，日本超轻量级拳击冠军。退役后，川崎英吉开始经营咖啡店和土木工程业务。他有位朋友的电气公司因经营不善陷入困境，寻求资助。退役拳击冠军一看，发现业务还不错，自己收购算了。这是“新日本企画公司”的前身。

1973 年，新日本企画（Shin Nihon Kikaku）正式成立。1978 年新日本企画改制，成为“新日本企画股份公司”（Shin Nihon Kikaku Corporation）。同年，川崎英吉发现街机游戏业务正在快速增长，他将新日本企画的业务范围扩充到街机游戏的开发和销售。

1980年，新日本企画使用首字母命名街机游戏品牌“SNK CORP”（Shin Nihon Kikaku Corporation 的缩写），作为识别商标。SNK 发布的前三个游戏是：抄袭《太空侵略者》的垂直太空射击游戏《Ozma Wars》，抄袭《吃豆人》的迷宫游戏《Safari Rally》，原创游戏《大和战舰和佐助大战指挥官》，都不是很出彩。1981 年，SNK 发布《先锋号》（*Vanguard*），一款横版太空射击街机游戏。下图为《先锋号》游戏画面，是横板滚屏射击游戏的始祖，比科乐美的经典作品《沙罗曼蛇》（*Salamander*，1986 年 7 月 4 日发布），还要早 5 年。

《先锋号》街机授权美国 Centuri 公司发行，成功打开北美市场，成为美国 1981 年 12 月单月最佳街机游戏。随后，它发布雅达利 2600 版，成为雅达利 2600 上排名第 21 位的游戏。《先锋号》的成功，让 SNK 在游戏行业一战成名。1981 年 10 月 20 日，SNK 成立名为 SNK 电子的美国公司。

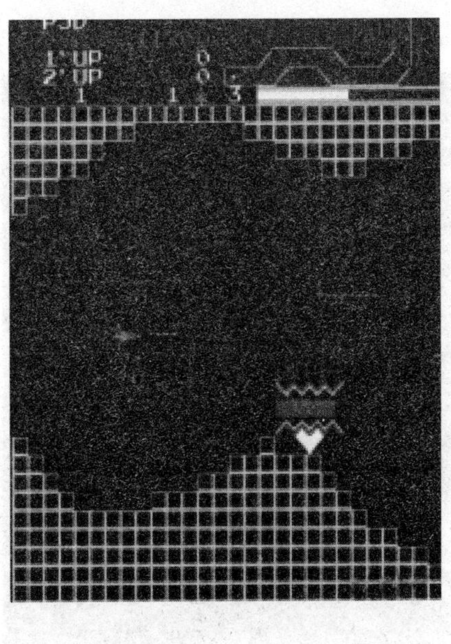

SNK 组合拳

1990 年前，SNK 没有参与家用游戏机之战，而是将精力集中在街机上。1979 年至 1986 年间，SNK 制作出 23 款街机游戏。1984 年，SNK 发布《疯狂破坏者》（*Mad Crasher*），一款仿 *Zaxxon* 的斜 45° 游戏。1985 年，SNK 发布《阿尔法任务》（*Alpha Mission*），一款垂直滚屏的射击游戏。《阿尔法任务》在 1986 年日本街机游戏排名榜中收入排名第 7，后移植到任天堂 Famicom。1984 年，SNK 发布《雅典娜》（*Athena*），后移植到 NES，并且在 ZX Spectrum（英国 8 位电脑）和 Commodore 64 上发布个人电脑版本。游戏主角“雅典娜”，是《拳皇》游戏角色麻宫雅典娜的祖先。

日本人是真喜欢雅典娜。1985 年，集英社的《圣斗士星矢》马上开始连载，雅典娜同样会作为女主角出场。

1986 年，SNK 发布最为重要的作品《怒勇士》（*Ikari Warriors*）。SNK 完全没有吸取雅达利失败的教训，计划让《怒勇士》获得史泰龙电影《第一滴血》的官方许可，幸好没达成协议。《怒勇士》发布后，连续 2 年成为美国收入前五的街机游戏。它被移植到 Apple Ⅱ、Commodore 64 和 IBM PC、Atari 2600、NES 等一系列机器上。图为《怒勇士》游戏画面。

1985 年，SNK 成为任天堂第三方游戏开发商，将游戏移植到 NES。SNK 又制作出两款游戏《Baseball Stars》（1989 年发布）和《Crystalis》（1990 年发布），在 NES 上都获得不错的成绩，SNK 的《Baseball Stars》被认为是 NES 上最好的棒球游戏。虽说在 NES 上取得不错的成绩，可 SNK 并没把业务重心放在电子游戏机上。

它的主要精力仍然集中在街机上，家用游戏机之战，SNK 赶到尾声才参与。

SNK 和 NEO GEO

1988 年，SNK 开始制作自己的街机转换系统——NEO GEO。SNK 街机转换系统由“SNK Alpha Denshi M68000”演变而来，Alpha Denshi 是 SNK 在硬件上的合作伙伴，为 SNK 设计硬件。

同年，从卡普空离职的西山隆志加入 SNK，参与 SNK 街机转换系统的开发工作。他提出将游戏卡作为街机系统更换游戏的基础，并建议为 NEO GEO 开发家用游戏机版本。

1990 年 1 月 31 日，SNK 的街机转换系统 NEO GEO MVS（Multi Video System）在大阪展示。2 月，在日本游戏机运营商联盟展会上，SNK 展出支持 NEO GEO 的游戏包，如《NAM-1975》《Magician Lord》《职业棒球明星》《高尔夫》《骑马英雄》。3 月，Neo Geo 在芝加哥的美国投币机博览会（ACME）上首次亮相，并展示出几款游戏。4 月 26 日，NEO GEO 正式发布。下图为 SNK 为 NEO GEO 和 MVS 系统注册的商标，是街机厅最常见的标识。

虽说老板是不懂技术的职业拳击手，可 NEO GEO 的硬件，在当时却是顶流配置。它使用 7 种微处理器，来处理游戏的画面、音频和游戏逻辑。中央处理器是 Motorola 68000 16/32，协处理器是 Zilog Z80。配备主内存芯片、闪存以及 3 个显示芯片组。再加上雅马哈 YM2610 芯片，作为音频处理器。仅仅说硬件配置，卡普空的街机转换系统 CPS 要到 1994 年，才能勉强赶上 NEO GEO。

说起拼硬件性能，川崎英吉无师自通，它的辉煌到世嘉土星才被打破，土星上有 8 颗微处理器。

1991 年 11 月 25 日，NEO GEO 上最重要的格斗游戏《饿狼传说——

宿命之战》（*Hungry Wolf Legend: The Battle of Destiny*）发布。《饿狼传说》由西山隆志设计，西山认为它是继承《街头霸王》精神的游戏。对比《街头霸王Ⅱ》，《饿狼传说》更强调招式击发的时间点以及背后庞大的世界观。

《饿狼传说》发售后，1992年就冲上日本街机游戏排行榜第4名。排在它前面的是卡普空的两款游戏，《街头霸王Ⅱ》和《名将》。下图为《饿狼传说》的游戏界面，是不是感觉像《拳皇》？确实，它就是《拳皇》的前身。《饿狼传说》美国版叫《致命狂怒：拳皇》（*Fatal Fury: King of Fighters*）。《拳皇》中的重要角色，如特里·博加德和东丈等，都在此游戏亮相。

格斗游戏天王

此时卡普空还没获得"动作天尊"头衔，在街机时代，SNK才是当之无愧的"格斗游戏天王"。

完成《饿狼传说》后，西山隆志和他的好搭档松本裕司以同样的虚构背景，制作出NEO GEO MVS格斗游戏《龙虎之拳》（*Art of*

Fighting）。《龙虎之拳》同样采取三局两胜的游戏机制，前三个键用来施展拳打脚踢和各种技能。第四个为嘲讽键，是无伤技能，比如向对手做鬼脸。两人还为《龙虎之拳》角色设计出一种新机制——能量槽。能量槽主要为施展特殊技能，这使得游戏变化更多，画面更加华丽。

《龙虎之拳》是第一个让玩家可以超级攻击的格斗游戏，支持施展华丽的"必杀技"。该游戏还引入镜头缩放功能，当角色彼此靠近时，画面会放大，让玩家看到最高细节。可变的缩放镜头设计，后被引入 NEO GEO 其他格斗游戏的设计中。

《龙虎之拳》共制作 3 部，分别为《龙虎之拳》《龙虎之拳 2》《龙虎之拳外传》。下图为《龙虎之拳》的游戏界面。

西山隆志和松本裕司佳作不断，SNK 另外一款游戏《侍魂》（*Samurai Shodown*），也于 1993 年 7 月发布。《侍魂》是全世界首款武器格斗游戏，背景故事设定为 18 世纪的日本，由足立康担任游戏设计师。游戏原计划是以怪物为主题的格斗游戏，可随着游戏设计的进展，仅有"吉南"还作为怪物保存在侍魂游戏里，其余都是人形武士。

《侍魂》是电子游戏的一个艺术高峰，美术和音乐都充满浓浓的日本风味。游戏中忍者和富士山，武士和歌姬交替出现，让人仿佛置身扶桑诸岛。下图为《侍魂》游戏界面。

《侍魂》发布后，1993 年成为美国市场排名前 3 的街机游戏。1994 年继续名列前茅，为美国市场前 5 的街机游戏。《饿狼传说》《龙虎之拳》《侍魂》，都是 SNK 的佳作。可比起接下来要上场的游戏，它们只能算小弟弟。

1994 年 8 月 25 日，继承SNK优质动作格斗游戏基因的划时代游戏《拳皇 94》（*The King of Fighters'94*）正式面世。游戏由西山隆志主持设计，是 NEO GEO 上最负盛名的游戏系列。它讲述一个这样的故事：1994 年，世界各地的武术家都收到一封写着“R”的邀请卡，邀请各格斗家参加“格斗天王”格斗大会。参赛者需以三人为一组，组成一队进行比赛。被邀请的格斗家包括坂崎良、泰利波格等。

被邀请者中有着一名自小能操纵火焰的怪人：草薙流古武术传人草薙京。凭着多年苦训，他打倒父亲草薙柴舟，成为家族中实力最高的继承人。好胜的草薙京接到邀请后，便同在异种格斗大赛中结识的两位好友，爱出风头的二阶堂红丸、柔道奥运金牌得主大门五郎组成队伍出战格斗大会。

“格斗天王”格斗大会的主办者“R”，是野心家卢卡尔。他希望从格斗大会中吸引有真正实力的高手，然后亲自打败大会优胜者，并用对手的身体来铸造铜像，成为他的铜像收藏品。

游戏的最后，草薙京与卢卡尔展开殊死搏斗，最后打败他的阴谋。

《拳皇 94》共登场 25 名角色，以 3 人一组的方式形成 8 个队伍，分别来自 8 个国家：日本队、饿狼传说队（意大利）、龙虎之拳队（墨西哥）、怒队（巴西）、超能力战士队（中国）、女性格斗家队（英国）、金队（韩国）、美国体育队（美国）。玩家只能选择队伍进行游戏，不能将不同队伍的角色进行混合。

第 25 名角色是终极 BOSS——卢卡尔。下图为《拳皇 94》角色列表和 8 个代表队。

《拳皇 94》发布后，马上成为年度街机游戏。3 个角色的团队，可以让玩家投 1 次币玩到 3 个角色，这比只能选 1 个角色的《街头霸王 Ⅱ》强 3 倍。作为初代游戏，《拳皇 94》中有些角色并不完善。可这并不重要，庞大的故事背景、诸多游戏角色、全新的格斗方式，直接将 NEO GEO MVS 销量送上全新高度。

1994 年，NEO GEO MVS 成为全球第一畅销的街机游戏。《拳皇》系列一共发布约 28 款游戏，周边的漫画、小说和电影不计其数。

街机格斗游戏天王的地位，就此确定。

SNK 家用游戏机

1990 年 1 月 31 日，SNK 发布 NEO GEO 的家用游戏机版本“NEO

GEO AES”。SNK 一直将主营业务放在街机游戏上，AES 发售的目的并不是直接出售给玩家，而是在酒店和商业机构租赁给玩家使用。AES 不仅使用 16 位处理器，还是率先使用外部储存卡的游戏机，造价十分高昂，下图为 NEO GEO AES。

AES发布后，随即引发媒体吹捧：硬件强大，性能优秀，图形运行流畅。唯一的问题是——售价太贵。同时代家用游戏机售价普遍只有 200 美元左右，AES 售价高达 649 美元。

川崎英吉认为，价格贵不重要，好玩才是硬道理。可 AES 的消费者不这样认为，AES 终生销售仅有 100 万台。他不以为意，反而越战越勇。1994 年 SNK 发布 AES 的升级版 Neo Geo CD，开始支持 CD 格式的游戏。

1994 年家用游戏机市场已然是一片红海，在一众强敌迎头暴打下，Neo Geo CD 惨败。

1997 年，SNK 又发布 Hyper Neo Geo 64，一款 32 位游戏机，2 年总共推出 7 款游戏，惨败。1998 年，SNK 发布 Neo Geo 的手持版本 Neo Geo Pocket。不出意料，失败。随后立即发布其接任者，支持彩色屏幕的 Neo Geo Pocket Color。这次情况略有好转，全球售出 200 万台。对比任天堂 GB 过亿的销量，仍然是惨不忍睹。

SNK Pocket 发布时，公司广告毫不客气地剑指任天堂，名为“Game Over，BOY”，如下图。

从巅峰降落

1990年代，街机行业复苏的中坚力量是格斗游戏。卡普空开发出《街头霸王Ⅱ》，可真正将街机格斗游戏发扬光大的是SNK。这跟SNK创建者川崎英吉的天赋属性（拳击冠军）可能有所关联，他一不做二不休，将公司全部押上格斗游戏。

从头到尾，SNK都在做格斗游戏。

不负众望，格斗游戏成为街机中的主流品种。SNK赚到盆满钵满，它也因此走上街机行业的巅峰。SNK所在的大阪福江坂站周边，布满SNK的旗下机构，如总公司大楼、开发办公大楼以及SNK的游戏中心NEO GEO LAND。SNK的风头，比同在大阪的另外一家厂商卡普空，要强劲许多。

SNK常常将江坂站的立交桥作为《拳皇》系列游戏中的场景，这样的背景还有许多，如下图。

1994 年，SNK 开始踏足游戏厅市场，开设了三家主题乐园，起名为 Neo Geo Land。下图为 Neo Geo Land 前排队的年轻人。

Neo Geo 乐园规模十分庞大，分为三层。一楼是夹娃娃机和大头贴和上百台 SNK 街机和其他厂商的街机游戏，二楼是台球和保龄球馆，三楼是卡拉 OK 和小吃。SNK 在经营乐园方面十分有兴趣，还曾开设过 SNK 的保龄球馆 Neo Geo Bowl。1999 年 3 月 19 日，SNK 又在东京开设新乐园 Neo Geo World。这个项目投资更大，里面提供的内容也更丰富。遗憾的是，项目依然没有成功，2001 年 3 月 31 日关闭。下图为 Neo Geo World 的图片。

在家用游戏机和掌机上的不智投入，盲目地进行乐园扩张，从《拳皇 94》开始启动，SNK 从巅峰到把家底败光，才过去区区 6 年。所以本小节叫作“从巅峰降落”。

川崎英吉的财技

故事还没结束。

2000 年 1 月，SNK 因为糟糕的财务状况被 Aruze 公司（日本从事弹珠机、老虎机、街机的跨国企业）收购。Aruze 公司与 SNK 达成的收购协议是：Aruze 公司以 50 亿日元的价格买下 SNK50% 股份，而 SNK 授权 Aruze 公司使用旗下游戏知识产权开发弹珠机和老虎机。

收购完成后，Aruze 入主董事会，开始调整 SNK 的经营策略。Aruze 并不想做游戏，只想清算 SNK 的资产。如关闭业务差的部门，停止出口，终止开发 Neo Geo 系统，以及将 SNK 的游戏 IP 授权给其他公司使用。

Aruze 的算盘还没打响，SNK 就因为经营乐园的债务问题不断爆发，债务规模高达 270 亿日元，超乎想象。这样，使得 Aruze 更想快速脱手这个大麻烦。

川崎英吉对此十分不满，多次在董事会上拍桌子。只可惜小股东话语权太弱，双方矛盾无法调和。2001 年，川崎英吉带着一众员工离开 SNK，创建 Playmore 公司。

SNK 人去楼空。游戏公司没有人，就是个空壳子。

2001 年 10 月，Aruze 申请 SNK 破产，对资产拍卖。Playmore 公司拍下 SNK 大量 IP，余下 IP 被韩国 Eolith 公司拍走。拿着 SNK 的游戏 IP，Eolith 公司开始与前 SNK 员工创建的公司，如 Brezzasoft、Noise Factory 合作，开发《拳皇》系列游戏。下图为 2001 年开发的《拳皇 2001》，带着一股浓烈的韩国泡菜味。

没多久，Playmore 把 Brezzasoft 和 Noise Factory 都收购了，所有 SNK 游戏 IP 全部回到 Playmore 手里。事后算账才发现，川崎英吉这一转手，

不仅甩掉庞大的公司债务，还获得原SNK的所有游戏IP，那是SNK最有价值的资产。

唯一的大冤种就是Aruze。

事情并没有这样结束，Aruze的麻烦还没结束。

2002年10月，Aruze被Playmore公司起诉，声称其侵犯知识产权，使用未经Playmore授权的游戏角色制造弹珠机。

2003年7月7日，Playmore从Aruze那里重新获得使用SNK品牌的权利。所有被收购的实体都并入Playmore，公司更名为“SNK Playmore”。

2004年1月，大阪地方法院作出有利Playmore的初步裁决：判Aruze侵权行为证据确凿，赔偿Playmore侵权费56.4亿日元。

算起来，Aruze为SNK一共支付了100多亿日元，却什么都没捞着。2003年开始，SNK Playmore继续制作各平台的《拳皇》及《合金弹头》游戏，可惜都没取得像样的成绩。

SNK卖身路

2015年8月，中国游戏公司三七互娱和东方证券公司合资，投资乐游旗下的乐都公司。通过乐都，三七互娱以6350万美元的价格收购川崎英吉在SNK Playmore公司81.25%的股份。收购目的是获得SNK旗下IP，便于制作游戏。被收购后，SNK Playmore公司专注于主机游戏和手机游戏开发，以及游戏角色的授权。比如著名的游戏角色“不知火舞”，就授权给腾讯旗下游戏《王者荣耀》使用。

2016年4月25日，SNK Playmore正式去掉“Playmore”，再次启用“SNK”旧的宣传语：The Future Is Now，未来已来。下图为SNK标识。

可惜此时已是，无可奈何花落去，似曾相识燕归来。

2020年，SNK再次卖身。沙特阿拉伯王储穆罕默德·本·萨勒曼拥有的非营利性组织MiSK基金会通过其子公司EGDC收购SNK33.3%的股份，意图再获得 17.7% 股份以控股公司。2022 年 2 月，EGDC 对 SNK 的持股比例增至 96.18%。

SNK 未来再如何发展，都应该很难再回到川崎英吉手里。

拳击冠军的游戏梦，告一段落。

第三十八章　科乐美：上上下下左右左右 BA

1983 年北美游戏市场崩溃后，科乐美也遭受重创。任天堂 NES 发布后，科乐美的主营业务调整为将旗下街机游戏重制为 NES 游戏。

转型期间，科乐美大量游戏设计师流失。上月景正开始重视员工忠诚度问题，不断调整激励措施，人员的基本盘有所稳定。

公司转型策略十分正确。1983 年至 1991 年间，科乐美收入迅速增长。公司年收入从不足 1000 万美元，增长到 1991 年的 3 亿美元。它专注电子游戏软件业务，坚决不踏入家用游戏机市场。这让它安然躲过 90 年代家用游戏机的大乱战，成为笑到最后的公司之一。

上月景正和山内溥私交甚笃，伯歌季舞。他也经常陪伴山内溥出席各种场合，算是山内溥的铁杆小弟之一。

今天上月财团牢牢把握着科乐美集团的控股权，成为以游戏、健康、博彩设备、弹珠机四大业务为主的跨国科技集团。科乐美董事会中 7 人，有 4 人是上月家族的人，持股比例超过 25%。

上上下下左右左右 BA 和魂斗罗

1985 年，科乐美发布一款基于 Bubble System 的游戏《宇宙巡航舰》（*Gradius*）。Bubble System 是科乐美研发的街机转换系统，作用类似卡普空的 CPS 系统和 SNK 的 MVS。《宇宙巡航舰》是游戏设计师町口博泰（1982 年加入科乐美）创作的第一款游戏，原计划作为《先锋号》的续作。町口博泰和开发团队发现 Bubble System 能支持更好的图形和游戏机制，于是在视觉和功能上进行重大革新，如独特的敌人和地形、武器选择等。开发 1

年后，射击游戏《宇宙巡航舰》顺利发布，取得不错的成绩。

科乐美决定将游戏移植到任天堂 NES 上，移植工作交给科乐美另外一位新员工，桥本和久。1981 年，桥本和久和几名刚毕业的大学生一起加入科乐美。当时公司重点业务仍然是街机，将游戏移植到任天堂 NES 的任务，就交到这些新员工手里。他第一个任务是《Track & Field》的移植，花了大概 6 个月时间才完成。完成 NES 版《Track & Field》的手柄适配后，他开始制作 NES 版《宇宙巡航舰》。

桥本和久本人是个手残党，《宇宙巡航舰》很有难度，要顺利通关完成一次测试对他来说难于登天。于是，他在游戏中添加一套组合键代码。一旦启用这套组合键，游戏中的飞船的性能就会全方位提升，可以无难度通关。这套组合键很好记，就是在 NES 手柄上顺序按下“上上下下左右左右 BA”。

桥本和久制作组合键的目的是方便测试，没想到，这段测试代码竟然忘记删除随着正式版本发布出去。NES 版《宇宙巡航舰》发布后不久，就有玩家将无意中发现的组合键报告给科乐美。

这个发现，不禁让人联想到一个古老的段子：第一个喝牛奶的人，到底在想什么？那么，第一个在 D-Pad 上按出“上上下下左右左右 BA”的人，到底在想什么？

无心之过，却成为游戏玩家的嘉年华。“上上下下左右左右 BA”成为电子游戏推广的密码，玩家都以发现游戏厂商的作弊码为荣，称之为“秘技”。凡是掌握“秘技”的人，都会成为游戏小圈子里的红人。

科乐美曾在 2021 年 4 月 25 日举行大型玩家活动——↑↑↓↓←→←→ BA 35 周年纪念。从桥本和久开始，会有大量科乐美公司和其他公司的游戏使用类似设计，为玩家带来无数的乐趣，比如最有名的《魂斗罗》。

1987 年 2 月，科乐美发布一款街机游戏《魂斗罗》（*Contra*）。1988 年 2 月 9 日，日本发布 Famicom 版《魂斗罗》，美国发布 NES 版《魂斗罗》。科乐美跟随任天堂的步伐，十分紧凑。

《魂斗罗》街机版游戏背景设定在公元 2633 年。邪恶的外星异形入侵地球，在新西兰附近加卢加群岛（虚构）建立了红色猎鹰组织基地，企图消灭人类。地球魂斗罗部队（一支精锐的游击战士兵团体）的两名突击队员比尔·里泽和兰斯·比恩被派往岛上摧毁敌军并摧毁控制他们的外星实体。美国街机版淡化了游戏的未来设定，NES 版则将虚构的加卢加群岛改为亚马逊丛林。下图为《魂斗罗》启动画面。

1987 年，《魂斗罗》成为美国街机收入最高的游戏之一。能在本书中独占一篇的游戏，都是一时的王者。NES 版《魂斗罗》销售破百万，是 NES 最佳横版射击游戏之一。《魂斗罗》还有一个创举：将科乐美密码带给全世界的玩家。在游戏中按下“上上下下左右左右 BA”，初始 3 条命会变成 30 条命，世界瞬间美好。

《魂斗罗》之后，科乐美还制作过《超级魂斗罗》《魂斗罗 3：外星人战争》等共 12 部续作，跨越街机、家用游戏机和电脑多个平台。

小岛秀夫的合金装备

1963 年 8 月 24 日，小岛秀夫在东京世田谷区出生。父亲是一位经常出差的制药公司职员，名叫小岛钦吾。他四岁时，举家搬迁到大阪。

随着生活环境的变化，小岛秀夫的主要娱乐活动变成看电视和制作小雕刻。他家有个保留节目，每晚全家人都要一起看电影，直到电影结束才允许上床睡觉。他们看欧洲电影、西部片和恐怖片。父母十分开明，不限制小岛秀夫看的电影类型。

小岛秀夫说过："作为一名游戏设计师，我身体的百分之七十是由电影组成的。"

多么幸福的小朋友。

小岛秀夫小学时，开始学习用同学的柯达 M2 Super 8mm 相机（一款可以拍摄 8 毫米胶片的相机）制作电影，然后用 50 日元的价格向其他孩子兜售。他 10 多岁的时候，全家又搬到日本关西地区的兵库县川西市。有一天，小岛秀夫和妈妈在家准备晚餐，父亲小岛钦吾忽然早退回家。到家后，他忽然倒地抽搐，嘴唇发青。妈妈吓得不知所措，冷静的小岛秀夫连忙拨打急救电话。

救护车赶到后，小岛钦吾被送上救护车。医护人员在车里不断提问，想确认钦吾是否还存在意识。可他一句话都说不出来，只是一个劲抽搐，两眼死死盯着秀夫。

他有很多话想说，可又说不上来。此后，小岛秀夫的父亲再也没能恢复意识，次日傍晚，他停止呼吸。这年，小岛秀夫 13 岁。

小岛钦吾死于急性蛛网膜下出血，时年 45 岁。父亲离世，给小岛秀夫带来难以磨灭的影响。他一生制作的大部分游戏中，都闪烁着他对父爱的理解。

没有父亲，家里旋即陷入经济困难。小岛秀夫本想大学时攻读艺术专业，可为缓解家庭财务状况，他选择了经济学专业（经济学不代表能赚钱啊）。在经济系求学时，他却是"班里唯一一个想拍电影或写小说的怪人"。他的课程论文里甚至包括过一个短篇小说，这让教授大吃一惊。惊讶归惊讶，明显不是文学爱好者的教授并没有给他一个 A+ 的成绩。

毕业后，小岛秀夫仍想进入电影行业。他不断写小说，希望通过获奖的方式，让导演选中其小说改编为电影。折腾未果，他宣布想进入电子游戏行业，朋友和家人并不支持。

1986 年，小岛秀夫应聘到科乐美公司 MSX 家用电脑部。进入科乐美后，他还是非常失望。因为他的目标是制作 NES 游戏，而不是 MSX 电脑游戏。比起 NES，MSX 可以使用的色彩少太多。不过纵有万般不乐意，打工人的日子还得在无奈中前进。

小岛秀夫参与制作的第一款游戏是 MSX 版《Penguin Adventure》，是《Antarctic Adventure》的续集，担任助理制作。

随着小岛秀夫对电子游戏设计的熟悉，他接过一个名为《合金装备》（*Metal Gear*）的游戏项目。这款游戏原计划制作成战斗游戏，可 MSX 硬件无法完成复杂的战斗场面。小岛秀夫将游戏的核心机制进行修正，将玩法集中在逃脱而非战斗上。

他的灵感来源于一部 1963 年经典电影《大逃亡》。在他的设计下，《合金装备》成为世界首款潜入战斗类游戏，也叫战术谍报游戏。1987 年，《合金装备》在 MSX 电脑上发布。按惯例，NES 版《合金装备》也跟着发布。

游戏表现十分不错，科乐美开始为《合金装备》制作续集《蛇的复仇》（*Snake's Revenge*）。NES 版《合金装备》和《蛇的复仇》的开发，小岛秀夫都没有参与。小岛秀夫指责这两款游戏做得稀碎，负责该游戏移植和制作的程序员却表示：公司要求在 3 个月内完成制作，很难保证质量。

小岛秀夫干什么去了呢？

作为一个新人，小岛秀夫的作用并没有被重视，而是被安排为 NEC PC-8801 和 MSX2 电脑平台开发新游戏《掠夺者》（*Snatcher*）。《掠夺者》是一款实现小岛秀夫理想的游戏，它吸取电影《银翼杀手》《阿基拉》《终结者》的镜头语言，以赛伯朋克为背景，将电影故事的叙事方式放进游戏，充满大量故事情节。

《掠夺者》设计超前，可叫好不叫座。小岛秀夫本人认为其是电影，而非游戏。这种超前的设计理念不被普通玩家认可，游戏评论家们给予《掠夺者》极高的评价，《掠夺者》也收获到一波高审美情趣的粉丝。

有一天，小岛秀夫坐公交车下班。车上碰到一位《蛇的复仇》项目组同事，他建议小岛秀夫自己制作《合金装备》的续集，是“真正的《合金装备》续集”，而不是交给其他人。仔细考虑这位同事的建议后，小岛秀夫向科乐美高层申请制作下一代《合金装备》，获批。他制作的《合金装备》续集叫《合金装备 2：实心蛇》（*Metal Gear 2：Solid Snake*）。

对电影的理解是小岛秀夫的核心优势，他陆续推出《合金装备》系列的各种续集。由于初代版本的游戏平台是电脑，易于移植，《合金装备》先后在 NES、3DO、电脑和 PS 等机型上发布。游戏续作十余部，每部故事前后都可以相连，激烈的故事和淡淡的情绪，充斥于每一部《合金装备》。

《合金装备》游戏系列，截止到 2021 年 9 月已售出超过 5770 万份。此外还销售了包括 300 万本游戏指南、150 万个 IP 商品和 200,000 本漫画书。截止到 2019 年，该系列全球收入约为 25 亿美元，是科乐美公司最有价值的游戏 IP。

科乐美

1993 年 4 月，科乐美将公司迁至东京港区，公司开始为超级任天堂和世嘉土星以及 PS 制作游戏。公司将业务进行分离，注册多个 KCE（Konami Computer Entertainment）工作室，如 KCE Tokyo、KCE Osaka。每个 KCE 都有自己的 IP，如 KCE Tokyo 拥有《寂静岭》系列、KCE Osaka 的《合金装备》系列。

1997 年，科乐美开始进军音乐节奏游戏行业，创建 Bemani 品牌。此外还深入参与卡牌游戏市场，创建 Yu-Gi-Oh 品牌。

2000 年 7 月，科乐美开始为 PS2 和 Xbox 开发游戏。并且收购 People Co., Ltd 和 Daiei Olympic Sports Club, Inc.（后成为 Konami 子公司），借此扩展到健康和健身业务。

2001 年 8 月，科乐美参股哈德森软件公司。

2006年，科乐美将所有游戏开发部门合并为一家新公司“Konami Digital Entertainment Co.”，科乐美数字互娱公司。

科乐美正式兼并哈德森游戏公司，获得《炸弹人》等知名游戏IP。

2017年，科乐美宣布，继Nintendo Switch推出的《超级炸弹人R》大获成功后，他们将重振该公司其他一些知名的视频游戏。

2021年，科乐美对KCE进行重大重组，解散产品部门1、2和3，以重新合并为新的机构。

科乐美的故事，告一段落。

第三十九章　艾尼克斯：商务大佬立志传

艾尼克斯的游戏大赛

在电子游戏史上有一些这样的公司，本身开发能力不怎么样，却通过一些商务手段获得优质 IP，从而建立起庞大的游戏阵营。下面就是游戏商务大佬福岛康博的故事。

1947 年 8 月 18 日，福岛康博出生在日本北海道旭川市。1975 年 9 月 22 日，已经成为建筑设计师的他创建 Eidansya Boshu 服务中心，业务为发行宣传房产的小报。虽说是发传单，可也算正式进入传媒业。1980 年 2 月 5 日，Eidansya Boshu 服务中心成立全资子公司“Eidansya Fudosan”，专门从事房地产交易和经纪业务。

1982 年 8 月 30 日，Eidansya Systems 更名为“艾尼克斯公司”（Enix Corporation）。Enix 一词，源于英文单词“Phoenix”和世界第一台数字计算机“ENIAC”，意为涅槃重生的计算机技术。

为何冒出一个 Enix？原因在于福岛康博在房地产经纪业务失利后，决定转型到电子游戏市场。

他不懂编程，也没钱聘请专职的程序员或者设计师。只能利用之前积累的媒介资源，举办名为“第一届游戏兴趣大赛”的编程大赛，用来捞取游戏人才和搜集游戏。比赛奖金仅 100 万日元，只能吸引一些大学生和业余编程爱好者。

大赛第一个月，提交的作品寥寥无几。福岛康博发动一切力量，将传单发到电器店、游戏俱乐部、电脑和漫画杂志社。效果不错，“第一届游戏兴趣大赛”结束时，收到 300 余份参赛作品。

前来参赛的选手中，就有天才游戏设计师堀井雄二。

堀井雄二，1954 年 1 月 6 日出生于日本兵库县淡路岛，早稻田大学文学系毕业，家中以经营玻璃为生。他幼年志向是成为一名律师，到中学时代，觉得还是画漫画更有趣，志向改成漫画家。

1972 年，堀井雄二从兵库县高等学校毕业后进入早稻田大学。在校期间，业余时间都用来参加漫画研习社活动。1975 年，他开始给电视节目漫画撰稿。1976 年，堀井雄二出行时遭遇车祸，导致内脏破裂住院 3 个月，返回乡下疗养。

伤愈后，堀井雄二回到东京。1978 年，他大学毕业，开始无业生涯，以绘画自由撰稿人为业。1981 年，他进入小池一夫的画塾学习，开始接触电脑绘画。

1982 年，堀井雄二从好朋友，《周刊少年 Jump》杂志的编辑鸟嶋和彦那里得知，艾尼克斯公司正在举办“第一届游戏兴趣大赛”。他拿着自制的，基于 NEC PC-6001 的电脑游戏《爱情网球比赛》（*Love Match Tennis*）参加，获入围奖。颁奖大会上，他结识另外两位游戏设计师，森田和郎与中村光一。这两位未来为成为跟他并肩作战的小伙伴。下图为艾尼克斯根据堀井雄二作品，在 1983 年发布的电脑游戏《爱情网球比赛》游戏画面。

天才少年中村光一

“第一届游戏兴趣大赛”评比结束后，共有 13 款获奖产品。经过轻微打磨后，这些游戏在 1983 年 2 月全部发布。其中不仅有堀井雄二的《爱情网球比赛》，还有中村光一的《门门》（*Doa Doa*）。

中村光一是位编程高手，高中时就是数学俱乐部成员。在数学俱乐部时期，他就尝试使用 BASIC 语言将街机游戏《Galaxy Wars》（一款街机游戏）移植到个人电脑 TRS-80 上。为在 NEC PC-8001 上玩到《Galaxy Wars》，中村光一通过送报纸攒钱买下一台 PC-8001。在这台电脑上，中村光一开发过一套机器代码输入的工具软件。这套工具软件 1981 年提交给《I/O》杂志后，获得 20,000 日元奖励。

在此之后，计算机天才中村光一陆续开发过许多其他游戏的移植版本，比如科乐美的热门游戏《Scramble》。高中时期，他通过游戏开发就获得超过 200 万日元收入。拿着赚来的钱，中村光一买来一台更高配置的电脑——NEC PC-8801，正式成为一名专业游戏开发人员。1982 年，还在读高三的他参加艾尼克斯的游戏大赛，提交作品后获得比赛的亚军和 50 万日元奖金。

1983 年，中村光一进入东京电气通信大学。他将自己的游戏《门门》移植到各个电脑平台，每年游戏收入就超过 1000 万日元。1984 年 4 月 9 日，中村光一发布自己的第二款游戏《Newtron》，并创立工作室“Chunsoft”（春软）。之后，春软加入艾尼克斯为任天堂 NES 制作游戏，从电脑游戏转向游戏机游戏开发。

《门门》续作的电脑版卖出 8 万份，NES 版卖出 20 万份。差异明显的成绩，使得中村光一逐渐将开发重心放到家用游戏机上。

艾尼克斯的亮相

第一届游戏兴趣大赛的成果，使得艾尼克斯可以在电子游戏行业早期就大量发布不同类型的游戏。1983 年 2 月，13 款获奖游戏打上 ENIX 标识后纷纷上市。游戏发布后，艾尼克斯开始使用项目形式招募开发者。每个项目艾尼克斯都按照开发外包、制作和推广三个环节进行，成本极低。跟当时其他电子游戏软件公司不同，福岛康博认为电子游戏在版权方面应该跟书籍和电影一样，创造者享有主要收益。

对比将动视告上法庭的雅达利，福岛康博的见识要强很多。虽说是游戏公司，可艾尼克斯的早期经营模式更像“代发行”游戏公司。他按照版税分成的方式，与开发者达成协议，开发者根据销售额和分成比例获得收入。艾尼克斯在游戏上的包装封底都印有开发者的照片和简历，这使得许多游戏开发者都乐意和他们合作。

1983 年，艾尼克斯第一批游戏在日本电脑游戏中排名分别为：第一、二、三、五、七，远远领先其他游戏公司。

紧接着，艾尼克斯举办“第二届游戏兴趣大赛”。这次比赛中，堀井雄二又制作出一款新游戏《波托皮亚连环杀人案》（*The Portopia Serial Murder Case*）。《波托皮亚连环杀人案》是一款第一人称、非线性游戏、开发世界、多分支剧情的侦探角色扮演游戏。叙事复杂，情节曲折，引人入胜。按照堀井雄二的设计理念，游戏里只有 20% 是游戏主体，其余 80% 为玩家选择的剧情内容。通过玩家选择推动游戏进程，获得不同的游戏结果。

1983 年 6 月，《波托皮亚连环杀人案》在 NEC PC-6001 上首次发布。

1985 年，艾尼克斯进入游戏机游戏行业。最先被改成任天堂 Famicom 版本的就是两款游戏，中村光一的《门门》和堀井雄二的《波托皮亚连环杀人案》。下图为任天堂 Famicom 版《波托皮亚连环杀人案》，由堀井雄二设计，19 岁的中村光一编程。

《波托皮亚连环杀人案》推出后，收到玩家极其热烈的反响。又有两位铁粉因此加入游戏设计师行列，一位叫小岛秀夫，还有一位叫青沼英二（后《塞尔达传说：旷野之息》的制作人）。移植到任天堂Famicom后，《门门》销售达20万份，《波托皮亚连环杀人案》销售70万份。

艾尼克斯梦之队

1980年，鸟山明开始在集英社周刊《少年杂志》上连载《阿拉蕾》，名声大噪。1984年，在编辑鸟岛建议下，鸟山明开始连载少年功夫漫画《龙珠》。《龙珠》共卖出1.55亿本，成为集英社史上第二畅销的漫画。要问第一名是谁？自然是尾田荣一郎的《海贼王》，总销量达4.4亿本。

1986年，鸟岛将鸟山明拉入艾尼克斯，参与游戏《勇者斗恶龙》的角色设计。身为漫画家的鸟山明连何为角色扮演游戏都不知道，就立刻进入工作状态。他自己感觉是：很享受成为游戏美术设计师，很高兴能参与制作游戏。

诚不我欺，他后面参与到《勇者斗恶龙》续作的角色设计。

电子游戏史上第一美术师就位。

1980 年，日本著名作曲家、指挥家杉山光一以将棋游戏玩家的身份给艾尼克斯写了一封信。工作人员收到这封信后，十分震惊。杉山光一在日本知名度相当高，他们没有错过这个难得的机会，邀请杉山光一给艾尼克斯的游戏制作音乐。

1986 年，杉山光一开始给《勇者斗恶龙》作曲。同年，他发行《勇者斗恶龙交响组曲》，由伦敦爱乐乐团演奏。配乐包括八首旋律：开场、城堡、城镇、场地、地牢、战斗、最终战和结局。杉山光一的曲子，为未来角色扮演游戏设定出标准模板。在游戏场景中使用恢宏的交响乐，也是电子游戏大作和 3A 游戏（AAA 游戏，一般指高制作费用、高营销成本的精良游戏）的标配。

1987 年 8 月 20 日，杉山光一又在东京三得利音乐厅演出《勇者斗恶龙 1 交响组曲》和《勇者斗恶龙Ⅱ交响组曲》。随后在日本各地，举行了十八场表演。

游戏音乐就位。

配上游戏设计师堀井雄二和天才程序员堀井雄二，《勇者斗恶龙》梦之队正式组成。

勇者斗恶龙

设计《勇者斗恶龙》的最初想法，来源于鸟山明和堀井雄二开发 Famicom 版《波托皮亚连环杀人案》后。两人在美国参加 Macworld，看到一款游戏《巫术：疯狂霸主的试验场》（*Wizardry: Proving Grounds of the Mad Overlord*）。这是一款 Apple Ⅱ 游戏，游戏大部分都是文字。

堀井雄二很喜欢这款游戏的深度和视觉呈现效果，他决定开发一款类似的《龙与地下城》游戏，让日本人接触到西方角色扮演游戏。此外，还有一款 Apple Ⅱ游戏《创世纪 1：黑暗时代》（*Ultima 1: The First Age of Darkness*）也对他颇有启发。《创世纪 1：黑暗时代》是一款重要的角色扮演游戏，也是第一款开放世界的电脑游戏。

堀井雄二吸取《巫术》的随机战斗特色和《创世纪》的俯视视角，开始进行游戏制作。当时电脑游戏需要键盘配合操作，《勇者斗恶龙》计划在任天堂首发，只有手柄控制器没有键盘。堀井雄二说："没有键盘，系统也简单得多，只使用一个 D-pad。但我仍然认为让玩家在游戏中扮演他们的另一个自我，会非常令人兴奋。当时我个人正在玩《巫术》和《创世纪》，我真的很喜欢在游戏中看到自己。"

堀井雄二一语道破角色扮演游戏的真谛：在游戏中看到自己。

对比之前的角色扮演游戏，《勇者斗恶龙》非常简单，不需要阅读游戏背景，不需要阅读攻略，只需要玩家开始玩就可以。随着游戏的进行，主角会逐渐强大起来。主角和玩家之间的联系，也会不断增强。堀井雄二设计的游戏，都倾向于讲好故事和刺激玩家情感参与。

1985 年，梦之队开始开发《勇者斗恶龙》，首发平台为任天堂 Famicom。因为 Famicom 支持玩家存档，不像街机无法存档。为让玩家学习曲线更平缓，堀井雄二在游戏开始就快速让玩家升级，并且在地图起点就明确游戏的最终目标——龙王城堡。

这种设计，是不是很像《塞尔达传说：旷野之息》？

堀井雄二制作出一个开放世界，除了可以杀掉没有防备的怪物以外，地图中间没有障碍。在设计时，堀井为确保操作体验良好而进行多次游戏测试，包括许多微小细节，如打开一页画面的速度，或是开门的方式。堀井称："这样或那样的小事情会让玩家控制不舒服，如果节奏不对，真的会让玩家恼火。"

他相信玩家应该能够不知不觉地控制游戏，而这件事并不容易做到。堀井试图以这样的方式去设计游戏：玩家不再需要为弄清楚如何玩游戏而阅读手册或教程。玩家可以通过小对话，进入引人入胜的故事情节。从《勇者斗恶龙 7》起与堀井一起参与《勇者斗恶龙》制作的市村龙太郎称，即使不能立刻完全理解堀井意见中的想法，他也会去执行，“很多时候堀井指出的东西，我们都不能在第一时间看出，但你最终会明白”。

1986 年，《勇者斗恶龙》在日本发布 Famicom、MSX、MSX2 和 PC-9801 版。下图为《勇者斗恶龙》游戏界面。

《勇者斗恶龙》在日本推出后，反响很差。日本不怎么接受西方的《龙与地下城》设定，对于没有攻略的开放世界游戏也是一脸懵逼。集英社的《少年杂志》此时起到关键作用，大家不喜欢游戏，可无法拒绝鸟山明的绘画，还有杉山光一的音乐啊。

媒体对《勇者斗恶龙》也是各种花式吹捧：“比任何游戏音乐都更丰富、更令人兴奋。”

这个点耐人寻味，想听音乐不会买张 CD 吗？买游戏干什么。

在广告推动下，《勇者斗恶龙》在日本的销量大有改观，共卖出 150 万份。1989 年 8 月，美国任天堂在北美发行《勇者斗恶龙》，销量仍不理想。

1990 年，任天堂通过向《Nintendo Power》（任天堂相关的电子游戏新闻及攻略的月刊杂志）订阅者发送免费的《勇者斗恶龙》，来推广这款游戏。NES 版《勇者斗恶龙》售价为 50 美元，而续订杂志只需要 20

美元。这场活动吸引到50万杂志订阅者，让《勇者斗恶龙》在美国打开市场。

《勇者斗恶龙》总体情感是欢快的，游戏逻辑非常简单：救公主，打败恶龙，恢复和平。游戏火爆后，又接续发布多款续作。共有11部主系列产品，直到2017年的《勇者斗恶龙11》。除主系列产品外，勇者斗恶龙还有动漫、漫画和小说的改编。1989年开始连载的《勇者斗恶龙》漫画有许多版本，漫画系列的销量达到4000多万册。

到2022年4月，《勇者斗恶龙》系列游戏已经在全球售出8400万份。《勇者斗恶龙3》在1988年创下销售纪录，在日本一天内售出110万张游戏卡，一周内售出300万张游戏卡。

1990年，《勇者斗恶龙4》一小时内售出130万份。《勇者斗恶龙》成为艾尼克斯最赚钱的游戏，这一切，只是源于一场奖金100万日元的兴趣大赛。

艾尼克斯

1991年，艾尼克斯推出漫画杂志《GanGan Comic》，与集英社旗下漫画杂志一较高下。《GanGan Comic》以漫画为特色，主讲动作和冒险故事，而故事往往以科幻和奇幻作为主题。2001年，荒川弘开始在《GanGan Comic》上连载《钢之炼金术师》，该系列漫画的世界发行量突破8000万册。

1991年，艾尼克斯在日本证券交易商协会注册，并非上市，类似中国的新三板。它继续为多种游戏机和平台开发游戏，而它的竞争对手Square（史克威尔）1997年宣称："将只为索尼的PlayStation开发游戏。"

1999年11月，艾尼克斯在东京证交所上市。

商务大佬福岛康博成功转型为金融大佬，而史克威尔又是何方神圣呢？

第四十章　史克威尔：没有最终的最终幻想

《勇者斗恶龙》在日本是 RPG 游戏（Role-Playing Game，角色扮演游戏）的代名词。它出现后，日本所有 RPG 游戏都会或多或少地参考它的设计方式。玩家通过操控游戏角色，完成任务并体验剧情，是 RPG 游戏的主要特色。

《勇者斗恶龙》被日本电子游戏业视为国民游戏，成为日本文化的一部分。在日本有个谣言：《勇者斗恶龙 3》发布时太多人抢购，导致日本通过一项法律：禁止在周末或国定假日等日子销售《勇者斗恶龙》。因为它在日本发布时，有 300 名学生在商店等待游戏发布而逃学。好事者还称，《勇者斗恶龙》发布当日，日本国内生产力明显下降。这个谣言可信度不高，本书确认，日本国会从未通过任何法律限定《勇者斗恶龙》的发售时间。

最值得一提的是，《勇者斗恶龙》的游戏音乐激发了植松伸夫在《最终幻想》系列游戏中复现管弦乐辉煌的雄心。优秀的游戏配上优秀的音乐，可以称为神作。而《最终幻想》的音乐，大多是神作。多少人终生难忘《最终幻想 10》幻光河中，音乐响起时泪流满面的景象。

Next Generation（一本电子游戏杂志）评论过："虽然从来没有像史克威尔的《最终幻想》系列那样雄心勃勃，但《勇者斗恶龙》的后续版本是无法被击败的。"

什么？《最终幻想》系列？到它出场了吗？是的。下图为《最终幻想 10》女主角——尤娜。

Square 史克威尔

1957 年 3 月 18 日，宫本雅史出生于四国岛东部的德岛县，和兵库县淡路岛隔着鸣门海峡相望。1983 年，他从早稻田大学毕业后，加入父亲宫本邦一领导的电子公司 Denyusha Co., Ltd.（日文：电游社）。接手父亲偏安四国岛的小公司后，宫本雅史展现出极强的商业天赋，业务蒸蒸日上。他将赚来的钱用来炒期货，赚到不少钱。

宫本雅史平时交游广阔，其中就有艾尼克斯创始人福岛康博。他了解到电子游戏的潜力，认为其将是未来最有前景的行业。1983 年 9 月，电游社成立软件子公司——史克威尔（Square），寓意公司的发源地是四国岛。

当时，日本游戏开发通常只由一名程序员进行。宫本雅史觉得让美术设计师、程序员和故事设计师在一起合作处理共同的项目会更有效率。为招聘人才，他开办一家类似网吧的沙龙，为那些具备卓越编程技能、美术设计技能的人提供工作。宫本雅史还特意制作过一条招募广告，内容是："一起来制作电影般的游戏吧。"

《最终幻想 6》的制作人伊藤裕之回忆起刚看到该广告的情景时感慨地说："就那时候而言，绝对是一个非常个性的企业宣传词，瞬间便断定 SQUARE 就是我一直憧憬的就职企业。"

1983 年，横滨国立大学的一对好基友，正在上大三的坂口博信和田中弘道双双落入宫本雅史手中。

坂口博信，1962 年 11 月 25 日出生于茨城县日立市，父母是九州人。九州岛最多的就是温泉和火山，坂口博信从小就会跟父母回九州岛玩耍。小时候的他热衷于在采石场寻找岩石标本，并且阅读母亲的藏书。坂口博信还热爱音乐，高中就跟同学组乐队弹民谣吉他，还因违规出售乐队演出门票差点被学校开除。他的梦想并不是成为游戏设计师，而是想成为一名音乐家。

考上横滨国立大学后，坂口博信主修计算机科学专业，与同学田中弘道成为好友。通过田中弘道，他开始在 Apple Ⅱ 电脑上玩游戏。不仅如此，二人还经常逃课玩游戏，妥妥两位大学网瘾少年。

坂口博信也非完全不务正业，计算机科学专业的学习让他掌握不少编程技巧。他极度想拥有一台 Apple Ⅱ，可价格太贵买不起。被迫无奈，他只能跑去秋叶原淘一台山寨货。虽说是山寨货，可也价格不菲。坂口博信透支掉生活费，咬咬牙买了一台。

为给电脑配备必备的软件和填补亏空，坂口博信计划寻找一份电子行业的兼职工作。他和兄弟田中弘道四处闲逛，无意中来到史克威尔的沙龙。在宫本雅史随意的面试后，两位大学生顺利被录取。坂口博信虽说还想当一名音乐家，可为买软件，不得不暂时屈身史克威尔。

早期的史克威尔很像“大学俱乐部”，职员大部分是宫本雅史的同学和兼职大学生。长期担任史克威尔的作曲家植松伸夫说：“我们把它当作一种爱好，而不是一种职业。我们只是想做自己喜欢做的事，不担心薪水或生活状况，也不担心‘这家公司要去哪里’。”

这是早期史克威尔的工作氛围。

首作死亡陷阱

史克威尔制作的第一款游戏是，将一个名为《Torin–ingen》的电视娱乐节目改编为游戏。制作时，宫本雅史没有获得电视台授权。节目组知道游戏后，要求其撤回，出师未捷身先死。

好在史克威尔都是兼职员工，造成的影响不大。

1984年，以坂口博信、田中弘道和一些兼职大学生组成的“杂牌军”开发团队组成，开始制作史克威尔第一款能发布的游戏《死亡陷阱》（*The Death Trap*）。坂口博信原本担任剧情设计，后成为游戏制作人。除这两位以外，杂牌军团队成员庞大。程序员有加藤春信，剧本作家有雪浦美树、林明弘和铃木尚志，美术组有中田博美、雪浦美树、今泉美保、齐藤智子，游戏数据由井出康代负责。以上，均为兼职人员。

此外还有一位负责音乐的兼职员工——植松伸夫。

植松伸夫，1959年3月21日出生于日本高知县。他从没上过钢琴课，仅在姐姐学钢琴时旁听，就学会了弹钢琴。在神奈川大学获得英语学位后，他开始在东京一家CD租赁店打工，业余时间去乐队当键盘手，俗称“东漂”。因为一次偶然的机会，坂口博信和植松伸夫结识。得知他的专长后，坂口博信询问其是否愿意给电子游戏创作音乐，植松伸夫欣然同意。

得到新工作后，植松伸夫仍在音乐租赁店兼职，因为给游戏写音乐赚不到几个钱。

杂牌军也有战斗力。

1984年10月，《死亡陷阱》在NEC PC-8801上发行，并移植到富士通FM-7电脑上。这是日本第一款支持日文输入的交互文字游戏，之前的所有游戏只支持英文输入。游戏还开始使用全屏幕的图片，作为游戏反馈。对比以前的文字游戏，有极大的改善。

《死亡陷阱》发布后，反响十分不错，杂牌军团队继续制作游戏续集《死亡陷阱Ⅱ》。坂口博信再次编写游戏剧本，他以第一作为游戏基础，“加强了故事、世界观和游戏系统”。与前作相似，《死亡陷阱Ⅱ》也是一款支持日语的交互式文字游戏，依赖用户输入简单的命令行来进行游戏。

为提高游戏体验，史克威尔还特意从庆应义塾大学招聘到一名研究生，为游戏进行图形编程。到《死亡陷阱Ⅱ》开发中期时，史克威尔庞大的杂牌军队伍里仅剩四人：坂口博信、田中弘道、加藤春信和中田博美。

《死亡陷阱Ⅱ》在日本仅售出100,000份，表现平平。对比出道就是巅峰的堀井雄二和中村光一，史克威尔开局不利。

最终幻想

完成《死亡陷阱Ⅱ》开发后，坂口博信和田中弘道正式休学，开始在史克威尔工作。1985年，史克威尔申请成为任天堂第三方游戏开发商。他们开始制作游戏机游戏，第一个Famicom游戏是《Thexder》的移植 。1986年，史克威尔发布第一款原创Famicom游戏《国王的骑士》（*King's Knight*）。

1986年4月，史克威尔迁入东京银座办公，那是写字楼最贵的区域。同年9月，史克威尔作为独立公司，在东京都中央区银座三丁目11番13号正式成立，注册资本金1000万日元，29岁的宫本雅史就任社长。12月末，史克威尔正式从电游社剥离开始独立运作。

坂口博信被任命为公司研发总监，一直没有正式职务的他，终于有了头衔。好景不长，史克威尔成为最早支持任天堂Famicom磁盘系统的公司。结果不言而喻，在游戏平台的选择上，史克威尔也经常犯错。公司陷入财务困难，只得搬出银座，迁到台东御徒町的小办公室。

为寻找下一步方向，宫本雅史召集公司同事开会，讨论游戏的开发提案。坂口博信提议开发一款角色扮演游戏，复制《勇者斗恶龙》的成功。宫本雅史对此半信半疑，可又没有更好的提案，只能同意坂口博信的提议。

宫本雅史给坂口博信4个人来开发这款RPG游戏，游戏名称为《格斗幻想》（*Fighting Fantasy*）。在公司上下都不看好的情况下，游戏开发过程断断续续，一度陷入僵局。

到坂口博信的好基友田中弘道带领其他人员加入团队后，游戏开发才走上正轨。为跟著名角色扮演小说《Fighting Fantasy》避开重名问题，也为表达志向，坂口博信将游戏名称改为《最终幻想》（*Final Fantasy*）。“最终”有两层含义：其一，游戏再不成功，坂口博信就要回横滨国立大学读书去也；其二，背水一战，失败就关门。

十个月后，1987年12月18日，《最终幻想》Famicom版发布。1990年，《最终幻想》NES版在北美发布。游戏最终卖出50万份，属于不错的成绩。1988年，《最终幻想2》在日本发行，并数次同初代《最终幻想》捆绑再版。《最终幻想3》是最后一部支持Famicom的续作，1990年在日本发行。从诞生开始，《最终幻想》主系列游戏共有16款。到2016年的《最终幻想15》为止，其中不乏超级精品。1997年，《最终幻想7》从2D图形改为3D图形，开创性地使用现代世界作为背景。1999年，《最终幻想8》发行，是首部完全使用真实比例人物的作品，也是首次使用声乐主题曲的作品。2001年，《最终幻想10》首度在该系列中使用全3D地图。2010年，《最终幻想13》发行，这是《最终幻想》首次发行中文版作品。2010年9月30日，《最终幻想14》上线运营，这是首款联网版游戏，在Windows平台发布。

2013年，《最终幻想XIV》进入中国大陆区，由中国盛大运营。从1987年到今天，《最终幻想》系列游戏的寿命远超史克威尔公司存续的时间。

史克威尔

在《最终幻想》多部力作的支持下，2000年8月，史克威尔在东京证交所上市，成为上市公司。1997年，鉴于《最终幻想》越来越受人追捧的CG（computer graphics）动画，史克威尔成立内部工作室：史克威尔影业（Square Pictures），专门给游戏制作CG动画。

CG动画和电影之间并无实质差距，坂口博信打算使用CG动画技术制作一部《最终幻想》电影《最终幻想：灵魂深处》（*Final Fantasy: The Spirits Within*）。

使用CG技术制作的电影成本极高，史克威尔影业采用最先进的计算机来制作这部电影，由960个图形工作站组成渲染工厂负责图形渲染。先后有200余名员工参与，耗费4年时间才完成这部坂口博信的“梦想作品”。电影在制作结束时预算大大超标，成本高达1.37亿美元，包括哥伦比亚影业在营销上花费的约3000万美元。

2001年7月2日，《最终幻想：灵魂深处》在洛杉矶首映，最后票房仅有8500万美元，又一次惨败。

电子游戏史上，但凡是电影和游戏并列出现时，失败概率高达95%。

《最终幻想：灵魂深处》是一颗巨大的票房炸弹，它的失败导致史克威尔影业关闭。适逢惨败，坂口博信情绪十分低落，他开始厌倦在史克威尔的工作。2001年，坂口博信辞去史克威尔的职务，但承诺未来还会参与制作《最终幻想》续集。接下来3年里，他在夏威夷的家里无所事事，一直处于反省状态。此时鸟岛（促使鸟山明加入《勇者斗恶龙》制作的关键人物）和同事井上雄彦（《灌篮高手》作者）跑到夏威夷，拉着坂口博信一顿开导。在好友的劝说下，他终于重新回到电子游戏制作岗位上。

2001年，遭遇财务损失的史克威尔，被迫出售19%的股份给索尼以度过危机。随着微软Xbox发布，索尼和任天堂在电子游戏机上的大战有所缓和。声称只给索尼开发游戏的史克威尔又回到任天堂的怀抱，开始给任天堂新游戏机GameCube开发《最终幻想：水晶编年史》。2002年，史克威尔开始跟迪士尼合作制作游戏《王国之心》（*Kingdom Hearts*）。

艾尼克斯史克威尔合并

2001年，与史克威尔一直处在竞争关系的艾尼克斯表示有兴趣和史克威尔、南梦宫合作开展在线业务，以应对竞争日益激烈的日本游戏市场。同月，艾尼克斯参与投资 Game Arts 公司，一家史克威尔、南梦宫、光荣等公司合作开发和发行游戏的公司。借这次合作，另一家深陷财务危机的公司——南梦宫提议，三家公司应该合三为一。

史克威尔拒绝。

2000 年，艾尼克斯发布上年财报。由于《勇者斗恶龙 7》多次跳票。公司 1999 年财报数据惨不忍睹，公司股价下跌 40%。到 2001 年，艾尼克斯状况毫无改善，利润直线下降 89.71%。

2001 年也是史克威尔的水逆之年。电影《灵魂深处》的失败，导致其不得不卖股票求生存。比艾尼克斯好一点的是，《最终幻想 10》和《王国之心》顺利发行，对史克威尔的财务状况有极大的改善。两家全靠单一王牌 IP 生存的公司，正式开始考虑合并的提议。

2003 年 4 月 1 日，艾尼克斯和史克威尔合并。当时的报道是："处于鼎盛时期"的两家公司合并。90 年代末和 21 世纪初，正是全球企业合并热潮的时候，如日产－雷诺、戴姆勒－克莱斯勒等公司都在这个时期合并。新公司保留艾尼克斯的名称，80% 的史克威尔的员工到艾尼克斯。

作为合并的附加条件，史克威尔总裁和田洋一被任命为新公司总裁。前艾尼克斯总裁本田圭二，成为副总裁。艾尼克斯创始人和新公司的最大股东福岛康博，被任命为名誉董事长。2008 年 10 月 1 日，史克威尔艾尼克斯（原艾尼克斯公司）更名为艾尼克斯史克威尔控股公司。

艾尼克斯史克威尔

2005 年 9 月，艾尼克斯史克威尔收购游戏开发商太东（Taito）。2008 年 8 月，艾尼克斯史克威尔拟收购特库摩（Tecmo）30% 的股份，被拒绝。2009 年 2 月，艾尼克斯史克威尔收购 Eidos 公司，该公司拥有《古墓丽影》等知名 IP。

今天的艾尼克斯史克威尔已经成为一家收购 IP 和游戏发行为主要业务的游戏公司。由商务而起，由商务而成长。艾尼克斯史克威尔，也许还可以走很久很长。

第四十一章　EA：猥琐发育的电脑游戏

1985年，拆开一台任天堂NES和当时流行的个人电脑Commodore 64，会发现二者内部构造极其相似：主板、处理器、图形芯片、内存大同小异。家用游戏机和个人电脑唯一的差别在于：游戏机是只能用于娱乐的个人电脑。所以，为何大家不买用途更广的电脑，非要买游戏机呢？

要知道，同为8位处理器的任天堂NES和个人电脑Commodore 64，销量分别为6191万台和1700万台。Commodore 64还是有史以来销量最高的个人电脑，单看销量不过是NES的弟弟。

个人电脑

1973年，IBM研发出一款名为SCAMP（Special Computer APL Machine Portable）的便携式计算机原型机。该原型机采取IBM PALM处理器，带有飞利浦紧凑型磁盘驱动器、小型CRT显示器和全功能键盘。SCAMP模拟IBM 1130小型计算机环境，以运行APL（APL是一种编程语言，主要运行在大型计算机上）。当时挂着电脑名称的Wang 2200和HP 9800，是只支持Basic的可编程计算器，性能远不如IBM SCAMP。上图是被称为“世界上第一台个人电脑”的IBM SCAMP。

1974 年，MITS（Micro Instrumentation and Telemetry Systems）公司推出 Altair 8800，一款基于 8 位 Intel 8080 微处理器的个人电脑。还在哈佛大学上学的比尔·盖兹（Bill Gates）和保罗·艾伦（Paul Allen）开始给 Altair 编写软件“Altair BASIC”。1975 年 7 月，他们搬到阿尔伯克基为 MITS 专职工作。以此为契机，两人创办 Microsoft（微软）。

1976 年，乔布斯开始出售 Apple 1，一块只有电路板的个人电脑。从电脑定义上看，Apple 1 不是电脑。它没有电源、机箱、屏幕和键盘，只能算个人电脑配件，非完整的个人电脑。

1970 年代，个人电脑的受众还不是普通人，大多是专业机构和职业玩家。

1977 年 1 月，Commodore PET 发布。

4 月，Apple Ⅱ发布。

8 月，TRS-80 发布。

这三款产品被称为：1977 年的个人电脑的三位一体。面向大众市场的个人电脑时代，此刻正在迅速来临。个人电脑开始非常易操作，用户关注软件程序，使用电脑提高工作效率和进行娱乐。下图为 Apple Ⅱ，是早期电脑游戏运行的主要型号，对比 Apple 1 那块电路板简直不可同日而语。

1981 年 8 月 12 日，IBM 公司推出 IBM Personal Computer。1982 年 1 月，Commodore International 公司推出个人电脑 Commodore 64，创有史以来销量最高的单一电脑型号的吉尼斯纪录。

还好，这个纪录没什么价值。

同年，NEC 公司的 PC–98 系列推出，这是一款非常受欢迎的个人电脑，系列总销量超过 1800 万台。1985 年 7 月，Commodore 推出旗舰产品——Amiga 1000，一款配有多任务处理窗口操作系统，支持 4096 调色的彩色图形、立体声、摩托罗拉 68000 CPU、256 KB RAM 和 880KB 3.5 英寸磁盘驱动器，售价仅 1,295 美元的电脑。下图为 Amiga 1000，和现代 PC 在架构上已没区别。这么好的配置，不用来玩游戏真是浪费。

电脑游戏

1985 年，个人电脑已经开始拥有极强的图形能力和处理能力。对比家用游戏机来说，它具备更多的用途。除玩游戏以外，电脑还可以用来办公、看视频、浏览数码照片以及其他娱乐。

1981 年，IBM 在 IBM PC 上支持游戏《Microsoft Adventure》（微软新部门 Microsoft Consumer Products 发行的游戏），一款纯文字游戏。游

戏画面和音乐全部依靠玩家脑补，屏幕上只有一堆闪烁的文字。1982 年，IBM 开始在电脑上支持《微软模拟飞行》（*Microsoft Flight Simulator*）等游戏。

想不到吧，微软这么早就开始涉足电子游戏市场。

最早的《模拟飞行》并非微软自己开发，而是在 Sub Logic 公司获得的授权。从 1982 年发布到 2022 年，《微软模拟飞行》一直在不断更新版本，是电子游戏史上更新最久的一款游戏。

看来操作系统，才是真正的基业长青。

个人电脑拥有强大的处理器，可图形显示和扬声器却远远比不上家用游戏机。个人电脑在市场宣传时都会带上“一款出色的游戏设备”的描述，可大部分人仍然习惯用游戏机玩游戏，而非个人电脑。

1985 年，个人电脑行业进入快速增长期。根据 EA（Electronic Arts）公司的市场报告，购买个人电脑的用户，有超过五分之一用来玩游戏，且认为电脑游戏是一种非常令人满意的体验。

1987 年，IBM 加微软 DOS 操作系统的电脑，开始在个人电脑市场中占主导地位。IBM PC 取代 Commodore 和 Apple 的领导地位，成为新的领军者。支持 VGA（视频图形阵列，使用模拟信号的电脑显示标准）的 IBM Personal System/2 发布后，个人电脑开始拥有不逊色于家用游戏机的显示效果。

唯一的差距在于什么？游戏吗？

1985 年 10 月 18 日，任天堂 NES 在北美发布。发布后，卓越的机能搭配庞大的游戏阵营，旋即在北美刮起一阵游戏机旋风。正在襁褓中的电脑游戏行业还没发育好，就迎来任天堂的暴风侵袭。这让本不富裕的电脑游戏市场雪上加霜。

日本电脑游戏商光荣声称：“任天堂的成功，摧毁了电脑娱乐软件市场。”

电脑游戏的死忠粉，特里普·霍金斯（Trip Hawkins）称：“任天堂只是‘8 位世界的最后欢呼’。”个人电脑的中央处理器已经进入 16 位时代，作为EA创始人，他觉得任天堂的时日不久，属于个人电脑的时代已然来临。

事情往往不遂人愿，NES不是“最后的欢呼”，而是一直在“欢呼”。1990年，EA不得不宣布开始给NES开发游戏。

1993年，ASCⅡ公司在行业报告上称：游戏机市场收入为59亿美元，电脑游戏市场收入4.3亿美元。双方差距不大，12倍而已。

为何会这样呢？除开NES太强，还有两个不可忽视的要素。其一，个人电脑没有出现统治型的机型，游戏开发商需要在不同PC上来回移植和优化游戏。其二，PC架构不统一，硬件变动迅速，游戏开发标准化难度很大。

要等到什么时候，电脑才解决这些问题呢？等到Intel加Windows联盟成形后，上述问题才会迎刃而解。

1988年5月，微软发布的Windows2.1中包含两个版本，分别是Windows/286和Windows/386。286和386对应的就是Intel 80286和Intel 80386中央处理器。Intel和Windows的联盟，刚拉开序幕。

被任天堂NES一顿狂卷，游戏机游戏和电脑游戏差距进一步拉大。可电脑游戏并没有消失，VGA标准和新技术使用，电脑游戏也可以显示高质量图形界面。1987年，首张专用声卡Ad Lib出现，个人电脑正式拥有FM合成音。

1990年，DOS系统的IBM PC已经占美国电脑游戏市场的65%，Amiga占10%。所有其他个人电脑，包括Apple Macintosh，均低于10%且还在稳步下降。Apple和IBM都押注商务需求，尽量避免客户将他们的产品与“游戏机”联系。可挡不住已经有不少人看上电脑游戏这块肥沃的土壤。

其中的远见者就有特里普·霍金斯。

艺电 Electronic Arts

特里普·霍金斯（Trip Hawkins），1953年12月28日出生于美国。

他十几岁时就根据Strat-o-Matic（纸版棒球经营游戏）创造出一款橄榄球桌面游戏，霍金斯对游戏十分期待，从父亲那里借来5000美元创业，失败。

失败不打紧，霍金斯希望有朝一日，可以用电脑实现其游戏机制。

考入哈佛大学后，霍金斯不仅自己参加橄榄球比赛，还开始使用PDP-11小型计算机编写橄榄球模拟程序。他自己说："模拟程序曾经预测1974年超级碗（国家橄榄球联盟NFL的年度冠军赛）中，迈阿密海豚队会以23比6的成绩击败明尼苏达维京人队，结果是24-7。"

模拟程序肯定没这么神，但霍金斯有这么神。哈佛毕业后，他在斯坦福完成MBA学业。

1978年，从斯坦福MBA毕业的霍金斯加入苹果公司。1980年12月12日，苹果公司成功IPO，批量生产出一大堆百万富翁。1982年，时任苹果营销战略总监的霍金斯计划离开苹果，自主创业。

1982年2月，霍金斯与红杉资本的瓦伦丁（投资过雅达利和布什内尔的硅谷传奇投资人）会面。他希望可以在红杉资本拿到风险投资，用来创办他的新企业"Amazin Software"。对年轻又有想法的霍金斯，瓦伦丁自然特别期许。他鼓励霍金斯离开苹果，并让他先用红杉资本的办公室办公。

霍金斯最早的商业计划书，就是在红杉资本的Apple Ⅱ上完成的。

1982年5月27日，霍金斯个人投入约20万美元注册新公司。公司成立时，他依然计划使用Amazin Software作为公司名称，可公司其他员工都不支持。霍金斯提出，软件是一种艺术形式，开发人员应该叫作"软件艺术家"。于是，他又计划将公司取名为"Soft Art"。

不幸的是，霍金斯认识另外一家名叫Software Arts公司的创始人。"Soft Art"和"Software Arts"，有点像"雪碧"和"雷碧"，总有一个是山寨货的感觉。

1982年10月，霍金斯打电话给公司工号前12名的员工和外部营销机构，召开一次电话会议。大家集思广益，决定将公司名称改为"Electronic Arts"（艺电），简称EA。

不是 MBA 出身，谁会在取名字上花这么多时间？下图为 EA 早期的标志：一个四面体、一个球和一个锥方体，都是蓝色条纹。为什么有个球？一说这是 EA 电子游戏中出现的悠悠球，另一说是代表 EA 的全球化思维。

这应该也是只有 MBA 才能想到的主意。

EA 早期员工大多来自苹果、雅达利、施乐等著名公司，苹果创始人之一沃兹尼亚克担任董事会成员。霍金斯雄心勃勃地说：“我想帮助世界从广播和电视这种令人窒息的媒体，过渡到将人们联系起来并帮助他们成长的互动媒体。而计算机技术，是做到这一点的最有效方式。”

给游戏制作人知名度和经济回报，给予他们像其他艺术家一样的社会认可。霍金斯希望EA可以成为一家以游戏质量和专业性而闻名的公司，从而和电子游戏业中最优秀的人才合作。让电脑游戏成为与电影、图书和音乐相当的艺术形式。

霍金斯能完成梦想吗？

第四十二章　EA：专营游戏艺术家

到 2020 年，EA 由四大事业部组成：EA Games，EA Sports，EA Maxis，EA All Play。每个事业部都拥有专业的游戏制作团队和以客户驱动为先的发行团队。

EA 开发和发行的游戏包括，《战地风云》系列、《极品飞车》系列、《模拟人生》系列、《荣誉勋章》系列、《命令与征服》系列、《指环王》系列、《质量效应》、《龙腾世纪》系列、《泰坦陨落》系列、《星球大战》系列、《死亡空间》系列、《模拟城市》系列、《孤岛危机》系列、《泰格伍兹高尔夫巡回赛》系列，等等。还有 EA Sports 的《FIFA》系列、《Madden NFL》系列、《NBA Live》系列、《NHL》系列和《EA Sports UFC》系列。以及做得不怎么样的在线游戏数字发行平台 Origin，是 Steam 和 Epic Games 在线游戏商店的直接竞争对手。

以上所说的游戏，除了 EA Sports 的《Madden NFL》和少数几款游戏，其余全部是 EA 买回来的。EA 和艾尼克斯创立之初，也都声称过游戏设计师就是艺术家。

多买几个艺术家，算得了什么。多谈艺术，谈钱庸俗。

EA 的游戏艺术家

EA 最初发布的电子游戏都采取类似音乐专辑封面的包装进行出售。霍金斯认为这样既可以节省成本，又可以传递艺术感。1983 年，EA 发布自己的前 6 款游戏。前 5 款分别是：

《安全帽麦克》（*Hard Hat Mack*），为 Apple Ⅱ开发的平台游戏，

同时发布 Atari 800（雅达利的个人电脑）和 Commodore 64 版。《安全帽麦克》往往被认为是 EA 发行的第一个游戏。

《弹珠台》（*Pinball Construction Set*），1982 年通过 Budge 公司发布，发布平台为 Atari 800 和 Commodore 64。

《执政官：光明与黑暗》（*Archon: The Light and the Dar*），最初在 Atari 800 和 Apple Ⅱ、Commodore 64 发布。这是一款类似国际象棋的游戏，不是固定的规则，而是街机式的决定胜利者。

《殖民计划》（*MULE*），这款游戏与阿西莫夫科幻小说《银河帝国：基地》中的反派同名。这是一款经营类游戏，需要 4 个玩家同时玩，如果有人缺位则由游戏 AI（人工智能）补上。《殖民计划》发布平台为 Atari 800（雅达利的个人电脑）和 Commodore 64。

《蠕虫》（*Worms*），发布平台为 Atari 800 和 Commodore 64。

除这 5 款游戏，EA 还发布第 6 款游戏，《津德新夫谋杀案》（*Murder on the Zinderneuf*）。发布平台为 Apple Ⅱ、 Commodore 64、 Atari 800 和 IBM PC。

EA 发行的游戏都采取折叠式包装，正面印有设计师的名字，采用音乐专辑一样的外观设计。如《弹珠台》展开的包装里，会把设计师 Budge 描绘为艺术巨匠，把他的产品描述为游戏的革命。如下图：

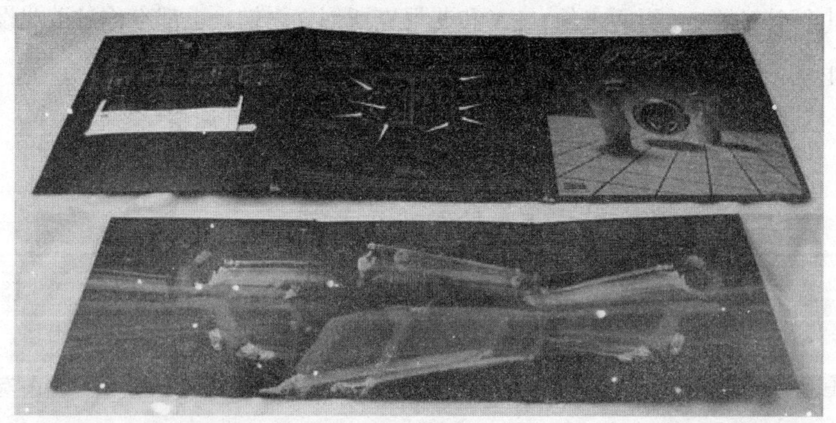

EA 电子游戏发布后，媒体很快就接受霍金斯对公司的设定。公司发布的前 6 款游戏也非常不错，《弹珠台》卖出 30 万份。这个成绩大概相当于NES上售出100份的游戏，因为电脑游戏的市场份额不到家用游戏机市场的五分之一。

1983年，EA发布旗下游戏艺术家广告——*We See Farther*。它跟1997年苹果公司的经典广告“Think Different”有异曲同工之妙。《We See Farther》广告以游戏软件工程师为特色，广告长达7分零9秒，开篇就是霍金斯的帅脸。EA不吝与游戏工程师分润，这让EA在前期极具吸引力。

为何要特意提到《殖民计划》呢？因为这是最早的RTS游戏，背后还有个很有趣的故事。

殖民计划

在故事开始前，先对新游戏类型“即时战略游戏”（Real-time Strategy，RTS）做个科普。顾名思义，RTS游戏过程是即时进行而不是回合制。标准的即时战略游戏包含资源采集、基地建造、科技发展等元素。在玩家指挥方面，即时战略游戏通常可以独立控制各个单位，而不限于群组式的控制。

RTS游戏还有一个大的子分类，叫作动作即时战略游戏（Action Real-Time Strategy，ARTS）。ARTS游戏，也被叫作多人在线战术竞技游戏（Multiplayer Online Battle Arena，MOBA），如《王者荣耀》就是最出名的MOBA游戏。

接下来的故事就跟RTS游戏有关。

丹尼尔·邦腾（Danielle Bunten，1949年2月19日—1998年7月3日）出生于美国密苏里州圣路易斯，高中时搬到阿肯色州的小石城。邦腾家共有6个小孩，他排行老大。由于家中不富裕，邦腾自小就在药店兼职，帮助家里支付账单。

邦腾说：“童年最美好的回忆之一就是和家人一起玩游戏。当还是个孩子的时候，我的家人在一起度过的唯一开心的时候就是我们玩游戏

的时候。因此，我相信，游戏是一种很好的社交方式。”

作为一名电脑游戏设计师，邦腾希望他的作品能像最喜欢的棋盘游戏一样，轻松学习和社交，但也能受益于电脑的复杂智能。

邦腾就读于阿肯色大学，大学时，他开了一家名为 Highroller Cyclery 的自行车店。他的合伙人将自行车店视为赚钱的一种方式，邦腾却将其视为改善世界的一部分。他简单地认为：“如果更多的人骑自行车，世界会变得更美好。”

从这点来看，邦腾是个内心纯真而善良，非常理想化的人。他在小石城的 Apple Addicts 俱乐部给大家传授 MOS6502 汇编语言，并且为自己独立制作的游戏招募测试人员。他的游戏设计理念十分聚焦：就是人们跟其他人建立联系十分重要，游戏是把人们聚在一起的工具，而不让大家分开和孤独。

秉承这套设计理念的他只制作多人游戏，而不制作当时流行的单人游戏。幼年的经历告诉他，将人们聚在一起分享游戏体验，世界才会变得更美好。对他来说，设计多人游戏是唯一正确和合乎逻辑的。

一位浑身都闪着理想主义光辉的艺术家。

1978 年，邦腾将一款名为《Wheeler Dealers》的 Apple Ⅱ实时拍卖游戏卖给加拿大软件公司 Speakeasy Software。这是一款 4 人游戏，销量十分少，只卖出 50 份。

他设计的第二款游戏叫《电脑四分卫》（Computer Quarterback）。这也是一款 2 人游戏，发行商 SSI（Strategic Simulations, Inc）要求增加单人模式。无奈之下，他只得照做。这款游戏销量也很差，主要原因是游戏图形和声音不完善，游戏本身具有一定的可玩性。

接连失败后，他决定编写一个名为《Cartels & Cutthroats》的商业模拟游戏。这款游戏仍然是多人游戏，最多允许 6 名玩家参与，仍然由 SSI 发行。就是这款游戏，引起 EA 创始人霍金斯的注意。他希望从 SSI 手里获得《Cartels & Cutthroats》版权，被拒绝。

在《电脑游戏世界杂志》（Computer Gaming World）的创始人拉塞

尔·斯佩（Russell Sipe）引荐下，霍金斯找到游戏制作人。斯佩是位牧师，他十分欣赏邦腾。《电脑游戏世界》是世界最大的游戏专业杂志之一，其繁体中文版由中国台湾智冠科技发行，也是发行《金庸群侠传》的公司。

有斯佩的推荐，邦腾接受合作协议。他告诉霍金斯，自己可以制作出更好的原创游戏，双方握手达成协议。

9个月后，邦腾和他新创建的软件公司Ozark Softscape兑现对霍金斯的承诺。将《殖民计划》交到EA手里，成为EA最早发布的6款游戏之一。《殖民计划》是划时代的游戏，它既鼓励团队合作，又考虑人们聚集在一起的激烈竞争，是最早的RTS游戏和联网游戏雏形，被公认为电子游戏史上最伟大的游戏之一。

《模拟城市》的创造者威廉·赖特（William Wright）说："问游戏设计师他们一直以来最喜欢的游戏是什么，你会听到《MULE》的回答，比其他任何答案都多。"

《星际争霸Ⅱ》中的一项功能是：允许人类玩家部署名为"MULE"的临时机器人工人。

宫本茂说："任天堂《皮克敏》系列的开发，是受《MULE》的影响。"下图为《殖民计划》的游戏的结算画面。

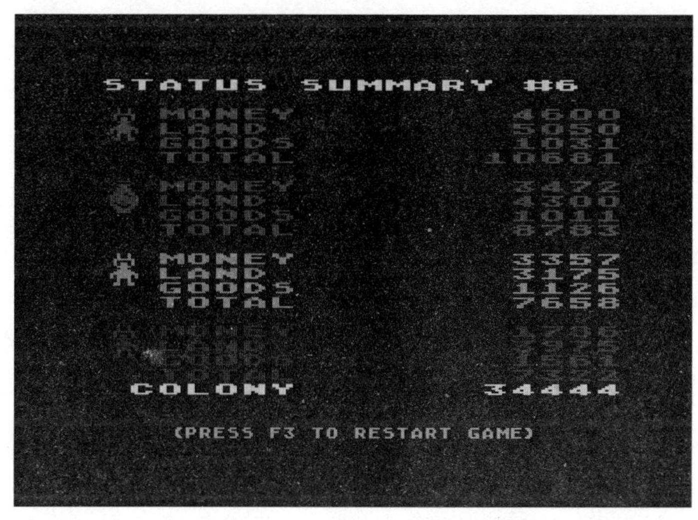

《殖民计划》只售出3万份，可能是在Atari 800这种即将退市的电

脑上发布的原因，也可能是策略游戏暂时不被欣赏。当时的游戏评论家们，都给予游戏极高评价。毕竟，这款游戏看起来需要极强的智力思考。还有一处最大的不同，它是人类和人类的智力竞争。下面是当时一些评论家对该游戏的评价：

“令人着迷且非常令人愉快的游戏，它在四个人类玩家的情况下达到了最佳状态。”

“电脑游戏应该是什么样子。它是一个游戏，它是一种学习体验。它也是刺激的、有趣的、令人沮丧的、发人深省的、有趣的、令人上瘾的、有趣的。”

“令人难以置信的持久力量，就像最好的棋盘游戏一样。我从MULE学到的市场经济学比我在大学时学到的更多。”

“汉谟拉比、外交和街机游戏之间的交叉，有很多战略决策——前提是你足够熟练地使用操纵杆来执行你的决定。”

“不可能充分描述MULE的所有互动和经济现实的微妙之处。”

1984年，《殖民计划》在第五届年度Arkie奖中被授予“1984年最佳多人电脑游戏”称号，评委称其为“策略游戏和电脑游戏节奏的独特结合”，并指出自发布以来，《殖民计划》已经获得“强烈的追随者”。换句话就是，脑残粉特别多。

2009年，PC World将其评为：有史以来十款最伟大的PC游戏第5名。第一名是谁？自然是《魔兽世界》。

丹尼尔·贝瑞

在制作完《殖民计划》后，邦腾打算制作《文明》。对，就是席德梅尔打造的，人类电子游戏史上排名第一的战棋游戏《席德梅尔的文明》（Sid Meier's Civilization）。不过和邦腾搭档的制作人建议，应该先制作《黄金七城》（The Seven Cities of Gold）。

游戏最初设计为多人游戏，随着开发的进展，制作人建议它应该也

支持单机模式。《黄金七城》玩起来很有趣，邦腾还为其开发出新的技术，如不中断游戏从磁盘传输游戏地图的设计，这样可以让玩家连续游戏，不用忍受游戏终端之苦。

《黄金七城》售出超 15 万份，随后邦腾又开始制作另一款游戏《非洲之心》（Heart of Africa）。这是《黄金七城》的非官方续作。它的表现并不那么好，销售额不到《黄金七城》的一半。

此时邦腾已然忘却《文明》的开发计划。他还开发过几款游戏，如纸牌组合游戏《Robot Rascals》和一款网络游戏《现代战争》（Modem Wars）。《现代战争》是通过拨号调制解调器进行对战的游戏，在当时很少有人在家安装调制解调器的时代，理念太过超前。《现代战争》是一款真正的在线游戏，开创了在线 RTS 游戏的开端。

1990 年，邦腾离开 EA。原因在于他想将《殖民计划》移植到任天堂 NES，霍金斯拒绝了，因为 EA 并不看好电子游戏机的未来。

奇怪的是，EA 最终仍然决定要开发任天堂 NES 游戏，白白废掉一个顶尖游戏设计师。

离开 EA 后，邦腾去到 MicroProse 公司继续开发游戏。1990 年，他开发出《命令 HQ》（Command HQ），一款网络战略游戏。1992 年，他又开发出《全球征服》（Global Conquest）。之后，他离开 MicroProse。下图为《全球征服》游戏，一款复杂的在线战争游戏。

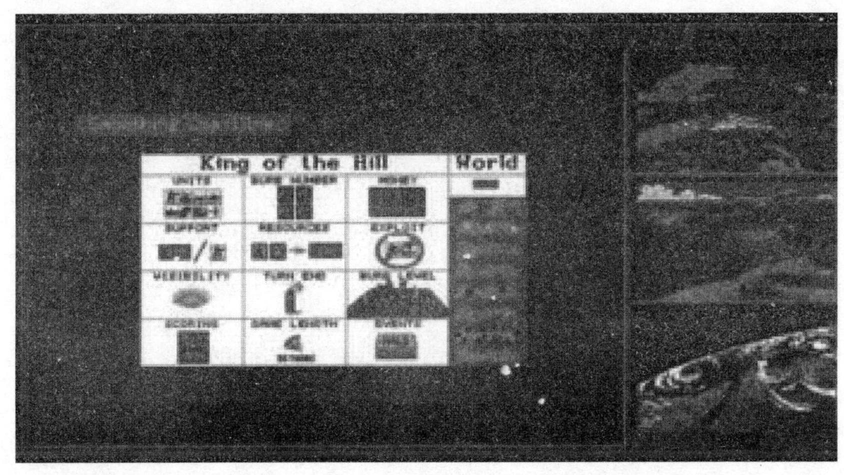

邦腾是多人在线游戏最为坚定的拥护者，他将全部精力都放在开发多人在线游戏上。当他计划将《殖民计划》移植到世嘉游戏机时，被要求在游戏中增加枪支和炸弹等道具。邦腾拒绝世嘉的请求，将注意力转移到 MPlayer.com 游戏网络的搭建上。

1992 年 11 月，邦腾接受变性手术，成为丹妮尔 · 贝瑞（Danielle Berry）。她开玩笑说："手术是为了提高电子游戏行业的男女比例和审美。"贝瑞将自己和邦腾视为两个人，她甚至认为："我不像他那样，是优秀的程序员。我不愿意在电脑前坐几个小时，我倾向于更频繁地社交。"

能者无所不能。

手术对贝瑞的生活有许多影响。可这并不影响她作为一个优秀的游戏艺术家，不损耗她在游戏艺术史上的贡献。她惊人的才华、平易近人的天性、友善、反战和诚实，都应该让我们记住她。

1998 年，贝瑞死于肺癌。

第四十三章　EA：体育游戏专家 EA Sports

1983—1994 年间，电子游戏界风云变幻，行流散徙。

街机游戏的黄金时期没持续多久，就遭遇 1983 年北美游戏大崩溃。之后，街机在格斗游戏的帮助下顽强复苏，进入第二次黄金时期。

家用游戏机，从第一次繁荣到 1983 年北美游戏大崩溃，市场缩水 95% 以上。后在任天堂 NES 带领下，尽复失地。NES 的成功带来许多麻烦，对手们纷纷摩拳擦掌，想在家用游戏机市场分一杯羹。

电脑游戏正在猥琐发育，街机游戏和家用游戏机势力太大，不得不暂避风头。

掌机仅有任天堂 GB 巨人般一枝独秀，其余公司的产品跟侏儒一样矮小。

NBA：J 博士大战大鸟伯德

1983—1984NBA 赛季，美国东部有两支顶尖球队：波士顿凯尔特人队和费城 76 人队。这两支顶尖球队各拥有 1 位顶尖小前锋，分别是朱利叶斯·欧文（Julius Erving）和拉里·伯德（Larry Bird），江湖绰号：J 博士和大鸟伯德。J 博士大战大鸟伯德的比赛精彩程度，并不低于魔术师约翰逊和大鸟伯德的对抗。

1984 年 11 月 10 日，凯尔特人主场迎战费城 76 人。费城 76 人队是 1983 年的 NBA 冠军，波士顿凯尔特人队是 1984 年的 NBA 冠军。这种神仙打架的比赛，自然不能错过。那晚，波士顿花园室内体育馆中挤满 14,890 位喧闹的球迷，这是凯尔特人队比赛门票连续第 176 次售罄。

比赛中，伯德手感十分火热，在进行到第三节还剩1分36秒的时候，他已经砍下42分（23投17中）和7个篮板，而其对位的J博士欧文仅得6分。伯德是NBA知名垃圾话大师，最擅长通过垃圾话瓦解对手的斗志和激怒对手。伯德不断地念叨：42–6,42–6……持续的低语终于成功激怒J博士。两人缠到一起时，J博士狠拉一下伯德，没有防备的伯德摔了个狗吃屎。

伯德爬起来理论，欧文以为他要还击，先出手为强，两人顿时扭打在一起。这时迟，那时快。还是76人新秀的巴克利从替补席上跑到球场上，锁喉伯德，让欧文痛揍伯德几拳。NBA变成大型真人互殴现场。

比赛结束后，NBA联盟开出总计30,500美元的罚单。主犯伯德和欧文，每人罚款7400美元。从犯卡尔和马龙各罚3000美元，巴克利被罚款1000美元，比尔因为赛后评论此事被罚2500美元，其他12名球员（每队6名）因为混战中离开替补席每人罚款500美元。

巴克利事后无辜地说："我就是想劝架而已。"

这场斗殴事件还有一件蕴含讽刺意味的事：伯德和欧文都穿匡威篮球鞋，两人都是匡威的代言人。

打得这么凶的二人，却成为EA Sports创始游戏中的主角。

一对一：J博士大战大鸟伯德

霍金斯说："EA Sports真正起源于《一对一》（One on One），这是我设计的游戏。在这个游戏中，我开始尝试操作让名人参与游戏的设计和推广的商业模式。"

在霍金斯眼里，棒球和橄榄球才是最应该制作成体育游戏的，可当时EA并没有足够的钱。EA原计划获得橄榄球比赛授权，被雅达利抢先一步。霍金斯本来就十分鄙视雅达利的游戏机，他认为只拥有128字节内存的雅达利2600肯定会在功能强大的电脑面前销声匿迹。

没想到橄榄球授权还被雅达利抢走，仇结得更大了。霍金斯也是抓住一切场合，对游戏机各种鄙夷。而 EA 从此开始，也专注于电脑游戏。

该做个什么样的游戏呢？

霍金斯回忆起小时候看过一个 1V1 篮球锦标赛节目，由日化品牌 Vitalis 赞助。该节目 1972 年播出，冠军战在鲍勃·拉尼尔和乔之间展开，比赛有 15,000 美元奖金。于是，他决定制作一款 1V1 的篮球比赛游戏。最适合作为这场比赛的主角的篮球运动员，就是他喜欢的——J 博士欧文。

EA 很快联系上欧文，可单有欧文无法构成 1V1 的球员对抗。按照霍金斯的说法："我可以肯定的一件事是，游戏中必须有真正的人，最好是现实生活中的英雄。"没多想，EA 就找到 J 博士最直接的对手——大鸟伯德。

欧文和伯德以 25,000 美元和 2.5% 的版权金签署合同。作为主角，J 博士还获得一些 EA 公司的股票，那是为他准备的特别福利。

伯德说："我小时候只玩弹球，不太喜欢电子游戏。但我记得经纪人解释这个概念是什么的时候，我认为是一个好主意。我特别记得游戏封面，结果很棒。"

欧文和伯德去参加马萨诸塞州斯普林菲尔德名人堂的一个活动时，EA 的摄影师们随之跟去，抓住两人快速拍摄。由于 EA 没有获得费城 76 人和凯尔特人的授权，两人拍摄时都不能穿队服。他们只能穿着无标识训练裤，赤膊上阵。摄影师十分聪明，他说："你们两位瞪大眼睛坐在那里就可以。"

为什么不拍摄正在打篮球的照片呢，效果不是更好吗？要知道，这两位都是非常昂贵的球员。安排 1V1 打球实景拍摄，万一有人受伤，EA 可赔不起。

就这样，EA Sports 和篮球史上最有趣的一张照片出现。对这款游戏，EA 同样制作出非常有艺术感的封面，并且采取 8 英寸的硬纸板包装。下图为游戏外包装，两位瞪大眼睛的篮球运动员。

1983 年，EA 首款运动游戏《一对一：J 博士大战大鸟伯德》（One on One: Dr. J vs. Larry Bird），正式在 Apple Ⅱ首发。这款游戏对 1V1 篮球还原得非常好：24 秒进攻违例、即时回放、转身跳投、位置移动和运球节拍器以及裁判哨子声，都让人身临其境。

游戏具备上佳的可玩性和深度，霍金斯说：“我知道，如果有欧文和伯德，游戏已经有了内在的戏剧张力。游戏保持简单的布局，只有半场三分线。我们可以将所有的动画力量运用到这两个细长的家伙和他们的动作上。我们希望投篮是真实的，对抗会有机地转变。并且让进攻和防守是真实的，所以不能碰到一个球员而什么都没有发生，物理效果必须准确。我们还添加了在顶点进行跳跃和投篮的功能，分别是两个独立的动作。这是游戏最漂亮的功能：Oomph 按钮。”

《一对一：J 博士大战大鸟伯德》发布后十分成功，在它的帮助下，EA 得以打破软件出版业的传统规则：分销商和零售商在渠道中的高额分成。

EA 招聘拉里・普罗布斯特（Larry Probst）加入公司，担任销售副总裁。这位大哥拿着畅销产品《一对一》绕过分销商，直接跟零售商对接业务，使得公司具有更强的发行优势。1984 年后，EA 开始分销其他公司，如 SSI、Lucas Film Games 等的游戏。

《一对一》发售后卖出 40 万份，获得的评价很高："1984 年最好的体育游戏，高度上瘾、令人兴奋。"

1986 年，它被列为 Commodore 64 上必备游戏，图形和游戏玩法都是上佳。

Madden NFL

1983 年，北美游戏市场大崩溃。一时之间，电子游戏从科技潮流和时尚宠儿变成过街老鼠。家用游戏机带来的雪崩式连锁反应，直接影响到身弱体孱的 EA。

霍金斯说："雅达利的崩溃引发一场海啸，摧毁公众、零售和媒体对游戏的兴趣，并给游戏带来持续十年的耻辱。"

十年的耻辱，仅限于北美。对于日本，那可是攻城略地大书特书的光荣时代。

"我决定有意识地忽略雅达利，专注于下一代技术。"霍金斯说，"我们必须像《沙丘》（弗兰克・赫伯特的科幻小说）的弗雷曼人一样运作，回收自己的唾液才能在沙漠中生存，我们必须在几年内一砖一瓦地重建行业。"

霍金斯对只剩下一口气的游戏机市场并不关心，还想踩上一脚。他最看重的产品是 Commodore Amiga 这种性能优越的电脑。他给 Amiga

的广告站台，说道："Amiga 将彻底改变电脑行业。它是第一台家用电脑，可以满足您对家用电脑所有用途（包括娱乐、教育和生产力）的所有需求。我们为 Amiga 开发的软件会让您大吃一惊， Amiga 会以其无与伦比的功率、声音和图形，将给 Electronic Arts 和整个行业带来非常光明的未来。"

霍金斯说话算话，EA 一直为 Amiga 积极地开发软件产品。投桃报李的是，Commodore 会提前为 EA 提供开发工具和原型机。EA 不仅开发游戏，而且开发应用程序。如 Deluxe Pain（一款图形编辑软件），后来成为 Amiga 上最著名的应用软件。EA 发布的 45 个 Amiga 程序中，还包括 Deluxe Music Construction Set、Instant Music 等非游戏程序。

EA 创建时，希望从游戏设计师开始经营公司。可随着对电子游戏业务的真正理解，EA 发现用户还是关注游戏本身。EA 仍然把游戏设计师作为宣传核心，可经营重点已经逐步转移到游戏 IP 和游戏 IP 的品牌建设上。

《一对一》的成功，让 EA 觉得貌似已经掌握体育类游戏开发的真谛：只需要将体育明星和游戏进行结合，自然会产生爆发性力量。EA 为此找到更大牌的运动员，制作游戏续集《乔丹大战伯德：一对一》（Jordan vs. Bird: One on One）。

公司方向调整，使得 EA 开始跟外部游戏设计师的沟通变得十分困难。EA 终于发现，将游戏设计师定义为艺术家没问题，可艺术家从来都是不服从管理的群体。外边的人不听话，EA 只能自建开发队伍，组织内部开发。1987 年，EA 发布首款自研游戏《不滑板就死》（Skate or Die！）。

自研游戏很一般，EA 开始考虑收购外部游戏公司，制作自己的游戏。

经营艺术家，不如买卖艺术家。

而霍金斯一直念念不忘的模拟橄榄球比赛游戏，又出现一线希望。

被雅达利截和后，霍金斯没有放弃制作橄榄球赛游戏的计划。1984 年，他又找到约翰·马登（John Earl Madden，1936 年 4 月 10 日—2021

年 12 月 28 日，美国国家橄榄球联盟 NFL 的教练和体育评论员），想合作开发橄榄球比赛的游戏。

马登不敢坐飞机，霍金斯和制作人乔·伊巴拉（Joe Ybarra，霍金斯在苹果公司的同事）选择在国家铁路客运公司的火车上和他见面。三人在丹佛和加利福尼亚州奥克兰分别上车，乘坐这条在落基山脉中蜿蜒而过的火车，像间谍们接头一样神秘。

那是个多云的清晨，三人端坐在餐车车厢的餐桌前。

马登是橄榄球运动员出身，他对电子游戏一无所知，没接触过任何游戏机或电脑。什么《太空侵略者》的成功，《吃豆人》的伟大，改变世界云云，对马登都是对牛弹琴。表演家人格的霍金斯十分狂热，他挥舞着一根高希霸 Siglo V 号雪茄（高希霸 Siglo 系列中最长的一款），说得天花乱坠："马登，用你的专业知识，帮我们制作一款橄榄球游戏。EA 会将你的名字写在游戏上，你会成为橄榄球史上最伟大的教练。"

三人激烈地交谈这款游戏，霍金斯说："这将是真正的橄榄球游戏，每个球队都有 7 名球员。"

马登回应说："啥？如果不是 11 人对 11 人，就不是真正的橄榄球。如果做不到，就不要制作这款游戏。"

对此，他十分坚持："如果它不是真实的，我不会把名字放在上面。"

好吧，11 人就 11 人。

为达成协定，霍金斯同意马登的要求。

说是这样说，双方 11 人的游戏已经远超当时电脑的计算能力。该项目开发完成预计要 3 年时间，是其他游戏平均开发时间的 3 倍。此项目在 EA 内部被叫作"Trip's Folly"。Trip 一词，既是霍金斯的名字，又暗指三人的火车之行。

马登收到 EA 的顾问费 10 万美元，EA 的审计事务所建议将这笔款作为坏账，因为"EA 应该放弃这个项目"。

项目开发中途，EA 公司还请来 Bethesda Softworks 公司协助游戏开发，结果双方因为工作成果没有如期交付，还诉诸法庭。

一团乱麻。

1986 年 6 月 1 日，EA 的橄榄球游戏《约翰 · 马登橄榄球》（John Madden Football）终于登陆 Apple Ⅱ。霍金斯和伊巴拉精疲力竭，二人说：“我所有的回忆都是痛苦的。”

《约翰 · 马登橄榄球》中包含数十种进攻和防守战术的图标，还有马登专业的游戏评价。不过由于游戏机制复杂，且需要支持 11VS11 的机制，游戏运行缓慢。

1989 年 9 月 20 日，EA 公司 IPO。

马登拒绝“无限”买入 EA 股票期权的机会，事后他称其为：“我一生做过的最愚蠢的事情。”

确实如此。

勒索世嘉和 EA Sports

虽然霍金斯不看好家用游戏机，把 EA 主业聚焦在电脑游戏上。可到 1989 年，任天堂 NES 销售额已经突破 20 亿美元，EA 再也无法忽视保有量数千万，远超电脑的家用游戏机市场。

EA 给 NES 移植过几款游戏，可并不喜欢其业务模式。霍金斯的看法是，任天堂权利金模式对第三方游戏厂商十分不友好：需要支付开发授权费用，还要承担制造游戏卡的库存风险。

另外一个问题是，8 位处理器的 NES，离霍金斯的硬件标准有点远。可不给 NES 做游戏又有什么办法呢？美国 90% 以上的游戏机市场都是任天堂所有。久旱逢甘霖，世嘉全新的 16 位游戏机 Genesis 来到美国。

世嘉 Genesis 和 Amiga 一样，使用摩托罗拉 68000 作为中央处理器，EA 在此处理器上具备丰富的游戏开发经验。他们干的第一件事，不是申请成为世嘉的第三方游戏公司，而是快速对世嘉 Genesis 进行逆向工程，开发出无须世嘉授权即可以运行的游戏。

真是离了个大谱，有这功夫为什么不去破解任天堂的10NES，专捏世嘉干什么呢?

世嘉对第三方游戏收费标准远低于任天堂，不是30%，只有8—10美元，相当于售价的20%。霍金斯找到世嘉，拿出EA的逆向工程并提出合作要求：每张游戏卡只能收取2美元，外加单款游戏200万美元的授权费用上限，否则EA会扩散其技术。

这是个非常高风险的操作，一旦世嘉对EA的行为发起诉讼，霍金斯大概率会吃不了兜着走。幸运的是，世嘉意识到跟EA合作的重要性，毕竟他们面对的是神一样的对手任天堂NES。敌人越少越好，队友越多越好。

EA确实是流氓，可流氓会武术，谁也挡不住。这样的对手倒向NES，后果不堪设想。

世嘉做出让步，同意霍金斯的要求。这一项合作条件，在未来3年里帮EA节约了大概3500万美元费用。之后，世嘉将《约翰·马登橄榄球》移植到世嘉Genesis上。谁也想不到，原计划销量75,000份的游戏在Genesis竟然卖出400,000份。它成为世嘉Genesis上的杀手级游戏，为战胜NES立下汗马功劳。1992—1994年间，世嘉将《约翰·马登橄榄球》列为其100大游戏的第1名。

截止到2013年，Electronic Arts售出超过1亿份不同版本的《Madden NFL》，总销售额超过40亿美元。下图为《Madden NFL》系列游戏封面。

随着EA和世嘉的合作深入，从1990年开始制作出大量精品游戏，如《NHL Hockey》《NBA Live》《FIFA Soccer》《Road Rash》等体育类游戏。还有《Power Monger》《Syndicate》《Star flight》《The Immortal》《Might and Magic Ⅱ: Gates to another World》《Centurion: Defender of Rome》《King’s Bounty》等游戏。

体育游戏仍是EA最赚钱的游戏，EA为此成立新部门——EA Sports。《FIFA》《NHL》《NBA Live》《Madden NFL》等游戏系列，都会打上EA Sports出品标签。为建立EA在体育游戏上的专业形象，EA还模仿美国最大的体育频道ESPN（Entertainment Sports Programming Network，娱乐运动节目网络），推出EASN（EA Sports Network，EA运动网络），将游戏和显示进行联系，并配备真实的评论员。

进入家用游戏机领域

世嘉勒索成功后，霍金斯觉得自己在游戏机行业已名誉扫地。他说：“我知道胸口被画上一个大靶心，因为游戏机行业无法确保我永远不会重复对世嘉所做的事情。我认为游戏机界需要推进3D图形、CD光盘和网络功能。”

为打破游戏机陋习，抢先进入下一代游戏机开发。霍金斯离开EA，创建新公司San Mateo Software Group，是3DO公司的前身。

霍金斯在EA的时代正式结束，等到家用游戏机第一次大战时，他还会上场表演一番。

第四十四章　南梦宫：别出蹊径

美国游戏公司都能感受到任天堂的巨大压力，日本本土游戏厂商更是如此。山内溥霸道的作风，任天堂旗下一众干将，搭配市场支配地位，压得日本游戏公司同样抬不起头。

哪里有压迫，哪里就有反抗。

游戏机干不过你，那就做电脑游戏吧。南梦宫进军电脑游戏，开始研发 NEC- PC 和 Sord M5（日本家用电脑品牌）游戏，收效甚微。

南梦宫和雅达利

布什内尔创建日本雅达利没经营多久，就卖给南梦宫。

1983 年北美游戏市场崩溃后，雅达利被母公司华纳通信分拆。个人电脑和家用游戏机业务合并，成为 Atari Corporation。街机游戏和软件部分，更名为 Atari Games。1985 年 2 月 4 日，中村雅哉故技重施，南梦宫美国子公司 AT Games 收购 Atari Games60% 股权，另外 40% 为华纳通信所有。此次收购，让南梦宫再次获得 Atari Games 在日本的独家授权。

Atari Games 的主要业务都在美国，跟南梦宫负责开拓美国市场的子公司 AT Games 出现业务冲突。对比当年收购雅达利日本的成功，收购 Atari Games 看起来是个坏主意。中村雅哉对在 Atari Games 注入资金和资源踯躅不前，无法决断。Atari Games 资源越多，打起 AT Games 那不是越得心应手？加上还要和另外一位股东“华纳通信”打交道，中村雅哉更是头大。1987 年，南梦宫将 Atari Games33% 的股权出售给中岛秀之（前南梦宫美国公司总裁，后雅达利游戏总裁。创建天元游戏，破解任天堂

10NES 芯片后把任天堂告上法庭的关键人物）。

因为仍然持有 Atari Games 部分股权，中村雅哉担任公司董事会主席到 1988 年。这种深厚的渊源，给任天堂收拾南梦宫足够的理由。中岛秀之是中村雅哉的老部下，其创建的天元公司在美国不断地狙击任天堂。甚至通过欺诈的手段弄到 10NES 芯片的源代码，要砸山内溥的锅。

这还能容下南梦宫，那只能说山内溥的胸怀比太平洋还宽阔。

南梦宫的生意经

1984 年，南梦宫成立专门负责家用游戏机的子公司 Namcot。9 月，Namcot 发布 4 款任天堂 Famicom 游戏，《Galaxian》《Pac-Man》《Xevious》《Mappy》，都是南梦宫在街机时代的王牌作品。FC 版《Xevious》销量突破 150 万份，成为南梦宫在 Famicom 上打响名声的作品。因为 Namcot 的成功，它迅速成长为公司最为重要的收入来源。1985 年，当南梦宫把总部迁到东京大田时，公司用的钱都是《Xevious》赚到的，因此该总部大楼被戏称为“Xevious 大厦”。

1986 年，南梦宫推出游戏《职业棒球：家庭体育场》（Pro Baseball: Family Stadium）。《职业棒球》是第一款获得美国职业棒球大联盟球员协会（MLBPA）许可，可以使用真实 MLB 球员姓名的游戏。可它没有获得美国职业棒球大联盟（MLB）的许可，因此不能使用球队昵称或徽标。没办法，玩家只能根据球队所在地的地名来识别。该游戏包含 8 支球队：波士顿、加利福尼亚、底特律、休斯顿、明尼苏达、纽约、圣路易斯和旧金山。游戏售出 250 万份，是任天堂 Famicom 上过百万的精品游戏。其续作《职业棒球：家庭体育场 87》又卖出 200 万份。

1986 年，南梦宫通过收购餐饮公司 Italian Tomato Co., Ltd（意大利番茄公司）进入餐饮业。1987 年，南梦宫发布赛车街机游戏《最后一圈》（Final Lap）。该游戏支持多人联机，后移植到任天堂 Famicom。下图为《Final Lap3》的街机版海报。

1989 年初，南梦宫又推出街机转换系统 Namco System 21，又叫“Polygonizer”，是由 Namco System 2 上升级而来的系统。随 System 21 一起发布的游戏叫《制胜赛车》（Winning Run）。该游戏开车时会摇摆，并且支持 3D 显示效果。其 3D 硬件每秒能绘制出 60,000 个单独的多边形，被认为是 3D 多边形图形技术的里程碑产品。Namco System 21 也是索尼得以研制出 PlayStation 的关键参考硬件。

南梦宫的日子过得其实很不错，在街机行业只有世嘉和卡普空堪为对手。

任天堂翻脸

作为最早的任天堂六大第三方游戏公司之一，南梦宫的合作条件非常优厚。可在之前所说的那一系列事件的驱动下，1989 年，山内溥决定同时降低南梦宫和哈德森软件的签约条件。

怎么把哈德森软件也捎带上了？事出必有因。

中村雅哉认为任天堂应该给予南梦宫特殊待遇，毕竟双方合作一直非常愉快。南梦宫的营业收入，一半来源于 Famicom 和 NES。可山内溥毫不松口：没有特殊待遇，必须一视同仁。

中村雅哉对此怒不可遏。作为电子游戏行业的元老，他跟日本经济新闻社说："游戏行业还是新事物，我希望它健康成长。任天堂正在垄断市场，这对行业未来不利。任天堂应该认为自己是游戏行业的领导者，并承担相应的责任。"

言外之意是，行业领导者要承担相应责任，要拿出大哥的样子，而不是利用优势地位打压小弟。

中村雅哉愤怒地宣布：南梦宫将放弃任天堂，专注于为 PC Engine 和世嘉等任天堂的竞争对手制作游戏。不过，他的个人意见仅代表自己。南梦宫管理层集体反对这个做法，失去任天堂的代价实在太大了，公司无法承受。

一番计较下，南梦宫还是跟任天堂签署了新的授权合同，继续为任天堂开发游戏。中村雅哉憋着一口气，自然将公司资源放在其他平台上。山内溥的处置有错吗？无情吗？

同为游戏公司的科乐美，上月景正位置就一直摆得非常端正。紧跟 FC，紧跟任天堂，不动歪心思做游戏机。同时期的游戏公司，也就科乐美一直保持独立经营到今天，没有被收购或者丧失控制权。

对比其他游戏公司的创始人，上月景正是一位纯粹的商人和管理者，他跟电子游戏保持着距离。既不讨厌，也不热爱，纯粹是一项经营。虽说上月景正在资源上支持天才员工，也乐于培养王牌制作人。可王牌制作人在上月景正眼里不过一个搬砖的，随时可以丢弃。

上月景正需要奴才，而非人才。

弱也要讲道理，何况南梦宫并不弱。

1989 年，南梦宫开始研发家用游戏机，准备与任天堂和世嘉等公司正面硬刚。据称，该机器已接近完成，其性能与任天堂即将推出的 Super NES 相媲美。据南梦宫工程师矶川丰的说法，南梦宫家用游戏机采取 16 位处理器，和世嘉 16 位游戏机 Mega Drive（北美叫 Sega Genesis）性能不相上下。

幸运的是，中村雅哉此时冷静下来，知道进入已是腥风血雨的家用游戏机市场，大概率凶多吉少。所以南梦宫的家用游戏机从未对外发布，也不知道它是否真实存在过。

1990 年 5 月 2 日，真锅忠接替中村雅哉担任南梦宫总裁。

2 个月后，南梦宫卖掉 Atari Games 的剩余股份，正式解除和 Atari Games 的全部关联。1994 年，随着和任天堂诉讼和解，华纳重新获得 Atari Games 控股权，天元并入时代华纳互动公司。1996 年，WMS Industries 收购时代华纳互动公司旗下的 Atari Games，并将名称恢复为 Tengen。公司恢复名称后一直处于闲置状态，1999 年最终解散。

翻脸就翻脸吧，任天堂家大势大。中村雅哉想着，我干回老本行，不行吗？

南梦宫乐园

1987 年，南梦宫为防止其他游戏公司剽窃创意，开始制作多人复杂操作的街机游戏，例如《最后一圈》和《制胜赛车》这样的能摇摆的坐式街机游戏。南梦宫还制作过最早的沉浸式体验射击游戏——《Metal Hawk》。

南梦宫十分看好高利润的游乐园模式，所以计划建造一个以南梦宫游戏为主题的游乐园，乐园里主要是南梦宫的经典游戏和人物。他们策划的第一个景点是一款超大型街机游戏——《小蜜蜂 3：龙骑计划》（Galaxian3：Project Dragoon）。

景点由南梦宫负责乐园规划的设计师决定游戏内容，然后将游戏设计部分交给设计师富山茂树。富山茂树是南梦宫机器人部门的设计师（源于中村雅哉个人对机器人的爱好），机器人部门解散后，负责《Xevious》等游戏的画面设计。

南梦宫将开发团队和公司资金全部投入《Galaxian3》项目中，此项目目标是打造“世界上最伟大的游戏”。宏大的目标，导致南梦宫在 1990 年完全没资源做其他游戏。新总裁真锅忠希望该游戏可以在 1990 年大阪国际园艺博览会上展出，时间十分紧迫。

下图为《Galaxian3》游戏机的设计成品，相当于一个独立建筑。

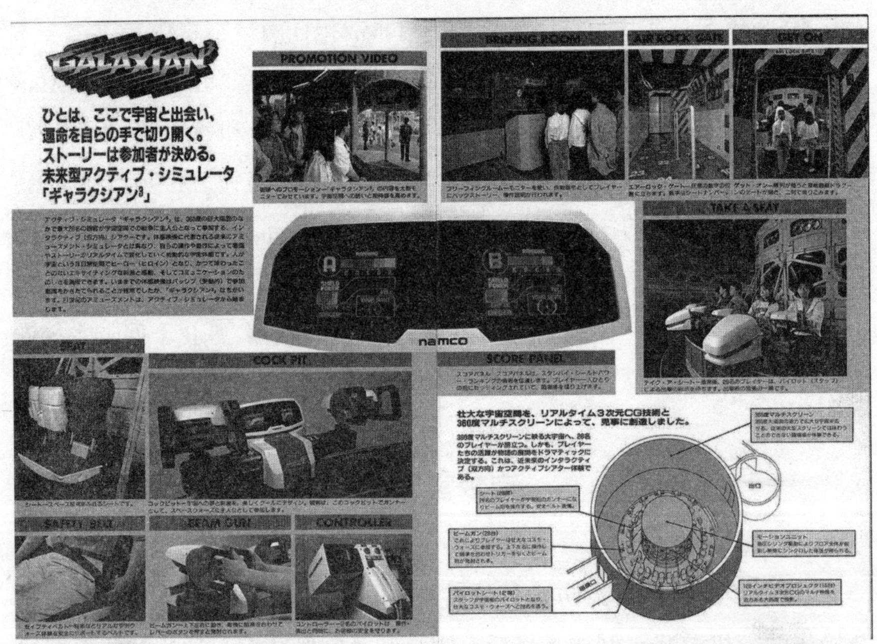

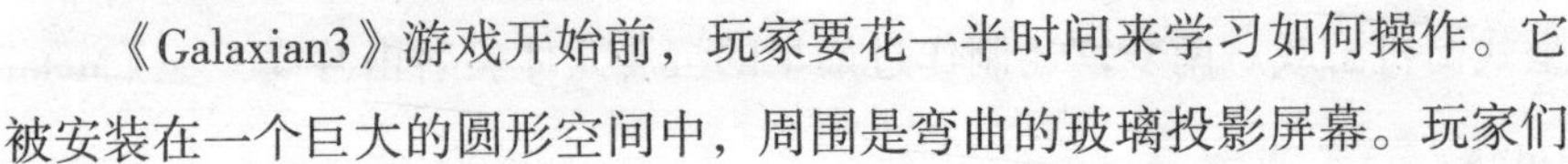

《Galaxian3》游戏开始前，玩家要花一半时间来学习如何操作。它被安装在一个巨大的圆形空间中，周围是弯曲的玻璃投影屏幕。玩家们

坐在房间中间，底座类似洗衣机的滚筒。滚筒由液压装置提供动力，是游戏机的“运动单元”，会跟着游戏进展旋转。南梦宫无法自己制作液压装置，只能向外部采购。复杂的液压装置，让开发更是难上加难。

不仅如此，南梦宫在这款游戏中还加入《制胜赛车》的3D显示硬件，《Galaxian3》中的“3”，就是3D的意思。好在南梦宫人才济济，总算把这款产品鼓捣出来的：一款可以容纳28名玩家同时游戏的游戏机，富山茂树称之为“建筑”。

1990年，大阪国际园艺博览会如期举行，是亚洲第一个大型国际园艺博览会，以“天人合一”为主题。展览自1990年4月1日（星期日）至9月30日（星期日）在大阪鹤见绿地举行，长达183天。大会有83个国家和55个国际组织参与，吸引超过23,126,934名参观者，是当时最出名的日本旅游胜地。园博会有专门的游乐园区“Magical Cross”，南梦宫在此搭建出两个电子景点，《Galaxian3》和《迷宫塔》。《迷宫塔》是南梦宫另一款游戏。

在Magical Cross，南梦宫打出一个全新概念——Hyper Entertainment Concept（超娱乐概念）。超娱乐就是让客户主动参与体验景点，而不是闲逛。唯有参与感，才能获得最佳娱乐体验。

超娱乐概念在游戏行业不足为奇，因为所有的电子游戏都需要玩家参与。可在传统展会行业，南梦宫提出的概念非常超前，属于降维打击旅游业。园博会的规划负责人池泽守说：“这两个应用高科技技术的景点，很受大家欢迎，因为顾客可以参与。”下图为园博会上《迷宫塔》景点。

园博会上，南梦宫的游戏景点带来巨大的成功，因为它们提供的互动乐趣确实远高于简单的游览。让玩家身临其境的沉浸感，也是电子游戏追求的最高体验。1992年，南梦宫在东京世田谷区Niko Tamagawa公园开设主题公园“Wonder Eggs”。比起SNK的Neo Geo乐园，Wonder Eggs的表现可圈可点。南梦宫原本只想经营5年，没想到开业后乐园生意一直十分火爆。1992年，玩家人数就超过了100万。到1992年12月，Wonder Eggs让南梦宫收入增长34%。

Wonder Eggs 也安装了一台支持 28 人同时游戏的街机，《Galaxian3》。

SNK 经营乐园失败，南梦宫经营 Wonder Eggs 大获成功，大概率与中村雅哉有关。他经营游乐园出身，依靠两匹摇摇马打下南梦宫的天下。Namco 是为日本大型商业中心设计小型室内游乐园的鼻祖公司。

专业和不专业的差距，就在这里。

别出蹊径

1992 年 5 月 1 日，真锅忠因为严重焦虑症辞去总裁职务，中村雅哉回归。卡普空《街头霸王》系列带来格斗游戏热潮正当时，街机游戏迎来第二波黄金时期，南梦宫自然不会错过这个题材。

1993 年，南梦宫拿出街机转换系统的升级版 System 22，其中包含一款游戏游戏《山脊赛车》（Ridge Racer）。该游戏推出后，立刻因为 3D 显示和超真实纹理，成为街机赛车游戏中的王者。下图为移植到 PS

上的《山脊赛车》的游戏画面。

为测试3D模型，南梦宫内部创建出一些3D角色模型作为测试工具。1993年，南梦宫收购石井精一的开发团队，他曾经为世嘉开发过世界第一款3D格斗游戏《VR战士》（Virtua Fighter）。

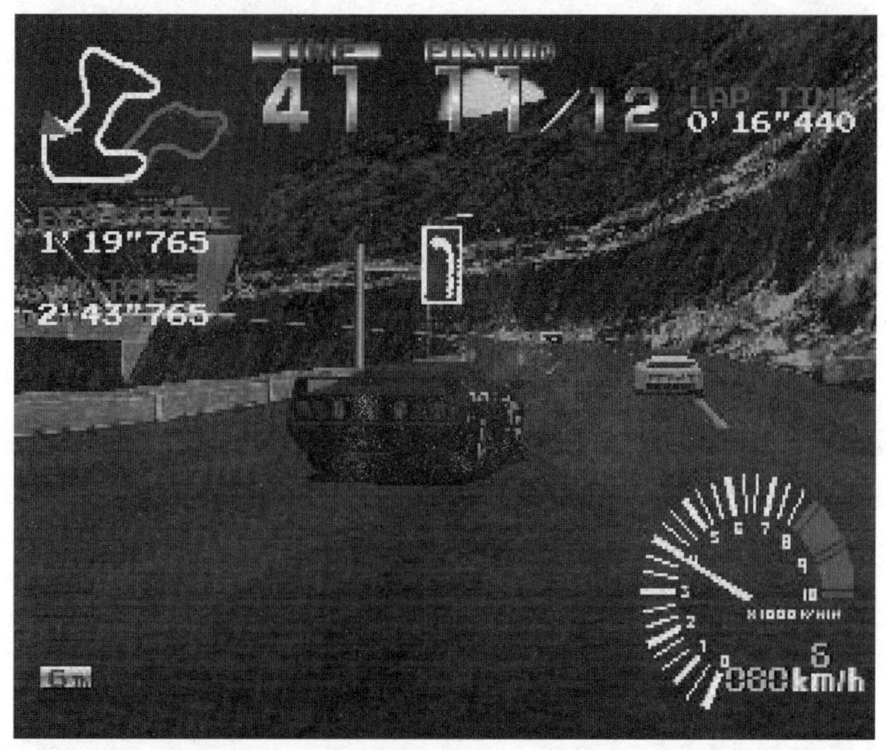

1994年，南梦宫研究负责人中村吉一和索尼的久多良木健会面，讨论索尼游戏机PlayStation的硬件规格。原始PlayStation并不打算支持3D图形硬件，可看到《VR战士》和《铁拳》的画面，PlayStation下定决心支持3D。在石井精一的主持下，1994年，南梦宫在System 22上发布3D格斗游戏《铁拳》（Tekken），后移植到PS。下图为街机《铁拳》。

《铁拳》中的大反派叫作三岛和也，原型是日本作家三岛由纪夫。该游戏讲述一个很搞笑的故事：三岛和也5岁时，被父亲三岛平八抱到山顶上，冷酷地扔下悬崖。摔儿子的目的是考验实力，是否适合领导家族企业三岛财阀。如果能爬回悬崖，活，否则就死了。

三岛平八的脑瓜子，可能不是那么正常。

三岛和也侥幸没死，可坠崖时胸口被戳个大窟窿，重创激活了他体内的恶魔基因。三岛和也因此获得巨大的邪恶力量，在对父亲复仇的渴望驱使下，他爬上山腰，留下一命。

为进一步激励三岛和也的成长，三岛平八还收养了一位中国孤儿——李超兰，并将他作为亲生儿子未来的对手抚养长大。

爬上悬崖后，三岛和也一直在周游世界。他参加各种武术锦标赛，成为不败冠军，唯一的污点是和美国武术家保罗·菲尼克斯战平。21年后，三岛平八决定正式考验两个儿子的实力，并宣布胜者为铁拳之王。在一场激烈的父子大战中，三岛平八被击败。为报复父亲，三岛和也捡起父亲失去知觉的身体，将他扔下同一片悬崖。

三岛和也大笑，成为三岛财阀的新主人。

三岛由纪夫泪流满面，这种狗血故事就不要以我为原型好吧。不过，谁让是你写的《金阁寺》呢？

1994年9月21日，《铁拳》在日本发布。发布后，立刻引发3D格斗游戏的热潮，成为1995年日本排名第5的街机游戏。《铁拳》移植到PlayStation后，成为PlayStation上第一款销售过100万份的游戏。12月，南梦宫收购日本历史最悠久的电影制片厂Nikkatsu，希望用南梦宫的图形硬件进入日本电影业。

业务多点开花，被任天堂抛弃的南梦宫又支棱起来了。

第四十五章　哈德森软件：偷金币的炸弹人

1983年7月15日，任天堂Famicom发布。为避免重蹈雅达利覆辙，山内溥不允许非任天堂游戏在Famicom上运行。1984年，任天堂开始引入授权的第三方游戏厂商，增加游戏数量。按山内溥制定的规则，第一批获得授权的公司有三家：哈德森软件、南梦宫和杰力科（JALECO，街机游戏公司）。第二批又有三家：太东、科乐美、卡普空。

这6家公司被称为“FC六大游戏厂商”，是任天堂早期最重要的合作伙伴。对应的是，他们也获得任天堂最优厚的合作条件。杰力科没有制作过有影响力的游戏，很快消失在历史长河中。太东、南梦宫、卡普空和科乐美都是街机行业威震一方的诸侯，资历比任天堂还要老。哈德森软件，一家电子游戏行业的菜鸟公司，因为参与过Famicom上Basic应用软件的开发，额外获得一张宝贵的入场券。

山内溥对哈德森软件一直青睐有加，即便它后面闯过祸，也没对它真正下过狠手。

高桥利幸和哈德森

高桥利幸，1959年5月23日出生于北海道札幌市西区，高中毕业后进入北海道理工大学。因痴迷在超市食品中心的兼职工作，他上学3个月后辍学，去超市做全职售货员。在超市工作3年后，高桥利幸被提拔为超市生鲜部门的主管。

这不是人才，是奇才。

听广告说个人电脑可以提高工作效率，高桥利幸特意跑去夏普专卖店购买一台夏普 MZ-80B 个人电脑。该电脑配置十分主流，支持显示器和磁带驱动器，售价高达 70 万日元。高桥利幸开的二手车，才不过 45 万日元。电脑价格高昂，他只能选择 3 年分期付款。

电脑到手后，高桥利幸发现一个大问题——不会用。银行不管他会不会用，每个月都会准时寄来信用卡账单。高桥利幸十分不服，他想，我必须用它把花的钱赚回来。就这样，高桥利幸开始自学 Basic 语言。学会 30 多条 Basic 命令后，他从超市辞职，跑去文化中心担任电脑老师。

十分凶猛。

在文化中心当计算机老师时，高桥利幸边学边教。碰到学生提到不会的问题时，他会说："这是个好问题！可我现在回答就没意思了，把这个问题留作家庭作业吧。"

回家后，高桥利幸就跟学生比赛查资料，第二天再来教他们正确的答案。就这样，靠着奇厚无比的脸皮，高桥利幸竟然把 Basic 语言掌握得七七八八，成为一位真正娴熟的老师。

1982 年 8 月，高桥利幸因为"元气满满"而非"技术精通"加入哈德森，成为销售工程师。哈德森的主营业务是大量制作垃圾软件，卖给用户。作为一名销售工程师，高桥利幸还参与过为夏普 MZ-80B 制作 Hu-Basic 应用软件。

1983 年 5 月前，哈德森都保持着每个月制作 20 款新软件的速度。在秋叶原的电脑店随便一逛，都可以发现到处堆满哈德森卖不出去的软件。1983 年 4 月 15 日，迪士尼公司旗下第一个海外迪士尼乐园，同时是亚洲第一个迪士尼主题公园，东京迪士尼开业。乐园开业后，高桥利幸和同事们抢先游玩一番，回来制作出一款山寨游戏——《迪四尼乐园》。

就是这款挂羊头卖狗肉的游戏，竟然卖出 5 万份，远超其余软件。公司创始人工藤裕兄弟顿时开窍，产品品质确实比数量要重要。

1983 年 7 月 15 日，Famicom 发布。任天堂通过夏普找到哈德森，希望其制作一套 FC 版的 Basic 程序《Family BASIC》，哈德森出色地完成任务。FC 上学习 Basic 的说明书，由高桥利幸编写。

1984年4月，工藤裕买来一台FC来研究。他才知道《大力水手》和《马里奥兄弟》在FC上已经卖出30万份，卖掉4000万份的《超级马里奥兄弟》还在研发中。30万套？这对从事电脑软件制作和销售的哈德森来说，是闻所未闻的天文数字。工藤博志和工藤裕迅速做出决定，要进入FC游戏开发，指不定下一个30万销量就属于哈德森呢？

哈德森的经营重心，全面转向任天堂FC。

淘金者和炸弹人

对比南梦宫、科乐美和卡普空等公司手里一大堆优质游戏IP，哈德森手里没有一件能拿得出手的像样货色。可制作游戏难不倒哈德森，它可是月产20款软件的富士康。光比速度，那几家绑起来都不够哈德森一个人打。

1984年7月20日，哈德森发布任天堂FC上首款第三方游戏《爱的小屋》（NUTS & MILK）。显然，这是哈德森从电脑游戏移植而来。《NUTS & MILK》，为何不翻译为《花生和牛奶》呢？因为游戏里牛奶和花生是一男一女，男女相遇后，游戏界面上的小屋就会出现爱心。翻译为《爱的小屋》，信达雅兼备。图为FC上第一款第三方游戏《爱的小屋》画面。

7月31日，哈德森又将另外一款游戏《淘金者》（Lode Runner）移植到FC上。《淘金者》是道格拉斯·E.史密斯（Douglas E. Smith）开发的游戏，由Broderbund公司1983年发行在Apple Ⅱ和Commodore 64等电脑上。《淘金者》发布前，工藤兄弟发现一个大问题——付不出游戏卡的制作费用。

按照任天堂第三方游戏公司的授权协议，所有游戏卡都要交任天堂生产。游戏发售前，第三方游戏公司需提前支付游戏卡制作费。工藤兄弟没钱，他们只好以个人名义向北海道开发银行贷款，拿到30万份游戏卡的制作费。

如果《淘金者》再没成功，工藤兄弟就会欠一屁股债，哈德森准备破产。

幸运的是《淘金者》登陆FC后，引发玩家追捧，卖出100万份。100万份？工藤兄弟做梦都没有想到，一款软件的销售量可以达到如此巨额的数字。

他们死里逃生，立刻给全体员工发下相当于12个月工资的奖金，还包下专机前往夏威夷度假。北海道开发银行也因为这笔贷款获得哈德森的信任，被当作公司的主要业务银行。

北海道开发银行1997年因为金融泡沫破产，把哈德森直接坑到沟里去，却是后话。下图为《淘金者》游戏画面，在中国还有个响亮的名字——《偷金子》。

哈德森成功没多久，南梦宫的招牌游戏，《小蜜蜂》和《吃豆人》也陆续登陆 FC。

吃到将电脑游戏移植到 FC 上的甜头后，小弟哈德森向任天堂提议：我们拥有丰富的电脑游戏开发经验，是否可以将任天堂游戏移植到电脑呢？出于对工藤兄弟的喜爱，山内溥同意了他们的馊主意。

如果今天有人问起，任天堂是否授权制作过电脑游戏，回答不是否定，而是“YES”。1984 年开始，哈德森同时在夏普和 NEC 的电脑上移植任天堂游戏，如《马里奥兄弟》《金刚》《超级马里奥兄弟》，都有相应的授权 PC 版本。不过，PC 性能比家用游戏机差不少，移植后的游戏表现远不如 FC。任天堂游戏向 PC 移植的尝试，很快被叫停。下图为 NEC 8801 电脑上的《超级马里奥兄弟》的游戏画面，有明显的色差。

山内溥并不反感这种失败，哈德森后续还参与过不少《马里奥》系列的游戏开发。

炸弹人

1984 年，哈德森在 FC 上发布三款游戏，《爱的小屋》《淘金者》

和一款麻将游戏。1985 年，哈德森将一款自主研发的电脑游戏《炸弹人》（Bomberman）移植到 FC 上。《炸弹人》是哈德森软件的工程师中本伸一为测试《Hu- Basic》编译器制作的小游戏。

中本伸一，1958 年 1 月 17 日生于北海道札幌，北海道大学工学部辍学生。大学期间是北海道计算机研究小组的一员。1979 年开始在哈德森兼职开发，1980 年辍学加入哈德森。他辍学时，距毕业只剩半年。工藤兄弟等人劝他不要辍学，称“大学毕业再加入公司也不迟”。还有一种说法是，他是被迫加入哈德森的。因为他的老师青木教授有次谈到中本伸一时说：“他很少出现在实验室，因为学分不足而辍学。”

艾尼克斯、史克威尔和哈德森，都是辍学大学生的乐园。

《炸弹人》早在 1980 年就已编写完成，被中本伸一重新翻出来后，1983 年 7 月发布到 NEC 和夏普的电脑平台上。1985 年 12 月 19 日，FC 版《炸弹人》正式发布。据说，将电脑游戏版移植到 FC，只花了中本伸一 3 天时间。

中本伸一本人评价说：“我个人认为， Famicom 版《炸弹人》是游戏的唯一版本。”言外之意是，Famicom 版《炸弹人》是他个人最认可的移植。截至 2007 年，《炸弹人》全系列的累计销量已超过 1000 万份。中本伸一被认为是 Bomberman 的创造者，1986 年任哈德森董事，1999 年任常务副总裁。

《炸弹人》游戏主角和《挖金子》中游戏反派长得一模一样。哈德森这样的目的，明显是为复用角色的美术资源，因为这两款游戏可谓是八竿子打不着。本来是个普普通通的事情，哈德森却硬编出一个耸人听闻的故事：炸弹人逃脱后，会从地底钻到地表，从机器人变成人类。成为人类后，炸弹人要通过埋葬自己的同伴（其他机器人）获得金子。

机器人要金子做什么？脑洞大到漏水，下图为 FC 版《炸弹人》游戏画面。

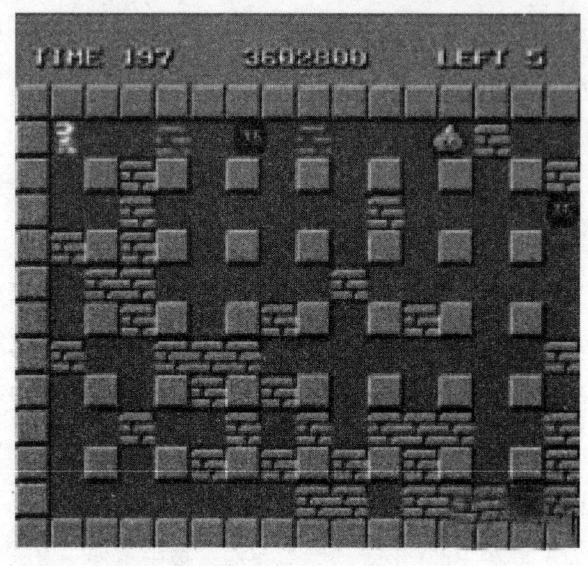

Famicom 洛奇

日本有四大出版集团，分别是：一桥集团（小学馆和集英社）、音羽集团（讲谈社）、角川集团（KADOKAWA）和新潮社。各大出版集团业务不同，小学馆主要出版面向青少年的漫画和各类读物，《哆啦 A 梦》《名侦探柯南》都是小学馆出版的漫画。

小学馆旗下的《龙漫 CORO-CORO》，创刊于 1977 年 5 月 15 日，是一本为小学生编制的漫画月刊。首部连载漫画是藤子不二雄的《哆啦 A 梦》，后续还有《四驱小子》等作品，是日本当时名气非常大的杂志社。杂志社的办公室，就在哈德森隔壁。

高桥利幸受命跟《龙漫 CORO-CORO》杂志谈游戏的推广合作，第二天就收到确定答复。他直接搬到隔壁办公，每周都和编辑们混在一起。杂志社给哈德森一个专门栏目，专门介绍 FC 上的游戏秘技和哈德森游戏。

同时，《龙漫 CORO-CORO》开始连载漫画《FC 洛奇》（Famicom Rocky）。这是一本类似《足球小将》的漫画，里面充满各种 D-pad 的神之操作，十分中二。如“十字键四通乱流技”，要在游戏中以不规则的连续超高速上下左右敲击 D-pad 十字键，并在屏幕上旋转控制器，从而引发龙卷风。还有“超快速冲击重复打击”，是“五十连打”的高阶技术——在触摸按钮之前，每秒连续敲击 50 次或更多，按钮和手指之间会产生冲击波，击败敌人。这些技能比起《足球小将》的猛虎式射门，不遑多让。漫画里内容十分丰富，不仅超必杀技满天飞，还有作者浅井元幸的各种恶趣味。

和小学馆合作后，哈德森发现要卖出更多游戏，从漫画杂志推广可能是个好主意。无心之举，电子游戏出现史上第一位游戏明星。

第四十六章　哈德森软件：浪子回头金不换

游戏明星高桥名人

《龙漫 CORO-CORO》杂志的游戏栏目内容有个原则：不能直接展示秘技，看不懂的才叫秘密。

为制造悬念和吸引小朋友们的注意力，杂志从不直接公布明确的秘技，只介绍秘技的效果和人物，使用方式需要玩家摸索。如科乐美的“上上下下左右左右 BA”，就是玩家摸索出来的。如果有小朋友在游戏里发现这样的秘密或掌握类似的秘密，马上会成为社交圈的明星。

如《淘金者》游戏中，玩家在爬梯子时，保持右手比左手更高就可以无敌。这本来是《淘金者》的 Bug，被玩家发现后，哈德森软件心想：“要把游戏卡全部召回吗？”他们找到杂志社商量，杂志社建议说：“不要公布出来，把它当作秘技不就很有意思吗？”

从那后来，所有类似 Bug 都被称为游戏秘技。

1985 年 4 月 17 日，哈德森发布《淘金者》的升级版《冠军淘金者》（Championship Lode Runner）。游戏难度非常大，《龙漫 CORO-CORO》杂志特别在东京银座的松坂屋召开一次聚会，介绍《冠军淘金者》的玩法。聚会来了 1000 多个孩子，会场看板上写着：“Hudson 的高桥利幸先生来场，冠军淘金者大揭秘！”这场聚会上，高桥利幸开始成为哈德森游戏的代言人之一。因为他是《FC 洛奇》的主角真人版，每秒可以在 D-pad 上按 16 次，被称为“16 连射”。

会场上，高桥利幸成为全体小学生的偶像，是神一样的游戏明星。有次他接受采访时说：“其实我游戏玩得巨烂，我只是一名公司职员。如果我玩《超级马里奥兄弟》，可能比你们在座的玩得都烂，最多玩到 1—3 关就玩不下去了。我每天根据公司的指示行动，每天都在装游戏大师骗人，因为过劳和压力过大，在带来全国空前热潮的同时，我得了全身荨麻疹。”

游戏技术不行，可 16 连射确实是真的。

1985 年 7 月 21 日到 8 月 30 日，为推广游戏，哈德森举办一场全国性的游戏嘉年华活动“哈德森全日本大篷车节”（Hudson All-Japan Caravan Festival）。大篷车节是当时最出名的游戏比赛，共举办 17 届，最后一届在 2006 年。大篷车节的固定比赛游戏是《星球力量》（Star Force），一款太空射击游戏。图为全国巡回的比赛车辆“大篷车”，可以看到小学馆（FC 洛奇）和哈德森（小蜜蜂八助）的标识。活动由东京电气化学工业株式会社赞助，因此可以看到该公司的标识简写——TDK，不要误认为是运送化学药品的特殊车辆。

7 月 21 日，高桥利幸从鹿儿岛店启程，他负责日本南部的大篷车节比赛行程。北方行程则由毛利名人（名人，日语中的高手、大师，如英文里的 Master）负责。毛利名人是一名兼职的大学生，是《星球力量》真正的高手玩家，被邀请到哈德森来兼职。

第一届哈德森全日本大篷车节办得如火如荼。8 月 13 日，高桥利幸来到本州中部的新潟县。公司给他打来电话："高桥，你明天有什么事吗？"高桥利幸老老实实地说："今天结束就回东京了。明天计划好好放松下，休个假。"

"哦，那就是明天在东京，是吧。明天早上 6 点，东京塔下见。"原来是要他参加《早上好 Studio》的节目。"说真的，我挺累的。毛利君也已经回东京了，要不然……"

公司领导说："你连个实习生都比不过？"

高桥利幸无言以对，不去也不行，只能老老实实去参加早间节目的录制。意想不到的是，节目收视率大好。《早上好 Studio》跟哈德森提出，让高桥利幸每周都过来吧。这等好事，自然没有拒绝的理由。在公司的安排下，高桥利幸被迫成为节目的固定嘉宾。节目刚开始时，他的出场时间是 7 点 45 分左右。孩子们打来电话投诉，为看高桥利幸，上学会迟到。节目组从善如流，把他调整到 7 点 15 分上场。

高桥利幸在《早上好 Studio》栏目担任嘉宾到 1986 年 6 月，10 月开始录制他的个人节目《高桥名人的有趣领域》，该节目在日本 30—40 个电视台播放。1987 年 10 月，他正式开始在日本电视台担任主持人，成为日本电子游戏界最有名的人物。

神奇小子和高桥名人之冒险岛

1986 年 3 月 3 日，Escape 公司（后更名为：Westone Bit Entertainment，因为 Escape 听起来有种随时要跑路的感觉）在街机平台发布游戏《神奇小子》（Wonder Boy），后被世嘉移植到 SG-1000。看到哈德森在任天堂第三方游戏阵营过得风生水起，Westone 也想跟着喝口汤。他们最好的游戏就是《神奇小子》，可游戏已经授权给世嘉，无法二次授权。

改改能不能行呢？当然可以。

拿到 Escape 的产品计划，哈德森有点挠头。他们虽说赚到过一点钱，

可游戏开发能力和产品能力都不强。像宫本茂、小岛秀夫、堀井雄二这样的王牌制作人，哈德森是一个都欠奉。不过哈德森有其他家游戏公司没有的人才——高桥名人。

高桥名人不就是一个现成的“神奇小子”吗？于是乎，哈德森拿着《神奇小子》一顿修改。1986 年 9 月 12 日，哈德森发布 FC 游戏《高桥名人之冒险岛》（Hudson’s Adventure Island）。下图为《神奇小子》和《高桥名人之冒险岛》的画面对比。

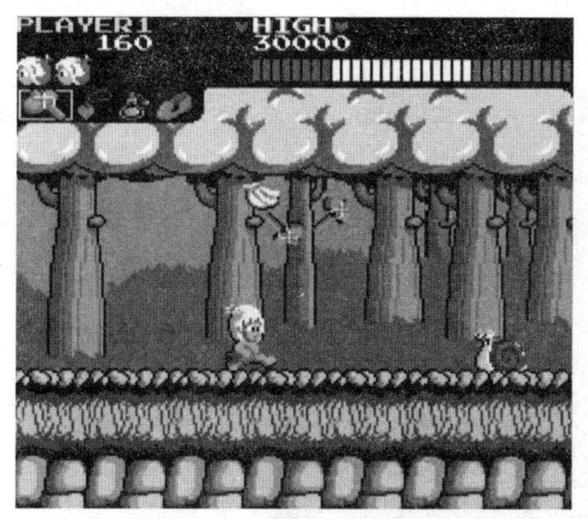

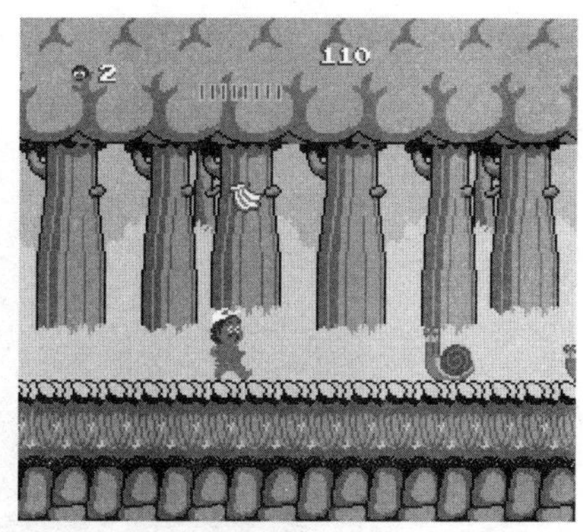

不能说毫无关系，只能说是一模一样。《高桥名人之冒险岛》发布后，销售很快突破 100 万份，哈德森再一次获得巨大的成功。

哈德森的愤怒

作为任天堂首家第三方游戏公司，发布第一款第三方游戏的哈德森，和任天堂有着千丝万缕的联系。2001 年哈德森重组后，任天堂的全资游戏制作子公司 NDcube，就由哈德森的离职员工组成。NDcube 负责《马里奥派对》游戏的开发。

两家是如何交恶的呢？

正在哈德森如鱼得水之际，Famicom Disk System 发布。它发布后，第三方游戏公司利润直接下降。南梦宫首先跳反，拒绝为 Disk System 制作游戏。哈德森随即跟上，表示很不满任天堂的霸权做法。

南梦宫家大业大，哈德森跟着闹什么劲。

没有无缘无故的爱，也没有无缘无故的恨。哈德森手里有一项游戏机新技术，可以支持 512 色调色板和 482 色显示，处理器频率可以达到 7.16MHz。该技术共有三颗芯片：中央处理器是基于 WDC 65C02（MOS6502 的授权版本）的 8 位 HuC6280，搭配两个 VDC 芯片（Video Display Controller，VDC，视频显示控制芯片）。还有专门处理显示图像的 16 位 HuC6270、专门处理显示色彩编码的 HuC6260。以上芯片均由哈德森设计，由精工爱普生生产。下图为 HuC6280A 处理器。

任天堂 Famicom 使用理光 2A03 处理器，频率为 1.79MHz。7.16MHz 对比 1.79 MHz，哈德森的技术方案将处理器频率足足提高了 4 倍。工藤兄弟信心满满地将方案递给任天堂，希望能被采纳。

结果是，从不相信新技术的任天堂，毫不犹豫地拒绝了哈德森。

对方案信心十足的工藤兄弟十分失望，适逢 Famicom Disk System 调整第三方游戏厂商政策，导致哈德森利润大幅下降。他俩决定摆脱任天堂钳制，拿着新技术杀入家用游戏机市场。

好巧不巧的是，全球第四日本最大的电脑制造商，全球最大的半导体公司（1985—1992 年全球年收入最高的半导体公司），日本电气（Nippon Electric Company, Limited，NEC）正想进入家用游戏机市场。哈德森有游戏，有新游戏机技术。NEC 有渠道，有品牌效应，有钱，有生产能力。

二者一拍即合。

1987 年 10 月 30 日，由哈德森和 NEC 一起开发的家用游戏机 PC Engine 正式发布，下图为 PC Engine 家用游戏机，很像简化版的任天堂。

任天堂的小麻烦

PC Engine 使用 Hu Card 游戏卡，一种信用卡大小的小卡。机型小巧，设计优雅，尺寸只有 135 毫米 ×130 毫米 ×35 毫米，是有史以来最小的家用游戏机。信用卡大小的 Hu Card 品质也十分过硬，在美国叫作 Turbochips。

刚发售就有南梦宫等公司支持，PC Engine 第一个月卖出 50 万台。优秀的色彩显示、NEC 半导体巨头的号召力（个人电脑和家用游戏机都需要 NEC 半导体）和较低的开发限制，不少日本游戏公司开始开发支持 PC Engine 的游戏，南梦宫、世嘉纷纷将街机游戏进行移植。PC Engine 在日本市场一时风头无两，隐约有点压制任天堂 FC 的意思，市场占有率一度达到 30%。

1989 年 8 月 29 日，PC Engine 在北美上市，更名为 TurboGrafx-16，“16” 暗指是 16 位游戏机。TurboGrafx-16 在美国发售并不顺利，在世嘉 Genesis 的压力下，满是日本味游戏的 TurboGrafx-16 成绩十分差。NEC 为美国市场生产了 75 万台游戏机，大部分都积压在仓库。

唯一的赢家是哈德森，因为 NEC 每生产 1 台设备都要给它支付授权金。

美国市场惨败，TurboGrafx-16 干脆就没在欧洲发布。

1988 年 12 月 4 日，NEC 发布 TurboGrafx-CD/CD-ROM^2，该组件允许游戏机使用除 Hu Card 之外，还能使用 CD-ROM 格式的游戏。这是世界首台使用 CD-ROM 作为游戏存储介质的游戏机。电脑上第一个使用 CD-ROM 运行游戏软件的苹果电脑，要等到 1989 年 12 月才问世。

下图为 TurboGrafx-CD/CD-ROM^2 游戏机，名字太难念估计也是 NEC 折戟的原因之一吧。

1991 年 3 月，NEC 声称它已在美国售出 75 万台 TurboGrafx-16，全球售出 50 万台 TurboGrafx-CD。到 1995 年，日本 NEC 共售出 584 万台 PC Engine。到 1996 年共售出 192 万台 PC Engine-CD。PC Engine 和 TurboGrafx-16 的终生销量预计超过 659 万台。

1989 年，NEC 还发布过接续版本 PC Engine Super Grafx，总销量只有 75,000 台。NEC 踏入家用游戏机行业，给任天堂带来一些麻烦。麻烦虽然有，但还不是大麻烦。

浪子回头哈德森

和 NEC 合作没多久，哈德森发现 NEC 不怎么像真龙天子，又转头回到任天堂的怀抱。它依旧振振有词：我是任天堂第三方游戏公司，当

然要给任天堂制作游戏的啊。

1987 年 3 月 6 日，哈德森在 FC 上发布迪士尼授权游戏《米奇不可思议王国大冒险》（Mickey Mousecapade）。这次不再是《迪四尼乐园》那样的山寨货，而是正版授权。对于曾经的哈德森山寨史，料想迪士尼法务部还未曾知悉。下图为《米奇不可思议王国大冒险》的画面。

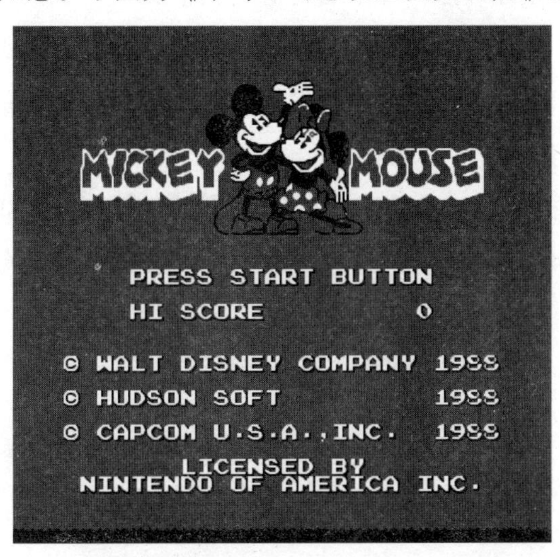

1986 年 5 月，艾尼克斯的《勇者斗恶龙》发布。《勇者斗恶龙》设计师堀井雄二有位学生时代的好友，叫佐久间晃。这位老哥跟堀井雄二一起创业做出版社，失败后背上巨额债务。看到堀井雄二通过制作游戏顺利偿还债务，还发了一笔小财，佐久间晃也想如法炮制。他绘制出一本多达 4000 页的《桃太郎传说》游戏策划案，希望能借电子游戏的火爆翻身。

艾尼克斯不缺人，堀井雄二将佐久间晃介绍到哈德森。工藤兄弟如获至宝，公司缺人才啊。1987 年 10 月 26 日，哈德森发布由佐久间晃设计的经典 FC 游戏《桃太郎传说》（Momotaro Densetsu），后和《桃太郎电铁》成为哈德森软件的当家 IP。

哈德森对公司另外一个知名 IP《高桥名人的冒险岛》，也开始进行深挖。此时哈德森已羽翼渐丰，在《冒险岛》续集开发上已经将 Westone 丢到九霄云外。《冒险岛》续集都由哈德森独立开发。先后推出《高桥名人冒险岛Ⅱ》《高桥名人的冒险岛 3》《高桥名人的冒险岛 4》等作品。

1994 年，哈德森忽然想到，任天堂 FC 上已经很久没有上线过新游戏了。是啊，一晃已经过去 11 年，有几个游戏公司还会在老掉牙的 FC 上开发游戏呢?

脑回路清奇的哈德森可不这样想，他们觉得，现在再在 FC 上开发一款游戏，指不定会大卖呢? 1994 年 6 月 24 日，哈德森在 FC 发布他们研发的新游戏《高桥名人的冒险岛 4》，是任天堂 Famicom 上最后一款第三方游戏。

1984 年 7 月 20 日，哈德森发布 FC 上第一款第三方游戏《爱的小屋》。1994 年 6 月 24 日，德森发布 FC 上最后一款第三方游戏《高桥名人的冒险岛 4》。

让人不得不说，浪子回头，缘分奇妙。

第四十七章　世嘉：屡败屡战的挑战者

早期的电子游戏史，都围绕游戏机展开，游戏机是电子游戏生长的土地。最初的垦荒者，是米罗华奥德赛、HomePong、ColecoTelstar 和 Color TV-Game 这些电子游戏机先驱。

游戏机公司是地主，一个萝卜一个坑。米罗华奥德赛的坑里只能放米罗华家的萝卜，HomePong 的坑里只能放雅达利的游戏，不存在第三方游戏。

仙童 Channel F 将 ROM 技术推广后，地主家的坑里可以种别人家的庄稼了。雅达利 2600 的坑里不仅有雅达利的游戏，还有动视的游戏。坑里丢满各种各样的东西，西红柿、马铃薯、榴梿，甚至还有狗屎。本来只有雅达利可以种的地，大家都跑来撒野。

雅达利急眼了，你们可不能乱来啊，乱来我可是要告你们的。结果很不理想，一顿官司下来，败诉。

这下好了，第三方游戏公司在雅达利家里闹得更欢腾，直接整出 1983 年北美游戏市场大崩溃，大家都没吃到什么好果子。

任天堂 NES 后，地主们发现高低要给菜地整个围墙（第三方游戏授权）才行，大家才不会肆无忌惮越界。在 Windows 游戏流行之前，游戏机公司对自家一亩三分地都看得很紧。街机算是最早的土地，之后是家用游戏机，再是掌机和手机游戏。

电脑和手机不是专用游戏设备，围墙最低。

世嘉的第一次挑战

前文说到，在 CSK 公司大川功的资金支持下，罗森和中山隼雄等人以 3800 万美元的价格完成世嘉日本的管理层收购。新公司由大川功担任董事长，中山隼雄担任CEO。世嘉的创始人之一罗森担任世嘉美国董事长，世嘉主力龟缩回日本。

中山隼雄，1932年5月21日出生于东京。中山家是日本的医学世家，可他本人毫无当医生的想法。1959年，中山隼雄从日本千叶大学文理学部退学，通过报纸招聘广告加入点唱机贸易公司V&V Hifi Trading Company。在这家点唱机公司，他碰到太东创始人科根。在科根推荐下，中山隼雄很快走上V&V公司销售负责人的岗位。

他希望V&V开展街机分销业务，被拒绝。1968年，中山隼雄带着4名业务员离开，创建新公司Esco Trading，专营投币街机。1979年，Esco Trading被世嘉收购，中山隼雄因此进入世嘉，担任销售副总裁。

罗森和中山隼雄合作过多年，二人友谊十分深厚。罗森是一位安静且善于思考的管理者，是公司的建筑师。而中山隼雄则无所畏惧且冷酷无情。再加上一位资金实力雄厚的大川功，世嘉在市场上自然具有极强的竞争力。

在中山隼雄主持下，1983年7月15日，世嘉发布第一款家用游戏机：SG-1000。发布时间十分好记，是和任天堂FC同年同月同日生的好兄弟。SG-1000发售时，性能比FC要略强一些。经销商经常把两款机型放在一起出售，消费者有时候不清楚二者区别，经常买错。下图为世嘉SG-1000，使用传统的摇杆控制器。

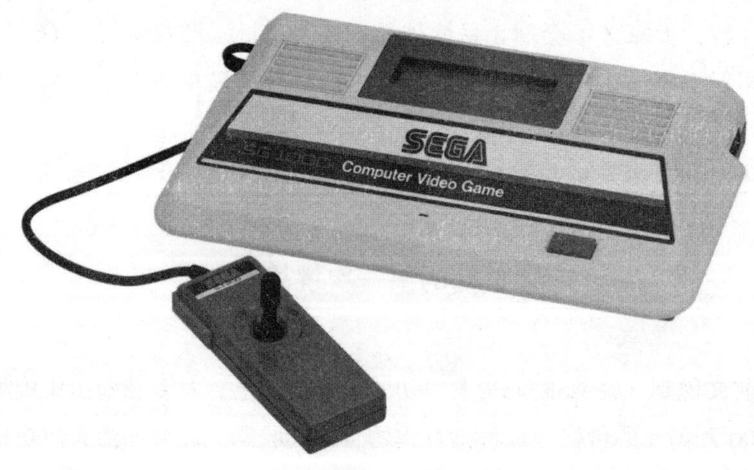

世嘉SG-1000发售时，销量并不比FC差。作为街机游戏行业的老大，世嘉SG-1000首发游戏阵营高达21款，Famicom只有9款。1983年结束时，SG-1000的销量已经达到16万台，远超预计的5万台。

世嘉正打算在电子游戏机上发力时，突发变故。母公司Gulf and Western Industries创办人查尔斯·布卢多恩（Charles Bluhdorn）去世。二级公司世嘉被出售，并进行重组。1984年7月31日，重组完成的世嘉推出SG-1000 Ⅱ。此时任天堂FC已经解决硬件故障问题，《超级马里奥兄弟》等游戏也陆续上场。与之相反的是，世嘉不愿授权街机市场的竞争对手开发游戏，第三方游戏数量不足，被任天堂FC远远甩在后面。SG-1000和SG-1000 Ⅱ获得了一定的成功，但并没有巨大的反响。

如何在家用游戏机市场制胜，世嘉公司总结为“不断增强硬件”才是竞争关键，而非制作更好玩的游戏。他们精心制作出SG-1000 Ⅱ的升级版SegaMark3，在日本发售。增强硬件是世嘉坚持的产品观，这种产品观一直影响着他们后续的产品路线。

同时，任天堂FC的北美版NES在美国发售，成为取代雅达利的游戏机王者。对可以同时占领日美两个主要市场的任天堂，世嘉艳羡不已。跟任天堂比起来，世嘉更懂美国市场，毕竟世嘉是一家美国人创办的公司。

初次经营家用游戏机并不成功，可世嘉并非一无所获。游戏设计师铃木裕开始在世嘉游戏机上开发游戏，并制作出自己的首款作品《拳击冠军》（Champion Boxing）。《刺猬索尼克》的程序员中裕司，也开始编写他的处女作游戏《女孩花园》（Girl’s Garden）。

借助SG系列，世嘉总算进入家用游戏机市场。

对于一家有远见的公司来说，眼前是否胜利并不重要，重要的是未来。

世嘉的第二次挑战

世嘉Mark3在日本推出时，情况更差。如日中天的任天堂要求，第三方游戏开发商在FC上发行的游戏，不得再在其他游戏机平台发布。

世嘉想，不如去美国试试吧。

1986 年 9 月，世嘉将 SegaMark3 改版为 Master System 在美国发售。世嘉研发实力远超南梦宫和卡普空等公司，拥有卓越硬件设计师石川雅美和佐藤秀树，这两位都是从 SG–1000 系列就开始设计世嘉家用游戏机的工程师。他们将世嘉 SG–1000 使用的中央处理器“德仪 TMS9918”换成世嘉定制的“Zilog Z80A”处理器，大幅提升游戏机性能。下图为世嘉 Master System。

为增强销售能力，中山隼雄和罗森还挖来任天堂美国公司销售副总裁布鲁斯·洛瑞（Bruce Lowry）担任世嘉美国 CEO，还允许他在旧金山开设新办公室。1986 年，世嘉投入 1500 万美元来推广 Master System，销售目标为 400,000—750,000 台。到 1986 年结束，Master System 实际销售仅有 125,000 台，超过雅达利 7800 的 100,000 台，可离预定目标还遥遥无期。

为何呢？

说起来，还是受限于任天堂霸道的第三方限制政策。世嘉在美国也只找到两家游戏开发商，动视和帕克兄弟（美国玩具和游戏制造公司，旗下有《大富翁》游戏 IP），游戏数量严重不足。

Master System 上市没多久，推出一款佳作《奇幻世界中的亚历克斯·基德》（Alex Kiddin Miracle World）。该游戏由小太郎林田设计，小玉理惠子绘图，是一款类似《超级马里奥兄弟》的横版滚屏闯关游戏。和任天堂 NES 捆绑销售不同，世嘉仍把游戏卡当作获利手段。所以《奇幻世界中的亚历克斯·基德》游戏卡卖得非常不错，却对 Master System 游戏机没有起到推动作用。下图为《奇幻世界中的亚历克斯·基德》游戏画面，色彩斑斓，十分“致敬”《超级马里奥兄弟》。

Master System 还有一项创新，就是游戏卡设计得更小型更轻便，可以将其放入口袋。这个设计貌似不是什么痛点，无人关心，所以很快被世嘉放弃。1987 年 1 月，世嘉又发布一款基于 Master System 游戏机，且充满想象力的全新配件——Sega Scope 3-D Glasses，主动式快门 3D 眼镜。它的工作原理是：在呈现左眼的图像同时挡住右眼的视野，然后呈现右眼的图像同时挡住左眼。快速重复这一过程，中断会干扰两者的感知融合，将看到的图像转换为 3D 图像。下图为 Sega Scope 3-D Glasses。

作为最早的3D显示配件，它在展会上引发许多关注。可发布时却因为高昂的价格、有限的游戏和糟糕的体验，很快被用户抛弃。

1987年底，世嘉又跟美国宇航员斯科特·卡彭特（Scott Carpenter，1925年5月1日—2013年10月10日，是继约翰·格伦之后绕地球运行的第二位美国人，也是继艾伦·谢泼德、格斯·格里森和格伦之后第四位进入太空的美国人）开启“世嘉挑战赛”。在世嘉挑战赛上，孩子们可以测试和训练注意力。《Out Run》和《Shooting Gallery》是挑战中用的游戏。

都没什么用。

电子游戏行业的第一性原理是“游戏是否好玩”，其他花里胡哨的市场营销手段都没用处。

世嘉绝境

1987年，任天堂在美国市场份额持续提升，达到惊人的90%，折腾来折腾去的世嘉Master System毫无招架之力。优秀的第三方游戏公司，都只在NES上发布游戏。1988年，任天堂在电子游戏机市场的统治力达到巅峰，当年任天堂NES在美销量突破700万台。

任天堂在澳大利亚播放过一条视频广告，内容是魔性的《超级马里奥兄弟》背景音乐，配上怪异的3D模型。广告只有一句广告语：You Can not Beat Us（你无法打败我们）。这条广告片被评为任天堂有史以来最糟糕的广告，可它说的却是事实——没人可以打败这时的任天堂。

无论世嘉怎么努力，Master System的销售还是一蹶不振。1987年底，为不再做无畏牺牲，世嘉关闭美国消费品部门，并将分销权卖给一家玩具公司Tonka Toys。换来的承诺是Tonka Toys将投入3000万美元推广Master System。

Tonka Toys是一家玩具卡车的生产商，该公司以制造建筑型卡车和机械钢制玩具模型而闻名。他们并没有电子消费品的经验，可世嘉认为，既然任天堂可以通过玩具店将NES卖给父母，Tonka Toys自然也可以。“自然可以”的这种想法，产生的结果一般都是“自然不可以”。从任天堂跳槽过来的洛瑞，此时也离开世嘉。

1987年，Tonka Toys通过企业贷款斥巨资收购另外一家玩具公司Ken ner Toys后，资金流变得十分紧张，他们逐渐收缩在家用游戏机上的投资。失去Tonka Toys的支持，世嘉再没力量与任天堂掰腕子。

Master System在日本和北美遭遇毁灭打击，在欧洲和澳洲却成绩不错。中山隼雄是一位无所畏惧却又冷酷无情的领导者，不可能轻言放弃。在日本，他让佐藤秀树和石川雅美继续领导研发团队，专注Master System后续产品的研发。

1988年，任天堂在北美电子游戏机市场占有率高达83%，在日本电子游戏机市场高达90%。1987年10月30日，任天堂的小弟哈德森和NEC合作推出PC Engine，一款8位中央处理器搭配16位VDC的伪16位游戏机。PC Engine给任天堂带来一些小麻烦，却给正在痛苦中的世嘉打开一扇狭窄的窗口——16位家用游戏机。

按照世嘉对游戏的理解，增强硬件对用户来说，是无法拒绝的。反击的时刻到了。

第四十八章　世嘉：挑战者联盟

电子游戏机世代全说

电子游戏机为何会有 8 位、16 位和 32 位的说法？

位数概念，一般指的是中央处理器（Central Processing Unit，CPU）一次同时寄存和处理二进制数码的位数，和 CPU 中寄存器位数对应。比如 8 位机，CPU 寄存器位数就是 2 的 8 次方。

家用电子游戏机和个人电脑的商业化都发生在 1970 年代初期，二者大部分元器件通用，差别仅在于用途和支持的软件不同。可以共享的最关键元器件，都是 CPU。

而电子游戏机的世代说，又是怎么来的呢？世代说并无准确定义，是业内约定俗成的叫法。

第一世代是 1972 年到 1977 年间，发布的米罗华奥德赛、Home Pong 和 Color TV–Game 6 等家用游戏机，使用专用电路，是专用游戏机。

第二世代是 1978 年到 1983 年间，以 Fairchild Channel F 发布为起始标志，以 1983 年北美游戏市场崩溃为终的时期。此世代有 Fairchild Channel F、雅达利 2600、美泰 Intellivision 等游戏机。采用 4 位或 8 位微处理器，支持多种游戏。第二世代非常短命，在北美游戏市场大崩溃一波冲击下，全军覆没。

第三世代是 1983 年到 1989 年期间，以任天堂 NES、世嘉 SG-1000、Atari 7800、世嘉 Master System 等为代表的电子游戏机。第三世代游戏机大多以 Entertainment System 或则 XX System 命名，跟 Video 和 Game 区隔，免得让人联想起“Atari Video Computer System”。

第四世代开启的标志事件是“1987 年 PC Engine 发布”，一款 8 位

处理器 16 位显示芯片的游戏机。第四世代游戏机阵营成员众多，如世嘉 Mega Drive/Sega Genesis、超级 NES、Neo Geo AES。世嘉 Mega Drive 为表现在硬件性能上的领先，率先打出“16-bit”（16 位）游戏的广告，以区别任天堂 NES 的 8-bit。至此，游戏机开始使用处理器作为划分世代的依据，将第三世代游戏机定义为“8 位机”。

1993 年，首款 32 位游戏机 3DO 发布，第五世代来临。该世代游戏机继续采用处理器位数断代方式，如索尼 PlayStation、世嘉土星、3DO、NEC PC-FX、Neo Geo CD、NINTENDO64。第五世代游戏机的图形显示开始从 2D 向 3D 转变，主要使用 CD 作为游戏内容的存储介质。

第六世代是 1998 年到 2005 年间，以世嘉 Dreamcast、索尼 PlayStation 2、任天堂 GameCube 和微软 Xbox 为主的游戏机阵营。微软 Xbox 开始使用 X86 架构处理器，是 64 位游戏机。第六世代时大部分用户已经不关心游戏机是 16-bit 还是 32-bit，处理器也不再在寄存器位数上下功夫，而是在处理器核心数量上比拼，单核心、双核心和多核心成为性能的代名词。

为什么会有这种转变？跟寄存器工作原理有关。举个例子，一个人有很多书需要收纳，给他一个大书架，效率会变高。可如果给他一个足球场大小的仓库，收纳效率不仅得不到提升，还会下降。因为存放的位置和要跑动的位置，比书架要多许多。64 位寄存器相当书架，128 位寄存器就相当于那个仓库。因此不是没有 128 位处理器，而是没有应用价值。

第七世代是指 2005 年开始，游戏机行业形成新御三家的格局，任天堂、索尼和微软三分天下。之后游戏机的世代划分，以御三家发布旗舰机型的时间为准。第七世代游戏机有索尼 PS3、Xbox 360 和任天堂 Wii。

第八世代和第九世代，电子游戏机已是御三家一统天下。世代的划分，全部以御三家的新机型发布为机型。不知道后续的世代里，御三家还会不会面对强力的挑战者。Steam 推出的 Steam Deck，可能有那么一点希望。

米罗华奥德赛是第一世代，PlayStation 5 是第九世代。第一世代游戏机使用的是逻辑电路和 LSI 集成电路，第二世代家用游戏机开始采用微处理器，之后微处理器就是游戏机的标准配件。

家用游戏机的世代介绍完毕，看看第二次挑战失败的世嘉该如何力挽狂澜。

世嘉 System 16

NEC 和哈德森联合研发的 PC Engine，对世嘉有所启发。NEC 使用增强性能的硬件后，在跟任天堂的对抗中获得初步胜利。世嘉心想，干不过任天堂，还干不过 NEC 吗？

世嘉手中最领先的游戏硬件技术，是其街机转换系统 Sega System 16。跟 SNK 将 NEO GEO MVS（街机转换系统）制作为 AES（家用游戏机）一样，世嘉优先考虑将 System 16 改为家用游戏机。

System 16 是世嘉 1985 年发布的 16 位街机转换系统，它以三种变体生产：Pre-System 16（1985）、System 16A（1986）和 System 16B（1987）。中央处理器是 Hitachi FD1094（基于 Motorola 68000 的 16 位处理器），声音 CPU 是 NEC μPD780C-1（Zilog Z80 核心，8 位处理器）。世嘉在 System 16 上共发布过约 40 款游戏，是世嘉街机系统中最成功的。下图为世嘉 System 16 的主板，中间是定制的 Hitachi FD 处理器。

世嘉System 16上有两款由世嘉王牌游戏设计师铃木裕制作的游戏，《Hang On》和《Space Harrier》。

铃木裕，1958年6月10日出生于日本岩手县，冈山理科大学理学院毕业，日本著名游戏制作人，程序员。1983年，铃木裕加入世嘉。他本科论文是《电脑3D图形学》，算是少有的科班出身的游戏设计师。进入世嘉后，他研发出的第一款游戏是1984年发布的SG-1000游戏《冠军拳击》，该作品后来被用作街机游戏。他还制作过许多经典街机游戏，如《Hang On》《Space Harrier》《Outrun》《Afterburner II》《Power Drift》《G-LOC》。铃木裕是世嘉最宝贵的游戏设计师，帮助世嘉在街机市场实现领先地位。

《Hang On》支持体感控制，游戏控制根据玩家在摩托车上的身体动作来实现。这是首次使用液压设备进行游戏运动控制的游戏，比Wii体感游戏要早20多年。

玩家骑乘模型是弗雷德里克·斯宾塞（Frederick Spencer，1961年12月20日出生，有时被称为快速弗雷迪，是美国前世界摩托车赛车手，也是1980年代初期最伟大的摩托车赛车手之一）当时骑的，搭载2冲程V型3缸发动机本田NSR500。玩家在游戏中驾驶NSR500躲避敌方摩托车，经过5种赛道：阿尔卑斯山、大峡谷、城市之夜、海边和赛道。游戏中还包括骑手的各种反应，如跪地求饶、四肢爬行和沮丧摔倒。

《Hang On》使用精灵图的伪3D显示，铃木裕说："我从游戏设计开始就是采取3D方式，系统中的所有计算都是3D。从《Hang On》开始，我首先计算出3D中的位置、比例和缩放率，然后将其转换为2D图形，其实我一直在思考3D。"

1988年，南梦宫率先发布3D街机游戏《Winning Run》，每秒可绘制60,000个多边形，打响3D街机游戏的第一枪。时隔4年，1992年12月，铃木裕才在设计师名越稔洋的帮助下，制作出世嘉的3D赛车游戏《VR赛车》（Virtua Racing），每秒可绘制180,000个多边形。

游戏从 2D 到 3D，需要硬件技术的成长和进步。下图为世嘉《Hang On》游戏的游戏画面和街机。

《Hang On》发售后，铃木裕被任命为 SEGA-AM2（Sega AM Research & Development No. 2，世嘉 AM 研究发展 2 部）的负责人。

硬件和游戏确定后，中山隼雄找到硬件工程师佐藤秀树，要求其将世嘉 System 16 改成家用游戏机。源自街机的卓越性能和卓越游戏，此次世嘉胜利希望极大。可这不还是走上任天堂 VS 系统（以 NES 为核心的街机转换系统）的老路吗?

佐藤秀树，1950 年 11 月 5 日出生于日本北海道，1971 年 4 月作为应届毕业生加入世嘉。在开发部门工作后，1983 年参与世嘉家用游戏机 SG-1000 和 SC-3000 开发，此后参与包括 Dreamcast 在内的所有世嘉家用游戏机开发工作。2001 年 3 月，就任 SEGA 株式会社代表董事兼社长，此人毫不含糊，是一位对标任天堂上村雅之的优秀工程师。很快，佐藤秀树就带领开发团队完成街机系统到家用游戏机的转化，还给新游戏机设计出许多附加功能，比如：鼠标、键盘、软盘驱动器、调制解调器、打印机，甚至保留附加 CD 驱动器的接口。

世嘉 Mega Drive

还有个小问题，就是中央处理器选择摩托罗拉 68000，价格太贵。佐藤秀树找到摩托罗拉，下了一个 30 万台的订单，并且承诺会采购 50 万—100 万片处理器，这使得处理价格下降许多。

世嘉上下对性能卓越的新游戏机都十分有信心，预期销量不会低于 100 万台。

1988 年 6 月，世嘉在《Beep!》杂志上发布正在研发中的家用游戏机原型图，名叫 Sega Mark V，世嘉内部称它为 Mk-1601。后世嘉在公司内外开展征名活动，中山隼雄在 300 多个名字中挑出来一个非常霸气的名字——Mega Drive。

Mega Drive 外观由白岩光茂率领的团队设计，创作灵感来自音乐发烧设备和汽车。白岩光茂表示，和任天堂 FC 玩具一般的外观不同，Mega Drive 成熟风格的外观可以满足全年龄段的需求。下图为世嘉 16-bit 设计图纸。

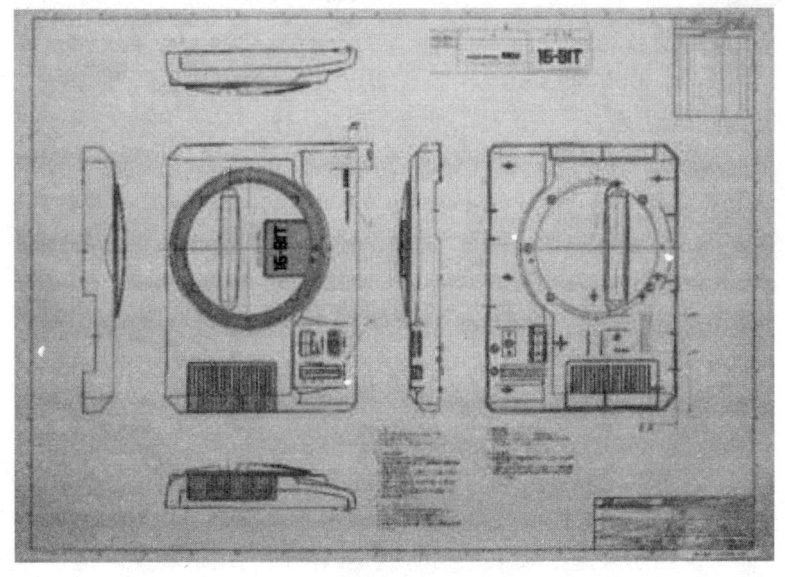

1988 年 10 月 29 日，世嘉全新一代家用游戏机 Mega Drive 在日本东

京秋叶原发布。世嘉供应和宣传组织得井井有条，准备迎接排成长龙蜂拥而至的玩家。

Nothing。

什么？确实什么都没有。1 周前，任天堂刚在 FC 上推出《超级马里奥兄弟 3》，一款全球销量突破 1728 万份的热门游戏，玩家都被其吸引。无人关注已经战败两次的世嘉到底发布了什么新游戏机。

下图为世嘉 Mega Drive，世嘉经典黑配上金色的 16-bit，一台标准的 16 位游戏机。

1988 年，世嘉 Mega Drive 销售 40 万台，不及预期。同年，任天堂 NES 销售 700 万台。

那就是第三次挑战失败，世嘉全剧终。

这样吗？还不是。

任天堂挑战者联盟

任天堂 NES 成功后，一路走来，举目一看全都是敌人。

曾经的好友反目成仇，曾经的仇人更是分外眼红。作为街机王者的世嘉，总裁中山隼雄甚至喊出："我活着就是让任天堂不舒服。"

每每说到任天堂，大家想到的就是山内溥利用市场支配地位对其他游戏公司肆意妄为。打败任天堂，成为每个人内心最深层的愿望。不完全统计，任天堂挑战者联盟包括以下成员。

南梦宫。一气之下制作过家用游戏机原型，后默默放弃。

哈德森软件。与 NEC 联合发布 PC Engine，在日本曾经短暂对任天堂 Famicom 造成过威胁。

SNK。发布 NEO GEO AES 家用游戏机，因售价太高，游戏题材过于狭窄，没有影响。

雅达利。发布雅达利 7800 等机型，名声太差，没有影响。

世嘉。发布过 SG-1000 到 Master System 等游戏机，没有影响。

除家用游戏机外，还有电脑 Commodore 64 和 NEC PC 进场捣乱，没掀起波澜。

要如何打败任天堂呢？打不过就加入。

世嘉 Mega Drive 对任天堂 Famicom 采取全盘复制策略，任天堂 FC 不是给野村证券开发过一套股票交易系统吗？世嘉有样学样，也为名古屋银行鼓捣出一个交易系统——Mega Anser。Mega Anser 功能十分强大，支持调制解调器、数字键盘和世嘉打印机打印票据。

“Answer”可以理解，“Anser”是什么玩意？别不信，Mega Anser 如下图。日本人英语到底怎么学的，令人费解。

虽然是所有精神小伙全部听令，可任天堂挑战者联盟里，一个能打的都没有。中山隼雄不是轻言放弃之辈，日本市场虽说输了，可美国市场还没开打呢。大不了再次投降，怎么都要再试试。

世嘉 Mega Drive 计划在美国发布。

第四十九章　世嘉：传奇 CEO 卡林斯克

世嘉 Genesis

匹夫不可夺志，中山隼雄十分坚决。

1989 年 1 月 9 日，世嘉预告 Mega Drive 的北美发售日期。世嘉美国公司总裁罗森坚持将游戏机名字改为 Genesis（创世纪），并希望这能代表世嘉“一个新的开始”。

对于罗森的要求，世嘉总部默许。下图为世嘉 Genesis。

世嘉在美国比日本好不了多少，任天堂 NES 在美国市场占有率达到惊人的 94%，保有量达到惊人的 3000 万台。在美国，大家玩游戏机都会直接省略宾语，说在玩任天堂，不用说任何游戏机的名字。

游戏机等于任天堂。

1989 年加入世嘉美国并担任副总裁的丰田信夫回忆说：“尽管对外宣称世嘉有 10% 的市场份额，可实际是任天堂占有 94% 的市场份额，世嘉只有6%。”要问美国其余游戏机厂商呢？对不起，上一轮崩溃中挂掉后，还没来得及投胎呢。

Master System失败时，世嘉已经关闭美国营销部门，只通过Tonka公司代销。Tonka实力不强，对游戏机业务态度也不积极，世嘉只能寻求新的合作伙伴来销售Genesis。

他们先找到雅达利公司。罗森和雅达利公司新CEO杰克·特拉米尔（Jack Tramiel，Commodore公司的创始人，一位名声不大好的CEO）、雅达利公司电子娱乐部门总裁迈克尔·卡茨（Michael Katz）会面，希望雅达利公司可以承销Genesis。特拉米尔无情地拒绝了罗森的提议，因为雅达利公司主营业务已转向个人电脑，反倒是卡茨对世嘉Genesis表现出浓烈的兴趣。

1989年8月14日，世嘉Genesis在纽约市和洛杉矶发布。发布的时候，没投入预算宣发，跟日本一样安安静静。9月，迈克尔·卡茨应邀加入世嘉美国担任总裁。由于找不到合适的经销商，中山隼雄决定由世嘉美国子公司来经销Genesis。

卡茨是一位电子游戏机行业的老将，他曾经在美泰主管Intellivision销售，后在科莱科工作。世嘉美国是完全的分销公司，硬件和软件开发全部来自日本。

卡茨直接向中山隼雄和罗森汇报工作，主要归中山隼雄管理。

卖出一百万台的50%

卡茨来到后，中山隼雄提出销售目标——第一年要售出100万台Genesis。为此，他还特意提出一个战斗口号："Hyakumandai！"这是日文中"100万"的英文发音。

看着一群美国人用古怪的腔调喊着"Hyakumandai！"，卡茨压力山大。他是位优秀的销售人员，并不关心老板提的口号，只关心目标的实现途径。

世嘉美国当前最大的问题有三个：没有广告、缺少第三方游戏和没有符合美国文化的游戏。为此，卡茨制定一个计划来处理这三个问题。

首先是广告，卡茨说："我们必须创造概念，制造噪声并吸引注意力。毕竟，我们没有什么可失去的——那时我们才拥有 2% 的市场份额。我不得不与罗森和广告公司抗争，并指示他们做有竞争力的广告。他们向我展示了所有故事板和概念，可都跟任天堂无关。在日本不适合做公开抨击竞争对手的竞争性广告，可美国不是。营销的原则是，如果排名第二却拥有更好的功能，那么你就要紧盯竞争对手。"

这段话总结起来也很简单，卡茨是竞争性广告的拥趸。瞄准对手制作极具攻击性的广告，是 90 年代美国营销界的风气。百事可乐和可口可乐，曾经拍摄过许多竞争性广告，趣味盎然。

卡茨制作的广告名为"Genesis does what Nintendon't"（世嘉做了任天堂做不到的）。Genesis 代表更强大的功能和更激烈的游戏，它不是小孩子的玩具，是大人的娱乐工具。在他的主理下，Genesis 广告变得挑衅、好斗和不敬。重点宣传 Genesis 具备 NES 不具备的内容：体育明星、摇滚明星和暴力游戏。下图为"Genesis does what Nintendon't"的广告海报。

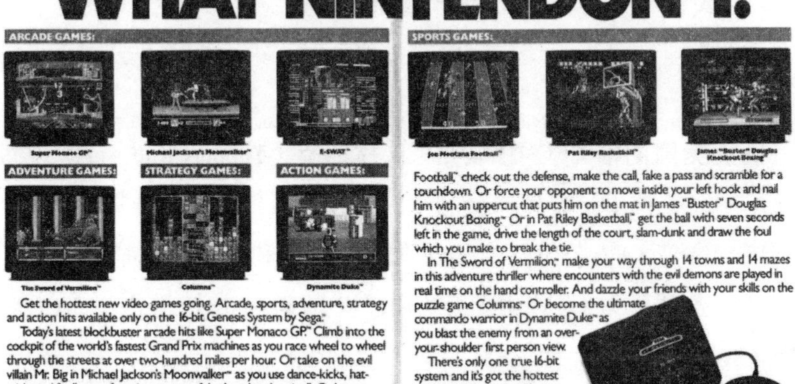

目标是光明的，道路是曲折的。在任天堂第三方游戏授权限制下，愿意给世嘉 Genesis 开发游戏的公司寥寥无几。为打破这种局面，世嘉掏出 170 万美元，高调与旧金山 49 人队四分卫乔·蒙塔纳（Joe Montana）签约。不久之后，迈克尔·杰克逊（Michael Jackson）和世嘉签约。世嘉为其制作授权游戏《月球漫步者迈克尔·杰克逊》（Michael Jackson’s Moonwalker）。

成立没多久的 EA，这时还跑来勒索世嘉，真是瞌睡有人送来大枕头。正愁没人开发游戏的世嘉装出十分为难的样子，和 EA 签订一整套不平等条约，将其收入世嘉第三方游戏公司阵营。EA 最常用的游戏平台是 Commodore Amiga，使用世嘉 Genesis 同款中央处理器——摩托罗拉 68000。EA 很轻易就将自己的游戏移植到世嘉 Genesis 上，丝般光滑。

对 EA 偷偷对世嘉 Genesis 进行逆向工程这回事，世嘉当然不满。

可世嘉签约的《Joe Montana 的橄榄球》正由 Media Genic 公司开发，游戏进度远远落后计划。EA 手中有现成的爆款游戏《Madden NFL 的橄榄球》，世嘉能拒绝吗？

这笔买卖从财务角度看，是 EA 大赚。综合来看，却是个双赢之局。

霍金斯说："世嘉有非常不寻常且更加开明的许可协议。除此之外，我们有权制作任意数量的游戏。我们可以批准生产自己的游戏……特许权使用费要合理得多，对制造也有更直接的控制。"

任意数量，自行生产，授权费封顶，对于第三方游戏公司来说，这是作弊。

世嘉美国的前 CEO 托马斯·卡林斯克（Thomas Kalinske）说过："我喜欢取笑拉里·普罗布斯特（Larry Probst，接替霍金斯的 EA 公司 CEO）和霍金斯（EA 公司创始人），如果不是我和世嘉，EA 早就倒闭了。"

经过各种努力，到 1990 年 9 月，世嘉 Genesis 销量止步 50 万台，目标完成度 50%。

卡茨开始工作不久，中山隼雄就发现他能力不足。他也许是名合格的市场经理，可缺乏担任领导一家现代化科技企业的能力，更缺乏对电子游戏的理解力，后者尤其致命。

对于中山隼雄来说，他还有一位更为合适的人选：托马斯·卡林斯克。

托马斯·卡林斯克

托马斯·卡林斯克，1944 年 7 月 17 日出生于美国爱荷华州。1966 年在威斯康星大学获得理学学士学位，1968 年在亚利桑那大学获得 MBA 学位。1972 年到 1987 年间，在美泰工作。美泰期间，因为重振芭比娃娃和风火轮品牌、推出“宇宙大师”玩具，大获成功，被提升为 CEO。卡林斯克本人，也被称为“芭比娃娃之父”。

1983 年北美游戏市场大崩溃后，深度参与电子游戏机业务的美泰也遭遇重创，在卡林斯克的带领下才避免破产。1987 年离开美泰后，卡林斯克前往 Matchbox 担任 CEO。他实施成本控制，将生产转移到亚洲劳动力更便宜的地区来生产。1990 年，该公司多年来首次实现盈利，收入超过 3.5 亿美元。

完美的职业经理人简历。

1984 年，因为世嘉和美泰的业务来往，中山隼雄就和卡林斯克打过交道，美泰会有一些玩具角色授权给世嘉街机使用。五年后，中山隼雄仍记得卡林斯克那自信又强大的个人魅力。如果能将卡林斯克请来操盘世嘉 Genesis，胜算应该大增。

中山隼雄给卡林斯克打过电话：“嘿，我们正在通过 Tonka Toys 在美国销售世嘉 Master System，我对他们的做法并不满意——Matchbox 愿意接手它吗？”

卡林斯克查看 Master System 资料之后，发现它跟 NES 竞争没有任何成功的可能性，他拒绝了中山隼雄。

1990 年，把 Matchbox 拉出亏损泥沼的卡林斯克，终于将公司成功卖给 Tyco Toys（美国另外一家玩具公司，1997 年被美泰收购），赚了一大笔。难得悠闲的他带着老婆孩子去到夏威夷，享受难得的悠长假期。

一天，卡林斯克正在考纳戈亚海滩上闭目养神。那是夏威夷群岛中最美丽的白色沙滩，自洛克菲勒在这里开设酒店后，就成为名人们度假的理想之地。他静静地在夏威夷原始生态中，感受着远离大陆的孤独。

一道阴影忽然出现在他身后，卡林斯克睁开眼睛一看，竟然是中山隼雄那张老脸。他通过秘书找到卡林斯克，尾随而来夏威夷。只不过他的任务不是度假，而是来捞人。

中山隼雄说："你在这里做什么？"

卡林斯克心想，你丫是不是有病，在夏威夷还能做什么。"我正试着晒黑一点，请你让开点，别挡着我晒太阳。"

中山隼雄说："你得跟我一起回日本。"

玩得好好的，回什么日本。

中山隼雄接着说："我有一些很酷的东西要给你看，你会喜欢的，是16位的新游戏机技术。"

此时，卡林斯克的老婆孩子也聚过来听他们谈话。最小的女儿说："好吧，这个男人说的东西很棒。所以你最好去一趟，爸爸。"

最终还是没有扛住热情的中山隼雄，卡林斯克跟他去到日本，参观世嘉正在研发中的掌机Game Gear和世嘉Genesis。Genesis倒没什么，想在游戏机上打败任天堂实在太难。卡林斯克认为，Game Gear技术确实领先市面上的所有掌机，尤其远远领先GB，世嘉这次真有希望打败任天堂。

1990年秋天，卡林斯克加入世嘉，任世嘉美国的CEO。

11月21日，任天堂新款游戏机Super Famicom在日本发布。留给世嘉的时间，越来越少。